子藏

道家部

亢倉子卷

1

華東師範大學「子藏」編纂中心編

總編纂 方勇

副總編纂 吴平

國家圖書館出版社

圖書在版編目(CIP)數據

子藏·道家部·亢倉子卷(全三册)/方勇編纂.—北京:國家圖書館出版社,2014.3(2023.5重印)

ISBN 978-7-5013-5217-3

Ⅰ.①子… Ⅱ.①方… Ⅲ.①先秦哲學—研究 ②《亢倉子》—研究 Ⅳ.①B220.5 ②B223.95

中國版本圖書館CIP數據核字(2013)第256370號

書　　名	子藏·道家部·亢倉子卷(全三册)
著　　者	方勇　編纂
責任編輯	張愛芳
重印編輯	代　坤　袁宏偉
封面設計	敬人書籍設計工作室 呂敬人+呂旻
出版發行	國家圖書館出版社(北京市西城區文津街7號　100034) (原書目文獻出版社　北京圖書館出版社) 010-66114536　63802249　nlcpress@nlc.cn(郵購)
網　　址	http://www.nlcpress.com
印　　裝	北京華藝齋古籍印務有限公司
版次印次	2014年3月第1版　2023年5月第2次印刷
開　　本	787×1092　1/16
印　　張	121.5
書　　號	ISBN 978-7-5013-5217-3
定　　價	1900.00圓

子 藏

編纂委員會

出版委員會

《子藏》總序

方勇

宇宙綿邈，喟高才之陵替；時世移易，惟百家之代興。信乎諸子之爲顯學也！方今海内右文圖治，操觚懷鉛之士，希風前秀，争崇國學，穿穴百氏，出入九流，不惟後生小子，皆翕然從風，抑或百工商賈，亦欣然景慕矣。乃華東師範大學，敢以振興文教自任，啓動《子藏》工程，搜天下之遺籍，極百家之大觀，其霑溉子學，嘉惠來兹，蔑以加矣。今值是書成編，揆以古例，用製序文，以弁簡端云爾。

昔周道既微，諸侯放恣，上下失序，九流並作。孔丘祖述堯舜，憲章文武，修《春秋》，闢私學，裒其遺言，是爲《論語》。孟軻聞其風，慕而悦之，私淑有得，斯有《孟子》。老聃絶聖棄智，絶仁棄義，知雄守雌，知白守辱，因有《老子》。莊周以虚遠之説，恣縱之言，巵之寓之，重之覆之，遂成《莊子》。墨翟用夏政，倡兼愛，崇節儉，而《墨子》出焉。荀況尊孔氏之學，採衆家之長，而《荀子》備焉。若斯之儔，後先接踵，皆英才特達，奮其智慮，騰口舌以競辯，著文章以立説，乃中土學術之源頭，華夏文化之瑰寶也。逮嬴政即位，滅典禁學，惟韓非、李斯，相繼鳴高，而百家競唱，頓失聲響。漢承秦政，亦鄙文事，然經世致用之學，廷議對策之文，實因君主望治，固已應運而生。若賈誼《過秦》《治安》，晁錯《賢良》《貴粟》，不讓戰國之縱横；陸賈《新語》、賈氏《新書》，比美諸子之盛藻。方是時也，文帝、竇后，推尊黄老，風被草上，士臣效焉。淮南劉安，廣致門客，纂成《鴻烈》，思以『統天下，理萬物』（《淮南子·要略》），旨近老莊，而博採孔、墨、陰陽、申、韓，黄老之學，至此而集大成。洎漢武改運，一尊儒術，諸家之説，悉摒弗用。迨元、成以還，揚雄著《法言》，王充成《論衡》，發論煌煌，復振子學。漢季士尚横議，王符作《潛夫》，荀悦張《申鑒》，踵武前修，經綸天下，無愧百家，諸子於是乎騰聲，著述以此而增價。

爰及魏晉，士習苟安，虚慕玄遠，爲學空追柱下，博物不離七篇。何晏、王弼之倫，依傍老聃，啓玄風之溟溟；嵇康、阮籍之儔，寄情莊周，避世情之炎炎。向秀、郭象之輩，雖乏奇藻，惟雅尚《莊子》，自有會心；司馬、崔譔之徒，咸有根柢，訓詁《莊》書，類多可述。凡此皆道家之餘響，俗世之殊韻也。嗣後南北懸隔，王道淪失，百家之書，學者未遑，非力有不逮，實世風之日替。然中流有在，綿綿若存，若葛洪《抱朴》，意新辭茂；元帝《金樓》、之推《家訓》、佚名《劉子》，皆識見非凡，不讓前秀。

李唐尊佛老，崇釋道，收士人之心，廣開科第，《老》《莊》《列》《文》，並駕六經，治子之風日盛，注述彬彬而出。然此爲梯進之媒，實非中心好之，固與魏晉玄士有間矣。趙宋謀國，權術是依，承安三教，意非進取。太宗、徽宗，寄心道流，而名士荆公、子瞻之倫，皆助瀾推波。是以老莊復興，闡述者衆，若陳景元、呂惠卿、王元澤、林希逸、褚伯秀，咸有可述。然正議格辯，亦復高漲。呂公著上書請禁，以爲：『主司不得出題老、莊書，舉子不得以申、韓、佛書爲學。』（《宋史·呂公著傳》）葉適則謂：『蓋周之書，大用於世者再，其極皆爲夷狄亂華、父子相夷之禍，然則楊、墨、申、韓之害，曾不若是之遠已！』（《水心先生別集·莊子》）固知老、莊、楊、墨、申、韓之跡未替，與儒學並世而異流矣。

明正德以還，王守仁高張宗旨，與朱子殊科。其後天下從風，若楊慎、焦竑、李贄、方以智者，天資既非尋常比，而筆底風雲，或以佛老通義理，或由莊周自照心，老莊浸盛，一時沛然不可禦者矣。而傅山力倡『經子不分』（《雜記三》），以爲『有子而後有作經者也』（同上），持論高曠，足以動俗。其於《老子》《莊子》《列子》《管子》《墨子》

《公孫》《鄧析》《荀子》《鬼谷》《亢倉》《尹文》《鶡冠》《商君》《淮南》，靡所不究，豈非近代子學之先聲耶！

清帝右文，但嚴於防備，爲政多忌，禁網重罹。故士憚不意之殃，下筆謹慎若寒蟬，放言之未敢，豈高論之煌煌！全身之計，惟耽樸學，此不得不然。高士若盧文弨、王念孫、洪頤煊、俞樾之儔，姚文田、江有誥、馬國翰、孫馮翼之輩，皆智在上人，學通四部，咸矻矻於辨音，肆意於考訂，孜孜於鉤韻，窮年於輯佚，無分經、子之畛域，一視而同仁。子學駸駸，同並經史，樸學實與有力焉。至於辭章之士，貝錦於百家，妙析文理，翫之不已。若林雲銘、宣穎、胡文英、劉鳳苞皆其儔也。清社既屋，政體更易，國運殊艱，禁網難張，兼以西學東漸，觀念開放，論述恣縱，橫議隨心，亦勢所必然。如章炳麟、劉師培、聞一多、錢穆、馮友蘭、于省吾、王叔岷、陳奇猷諸公，或以其襟抱之寬博、氣度之恢奇，或以其視界之宏遠、思維之深邃，奮書申志，遥接華夏學術之慧命；鋪議精義，大明九流乎西學湯湯之時；提振子學，百家之説洋洋乎大興，厥功偉矣。

清季新學肇興，民智大張，承學之士，皆思撰述，或倡『西學源於諸子』之論，務欲張揚國粹。鄒伯奇以泰西科技、宗教、文字濫觴於《墨子》，薛福成以西洋電學、化學權輿於《莊子·外物》，張自牧以西人算學、重學、數學、聲學、熱學、光學、電學、化學、醫學、天文學、氣象學、地理學、機械學、測量學、植物學出自《墨子》《關尹》《淮南》《亢倉》《論衡》。鄧實《古學復興論》則謂：『墨荀之名學，管商之法學，老莊之神學，計然、白圭之計學，扁鵲之醫學，孫吳之兵學，皆卓然自成一家言，可與西土哲儒並駕齊驅者也。』如斯之類，皆有激於時，持論雖偏，無補於學術，然推挹九流，用昭萬邦，用心可謂良苦矣。

百年以來，地不愛寶，逸文故書，時有出土，關乎諸子者，在在而有。若敦煌之《老》《列》《莊》，黑水城之呂惠卿《莊子義》，馬王堆之《老子》，定州之《文子》，銀雀山之《孫子》《孫臏》《六韜》《尉繚》，雖殘損不完，亦可補上古文獻之不足，訂傳世文書之訛誤，其爲用也亦大矣。

觀夫百家競聲，流溉無已，至於近世，新境別開，動人心魄。其形諸文字，足以充棟，於六藝以外，蔚爲大國，而於中土文化，影響至鉅，且至深也。歷世通才碩學，或嗜古耽文者，豈能自外於此乎？

昔者莊周，慨百家衆技之蜂起，憫道術將爲天下裂，乃奮著《天下》之篇，放眼古今學問，歷敘其淵源之所自，風流之所及，舉凡墨翟、禽滑釐派，宋鈃、尹文派，彭蒙、田駢、慎到派，關尹、老聃派，莊周派，惠施、桓團、公孫龍派，靡不較論，褒貶偏至，歸宿大道。評較諸子，此爲濫觴。荀況明道，著爲《解蔽》，深譏諸子之偏弊，以爲『墨子蔽於用而不知文，宋子蔽於欲而不知得，慎子蔽於法而不知賢，申子蔽於勢而不知知，惠子蔽於辭而不知實，莊子蔽於天而不知人』，雖見機穎，未必服人；復爲《非十二子》之論，大類訶詈，皆有所激，難稱持平。惟其評騭諸子，流别部居，區分學派，若它囂、魏牟派，陳仲、史鰌派，墨翟、宋鈃派，慎到、田駢派，惠施、鄧析派，子思、孟軻派，仲尼、子弓派，臚陳列示，類多可徵，振響莊周之後，宜乎與《天下》並傳。其門人韓非，著《解老》《喻老》，融法入老，變混宗旨，曲柱下以非其義，意未深接，難免有狂躁之譏。然治老之作，實導乎此也。

炎漢司馬談，著爲《要指》，範圍學藝之名實，綜陰陽、儒、墨、名、法、道德六家，司判得失，先秦學術，大體粗定。劉歆復撰《七略》，增益縱横、農、雜、小説，定爲十家。此百氏分合之歸宿，家數定稱之厥初也。班固《藝文志》深探本源，論定諸子皆起於『王官』，曲承莊周《天下》『古之道術有在於是者』之論緒，觀流索源，惟義説爛漫而無可徵信。然於儒術得令之際，敢次列儒家於諸子之間，足見學術公論，不爲利禄所淹殺也。孟堅詮敘諸家，雖辟猶水火，然相滅亦相生，誠見理識。至於書録，儒家五十三，道家三十七，陰陽家二十一，法家十，名家七，墨家六，縱横家十二，雜家二十，農家九，小説家十五，統四千三百二十有四篇。十家著述載録，蓋云備矣。百世之下，班《志》所述，稽古猶須賴焉。

典午以後，簿録雲構，鄭默《中經》、荀勗《新簿》、王儉《七志》、阮孝緒《七録》、劉遵《梁東宮四部目録》，多承前志，别類各殊，然大勢所趨，則合爲四部，所謂甲、乙、丙、丁是也。迨《隋志》修纂，參酌先例，定名經、史、子、集，以代甲、乙、丙、丁，後世式焉。其子部則併班《志》諸子略、兵書略、術數略、方技略，所謂儒、道、法、名、墨、縱横、雜、農、小説、兵、天文、曆數、五行、醫方諸類是也。爾後簿録相承，遞爲損益，見備《四庫》，若儒家、兵家、法家、農家、醫家、天文演算法、術數、藝術、譜録、雜家、類書、小説家、釋家、道家咸歸子部，所謂『自六經以外立説者，皆子書也』（《四庫全書總目·子部總敘》）。

六朝以還，道術承變，頗思頡頏儒釋；羽流不甘，亦廣訪祕典，博搜奇編，彙爲道經。始則劉宋陸修静，總括三洞，校理目次，成《三洞經書目録》。唐人復輯《三洞瓊綱》，遞至趙宋，《寶文統録》《大宋天宫寶藏》《政和萬壽道藏》之集，煌煌矣。金、元刊刻，板亦漫滅。今存明正統《道藏》，收録凡五千三百零五卷；萬曆《續道藏》，凡一百八十卷，皆道典之總彙。清彭定求《道藏輯要》、閔一得《道藏續編》，近世守一子《道藏精華録》，續有增補。而諸子遺編，其涉道術者亦録其中，文獻有存，則『藏』之爲用亦大矣。

宋龔士卨始輯《五子纂圖互注》，所録五書，一曰《纂圖互注老子章句》，二曰《纂圖互注南華真經》，三曰《纂圖互注荀子》，四曰《纂圖互注揚子法言》，五曰《纂圖互注文中子》。後此以往，叢刻疊見。明李瀚《新刊五子書》、歐陽清《五子書》、張懋寀《楊升庵先生評注先秦五子全書》、許宗魯《六子書》、顧春《六子書》、陶原烺《六子全書》、謝汝韶《二十家子書》、陸明揚《紫薇堂四子》、吳勉學《二十子全書》、史起欽《諸子纂要》、董逢元《四子全書》、陳楠《四子書》、黄之寀《二十子》、張登雲《中立四子集》、閔齊伋《三子合刊》，皆明人標榜家數之遺風；復有周子義《子彙》、馮夢禎《先秦諸子合編》、方疑《且且庵初箋十六子》、佚名《合諸名家批點諸子全書》、汪定國《諸子褒異》、歸有光《諸子彙函》，清有吳鼒《韓晏合編》、王子興《十子全書》、王纕堂《廿二子全書》、馮雲鵷《聖門十六子書》、崇文書局《子書百家》、浙江書局《二十二子》、鴻文書局《二十五子彙函》、育文書局《子書二十八種》，民國有五鳳樓主人《子書四十八種》、陳乃乾《周秦諸子斠注十種》、國學整理社《諸子集成》，則學術爲宗，入門稱便。若斯之類，陳陳相因，或採擇未精，或板刻漫漶，然其別裁分體，或配隸自殊，或槖函衆家，或籠罩百氏，不惟惠及學人，即今從事編纂，亦可酌採其法，漁弋其所録之文也。

縱覽千祀，詳觀衆志，目録所載，子部所列，不啻充棟汗牛，抑亦塞乎區宇矣。然歷世編録，子部所收，端緒茫如，最稱龐雜，舉凡淩雜不倫，無可附麗者，皆可強入之，不足以爲準式。且儒者用心，排斥異端，官方纂輯，六藝爲先，子書非所矚目也。若《四庫》標榜『全書』，所收《管子》《晏子》《老子》《莊子》《墨子》《商君》《荀子》《韓子》《呂覽》《淮南》白文本，與乎相關研治之著作，僅得數十。宋明以還，雖好事者恒有，動輒災梨禍棗，刊爲子書叢編，亦不過攫要摘精，豈可窺其大全乎！兩岸隔絶之日，臺灣有嚴靈峰者，用展襟抱，旁搜廣輯，日有孜孜，於《老》《列》《莊》《墨》《荀》《韓》諸子，所得甚夥，影印成編，彙爲《無求備齋諸子集成》，功駕前人之上。然嚴公以一己之力，雖黽勉從事，蓋有不支焉。且以一水相隔，子學卷帙所儲，實以大陸爲富，而得之爲難，豈可諧其夙願！又爲技術所限，所印六子集成，模糊不清者，蓋居其泰半，學人多病之，可爲歎息者也。

今海内昇平，文運昭回，凡志懷天下者，莫不欲高翥青冥，周覽八極，收古今歧道人生之智慧，綜歷代成敗得失之經驗，鑒别中西學藝，重建強國話語，亟思奮勵，所以修齊而治平也。華東師範大學，用敢以振興文命自任，以副天下之望，遂勉先秦諸子研究中心垂意，廣徵高識學人，搜四方遺文，綜百家大觀，嘉惠學人，貽功來葉。予雖不敏，豈敢不勉！先是創辦《諸子學刊》，用弘斯業；繼而編纂《子藏》，求全且精，庶或無愧於古人，而來葉知所歸。年前春三月，禮邀宿儒碩學，共論滬上。大德如傅璇琮、卿希泰、陳鼓應、許抗生、陸永品、王水照、蕭漢明、張雙棣、趙逵夫、鄭傑文、張湧泉、廖名春諸先生，皆慷慨相持，莫不奮言，學人共識，皆融此際。未克與會之李學勤先生，欣然惠賜雅論，亦云：『如能彙集成爲《子藏》，實在是功莫大焉。』是知編纂《子藏》，乃人心之所向，爲時代之事業，以故當下起行，一往無前也。

夫『子藏』者，言網羅放佚，次第編摩，俾子學遺籍，盡彙一藏也。『藏』爲儲物之所，佛典之總謂《佛藏》，道經之彙稱《道藏》。今總彙子學遺編，則謂之《子藏》也。蓋漢孝武以還，儒術獨尊，莫與比盛，公私册府，皆庋藏其籍，而他家子書，則多散佚，難以尋覓，故採掇搜羅，彙爲一藏，與天下共之，其嘉惠學林也甚溥矣哉！

劉勰云：『諸子者，入道見志之書。』（《文心雕龍·諸子》）誠哉斯言！然披觀志録，子部配隸，殊有可議。如《漢志》所列『農家』，多勸農桑，或言耕稼之書；『小説家』則有《周考》二十六篇，班固自注曰『考周事也』，亦非『入道見志』之書明矣。《隋志》合《漢志》諸子略、兵書略、術數略、方技略而爲『子部』，歸攝天文、歷數、五行、醫方，此皆方術，殊非見志。《四庫》『子部』，旨在兼包，採擇失統，諸如推步、算書、數學、占候、相宅相墓、占卜、命書相書、陰陽五行、雜技術、書畫、琴譜、篆刻、器物、食譜、雜學、雜考、雜説、雜品、雜纂、雜編、雜事、異聞、瑣語，無所不包，門類有失於冗雜。然沿用已久，積非成是，見諸《中國叢書綜録》。準是以求，則津逮多迷，雜學充斥，而子學『入道見志』之旨，益惑於簿録。今之治子學者，若尤而效之，援爲法戒，則必長見笑於大方之家矣。

若乃觀諸叢刻，宋明以降，『子學』固與『子部』別矣。其中尚見疑似者，如王纕堂《廿二子全書》録《古三墳》一卷、《忠經》一卷、《農説》一卷、《佛説四十二章經》一卷、《葬經》一卷，崇文書局《子書百家》録《齊民要術》十卷、《焦氏易林》四卷、《燕丹子》三卷、《山海經》十八卷、《海内十洲記》一卷、《搜神記》二十卷、《博物志》十卷，浙江書局《二十二子》録《竹書紀年統箋》十二卷、《補注黄帝内經素問》二十四卷，皆非入道之書，亦無關見志。惟嚴靈峰輯《無求備齋諸子集成》，並《周秦漢魏諸子知見書目》，去取之間，頗具識力，足資參詳。

揚搉古今，參稽舊説，折衷群議，雜以私意，輒以爲《子藏》之『子』，當取思想史『諸子百家』之『子』，而非因襲目録學『經、史、子、集』之『子』也。善乎章炳麟《諸子略説》所言：『所謂諸子學者，非專限於周秦，後代諸家，亦得列入，而必以周秦爲主。』持是以求，本藏所録，非止先秦，其漢魏六朝之子書，並歷世學人校覈、注釋、研究專著，皆搜羅盡備。故子書正言，可得而理，曰：《老子》《莊子》《墨子》《子華子》《管子》《鬻子》《晏子》《鄧析子》《文子》《尹文子》《亢桑子》《惠子》《公孫龍子》《曾子》《子思子》《孔子家語》《孔叢子》《商君書》《慎子》《申子》《尸子》《鬼谷子》《孫子》《吴子》《司馬法》《尉繚子》《六韜》《三略》《素書》《關尹子》《鶡冠子》《陰符經》《荀子》《韓非子》《呂氏春秋》《新語》《新書》《淮南子》《春秋繁露》《鹽鐵論》《新序》《法言》《太玄》《桓譚新論》《白虎通》《論衡》《獨斷》《中論》《申鑒》《昌言》《傅子》《抱朴子》《金樓子》《劉子》，流别清晰，皆子學之本體。若以思想史言之，儒術本爲子學，視彼《漢志》，即以《孟子》入諸子。訖乎『五四』，儒學受挫，學者堅稱，《論語》《孟子》，亦莫非子學，故《諸子集成》以置簡首。以彼例此，《子藏》亦當録之，方可名副其實，而此二書，亦體有所適，義有攸歸焉。至於歷世校覈、注釋、研究專著，録止於民國卅八年（一九四九），而出土簡帛，其有關乎諸子者，則下限無隔。

《子藏》之纂，要義有二，一曰『全』，二曰『精』。『全』也者，即凡例合收録原則者，務必搜盡無餘，俾世之治是學者，得盡窺全豹焉。『精』也者，仿《四部叢刊》之法，版本必善，務欲精益求精，庶無貽譏於大方也。故手稿、抄本，搜輯具備，用昭册府；諸印本並存者，則較善甄擇，然後去取焉。明清以還，傳學多有眉批、圈點，皆足見讀者會心，若標點整理，或僅摘版心，縮小影印，則大失原意，此學者之所病也。《子藏》版面，設爲十六開本，原大影印，以存本真，不施點畫，以免重蹈諸叢編之失。全藏收書，約計五千。今視阮孝緒《七録》，析『子兵録』爲十一部，若『儒部』、『道部』、『法部』、『名部』、『墨部』、『雜部』、『兵部』是也；又《道藏》分『洞真』、『洞玄』、『洞神』、『太玄』、『太平』、『太清』、『正乙』諸部，佛藏亦多分部以統衆經。故《子藏》特設諸『部』，以標識各家，分攝衆子，亦利分輯刊行，士林稱便焉。並爲衆著，各製提要，按子系列，先出單行之本（較小系列作適當合併），後則彙爲總目提要。提要其備，務求準確簡要，著者生平、世次、爵里，悉爲臚列，以爲知人論世之資；簡述内容，大體先存焉；詳敘版本流變，讀者知所用力焉。

然則《子藏》之纂，廣搜博採，薈萃群籍，若渤澥納百川之流，太倉聚萬斛之粟，自有子書以來，無有如斯之富有美備，蔚然稱盛，不特册府藉資充盈，用垂久遠，凡四方治子學者，蓋不俟於遐搜之力，患乎旁稽之艱，亦可愜意饜心，足資觀覽矣。惟工程浩大，周折殊多，且是非交至，弗暇接將。然一意學術，雖千萬人，吾往矣。志意既立，則義無反顧；

兼且諸路（涉及文學、史學、哲學、文獻學等）學者之鼎力支持，四方同仁之通力合作，公私庋藏，若中國國家圖書館、中國科學院圖書館、上海圖書館、南京圖書館、北京大學圖書館、復旦大學圖書館、北京師範大學圖書館等，莫不相助，編纂遂稱順利。信乎夫子之言，德不孤，必有鄰也！

辛卯（二〇一一年）仲秋謹撰

前言

卿希泰

《子藏·道家部·亢倉子卷》共收書四十四種，整合成精裝十六開本三册予以出版。本卷收録了目前所知有關《亢倉子》的白文本、注釋本、節選本、校注本、批校本、抄本及相關研究著述等，集《亢倉子》各種版本及相關研究文獻之大成。

一

亢倉子，史傳無載。《列子》稱亢倉子，《莊子》稱庚桑楚，《史記·老子韓非列傳》稱亢桑子。《莊子·庚桑楚》曰：『老聃之役有庚桑楚者，偏得老聃之道，以北居畏壘之山，其臣之畫然知者去之，其妾之挈然仁者遠之；擁腫之與居，鞅掌之爲使。居三年，畏壘大穰。』《史記·老子韓非列傳》則稱『畏累虚、亢桑子之屬，皆空語無事實』。皇甫謐《高士傳》有庚桑楚，與《莊子》所記同。《宋史·藝文志》注曰：『庚桑子，戰國時人，老子弟子。』唐天寶元年，賜號洞靈真人，其書爲《洞靈真經》。

《亢倉子》，《漢書·藝文志》無載，《隋書·經籍志》亦不載。《新唐書·藝文志》始著録《亢倉子》二卷，注曰：『天寶元年詔號《莊子》爲《南華真經》，《列子》爲《冲虚真經》，《文子》爲《通玄真經》，《亢桑子》爲《洞靈真經》。然《亢桑子》求之不獲，襄陽處士王士元謂：《莊子》作庚桑子，太史公、《列子》作亢倉子，其實一也。取諸子文義類者補其亡。』王士元所作《孟浩然集序》稱『修《亢倉子》九篇』，韋滔《孟浩然集序》亦稱王士元『著《亢倉子》數篇』。據此看來，王士元曾纂修《亢倉子》。

二

《亢倉子》以『道』爲宇宙之本，認爲『天不可信，地不可信，人不可信，心不可信，惟道可信』（《用道第二》，明萬曆間南京國子監刊《子彙》本，以下引文均出此本）。而上至天子，下及匹夫，各有其道。『夫雞辰而作，負日任勞，流汗灑地，夜分僅息，農夫之道也。俯拾仰取，鋭意錐撮，力思搏精，希求利潤，賈豎之道也。嗌氣谷神，宰忠損慮，超遙輕舉，日精煉仙，高士之道也。剸情端想，畢志所事，倫揆忘寢，謀効位司，人臣之道也。清心省念，察驗近習，務求賢良，以安萬姓，人主之道也。若由是類之，各順序其志度，不替塞其業履，是爲天下有道』（《用道第二》）。

『道』的自然體現爲『天』與『性』，得道者就是自覺各自的『天』『性』，並加以保全。『是故聖人之於聲色滋味也，利於性則取之，害於性則捐之，此全性之道也。』『故聖人之制萬物也，全其天也，天全則神全矣。神全之人，不慮而通，不謀而當，精照無外，志凝宇宙，德若天地然。上爲天子而不驕，下爲匹夫而不惽，此之謂全道之人。』（《全道第一》）祇要各自遵從天性，『全汝形，抱汝生，無使汝思慮營營』（《全道第一》），恪守全形、全神、全福以致『清賢』之境（《用道第二》），則萬物將各正其命，永無禍患。

在治國方面，《亢倉子》認爲君王治國當務本，並云：『所謂天下者，謂其有萬物也；所謂邦國者，謂其有人衆也。夫國以人爲本，人安則國安。』（《君道第四》）它認爲人爲邦本，故治國要從人的性情出發。而『人之情，欲生而惡死，欲安而惡危，欲榮而惡辱。天下之人得其欲則樂，樂則安』（《政道第三》），『穀者人之天』（《農道第八》），故治國在以民爲本的同時，要以農事爲先。

《亢倉子》的政治理念就是以民本、農先爲核心展開。首先，天子的作用就在於生養民衆。它說：『始生之者天也，養成之者人也。能養天之所生而勿攖之，謂之天子。天子之動也，以全天氣。故此官之所以自立也，立官者以全生也。』（《君道第四》）因此，君王所要做的就是克私欲，不擾民而保民。

至於君王與賢者的關係，《亢倉子》曰：『天子靜、大臣明、刑不避貴、澤不隔下，則賢人自至而求用矣。』（《賢道第六》）祇要君王賢明無爲，賢人將不求而至。而在面對選擇賢能委以官職時，則要以選天下所愛爲原則，不可任君王所獨愛者，直言：『士有天下人愛之而主不愛者，有主獨愛之而天下人不愛者。用天下人愛者則天下安，用主獨愛者則天下危。人主安可以自放其愛憎哉？』（《君道第四》）

至於『審士』的基本原則，則認爲：『夫聖人之用人也，貴耳不聞之功，目不見之功，口不可道之功，而百姓暢然自理矣。』（《君道第四》）強調『心慮取人』，重其實，不貴其名。同時，要做到量才而用。『士有才行比於一鄉，委之鄉；才行比於一縣，委之縣；才行比於一州，委之州；才行比於一國，委之國政。』（《政道第三》）總之，衹要君王虛靜，官吏勤德，保民利民，便可實現上下交和，各正性命，最終無爲而治。

三

《亢倉子》，《新唐書·藝文志》著録二卷，未言篇數。《崇文總目》作九篇，《郡齋讀書志》著録二卷，《直齋書録解題》有何粲注本三卷，《宋史·藝文志》著録三卷，宋濂《諸子辨》作五卷，與今本合。據此，則《亢倉子》九篇，初爲二卷。

《亢倉子》白文本均爲九篇一卷本，最早爲明正統《道藏》本，題庚桑楚撰，稱《洞靈真經》。此後所刻均稱《亢倉子》，如明萬曆間南京國子監《子彙》本、明萬曆三十年緜眇閣刊《先秦諸子合編》本、明刊《且且庵初箋十六子》本、明刊《十二子》本、明刊《六子》本等皆是。清嘉慶十四年刊《墨海金壺》本則題『唐王士元撰』。

《亢倉子》何粲注本有一卷、三卷、五卷、不分卷四種刊本。一卷本爲明金城黄諫刊本，後附黄諫音釋。三卷本最多，最早爲明正統《道藏》本，其後有明萬曆金陵聚奎樓刊本、明天啓《合諸名家批點諸子全書》本，三篇合一卷，分上、中、下三卷。五卷本爲宋刊本，以第一、二篇爲卷一，第三篇爲卷二，第四、五、六篇爲卷三，第七篇爲卷四，第八、九篇爲卷五。《道藏輯要》本則以篇爲次，不分卷。注者何粲又有何粲、何璨與何燦之別。宋刊本作何粲，黄諫音釋本亦作何粲，《道藏輯要》本則作何燦，其他各本均作何璨。

《宋史·藝文志》尚著録有王士元《亢倉子音義》一卷，《通志》著録爲《亢倉子音略》一卷，當即爲《亢倉子音義》。今中國國家圖書館所藏宋本《亢倉子》後，附有音義數條，或爲王士元舊注。

四

《子藏·道家部·亢倉子卷》所收著作注重《亢倉子》版本的收録。《亢倉子》白文爲一卷，刊本及抄本均有，爲展現《亢倉子》流傳過程，本卷自明正統《道藏》本至民國刊本，以及中國國家圖書館藏清同治八年劉履芬抄本，均予收録，以饗讀者。

《子藏·道家部·亢倉子卷》還注重收録名人批校本。《亢倉子》批校本甚少，本卷收得中國國家圖書館藏清袁芳瑛校明刊《六子書》本、民國傅增湘校明刊《十子》本，袁、傅二氏均爲著名文獻學家，其校語雖少，但確有點石成金之功。上海圖書館藏焦循校跋《亢倉子洞靈真經》爲焦氏《諸子節録》之一種，有焦循手校及跋語，具有很高的學術價值。

《子藏·道家部·亢倉子卷》還注重收録選本。如遼寧圖書館藏《諸子玄言評苑》、日本藏《諸子文歸》、中國科學院圖書館藏《子品金函》等均爲稀見珍本，本卷均予以收入。

《子藏·道家部·亢倉子卷》所收各種著作及其刊本、抄本，基本上體現了《亢倉子》一書的流傳演變過程，此卷的編纂，必將大大推動《亢倉子》的研究。

二〇一二年十一月

凡例

一、依據《子藏》『求全且精』的原則，本卷收録《亢倉子》白文本、注釋本、校勘本及研究著作等（原則上截止到一九四九年）共四十四種，整合成精裝十六開本三册影印出版，提要另以單行本出版發行。

二、本卷所收各書，略以著者生年先後爲序。然自晚清以來，出書年代間隔不斷縮小，晚輩所著在長輩之前，所以於『略以著者生年先後爲序』原則外，亦不乏視實際情況作適當調整者。如張心澂、黄雲眉依生卒年而列，張謂、陸翔因生卒年暫無確考，姑依其著作之出版年代列於張、黄二人之上。

三、每種書原則上收録最初刊印者，但如有後出轉精的刊本，則視具體情況而定。如有刊本與稿本或抄本並傳者，原則上皆予收録，以便讀者窺其全貌。如《亢倉子》最早傳本爲明正統《道藏》本，其後明清刊刻者有十多種，本卷均予以收録，以見其流傳之序。

四、本卷所收著作，原則上都採用原書全稱。如所收僅爲某書一部分，不便於使用原書全稱者，則作適當處理。如沈津《百家類纂》、陳繼儒《藝林粹言》等書，均節選或選評《亢倉子》，分别酌情改稱《亢倉子類纂》《亢倉子粹言》。

五、原著卷首所著録之作者姓名不一，如明正統《道藏》本題『周庚桑楚撰』，其他各本均不著撰人，今暫依《道藏》本作『周庚桑楚撰』。而清嘉慶十四年刊《墨海金壺》本題『唐王士元撰』，爲體現文獻原貌，依原書著録。再如《亢倉子注》作者何粲之『粲』字，本卷所收七種刊本有『粲』、『璨』、『燦』三種寫法，宋刊本作『粲』，明正統《道藏》本、明萬曆間金陵聚奎樓刊本、明天啓間刊《合諸名家批點諸子全書》本、明金城黄氏刊本均作『璨』，清光緒三十二年成都二仙庵刊《道藏輯要》本作『燦』，本卷亦均依原書著録。

總目録

第一册

第二册

第三册

第一册目録

洞靈真經一卷

周·庚桑楚撰

明正統《道藏》本

御製

天地定位　陰陽協和　星辰順度　日月昭明
寒暑應候　雨暘以時　山嶽靖謐　河海澄清
草木蕃廡　魚鼈咸若　家和戶寧　衣食充足
禮讓興行　教化修明　風俗敦厚　刑罰不用
華夏歸仁　四夷賓服　邦國鞏固　宗社尊安
景運隆長　本支萬世　正統十年十一月十一日

庚桑子

老子之役有庚桑楚者陳人也偏得老子之道居畏壘之山其臣之畫然知者去之其妾之挈然仁者遠之擁腫之與居鞅掌之為使居三年畏壘大壤後游吳隱毗陵盂峯道成仙去後有漢輔光張天師唐張果老相繼隱

修因號張公壇福地古建洞靈觀宋改天申萬壽宫著書九篇號庚桑子一名亢倉子唐封洞靈真人書爲洞靈真經

洞靈真經

全道篇第一

亢倉子居羽山之顔三年俗無疵癘而仍穀熟其俗竊相謂曰亢倉子始來吾鮮然異之今吾日計之不足歲計之有餘其或聖者耶

盍相與尸而祝之社而稷之乎亢倉子聞之色有不釋其徒黶啜從而啓之亢倉子曰吾聞至人尸居環堵之室而百姓猖狂不知其所如徃今以羽俗子父竊竊焉將俎豆予我其的之人耶吾是以不釋於老聃之言黶啜曰不者夫尋常之汚巨魚無所還其體而鯢鰌爲（音爲）之制步仞之丘巨獸無所隱其軀而孽狐爲之祥且也尊賢叓（音事）能嚮善就利自堯舜以固然而况羽俗乎先生其聽矣亢倉子曰譆來夫二子者知乎函車之獸介而離

山罔罟制之吞舟之魚蕩而失水螻蟻苦之故鳥獸居欲其高魚鱉居欲其深夫全其形生之人藏其身也亦不厭深渺而已吾語若大亂之本祖乎堯舜之間其宊（音終）存乎千代之後千代之後必有人與人相食者矣言未宊南子榮之檮色蹵然膝席曰檮年運而長矣將奚以託業以豈斯言亢倉子曰全汝形抱汝生无使汝思慮營營若此緒年或可以及此言雖然吾才小不足以化子子胡不南謁吾師聃亢倉子既謝榮之檮不釋羽俗而

龍已乎天下水之性欲清土者滑之故不得清人之性欲壽物者滑之故不得壽物也者所以養性也今世之惑者多以性養物則不知輕重也是故聖人之於聲色滋味也利於性則取之害於性則捐之此全性之道也萬人操弓𦦨音共躲音射一招招无不中萬物章章以害一生生無不傷故聖人之制萬物也全其天也天全則神全矣神全之人不慮而通不謀而當精照無外志凝宇宙德若天墜然上爲天子而不驕下爲匹夫而不惛此之爲

全道之人心平正不爲外物所誘曰清清而能久則明明而能久則虛虛則道全而居之秦佚死亢倉子哭之其役曰天下皆死先生何哭焉也亢倉子曰天下皆哭安得不哭其役曰哭者必哀而先生未始哀何也亢倉子曰舉天之下吾無與樂安所取哀蜕墜之謂水蜕水之謂氣氣蜕氣之謂虛虛蜕虛之謂道虛者道之體靖者道之地理者道之綱識者道之目道所以保神德所以弘量禮所以齊儀物所以養體好質白之物者以黑爲汙好質黑

之物者以白爲汚吾又安知天下之正潔汚
哉由是不主物之潔汚矣夫晳視者以黈爲
赤以蒼爲玄吾乃今所謂皂白安知識者不
以爲頳黄吾又安知天下之正色哉由是不
適物之色矣夫好貨甚者不見他物之可好
好馬甚者不見他物之可好好書甚者不見
他物之可好吾又安知天下之果可好者果
可惡者哉由是不見物之可以保戀矣無能
滑吾天音長矣陳懷君柳使其大夫禱行聘於
魯叔孫卿私曰吾國有聖人若知之乎陳大

夫曰奚以果明其聖叔孫卿曰能廢心而用形陳大夫曰弊邑則小亦有聖人異於所聞曰聖人爲誰陳大夫曰有亢倉子者偏得老聃之道其能用耳眎而目聽定公聞而異焉使叔孫氏報聘且致亢倉子待以上卿之禮

亢倉子至賔于亞寢魯公卑辭以問之亢倉子曰吾能聽視不用耳目非能易耳目之所用告者過也公曰孰如是寡人增異矣其道若何寡人果願聞之亢倉子曰我體合於心心合於氣氣合於神神合於無其有介然之

有唯然之音雖遠際八荒之表邇在眉睫之內來干我者吾必盡知之迺不知其是我七竅手足之所覺六腑五臟心慮之所知其自知而已矣

用道篇第二

貞一

四

天不可信墜不可信人不可信心不可信惟道可信賢主秀士豈可知哉昔者桀信天與其祖四海巳不勤於道天奪其國以授殷紂亦信天與其祖四海巳不躬於道天奪其國以授周令夫墤𨷈音農信墜實生百穀不力於

其道墜竊其菓稼而荒翳之齊后信人之性酬讓不明於其道舉全境以付人人實鴟義而有其國凡人不修其道隨其心而師之營欲茂滋災疾朋釁戕身損壽心斯害之矣故曰惟道可信天墜非道不能悠久蒼生非賢不能靖順庶政非材不能緜理夫用道之人不露其用福滋萬物歸功無有神融業茂靈慶悠長知而辨之謂之識知而不辨謂之道識以理人道以安人夫鷄戺音辰而作夙日任勞流汗灑墜夜分僅息閽夫之道也俯拾仰

取銳心錐撮力思摶精希求利潤貫豎之道也嘸氣谷神宰思損慮超遥輕舉日精鍊仙高士之道也剸情嵩想畢志所事倫撥忘寢謀効位司人臣之道也清心省念察驗近習務求才良以安萬姓人主之道也若由是類之各順序其志度不替寶音蹇其業履是為天下有道導筋骨則形全翦情欲則神全靖言語則福全彔音魃此三全是謂清賢道德盛則鬼神助信義敦則君子合禮義備則小人懷有識者自是無識者亦自是有道者靜默闇

鈍者亦靜默物固有似是而非似非而是先號後笑始吉終凶身可親而不不堪親才可敬而身不堪敬敬甚則不親親甚則不敬親之而踈踈之而親恩甚則怨生愛多則憎至有以速爲貴有以緩爲貴有以直爲貴有以𠚕（音曲）爲貴百事之宜其由甚微不可不知是故智者難之靜則神通窮則意通貴則語通富則身通理勢然也同道者相愛同藝者相嫉同與者相愛同取者相嫉同病者相愛同壯者相嫉人情自然也才々々而好謙貧賤而

不諂處勞而不爲辱貴富而益恭勤可謂有德者也

政道篇第三

人無法以知天之四時寒暑日月星辰之所行若知天之四時寒暑日月星辰之所行當則諸生血氣之類皆得其處而安其產矣人臣亦無法以知主之賞罰爵祿之所加若知主之賞罰爵祿之所加宜則親疏遠近賢不肖皆盡其才力而以爲用矣信全則天下安信失則天下危夫百姓勤勞財物殫盡則爭

害之心生而不相信矣人不相信由政之不平也政之不平吏之辠也吏之有辠刑賞不齊也刑賞不齊主不勤明也夫主勤明則刑賞一刑賞一則吏奉法吏奉法則政下宣政下宣則民得其所而交相信矣是知天下不

相信者由主不勤明也亢倉子居息壤五年靈王使祭公致篚帛與紛璐曰余末小子否德忝位水旱不時藉爲人苦何以禳之亢倉子曰水陰沴也陰於國政類刑人事類私旱陽過也陽於國政類德人事類盈楚以爲凡

遭水旱天子宜正刑修德百官宜去私戒盈
則以類而消百福日至矣鄭有胡之封珪戎
弓異時失同於荆荆曰必得封珪戎弓不然
臨兵于汝鄭君病之觴見亢倉子曰封珪戎
弓先君得之胡綿代功實傳章翼嗣今荆恃
大而曰必得不然臨兵國危矣寡人欲以他
封珪戎弓往若之何亢倉子曰君其少安今
是楚亦有寶於此飾楚之寶以貫罪於君楚
所不能爲君必致夫眞今荆以淺鮮之過而
負其威刑申逞不直以耗祗與國荆失諸侯

於是乎在諸侯聞之將警勸備倫比勤明會同上義固存鄭爲首君姑待之豈必非福於是以胡珪戎弓往未至郢荆人聞之曰彼用聖人之訓辭吾焉取此以暴不直於天下而令諸侯實生心焉遽返其賂而益善鄭焉人之情欲生而惡死欲安而惡危欲榮而惡辱天下之人得其欲則樂樂則安不得其欲則苦苦則危若人主放其欲則百吏庶夭具展其欲百吏庶夭具展其欲則天下之人貧者竭其力富者竭其財四人失其序皆不得其

欲矣天下之人不得其欲則相與携持保抱
逋逃隱蔽漂淋音流掘采以祈性命吏又從而
捕之是故不勝其危苦因有群聚背叛之心
生若群聚背叛之心生則國非其國也匆貪
戸口百姓汝走匆壯城池百姓汝疲賦歛不
中窮者日窮刑罰且二貴者日貴科禁不行
國則以傾官吏非才則寬猛失所或與百姓
爭利由是狡詐之心生所以百姓𦳝而難知
夫下難知則上人疑上人疑則下益惑下既
惑則官長勞官長勞則賞不足勸刑不能禁

易動而難靜此由官不得人故也政術至要
力於審士士有才行比於一鄉委之鄉才行
比於一縣委之縣才行比於一州（青州）委之州
才行比於一國委之國政而後迺能無伏士
矣人有惡戾於鄉者則以誨之不改是爲惡
戾於縣則撻之不改是爲惡戾於州則移之
不改是爲惡戾於國則誅之而後迺能無逆
節矣誠如是舉天下之人一一胷懷無有干
背慆慢之萌矣此之謂靖人凡爲天下之務
莫大求士士之待求莫善通政通政之善莫

若靖人靖人之才蓋以文章考之百不四五以言論考之十或一二以神氣靖作態度考之十全八九是皆賢王慶世明識裁擇所能爾也夫天下王危世以文章取士則翦巧綺濫益至而正雅綮音素實益藏矣以言論取士則浮捷游飾益來而謇諤諍直益晦矣以神氣靖作態度取士則外正內邪益尊而清修明實益隱矣若然者賢愈到政愈僻令愈勤人愈亂矣夫天下至大器也帝王至重位也得士則靖失士則亂人主勞於求賢逸於任使

於呼守天聚人者其胡可以不事誠於士乎
人情失宜主所深恤失宜之大莫痛刑獄夫
明達之才將欲聽訟或誘之以詐或脅之以
威或闢之以情或苦之以戮雖作設權異而
必也公平故使天下之人生無所於德死無
所於怨夫秉國建吏持刑若此可謂至官至
官之世群情和正諸產咸宜愛敬交深上下
條固不可摇蕩有類一家苟有違順陵逆安
得動哉平王反正既宅天邑務求才良等闡
一善喜豫連日左右侍僕累言大臣有賢異

者如是踰歲王曰余一人于德不明務求賢
異盃恐山澤遺逸不舉豈樂聞善以自閉塞
哉迺者仄媚僕臣累譽權任頗陷左右意余
孱昧無能斷明徒唯萩音共和依違浸長自賢
敗德莫此爲多不時匡遏就滋固黨於是弃
貞一 九
左右近習三人市販庶司尹夭五人曰無令
臣君者附下罔上持祿阿意天下聞之稱爲
齊明海南之西歸者七國至理之世輿服純
縈憲令寬簡禁網疏闊夫輿服純縈則人不
勝羨憲令寬簡則俗無忌諱禁網疏闊則易

避難犯若人不勝羡則嗜欲希微而服役樂
業矣俗無忌諱則抑閉開舒而歡欣交通矣
易避難犯則好惡分明而貴德知恥矣夫服
役樂業之謂順歡欣交通之謂餘貴德知恥
之謂正浮墮之人不勝於順逆節之人不勝
於餘姦邪之人不勝於正順餘正三者理國
之宗也寖音衰末之世輿服文巧憲令禳祈禁
網煩僻夫輿服文巧則流相炎慕憲令禳祈
則俗多忌諱禁網煩僻則莫知所適若流相
炎慕則人不忠潔而恥朴貴華矣俗多忌諱

則情志不通而上下膠戾矣莫知所逭則讒禍繁興而衆不懼死矣夫恥朴貴華之謂浮上下膠戾之謂窒衆不懼死之謂冒眞正之士不官於浮公直之士不官於實器能之士不官於冒浮實冒三者亂國之梯也荆君熊圉問水旱理亂亢倉子曰水旱由天理亂由人若人事和理雖有水旱無能爲害堯湯是也故周之秩官云人強勝天若人事壞亂縱無水旱日益崩離且桀紂之滅豈惟水旱荆君北面遵循稽首曰天不弃不穀及此言也

乃以弘璧十朋爲亢倉子壽拜爲亞尹曰庶吾國有瘳乎亢倉子不得已中宿微服違之他邦至理之世山無僞隱市無邪利朝無佞禄國産問何由得人俗醇朴亢倉子曰政煩苛則人姦僞政省一則人醇朴夫人俗隨國政之方圓猶蠖屈之於葉也食蒼則身蒼食黃則身黃曰何爲則人富亢倉子曰賦斂以時官上清約則人富賦斂無節官上奢縱則人貧句粤之簳鏃以精金鶩隼爲之羽以之揞笙則其與槁朴也無擇及夫蕩冦爭虡〔音衡〕

覿武決勝加之駭弩之上則三百步之外不立敵矣蜚景之劒威奪白日氣盛紫蜺以之剴擭則其與劇刃也無擇及夫凶邪流毒沸渭不靖加之運掌之上則千里之内不留行矣夫材有分而用有當所貴善因時而巳耳昔者明皇聖帝天下和平萬物暢茂群性得極善因時而勿擾者也近古是來天下姦邪者衆正直者寡輕薄趍利者多敦方退靜者鮮姦者出言天於忠言遂使天下之人交相疑害悲夫作法貴於易避而難犯救弊貴於

省事而一令除去豪横則官人安刑禁必行則官人不敢務私利官人不敢務私利而百姓富史刑曰眚災肆赦赦不欲數赦數則惡者得計平人生心而賢良否塞矣人有大爲賊害官吏捕獲因廣條引誣陷貞良關遠牽率冀推時序卒蒙赦宥遇賊害者訖無所快自毒而已由是平人逝生黠計吏勞政酷莫能鎮止此由數赦之過也夫人之所以惡爲無道不義者爲其有罰也所以勉爲有道行義者爲其有賞也今無道不義者赦之而有

道行義者被妎音害而不賞欲人之就善也不亦難乎世有賢主秀士肯察此論人怨者非不接人也神怒者非不事神也巧佞甚人愈怨淫祀臧神益怒

君道篇第四

始生之者天也養成之者人也能養天之所生而物攖之謂天子天子之動也以全天氣故此官之所以自立也立官者以全生也今世之惑主多官而反以害生則失所以爲立官之本矣草鬱則爲腐樹鬱則爲蠹人鬱則

爲病國鬱則百慝並起危亂不禁所謂國鬱者主德不下宣人欲不上達也是故聖王貴忠臣正士爲其敢直言而決鬱塞也克己復禮賢良自至君耕后蠶蒼生自化由是言之賢良正可待不可求求得非賢也蒼生正可化不可刑刑行非理也堯舜有爲人主之勤無爲人主之欲天下各得濟其欲有爲人主之位無爲人主之心故天下各得肆其心士有天下人愛之而主不愛者有主獨愛之而天下人不愛者用天下人愛者則天下安用

主獨愛者則天下危人主安可以自放其愛
憎哉由是重天下愛者當制其情所謂天下
者謂其有萬物也所謂邦國者謂其有人衆
也夫國以人爲本人安則國安故憂國之主
務求理人之材玉之所以難辨者謂其有硜

石也金之所以難辨者謂其有鍮石也今夫
以隼翼而被之鶡視而不明者正以爲隼明
者視之乃鶡也今夫小人多誦經籍古書或
學奇技通說而被以青紫章服使愚者聽而
視之正爲君子也明者聽而視之乃小人也

故人主誠明以言取人理也以才取人理也以行取人理也人主不明以言取人亂也以才取人亂也以行取人亂也夫聖主之用人也貴耳不聞之功目不見之功口不可道之功而百姓暢然自理矣若人主貴耳聞之功則天下之人運貨逐利而市譽矣貴目見之功則天下之人恢形異藝而爭進矣貴可道之功則天下之人習舌調吻而飾辭矣使天下之人市譽爭進飾辭見達者政敗矣人主皆知鏡之明已也而惡士之明已也鏡之明

已也功細士之明已也功大知其細失其大
不知類矣於呼人主清心省事人臣恭儉守
職太平立致矣而世或難之吾所不知也若
人主方寸之鑒不明不斷則天地之宜四海
之内動植萬類咸失其道矣以耳目取人者

官多而政亂以心慮取人者官少而政清是
知循理之世務求不可見不可聞之材澆危
之世務取可聞可見之材嗚呼人主豈知哉
以耳目取人人皆飾貌以買譽以心慮取人
人皆靜正以勤德吏靜正以勤德則不言而

自化吏黷貨以買譽則刑之而不畏音畏世主
豈知哉

臣道篇第五

夫國之將興也朝廷百吏或短或長或醜或
美或怡或厲或是或非雖聽其言觀其貌有
似不同然察其志徵其心盡於爲國所以剛
許不怨黜退不愕議得其中無違乎理故天
不惑其時墜不乏其利人不亂其叟鬼神開
贊蠻夷柔同保合大和萬物化育國之將亡
也朝廷百吏姿貌多々美顏色諧和詞氣華柔

動止詳潤雖觀其貌聽其言有若歡洽然察其志徵其心盡在覺位所以闇奇則恠見異必愕狙嫉相蒙遂喪其道故天告災時墜生反物人作凶德鬼神開禍戎狄交侵袭亂弘多萬物不化夫不傷貨財不妨人力不損官吏而功成政立下富百姓上滋主德如此者忠賢之臣也若費財煩人危官苟效一時功利規賞於主不顧過後貽災於國如此者姦臣也至理之世官得人不理之世人得郝龍覶問事君亢倉子曰既榮名而臣人者心莫

若公貌莫若和一言莫若正公不欲露和不欲
雜正不欲犯古之清勤爲國修政令之清勤
爲身修名夫爲國修政者區處條別動得其
宜合於大體爲身修名者區處條別致遠不
通拘於小節是知心以道爲主抠事得其所
心以事爲主抠物失其所臣居上位不諫下
位不公不合贍其祿君不嚴敬大臣不彰信
小臣不合官其朝有才者不必忠忠者不必
有才臣不患不忠適恐盡忠而主莫之信主
不患不信適恐信之而莫能事事上等之人

得其性則天下理中等之人得其性則天下亂明主用上等之人當委以權宜便豈肆其所爲用中等之人則當程課其功示以賞罰

賢道篇第六

賢良所以屢求而不至難進而易退者非爲愛身而不死王事適恐盡忠而主莫之信耳自知有材識之人外恭謹而内無憂其於衆也龢正而不狎親之則彌莊疎之則退去而不怨窮厄則以命自寛榮達則以道自正人有視其儀賢也聽真聲賢也微神課識或負

所望夫賢人其見用也入則諷譽出則龔默職司勤辦居室偷閑其未見用也藏身於衆藏識於目藏言於口飽食安步獨善其身貞而不怨智者不疑豈識者不疑人有識之士行危而色不可踈言遜而理不可拔凡謂賢人不自稱賢效在官政功在事事太平之時上士運其識中士竭其耐小人輸其力齊有揞子者材可以振國行可以獨立事父母孝謹鄉黨恭循念居貧無以爲養施信義而游者久之矣所如寡合或爲乘時拏毗者所蚩

紿於是負杖步足問乎亢倉子曰吾聞至人忘情黎人不事情存情之曹務其教訓而尊信義吾乃令不知爲工受不信爲信信而不見信爲信爲勤慕義爲義人義而不俟義爲義然則信義之士常獨危隨退胡以取貴乎時而教理之所上也亢倉子俯而循衽仰而譆超然而歌曰時之唱兮信義罔音昌時之默兮信義伏陽與默昌與伏汨吾無誰私兮羌忽不知其讀夫運正性以如適而物莫之應者真不行也夫真且不行謂之道喪道喪之

時工士乃隱隱之爲義有可亂（音爲）也莫可爲者有可用也邦有道則智邦無道則愚故莫可用者也祭公問賢材何從而允倉子曰賢正可待不可求材慎在求不慎無若天子靜大臣明刑不避貴澤不隔下則賢人自至而求用矣賢人用則四海之内明目而視清耳而聽坦心而無鬱矣天自成地自寧萬物醇化鬼神不能靈故曰賢正可待不可求若天子勤明大臣和理之求士也則恢弘方大公直靖人之才至若天子苛察大臣躁急之求

士也則國心巧應毀方破道之才至若天子疑忌大臣巧隨之求士也則奇姓異名仄媚怪術之才至若天子旨賢大臣固位之求士也則事文逐譽貪濁汙麗之才至若天子依違大臣回佞之求士也則外忠內僻情毒言

貞一　十六

和之才至故曰才慎在求不慎無若者黃帝得常仙封鴻廆(音鬼)容丘(音丘)商王得伊尹中興得甫申齊桓得甯籍皆由數君體道邁仁布昭聖武思輯光明寬厚昌正而衆賢自至而求用非為簡核而得也祭公曰夫子云賢人

不求而自至亦有非賢不求而自至者乎亢
倉子曰夫非賢不求而自至者固衆矣夫天
下有道則賢人不求而自至天下無道則非
賢不求而自至人主有道者寡無道者衆天
下賢人少不肖者多是知非賢不求而自至
者多矣祭公曰賢固濟天下材亦能濟天下
俱濟天下賢與材安異耶亢倉子曰審乎哉
其間也夫功成事畢不徇封譽恭退朴儉之
謂賢功成事畢榮在祿譽光揚滿志之謂材
賢可以鎮國材可以理國所謂鎮者緜寧無

爲人不知其力所謂理者勤率其事人知所
於德一賢統衆材則有餘衆材度一賢猶不
足如是賢材之殊域有居山林而誼者有在
人俗而静者有誼而正者有静而邪者也凡
視察其貌鄙俗而能有賢者萬不有一視察

貞一　十七

其貌端雅而實小人者十而有九夫不鍊其
言而知其文不責其儀而審其度不采其譽
而知其善不流其毀而斷其實可謂有識者
也

順道篇第七

閔子騫問仲尼道之與孝相去奚若仲尼曰道者自然之妙用孝者入道之至德夫其包運天地發育萬物曲成類形布丕性壽其功至實而不爲物府不爲事官無爲功尸捫求眎聽莫得而有字之曰道用之於人字之曰孝孝者善事父母之名也夫善事父母敬順爲本意以承之順承顔色無所不至發一言舉一意不敢忘父母營一手措一足不敢忘父母事君不敢不忠朋友不敢不信臨下不敢不敬嚮善不敢不勤雖居獨室之中亦不

敢懈其誠此之謂全孝故孝誠之至通乎神
明光于四海有感必應善事父母之所致也
昔者虞舜其大孝矣乎庶母惑父屢憎害之
舜心益恭懼而無怨謀使浚井下土實之于
時天休震動神明驗赫道穴而出奉養滋謹

由是玄德茂盛為天下君善事父母之所致
也文王之為太子也其大孝矣朝夕必至乎
寢門之外問寺人曰茲日安否何如曰安太
子溫然喜色小不安節太子色憂滿容朝夕
食上太子必視寒暖之節食下必知膳羞所

進然後退寺人言疾太子肅冠而齋膳宰之
饌必敬眎之湯液之貢必親嘗之嘗饌善則
太子亦能食嘗饌寡太子亦不能飽以至乎
復初然後亦復初君后有過怡聲以諷君后
所愛雖小物必嚴龔是故孝成於身道洽天

下雅曰文王陟降在帝左右言文王靜作進
退天必贊之故紂不能害夢啓之壽卜世三
十卜年七百天所命也善事父母之所致也
閔子騫曰善事父母之道幸既聞之矣敢問
教子之義仲尼曰凡三王教子必視禮樂樂

所以修內禮所以修外禮樂交修則德容發輝
于貌故能溫恭而文明夫為人臣者殺其身
有益於君則為之況利其身以善其君乎是
故擇建忠良貞正之士為之師傅欲其知父
子君臣長幼之道其知為人子然後可以為
人父知為人臣然後可以為人君知事人然
後能使人此三王教子之義也閔子騫進而
事之於家三年人無間於父母兄弟之言交
遊稱其信鄉黨稱其仁宗族稱其悌德行之
聲溢於天下此善事父母之所致也齊太子

坐清臺之上燕壯侯他高冠嚴色左帶玉具
劍右帶環珮左光照右右光照左太子讀書
不視壯侯他問曰齊國有寶乎太子曰士信
臣忠百姓戴上齊國之寶也壯侯他應聲解
劍而去嗚呼人有偏蔽終身莫自知己乎賢
貞一　十九
者見之寬恕而不言小人暴愛而濫言親戚
憐嫉而貳言人有偏蔽惡乎不自知哉是故
君子檢身常若有過衣其衣食其食知其過
而不亨音克有以正之者君子恥之將欲有言
識其必不能行者君子罕言當責衆人之惡

者視己善乎哉當責衆人之邪者視己正乎
哉此之謂反明翟西氏之子甚孝謹翟西憐
其子而好妄與之言翟西阨出夕返則曰甲
死矣其子信之旣而甲在焉他夕則曰乙且
害余其子伺將行仇旣而不見惡端他夕則
曰丁丁病矣其子覘之丁誠無恙舉此類也冐
淹年序子固孝謹至於訓勸益不保承鄉國
之人疾其叅口謀將煞之翟西聞而懼歸以
告子子未甚信旣而翟西見煞謂多言之人爲
爲踈露亦有辭約而不密者謂輕能之人爲

不定亦有體閑而心躁者謂蘩雜之人爲猥細亦有外潔而內濁者若類而引之不可殫載若非徹識孰剋(音克)究詳時有不可不應变也者內靜而外動易動而難靜時有不可不求变也者內思而外待待至而後樂暴故外靜而內動者搖思而損性奔走而逐利者勞力而害名人生於世或有变不遂志而宣言云不遇時者是無異負丹頸之罪俟時行戮豈不殆哉其博才通識未見稱用者正可云時非不清命未與耳豈不避歟長於諫者務

依存前人之性而翦制其情之所由起是以彼此開進親敬殷篤不長於諫者務攻前人之性而暗於情之所來是以彼此嫌貳猜舋日積兒童之所簡者迺耆耋之所非耳目之所娛者迺心慮之所疾徒責天下之愚者已之未賢也徒責天下之迷者已之未明也以未賢責衆愚未賢者以之亡以未明責衆迷未明者以之傷

農道篇第八

人捨本而事末則不一令不一令則不可以

守不可以戰人捨本而事末則丌產約丌產
約則輕流徙輕流徙則國家時有災患皆生
遠志無復居心人捨本而叓（音事）末則好知好
知則多詐多詐則巧法令巧法令則以是為
非以非為是古先聖王之所以理人者先務
農人農人非徒為墜利也貴行其志也人人
農則朴朴則易用易用則邊境安安則主位
尊人農則童童則少私義少私義則公法立
刀博深農則丌（音其）產複丌產複則重流散重
流散則死丌處無二慮是天下弖一心矣天

下一心軒皇几遽之理不是過也古先聖王
之所以茂耕織者以爲本教也是故天子躬
率諸侯耕籍田大夫士第有功級勸人尊墬
產也后妃率嬪御蠶於郊桑公田勸人力婦
教也男子不織而衣婦人不耕而食男女貿
功資相爲業此聖王之制也故敬時愛日埒

實課功非老不休非疾不息一人勤之十人
食之當時之務不興土功不料師旅男不出
御女不外嫁以妨農也黃帝曰四時之不可
正正五穀而已耳夫稼爲之者人也生之者

天也養之者墜也是以稼之容足耨之容耰
耘之容手是謂耕道農攻食工攻器賈攻貨
時叓不龔繼之以土功是謂大殃凡稼早者
先時暮者不及時寒暑不節稼乃多災冬至
巳後五旬有七日而昌生於是乎始耕叓農
之道見生而埶生見死而穫死天發時墜產
財不與人㫷（音期）有年祀土無年祀土無失人
時迨時而作過時而止老弱之力可使盡起
不知時者未至而逆之既往而慕之當丌時
而薄之此從叓之下也夫耨必以旱使墜肥

而土緩稼欲産於塵土而殖於地堅者慎其種勿使數亦無使踈於其施土無使不足亦無使有餘畂欲深以端畝欲沃以平下得陰上得陽然後咸生立苗有行故速成强弱不相害故速大正丌行通其中䟽氣泠風則有收而多功率稼望之有餘就之則䟽是墜之竊也不除則蕪除之則虛是叓傷之也苗丌弱也欲孤丌長也欲相與居丌熟也欲相與扶三以爲族稼乃多穀凡苗之患不俱生而俱死是以先生者美米後生者爲粃是故其

耨也夫其兄而去其弟樹肥無使扶踈樹墝
不欲專生而獨居肥而扶踈則多秕墝而專
居則多死不知耨者去其兄而養其弟不收
其粟而收其秕上下不安則稼多死得時之
禾長稠而大穗圜粟而薄糠米飴而香舂之

易而食之强失時之禾深芒而小莖穗銳多
秕而青蘦得時之黍穗不芒以長團米而寡
糠失時之黍大本華莖葉膏短穗得時之稻
莖葆長稠穗如馬尾失時之稻纖莖而不滋
厚糠而菑死得時之麻踈節而色陽堅枲而

小本失時之麻蕃柯短莖岸節而葉蟲得時之菽長莖而短足其莢二七以為族多枝數節競葉蘩實稱之重食之息失時之菽必長以蔓浮葉虛本踈節而小莢得時之麥長稈而頸族二七以氣行薄翼而蕁音屯色食之使人肥且有力失時之麦胕腫多病弱苗而翜穗是故得時之稼豐失時之稼約庶穀盡宜從而食之使人四衛變強耳目聰明𣧑氣不入身無苛殃善乎孔子之言冬飽則身溫夏飽則身涼夫溫涼時適則人無疾疢人無疾

疢是疫癘不行疫癘不行咸得遂其天年故
曰穀者人之天是以興王務爵王不務爵是
棄人也王而棄人將何國哉

兵道篇第九

秦景主將厤強兵於天下使庶天絶戎必致
亢倉子待以壤邑十二周實迫之亢倉子至
自滎泉賔于上館景主三日弗得所問下席
北首頓跬曰天果無意恤孤耶亢倉子油然
虧聘曰朕以主亂異之間而寧弊弊焉以斫
剸亂故拊者亦隨丌欲而得正焉無如可矣

景主一拜再舉歛黼袵端珪抑首而坐曰實
惟天所命亢倉子仰欀而噓俯正顏色曰原
兵之所起與始有人俱凡兵也者出人之威
也人之有威性受於天故兵之所自來上矣
嘗無少選不用貴賤天少賢愚相與同察兵
之兆在心懷恚而未發兵也疾視作色兵也
傲言推捘兵也侈鬬攻戰兵也此四者鴻細
之爭也未有蚩尤之時人實揭材木以鬬矣
黃帝用水火矣共工稱亂矣五帝相與爭矣
一興一廢勝者用事夫有以咽藥而死者欲

禁天下之醫非也有以乘舟而死者欲禁天下之船非也有以用兵喪其國者欲禁天下之兵非也夫兵之不可廢譬水火焉善用之則爲福不善用之則爲禍是故怒笞不可偃於家刑罰不可偃於國征伐不可偃於天下

古之聖王有義兵而無偃兵兵誠義以誅暴君而振苦人人之悅也若孝子之見慈親餓隸之遇美食號呼而走之若强弩之射深谷也勝負之決勿徵於他必反人情人之情欲生而惡死欲榮而惡辱死生榮辱之道一則

三軍之士可使一心矣凡軍欲其衆也心欲其一也三軍一心則令可使無敵矣古之至兵蓋重令也故其令强者其敵弱其令信者其敵詘先勝之於此則勝之於彼誠若此則敵胡足勝也凡敵人之來也以求利也令來

而得死且以走爲利敵皆以走爲利則刃無所與接矣此之謂至兵儆虐斯詐之與義理反也其勢不俱勝不兩立故義兵之入於敵之境則人知所庇矣兵至於國邑之郊不踐果稼不究丘墓不殘積聚不焚室屋得人虜

厚而歸之信與人期以奪敵資以章好惡以
示逆順若此而猶有愎狠凌傲遂宕不聽者
雖行武焉可也先發聲出號令曰兵之來也
以除人之讎以順天之道故剋其國不屠其
人獨誅所誅而已矣於是舉選秀士賢良而
尊封之求見孤疾長老而拯救之發府庫之
財散倉廩之穀不私其物曲加其禮令有人
於此能生死一人則天下之人爭事之矣義
兵之生一人亦多矣人孰不悅故義兵至則
隣國之人歸之若流水誅國之人望之如父

毋行地滋遠得人滋衆辭未終景主興稽首
曰孤獲聞先生教言不覺氣盈宇宙志知所
如也而心滋益龔於是步前稱[illegible]音[illegible]爲亢倉
子壽拜居首列師位嚴于[illegible]音齋室又月涉旬
辰加天[illegible]音関白晝行道

周·庚桑楚撰

亢倉子一卷

明萬曆四至五年(1576—1577)南京國子監刊《子彙》本

亢倉子　　　　　　　　　　道家三

全道篇第一

亢倉子居羽山之頽三年俗無疵癘而仍穀熟其俗竊相謂曰亢倉子之始來吾鮮然異之今吾日計之不足歲計之有餘其或聖者邪盍相與尸而祝之社而稷之乎亢倉子聞之色有不釋其徒黶啜從而啓之亢倉子曰吾聞至人尸居環堵之室而百姓猖狂不知其所如往今以羽俗父子竊竊焉將俎豆予我其的之人邪吾是以不釋於老聃之言黶啜曰不若夫尋常之汙巨魚無所還其體而鯢鰌爲之制步仞之丘巨獸無所隱其

軀而夔狐爲之祥且也尊賢事能罰善就利自堯舜以
固然而况羽俗乎先生其聽矣亢倉子曰譆來夫二子
者知乎函車之獸介而離山罔罟制之吞舟之魚蕩而
失水螻蟻苦之故鳥獸居欲其高魚鼈居欲其深夫全
其形生之人藏其身也亦不厭深眇而已吾語若大亂
之本稙乎堯舜之間其終存乎千代之後必有人與相
食者矣言未終南子榮之愕色楚然膝席曰愕年運而
長矣將奚以託業以事斯言亢倉子曰全汝形抱汝生
死使汝思慮營營若此緒年或可以及此言雖然吾才
小不足以化子子胡不南謁吾師聃亢倉子既謝榮之

枵不釋羽俗而能已乎天下水之性清土者滑之故不
得清人之性壽物者滑之故不得壽物也者所以養性
也今世之惑者多以性養物則不知輕重也是故聖人
之於聲色滋味也利於性則取之害於性則捐之此全
性之道也萬人操弓共射一招招無不中萬物章章以
害一生生無不傷故聖人之制萬物也全其天也天全
則神全矣神全之人不慮而通不謀而當精照無外志
凝宇宙德若天地然上爲天子而不驕下爲匹夫而不
惛此之謂全道之人心平正不爲外物所誘曰清清而
能久則明明而能久則虛虛則道全而居之泰佚殄亢

倉子哭之其役曰天下皆死先生何哭爲也亢倉子曰天下皆哭安得不哭其役曰哭者必哀而先生未始哀何也亢倉子曰舉天之下吾无與樂安所取哀蛻地之謂水蛻水之謂氣蛻氣之謂虛蛻虛之謂道虛者道之體靖者道之地理者道之綱識者道之目道所以保神德所以宏量禮所以齊儀物所以養體好質白之物者以黑爲汚好質黑之物者以白爲汚吾又安知天下之正潔汚哉由是不主物之潔汚者矣夫瞀視者以黈爲赤以蒼爲玄吾乃今所謂皂白安知識者不以爲赬黃吾又安知天下之正色哉由是不適物之色矣夫好貨

甚者不見他物之可好好馬甚者不見他物之可好好
書甚者不見他物之可好吾又安知天下之果可好者
果可惡者哉由是不見物之可以保戀矣亢能滑吾真
矣陳懷君柳使其大夫禱行聘於魯叔孫卿私曰吾國
有聖人君知之乎陳大夫曰奚以果明其聖叔孫卿曰
能廢心而用形陳大夫曰弊邑則小亦有聖人異於所
聞曰聖人謂誰陳大夫曰有亢倉子者偏得老聃之道
其能用耳視目聽定公聞而異焉使叔孫氏報聘且致
亢倉子待以上卿之禮亢倉子至賓于亞寢魯公卑辭
以問之亢倉子曰吾能視聽不用耳目非能易耳目之

所用告者過也公曰孰如是寡人增異矣其道若何寡人果願聞之亢倉子曰我體合於心心合於氣氣合於神神合於無其有介然之有唯然之音雖遠際八荒之表邇在眉睫之內來于我者吾必盡知之乃不知爲是我七竅手足之所覺六腑五臟心慮之所知其自知而已矣

用道篇第二

天不可信地不可信人不可信心不可信惟道可信賢主秀士豈知哉昔者桀信天與其禮四海也不勤於道天奪其國以授殷紂亦信天與其禮四海也不龔於道

天奪其國以授周今夫惰農治地實生百穀不力於其道地竊其果稼而荒蕪之齊后信人之性酧讓不明於其道與全境以付人人實爲義而有其國凡人不修其道隨其心而卹之營欲茂滋災疾崩體戕身損壽心斷害之矣故曰惟道可信天地非道不能悠久蒼生非賢不能靖順庶政非才不能和理夫用道之人不露其用福滋萬物功歸光有神融業茂靈慶悠長知而辨之謂之識知而不辨謂之道識以理人道以安人夫雞辰而作夙日任勞流汗灑地夜分偃息農夫之道也俯拾仰取銳意錐撮力思摶精希求利潤買堅之道也嚥氣吞

神宰思損慮超遥輕舉日精鍊仙高士之道也剸情端
想畢志所事倫撿忘寢謀效位司人臣之道也清心省
念察驗近習務求賢良以安萬姓人主之道也若由是
類之各順序其志度不替塞其業履是謂天下有道導
筋骨則形全前情欲則神全靖言語則福全克保三全
是謂清賢道德順則鬼神聽信義敦則君子合禮義備
則小人懷有識者自是無識者亦自是有道者靜默閑
鈍者亦靜默物固有似是而非似非而是先號後笑始
吉終凶身可親而才不可親才可敬而身不堪敬敬甚
則不親親甚則不敬親之而疏疏之而親恩甚則怨生

愛多則憎至有以速爲貴有以緩爲貴有以直爲貴有以曲爲貴百事之宜其由甚微不可不知是故智者難之靜則神通窮則意通貴則語通富則身通理勢然也同道者相愛同藝者相嫉同與者相愛同取者相嫉同病者相愛同壯者相嫉人情自然也多才而好謙貧賤而不謟處勞而不爲辱富貴而恭勤可謂有德者也

政道篇第三

人死法以知天以四時寒暑日月星辰之所行知天若四時寒暑日月星辰之所行當則諸生血氣之類皆得其處而安其産矣人臣亦無法以知主以主之賞罰爵祿之所加知主若主之賞罰爵祿之所加宜則親疏遠

近賢不肖皆盡其才力而以為用矣信全則天下安信失則天下危夫百姓勤勞財物殫盡則爭害之心生而不相信矣人不相信由政之不平也政之不平吏之辠也吏之有辠刑賞不齊也刑賞不齊主不勤明也夫主勤明則刑賞一刑賞一則吏奉法吏奉法則政[illegible]宣政下宣則人人得其所而交相信矣是知天下不相信者由主不勤明也亢倉子居息壤五年靈王使祭公致雝帛與紉璐曰余末小子否德忝位水旱不時耕為人君何以禳之亢倉子曰水陰沴也陰於國政類刑人事類私旱陽過也陽於國政類德人事類盈楚以為凡遺水

早天子宜正刑脩德百官宜去私戒盈則以類而消百
福日至矣鄭有胡之封珪戎弓畀時失同於荆荆曰必
得封珪戎弓不然臨兵于汝鄭君病之駕見亢倉子曰
封珪戎弓先君得之于胡綿代功寶傳章肅嗣今荆恃
大而曰必得不然臨兵國危矣寡人欲以他封珪戎弓
也石之何亢倉子曰君其少安今是楚亦有寶於此飾
楚之寶以貰罪於君楚所不能君必致夫眞今荆以淺
鮮之過而負其威刑申逞不直以耗敝與國荆失諸侯
於是乎在諸侯鬭之將警勸備倫比勤明會同上義固
存鄭其爲首君姑待之豈必非福於是以胡珪戎弓往

未至郢荆人聞之曰彼用聖人之訓辭吾焉取此以暴
不直於天下而令諸侯實生心焉遽反其賂而益善焉
人之情欲生而惡死欲安而惡危欲榮而惡辱天下之
人得其欲則樂樂則安不得其欲則苦苦則危若人主
放其欲則百吏庶長具展其欲百吏庶長具展其欲則
天下之人貧者竭其力富者竭其財四人失其序皆不
得其欲矣天下之人不得其欲則相與提携保抱逋逃
隱蔽漂流捃采以祈性命吏又從而捕之是故不勝其
危苦因有群聚背叛之心生則國非其國也勿貧戶口
百姓汝走多壯城池百姓汝疲賦歛不中窮者日窮刑

罰比貳慣者曰慣科禁不行國則以傾官吏非才則寬猛失所宜與百姓爭利則狡詐之心生所以百姓姦而難知夫下難知則上人疑上人疑則下益惑下既惑則官長勞官長勞則賞不足勸刑不能禁易動而難靖此由官不得人故也政術至要力於審士士有才行比於一鄉委之鄉才行比於一縣委之縣才行比於一州委之州才行比於一國委之國政而後乃能免伏士矣人有惡戾於鄉者則誨之不改是爲惡戾於縣則撻之不改是爲惡戾於國則誅之而後乃能免逆節矣誠如是舉天下之人一一畏懷無有干背謟慢之萌矣此之謂靖

人凡為天下之務莫大求士士之待求莫善通政通政之善莫若靖人靖人之才蓋以文章考之百無四五以言論考之十或一二以神器靖作態度考之十全八九是皆賢王屢代明識裁擇所能爾也夫下王危世以文章取士則翦巧綺繼益至而正雅素實益藏矣以言論取士則浮捸游飾益來而蹇諤諍直益晦矣以神氣靖作態度取士則外正內邪益尊而清修明實益隱矣若然者賢愈到政愈僻令愈勤人愈亂矣夫天下至大器也帝王至重位也得士則靖失士則亂故人主勞於求賢逸於任使嗚呼守國聚人者其胡可以不事試於士

乎人情失宜主所深恤失宜之大莫甚刑獄夫明達之才將欲聽訟或誘之以詐或脅之以威或開之以情或苦之以戮雖作設權異而必也公平故使天下之人生無所於德死無所於怨夫秉國建吏持刑若此可謂至官至官之世群情和正諸產咸宜愛敬交深上下條固不可搖蕩有類一家苟違順淩逆安得動哉乎王返正既宅天邑務求賢良等開一善惆豫連曰左右侍僕累言大臣有賢異者如是踰歲王曰余一人于德不明務求賢異蓋恐山澤遺逸不舉豈樂聞善以自閉塞哉廼者及媢僕臣累譽權任頗階左右蒽余孱昧无能斷明

徒唯共和依違浸長自賢敗德莫此爲多不時匡過就茲固黨於是棄左右近習三人於市聚庶司尹長五人曰無令人臣附下罔上持祿阿意天下聞之稱爲齊明海南之西歸者七國至理之世輿服純素憲令寬簡禁網疏濶夫輿服純素則人不勝羨憲令寬簡則俗无忌諱禁網疏濶則易避難犯若人不勝羨則嗜欲希微而服役樂業矣俗無忌諱則抑閉開舒而歡欣交通矣易避難犯則好惡分明而貴德知耻矣夫服役樂業之謂順歡欣交通之謂和貴德知耻之謂正浮墮之人不勝於順逆節之人不勝於和姦邪之人不勝於正順和正

三者理國之宗也衰末之世輿服文巧憲令禳祈禁網
煩僻夫輿服文巧則流相炎慕憲令禳祈則俗多忌諱
禁網煩僻則莫知所遁若流相炎慕則人不忠潔而耻
樸貴華矣俗多忌諱則情志不通而上下膠戾矣莫知
所遁則讒慝繁興而衆不懼死矣夫耻樸貴華之謂浮
上下膠戾之謂塞衆不懼死之謂冒眞正之士不官於
浮公直之士不官於塞器能之士不官於冒浮塞冒三
者亂國之梯也荆君熊圍問水旱理亂亢倉子曰水旱
由天理亂由人若人事和理雖有水旱無能爲害堯湯
是也故周之秩官云人強勝天若人事壞亂縱無水旱

口益崩離且桀紂之滅豈惟水旱荆君北面遵循稽首曰天不棄不穀及此言也乃以弘璧十朋爲亢倉子壽拜爲亞尹曰厥吾國有瘳乎亢倉子不得已中宿微服違之他邦至理之世山無僞隱市無邪利朝無佞祿國產問何由得人俗醇樸亢倉子曰政煩苛則人姦僞政省一則人醇樸夫人俗隨國政之方圓猶蠖屈之於葉也食黄則身黄食蒼則身蒼曰何爲則人富亢倉子曰賦斂以時官上清約則人富賦斂無節官上奢縱則人貧勾粤之幹鏃以精金鷙隼爲之羽以之棓箘則其與槁樸也無擇及夫蕩慾爭衡覿武决勝加之駭弩之上

則三百步之外不立敵矣翡景之劍威奪白日氣盛紫蜺以之剸穫則其與劍刃也無擇及夫凶邪流毒沸渭不靖加之運掌之上則千里之內不留行矣夫材有分而用有當所貴善因時而已耳昔者明王聖帝天下和平萬物茂暢群性得極善因時而勿擾者也近古以來天下姦邪者衆正直者寡輕薄邀利者多敦方退靜者鮮姦者出言長於忠言遂使天下之人交相疑害悲夫作法貴於易避而難犯救弊貴於省事而一令除去豪猾則官人安刑禁必行則官人不敢務私利而百姓富史刑曰眚災肆赦赦不欲數赦數則惡者得計平人生心

而賢良否塞矣人有大爲賊害官吏捕獲因廣條引誣陷貞良濁遠牽卒冀推時序卒蒙赦宥遇賊害者訖無所快自毒而已由是平人遞生黠計吏勞政酷莫能鎮止此由數赦之過也夫人之所以惡爲無道不義者爲其有罰也所以勉爲有道行義者爲其有賞也今無道不義者赦之而有道行義者被妎而不賞欲人之就善也不亦難乎世有賢士秀士皆察此論人怨者非不接人也神怨者非不事神也巧佞甚人愈怨滛祀甚神愈怒

君道篇第四

始生之者天也養成之者人也能養天之所生而勿攖之謂之天子天子之動也以全天氣故此官之所以自立也立官者以全生也今世之惑主多官而反以害生則失所以爲立官之本矣草鬱則爲腐樹鬱則爲蠹人鬱則爲病國鬱則百慝並起危亂不禁所謂國鬱者主德不下宣人欲不上達也是故聖王貴忠臣正士爲其敢直言而決鬱塞也克己復禮賢良自至君耕后蠶蒼生自化由是言之則賢良可待不可求求得非賢也蒼生正可化不可刑刑行非理也堯舜有爲人主之勤无爲人主之欲故天下各得濟其欲有爲人主之位无爲

人主之心故天下各得肆其心士有天下人愛之而主
不愛者有主獨愛之而天下人不愛者用天下人愛者
則天下安用主獨愛者則天下危人主安可以自放其
愛憎哉由是重天下者當制其情所謂天下者謂其有
萬物也所謂　邦國者謂其有人衆也夫國以人爲本
人安則國安故憂國之主務求理人之材玉之所以難
辨者謂其有怪石也金之所以難辨者謂其有鍮石也
今夫以隼翼而被之鶡視不明者正以爲隼明者視之
乃鶡也今夫小人多誦經籍方書或學奇技通說而被
以青紫章服使愚者聽而視之正爲君子明者聽而視

之乃小人也故人主誠明以言取人理也以才取人理也以行取人理也人主不明以言取人亂也以才取人亂也以行取人亂也夫聖人之用人也貴耳不聞之功目不見之功口不可道之功而百姓暢然自理矣君人主貴耳聞之功則天下之人運貨逐利而市譽矣貴目見之功則天下之人恢形異埶而爭進矣貴可道之功則天下之人習舌調吻而飾辭矣使天下之人市譽爭進飾辭見達則政敗矣人主皆知鏡之明已也而惡士之明已也鏡之明已也功細士之明已也功大知其細失其大不知類矣於乎人主清心省事人臣恭儉守職

太平立致矣而世 或難之吾所不知也若人主方寸
之地不明不斷則天地之宜四海之內動植萬類咸失
其道矣以耳目取人者官多而政亂以心慮取人者官
少而政清是知循理之世務求不可見不可聞之材澆
危之世務取可聞可見之材於乎人主豈知哉以耳目
取人人皆斆效以買譽以心慮取人人皆靜正以勤德
吏靜正以勤德則不言而自化吏斆效以買譽則刑之
而不畏世主豈知哉

臣道篇第五

夫國之將興也朝廷百吏或短或長或醜或美或怡或

厲或是或非雖聽其言觀其貌有似不同然察其志徼
其心盡於爲國所以剛訐不怨黜退不悖議得其中无
違乎理故天不忒其時地不乏其利人不亂其事鬼神
開替蠻夷柔同保合太和萬物化育國之將亡也朝廷
百吏姿貌多美顏色諧和詞氣華柔動止詳潤雖觀其
貌聽其言有若歡洽然察其志徼其心盡在競位所以
聞奇則怪見異必悖狎嫉相蒙遂喪其道故天告災時
地生反物人作凶德鬼神間禍戎狄交侵喪亂弘多萬
物不化夭不傷貨財殄人力不損官吏而功成政立下阜百姓
上滋主德如此者忠賢之臣也若費財煩人危官苟效

一時功利規賞於主不顧過後貽災於國如此者姦臣
也至理之世官得人不理之世人得官鄒龍覩問事君
亢倉子曰既策名而臣人者　心莫若公貌莫若和言
莫若正公不欲露和不欲雜正不欲犯古之清勤爲國
脩政令之清勤爲身修名夫爲國脩政者區處條別動
得其宜合於大體爲身脩名者區處條別致遠不通拘
於小節是知心以道爲主抵事得其所心以事爲主抵
物失其所臣居上位不諫下位不公不合贍其禄君不
嚴敬大臣不彰信小臣不合官其朝有才者不必忠忠
者不必有才臣不患不忠適恐盡忠而主莫之信不患

不信適恐信之而莫能事事上等之人得其性則天下理中等之人得其性則天下亂明主用上等之人當委以權宜便事肆其所爲用中等之人則當程課其功示以賞罰

賢道篇第六

賢良所以屢求而不至難進而易退者非爲愛身而不死王事適恐盡忠而主莫之信耳自知有才識之人外恭謹而內無憂其於衆也和正而不狎親之則彌莊疎之則退去而不怨窮厄則以命自寬榮達則以道自正人有視其儀賢也聽其聲賢也徵神課識或負所望夫賢

人其見用也入則諷譽出則龔默職司勤辨居室儉閑其未見用也藏身於衆藏識於目藏言於口飽食安步獨善其身貞而不怨智者不疑事識者不疑人有識之士行危而色不可疎言遜而理不可拔凡謂賢人不自稱賢効在官政功在事事太平之時上士運其識中士竭其耐小人輸其力齊有掊子者材可以振國行可以獨立事父母孝謹鄉黨恭循念居貧無以爲養施信義而遊者久之矣所如寡合或爲乘時夸毗者所嗤紿於是負杖步足問乎亢倉子曰吾聞至人忘情衆人不事情存情之曹務其教訓而尊信義吾乃今不知爲工受不信

爲信信而不見信爲信爲勤衆義爲義義而不自義爲義然則信義之士常獨厄隨退胡以取貴乎時而教理之所上也亢倉子俯而循衽仰而譆超然而歌曰時之陽兮信義昌時之默兮信義伏陽與默昌與伏汨吾無誰私兮忽不知其讀夫運正性以如適而物莫之應者真不行也真且不行謂之道喪道喪之時上士乃隱隱之爲義有可爲也莫可爲者也有可用也莫可用者也叅公問賢材何從而致亢倉子曰賢正可待不可求材慎在求不慎無君天子靜大臣明刑不避貴澤不隔下則賢人自至而求用矣賢人用則四海之内明目而視清耳而聽坦心

而無鬱矣天自成地自寧萬物醇化鬼神不能靈故曰賢正可待不可求若天子勤明大臣和理之求士也則愜弘方大公直靖人之材至若天子苛察大臣躁急之求士也則曲心巧應毀方破道之材至若天子疑忌大臣巧隨之求士也則奇姓異名反娼怪術之材至若天子自賢大臣固位之求士也則事文逐譽貪濁浮麗之材至若天子依違大臣回佞之求士也則内忠外僻情毒言和之材至故曰材慎在求不慎無昔者黄帝得常仙封鴻鬼容丘商王得伊尹中興得甫申齊桓得甯籍皆由數君體道邁仁布昭聖武思輯光明寛厚昌正而

衆賢自至而求用非爲簡核而稽之也蔡公曰夫子云賢人不求
而自至亦有非賢不求而自至者乎亢倉子曰夫非賢
不求而自至者固衆矣夫天下有道則賢人不求而自
至天下無道則非賢不求而自至人主有道者寡無道
者衆天下賢人少不肖者多是知非賢不求而自至者
多矣蔡公曰賢固濟天下材亦能濟天下俱濟天下賢
與材安取異邪亢倉子曰審乎哉其問也夫功成事畢不
殉封譽恭退樸儉之謂賢功成事畢榮在祿譽光揚滿
志之謂材賢可以鎮國材亦可以理國所謂鎮者和寧
無爲人不知其力所謂理者勤率其事人知所於德一

賢統衆材則有餘衆材度一賢猶不足如是賢材之殊域有居山林而諠者有在人俗而靜者有諠而正者有靜而邪者凡視察其貌鄙俗而能有賢者萬不有一視察其貌端雅而實小人者十而九夫不練其言而知其文不責其儀而審其度不采其譽而知其善不流其毀而斷其實可謂有識者也

訓道篇第七

閔子騫問仲尼道之與孝相去奚若仲尼曰道者自然之妙用孝者人道之至德夫其包運天地發育萬物曲成萬類布丕性壽其功至實而不爲物府不爲事官無

爲功尸捫求視聽莫得而有字之曰道用之於人字之
曰孝孝者善事父毋之名也夫善事父毋敬順爲本意
以承之順承顔色無所不至發一言舉一意不敢忘父
毋營一手措一足不敢忘父毋事君不敢不忠朋友不
敢不信臨下不敢不敬鄉善不敢不勤雖居獨室之中
亦不敢懈其誠此之謂全孝故至誠之至通乎神明光
于四海有感必應善事父毋之所致也昔者虞舜其大
孝矣庶毋惑父屢憎害之舜心益恭懼而無怨謀使浚
井下土實之于時天休震動神明駿赫導穴而出奉養
滋謹由是玄德茂盛爲天下君善事父毋之所致也文

王之爲太子也其大孝矣朝夕必至乎寢門之外問寺
人曰玆日安否如何曰安太子温然喜色小不安節太
子色憂滿容朝夕食上太子必視寒煖之節食下必知
膳羞所進然後退寺人言疾太子肅冠而齋膳宰之饌
必敬視之湯液之貢必親嘗之嘗饌善則太子亦能食
嘗饌寡太子亦不能飽以至于復初然後亦復初君后
有過怡聲以諷君后所愛雖小物必嚴襲是故孝成於
身道洽天下雅曰文王陟降在帝左右言文王靜作進
退天必賛之故紂不能害夢啓之壽卜世三十卜年七
百天所命也善事父母之所致也閔子騫曰善事父母

之道既幸聞矣敢問教子之義仲尼曰凡三王教子必
視禮樂樂所以修內禮所以修外禮樂交修則德容發
輝于貌故能溫恭而文明夫為人臣者殺其身有益於
君則為之況利其身以善其君乎是故擇建忠良貞正
之士為之師傅欲其知父子君臣長幼之道夫知為人
子然後可以為人父知為人臣然後可以為人君知事
人然後能使人此三王教子之義也閔子騫退而事之
於家三年人無間於父母昆弟之言交遊稱其信鄉黨
稱其仁宗族稱其弟德行之聲溢于天下此善事父母
之所致也齊太子坐清臺之上燕莊侯他高冠嚴色左

帶玉具劒右帶環珮左光照右右光照左太子讀書不視莊侯他問曰齊國有寶乎太子曰王信臣忠百姓戴上齊國之寶也莊侯他應聲解劒而去於乎人有偏蔽終身莫自知己矣賢者見之寬恕而不言小人暴愛而溢言親戚憐嫉而貳言人有偏蔽惡乎不自知哉是故君子檢身常若有過衣其衣食其食知其過而不克有以正之者君子耻之將欲有言識其必不能行者君子罕言當責衆人之惡者視己善乎哉當責衆人之邪者視己正乎哉此之謂返明翟西氏之子甚孝謹翟西憐其子而好妄與之言翟西辰出夕返則曰甲死矣其子

信之既而甲在焉他夕則曰乙且害予其子伺將行俄既而不見惡端他夕則曰丁病矣其子覘之丁誠無恙舉此類也胄淹年序予同考謹至於訓勅益不保承鄉國之人疾其谷口謀將殺之翟西聞而懼歸以告子子未甚信既而翟西見殺謂多言之人爲疎露亦有辭約而不密者謂輕佻之人爲不定亦有體閒而心躁者謂叢襍之人爲猥細亦有外潔而內濁者若類而引之不可殫載若非徹識安能洞詳時有不可不應事也者內靜而外動易動而難靜時有不可不求事也者內思而外待待至而後樂是故外靜而內動者摇思而損性奔走而

逐利者勞力而害名人生於世或有事不遂志而宣言云不遇時者是無異負丹頸之罪俟時行戮豈不殆哉其有博才通識未見稱用者正可云時非不清命未與耳豈不避歟長於諫者務依存前人之性而剪制其情之所由起是以彼此開進覿敵殷篤不長於諫者務攻前人之性而關於情之所來是以彼此嬿貳猜疊日積兒童之所侮者乃耆耋之所非耳目之所娛者乃心慮之所疾徒責天下之愚者也之未賢也徒責天下之迷者也之未明也以未賢責衆愚未賢者以之亡以未明責衆迷未明者以之傷

農道篇第八

人捨本而事末則不一令不一令則不可以守不可以戰人捨本而事末則其産約其産約則輕流徙輕流徙則國家時有災患皆生遠志無復居心人捨本而事末則好智好智則多詐多詐則巧法令巧法令則以是爲非以非爲是古先聖王之所以理人者先務農人農人非徒爲地利也貴行其志也人農則樸樸則易用易用則邊境安安則主位尊人農則重重則少私義少私義則公法立力傳深農則其産複其産複則重流散重流散則死其處无二慮是天下爲一心矣天下一心軒皇几遠

之理不是過也古先聖王之所以茂耕織者以爲本教也是故天子躬率諸侯耕籍田大夫士第有功級勸人尊地産也后妃率嬪御繇於郊桑公田勸人力婦教也男子不織而衣婦人不耕而食男女貿功資相爲業此聖王之制也故敬時愛日埒實課功非老不休非疾不息一人勤之十人食之當時之務不興土功不料師旅男不出御女不外嫁以妨農也黄帝曰四時之不可正正五穀而已耳夫稼爲之者人也生之者天也養之者地也是以稼之容足耨之容耰耘之容手是謂耕道農攻食工攻器賈攻貨時事不龔敓之以上功是謂大凶凡稼

蚤者先時暮者不及時寒暑不節稼乃多災冬至已後五旬有七日而昌生於是乎始耕事農之道見生而藝生見死而穫死天發時地產財不與人期有年祀土無年祀土無失人時逆時而作過時而止老弱之力可使盡起不知時者未至而逆之既往而慕之當其時而薄之此從事之下也夫耨必以旱使地肥而土緩稼欲產於塵土而殖於地堅者慎其種勿使數亦無使踈於其施土無使不足亦無使有餘畎欲深以端畝欲沃以平下得陰上得陽然後盛生立苗有行故速長強弱不相害故速大正其行通其中疏為泠風則有收而多功率稼

望之有餘就之則踈是地之竊也不除則蕪除之則虛
是事之傷也苗其弱也欲孤其長也欲相與居其熟也
欲相與扶三以爲族稼乃多穀凡苗之患不俱生而俱死
是以先生者美米後生者爲粃是故其耨也長其兄而
去其弟樹肥無使扶踈樹墝不欲專生而獨居肥而扶
踈則多粃墝而獨居則多死不知耨者去其兄而養其
弟不收其粟而收其粃上下不安則稼多死得時之禾
長稠而大穗圜粟而薄糠米飴而香舂之易而食之强
失時之禾深芒而小莖穗銳多粃而青蕾得時之黍穗
不芒以長摶米而寡糠失時之黍大本華莖葉膏短穗

得時之稻莖葆長秱穗如馬尾失時之稻纖莖而不滋厚糠而菑死得時之麻疎節而色陽堅臬而小本失時之麻蕃柯短莖岸節而葉蟲得時之菽長莖而短足其莢二七以為族多枝數節競葉蕃實稱之重食之息失時之菽必長而蔓浮葉虛本疎節而小莢得時之麥長秱而頸族二七以為行薄翼而蒴色食之使人肥且有力失時之麥胕腫多病弱苗而翜穗是故得時之稼豐失時之稼約庛穀盡宜從而食之使人四衛變彊耳目聰明凶氣不入身無苛殃善乎孔子之言冬飽則身溫夏飽則身涼夫溫涼時適則人無病疹人無病疹是疫

癘不行疫癘不行咸得遂其天年故曰穀者人之天是以興王務農王不務農是棄人也王而棄人將何國哉

兵道篇第九

秦景主將睬強兵於天下使庶長鮑戎必致命亢倉子待以壤邑十二周實迫之亢倉子至自滎泉館于上舘景主三日弗得所問下席北首頓珪曰天果無意恤孤邪亢倉子油然虧聘曰朕以主爲興之問而寧獘獘焉以所刺爲故抑者亦隨其欲而得正焉無如可矣景主一拜再稽斂黼袵端珪抑首而坐曰寶惟天所命亢倉子仰懷而噓俯正顏色曰原兵之所起與始有人俱夫兵

也者出人之威也人之有威性受於天故兵之所自来
上矣嘗無少選　不用貴賤長少賢愚相與同察兵之
兆在心懷恚而未發兵也疾視作色兵也傲言推捘兵
也侈鬬攻戰兵也此四者鴻細之爭也未有蚩尤之時
人實揭材木以鬬矣黄帝用水火矣共工稱亂矣五帝
相與爭矣一興一廢勝者用事夫有以咽藥而死者欲
禁天下之醫非也有以乘舟而死者欲禁天下之船非
也有以用兵而喪其國者欲禁天下之兵非也夫兵之
不可廢譬水火焉善用之則爲福不善用之則爲禍是
故怒笞不可偃於家刑罰不可偃於國征伐不可偃於

天下古之聖王有義兵而無偃兵兵誠義以誅暴君而
振苦人人之悅也若孝子之見慈親餓隷之遇美食號
呼而走之若強弩之射深谷也勝召之決勿徵於他必反
人情人之情欲生而惡死欲榮而惡辱死生榮辱之道
一則三軍之士可使一心矣凡軍欲其衆也心欲其一
也三軍一心則令可使無敵矣古之至兵蓋重令也故
其令強者其敵弱其令信者其敵詘先勝之於此則勝
之於彼誠若此則敵胡足勝也凡敵人之來也以求利
也今來而得死且以走爲利敵皆以走爲利則刃無所與接矣
此之謂至兵儆虐姦許之與義理反也其勢不俱勝不兩立故

義兵入於敵之境則人知所庇矣兵至於國邑之郊不踐果稼不穴丘墓不殘積聚不焚室屋得人虜屋而歸之信與人期以致敵資以章好惡以示逆順若此而猶有愎很凌宕不聽者雖行武焉可也先發聲出號令曰兵之來也以除人之讎以順天之道故尅其國不屠其人獨誅所誅而已於是舉選秀士賢良而尊封之求見孤疾長老而拯救之發府庫之財散倉廩之穀不私其物曲加其禮今有人於此能生死人一人則天下之人爭事之矣義兵之生一人亦多矣人孰不悅故義兵至則鄰國之人歸之若流水誅國之人望之如父母行地滋

遠得人滋衆辭未終景主興稽首曰孤獲聞先生教言不覺氣盈宇宙志知所如也而心滋益甕於是步前稱觴爲亢倉子壽拜居首列師位嚴于齋室又月涉旬辰加天闕白晝行道子行第禮

按晁氏曰唐天寶元年詔號亢桑子爲洞靈真經然求其書不獲襄陽王士元取諸子文義類者補其亡周氏涉筆曰其稱危代以文章取士則剪巧綺濫益至正指唐事又一鄉一縣一州破青紫章服皆近制也惟農道一書可讀據二氏則此書唐人所僞矣然柳子厚唐人乃獨不聞而疑之何與且無其書不應虛尊爲經既尊爲經不應鑿空補入是皆有可疑者至農道篇亦多擬尚書及呂覽語謂云可讀者愚不審所指也

丁丑夏日志

亢倉子終

子彙第六冊

周·庚桑楚撰　明·馮夢禎校

亢倉子一卷

明萬曆五年（1577）刊《十八子全書》本

亢倉子　　　　道家三

全道篇第一

亢倉子居羽山之顔三年俗無疵癘而仍穀熟其俗竊相謂曰亢倉子之始來吾鮮然異之今吾日計之不足歲計之有餘其或聖者耶盍相與尸而祝之社而稷之乎亢倉子聞之色有不釋其徒黶啜從而啓之亢倉子曰吾聞至人尸居環堵之室而百姓猖狂不知其所如往今以羽俗父子竊竊焉將俎豆予我其的之人邪吾是以不釋於老聃之言黶啜曰不若夫尋常之汙巨魚無所還其體而鯢鰌爲之制步仞之丘巨獸無所隱其

軀而夔狐爲之祥且也尊賢事能衢善就利自堯舜以
固然而况羽俗乎先生其聽矣亢倉子曰譆来夫二子
者知乎函車之獸介而離山罔罟制之吞舟之魚蕩而
失水螻蟻苦之故鳥獸居欲其高魚鼈居欲其深夫全
其形生之人藏其身也亦不厭深眇而已吾語若大亂
之本禮乎堯舜之間其終存乎千代之後必有人與相
食者矣言未終南子榮之樗色蹵然膝席曰樗年運而
長矣將奚以託業以事斯言亢倉子曰全汝形抱汝生
死使汝思慮營營若此緒年或可以及此言雖然吾才
小不足以化子子胡不南謁吾師聃亢倉子既謝榮之

樗不釋羽俗而龍已乎天下水之性清土者滑之故不得清人之性壽物者滑之故不得壽物也者所以養性也今世之惑者多以性養物則不知輕重也是故聖人之於聲色滋味也利於性則取之害於性則捐之此全性之道也萬人操弓共射一招招無不中萬物章章以害一生生無不傷故聖人之制萬物也全其天也天全則神全矣神全之人不慮而通不謀而當精照无外志凝宇宙德若天地然上爲天子而不驕下爲匹夫而不惛此之謂全道之人心平正不爲外物所誘曰清清而能久則明明而能久則虛虛則道全而居之秦佚死亢

倉子哭之其役曰天下皆死先生何哭爲也无倉子曰天下皆哭安得不哭其役曰哭者必哀而先生未始哀何也无倉子曰舉天之下吾无與樂安所取哀蜕地之謂水蜕水之謂氣蜕氣之謂虚蜕虚之謂道虚者道之體精者道之地理者道之綱識者道之目道所以保神德所以宏量禮所以齊儀物所以養體好質白之物者以黑爲汚好質黑之物者以白爲汚吾又安知天下之正潔汚哉由是不主物之潔汚者矣夫瞽視者以黈爲赤以蒼爲玄吾乃今所謂皂白安知識者不以爲頳黄吾又安知天下之正色哉由是不適物之色矣夫好貨

甚者不見他物之可好好焉甚者不見他物之可好好
書甚者不見他物之可好吾又安知天下之果可好者
果可惡者哉由是不見物之可以保戀矣亢能滑吾眞
矣陳懷君栁使其大夫禱行聘於魯叔孫卿私曰吾國
有聖人若知之乎陳大夫曰奚以果明其聖叔孫卿曰
能廢心而用形陳大夫曰弊邑則小亦有聖人異於所
聞曰聖人謂誰陳大夫曰有亢倉子者偏得老聃之道
其能用耳視目聽定公聞而異焉使叔孫氏報聘且致
亢倉子待以上卿之禮亢倉子至賓于亞寢魯公卑辭
以問之亢倉子曰吾能視聽不用耳目非能易耳目之

所用告者過也公曰孰如是寡人增異矣其道若何寡人果願聞之亢倉子曰我體合於心心合於氣氣合於神神合於無其有介然之有唯然之音雖遠際八荒之表邇在眉睫之内來干我者吾必盡知之乃不知爲是我七竅手足之所覺六腑五臟心慮之所知其自知而巳矣

用道篇第二

天不可信地不可信人不可信心不可信惟道可信賢主秀士豈知哉昔者桀信天與其禮四海巳不勤於道天奪其國以授殷紂亦信天與其禮四海巳不龔於道

天奪其國以授周今夫惰農信地實生百穀不力於其道地竊其果稼而荒蕪之齊后信人之性酌讓不明於其道與全境以付人人實鳥義而有其國凡人不修其道隨其心而師之營欲茂滋災疾崩體戕身損壽心斯害之矣故曰惟道可信天地非道不能悠久蒼生非賢不能靖順庶政非才不能和理夫用道之人不露其用福滋萬物功歸无有神融業茂靈慶悠長知而辨之謂之識知而不辨謂之道識以理人道以安人夫雞辰而作負日任勞流汗灑地夜分僅息農夫之道也俛拾仰取銳意錐撮力思搏精希求利潤賈豎之道也嚥氣谷

神宰思損慮超遥輕舉日精鍊仙高士之道也剸情端想畢志所事倫撥忘寢謀效位司人臣之道也清心省念察驗近習務求賢良以安萬姓人主之道也若由是類之各順序其志度不替塞其業廢是謂天下有道導筋骨則形全前情欲則神全靖言語則福全克保三全是謂清賢道德順則鬼神助信義敦則君子合禮義備則小人懷有識者自是無識者亦自是有道者靜默闇鈍者亦靜默物固有似是而非似非而是先號後笑始吉終凶身可親而才不可親才可敬而身不堪敬敬甚則不親親甚則不敬親之而疎疎之而親恩甚則怨生

愛多則憎至有以速爲貴有以緩爲貴有以直爲貴有以曲爲貴百事之宜其由甚微不可不知是故智者難之靜則神通窮則意通貴則語通富則身通理勢然也同道者相愛同藝者相嫉同與者相愛同取者相嫉同病者相愛同壯者相嫉人情自然也多才而好讓貧賤而不諂處勞而不爲辱富貴而恭勤可謂有德者也

政道篇第三

人无法以知天以四時寒暑日月星辰之所行知天若四時寒暑日月星辰之所行當則諸生血氣之類皆得其處而安其産矣人臣亦無法以知主以主之賞罰爵祿之所加知主若主之賞罰爵祿之所加宜則親疎遠

近賢不肖皆盡其才力而以爲用矣信全則天下安信失則天下危夫百姓勤劳財物殫盡則爭害之心生而不相信矣人不相信由政之不平也政之不平吏之辠也吏之有辠刑賞不齊也刑賞不齊主不勤明也夫主勤明則刑賞一刑賞一則吏奉法吏奉法則政下宣政下宣則人人得其所而交相信矣是知天下不相信者由主不勤明也亢倉子居息壤五年靈王使祭公致篚帛與紛璐曰余末小子否德忝位水旱不時耤爲人君何以禳之亢倉子曰水陰沴也陰於國政類刑人事類私旱陽過也陽於國政類德人事類盈楚以爲几遭水

早天子宜正刑脩德百官宜去私戒盈則以類而消百福日至矣鄭有胡之封珪戎弓異時失同於荆荆曰必得封珪戎弓不然臨兵于汝鄭君病之舊見亢倉子曰封珪戎弓先君得之于胡綿代功寶傳章嗣今荆恃大而曰必得不然臨兵國危矣寡人欲以他封珪戎弓往若之何亢倉子曰君其少安今是楚亦有寶於此飾楚之寶以貰罪於君楚所不能君必致夫眞今荆以淺鮮之過而負其威刑申逞不直以耗敝與國荆失諸侯於是乎在諸侯聞之將警勸備倫比勤明會同上義固存鄭其爲首君姑待之豈必非福於是以胡珪戎弓往

未至郢荆人聞之曰彼用聖人之訓辭吾焉取此以暴不直於天下而令諸侯實生心焉遽反其賂而益善焉人之情欲生而惡死欲安而惡危欲榮而惡辱天下之人得其欲則樂樂則安不得其欲則苦苦則危若人主放其欲則百吏庶長具展其欲百吏庶長具展其欲則天下之人貧者竭其力富者竭其財四人失其序皆不得其欲矣天下之人不得其欲則相與提携保抱逋逃隱蔽漂流掊采以祈性命吏又從而捕之是故不勝其危苦因有群聚背叛之心生則國非其國也勿貪戶口百姓汝走多壯城池百姓汝疲賦斂不中窮者日窮刑

罰且貳價者日價科禁不行國則以傾官吏非才則寬
猛失所宜與百姓爭利則狡詐之心生所以百姓姦而
難知夫下難知則上人疑上人疑則下益惑下既惑則
官長勞官長勞則賞不足勸刑不能禁易動而難靖此
由官不得人故也政術至要力於審士士有才行比於
一鄉委之鄉才行比於一縣委之縣才行比於一州委
之州才行比於一國委之國政而後廼能死伏士矣人
有惡戾於鄉者則誨之不改是爲惡戾於縣則撻之不
改是爲惡戾於國則誅之而後廼能死逆節矣誠如是舉
天下之人一一畏懷無有干背謟慢之萌矣此之謂靖

人凡爲天下之務莫大求士士之待求莫善通政通政之善莫若靖人靖人之才蓋以文章考之百無四五以言論考之十或一二以神器靖作態度考之十全八九是皆賢王屢代明識裁擇所能爾也夫下王危世以文章取士則翦巧綺纖益至而正雅素實益藏矣以言論取士則浮掞游飾益來而蹇諤諍直益晦矣以神氣靖作態度取士則外正內邪益尊而清修明實益隱矣若然者賢愈到政愈僻令愈勤人愈亂矣夫天下至大器也帝王至重位也得士則靖失士則亂故人主勞於求賢逸於任使嗚呼守國聚人者其胡可以不事試於士

乎人情失宜主所深恤失宜之大莫痛刑獄夫明達之才將欲聽訟或誘之以詐或脅之以威或開之以情或苦之以戮雖作設權異而必也公平故使天下之人生無所於德死無所於怨夫秉國建吏持刑若此可謂至官至官之世群情和正諸產咸宜愛敬交深上下條固不可搖蕩有類一家苟違順凌逆安得動哉平王返正既宅天邑務求賢良等聞一善惆豫連日左右侍僕累言大臣有賢異者如是踰歲王曰余一人于德不明務求賢異蓋恐山澤遺逸不舉豈樂聞善以自閉塞哉迺者仄媚僕臣累譽權任煩階左右葸忽余孱昧无能斷明

徒唯共和依違浸長自賢敗德莫此爲多不時匡過就兹固黨於是棄左右近習三人於市貶庶司尹長五人曰無令人臣附下罔上持禄阿意天下聞之稱爲齊明海南之西歸者七國至理之世輿服純素憲令寬簡禁網疏濶夫輿服純素則人不勝羨憲令寬簡則俗无忌諱禁網疏濶則易避難犯若人不勝羨則嗜欲希微而服役樂業矣俗無忌諱則抑閉開舒而歡欣交通矣易避難犯則好惡分明而貴德知耻矣夫服役樂業之謂順歡欣交通之謂和貴德知耻之謂正浮墮之人不勝於順逆節之人不勝於和姦邪之人不勝於正順和正

三者理國之宗也衰末之世輿服文巧憲令𧞅祈禁網
煩僻夫輿服文巧則流相炎慕憲令𧞅祈則俗多忌諱
禁網煩僻則莫知所逭若流相炎慕則人不忠潔而耻
樸貴華矣俗多忌諱則情志不通而上下膠戾矣莫知
所逭則讒𩲡繁興而衆不懼死矣夫耻樸貴華之謂浮
上下膠戾之謂塞衆不懼死之謂冒眞正之士不官於
浮公直之士不官於塞器能之士不官於冒浮塞冒三
者亂國之梯也荊君熊圉問水旱理亂亢倉子曰水旱
由天理亂由人若人事和理雖有水旱無能爲害堯湯
是也故周之秩官云人強勝天若人事壞亂縱無水旱

口益崩離且桀紂之滅豈惟水旱荆君北面遵循稽首
曰天不棄不𣪍及此言也乃以弘璧十朋爲亢倉子壽
拜爲亞尹曰庶吾國有瘳乎亢倉子不得巳中宿微服
違之他邦至理之世山無僞隱市無邪利朝無佞禄國
產問何由得人俗醇樸亢倉子曰政煩苛則人姦僞政
省一則人醇樸夫人俗隨國政之方圓猶蠖屈之於葉
也食黄則身黄食蒼則身蒼曰何爲則人富亢倉子曰
賦歛以時官上清約則人富賦歛無節官上奢縱則人
貧矢剱之謂以精金鷙隼爲之羽以之棓箘則其與
槁樸也無擇及夫蕩寇爭衝覿武決勝加之駭弩之上

則三百步之外不立敵矣蜚景之劍威奪白日氣盛紫蜺以之封穫則其與劂刃也無擇及夫凶邪流毒沸渭不靖加之運掌之上則千里之内不留行矣夫材有分而用有當所貴善因時而已耳昔者明王聖帝天下和平萬物茂暢群性得極善因時而勿擾者也近古以來天下姦邪者衆正直者寡輕薄趨利者多敦方退靜者鱻姦者出言長於忠言遂使天下之人交相疑害悲夫作法貴於易避而難犯救弊貴於省事而一令除去豪橫則官人安刑禁必行則官人不敢務私利而百姓富吏刑曰青災肆赦赦不欲數赦數則惡者得計平人生心

而賢良否塞矣人有大爲賊害官吏捕獲因廣條引誣陷貞良濶遠牽率冀推時序卒蒙赦宥遇賊害者訖無所快自毒而巳由是平人遞生黠計吏勞政酷莫能鎮止此由數赦之過也夫人之所以惡爲無道不義者爲其有罰也所以勉爲有道行義者爲其有賞也今無道不義者赦之而有道行義者被妎而不賞欲人之就善也不亦難乎世有賢主秀士肯察此論人怨者非不接人也神怒者非不事神也巧佞甚人愈怨淫祀盛神愈怒

君道篇第四

始生之者天也養成之者人也能養天之所生而勿攖之謂之天子天子之動也以全天氣故此官之所以自立也立官者以全生也今世之惑主多官而反以害生則失所以爲立官之本矣草鬱則爲腐樹鬱則爲蠹人鬱則爲病國鬱則百惡並起危亂不禁所謂國鬱者主德不下宣人欲不上達也是故聖王貴忠臣正士爲其敢直言而決鬱塞也克己復禮賢良自至君耕后蚕蒼生自化由是言之則賢良正可待不可求求得非賢也蒼生正可化不可刑刑行非理也堯舜有爲人主之勤无爲人主之欲故天下各得濟其欲有爲人主之位无爲

人主之心故天下各得肆其心士有天下人愛之而主不愛者有主獨愛之而天下人不愛者用天下人愛者則天下安用主獨愛者則天下危人主安可以自放其愛憎哉由是重天下者當制其情所謂天下者謂其有萬物也所謂　邦國者謂其有人衆也夫國以人爲本人安則國安故憂國之主務求理人之材玉之所以難辨者謂其有怪石也金之所以難辨者謂其有鍮石也今夫以隼翼而被之鷃視不明者正以爲隼明者視之乃鷃也今夫小人多誦經籍方書或學奇技通說而被以青紫章服使愚者聽而視之正爲君子明者聽而視

之乃小人也故人主誠明以言取人理也以才取人理也以行取人理也人主不明以言取人亂也以才取人亂也以行取人亂也夫聖人之用人也貴耳不聞之功目不見之功口不可道之功而百姓暢然自理矣君人主貴耳聞之功則天下之人運貨逐利而市譽矣貴目見之功則天下之人恢形異藝而爭進矣貴可道之功則天下之人習舌調吻而飾辭矣使天下之人市譽爭進飾辭見違則政敗矣人主皆知鏡之明已也而惡士之明已也鏡之明已也功細士之明已也功大知其細失其大不知類矣於乎人主清心省事人臣恭儉守職

太平立致矣而世　或難之吾所不知也若人主方寸之地不明不斷則天地之宜四海之內動植萬類咸失其道矣以耳目取人者官多而政亂以心慮取人者官少而政清是知循理之世務求不可見不可聞之材澆危之世務取可聞可見之材於乎人主豈知哉以耳目取人人皆藪欲以買譽以心慮取人人皆靜正以勤德吏靜正以勤德則不言而自化吏藪欲以買譽則刑之而不畏世主豈知哉

臣道篇第五

夫國之將興也朝廷百吏或短或長或醜或美或怡或

厲或足或非雖聽其言觀其貌有似不同然察其志徵
其心盡於爲國所以剛訐不怨黜退不愕議得其中无
違乎理故天不忒其時地不乏其利人不亂其事鬼神
開贊蠻夷柔同保合太和萬物化育國之將亡也朝廷
百吏姿貌多美顏色諧和詞氣華柔動止詳潤雖觀其
貌聽其言有若歡洽然察其志徵其心盡在競位所以
聞奇則怪見異必愕狃嫉相蒙遂喪其道故天告災時
地生反物人作凶德鬼神間禍戎狄交侵喪亂弘多萬
物不化夭不傷貨財不勞人力不損官吏而功成政立下阜百姓
上滋主德如此者忠賢之臣也若費財傾人危官苟效

一時功利規賞於主不顧過後貽災於國如此者姦臣也至理之世官得人不理之世人得官郝龍覩問事君

亢倉子曰既策名而臣人者　心莫若公貌莫若和言莫若正公不欲露和不欲雜正不欲犯古之清勤爲國脩政令之清勤爲身修名夫爲國脩政者區處條別動得其宜合於大體爲身脩名者區處條別致遠不通拘於小節是知心以道爲主抵事得其所心以事爲主抵物失其所臣居上位不諫下位不公不合贍其禄君不嚴敬大臣不彰信小臣不合官其朝有才者不必忠忠者不必有才臣不患不忠適恐盡忠而主莫之信不患

不信適恐信之而莫能事事上等之人得其性則天下理中等之人得其性則天下亂明主用上等之人當委以權宜便事肆其所爲用中等之人則當程課其功示以賞罰

賢道篇第六

賢良所以屢求而不至難進而易退者非爲愛身而不死王事適恐盡忠而主莫之信耳自知有才識之人外恭謹而内無憂其於衆也和正而不狎親之則彌莊疏之則退去而不怨窮厄則以命自寬榮達則以道自正人有視其儀賢也聽其聲賢也徵神課識或負所望夫賢

人其見用也入則諷譽出則龔默職司勤辨居室儉閑
其未見用也藏身於衆藏識於目藏言於口飽食安步
獨善其身貞而不怨智者不疑事識者不疑人有識之
士行危而色不可疎言遜而理不可拔凡謂賢人不自
稱賢効在宫政功在事事太平之時上士運其識中士竭
其耐小人輸其力齊有揺子者材可以振國行可以獨
立事父母孝謹鄉黨恭循念居貧無以爲養施信義而
遊者久之矣所如寡合或爲乘時夸毗者所嵬紿於是
負杖步足閒乎亢倉子曰吾聞至人忘情黎人不事情
存情之曹務其教訓而尊信義焉今不知爲工受不信

爲信信而不見信爲信爲勤慕義爲義義而不自義爲義然則信義之士常獨厄隨退胡以取貴乎時而教理之所上也亢倉子俯而循袛仰而譆超然而歌曰時之陽兮信義昌時之默兮信義伏陽與默昌與伏汩吾無誰私兮恙忽不知其讀夫運正性以如適而物莫之應者眞不行也眞且不行謂之道喪道喪之時上士乃隱隱之爲義有可爲也莫可爲者也有可用也莫可用者也佘公問賢材何從而　致亢倉子曰賢正可待不可求材慎在求不慎無若天子靜大臣明刑不避貴澤不隔下則賢人自至而求用矣賢人用則四海之内明目而視清耳而聽坦心

而無鬱矣天自成地自寧萬物醇化鬼神不能靈故曰賢正可待不可求若天子勤明大臣和理之求士也則愜弘方大公直靖人之材至若天子苛察大臣躁急之求士也則曲心巧應毀方破道之材至若天子疑忌大臣巧隨之求士也則奇姓異名反媚怪術之材至若天子自賢大臣固位之求士也則事文遂譽貪濁浮麗之材至若天子依違大臣回佞之求士也則內忠外僻情毒言和之材至故曰材慎在求不慎無昔者黄帝得常仙封鴻鬼容丘商王得伊尹中興得甫申齊桓得甯籍皆由數君體道邁仁布昭聖武思輯光明寬厚昌正而

衆賢自至而求用非爲簡核而得之也祭公曰夫子云賢人不求而自至亦有非賢不求而自至者乎亢倉子曰夫非賢不求而自至者固衆矣夫天下有道則賢人不求而自至天下無道則非賢不求而自至人主有道者寡無道者衆天下賢人少不肖者多是知非賢不求而自至者多矣祭公曰賢固濟天下材亦能濟天下俱濟天下賢與材安取異邪亢倉子曰窘乎哉其間也夫功成事畢不殉封譽恭退樸儉之謂賢功成事畢榮在祿譽光揚滿志之謂材賢可以鎮國材亦可以理國所謂鎮者和寧無爲人不知其力所謂理者勤率其事人知所於德一

賢統衆材則有餘衆材度一賢猶不足如是賢材之殊域有居山林而諠者有在人俗而靜者有諠而正者有靜而邪者凡視察其貌鄙俗而能有賢者萬不有視察其貌端雅而實小人者十而九夫不練其言而知其文不責其儀而審其度不采其譽而知其善不流其毀而斷其實可謂有識者也

訓道篇第七

閔子騫問仲尼道之與孝相去奚若仲尼曰道者自然之妙用孝者人道之至德夫其包運天地發育萬物曲成萬類布丕性壽其功至實而不爲物府不爲事宫無

爲功尸捫求視聽莫得而有字之曰道用之於人字之曰孝孝者善事父母之名也夫善事父母敬順爲本意以承之順承顔色無所不至發一言舉一意不敢忘父母營一手措一足不敢忘父母事君不敢不忠朋友不敢不信臨下不敢不敬鄉善不敢不勤雖居獨室之中亦不敢懈其誠此之謂全孝故至誠之至通乎神明光于四海有感必應善事父母之所致也昔者虞舜其大孝矣庶母惑父屢憎害之舜心益恭懼而無怨謀使浚井下土實之于時天休震動神明駿赫導穴而出奉養滋謹由是玄德茂盛爲天下君善事父母之所致也文

王之爲太子也其大孝矣朝夕必至乎寢門之外問寺人曰兹日安否如何曰安太子温然喜色小不安節太子色憂滿容朝夕食上太子必視寒煖之節食下必知膳羞所進然後退寺人言疾太子肅冠而齋膳宰之饌必敬視之湯液之貢必親嘗之嘗饌善則太子亦能食嘗饌寡太子亦不能飽以至于復初然後亦復初君后有過怡聲以諷君后所愛雖小物必嚴襲是故孝成於身道洽天下雅曰文王陟降在帝左右言文王靜作進退天必賛之故紂不能害虐啓之壽卜世三十卜年七百天所命也善事父母之所致也閔子騫曰善事父母

之道既幸聞矣敢問教子之義仲尼曰凡三王教子必
視禮樂樂所以修內禮所以修外禮樂交修則德容發
輝于貌故能溫恭而文明夫爲人臣者殺其身有益於
君則爲之況利其身以善其君乎是故擇建忠良貞正
之士爲之師傅欲其知父子君臣長幼之道夫知爲人
子然後可以爲人父知爲人臣然後可以爲人君知事
人然後能使人此三王教子之義也閔子騫退而事之
於家三年人無閒於父母昆弟之言交遊稱其信鄉黨
稱其仁宗族稱其弟德行之聲溢于天下此善事父母
之所致也齊太子坐清臺之上燕莊侯他高冠嚴色左

帶玉具劒右帶環珮左光照右右光照左太子讀書不視莊侯他問曰齊國有寶乎太子曰主信臣忠百姓戴上齊國之寶也莊侯他憮聲解劒而去於乎人有偏蔽終身莫自知已矣賢者見之寬恕而不言小人暴愛而溢言親戚憐嫉而貳言人有偏蔽惡乎不自知哉是故君子檢身常若有過衣其衣食其食知其過而不克有以正之者君子耻之將欲有言識其必不能行者君子罕言當責衆人之惡者視已善乎哉當責衆人之邪者視已正乎哉此之謂返明翟西氏之子甚孝謹翟西憐其子而好妄與之言翟西辰出夕返則曰甲死矣其子

信之既而甲在焉他夕則曰乙且害子其子伺將行俄既而不見惡端他夕則曰丁病矣其子覘之丁誠無恙舉此類也冒淹年序子固孝謹至於訓勸益不保承鄉國之人疾其谷口諜將殺之翟西聞而懼歸以告子子未甚信既而翟西見殺謂多言之人爲疎露亦有辭約而不密者謂輕佻之人爲不定亦有體閒而心躁者謂叢樸之人爲猥細亦有外潔而內濁者若類而引之不可殫載若非徹識安能洞詳時有不可不應事也者內靜而外動易動而難靜時有不可不求事也者內思而外待待至而後樂是故外靜而內動者搖思而損性奔走而

逐利者勞力而害名人生於世或有事不遂志而宣言云不遇時者是無異負丹頸之罪俟時行戮豈不殆哉其有悖才通識未見稱用者正可云時非不清命未與耳豈不蹉歟長於諫者務依存前人之性而剪制其情之所由起是以彼此開進觀敬殷篤不長於諫者務攻前人之性而鬭於情之所來是以彼此嫌貳猜釁日積兒童之所簡者乃耆耋之所非耳目之所娱者乃心慮之所疾徒責天下之愚者己之未賢也徒責天下之迷者己之未明也以未賢責衆愚未賢者以之亡以未明責衆迷未明者以之傷

農道篇第八

人捨本而事末則不一令不一令則不可以守不可以戰人捨本而事末則其產約其產約則輕流徙輕流徙則國家時有災患皆生遠志無復居心人捨本而事末則好智好智則多詐多詐則巧法令巧法令則以是爲非以非爲是古先聖王之所以理人者先務農人農人非徒爲地利也貴行其志也人農則樸樸則易用易用則邊境安安則主位尊人農則重重則少私義少私義則公法立力博深農則其產復其產復則重流散重流散則死其處无二慮是天下爲一心矣天下一心軒皇几蘧

之理不是過也古先聖王之所以茂耕織者以爲本教也是故天子躬率諸侯耕籍田大夫士第有功級勸人尊地產也后妃率嬪御絲於郊桑公田勸人力婦教也男子不織而衣婦人不耕而食男女貿功資相爲業此聖王之制也故敬時愛日埒實課功非老不休非疾不息一人勤之十人食之當時之務不興土功不料師旅男不出御女不外嫁以妨農也黃帝曰四時之不可正正五穀而已耳夫稼爲之者人也生之者天也養之者地也是以稼之容足耨之容耰耘之容手是謂耕道農攻食工攻器賈攻貨時事不龔共欲之以土功是謂大凶凡稼

蚤者先時暮者不及時寒暑不節稼乃多災冬至已後五旬有七日而昌生於是乎始耕事農之道見生而藝生見死而穫死天發時地産財不與人期有年祀土無年祀土無失人時迨時而作過時而止老弱之力可使盡起不知時者未至而逆之既往而慕之當其時而薄之此從事之下也夫耨必以早使地肥而土緩稼欲産於塵土而殖於地堅者慎其種勿使數亦無使疏於其施土無使不足亦無使有餘畎欲深以端畝欲沃以平下得陰上得陽然後盛生立苗有行故速長強弱不相害故速大正其行通其中疏爲冷風則有收而多功率稼

望之有餘就之則䟽是地之竊也不除則蕪除之則虛
是事之傷也苗其弱也欲孤其長也欲相與居其熟也
欲相與扶三以爲族稼乃多穀凡苗之患不俱生而俱死
是以先生者美米後生者爲粃是故其耨也長其兄而
去其弟樹肥無使扶踈樹墝不欲專生而獨居肥而扶
踈則多粃墝而獨居則多死不知耨者去其兄而養其
弟不收其粟而收其粃上下不安則稼多死得時之禾
長稠而大穗圜粟而薄糠米飴而香舂之易而食之強
失時之禾深芒而小莖穗鋭多粃而青蘦得時之黍穗
不芒以長搏米而寡糠失時之黍大本華莖葉膏短穗

得時之稻莖葆長稠穗如馬尾失時之稻纖莖而不滋
厚糠而菑死得時之麻踈節而色陽堅枲而小本失時
之麻蕃柯短莖岸節而葉蟲得時之菽長莖而短足其
莢二七以爲族多枝數節競葉蕃實稱之重食之息失
時之菽必長而蔓浮葉虛本踈節而小莢得時之麥長
桐而頸族二七以爲行薄翼而蘚色食之使人肥且有
力失時之麥胕腫多病弱苗而翌穗是故得時之稼豐
失時之稼約㢧穀盡宜從而食之使人四衛變強耳目
聰明凶氣不入身無苛殃善乎孔子之言冬飽則身溫
夏飽則身涼夫溫涼時適則人無病疹人無病疹是疫

癘不行瘥癘不行咸得遂其天年故曰穀者人之天是以興王務農王不務農是棄人也王而棄人將何國哉

兵道篇第九

秦景主將踪強兵於天下使庶長鮑戎必致命亢倉子待以壤邑十二周實迫之亢倉子至自滎泉舍于上館景主三户弗得所問下席北首頓珪曰天果無意恤孤邪亢倉子油然虧聘曰朕以主為異之問而寧弊弊焉以所刺為故抑者亦隨其欲而得正焉無如可矣景主一拜再舉斂黼袵端珪抑首而坐曰實惟天所命亢倉子仰懷而嘘俯正顏色曰原兵之所起與始有人俱夫兵

也者出人之威也人之有威性受於天故兵之所自来
上矣嘗無少選　不用貴賤長少賢愚相與同祭兵之
兆在心悽恚而未發兵也疾視作色兵也傲言推棱兵
也侈鬭攻戰兵也此四者鴻細之爭也未有蚩尤之時
人實揭材木以鬭矣黃帝用水火矣共工稱亂矣五帝
相與爭矣一興一廢勝者用事夫有以咽藥而死者欲
禁天下之醫非也有以乘舟而死者欲禁天下之船非
也有以用兵而喪其國者欲禁天下之兵非也夫兵之
不可廢譬水火焉善用之則為福不善用之則為禍是
故怒笞不可偃於家刑罰不可偃於國征伐不可偃於

天下古之聖王有義兵而無偃兵兵誠義以誅暴君而振苦人人之悅也若孝子之見慈親餓隷之遇美食號呼而走之若强弩之射深谷也勝負之决勿徵於他必反人情人之情欲生而惡死欲榮而惡辱死生榮辱之道一則三軍之士可使一心矣凡軍欲其衆也心欲其一也三軍一心則令可使無敵矣古之至兵蓋重令也故其令强者其敵弱其令信者其敵詘先勝之於此則勝之於彼誠若此則敵胡足勝也凡敵人之來也以求利也今來而得死且以走爲利敵皆以走爲利則刃無所與接矣此之謂至兵儌虐姦詐之與義理反也其勢不俱勝不兩立故

義兵入於敵之境則人知所庇矣兵至於國邑之郊不踐果稼不穴丘墓不殘積聚不焚室屋得人虜虖而歸之信與人期以敘敵資以章好惡以示逆順若此而猶有愎狠凌宕不聽者雖行武焉可也先發聲出號令曰兵之來也以除人之讎以順天之道故尅其國不屠其人獨誅所誅而已於是舉選秀士賢良而尊封之求見孤疾長老而拯敬之發府庫之財散倉廩之穀不私其物因加其禮今有人於此能生死人一人則天下之人爭事之矣義兵之生一人亦多矣人孰不悅故義兵至則鄰國之人歸之若流水誅國之人望之如父母行地滋

遠得人滋衆辭未終景王與稽首曰孤獲聞先生教言不覺氣盈宇宙志知所如也而心滋益龔於是步前稱觴爲亢倉子壽拜居首列師位嚴于齋室又月涉旬展加天闕白晝行道行弟子禮

按晁氏曰唐天寶元年詔號亢桑子爲洞靈眞經然求其書不獲襄陽王士元取諸子文義類者補其亡周氏涉筆曰其稱危代以文章取士則剪巧綺濫益至正指唐事又一鄉一縣一州被青紫章服皆近制也惟農道一書可讀據二氏則此書唐人所僞矣然柳子厚唐人乃獨不聞而疑之何與且無其書不應虛尊爲經既尊爲經不應鑿空補入是皆有可疑者至農道篇亦多掇簡若書及呂覽語謂云可讀者愚不審所指也

丁丑夏日志

亢倉子終

亢倉子一卷

周·庚桑楚撰

明萬曆三十年（1602）緜眇閣刊《先秦諸子合編》本

亢倉子評語

按晁氏曰唐天寶元年詔號亢桑子為洞靈[illegible]
然求其書不獲襄陽王士元取諸子文義類者[illegible]
其亡周氏涉筆曰其稱危代以文章取士則剪巧
奇濫益至正指唐事又一鄉一縣一州被青紫[illegible]
服近例也惟農道一書可讀據二氏則此書唐
所偽矣然柳子厚唐人乃獨不聞而疑之何與
上無其書不應虛尊為經既尊為經不應鑿空補
入是[illegible]可疑者至農道篇亦多掇商君書及呂
[illegible]所指也丁丑夏日潛菴
孫[illegible]

目錄

全道篇第一　用道篇第二

政道篇第三　君道篇第四

臣道篇第五　賢道篇第六

部道篇第七　農道篇第八

兵道篇第九

亢倉子

全道篇第一

亢倉子居羽山之頽三年俗無疵癘而仍穀熟其俗竊相謂曰亢倉子之始來吾鮮然異之今吾日計之不足歲計之有餘其或聖者耶盍相與尸而祝之社乎亢倉子聞之色有不釋其徒𩇕啜從而詰之亢倉子曰吾聞至人尸居環堵之室而百姓猖狂不知其所如往今以羽俗父子竊竊焉將俎豆予我杓之人乎吾是以不釋於老聃之言𩇕啜曰不者

體而鯢鰌為之制步仞

卯　ア　孤為之祥且也尊賢事
尙善就和自堯舜以固然而况羽俗乎先生其聽
ㄔ亢倉子曰譆来夫二子者知乎函車之獸介而離
山罔罟制之呑舟之魚蕩而失水螻蟻苦之故鳥獸
居欲其高魚鼈居欲其深夫全其形生之人藏其身
也亦不厭深眇而已吾語若大亂之本禮乎堯舜之
間其終存乎千代之後必有人與相食者矣言未終
南子榮之檮色蹵然膝席曰檮年運而長矣將奚以
託業以事斯言亢倉子曰全汝形抱汝生无使汝思
慮營營若此緒年或可以及此言雖然吾才小不足

以化子子胡不南謁吾師聃亢倉子既謝榮之擢不
釋羽俗而龍巳乎天下水之性清土者滑之故不得
清人之性壽物者滑之故不得壽物也者所以養性
也今世之惑者多以性養物則不知輕重也是故聖
人之於聲色滋味也利於性則取之害於性則捐之
此全性之道也萬人操弓共射一招招無不中萬物
章章以害一生生無不傷故聖人之制萬物也全其
天也天全則神全矣神全之人不慮而通不謀而當
精照无外志凝宇宙德芒 天地然上為天子而不驕
[illegible]謂 道之人心平正不為外

能久則[illegible]明而能久則虗虛則道
全而居之泰佚死亢倉子哭之其役曰天下皆死先
生何哭為也亢倉子曰天下皆哭安得不哭其役曰
哭者必哀而先生未始哀何也亢倉子曰舉天之下
吾死與樂安所取哀蛻地之謂水蛻水之謂氣蛻氣
之謂虗蛻虛之謂道道虗者道之體靖者道之地理者
道之綱識者道之目道所以保神德所以宏量禮所
以齊儀物所以養體好質白之物者以黑為汙好質
黑之物者以白為汙吾又安知天下之正潔汙哉由
是不主物之潔汙者矣夫瞽視者以黕為赤以蒼為

賢王秀士豈知哉昔者桀信天與其禮四海已不勤
於道天奪其國以授殷紂亦信天與其禮四海已不
龔於道天奪其國以授周今夫惰農信地實生百穀
不力於其道地竊其果稼而荒翳之齊后信人之性
酌讓不明於其道舉全境以付人人實鴟義而有其
國凡人不修其道隨其心而師之營欲茂滋災疾朋
疊戕身損壽心斯害之矣故曰惟道可信天地非道
不能悠久蒼生非賢不能靖順庶政非才不能和理
夫用道之人不露其用福滋萬物功歸无有神融業
辨之謂　識知而不辨謂之道識

人道

夫雞辰丁作頁日任勞流汗灑地夜分僅息農夫之道也俯拾仰取銳意錐擻力思摶精希求利潤賈竪之道也嚥氣谷神寧思損慮超遥輕舉日精鍊仙高士之道也剸情端想畢志所事倫揆忘寢謀效位司人臣之道也清心省念察驗近習務求賢良以安萬姓人主之道也若由是類之各順序其志度不替塞其業履是謂天下有道導筋骨則形全剪情欲則神全靖言語則福全克保三全是謂清賢道德順則鬼神助信義敦則君子合禮義備則小人懷有識者自是無識者亦自是有道者靜默闇

鈍者亦靜默物固有似是而非似非而是先號後笑始吉終凶身可親而才不可親才可敬而身不堪敬敬甚則不親親甚則不敬親之而疎疎之而親恩甚則怨生愛多則憎至有以速為貴有以緩為貴有以直為貴有以曲為貴百事之宜其由甚微不可不知是故智者難之靜則神通窮則意通貴則語通富則身通理勢然也同道者相愛同藝者相嫉同與者相愛同取者相嫉同病者相愛同壯者相嫉人情自然也多才而仔讒貧賤而不諂處勞而不為辱富貴而可謂　有也

政道　二

人先法以知天以四時寒暑日月星辰之所行知天若四時寒暑日月星辰之所行當則諸生血氣之類皆得其處而安其產矣人臣亦無法以知主以主之賞罰爵祿之所加知主若主之賞罰爵祿之所加宜則親疏遠近賢不肖皆盡其才力而以為用矣信全則天下安信失則天下危夫百姓勤勞財物殫盡則爭害之心生而不相信矣人不相信由政之不平也政之不平吏之辠也吏之有辠刑賞不齊也刑賞不齊主不勤明也夫主勤明則刑賞一刑賞一則吏奉

法吏奉法則政下宣政下宣則人人得其所而交相信矣是知天下不相信者由主不勤明也亢倉子居息壤五年靈王使祭公致篚帛與紉璐曰余末小子否德忝位水旱不時糴為人君何以禳之亢倉子曰水陰沴也陰於國政類刑人事類私旱陽過也陽於國政類德人事類盈楚以為凡遭水旱天子宜正刑脩德百官宜去私戒盈則以類而消百福日至矣鄭有胡之封珪戎弓異時失同於荆荆曰必得封珪戎弓不然臨兵于汝鄭君病之駕見亢倉子曰封珪戎

君悝

胡綿代功寶傳韋翼嗣今荆恃大而

曰必得不夕　兵國危矣寡人欲以他封珪戎弓往
若之何充倉子曰君其少安今是楚亦有寶於此飾
楚之寶以賞罪於君楚所不能君必致夫真今荊以
淺鮮之過而負其威刑申逞不直以耗斂與國荊失
諸侯於是乎在諸侯聞之將警勸備倫比勤明會同
上義固存鄰其爲首君姑待之豈必非福於是以胡
珪戎弓往未至郢荊人聞之曰彼用聖人之訓辭吾
焉取此以暴不直於天下而令諸侯實生心焉遽反
其賂而益善焉人之情欲生而惡死欲安而惡危欲
榮而惡辱天下之人得其欲則樂樂則安不得其欲

明苦苦則危若人主放其欲則百吏庶長具展其欲
百吏庶長具展其欲則天下之人貧者竭其力富者
竭其財四人失其序皆不得其欲矣天下之人不得
其欲則相與提携保抱逋逃隱蔽漂流捃采以祈性
命吏又從而捕之是故不勝其危苦因有群聚背叛
之心生則國非其國也匆貪戶口百姓洮走多壯城
池百姓洮疲賦歛不中窮者日窮刑罰且貳匱者日
匱科禁不行國則以傾官吏非才則寬猛失所宜與
百姓爭利則狡詐之心生所以百姓姦而難知天下
難知則上[illegible]　上人疑則下益惑下既惑則官長勞

一　二一　系少周

官長勞則肖之是勸刑不能禁易動而難靖此由官不得人故也政術至要力於審士士有才行比於一鄉委之鄉才行比於一縣委之縣才行比於一州委之州才行比於一國委之國政而後迺能无伏士矣人有惡戾於鄉者則誨之不攺是為惡戾於縣則撻之不攺是為惡戾於國則誅之而後迺能无逆節矣誠如是舉天下之人一一畏懷彝有干背諂慢之萌矣此之謂靖人凡為天下之務莫大求士士之待求莫善通政通政之善莫若靖人靖人之才蓋以文章考之百彝四五以言論考之十或一二以神器靖作

態度考之十全八九是皆賢王慶代明識裁擇所能爾也夫下王危世以文章取士則翦巧綺纖益至而正雅素實益藏矣以言論取士則浮揚游飾益來而蹇諤諍直益晦矣以神氣精作態度取士則外正內邪益尊而清修明實益隱矣若然者賢愈到政愈僻令愈勤人愈亂矣夫天下至大器也帝王至重位也得士則靖失士則亂故人主勞於求賢逸於任使嗚呼守國聚人者其胡可以不事試於士乎人情失宜主所深恤失宜之大莫痛刑獄夫明達之才將欲聽訟或誘之以口或脅之以威或開之以情或苦之以

戮雖作設權　而必也公平故使天下之人生無所於德死無所於怨夫東國建文持刑若此可謂至官至官之世群情和正諸產咸宜愛敬交深上下條固不可搖蕩有類一家苟違順凌逆安得動哉平王返正既宅天邑務求賢良等聞一善懶豫連日左右侍僕累言大臣有賢異者如是踰歲王曰余一人乎德不明務求賢異益恐山澤遺逸不舉豈樂聞善以自閉塞哉迺者反媚僕臣累譽權任頗陷左右意余孱昧無能斷明徒唯共和依違浸長自賢敗德莫此為多不時匡遏就茲固黨於是棄左右近習三人於市

貶廢司尹長五人曰無令人臣附下罔上持祿阿意
天下聞之稱為齊明海南之西歸者七國至理之世
輿服純素憲令寬簡禁網疏濶夫輿服純素則人不
勝羡憲令寬簡則俗无忌諱禁網疏濶則易避難犯
若人不勝羡則嗜欲希微而服役樂業矣俗無忌諱
則抑閑開舒而歡欣交通矣易避難犯則好惡分明
而貴德知耻矣夫服役樂業之謂順歡欣交通之謂
和貴德知耻之謂正浮隨之人不勝於順逆節之人
不勝於和姦邪之人不勝於正順和正三者理國之
宗也衰末之　輿服文巧憲令禳祈禁網頗僻夫輿

服文巧則流　炎慕憲令禳祈則俗多忌諱禁網頗
僻則莫知所宜若流相炎慕則人不忠絜而耻樸貴
華矣俗多忌諱則情志不通而上下膠戾矣莫知所
宜則讒慝繁興而衆不懼死矣夫耻樸貴華之謂浮
上下膠戾之謂塞衆不懼死之謂冐眞正之士不官
於浮公直之士不官於塞器能之士不官於冐浮塞
冐三者亂國之梯也荆君熊圍問水旱理亂亢倉子
曰水旱由天理亂由人若人事和理雖有水旱無能
為害堯湯是也故周之秩官云人強勝天若人事壞
亂縱無水旱日益崩離且桀紂之滅豈惟水旱荆君

北面遵循稽首曰天不棄不穀及此言也乃以孫[illegible]十朋為亢倉子壽拜為亞尹曰庚吾國有瘳乎亢倉子不得已中宿微服違之他邦至理之世山無偽隱市無邪利朝無佞祿國產問何由得人俗醇樸亢倉子曰政煩苛則人姦偽政省一則人醇樸夫人俗隨國政之方圓猶蠖屈之於葉也食黃則身黃食蒼則身蒼曰何為則人富亢倉子曰賦斂以時官上清約則人富賦斂無節官上奢縱則人貧句粤之鉾鏃以精金鷙隼為之羽以之桰䈳則其與槁樸也無擇及夫蕩寇爭斷之武決勝加之駭弩之上則三百步之

外不立敵矣孝景之劒威奪白日氣盛紫蜺以之封穫則其與㓤刃也無擇及夫凶邪流毒沸渭不靖加之運掌之上則千里之內不留行矣夫材有分而用有當所貴善因時而已耳昔者明王聖帝天下和平萬物茂暢群性得極善因時而勿擾者也近古以來天下姦邪者衆正直者寡輕薄趨利者多敦方退靜者魚鱗女妓者出言長於忠言遂使天下之人交相疑害悲夫作法貴於易避而難犯救弊貴於省事而一令除去豪横則官人安刑禁必行則官人不敢務私利而百姓富史刑曰眚災肆赦赦不欲數赦數則惡者

得計平人生心而賢良否塞矣人有大為賊害官吏捕獲因廣條引誣陷貞良淵遠牽率冀推時序卒蒙赦宥遇賊害者訖無所快自毒而已由是平人遞生黠計吏勞政酷莫能鎮止此由數赦之過也夫人之所以惡為無道不義者為其有罰也所以勉為有道行義者為其有賞也今無道不義者赦之而有道行義者被妒而不賞欲人之就善也不亦難乎世有賢主秀士肯察此論人怨者非不接人也神怒者非不事神也巧佞甚人愈怨淫祀盛神愈怒

始生之者天也養成之者人也能養天之所生而勿攖之謂之天子天子之動也以全天氣故此官之所以自立也立官者以全生也今世之惑主多官而反以害生則失所以為立官之本矣草鬱則為腐樹鬱則為蠹人鬱則為病國鬱則百慝並起危亂不禁所謂國鬱者主德不下宣人欲不上達也是故聖王貴忠臣正士為其敢直言而決鬱塞也克己復禮賢良自至君耕后蠶蒼生自化由是言之則賢良正可待不可求求得非賢也蒼生正可化不可刑刑行非理也堯舜有為人主之勤无為人主之欲故天下各得

濟其欲有為人主之位无為人主之心故天下各得肆其心去有天下人愛之而主不愛者有主獨愛之而天下人不愛者用天下人愛者則天下安用主獨愛者則天下危人主安可以自放其愛憎哉由是重天下者當制其情所謂天下者謂其有萬物也所謂邦國者謂其有人衆也夫國以人為本人安則國安故憂國之主務求理人之材王之所以難辨者謂其有怪石也金之所以難辨者謂其有鍮石也今夫以隼翼而被之鶡視不明者疋以為隼明者視之乃鶡也今夫小人〻誦經籍方書或學奇技通說而被以

青紫章服使愚者聽而視之正爲君子明者聽而視之乃小人也故人主誠明以言取人理也以才取人理也以行取人理也人主不明以言取人亂也以才取人亂也以行取人亂也夫聖人之用人也貴耳不聞之功目不見之功口不可道之功而百姓暢然自理矣若人主貴耳聞之功則天下之人運貨逐利而市譽矣貴目見之功則天下之人恢形異藝而爭進矣貴可道之功則天下之人習舌調吻而飾辭矣使天下之人市譽爭進飾辭見達則政敗矣人主皆知鏡之明已也而惡士之明已也鏡之明已也功細士

之明已也功大知其細失其大不知類矣於乎人主清心省事人臣恭儉守職太平立致矣而世或難之吾所不知也若人主方寸之地不明不斷則天地之宜四海之内動植萬類咸失其道矣以耳目取人者官多而政亂以心慮取人者官少而政清是知循理之世務求不可見不可聞之材澆危之世務取可聞可見之材於乎人主豈知哉以耳目取人人皆歛欲以買譽以心慮取人人皆靜正以勤德吏靜正以勤德則不言而自化吏歛欲以買譽則刑之而不畏世主豈知哉

臣道篇第五

夫國之將興也朝廷百吏或短或長或醜或美或怡或厲或是或非雖聽其言觀其貌有似不同然察其志徵其心盡於為國所以剛訐不怨黜退不愕議得其中无違乎理故天不忒其時地不乏其利人不亂其事鬼神開贊蠻夷柔同保合太和萬物化育國之將亡也朝廷百吏姿貌多美顏色諧和詞氣華柔動止詳潤雖觀其貌聽其言有若歡洽然察其志徵其心盡在競位所以闘竒則怪見異必愕狙嫉相蒙遂喪其道故天告災時地生反物人作凶德鬼神間禍

戎狄交侵喪亂弘多萬物不化夫不傷貨財不妨人力不損官吏而功成政立下阜百姓上滋主德如此者忠賢之臣也若費財傾人危官苟效一時功利規賞於主不顧過後貽災於國如此者姦臣也至理之世官得人不理之世人得官郝龍覲問事君亢倉子曰既策名而臣人者心莫若公貌莫若和言莫若正公不欲露和不欲雜正不欲犯古之清勤為國脩政今之清勤為身脩名夫為國脩政者區處條別動得其宜合於大體為身脩名者區處條別致遠不通拘於小節是知心以道為主抵事得其所心以事為主

抵物失其所臣居上位不諫下位不公不合贍其祿君不嚴敬大臣不彰信小臣不合官其朝有才者不必忠忠者不必有才臣不忠不忠適恐盡忠而主莫之信不忠不信適恐信之而莫能事事上等之人得其性則天下理中等之人得其性則天下亂明主用上等之人當委以權宜便事肆其所為用中等之人則當程課其功示以賞罰

賢道篇第六

賢良所以屢求而不至難進而易退者非爲愛身而不死王事適恐盡忠而主莫之信耳自知有才識之

人外恭謹而內無憂其於衆也和正而不狎親之則
彌莊踈之則退去而不怨窮厄則以命自寬禁違則
以道自正人有視其儀賢也聽其聲賢也徵神課識
或負所望夫賢人其見用也入則諷譽出則龔默職
司勤辨居室儉闕其未見用也藏身於衆藏識於目
藏言於口飽食安步獨善其身貞而不怨智者不疑
事識者不疑人有識之士行危而色不可踈言遜而
理不可拔凡謂賢人不自稱賢效在官政功在事事
太平之時上士運其識中士竭其耐小人輸其力齊
有搢子者材可以振國行可以獨立事父母孝謹鄉

黨恭循念居貧無以為養施信義而遊者久之矣所如寡合或為乘時夸毗者所蚩紿於是負杖步足問乎亢倉子曰吾聞至人忘情黎人不事情存情之曹務其教訓而尊信義吾乃今不知為工受不信為信信而不見信為信為勤慕義為義義而不自義為義然則信義之士常獨厄隨退胡以取貴乎時而教理之所上也亢倉子俯而循衽仰而譆超然而歌曰時之陽兮信義昌時之默兮信義伏陽與默昌與伏汩吾無誰私兮羌忽不知其讀夫運正性以如適而物莫之應者真不行也真且不行謂之道喪道喪之時

上士乃隱隱之為義有可為也莫可為者也有可用
也莫可用者也祭公問賢材何從而　致亢倉子曰
賢正可待不可求材慎在求不慎無若天子靜夫臣
明刑不避貴澤不隔下則賢人自至而求用矣賢人
用則四海之內明目而視清耳而聽坦心而無鬱矣
天自成地自寧萬物醇化鬼神不能靈故曰賢正可
待不可求若天子勤明大臣和理之求士也則恢弘
方大公直請人之材至若天子苛察大臣躁急之求
士也則曲心巧應毀方破道之材至若天子疑忌大
臣巧隨之求士也則奇姓異名反媚怪術之材至若

天子自賢大臣固位之求士也則事文逐譽貪濁浮麗之材至若天子依違大臣回佞之求士也則内忠外僻情毒言和之材至故曰材慎在求不慎無昔者黄帝得常仙封鴻鬼容立商王得伊尹中興得甫申齊桓得甯籍皆由數君體道邁仁布昭聖武思輯光明寛厚昌正而衆賢自至而求用非為簡核而得之也癸公曰夫子云賢人不求而自至亦有非賢不求而自至者乎亢倉子曰夫非賢不求而自至者固衆矣夫天下有道則賢人不求而自至天下無道則非賢不求而自至人主有道者寡無道者衆天下賢人

少不肖者多是知非賢不求而自至者多矣祭公曰賢固濟天下材亦能濟天下俱濟天下賢與材安取異耶亢倉子曰審乎哉其問也夫功成事畢不殉封譽恭退樸儉之謂賢功成事畢榮在祿譽光揚滿志之謂材賢可以鎮國林亦可以理國所謂鎮者和寧無為人不知其力所謂理者勤率其事人知所於德一賢統衆材則有餘衆材度一賢猶不足如是賢材之殊域有居山林而諠者有在人俗而靜者有諠而正者有靜而邪者凡視察其貌鄙俗而能有賢者萬不有一視察其貌端雅而實小人者十而九夫不練

其言而知其文不責其儀而審其度不采其譽而知其善不流其毀而斷其實可謂有識者也

訓道篇第七

閔子騫問仲尼道之與孝相去奚若仲尼曰道者自然之妙用孝者人道之至德夫其包運天地發育萬物曲成萬類布丕性壽其功至實而不為物府不為事官無為功尸捫求視聽莫得而有字之曰道用之於人字之曰孝孝者善事父母之名也夫善事父母敬順為本意以承之順承顏色無所不至發一言舉一意不敢忘父母營一手措一足不敢忘父母事君

不敢不忠朋友不敢不信臨下不敢不敬嚮善不敢不勤雖居獨室之中亦不敢懈其誠此之謂全孝故至誠之至通乎神明光于四海有感必應善事父母之所致也昔者虞舜其大孝矣庶母惑父屢憎害之舜心益恭懼而無怨謀使浚井下土實之于時天休震動神明駿赫導穴而出奉養滋謹由是玄德茂盛為天下君善事父母之所致也文王之為太子也其大孝矣朝夕必至乎寢門之外問寺人曰兹日安否如何曰安太子温然喜色小不安節太子色憂滿容朝夕食上太子必視寒煖之節食下必知膳羞所進

然後退寺人言疾太子肅冠而齋膳宰之饌必敬視
之湯液之貢必親嘗之嘗饌善則太子亦能食嘗饌
寡太子亦不能飽以至于復初然後亦復初君后有
過怡聲以諷君后所愛雖小物必嚴龔是故孝成於
身道洽天下雅曰文王陟降在帝左右言文王靜作
進退天必贊之故紂不能害夢啓之壽卜世三十卜
年七百天所命也善事父母之所致也閔子騫曰善
事父母之道既幸聞矣敢問教子之義仲尼曰凡三
王教子必視禮樂樂所以脩內禮所以修外禮樂交
修則德容發輝于貌故能溫恭而文明夫為人臣者

殺其身有益於君則為之況利其身以善其君乎是故擇建忠良貞正之士為之師傅欲其知父子君臣長幼之道夫知為人子然後可以為人父知為人臣然後可以為人君知事人然後能使人此三王教子之義也閔子騫退而事之於家三年人無間於父母昆弟之言交遊稱其信鄉黨稱其仁宗族稱其弟德行之聲溢于天下此善事父母之所致也齊太子坐清臺之上燕莊侯他高冠嚴色左帶玉具劍右帶環珮左光照右右光照左太子讀書不視莊侯他問曰齊國有寶乎太子曰主信臣忠百姓戴上齊國之寶

也莊僕他應聲解劍而去於乎人有偏蔽終身莫自知已矣賢者見之寬恕而不言小人暴愛而溢言親戚憐嫉而貳言人有偏蔽惡乎不自知哉是故君子檢身常若有過衣其衣食其食知其過而不克有以正之者君子耻之將欲有言識其必不能行者君子罕言當責衆人之惡者視已善乎哉當責衆人之邪者視已正乎哉此之謂返明翟西氏之子甚孝謹翟西憐其子而好妄與之言翟西辰出夕返則曰甲死矣其子信之既而甲在焉他夕則曰乙且害予其子將行仇既而不見惡端他夕則曰丁病矣其子覘

之丁誠無恙舉此類也昌滄年序子固孝謹至於訓
勤益不保承鄉國之人疾其咎口誹腓[illegible]
而懼歸以告子子未甚信既而稽西見殺謂多言之
人為踈露亦有辭約而不密者謂輕佻之人為不定
亦有體閒而心躁者謂叢襍之人為猥細亦有外潔
而內濁者若類而引之不可殫載若非徹識安能洞
詳時有不可不應事也者內靜而外動易動而難靜
時有不可不求事也者內思而外待待至而後樂是
故外靜而內動者揺思而損性奔走而逐利者勞力
而害名人生於世或有事不遂志而宣言云不遇時

者是無異負冊頸之罪候時行戮豈不殆哉其有悖才通識未見稱用者正可云時非不清命未與耳豈不體歟長於諫者務依存前人之性而剪制其情之所由起是以彼此開進親敬殷篤不長於諫者務攻前人之性而闇於情之所來是以彼此嫌貳猜疊日積兒童之所簡者乃耆耋之所非耳目之所娛者乃心慮之所疾徒責天下之愚者已之未賢也徒責天下之迷者已之未明也以未賢責衆愚未賢者以之亡以未明責衆迷未明者以之傷

農道篇第八

人捨本而事末則不一令不一令則不可以守不可
以戰人捨本而事末則其產約其產約則輕流徙輕
流徙則國家時有災患皆生遠志無復居心人捨本
而事末則好智好智則多詐多詐則巧法令巧法令
則以是為非以非為是古先聖王之所以理人者先
務農人農人非徒為地利也貴行其志也人農則樸
樸則易用易用則邊境安安則主位尊人農則童童
則少私義少私義則公法立力慱深農則其產複其
產複則重流散重流散則死其處无二慮是天下為
一心矣天下一心軒皇几遽之理不是過也古先聖

王之所以茂耕織者以為本教也是故天子躬率諸侯耕籍田大夫士第有功級勸人尊地產也后妃率嬪御絲於郊桑公田勸人力婦教也男子不織而衣婦人不耕而食男女貿功資相為業此聖王之制也故敬時愛日埒實課功非老不休非疾不息一人勤之十人食之當時之務不興土功不料師旅男不出御女不外嫁以妨農也黃帝曰四時之不可正正五穀而已耳夫稼為之者人也生之者天也養之者地也是以稼之容足耨之容耰耘之容手是謂耕道農攻食工攻器賈攻貨時事不龔欲之以土功是謂大

凶凡稼蚤者先時暮者不及時寒暑不節稼乃多災
冬至已後五旬有七日而昌生於是乎始耕事農之
道見生而藝生見死而穫死天發時地產財不與人
期有年祀土無年祀土無失人時適時而作過時而
止老弱之力可使盡起不知時者未至而逆之既往
而慕之當其時而薄之此從事之下也夫耨必以旱
使地肥而土緩稼欲產於塵土而殖於地堅者慎其
種勿使數亦無使疏於其施土無使不足亦無使有
餘畝欲深以端畝欲沃以平下得陰上得陽然後盛
生立苗有行故速長強弱不相害故速大正其行通

其中疏為冷風則有收而多功率稼望之有餘就之則疏是地之竊也不除則蕪除之則虛是事之傷也苗其弱也欲孤其長也欲相與居其熟也欲相與扶三以為族稼乃多穀凡苗之患不俱生而俱死是以先生者羙米後生者為秕是故其耨也長其兄而去其弟樹肥無使扶疏樹墝不欲專生而獨居肥而扶疏則多秕墝而獨居則多死不知耨者去其兄而養其弟不收其粟而收其秕上下不安則稼多死得時之禾長秱而大穗圜粟而薄糠米飴而香舂之易而食之強失時之禾深芒而小莖穗銳多秕而青蘦得

時之黍穗不芒以長摶米而寡糠失時之黍大本華
莖葉膏短穗得時之稻莖葆長稠穗如馬尾失時之
稻纖莖而不滋厚糠而菑死得時之麻疎節而色陽
枲而小本失時之麻蕃柯短莖岸節而葉蟲得時
之菽長莖而短足其莢二七以為族多枝數節競葉
繁實稱之重食之息失時之菽必長而蔓浮葉虛本
踈節而小莢得時之麥長稠而頸族二七以為行薄
翼而䵂色食之使人肥且有力失時之麥胕腫多病
弱苗而翜穗是故得時之稼豐失時之稼約庳穀盡
宜從而食之使人四衛變強耳目聰明凶氣不入身

無苛殃善乎孔子之言冬飽則身温夏飽則身凉夫温凉時適則人無病疹人無病疹是疫癘不行疫癘不行咸得遂其天年故曰穀者人之天是以興王務農王不務農是棄人也王而棄人將何國哉

兵道篇第九

秦景主將晾強兵於天下使庶長鮑戎必致亢倉待以壤邑十二周實迫之亢倉子至自滎泉賓于上館景主三日弗得所問下席北首頓珪曰天果無意恤孤邪亢倉子油然戲眄曰朕以主為異之問而寧弊弊焉以斫刺為故抑者亦隨其欲而得正焉無

如可矣景主一拜再舉歛黼袵端珪抑首而坐曰嘗惟天所命亢倉子仰榱而嘘俯正顏色曰原兵之所起與始有人俱夫兵也者出人之威也人之有威性受於天故兵之所自來上矣嘗無少選不用貴賤長少賢愚相與同察兵之兆在心懷恚而未發兵也疾視作色兵也傲言推梭兵也侵鬬攻戰兵也此四者鴻細之爭也未有蚩尤之時人實揭材木以鬬矣黄帝用水火矣共工稱亂矣五帝相與争矣一興一廢勝者用事夫有以咽藥而死者欲禁天下之醫非也有以乘舟而死者欲禁天下之船非也有以用兵而

喪其國者欲禁天下之兵非也夫兵之不可廢譬水火焉善用之則為福不善用之則為禍是故怒笞不可偃於家刑罰不可偃於國征伐不可偃於天下古之聖王有義兵而無偃兵兵誠義以誅暴君而振苦人人之悅也若孝子之見慈親餓隸之遇美食號呼而走之若強弩之射深谷也勝負之決勿徵於他必入人情人之情欲生而惡死欲榮而惡辱死生榮辱之道一則三軍之士可使一心矣凡軍欲其衆也心欲其一也三軍一心則令可使無敵矣古之至兵盖重令也故其令強者其敵弱其令信者其敵詘先勝

之於此則勝之於彼誠若此則敵胡足勝也凡敵人之來也以求利也今來而得死且以走為利敵皆以走為利則刃無所與接矣此之謂至兵傲虐姦詐之兵義理反也其勢不俱勝不兩立故義兵入於敵之境則人知所庇矣兵至於國邑之郊不踐果稼不穴丘墓不殘積聚不焚室屋得人虜而歸之信與人期以殺敵資以章好惡以示逆順若此而猶有愎狠淩宕不聽者錐行武馬可也先發聲出號令曰兵之來也以除人之讎以順天之道故尅其國不屠其人獨誅所誅而已於是舉選秀士賢良而尊封之求見

孤疾長老而拯救之發府庫之財散倉廩之穀不私其物曲加其禮今有人於此能生死人一人則天下之人爭事之矣義兵之生一人亦多矣人孰不悅故義兵至則鄰國之人歸之若流水誅國之人望之如父母行地滋遠得人滋衆辭未終景主興稽首曰孤獲聞先生教言不覺氣盈宇宙志知所如也而心滋血襲於是步前稱觴為亢倉子壽拜居首列師位嚴于齋室又月涉旬辰加天關白晝行道

亢倉子終

周·庚桑楚撰

亢倉子一卷

明刊《且且庵初箋十六子》本

史記莊子傳畏累虛亢桑子之屬皆空語無事實

唐志王士元亢倉子二卷天寶元年二月丙申號

莊子南華真人文子號通玄亢桑子號洞

靈真經然亢桑子求之不獲王士元謂莊子作庚

桑楚太史公列子作亢倉子其實一也

、全道

○用道

○○政道

、、君道

○○臣道

○賢道

訓道僞

○○農道

兵道僞

穀熟歲豐也

亢倉子

全道篇第一

亢倉子居羽山之顏、三年俗無疵癘、而仍穀熟、其俗竊相謂曰亢倉子之始來吾鮮然異之今吾日計之不足。歲計之有餘。其或聖人耶。盍相與尸而祝之。社而稷之乎。亢倉子聞之色有不釋、其徒屬吸從而啟之、亢倉子曰吾聞至人尸居環堵之室。而百姓猖狂不知其所如往。今以羽俗父子竊竊焉將俎豆予我其的之人耶。吾是以不釋於老聃

還旋轉也

攎以加切方言取也南楚之間凡取物溝汙中為攎

之言麈毀曰不者夫尋常之汙巨魚無所還其體
而鯢鰌爲之制步仞之丘巨獸無所隱其軀而孽
狐爲之祥且也尊賢事能𤔔善就利自堯舜以固
然而況羽俗乎先生其聽矣亢倉子曰譆來夫二
子者知乎函車之獸介而離山罔罟制之吞舟之
魚蕩而失水螻蟻苦之故鳥獸居欲其高魚鱉居
欲其深夫全其形生之人藏其身也亦不厭深眇
而已吾語若大亂之本禮乎堯舜之閒其絡存乎
千代之後必有人與相食者矣言未終南子榮之

樗色楚然膝席曰樗年運而長矣將奚以託業以事斯言亢倉子曰全汝形抱汝生無使汝思慮營營若此緒年或可以及此言雖然吾才小不足以化子子胡不南謁吾師聃亢倉子既謝榮之樗不釋羽俗而龍巳乎天下水之性清土者滑之故不得清人之性壽物者滑之故不得壽物也者所以養性也今世之惑者多以性養物則不知輕重也是故聖人之於聲色滋味也利於性則取之害於性則損之此全性之道也萬人操弓共射一招招

無不中萬物章章以害一生生無不傷故聖人之制萬物也全其天也天全則神全矣神全之人不慮而通不謀而當精照無外志凝宇宙德若天地然上爲天子而不驕下爲匹夫而不惛此之謂全道之人心平正不爲外物所誘曰清清而能久則明明而能久則虛虛則道全而居之秦佚死亢倉子哭之其役曰天下皆死先生何哭爲也亢倉子曰天下皆死何爲不哭其役曰哭者必哀而先生哭之而不哀亢倉子曰衆天下吾無與樂安所哀

大段得之蒙莊然蒙莊之文多采他文不必究其誰始也

哀。骫地之謂水骫水之謂氣。骫氣之謂虛骫虛之謂道。虛者道之體、靖者道之地、理者道之綱、識者道之目、道所以保神、德所以宏量、禮所以齊儀、物所以養體、好質白之物者、以黑爲汚、好質黑之物者以白爲汚、吾又安知天下之正潔汚哉、由是、不主物之潔汚者矣、夫瞽視者以黃爲赤、以蒼爲玄吾乃今所謂皁白、安知識者不以爲頳黃、吾又安知天下之正色哉、由是、不遁物之色矣、夫好貨甚者、不見他物之可好、好馬甚者不見他物之可好、

好書甚者、不見他物之可好、吾又安知天下之果
可好者、果可惡者哉、由是不見物之可以保戀矣、
無能滑吾眞矣、陳懷君柳使其大夫禱行聘於魯、
叔孫卿私曰、吾国有聖人、若知之乎、陳大夫曰、奚
以果明其聖、叔孫卿曰、能廢心而用形、陳大夫曰、
弊邑則小、亦有聖人、異於所聞、曰聖人謂誰、陳大
夫曰、有亢倉子者、偏得老聃之道、其能用耳視目
聽、定公聞而異焉、使叔孫氏報聘、且致亢倉子、待
以上卿之禮、亢倉子至、賓于亞寢、魯公卑辭以問

之亢倉子曰吾能視聽不用耳目非能易耳目之所用告者過也公曰孰如是寡人增異矣其道若何寡人果願聞之亢倉子曰我體合於心心合於氣氣合於神神合於無其有介然之有唯然之音雖遠際八荒之表邇在眉睫之内來于我者吾必盡知之乃不知爲是我七竅手足之所覺六腑五臟心慮之所知其自知而已矣

用道篇第二

天不可信地不可信人不可信心不可信惟道可

此之心特識神也元明妙運為道之所由出

信賢主秀士豈知哉昔者桀信天與其禮四海已不勤於道天奪其國以授殷紂亦信天與其禮四海已不襲於道天奪其國以授周今夫惰農信地實生百穀不力於其道地竊其果稼而荒蕪之齊后信人之性酬讓不明於其道舉全境以付人人實鴟義而有其國凡人不修其道隨其心而師之營欲茂滋災疾朋疊戕身損壽心斯害之矣故曰惟道可信天地非道不能悠久蒼生非賢不能靖順庚政非术不能和理夫用道之人不露其用福

滋萬物功歸無有神融業茂靈慶悠長知而辨之
謂之識知而不辨謂之道識以理人道以安人夫
雞辰而作負日任勞流汗灑地夜分僅息農夫之
道也俯拾仰取銳意錐撮力思摶精希求利潤賈
竪之道也噤氣谷神宰思損慮超遙輕舉日精鍊
仙高士之道也剸情端想畢志所事倫撰忘寢謀
效位司人臣之道也清心省念察驗近習務求賢
良以安萬姓人主之道也若由是類之各順序其
志度不替塞其業履是謂天下有道導筋骨則形

全剪情欲則神全靖言語則福全克保三全是謂
清賢道德順則鬼神助信義敦則君子合禮義備
則小人懷有識者自是無識者亦自是有道者靜
默闇鈍者亦靜默物固有似是而非似非而是先
號後笑始吉終凶身可親而才不可親才可敬而
身不堪敬敬甚則不親親甚則不敬親之而疏疏
之而親恩甚則怨生愛多則憎至有以遠爲貴有
以緩爲貴有以直爲貴有以曲爲貴百事之宜其
端甚微不可不知是故智者難之靜則神通窮則

亦有之

意適貴則語通富則身通理勢然也同道者相愛同藝者相嫉同與者相愛同取者相嫉同病者相愛同壯者相嫉人情自然也多才而好謙貧賤而不諂處勞而不為辱富貴而恭勤可謂有德者也

政道篇第三

人無法以知天以四時寒暑日月星辰之所行知天若四時寒暑日月星辰之所行當則諸生血氣之類皆得其處而安其產矣人臣亦無法以知主以主之賞罰爵祿之所加知主若主之賞罰爵祿

之所加宜則親疎遠近賢不肖皆盡其才力而以爲用矣信全則天下安信失則天下危夫百姓勤勞財物殫盡則爭害之心生而不相信矣人不相信由政之不平也政之不平吏之辠也吏之有辠刑賞不齊也刑賞不齊主不勤明也夫主勤明則刑賞一刑賞一則吏奉法吏奉法則政下宣政下宣則人人得其所而交相信矣是知天下不相信者由主不勤明也亢倉子居息壤五年靈王使祭公致簋帛與紉璐曰余末小子否德忝位水旱不

時藉爲人君何以禳之亢倉子曰水陰沴也陰於國政類刑人事類私旱陽過也陽於國政類德人事類盈楚以爲幾遭水旱天子宜正刑修德百官宜去私戒盈則以類而消百福日至矣鄭有胡之封珪戎弓異時失同於荆荆曰必得封珪戎弓不然臨兵于汝鄭君病之駕見亢倉子曰封珪戎弓先君得之于胡綿代功實傳章翼嗣今荆恃大而曰必得不然臨兵國危矣寡人欲以他封珪戎弓往若之何亢倉子曰君其少安今是楚亦有寶於

此飾楚之寶以貴罪於君楚所不能君必致夫眞今荆以淺鮮之過而負其咸刑申逞不直以耗敎與國荆失諸侯於是乎在諸侯聞之將警勸備倫此勤明會同上義固存鄭其爲首君姑待之豈必非福於是以胡珪戎弓往未至郢荆人聞之曰彼用聖人之訓辭吾焉取此以暴不直於天下而令諸侯實生心焉遽反其賂而益善焉人之情欲生而惡死欲安而惡危欲榮而惡辱天下之人得其欲則樂樂則安不得其欲則苦苦則危若人主放

冠冕

孟鏡録耶大雲錢耶飛石駿耶

其欲則百吏庶長具展其欲百吏庶長具展其欲
則天下之人貧者竭其力富者竭其財四人失其
序皆不得其欲矣天下之人不得其欲則相與提
携保抱逋逃隱蔽漂流据采以沂性命吏又從而
捕之是故不勝其危苦因有羣聚背叛之心生則
國非其國也勿貪戸口百姓汝走多壯城池百姓
汝疲賦斂不中窮者日窮刑罰且貳匱者日匱科
禁不行國則以傾官吏非才則寛猛失所宜與百
姓爭利則狡詐之心生所以百姓姦而難知天下

絕能有此段

難知則上人疑上人疑則下益惑下既惑則官長勞官長勞則賞不足勸刑不能禁易動而難靖此由官不得人故也政術至要力於審士士有才行比於一鄉委之鄉才行比於一縣委之縣才行比於一州委之州才行比於一國委之國政而後廼能無伏士矣人有惡戾於鄉者則誨之不悛是爲惡戾於縣則撻之不悛是爲惡戾於國則誅之而後廼能無逆節矣誠如是舉天下之人一一畏懷無有干背謟慢之萌矣此之謂靖人凡爲天下之

科目之弊乃驗決如見

務莫大求士士之待求莫善通政通政之善莫若靖人靖人之才蓋以文章考之百無四五以言論考之十或一二以神器靖作態度考之十全八九是皆賢王慶代明識裁擇所能爾也夫下王危世以文章取士則剪巧綺繼益至而正雅素實益藏矣以言論取士則浮掞游飾益來而蹇諤諍直益晦矣以神氣靖作態度取士則外正內邪益尊而清修明實益隱矣若然者賢愈到政愈僻令愈勤人愈亂矣夫天下至大器也帝王至重位也得士

則靖失士則亂故人主勞於求賢逸於任使嗚呼守國聚人者其胡可以不事試於士乎人情失宜主所深恤失宜之大莫痛刑獄夫明達之才將欲聽訟或誘之以詐或脅之以威或開之以情或苦之以戮雖作設權異而必也公平故使天下之人生無所於德死無所於怨夫秉國建吏持刑若此可謂至官至官之世羣情和正諸產咸宜愛敬交深上下條固不可搖蕩有類一家苟違順淩逆安得動哉平王返正既宅天邑務求賢良等聞一善

惘豫連日左右侍僕累言大臣有賢巽者如是踰歲王曰余一人于德不明務求賢巽益恐山澤遺逸不舉豈樂聞善以自閉塞哉廼者反媢僕臣累譽權任頗僭左右意余孱昧無能斷明徒唯共和依違浸長自賢敗德莫此爲多不時匡遏就茲固黨於是棄左右近習三人於市貶庶司尹長五人曰無令人臣附下罔上持祿阿意天下聞之稱爲齊明海南之西歸者七國至理之世輿服純素憲令寬簡禁網疎濶夫輿服純素則人不勝羨憲令

寬簡則俗無忌諱禁網疏濶則易避難犯若人不勝羨則嗜欲希微而服役樂業矣俗無忌諱則抑閑閑舒而歡欣交通矣易避難犯則好惡分明而貴德知恥矣夫服役樂業之謂順歡欣交通之謂和貴德知恥之謂正浮墮之人不勝於順逆節之人不勝於和姦邪之人不勝於正順和正三者理国之宗也衰末之世輿服文巧憲令禳祈禁網頗僻夫輿服文巧則流相炎慕憲令禳祈則俗多忌諱禁網頗僻則莫知所避若流相炎慕則人不患

潔而恥樸貴華矣俗多忌諱則情志不通而上下膠戾矣莫知所道則讒慝繁興而衆不懼死矣夫恥樸貴華之謂浮上下膠戾之謂塞衆不懼死之謂冒眞正之士不官於浮公直之士不官於塞器能之士不官於冒浮塞冒三者亂國之梯也荆君熊圉問水旱理亂亢倉子曰水旱由天理亂由人若人事和理雖有水旱無能爲害堯湯是也故周之秩官云人强勝天若人事壞亂縱無水旱日益崩離且桀紂之滅豈惟水旱荆君北面遵循稽首

微服去便乃僞隱

曰天不棄不穀及此言也乃以弘璧十朋爲亢倉子壽拜爲亞尹曰庶吾國有瘳乎亢倉子不得已中宵微服違之他邦至理之世山無僞隱市無邪利朝無佞祿國産問何由得人俗醇樸亢倉子曰政煩苛則人姦僞政省一則人醇樸夫人俗隨國政之方圓猶蠖屈之於葉也食黄則身黄食蒼則身蒼曰何爲則人富亢倉子曰賦歛以時官上清約則人富賦歛無節官上奔縱則人貧匃粤之笴鏃以精金鷙隼爲之羽以之栝簳則其與槁樸也

八

無擇及夫蕩寇爭衡覿武決勝加之駭弩之上則三百步之外不立敵矣吳帝之劒威奪白日氣盛紫蜺以之封蕪則其與剛刃也無擇及夫凶邪流毒沸渭不靖加之運掌之上則千里之內不留行矣夫材有分而用有當所貴善因時而已耳昔者明王聖帝天下和平萬物茂暢羣性得極善因時而勿擾者也近古以來天下姦邪者衆正直者寡輕薄趨利者多敦方退靜者鮮姦者出言長於忠言遂使天下之人交相疑害悲夫作法貴於易避

而難犯救弊貴於省事而一令除去豪橫則官人安刑禁必行則官人不敢務私利而百姓富吏刑曰眚灾肆赦赦不欲數赦數則惡者得計平人生心而賢良否塞矣人有大爲賊害官吏捕獲因廣條引誣陷貞良濶遠牽率冀推時序卒蒙赦宥過賊害者訖無所快自毒而已由是平人遞生黠計吏勞政酷莫能鎮正此由數赦之過也夫人之所以惡爲無道不義者爲其有罰也所以勉爲有道行義者爲其有賞也今無道不義者赦之而有道

行義者被妎而不賞欲人之就善也不亦難乎世有賢主秀士肯察此論人怨者非不接人也神怒者非不事神也巧佞甚人愈怨淫祀盛神愈怒

君道篇第四

始生之者天也養成之者人也能養天之所生而勿攖之謂之天子天子之動也以全天氣故此官之所以自立也立官者以全生也今世之惑主多官而反以害生則失所以為立官之本矣草鬱則為腐樹鬱則為蠹人鬱則為病國鬱則百慝並起

危亂不禁所謂國鬱者主德不下宣人欲不上達也是故聖王貴忠臣正士爲其敢直言而決鬱塞也克己復禮賢良自至君耕后蠶蒼生自化由是言之則賢良正可待不可求求得非賢也蒼生正可化不可刑刑行非理也堯舜有爲人主之勤無爲人主之欲故天下各得濟其欲有爲人主之位無爲人主之心故天下各得肆其心士有天下人愛之而主不愛者有主獨愛之而天下人不愛者用天下人愛者則天下安用主獨愛者則天下危

人主安可以自放其愛憎哉由是重天下者當制其情所謂天下者謂其有萬物也所謂邦國者謂其有人衆也大國以人爲本人安則國安故憂國之主務求理人之材玉之所以難辨者謂其有怪石也金之所以難辨者謂其有鍮石也今夫以隼翼而被之鶡視不明者正以爲隼明者視之乃鶡也今夫小人多誦經籍方書或學奇技遍說而被以青紫章服使愚者聽而視之正爲君子明者聽而視之乃小人也故人主誠明以言取人理也以

才取人理也以行取人理也人主不明以言取人亂也以才取人亂也以行取人亂也夫聖人之用人也貴耳不聞之功目不見之功口不可道之功而百姓暢然自理矣若人主貴耳聞之功則天下人運貨逐利而市譽矣貴目見之功則天下之人恢形異藝而爭進矣貴可道之功則天下之人習舌調吻而飾辭矣使天下之人市譽爭進飾辭見達則攻敗矣人主皆知鏡之明已也而惡士之明已也鏡之明已也功細士之明已也功大知其細

失其大不知類矣於乎人主清心省事人臣恭儉守職大平立致矣而世或難之吾所不知也若人主方寸之地不明不斷則天地之宜四海之內動植萬類咸失其道矣以耳目取人者官多而政亂以心慮取人者官少而政清是知循理之世務求不可見不可聞之材澆危之世務取可聞可見之材於乎人主豈知哉以耳目取人人皆斅效以買譽以心慮取人人皆靜正以勤德吏靜正以勤德則不言而自化吏斅效以買譽則刑之而不畏世

主豈知哉

臣道篇第五

夫國之將興也朝廷百吏或短或長或醜或美或怡或厲或是或非雖聽其言觀其貌有似不同然察其志徵其心盡於爲國所以剛訐不怨黜退不愕議得其中無違乎理故天不忒其時地不乏其利人不亂其事鬼神開贊蠻夷柔同保合太和萬物化育國之將亾也朝廷百吏姿貌多美顏色諧和詞氣華柔動止詳潤雖觀其貌聽其言有若歡

洽然察其志徵其心盡在競位所以鬭奇則怪見異必愕狙嫉相蒙遂喪其道故天告灾時地生反物人作凶德鬼神間禍戎狄交侵喪亂弘多萬物不化夫不傷貨財不妨人力不損官吏而功成政立下阜百姓上滋主德如此者忠賢之臣也若費財煩人危官苟效一時功利規賞於主不顧過後貽災於國如此者姦臣也至理之世官得人不理之世人得官鄭龍覩問事君亢倉子曰既策名而臣人者心莫若公貌莫若和言莫若正公不欲露

中人便足壞
天下何況宵
小

和不欲雜正不欲犯古之清勤爲國修政今之清勤爲身修名夫爲國修政者區處條別動得其宜合於大體爲身修名者區處條別致遠不通拘於小節是知心以道爲主抵事得其所必以事爲主抵物失其所臣居上位不諫下位不公不合贍其祿君不嚴敬大臣不彰信小臣不合官其朝有才者不必忠忠者不必有才臣不患不忠適恐盡忠而主莫之信不患不信適恐信之而莫能事事上等之人得其性則天下理中等之人得其性則天

下等明主用上等之人當以權宜便事肆其所爲用下等之人則當程課其功示以賞罰

賢道篇第六

賢良所以屢求而不至難進而易退者非爲愛身而不死王事適恐盡忠而主莫之信耳自知有才識之人外恭謹而内無憂其於衆也和正而不狎見之則矜莊疏之則退去而不怨窮厄則以命自寬榮達則以道自正人有視其儀賢也聽其聲賢進徵神課識或負所望夫賢人其見用也入則諷

[illegible]妙奇句

[illegible]學記

譽出則聾默職司勤辨居室儉閑其未見用也藏身於衆藏識於目藏言於口飽食安步獨善其身貞而不怨智者不疑事識者不疑人有識之士行危而色不可踈言遜而理不可扳凡謂賢人不自稱賢効在官政功在事事太平之時上士運其識中士竭其耐小人輸其力齊有措于者材可以振國行可以獨立事父母孝謹鄉黨恭循念居貧無以爲養施信義而遊者久之矣所如寡合或爲乘時夸毗者所蚩𥿻於是負杖步足問乎亢倉子曰

吾聞至人忘情黎人不事情存情之曹務其教訓而尊信義吾乃今不知爲工受不信爲信信而不見信爲信爲勤慕義爲義義而不自義爲義然則信義之上常獨厄隨退胡以取貴乎時而教理之所上也亢倉子俯而循柢仰而譆趯然而歌曰時之陽兮信義昌時之黙兮信義伏陽與黙昌與伏汨吾無誰私兮羗忽不知其讀夫運正性以如適而物莫之應者眞不行也眞且不行謂之道喪道喪之時上士乃隱隱之爲義有可爲也莫可爲者

也有可用也莫可用者也祭公問賢材何從而致亢倉子曰賢正可待不可求材慎在求不慎無若天子靜大臣明刑不避貴澤不隔下則賢人自至而求用矣賢人用則四海之内明日而視清耳而聽坦心而無鬱矣天自成地自寧萬物醇化鬼神不能靈故曰賢正可待不可求若天子勤明大臣和理之求士也則恢弘方大公直靖人之材至若天子苛察大臣躁急之求士也則曲心巧應毁方破道之材至使天子疑忌大臣巧隨之求士也則

奇姓異名反媚怪術之材至若天子自賢大臣固位之求士也則事文逐譽貪濁浮麗之材至若天子依違大臣回佞之求士也則内忠外僻情毒言和之材至故曰材慎在求不慎無昔者黄帝得常儇封鴻鬼容丘商王得伊尹中興得甫申齊桓得寗籍皆出數君體道邁仁布昭聖武思輯光明寛厚冒正而衆賢自至而求用非爲儕核而得之也祭公曰夫子云賢人不求而自至亦有非賢不求而自至者乎亢倉子曰夫非賢不求而自至者固

衆矣夫天下有道則賢人不求而至天下無道則非賢不求而自至人主有道者寡無道者衆天下賢人少不肖者多是知非賢不求而自至者多矣祭公曰賢固濟天下材亦能濟天下俱濟天下賢與材安取異耶亢倉子曰[illegible]哉其問也夫功成事畢不殉封譽恭退樸儉之謂賢功成事畢榮在祿譽光揚滿志之謂材賢可以鎮國材亦可以理國所謂鎮者和寧無爲人不知其力所謂理者勤率其事人知所於德一賢統衆材則有餘衆材屢

一貫猶不足知是賢材之殊域有居山林而諠者有在人俗而靜者有諠而正者有靜而邪者凡視察其貌鄙俗而能有賢者萬不有一視察其貌端雅而實小人者十而九夫不練其言而知其文不責其儀而審其度不采其譽而知其善不流其毀而斷其實可謂有識者也

訓道篇第七

閔子騫問仲尼道之與孝相去奚若仲尼曰道者自然之妙用孝者人道之至德夫其包運天地發

育萬物曲成萬類稟至性壽其功至實而不爲物府不爲事官無爲功尸捫求視聽莫得而有字之曰道用之於人字之曰孝孝者善事父母之名也夫善事父母敬順爲本意以承之順承顏色無所不至發一言舉一意不敢忘父母舉一手措一足不敢忘父母事君不敢不忠朋友不敢不信臨下不敢不敬嚮善不敢不勤雖居獨室之中亦不敢懈其誠此之謂全孝故至誠之至通乎神明光於四海有感必應善事父母之所致也昔者虞舜其

大孝矣、亦母惑父屢憎害之、舜心益恭懼而無怨、謀使浚井下土實之、于時天休震動神明駿赫、導穴而出奉養滋謹、由是玄德茂盛爲天下君、善事父母之所致也、文王之爲太子也、其大孝矣、朝夕必至于寢門之外、問寺人曰茲日安否如何、曰安、太子溫然喜色、小不安節、太子色憂滿容、朝夕食、上太子必視寒煖之節、食下必知膳羞所進、然後退、寺人言疾、太子肅冠而齋、膳宰之饌、必敬視之、湯液之貢、必親嘗之、嘗饌善、則太子亦能食、嘗饌矣、太子亦不能飽、以至于復初、然後亦復初、君后有過、怡聲以諷君后所愛雖小物必嚴龔、是故孝成於身、道洽天下、雅曰、文王陟降、在帝左右、言文王靜作進退天必贊之、故紂不能害夢啟之、壽卜世三十、卜年七百、天所命也、善事父母之所致也、閔子騫曰、善事父母之道、既幸聞矣、敢問教子之義、仲尼曰凡三王教子必視禮樂樂所以修內、禮所以修外、禮樂交修則德容發輝于貌、故能溫恭而文明、夫為人臣若、殺其身有益於君則為之、況

八

利其身以善其君乎是故擇建忠良貞正之士爲之師傅欲其知父子君臣長幼之道夫知爲人子然後可以爲人父知爲人臣然後可以爲人君知事人然後能使人此三王教子之義也閔子騫退而事之於家三年人無間於父母昆弟之言交遊稱其信鄉黨稱其仁宗族稱其弟德行之聲溢于天下此善父母之所致也齊太子坐清臺之上燕莊侯他高冠嚴色左帶玉具劍右帶環珮左光照右右光照左太子讀書不視莊侯他問曰齊國有

寶乎太子曰圭信臣忠百姓戴上齊國之寶也詐佞他應聲解卻而去於乎人有偏蔽終身莫自知巳矣賢者見之寬恕而不言小人暴愛而溢言親戚憐愱而貳言人有偏蔽惡乎不自知哉是故君子檢身常若有過衣其衣食其食知其過而不克有以正之者君子恥之將欲有言識其必不能行者君子罕言當責衆人之惡者視巳善乎哉當責衆人之邪者視巳正乎哉此之謂返明翟西氏之子其孝謹翟西憐其子而好妄與之言翟西展出

夕返則曰甲死矣其子信之既而甲在焉他夕則
曰乙且害子其子伺將行佹既而不見踪端他夕
則曰丁病矣其子覘之丁誠無恙舉此類也胄淹
年序子固孝謹至於訓勸益不保承鄉國之人疾
其咎口譔將殺之翟西聞而懼歸以告子子未甚
信既而翟西見殺謂多言之人爲疎露亦有辭約
而不密者謂輕桃之人爲不定亦有體閒而心躁
者謂業褋之人爲猥細亦有外潔而内濁者若類
而引之不可殫載若非徹識安能洞詳時有不可

不應事也者內靜而外動易動而難靜時有不可不求事也者內思而外待待至而後樂是故外靜而內動者搖思而損性奔走而逐利者勞力而害名人生於世、或有事不遂志、而宣言云不遇時者、是無興負丹頸之罪、俟時行戮、豈不殆哉、其有慱才通識、未見稱用者、正可云時非不清、命未與耳豈不韙歟長於諫者務依存前人之性而剪制其情之所由起是以彼此開進親敬殷篤不長於諫者務攻前人之性而闇於情之所來是以彼此嫌

[illegible]綴究禗偽
無異即斷
壓不成
大觀

酷是南唐語
如此起段終
序实有成竹
於胸中自無
遺痕紬漏

貳猜嚣日積兒童之所簡者乃耆耋之所非耳目之所娛者乃心慮之所疾徒責天下之愚者已之未賢也徒責天下之迷者已之未明也以未賢責衆愚未賢者以之凶以未明責衆迷未明者以之傷

農道篇第八

人捨本而事末則不一令不一令則不可以守不可以戰人捨本而事末則其產約其產約則輕流徙輕流徙則國家時有災患皆生遠志無復居心

人捨本而事末則好智好智則多詐多詐則巧法令巧法令則以是爲非以非爲是古先聖王之所以理人者先務農人農人非徒爲地利也貴行其志也人農則樸樸則易用易用則邊境安安則主位尊人農則童童則少私義少私義則公法立力博深農則其産複其産複則重流散重流散則死其處無二慮是天下爲一心矣天下一心軒皇几蘧之理不是過也古先聖王之所以茂耕織者以爲本教也是故天子躬率諸侯耕籍田大夫士第

有功級勸人尊地產也后妃率嬪御繇於郊桑公田勸人力婦教也男子不織而衣婦人不耕而食男女貿功資相爲業此聖王之制也故敬時愛日埒實課功非老不休非疾不息一人勤之十人食之當時之務不典土功不料師旅男不出御女不外嫁以妨農也黃帝曰四時之不可正正五穀而已耳夫稼爲之者人也生之者天也養之者地也是以稼之容足耨之容耰耘之容手是謂耕道農攻食工攻器賈攻貨時事不龏敘之以土功是謂

[illegible]所
老農謀時雨
深[illegible]津々有
[illegible]獲

大凶凡稼蚕者先時暮者不及時寒暑不節。稼乃多災。冬至巳後、五旬有七日而昌生、於是乎始耕、事農之道、見生而藝生、見死而穫死、天發時、地產財不與人期、有年祀土、無年祀土、無失人時、迨時而作、過時而止、老弱之力可使盡起不知時者未至而逆之。既往而慕之。當其時而薄之。此從事之下也夫耨必以旱使地肥而土緩稼欲產於塵土而殖於地堅者慎其種勿使數亦無使疎於其施土無使不足亦無使有餘畝欲深以端畝欲沃以平下得陰上得陽然後盛生並苗有行故速長強弱不相害故速大正其行通其中疏為冷風則有收而多功率稼望之有餘就之則稀是地之竊也不除則蕪除之則虛是事之傷也苗其弱也欲孤其長也欲相與居其熟也欲相與扶三以為族稼乃多穀凡苗之患不俱生而俱死是以先生者美米後生者為秕是故其耨也長其兄而去其弟樹肥無使扶疏樹墝不欲專生而獨居肥而扶疏則多秕墝而獨居則多死不知耨者去其兄而養其

利庄事秀面 酉韵翠蒼裂 人

弟不收其粟而收其粃上下不安則稼多死得時之禾長稠而大穗圜粟而薄糠米飴而香舂之易而食之彊失時之禾深芒而小莖穗銳多粃而青蕾得時之黍穗不芒以長摶米而寡糠失時之黍大本華莖葉膏短穗得時之稻莖葆長稠穗如馬尾失時之稻纖莖而不滋厚糠而菑死得時之麻疎節而色陽堅枲而小本失時之麻蕃柯短莖岸節而葉蟲得時之菽長莖而短足其莢二七以為族多枝數節競葉繁實稱之重食之息失時之菽

必長而蔓。浮葉虛本。疎節而小莢。得時之麥長稠而頸族。二七以爲行。薄翼而蒓色。食之使人肥且有力。先時之麥。胕腫多病。弱苗而翠穗。是故得時之稼豐。失時之稼約。庶穀盡宜。從而食之。使人四衛變強。耳目聰明。凶氣不入。身無苛殃。善乎孔子之言、冬飽則身溫、夏飽則身涼、夫溫涼時適、則人無病疹、人無病疹、是疫癘不行、疫癘不行、咸得遂其天年、故曰穀者人之天、是以興王務農、王不務農、是棄人也、王而棄人、將何國哉、

兵道篇迂莽淺泛亦偽無疑

爲不全視也

兵道篇第九

秦景主將欲强兵於天下、使鹿長鮑戎必致命亢倉子、待以襄邑十二、周實追之亢倉子至自槃泉、賓于上館、景主三日弗得所問、下席北首頓珪曰、天果無意恤孤邪、亢倉子油然顧盼曰、朕以主為異之問、而寧弊弊焉以斫刺為故、抑者亦隨其欲而得正焉、無如可矣、景主一拜再舉、欲黼袒、端珪抑首而坐、曰、實惟天所命、亢倉子仰椽而嘘、俯正顏色曰、原兵之所起、與始有人俱、夫兵也者、出人之威也人之有威性受於天故兵之所自來上矣嘗無少選不用貴賤長少賢愚相與伺察兵之兆在心懷恚而未發兵也疾視作色兵也傲言推梭兵也侈鬬攻戰兵也此四者鴻細之爭也未有蚩尤之時人實揭材木以鬬矣黃帝用水火矣共工稱亂矣五帝相與爭矣一典一廢勝者用事夫有以咽藥而死者欲禁天下之醫非也有以棄船而死者欲禁天下之船非也有以用兵而喪其國者欲禁天下之兵非也夫兵之不可廢譬水火焉善

用之則爲福不善用之則爲禍是故怒笞不可偃於家刑罰不可偃於國征伐不可偃於天下古之聖王有義兵而無偃兵兵誠義以誅暴君而振苦人人之悅也若孝子之見慈親餓隸之遇美食號呼而走之若强弩之射深谷也勝負之決勿徵於他必反人情人之情欲生而惡死欲榮而惡辱死生榮辱之道一則三軍之士可使一心矣凡軍欲其衆也心欲其一也三軍一心則令可使無敵矣古之至兵蓋重令也故其令强者其敵弱其令信

者其敵詘先勝之於此則勝之於彼誠若此則敵
胡足勝也凡敵人之來也以求利也今來而得死
且以走爲利敵皆以走爲利則刃無所與接矣此
之謂至兵儌虐姦詐之與義理反也其勢不俱勝
不兩立故義兵入於敵之境則人知所庇矣兵至
於國邑之郊不踐果稼不穴丘墓不殘積聚不焚
室屋得人虜屋而歸之信與人期以致敵資以章
好惡以示逆順若此而猶有愎狠貪宕不聽者雖
行武焉可也先發聲出號令曰兵之來也以除人

之讎、以順天之道、故克其國、不屠其人、獨誅所誅、而已、於是舉選秀士賢良而尊封之、求見孤疾長老而拯敬之、發府庫之財、散倉廩之穀、不私其物、曲加其禮、令有人於此、能生死人一人、則天下之人爭事之矣、義兵之生一人亦多矣、人孰不悅、故義兵至則鄰國之人歸之若流水、誅國之人望之如父母、行地滋遠、得人滋衆、辭未終、畢王與稽首。曰孤獲聞先生教言、不覺氣盈宇宙、志知所如也。而心滋盛、龔於是步前稱觴、爲亢倉子壽、拜居首

列師位嚴於齋室又月涉旬辰加天關白晝行道

行弟子禮、

亢倉一書以平暢條達為主絕無澁舌碍目處然詞不論平奇要當問理之淺深耳深入之淺出之文之真者也意循人詞掩人文之偽者也吁於今日而論亢倉誠可容易哉

農書一篇有是絕作

周·庚桑楚撰

亢倉子一卷

明刊《十二子》本

史記莊子傳畏累虛亢桑子之屬、皆空語無事實。唐志王士元亢倉子二卷、天寶元年二月丙申、號莊子南華、眞子號列子冲虛、文子通玄、亢桑子洞靈眞經。然亢桑子求之不獲、王士元謂莊子作庚桑、太史公列子作亢倉子、其實一也。

〻全道

○用道

○政道

〻君道

○○臣道

○賢道

訓道僞

○○農道

兵道僞

八

仍連歲熟也

亢倉子

全道篇第一

亢倉子居羽山之顏三年俗無疵癘而仍穀熟其俗竊相謂曰亢倉子之始來吾鮮然異之今吾日計之不足歲計之有餘其或聖者耶盍相與尸而祝之社而稷之乎亢倉子聞之色有不釋其徒贍啜從而啟之亢倉子曰吾聞至人尸居環堵之室而百姓猖狂不知其所如往今以羽俗父子竊竊焉將俎豆予我其的之人耶吾是以不釋於老聃

還是旋轉也

櫨以加切方言取也南楚之間凡取物溝汙中為攎

之言。鬣叕曰不者。夫尋常之汙。巨魚無所還其體。而鯢鰌為之制。步仞之丘。巨獸無所隱其軀。而蘖狐為之祥。且也尊賢事能。嚮善就利。自堯舜以固然。而況羽俗乎。先生其聽矣。亢倉子曰。譆來。夫二子者。知乎。函車之獸。介而離山。罔罟制之。吞舟之魚。蕩而失水。螻蟻苦之。故鳥獸居欲其高。魚鱉居欲其深。夫全其形生之人。藏其身也。亦不厭深眇而已。吾語若。大亂之本。禮乎堯舜之間。其終存乎千代之後。必有人與相食者矣。言未終。南子榮之

樗色甍然膝席曰樗年運而長矣將奚以託業以
事斯言亢倉子曰全汝形抱汝生無使汝思慮營
營若此緒年或可以及此言雖然吾才小不足以
化子子胡不南謁吾師聃亢倉子既謝榮之樗不
釋羽俗而龍巳乎天下水之性清土者滑之故不
得清人之性壽物者滑之故不得壽物也者所以
養性也今世之惑者多以性養物則不知輕重也
是故聖人之於聲色滋味也利於性則取之害於
性則損之此全性之道也萬人操弓共射一招招

無不中萬物章章以害一生生無不傷故聖人之制萬物也全其天也天全則神全矣神全之人不慮而通不謀而當精照無外志凝宇宙德若天地然上爲天子而不驕下爲匹夫而不惛此之謂全道之人心平正不爲外物所誘曰清清而能久則明明而能久則虛虛則道全而居之秦佚死亢倉子哭之其役曰天下皆死先生何哭爲也亢倉子曰天下皆哭安得不哭其役曰哭者必哀而先生未始哀何也亢倉子曰舉天下吾無與樂安所取

大段浔之蒙
莊賍蒙莊之
文多来他文
不必究其誰
始也

哀睨地之謂水睨水之謂氣睨氣之謂虛睨虛之謂道虛者道之體靖者道之地理者道之綱識者道之目道所以保神德所以宏量禮所以齊儀物所以養體好質白之物者以黑爲汚好質黑之物者以白爲汚吾又安知天下之正潔汚哉由是不主物之潔汚者矣夫瞽視者以䵟爲赤以蒼爲玄吾乃今所謂皁白安知識者不以爲頳黃吾又安知天下之正色哉由是不遁物之色矣夫好貨甚者不見他物之可好好馬甚者不見他物之可好

好書甚者不見他物之可好吾又安知天下之果可好者果可惡者哉由是不見物之可以保戀矣無能滑吾眞矣陳懷君柳使其大夫禱行聘於魯叔孫卿私曰吾國有聖人若知之乎陳大夫曰奚以果明其聖叔孫卿曰能廢心而用形陳大夫曰弊邑則小亦有聖人異於所聞曰聖人謂誰陳大夫曰有亢倉子者偏得老聃之道其能用耳視目聽定公聞而異焉使叔孫氏報聘且致亢倉子待以上卿之禮亢倉子至賓于亞寢魯公卑辭以問

之亢倉子曰吾能視聽不用耳目非能易耳目之所用告者過也公曰孰如是寡人增異矣其道若何寡人果願聞之亢倉子曰我體合於心心合於氣氣合於神神合於無其有介然之有唯然之音雖遠際八荒之表邇在眉睫之內來于我者吾必盡知之乃不知爲是我七竅手足之所覺六腑五臟心慮之所知其自知而已矣

用道篇第二

天不可信地不可信人不可信心不可信惟道可

此之心特識想也元明妙心爲道之所自出

信賢主秀士豈知哉昔者桀信天與其禃四海巳不勤於道天奪其國以授殷紂亦信天與其禃四海巳不龔於道天奪其國以授周今夫惰農信地實生百穀不力於其道地竊其果稼而荒蕪之齊后信人之性酬讓不明於其道舉全境以付人人實鴟義而有其國凡人不修其道隨其心而師之營欲茂滋災疾朋疊戕身損壽心斯害之矣故曰惟道可信天地非道不能悠久蒼生非賢不能靖順庶政非才不能和理夫用道之人不露其用福

滋萬物功歸無有神驅業茂靈慶悠長知而辨之謂之識知而不辨謂之道識以理人道以安人夫雞辰而作負日任勞流汗灑地夜分僅息農夫之道也俯拾仰取銳意錐撮力思摶精希求利潤賈豎之道也嚥氣谷神宰思損慮超遙輕舉日精鍊仙高士之道也剸情端想畢志所事倫擬志寢謀效位司人臣之道也清心省念察驗近習務求賢良以安萬姓人主之道也若由是類之各順序其志度不替塞其業履是謂天下有道導筋骨則形

全剪情欲則神全靖言語則福全克保三全是謂清賢道德順則鬼神助信義敦則君子合禮義備則小人懷有識者自是無識者亦自是有道者靜默闇鈍者亦靜默物固有似是而非似非而是先號後笑始吉終凶身可親而才不可親才可敬而身不堪敬敬甚則不親親甚則不敬親之而疏疏之而親恩甚則怨生愛多則憎至有以速爲貴有以緩爲貴有以直爲貴有以曲爲貴百事之宜其由甚微不可不知是故智者難之靜則神逼窮則

名語

素書亦有之

意通貴則語通富則身通理勢然也同道者相愛同藝者相嫉同與者相愛同取者相嫉同病者相愛同壯者相嫉人情自然也多才而好謙貧賤而不諂處勞而不爲辱富貴而恭勤可謂有德者也

政道篇第三

人無法以知天以四時寒暑日月星辰之所行知天若四時寒暑日月星辰之所行當則諸生血氣之類皆得其處而安其產矣人臣亦無法以知主以主之賞罰爵祿之所加知主若主之賞罰爵祿

之所加宜則親疎遠近賢不肖皆盡其才力而以爲用矣信全則天下安信失則天下危夫百姓勤勞財物殫盡則爭害之心生而不相信矣人不相信由政之不平也政之不平吏之辠也吏之有辠刑賞不齊也刑賞不齊主不勤明也夫主勤明則刑賞一刑賞一則吏奉法吏奉法則政下宣政下宣則人人得其所而交相信矣是知天下不相信者由主不勤明也亢倉子居息壤五年靈王使祭公致篚帛與紛璐曰余末小子否德忝位水旱不

時藉爲人君何以禳之亢倉子曰水陰沴也陰於國政類刑人事類私旱陽過也陽於國政類德人事類盈楚以爲幾遭水旱天子宜正刑修德百官宜去私戒盈則以類而消百福日至矣鄭有胡之封珪戎弓異時失同於荆荆曰必得封珪戎弓不然臨兵于汝鄭君病之駕見亢倉子曰封珪戎弓先君得之于胡綿代功寶傳章翼嗣今荆恃大而曰必得不然臨兵國危矣寡人欲以他封珪戎弓往若之何亢倉子曰君其少安今是楚亦有寶於

大似有史

此飾楚之寶以貫罪於君楚所不能君必致夫眞

令荆以淺鮮之過而負其威刑申逞不直以耗斁

與國荆失諸侯於是乎在諸侯聞之將警勸備倫

比勤明會同上義固存鄭其爲首君姑待之豈必

非福於是以胡珪戎弓往未至郢荆人聞之曰彼

用聖人之訓辭吾焉取此以暴不直於天下而令

諸侯實生心焉遠反其賂而益善焉人之情欲生

而惡死欲安而惡危欲榮而惡辱天下之人得其

欲則樂樂則安不得其欲則苦苦則危若人主放

敵身之

金鏡録耶大宝藏耶藏石銘耶

其欲則百吏庶長具展其欲百吏庶長具展其欲則天下之人貧者竭其力富者竭其財四人失其序皆不得其欲矣天下之人不得其欲則相與提携保抱逋逃隱蔽漂流掘采以祈性命吏又從而捕之是故不勝其危苦因有羣聚背叛之心生則國非其國也勿貪戶口百姓汝走多壯城池百姓汝疲賦斂不中窮者日窮刑罰且貳匱者日匱科禁不行國則以傾官吏非才則寬猛失所宜與百姓爭利則狡詐之心生所以百姓姦而難知天下

難知則上人疑上人疑則下盜惑下旣惑則官長勞官長勞則賞不足勸刑不能禁易動而難靖此由官不得人故也政術至要力於審士士有才行比於一鄉委之鄉才行比於一縣委之縣才行比於一州委之州才行比於一國委之國政而後迺能無伏士矣人有惡戾於鄉者則誨之不攺是爲惡戾於縣則撻之不攺是爲惡戾於國則誅之而後迺能無逆節矣誠如是舉天下之人一一畏懷無有干背謟慢之萌矣此之謂靖人凡爲天下之

刺目之弊乃[illegible]訣如見

務。莫大求士。士之待求。莫善通政。通政之善。莫若靖人靖人之才。蓋以文章考之百無四五。以言論考之十或一二。以神器靖作態度考之十全八九。是皆賢王慶代明識裁擇所能爾也。夫下王危世以文章取士。則剪巧綺纖益至而正雅素實益藏矣。以言論取士。則浮掞游飾益來而蹇諤諍直益晦矣。以神氣靖作態度取士。則外正內邪益尊而清修明實益隱矣。若然者賢愈到政愈僻令愈勤人愈亂矣。夫天下至大器也。帝王至重位也。得士

則靖失士則亂故人主勞於求賢逸於任使嗚呼
守國聚人者其胡可以不事試於士乎人情失宜
主所深恤失宜之大莫痛刑獄夫明達之才將欲
聽訟或誘之以詐或脅之以威或開之以情或苦
之以戮雖作設權異而必也公平故使天下之人
生無所於德死無所於怨夫秉國建吏持刑若此
可謂至官至官之世羣情和正諸產咸宜愛敬交
深上下條固不可搖蕩有類一家苟違順淩逆安
得動哉平王返正既宅天邑務求賢良等聞一善

憫豫快遣狀

參默典誥

憫豫連日、左右侍僕、累言大臣有賢異者、如是踰歲、王曰、余一人于德不明務求賢異益恐山澤遺逸不舉豈樂聞善以自閉塞哉廼者反媢僕臣累譽權任頗階左右意余孱昧無能斷明徒唯共和依違浸長自賢敗德莫此爲多不時匡遏兢茲固黨於是棄左右近習三人於市貶庶司尹長五人、曰無令人臣附下罔上持祿阿意天下聞之稱爲齊明海南之西歸者七國至理之世輿服純素憲令寬簡禁綱疎濶夫輿服純素則人不勝羨憲令

寬簡則俗無忌諱禁網疎濶則易避難犯若人不
勝羨則嗜欲希微而服役樂業矣俗無忌諱則抑
閑開舒而歡欣交通矣易避難犯則好惡分明而
貴德知恥矣夫服役樂業之謂順歡欣交通之謂
和貴德知恥之謂正浮墮之人不勝於順逆節之
人不勝於和姦邪之人不勝於正順和正三者理
國之宗也衰末之世輿服文巧憲令禳祈禁網煩
僻夫輿服文巧則流相炎慕憲令禳祈則俗多忌
諱禁網煩僻則莫知所逭若流相炎慕則人不忠

過即禍字

潔而恥樸貴華矣俗多忌諱則情志不通而上下膠戾矣莫知所道則譏過繁興而衆不懼死矣夫恥樸貴華之謂浮上下膠戾之謂塞衆不懼死之謂冒眞正之士不官於浮公直之士不官於塞器能之士不官於冒浮塞冒三者亂國之梯也荆君熊圍問水旱理亂亢倉子曰水旱由天理亂由人若人事和理雖有水旱無能爲害堯湯是也故周之秩官云人强勝天若人事壞亂縱無水旱日益崩離且桀紂之滅豈惟水旱荆君北面遵循稽首

徵服去便及僞隱

曰天不棄不穀及此言也乃以弘璧十朋爲亢倉子壽拜爲亞尹曰庶吾國有瘳乎亢倉子不得已中宿微服違之他邦至理之世山無僞隱市無邪利朝無佞祿國產閒何由得人俗醇樸亢倉子曰政煩苛則人姦僞政省一則人醇樸夫人俗隨國政之方圓猶蠖屈之於葉也食黃則身黃食蒼則身蒼曰何爲則人富亢倉子曰賦歛以時官上淸約則人富賦歛無節官上奢縱則人貧勾粤之幹鏃以精金鷙隼爲之羽以之梧箭則其與槁樸也

似淮南

鱻古鮮字

無擇及夫蕩寇爭衡覿武決勝加之駭弩之上則三百步之外不立敵矣蜚景之劒威奪白日氣盛紫蜺以之刲蕪則其與劂刄也無擇及夫凶邪流毒沸渭不靖加之運掌之上則千里之內不留行矣夫材有分而用有當所貴善因時而已耳昔者明王聖帝天下和平萬物茂暢羣性得極善因時而勿擾者也近古以來天下姦邪者衆正直者寡輕薄趨利者多敦方退靜者鱻姦者出言長於忠言遂使天下之人交相疑害悲夫作法貴於易避

古今通弊目前更夥悲哉

而難犯救弊貴於省事而一令除去豪橫則官人安刑禁必行則官人不敢務私利而百姓富吏刑曰眚灾肆赦赦不欲數赦數則惡者得計平人生心而賢良否塞矣人有大爲賊害官吏捕獲因廣條引誣陷貞良淵遠牽率蔓推時序卒蒙赦宥遇賊害者訖無所快自毒而已由是平人遞生黠計吏勞政酷莫能鎮正此由數赦之過也夫人之所以惡爲無道不義者爲其有罰也所以勉爲有道行義者爲其有賞也今無道不義者赦之而有道

快論喚醒一世

行義者被奸而不賞欲人之就善也不亦難乎世有賢主秀士肯察此論人怨者非不接人也神怒者非不事神也巧佞甚人愈怨淫祀盛神愈怒

君道篇第四

始生之者天也養成之者人也能養天之所生而勿攖之謂之天子天子之動也以全天氣故此官之所以自立也立官者以全生也今世之惑主多官而反以害生則失所以爲立官之本矣草鬱則爲腐樹鬱則爲蠹人鬱則爲病國鬱則百慝並起

危亂不禁所謂國鬱者主德不下宣人欲不上達也是故聖王貴忠臣正士爲其敢直言而決鬱塞也克巳復禮賢良自至君耕后蠶蒼生自化由是言之則賢良正可待不可求求得非賢也蒼生正可化不可刑刑行非理也堯舜有爲人主之勤無爲人主之欲故天下各得濟其欲有爲人主之位無爲人主之心故天下各得肆其心士有天下人愛之而主不愛者有主獨愛之而天下人不愛者用天下人愛者則天下安用主獨愛者則天下危

人主安可以自放其愛憎哉由是重天下者當制
其情所謂天下者謂其有萬物也所謂邦國者謂
其有人衆也夫國以人爲本人安則國安故憂國
之主務求理人之材玉之所以難辨者謂其有怪
石也金之所以難辨者謂其有鍮石也今夫以隼
翼而被之鶡視不明者正以爲隼明者視之乃鶡
也今夫小人多誦經籍方書或學奇技通說而被
以青紫章服使愚者聽而視之正爲君子明者聽
而視之乃小人也故人主誠明以言取人理也以

才取人理也以行取人理也人主不明以言取人亂也以才取人亂也以行取人亂也夫聖人之用人也貴耳不聞之功目不見之功口不可道之功而百姓暢然自理矣若人主貴耳聞之功則天下人運貨逐利而市譽矣貴目見之功則天下之人恢形異藝而爭進矣貴可道之功則天下之人習舌調吻而飾辭矣使天下之人市譽爭進飾辭見達則政敗矣人主皆知鏡之明已也而惡士之明已也鏡之明已也功細士之明已也功大知其細

失其大不知類矣於乎人主清心省事人臣恭儉守職太平立致矣而世或難之吾所不知也若人主方寸之地不明不斷則天地之宜四海之內動植萬類咸失其道矣以耳自取人者官多而政亂以心慮取人者官少而政清是知循理之世務求不可見不可聞之材澆危之世務取可聞可見之材於乎人主豈知哉以耳自取人人皆數效以買譽以心慮取人人皆靜正以勤德吏靜正以勤德則不言而自化吏數效以買譽則刑之而不畏世

主豈知哉

臣道篇第五

夫國之將興也朝廷百吏或短或長或醜或美或怡或厲或是或非雖聽其言觀其貌有似不同然察其志徵其心盡於爲國所以剛訐不怨黜退不愕議得其中無違乎理故天不忒其時地不乏其利人不亂其事鬼神開贊蠻夷柔同保合太和萬物化育國之將亾也朝廷百吏姿貌多美顏色諧和詞氣華柔動止詳潤雖觀其貌聽其言有若歡

洽然察其志徵其心盡在競位所以聞奇則怪見異必愕狙嫉相蒙遂喪其道故天告灾時地生反物人作凶德鬼神間禍戎狄交侵喪亂弘多萬物不化夫不傷貨財不妨人力不損官吏而功成政立下阜百姓上滋主德如此者忠賢之臣也若貴財煩人危官苟效一時功利規賞於主不顧過後貽災於國如此者姦臣也至理之世官得人不理之世人得官邾龍覿問事君亢倉子曰旣策名而臣人者心莫若公貌莫若和言莫若正公不欲露

中人便足壞天下何況宵小

和不欲雜正不欲犯古之清勤爲國修政今之清勤爲身修名夫爲國修政者區處條別動得其宜合於大體爲身修名者區處條別致遠不逼拘於小節是知心以道爲主抵事得其所心以事爲主抵物失其所臣居上位不諫下位不公不合贍其祿君不嚴敬大臣不彰信小臣不合官其朝有才者不必忠忠者不必有才臣不患不忠適恐盡忠而主莫之信不患不信適恐信之而莫能事事上等之人得其性則天下理中等之人得其性則天

八

下亂明主用上等之人當以權宜便事肆其所爲用中等之人則當程課其功示以賞罰

賢道篇第六

賢良所以屢求而不至難進而易退者非爲愛身而不死王事適恐盡忠而主莫之信耳自知有才識之人外恭謹而内無憂其於衆也和正而不狎親之則彌莊疎之則退去而不怨窮厄則以命自寛榮達則以道自正人有視其儀賢也聽其聲賢也徵神課識或負所望夫賢人其見用也入則諷

三藏妙奇句

耐即能字記有之

譽出則龔默職司勤辨居室儉閑其未見用也藏身於衆藏識於目藏言於口飽食安步獨善其身貞而不怨智者不疑事識者不疑人有識之士行危而色不可誎言遜而理不可拔凡謂賢人不自稱賢効在官政功在事事太平之時上士運其識中士竭其耐小人輸其力齊有措子者材可以振國行可以獨立事父母孝謹鄉黨恭循念居貧無以爲養施信義而遊者久之矣所如寡合或爲乘時夸毗者所嗤紿於是負杖步足問平亢倉子曰

八

吾聞至人忘情黎人不事情存情之曹務其教訓而尊信義吾乃今不知爲工受不信爲信信而不見信爲信爲勤慕義爲義義而不自義爲義然則信義之士常獨厄隨退胡以取貴乎時而教理之所上也亢倉子俯而循衽仰而譆翘然而歌曰時之陽兮信義昌時之默兮信義伏陽與默㠯與伏汩吾無誰私兮羗忽不知其讀夫運正性以如適而物莫之應者眞不行也眞且不行謂之道喪道喪之時上士乃隱隱之爲義有可爲也莫可爲者

也有可用也莫可用者也祭公問賢材何從而致
亢倉子曰賢正可待不可求材慎在求不慎無若
天子靜大臣明刑不避貴澤不隔下則賢人自至
而求用矣賢人用則四海之内明日而視清耳而
聽坦心而無鬱矣天自成地自寧萬物醇化鬼神
不能靈故曰賢正可待不可求若天子勤明大臣
和理之求士也則恢弘方大公直靖人之材至若
天子苛察大臣躁急之求士也則曲心巧應毁方
破道之材至若天子疑忌大臣巧隨之求士也則

奇姓異名反媚怪術之材至若天子自賢大臣固位之求士也則事文逐譽貪濁浮麗之材至若天子依違大臣回佞之求士也則内忠外僻情毒言和之材至故曰材慎在求不慎無昔者黃帝得常儁封鴻鬼容丘商王得伊尹中興得甫申齊桓得甯籍皆由數君體道邁仁布昭聖武思輯光明寬厚昌正而衆賢自至而求用非爲簡核而得之也祭公曰夫子云賢人不求而自至亦有非賢不求而自至者乎亢倉子曰夫非賢不求而自至者固

衆矣夫天下有道則賢人不求而至天下無道則非賢不求而自至人主有道者寡無道者衆天下賢人少不肖者多是知非賢不求而自至者多矣祭公曰賢固濟天下材亦能濟天下俱濟天下賢與材安取異耶亢倉子曰寧乎哉其問也夫功成事畢不殉封譽恭退樸儉之謂賢功成事畢榮在祿譽光揚滿志之謂材賢可以鎮國材亦可以理國所謂鎮者和寧無爲人不知其力所謂理者勤率其事人知所於德一賢統衆材則有餘衆材度

一賢猶不足如是賢材之殊域有居山林而諠者有在人俗而靜者有諠而正者有靜而邪者凡視察其貌鄙俗而能有賢者萬不有一、視察其貌端雅而實小人者十而九夫不練其言而知其文不責其儀而審其度不采其譽而知其善不流其毀、而斷其實可謂有識者也

訓道篇第七

閔子騫問仲尼道之與孝、相去奚若仲尼曰、道者自然之妙用孝者人道之至德、夫其包運天地、發

全篇戴经不知生吞活剥為誰

育萬物、曲成萬類、布丕性壽、其功、至實、而、不爲、物府、不爲事、官無爲功、尸捫求視聽、莫得而有、字之曰道、用之於人、字之曰孝、孝者善事父母之名也、夫善事父母、敬順爲本、意以承之、順承顏色、無所不至、發一言、舉一意、不敢忘父母、營一手、措一足、不敢忘父母、事君不敢不忠、朋友不敢不信、臨下不敢不敬、嚮善不敢不勤、雖居獨室之中、亦不敢懈其誠、此之謂全孝、故至誠之至、通乎神明、光於四海、有感必應、善事父母之所致也、昔者虞舜其

八

大孝矣、庶母惑父、屢憎害之舜心益恭懼而無怨
謀使浚井下土實之、于時天休震動神明駿赫、導
穴而出、奉養滋謹、由是玄德茂盛爲天下君善事
父母之所致也、文王之爲太子也、其大孝矣、朝夕
必至于寢門之外問寺人曰茲日安否如何、曰安、
太子溫然喜色、小不安節、太子色憂滿容、朝夕食、
上太子必視寒煖之節、食下必知膳羞所進、然後、
退寺人言疾、太子肅冠而齋、膳宰之饌、必敬視之、
湯液之貢、必親嘗之、嘗饌善則太子亦能食、嘗饌

寡、太子亦不能飽、以至于復初、然後亦復初、君后
有過、怡聲以諷君后所愛雖小物必嚴龔、是故孝
成於身、道洽天下雅曰、文王陟降、在帝左右、言文
王靜作進退天必贊之、故紂不能害夢啟之壽、卜
世三十、卜年七百、天所命也、善事父母之所致也、
閔子騫曰、善事父母之道、既幸聞矣、敢問教子之
義、仲尼曰凡三王教子必視禮樂樂所以修內、禮
所以修外、禮樂交修則德容發輝於貌、故能溫恭
而文明、夫爲人臣者、殺其身有益於君則爲之、況

利其身以善其君乎、是故擇建忠良貞正之士、爲之師傅欲其知父子君臣長幼之道夫知爲人子然後可以爲人父、知爲人臣、然後可以爲人君、知事人然後能使人、此三王教子之義也、閔子騫退而事之於家、三年人無間於父母昆弟之言、交遊稱其信、鄉黨稱其仁宗族稱其弟德行之聲溢于天下此善父母之所致也、齊太子坐清臺之上、燕莊侯他高冠嚴色左帶玉具劍、右帶環珮、左光照右、右光照左、太子讀書不視莊侯他問曰齊國有寶乎太子曰主信臣忠百姓戴上齊國之寶也莊侯他應聲解劒而去於乎人有偏蔽終身莫自知已矣賢者見之寬恕而不言小人暴憂而溢言親戚憐恢而貳言人有偏蔽惡乎不自知哉是故君子檢身常若有過衣其衣食其食知其過而不克有以正之者君子耻之將欲有言識其必不能行者君子罕言當責衆人之惡者視已善乎哉當責衆人之邪者視已正乎哉此之謂返明翟西氏之子甚孝謹翟西憐其子而好妄與之言翟西辰出

無為

夕返、則曰甲死矣、其子信之、既而甲在焉、他夕則曰乙且害予、其子伺將行佗、既而不見惡端、他夕則曰丁病矣、其子覘之、丁誠無恙、舉此類也、月淹年序、子固孝謹、至於訓勅、益不保承、鄉國之人疾其咎卩、謀將殺之、翟西聞而懼、歸以告子、子未甚信、既而翟西見殺、謂多言之人為疎露、亦有辭約而不密者、謂輕桃之人為不定、亦有體間而心躁者、謂業襆之人為猥細、亦有外潔而內濁者、若類而引之、不可殫載、若非徹識、安能洞詳、時有不可

不應事也者。內靜而外動。易動而難靜。時有不可
不求事也者。內思而外待。待至而後樂。是故外靜
而內動者搖思而損性奔走而逐利者勞力而害
名人生於世、或有事不遂志、而宣言云不遇時者、
是無異負丹頸之罪、俟時行戮、豈不殆哉、其有博
才通識、未見稱用者、正可云時非不淸、命未與耳、
豈不躓歟、長於諫者務依存前人之性而剪制其
情之所由起是以彼此開進親敬殷篤不長於諫
者務攻前人之性而鬬於情之所來是以彼此嫌

八

寬緩兒襍偽書無疑即斷錦碎璧不成大觀

雖是商君語如此起蹼絡序次有成竹於胸中自無纖痕蝕漏

貳猜釁目積兒童之所簡者乃耆耋之所非耳目之所娛者乃心慮之所疾徤責天下之愚者巳之未賢也徤責天下之迷者巳之未明也以未賢責衆愚未賢者以之凶以未明責衆迷未明者以之傷

農道篇第八

人捨本而事末則不一令不一令則不可以守不可以戰人捨本而事末則其産約其産約則輕流徙輕流徙則國家時有災患皆生遠志無復居心

人捨本而事末則好智好智則多詐多詐則巧法
令巧法令則以是爲非以非爲是古先聖王之所
以理人者先務農人農人非徒爲地利也貴行其
志也人農則樸樸則易用易用則邊境安安則主
位尊人農則童童則少私義少私義則公法立力
博深農則其產複其產複則重流散重流散則死
其處無二慮是天下爲一心矣天下一心軒皇几
遽之理不是過也古先聖王之所以茂耕織者以
爲本教也是故天子躬率諸侯耕藉田大夫士第

敓古奪字見韻書

有功級、勸人尊地產也、后妃率嬪御絲於郊、桑公田、勸人力婦教也、男子不織而衣、婦人不耕而食、男女貿功、資相爲業、此聖王之制也、故敬時愛日。埒實課功。非老不休。非疾不息。一人勤之。十人食之。當時之務。不興土功。不料師旅。男不出御。女不外嫁。以妨農也。黃帝曰四時之不可正、正五穀而巳耳、夫稼爲之者人也生之者天也養之者地也是以稼之容足。耨之容耰。耘之容手。是謂耕道。農攻食工攻器賈攻貨時事不襲。敓之以土功。是謂

犁頭隴陌聽
老農課晴雨
燥濕津津有
宜擬

大凶。凡稼蚕者先時暮者不及時。寒暑不節。稼乃多災。冬至巳後五旬有七日而昌生、於是乎始耕、事農之道、見生而藝生、見死而穫死、天發時地産財不與人期、有年祀土、無年祀土、無失人時、迨時而作、過時而止、老弱之力可使盡起、不知時者未至而逆之、既往而慕之、當其時而薄之、此從事之下也。夫耨必以旱使地肥而土緩、稼欲産於塵土而殖於地、堅者慎其種、勿使數、亦無使疎、於其施土、無使不足、亦無使有餘、畎欲深以端、畝欲沃以

平下得陰上得陽然後後盛生立苗有行故速長强
弱不相害故速大正其行通其中疏爲泠風則有
收而多功率稼望之有餘就之則疏是地之竊也
不除則蕪除之則虛是事之傷也苗其弱也欲孤
其長也欲相與居其熟也欲相與扶三以爲族稼
乃多穀凡苗之患不俱生而俱死是以先生者美
米後生者爲粃是故其耨也長其兄而去其弟樹
肥無使扶疎樹墝不欲專生而獨居肥而扶疎則
多粃墝而獨居則多死不知耨者去其兄而養其

村庄事秀句
幽韵翠苍聚
沃

弟不收其粟而收其粃上下不安則稼多死得時之禾長秱而大穗圜粟而薄糠米飴而香舂之易而食之强失時之禾深芒而小莖穗銳多粃而青蘦得時之黍穗不芒以長搏米而寡糠失時之黍大本華莖葉膏短穗得時之稻莖葆長秱穗如馬尾失時之稻纖莖而不滋厚糠而菑死得時之麻疎節而色陽堅枲而小本失時之麻蕃柯短莖岸節而葉蟲得時之菽長莖而短足其莢二七以爲族多枝數節競葉繁實稱之重食之息失時之菽

必長而蔓浮葉虛本疎節而小莢得時之麥長稠而頸族二七以爲行薄翼而蕕色食之使人肥且有力失時之麥胕腫多病弱苗而翜穗是故得時之稼豐失時之稼約庶穀盡宜從而食之使人四衛變强耳目聰明凶氣不入身無苛殃善乎孔子之言冬飽則身溫夏飽則身涼夫溫涼時適則人無病疹人無病疹是疫癘不行疫癘不行咸得遂其天年故曰穀者人之天是以興王務農王不務農是棄人也王而棄人將何國哉

兵道篇迂蕪淺泛亦僞無疑

虧不全視也

兵道篇第九

秦景主將聏強兵於天下、使㢈長鮑戎必致命亢倉子、待以壤邑十二周、實追之亢倉子至自滎泉、賓于上館、景主三日弗得所問、下席北首頓珪曰、天果無意恤孤邪、亢倉子油然虧聆曰、朕以主為異之問而寧弊弊焉、以斫剌為故、抑者亦隨其欲而得正焉、無如可矣、景主一拜再舉、歛黼裷端珪抑首而坐、曰、實惟天所命、亢倉子仰揉而噓、俯正顏色曰、原兵之所起、與始有人俱、夫兵也者、出人

之威也人之有威性受於天故兵之所自來上矣
嘗無少選不用貴賤長少賢愚相與伺察兵之兆
在心懷恚而未發兵也疾視作色兵也傲言推捘
兵也侈鬪攻戰兵也此四者鴻細之爭也未有蚩
尤之時人實揭林木以鬪矣黃帝用水火矣共工
稱亂矣五帝相與爭矣一與一廢勝者用事夫有
以咽藥而死者欲禁天下之醫非也有以棄舟而
死者欲禁天下之船非也有以用兵而喪其國者
欲禁天下之兵非也夫兵之不可廢譬水火焉善

用之則爲福不善用之則爲禍是故怒笞不可偃
於家刑罰不可偃於國征伐不可偃於天下古之
聖王有義兵而無偃兵兵誠義以誅暴君而振苦
人人之悅也若孝子之見慈親餓隸之遇美食號
呼而走之若強弩之射深谷也勝負之決勿徵於
他必反人情人之情欲生而惡死欲榮而惡辱死
生榮辱之道一則三軍之士可使一心矣凡軍欲
其衆也心欲其一也三軍一心則令可使無敵矣
古之至兵葢重令也故其令強者其敵弱其令信

者其敵詘先勝之於此則勝之於彼誠若此則敵胡足勝也凡敵人之來也以求利也今來而得死且以走爲利敵皆以走爲利則刃無所與接矣此之謂至兵傲虐姦詐之與義理反也其勢不俱勝不兩立故義兵入於敵之境則人知所庇矣兵至於國邑之郊不踐果稼不穴丘墓不殘積聚不焚室屋得人虜屖而歸之信與人期以斂敵資以章好惡以示逆順若此而猶有愎狠凌宕不聽者雖行武焉可也先發聲出號令曰兵之來也以除人

之讎、以順天之道、故尅其國不屠其人、獨、誅、所誅、而、已、於是舉選秀士賢良而尊封之、求見孤疾長老而拯敬之、發府庫之財、散倉廩之穀、不私其物曲加其禮、今有人於此、能生死人一人、則天下之人爭事之矣、義兵之生一人亦多矣、人孰不悅、故義兵至則鄰國之人歸之若流水、誅國之人望之如父母、行地滋遠、得人滋衆、辭未終、景王興稽首曰、孤獲聞先生教言、不覺氣盈宇宙、志知所如也、而心滋益冀、於是步前稱觴、爲亢倉子壽、拜居首

列師位、嚴於齋室、又月涉旬辰、加天闕白晝行道、行弟子禮、

亢倉一書以平暢條達爲主、絶無滯舌礙口處、賦詞不論平奇、要當問理之淺深、耳深入之淺出之文、之真者也、意猶人詞、權人文之僞者也、吁、於今日而論亢倉、談可容易耶、

農書一篇、有是絶作、

周·庚桑楚撰

亢倉子一卷

明刊《十二子》本

亢倉子

全道篇第一

亢倉子居羽山之顏三年俗無疵癘而仍穀熟其俗竊相謂曰亢倉子之始來吾鮮然異之今吾日計之不足歲計之有餘其或聖者邪盍相與尸而祝之社而稷之乎亢倉子聞之色有不釋其徒黶啜從而啓之亢倉子曰吾聞至人尸居環堵之室而百姓猖狂不知其所如往今以羽俗父子竊竊焉將俎豆予我其的之人邪吾是以不釋於老聃之言黶啜曰不者夫尋常之汙巨魚無所還其體

而鯢鰌爲之制步仞之丘巨獸無所隱其軀而孽狐爲之祥且也尊賢事能饗善就利自堯舜以固然而况羽俗乎先生其聽矣亢倉子曰譆來夫二子者知乎函車之獸介而離山罔罟制之吞舟之魚蕩而失水螻蟻苦之故鳥獸居欲其高魚鼈居欲其深夫全其形生之人藏其身也亦不厭深眇而已吾語若大亂之本禮乎堯舜之間其終存乎千代之後必有人與相食者矣言未終南子榮之𧷤色蹙然膝席曰𧷤年運而長矣將奚以託業以事斯言亢倉子曰全汝形抱汝生无俾汝思慮營

營若此緒年或可以及此言雖然吾才小不足以
化子子胡不南謁吾師聃亢倉子旣謝榮之摟不
釋羽俗而龍巳乎天下水之性清土者汩之故不
得清人之性壽物者汩之故不得壽物也者所以
養性也今代之惑者多以性養物則不知輕重也
是故聖人之於聲色滋味也利於性則取之害於
性則捐之此全性之道也萬人操弓共射一招招
無不中萬物章章以害一生生无不傷故聖人之
制萬物也全其天也天全則神全矣神全之人不
慮而通不謀而當精照无外志凝宇宙德若天地

然上爲天子而不驕下爲匹夫而不惛此之謂全
道之人心平正不爲外物所誘曰清清而能久則
明明而能久則虛虛則道全而居之秦佚死亢倉
子哭之其役曰天下皆死先生何哭爲也亢倉子
曰天下皆哭安得不哭其役曰哭者必哀而先生
未始哀何也亢倉子曰舉天之下吾无與樂安所
取哀蛻地之謂水蛻水之謂氣蛻氣之謂虛蛻虛
之謂道虛者道之體靖者道之地理者道之綱識
者道之目道所以保神德所以宏量禮所以齊物
物所以養體好質白之物者以黑爲汙好質黑之

物者以白爲汚吾又安知天下之正潔汚哉由是不主物之潔汚者矣夫瞽視者以黈爲赤以蒼爲玄吾乃今所謂皂白安知識者不以爲頳黄吾又安知天下之正色哉由是不遁物之色矣夫好貨甚者不見他物之可好好馬甚者不見他物之可好好書甚者不見他物之可好吾又安知天下之果可好者果可惡者哉由是不見物之可以保戀矣无能滑吾眞矣陳懷君柳使其大夫禱行聘於魯叔孫卿私曰吾國有聖人若知之乎陳大夫曰奚以果明其聖叔孫卿曰能廢心而用形陳大夫

曰弊邑則小亦有聖人異於所聞曰聖人謂誰陳大夫曰有亢倉子者偏得老聃之道其能用耳視目聽定公聞而異焉使叔孫氏報聘且致亢倉子待以上卿之禮亢倉子至賓于亞寢魯公卑辭以問之亢倉子曰吾能視聽不用耳目非能易耳目之所用告者過也公曰孰知是寡人增異矣其道若何寡人果願聞之亢倉子曰我體合於心心合於氣氣合於神神合於无其有介然之有唯然之音雖遠際八荒之表邇在眉睫之内來于我者吾必盡知之乃不知爲是我七竅手足之所覺六腑

五臟心慮之所知其自知而已矣

用道篇第二

天不可信地不可信人不可信心不可信惟道可信賢主秀士豈知哉昔者桀信天與其禮四海已不勤於道天奪其國以授殷紂亦信天與其禮四海已不襲於道天奪其國以授周今夫惰農信地實生百穀不力於其道地竊其菓稼而荒翳之齊后信人之性辭讓不明於其道舉全境以付人人實鴟義而有其國凡人不修其道隨其心而師之營欲茂滋災疾朋興戕身損壽心斯害之矣故曰

惟道可信天地非道不能悠久蒼生非賢不能靖順庶政非才不能和理夫用道之人不露其用福滋萬物功歸无有神融業茂靈慶悠長知而辨之謂之識知而不辨謂之道識以理人道以安人夫雞晨而作負日任勞流汗灑地夜分僅息農夫之道也俯拾仰取銳意錐撮力思搏精希求利潤賈豎之道也嚥氣谷神宰思損慮超遥輕舉日精錬仙高士之道也剸情端想畢志所事倫揆忘寢謀效位司人臣之道也清心省念察驗近習務求賢良以安萬姓人主之道也若由是類之各順防其

志度不替塞其業覆是謂天下有道導筋骨則形全節情欲則神全靖言語則福全克保三全是謂清賢道德順則鬼神助信義彰則君子全禮義備則小人懷有識者自是無識者亦自是有道者靜默闇鈍者亦靜默物固有似是而非似非而是先號後笑始吉終凶身可親而才不可親才可敬而身不堪敬敬甚則不親親甚則不敬親之而疏疏之而親恩甚則怨生愛多則憎至有以速爲貴有以緩爲貴有以直爲貴有以曲爲貴百事之宜其由甚微不可不知是故智者難之靜則神通窮則

意通貴則語通富則身通理勢使然同道者相愛同藝者相嫉人情自然也多才而好謙貧賤而不諂處勞而不爲辱富貴而恭勤可謂有德者也

政道篇第三

人无法以知天以四時寒暑日月星辰之所行知天若四時寒暑日月星辰之所行當則諸生血氣之類皆得其處而安其産矣人臣亦无法以知主以主之賞罰爵祿之所加知主若主之賞罰爵祿之所加宜則親踈遠近賢不肖者皆盡其力而以爲用矣信全則天下安信失則天下危夫百姓勤

勞則彻殫盡則爭害之心生而不相信矣人不相信由政之不平也政之不平吏之辠也吏之有辠刑賞不齊也刑賞不齊主不勤明也夫主勤明則刑賞一刑賞一則吏奉法吏奉法則政下宣政下宣則人人得其所而交相信矣是知天下不相信者由主不勤明也亢倉子居息壤五年靈王使祭公致雝帛與紉璐曰余末小子否德忝位水旱不時稽爲人君何以禳之亢倉子曰水陰沴也陰於國政類刑人事類私旱陽過也陽於國政類德人事類盈楚以爲凡遭水旱天子宜正刑脩德百官

宜去私戒盈則以類而消百福日至矣鄭有胡之
封珪戎弓異時失同於荆荆曰必得封珪戎弓不
然臨兵于汝鄭君病之篤見亢倉子曰封珪戎弓
先君得之于胡綿代功實傳章翼嗣令荆待大而
曰必得不然臨兵國危矣寡人欲以他封珪戎弓
往若之何亢倉子曰君其少安今是楚亦有寶於
此飾楚之寶以貫罪於君楚所不能君必致夫眞
令荆以淺鮮之過而負其威刑申逞不直以耗敚
與國荆失諸侯於是乎在諸侯聞之將警勸備倫
勤明會同上義固存鄭其爲首君姑待之豈必

非福於是以胡珪戎弓往未至郢荆人聞之曰彼用聖人之訓辭吾焉取此以暴不直於天下而令諸侯賓生心焉遽反其賂而益善焉人之情欲生而惡死欲安而惡危欲榮而惡辱天下之人得其欲則樂樂則安不得其欲則苦苦則危若人主放其欲則百吏廢長具展其欲百吏廢長具展其欲則天下之人貧者竭其力富者竭其財四人失其序皆不得其欲矣天下之人不得其欲則相與提携保抱逋逃隱蔽漂流掇采以祈性命吏又從而捕之是故不勝其危苦因有群聚背叛之心生則

國非其國也勿貪戶口百姓汝走多壯城池百姓汝疲賦斂不中窮者日窮刑罰且貳慣者日慣科禁大行國則以傾官吏非才則寬猛失所寘與百姓爭利則狡詐之心生所以天下姦而難知天下難知則上人疑上人疑則下益惑下既惑則官長勞官長勞則賞不足勸刑不能禁易動而難靖此由官不得人故也政術至要力於審士士有才行比於一鄉委之鄉才行比於一縣委之縣才行比於一州委之州才行比於一國委之國政而後廼能无伏士矣人有惡戾於鄉者則誨之不改是為

惡戾於縣則撻之不改是爲惡戾於國則誅之迺
能无復逆節矣誠如是舉天下之人一一畏懷無
有干惸謟慢之萌矣此之謂靖人凡爲天下之務
莫大求士士之待來莫善通政通政之善莫若靖
人靖人之才蓋以文章考之百無四五以言論考
之十或一二以神器靖作態度考之十全八九是
皆賢王慶代明識裁擇所能爾也王天下者若以
文章取士則翦巧綺纖益至而正雅素實益藏矣
以言論取士則浮掞游飾益來而謇諤諄直益晦
矣以神氣靖作態度取士則外正內邪益尊而清

脩明實益隱矣若然者賢愈到政愈僻令愈勤人愈亂矣夫天下至大器也帝王至重位也得士則靖失士則亂故人主勞於求賢逸於任使嗚呼守國褁人者其胡可以不事誠於士乎人情失宜主所深恤失宜之大莫痛刑獄夫明達之才將欲聽訟或誘之以詐或脅之以威或鬧之以情或苦之以戮雖作設權輿而必也公平故使天下之人生無所於德死無所於怨夫秉國建吏持刑若此可謂至官至官之代群情和正諸產咸宜愛敬交深上下條固不可搖蕩有類一家苟違領凌逆安得

動哉平王返正既宅天邑務求賢良等聞一善憫
豫連日左右侍僕累言大臣有賢異者如是踰歲
王曰余一人于德不明務求賢異益恐山澤遺逸
不舉豈樂聞善以自閉塞哉廼者反媢僕臣累譽
權任頗階左右意余孱昧无能斷明徒唯共和依
違浸長自賢敗德莫此爲多不時匡過就茲固黨
於是棄左右近習三人於市貶庶司尹長五人曰
無令人臣附下罔上持祿阿意天下聞之稱爲齊
明海南之西歸者七國至理之代輿服純素寬令
寬簡禁網疎濶夫輿服純素則人不勝羨憲令寬

簡則俗无忌諱禁網踈濶則易避難犯若人不勝美則嗜欲希微而服役樂業矣俗无忌諱則抑閑開舒而歡欣交通矣易避難犯則好惡分明而貴德知耻矣夫服役樂業之謂順歡欣交通之謂和貴德知耻之謂正浮墮之人不勝於順逆節之人不勝於和姦邪之人不勝於正順和正三者理國之宗也衰末之世輿服文巧憲令禳祈禁網頗僻夫輿服文巧則流相炎慕憲令穰祈則俗多忌諱禁網頗僻則莫知所道若流相炎慕則人不忠絜而耻樸貴華矣俗多忌諱則情思不通而上下膠

戾矣莫知所道則讒慝繁興而衆不懼死矣夫耻樸貴華之謂浮上下膠戾之謂塞衆不懼死之謂冒眞正之士不官於浮公直之士不官於塞器能之士不官於冒浮塞冒三者亂國之梯也荊君熊圉問水旱理亂亢倉子曰水旱由天理亂由人若人事和理雖有水旱无能爲害堯湯是也故周之秩官云人强勝天若人事壞亂縱無水旱日益崩離且桀紂之滅豈惟水旱荊君北面遵循稽首曰天不棄不穀及此言也乃以弘璧十朋爲亢倉子壽拜爲亞尹曰庶吾國有瘳乎亢倉子不得已中

宿微服違之他邦至理之代山無僞隱市無邪利朝無佞祿國產問何由得人俗醇樸亢倉子曰政煩苛則人姦僞政省一則人醇樸夫人俗隨國政之方圓猶蠖屈之於葉也食黃則身黃食蒼則身蒼曰何爲則人富亢倉子曰賦斂以時官上清約則人富賦斂無節官上奢縱則人貧匃粤之簳鏃以精金鷙隼爲之羽以之楛簳則其與楛樸也無擇及夫蕩寇爭衝覿武決勝加之駭弩之上則三百步之外不立敵矣蜚景之劒威奪白日氣盛紫蜺以之刲穫則其與劚刃也無擇及夫凶邪流毒

沸渭不靖加之運掌之上則千里之内不留行矣
夫材有分而用有當所貴善因時而巳耳昔者明
王聖帝天下和平萬物茂暢群性得極善因時而
勿擾者也近古以來天下姦邪者衆正直者寡輕
薄趨利者多敦方退靜者鮮姦者出言筭於忠言
遂使天下之人交相疑害悲夫作法貴於易避而
難犯救弊貴於省事而一令除去豪横則官人不
敢務私利官人不敢務私利而百姓富吏刑曰眚
災肆赦赦不欲數赦數則惡者得計平人生心而
賢良否塞矣人有大爲賊害官吏捕獲因廣條引

誣陷貞良濶遠牽率冀稚時序卒蒙赦宥遇賊害
者訖無所快自毒而已由是平人遽生黠計吏勞
政酷莫能鎮止此由數赦之過也夫人之所以惡
爲無道不善者爲其有罰也所以勉爲有道行義
者爲其有賞也今無道不義者赦之而有道行義
者被姦而不賞欲人之就善也不亦難乎代有賢
主秀士肯察此論人怨者非不接人也神怒者非
不事神也巧佞甚人愈怨淫祀盛神愈怒

君道篇第四

始生之者天地養成之者人也能養天之所生而

物攖之謂之天子天子之動也以全天氣故此官之所以自立也立官者以全生也今代之惑主多官而反以害生則失所以爲立之本矣草鬱則爲腐樹鬱則爲蠹人鬱則爲病國鬱則百慝竝起危亂不禁所謂國鬱者主德不下宣人欲不上達也是故聖王貴忠臣正士爲其敢直言而决鬱塞也克己復禮賢良自至君耕后蚕蒼生自化由是言之則賢良正可待不可求求得非賢也蒼生正可化不可刑刑行非理也堯舜有爲人主之勤无爲人主之欲故天下各得濟其欲有爲人主之位无

爲人主之心故天下各得肆其心士有天下人愛之而主不愛者有主獨愛之而天下人不愛者用天下人愛者則天下安用主獨愛者則天下危人主安可以自放其愛憎哉由是垂天下者當制其情所謂天下者謂其有萬物也所謂有邦國者謂其有人衆也夫國以人爲本人安則國安故憂國之主務求理人之術玉之所以難辨者謂其有怪石也金之所以難辨者謂其有鍮石也今夫以隼翼而被之鶡視不明者正以爲隼明者視之乃鶡也今夫小人多誦經籍方書或學奇技通說而衹

以青紫章服使愚者聽而視之正為君子明者聽而視之乃小人也故人主誠明以言取人理也以才取人理也以行取人理也人主不明以言取人亂也以才取人亂也以行取人亂也夫聖人之用人也貴耳不聞之功目不見之功口不可道之功而百姓暢然自理矣若人主貴耳聞之功則天下之人運貨逐利而市譽矣貴目見之功則天下之人恢形異藝而爭進矣貴可道之功則天下之人習舌調吻而飾辭矣使天下之人市譽爭進飾辭見達則政敗矣人主皆知鏡之明已也而惡士之

明已也鏡之明已也功細士之明已也功大知其細失其大不知類矣於乎人主清心省事人臣恭儉守職太平立致矣而代主或難之吾所不知也若人主方寸之地不明不斷則天地之宜四海之内動植萬類咸失其道矣以耳目取人者官多而政亂以心慮取人者官小而政清是知循理之代務求不可見不可聞之材浇危之代務取可聞可見之材於乎人主豈知哉以耳目取人人皆斆效以買譽以心慮取人人皆静正以勤德吏静正以勤德則不言而自化吏斆效以買譽則刑之而不

畏代主豈不知哉

臣道篇第五

夫國之將興也朝廷百吏或短或長或醜或美或怡或厲或是或非雖聽其言觀其貌有似不同然察其志徵其心盡於爲國所以剛訐不愆黜退不愕議得其中无違平理故天不惑其時地不乏其利人不亂其事鬼神開質蠻夷柔同保合太和萬物化育國之將亡也朝廷百吏姿貌多美頫色諧和詞氣華柔動止詳潤雖觀其貌聽其言有若歡洽然察其志徵其心盡在競位所以闇訐則怪見

異必偔狙嫉相蒙遂喪其道故天告災時地生反物人作凶德鬼神閒禍戎狄交侵喪亂弘多萬物不化夫不妨人力不損官吏而功成政立下阜百姓上滋主德如此者忠賢之臣也若費財煩人危官苟效一時功利規賞於主不顧過後貽災於國如此者姦臣也至理之代官得人不理之代人得官郗龍覩問事君亢倉子曰既榮死而臣人者也心莫若公貌莫若和言莫若正公不欲露和不欲雜正不欲犯古之清勤爲國修正今之清勤爲身修名夫爲國脩政者區處條別動得其宜合於大

體爲身脩名者區處條別致遠不通拘於小節之知心以道爲主抵物得其所心以事爲主抵物失其所臣居上位不諫下位不公不合贍其祿君不嚴敬大臣不彰信小臣不合官其朝有才者不必忠忠者不必有才臣不患不忠適恐盡忠而主莫之信不患不信適恐信之而莫能事事上等之人得其性則天下理中等之人得其性則天下亂明主用上等之人當委以權宜便事肆其所爲用中等之人則當程課其功示以賞罰

賢道篇第六

賢良所以屢求而不至難進而易退者非爲愛身而不死王事適恐盡忠而主莫之信耳自知有才識之人外恭謹而內无憂其於衆也和正而不狎親之則彌莊踈之則退去而不慭窮厄則以命自寛榮達則以道自止人有視其儀賢也聽其聲賢徹神識或負所望夫賢人其見用也入則諷譽出則聾默職司勤辨居室儉間其未見用也藏身於終藏識於目藏言於口飽食安歩獨善其善貞而不慭智者不疑事識者不疑人有識之士行危而色不可踈言遜而理不可拔凡謂賢人不自稱賢

效在官功在事事太平之時上士運其識中士竭其耐小人輸其力齊有捂子者材可以振國行可以獨立事父母孝謹鄉黨恭循念居貧無以爲養施信義而遊者久之矣所如寡合或爲桀時夸毗者所嗤紿於是負杖步足問乎亢倉子曰吾聞至人忘情黎人不事情存情之曹務其教訓而尊信義吾乃不知爲工受不信爲信信而不見信爲信爲勤慕義爲義然則信義之士常獨厄隨退胡以取貴乎時而教理之所上也亢倉子俯而循袵仰而譆超然歌曰時之陽兮信義昌時之黙兮信義

伏陽與黙昌與伏汨吾無誰私兮羌忽不知其讀
夫運正性以如適而物莫之應者眞不行也眞且
不行謂之道喪道喪之時上士乃隱隱之爲義有
可爲也莫可爲者也有可用也莫可用者也祭公
問賢材何從而不至亢倉子曰賢正可待不可求
材愼在求不在無若天子靜大臣明刑不避貴澤
不隔下則賢人自至而求用矣賢人用則四海之
内明目而視清耳而聽坦心而無欝矣天自成地
自寧萬物醇化鬼神不能靈故曰賢正可待不可
求若天子勤明大臣和理之求士也則恢弘方大

公[illegible]清人之材至若天子苛察大臣躁急之求士也則曲心巧應毀方破道之材至若天子疑忌大臣巧隨之求士也則奇姓異名以媚怪術之材至若天子自賢大臣固位之求士也則事文逐譽貪濁浮麗之材至若天子依違大臣回佞之求士也則內忠外僻情毒言和之材至故曰材慎在求不在無昔者黃帝得常仙封鴻鬼容丘商王得伊尹中興得甫申齊桓得甯籍皆由數君體道邁仁布昭聖武思輯光明寬厚昌正而衆賢求用非爲簡核而得也祭公曰夫子云賢人不求而自至亦有

非賢不求而自至者乎亢倉子曰夫非賢不求而自至者固衆矣夫天下有道則賢人不求而自至天下無道則非賢不求而自至人主有道者寡無道者衆天下賢人少不肖者多是知非賢不求而自至者多矣祭公曰賢固濟天下材亦能濟天下俱濟天下賢與材安取異邪亢倉子曰窘乎哉其問也功成事畢不殉封譽恭退樸儉之謂賢功成事畢榮在祿譽光揚志滿之謂材賢可以鎮國材亦可以理國所謂鎮者和寧無爲人不知其力所謂理者勤率其事人知所於德一賢統衆材則有

餘衆材度一賢猶不足如是賢材之殊域有居山林而諠者有在人俗而靜者有諠而正者有靜而邪者凡視察其貌鄙俗而能有賢者萬不一視察其貌端雅而實小人者十而九夫不練其言而知其文不責其儀而審其度不采其譽而知其善不流其毀而斷其實可謂有識者也

訓道篇第七

閔子騫問仲尼道之與孝相去奚若仲尼曰道者自然之妙用孝者人道之至德夫其包運天地發育萬物曲成萬類不希性壽其功至實而不爲物

府不爲事官無爲功尸抈求視聽莫得而有字之曰道用之於人字之曰孝孝者善事父母之名也夫善事父母敬順爲本意以承之順承顏色無所不至發一言舉一意不敢忘父母營一手措一足不敢忘父母事君不敢忘忠朋友不敢不信臨下不敢不敬嚮善不敢不勤雖居獨室之中亦不敢懈其誠此之謂全孝故至誠之至通乎神明光于四海有感必應善事父母之所致也昔者虞舜其大孝矣庶母惑父屢憎害之舜心益恭懼而無怨謀使浚井下土實之于時天休震動神明駿赫導

穴而出奉養滋謹由是玄德茂盛爲天下君善事父母之所致也文王之爲太子也其大老矣朝夕必至乎寢門之外問寺人曰玆日安否如何曰安太子愠然喜色小不安節太子色憂滿容朝夕食上太子必視寒煖之節食下必知善羞所進然後退寺人言疾太子肅冠而齋膳宰之饌必敬視之湯液之貢必親嘗之嘗饌善則太子亦能食嘗饌寡太子亦不能飽以至于復初然後亦復初君后有過怡聲以諷君后所愛雖小物必嚴龔是故孝成於身道治天下雅曰文王陟降在帝左右言文

王靜作進退天必贊之故紂不能害夢啓之壽卜
世三十卜年七百天所命也善事父母之所致也
閔子騫曰善事父母之道既幸聞矣敢問教子之
義仲尼曰凡三王教子必視禮樂樂所以修內禮
所以修外禮樂交修則德容發輝于貌故能溫容
而文明夫爲人臣者殺其身有益於君則爲之況
利其身以善其君乎是故擇建忠良貞正之士爲
之師傅欲知其父子君臣長幼之道夫知爲人子
然後可以爲人父知爲人臣然後可以爲人君知
事人然後能使人此三王教子之義也閔子騫退

而事之於家三年人無間於父母昆弟之言交遊稱其信鄉黨稱其仁宗族稱其弟德行之聲溢於天下此善事父母之所致也齊太子坐清臺之上燕莊侯他高冠嚴色左帶玉具劍右帶環珮左光照右右光照左太子讀書不視莊侯他問曰齊國有寶乎太子曰主信臣忠百姓戴上齊國之寶也莊侯他應聲解劍而去於乎人有偏蔽終身莫自知已矣賢者見之寬恕而不言小人暴愛而溢言親戚憐嫉而貳言人有偏蔽惡乎不自知哉是故君子檢身常若有過衣其衣食其食知其過而不

克有以正之者君子耻之將欲有言識其必不能行者君子罕之當責衆人之惡者視巳善乎哉當責衆人之邪者視巳正乎哉此之謂返明翟西氏之子甚孝謹翟西憐其子而好躁妄之言翟西辰出夕返則曰甲死矣其子信之既而甲在焉他夕則曰乙且害予其子伺將行仇既而不見惡端他夕則曰丁病矣其子覘之丁誠無恙舉此類也冐淹年序子固孝謹至於訓勤益不保承鄉國之人疾其咎口謀將殺之翟西聞而懼歸以告子子未甚信既而翟西既殺謂多言之人爲踈露亦有辭

約而不密者謂輕佻之人爲不定亦有體閒而心躁者謂叢襍之人爲猥細亦有外潔而內濁者若類而引之不可殫載若非徹識安能洞祥有不可以應事也者內靜而外動其動而難靜時有不可求事也者內思而外待待至而後樂是故外靜而內動者搖思而損性奔走而逐利者勞力而害名人生於代或有事不遂志而宣言云不遇時者是死異負丹頸之罪俟時行戮豈不殆哉其有博才通識未見稱用者正可云時非不清命未與耳豈不避嫌長於諫者務依存前人之性而剪制其情

之所由起是以彼此開進親敬殷篤不長於諫者務攻前人之性而闇於情之所來是以彼此嫌貳猜疊日積兒童之所簡者乃耆耋之所非耳目之所娛者乃心慮之所疾健責天下之愚者已之未賢也健責天下之迷者已之未明也以未賢責衆愚未賢者以之亡以未明責衆迷未明者以之傷

農道篇第八

人捨本而事末則不一令不一令則不可以守不可以戰人捨本而事末則其產約其產約則輕流徙輕流徙則國家時有災患皆生遠志無復居心

人忘本而事末則好智好智則多詐多詐則巧法令巧法令則以是爲非以非爲是古先聖王之所以理人者先務農農農業非徒爲地也貴其志也人農則樸樸則易用易用則邊境安安則主位尊人農則童童則少私義少私義則公法立力摶深農則其產複其產複則重流散重流散則死其處无二慮是天下爲一心矣天下一心軒轅几遽之理不是過也古先聖王之所以茂耕織者以爲本教也是故天子躬率諸侯耕籍田大夫士第有功級勸人尊地產也后妃率嬪御繇於郊桑公田勸

人力婦教也男子不織而衣婦人不耕而食男女貿功資相爲業此聖王之制也故敬時愛日埒實課功非老不休非疾不息一人勤之十人食之當時之務不興土功不料師旅男不出御女不外嫁以方農黃帝曰四時之不正正五穀而已耳夫稼爲之者人也生之者天也養之者地也是以稼之容足耨之容耰耘之容手是謂耕道農攻食工攻器賈攻貨時事不龔敘之以土功是謂大凶凡稼蚤者先時暮者不及時寒暑不節稼乃生災冬至已後五旬爲七日而昌生於是乎始耕事農之道

見生而藝生見死而穫死天發時地產財不與人期有年祀土無年祀土無失人時追時而作過時而止老弱之力可使盡起不知時者來至而逆之既往而慕之當其時而薄之此從事之下也人耨必以旱使地肥而土緩稼欲產於塵上而殖於堅者慎其種勿使數亦無使疎於其施土無使不足亦無使有餘畎欲深以端畝欲沃以平下得陰上得陽然後盛生吾苗有行故速長強弱不相害故速大正其行通其中疏爲冷風則有收而多功率稼望之有餘就之則疏是地之竊也不除則蕪除

之則虛是事之傷也苗其弱也欲孤其長也欲相與居其熟也欲相扶三以為族稼乃多穀凡苗之患不俱生而俱死是以先生者美米後生者為粃是故其耨也長其兄而去其弟樹肥無使扶疏樹墝不欲專生而獨居肥而扶疏則多粃墝而獨居則多死不知耨者去其兄而養其弟不收其粟而收其粃上下不安則稼多死得時之禾長稠而大穗圜粟而薄糠米粭而香舂而易而食之強失時之禾深芒而小莖穗銳多粃而青蘦得時之黍穗不芒以長摶米而寡糠失時之黍大本華莖葉膏

短穗得時之稻莖葆長稠穗如馬尾失時之稻纖
莖而不滋厚糠而菑死得時之麻疎節而色陽堅
枲而小本失時之麻蕃柯短莖岸節而葉蟲得時
之菽長莖而短長其莢二七以爲族多枝數節競
葉繁實稱之重食之息失時之菽以長而蔓浮葉
虛本疎節而小莢得時之麥長稠而頸族二七以
爲行薄翼而䵃色食之使人肥且有力失時之麥
胕腫多病弱苗而翜穗是故得時之稼豐失時之
稼約庚穀盡宜從而食之使人四衛變強耳目聰
明凶氣不入身無苛殃善乎孔生之言冬飽則身

溫夏飽則身涼夫溫涼時適則人無病疹人無病疹是疫癘不行疫癘不行咸得遂其天年故曰穀者人之天是以興王務農王不務農是棄人也王而棄人將何國哉

兵道篇第九

秦景王將聽強兵於天下使庶長鮑戎必致命亢倉子待以壤邑十二周實迫之亢倉子至自榮泉賓于上館景主三日弗得所問下席北首頓珪曰天果無意恤孤邪亢倉子油然虧盻曰朕以主爲異之問而寧弊弊焉以斫刺爲故抑者隨其所欲而

得正者無如可矣景主一拜再舉歛肅袵端珽抑首而坐曰實惟天所命亢倉子仰榱而噓俯正顏色曰原兵之所起與始有人俱夫兵也者出人之威也人之有威性受於天故兵之所自來上矣嘗無少選之不用貴賤長少賢愚相與察同兵之兆在心懷恚而未發兵也疾視作色兵也傲言推捘兵也傻鬬攻戰兵也此四者鴻細之爭也未有蚩尤之時人實揭村木以鬬矣黃帝用水火矣共工稱亂矣五帝相與爭矣一興一廢勝者用事夫有以用藥而死者欲禁天下之醫非也有以乘舟而

死者欲禁天下之船非也有以用兵而喪其國者欲禁天下之兵非也夫兵之不可廢譬水火焉善用之則爲福不善用之則爲禍是故怒笞不可偃於家刑罰不可偃於國征伐不可偃於天下古之聖王有義兵而無偃兵兵誠義以誅暴君而振若人人之悅也若孝子之見慈親餓隸之遇美食號呼而走若強弩之射深谷也勝負之決勿御於他必反人情人之情欲生而惡死欲榮而惡辱死生榮辱之道一則三軍之士可使一心矣凡軍欲其衆也心欲其一也三軍一心則令可使無敵人古

之至兵蓋重令也故其令强者其敵弱其令信者其敵詘先勝之於此則勝之與彼誠若此則敵胡足勝也凡敵人之來也以求利也今來而得死且以走爲利則刃無所與接矣此之謂至兵儌虐姦詐之與義理反也其勢不俱勝不相立故義兵入於敵之境則人知所庇矣兵至於國邑之郊不踐果稼不穴丘墓不殘稸聚不焚室屋得人虜虛而歸之但與人期以敓敵資以章好惡以示逆順若此而猶有愎狠凌宕不聽者雖行武焉可也先發聲出號令曰兵之來也以除人之讎以順天之道

故尅其國不屠其人獨誅所誅而已於是舉選秀士賢良而尊封之求見孤疾長老而拯敬之發府庫之財散倉廩之秩不私其物曲加其禮今有人於此能生死人一人則天下之人爭事之矣義兵之生一人亦多矣人孰不悅故義兵至則鄰之人歸之若流水諸國之人望之如父母行地滋遠得人滋衆辭未終景王興起首曰孤獲聞先生教言不覺氣盈宇宙志知所如也而心滋益龍於是步前稱觴爲亢倉子壽拜居首列師位嚴于齋室又月涉旬展加天關白晝行道

亢倉子終

亢倉子一卷

周·庚桑楚撰　清·袁芳瑛校並跋

明刊《六子》本

亢倉子

全道篇第一

亢倉子居羽山之頽三年俗無疵癘而仍穀熟其俗竊相謂曰亢倉子之始來吾鮮然異之今吾日[illegible]之有餘其殆聖者邪盍相與尸而[illegible]乎亢倉子聞之色有不釋其徒黶啜從而啓之亢倉子曰吾聞至人尸居環堵之室而百姓猖狂不知其所如往今以羽俗父子竊竊焉將俎豆予我其的之人邪吾是以不釋於老聃之言黶啜曰不者夫尋常之汙巨魚無所還其體

用宋小字十三行本校道藏咸豐元年春正月
澍六藏識

亢倉子 一

而鯢鰌爲之制步仞之丘巨獸無所隱其軀而孽狐爲之祥且也尊賢事能爵善就利自堯舜以固然而況羽俗乎先生其聽矣亢倉子曰譆來夫二子者知乎函車之獸介而離山罔罟制之吞舟之魚蕩而失水螻蟻苦之故鳥獸居欲其高魚鼈處欲其深夫全其形生之人藏其身也亦不厭深眇而已吾語若大亂之本襢乎堯舜之間其終存乎千代之後必有人與相食者矣言未終南子縈之樗色蹩然膝席曰樗年運而長矣將奚以託業以事斯言亢倉子曰全汝形抱汝生无俾汝思慮營

營若此緒年或可以及此言雖然吾才小不足以
化子子胡不南謁吾師聃亢倉子既謝榮之樗不
釋羽俗而龍巳乎天下水之性清土者抇之故不
得清人之性壽物者抇之故不得壽物也者所以
養性也今代之惑者多以性養物則不知輕重也
是故聖人之於聲色滋味也利於性則取之害於
性則捐之此全性之道也萬人操弓共射一招招
無不中萬物章章以害一生生无不傷故聖人之
制萬物也全其天也天全則神全矣神全之人不
慮而通不謀而當精照无外志凝宇宙德若天地

然上爲天子而不驕下爲匹夫而不惛此之謂全道之人心平正不爲外物所誘曰清清而能久則明明而能久則虛虛則道全而居之秦佚死亢倉子哭之其役曰天下皆死先生何哭爲也亢倉子曰天下皆哭安得不哭其役曰哭者必哀而先生未始哀何也亢倉子曰舉天之下吾无與樂安所取哀蛻地之謂水蛻水之謂氣蛻氣之謂虛蛻虛之謂道虛者道之體靖者道之地理者道之綱識者道之目道所以保神德所以宏量禮所以齊物所以養體好質白之物者以黑爲汚好質黑之

物者以白爲汚吾又安知天下之正潔汚哉由是
不主物之潔汚者矣夫瞽視者以黈爲赤以蒼爲
玄吾乃今所謂皂白安知識者不以爲頳黄吾又
安知天下之正色哉由是不遁物之色矣夫好貨
甚者不見他物之可好好馬甚者不見他物之可
好好書甚者不見他物之可好吾又安知天下之
果可好者果可惡者哉由是不見物之可以保戀
矣死能滑吾眞矣陳懷君柳使其大夫禱行聘於
魯叔孫卿私曰吾國有聖人若知之乎陳大夫曰
奚以果明其聖叔孫卿曰能廢心而用形陳大夫

曰弊邑則小亦有聖人異於所聞曰聖人謂誰陳大夫曰有亢倉子者偏得老聃之道能用耳視目聽定公聞而異焉使叔孫氏報聘且致亢倉子待以上卿之禮亢倉子至寢于亞寢公卑辭以問之亢倉子曰吾能視聽不用耳目非能易耳目之所用告者過也公曰孰知是寡人增異矣其道若何寡人果願聞之亢倉子曰我體合於心心合於氣氣合於神神合於无其有介然之有唯然之音雖遠際八荒之表邇在眉睫之內來干我者吾必盡知之乃不知為是我七竅手足之所覺六腑

五臟心慮之所知其自知而已矣

用道篇第二

天不可信地不可信人不可信心不可信惟道可信賢主秀士豈知哉昔者桀信天與其禮四海巳不勤於道天奪其國以授殷紂亦信天與其禮四海已不襲於道天奪其國以授周今夫惰農信地實生百穀不力於其道地竊其菓稼而荒翳之齊后信人之性辭讓不明於其道舉全境以付人人實鴟義而有其國凡人不修其道隨其心而師之營欲茂滋災疾朋釁戕身損壽心斯害之矣故曰

惟道可信天地非道不能悠久蒼生非賢不能靖
順㢘政非才不能和理夫用道之人不露其用福
滋萬物功歸无有神融業茂靈慶悠長知而辨之
謂之識知而不辨謂之道識以理人道以安人夫
雞辰而作負日任勞流汗灑地夜分僅息農夫之
道也俯拾仰取銳意錐撮力思搏精希求利潤賈
竪之道也嚥氣谷神宰思損慮超遙輕舉日精鍊
仙高士之道也剸情端想畢志所事倫揆忘寢謀
效位司人臣之道也清心省念察驗近習務求賢
良以安萬姓人主之道也若由是類之各順防其

辰宋小字本作晨

效十三行本作効

主十二行本作王

志度不替塞其業履是謂天下有道導筋骨則形
全剪情欲則神全靖言語則福全克保三全是謂
清賢道德順則鬼神助信義彰則君子全禮義備
則小人懷有識者自是無識者亦自是有道者靜
默闇鈍者亦靜默物固有似是而非似非而是先
號後笑始吉終凶身可親而不可親不可敬而
身不堪敬敬甚則不親親甚則不敬親之而疏疏
之而親恩甚則怨生愛多則憎至有以速爲貴有
以緩爲貴有以直爲貴有以曲爲貴百事之宜其
由甚微不可不知是故智者難之靜則神通窮則

意通貴則語通富則身通理勢使然同道者相愛同藝者相嫉人情自然也多才而好謙貧賤而不諂處勞而不爲辱富貴而恭勤可謂有德者也

政道篇第三

人死法以知天以四時寒暑日月星辰之所行知天若四時寒暑日月星辰之所行當則諸生血氣之類皆得其處而安其產矣人臣亦死法以知主以主之賞罰爵祿之所加知主若主之賞罰爵祿之所加宜則親疏遠近賢不肖者皆盡其力而以爲用矣信全則天下安信失則天下危夫百姓勤

勞則物殫盡則爭害之心生而不相信矣人不相
信由政之不平也政之不平吏之辠也吏之有辠
刑賞不齊也刑賞不齊主不勤明也夫主勤明則
刑賞一刑賞一則吏奉法吏奉法則政下宣政下
宣則人人得其所而交相信矣是知天下不相信
者由主不勤明也亢倉子居息壤五年靈王使祭
公致簉帛與紉璐曰余末小子否德忝位水旱不
時籍爲人君何以禳之亢倉子曰水陰沴也陰於
國政類刑人事類私旱陽過也陽於國政類德人
事類盈楚以爲凡遭水旱天子宜正刑脩德百官

十三行曰本作白

宜去私戒盈則以類而消百福日至矣鄭有胡之
封珪戎弓異時失同於荆荆曰必得封珪戎弓不
然臨兵于汝鄭君病之駕見亢倉子曰封珪戎弓
先君得之于胡綿代功寶傳章翼嗣今荆侍大而
曰必得不然臨兵國危矣寡人欲以他封珪戎弓
往若之何亢倉子曰君其少安今是楚亦有寶於
此飾楚之寶以貰罪於君楚所不能君必致夫真
令荆以淺鮮之過而負其威刑申遑不直以耗敚
與國荆失諸侯於是乎在諸侯聞之將警勸備倫
比勤明會同上義固存鄭其爲首君姑待之豈必

非福於是以胡珪戎弓往未至郢荆人聞之曰彼用聖人之訓辭吾焉取此以暴不直於天下而令諸侯寶生心焉遂反其賂而益善焉人之情欲生而惡死欲安而惡危欲榮而惡辱天下之人得其欲則樂樂則安不得其欲則苦苦則危若人主放其欲則百吏廢長具展其欲百吏廢長具展其欲則天下之人貧者竭其力富者竭其財四人失其序皆不得其欲矣天下之人不得其欲則相與提攜保抱逋逃隱蔽漂流捃采以祈性命吏又從而捕之是故不勝其危苦因有群聚背叛之心生則

國非其國也勿貪戶口百姓汝走多壯城池百姓汝疲賦斂不中窮者日窮刑罰且貳匱者日匱科禁大行國則以傾官吏非才則寬猛失所宜與百姓爭利則狡詐之心生所以天下姦而難知天下難知則上人疑上人疑則下益惑下既惑則官長勞官長勞則賞不足勸刑不能禁易動而難靖此由官不得人故也政術至要力於審士士有才行比於一鄉委之鄉才行比於一縣委之縣才行比於一州委之州才行比於一國委之國政而後廼能死伏士矣人有惡戾於鄉者則誨之不改是爲

惡戾於縣則撻之不改是爲惡戾於國則誅之廼能无復逆節矣誠如是舉天下之人一一畏懷無有干悁謟慢之萌矣此之謂靖人凡爲天下之務莫大求上士之待來莫善通政通政之善莫若靖人靖人之才蓋以文章考之百無四五以言論考之十或一二以神器靖作態度考之十全八九是皆賢王慶代明識裁擇所能爾也王天下者若以文章取士則翦巧綺繿益至而正雅素實益藏矣以言論取士則浮撚游飾益來而蹇諤諄直益晦矣以神氣靖作態度取士則外正内邪益尊而清

無小宋字本作不

脩明實益隱矣若然者賢愈到政愈僻令愈勤人愈亂矣夫天下至大器也帝王至重位也得士則靖失士則亂故人主勞於求賢逸於任使嗚呼守國聚人者其胡可以不事試於士乎人情失宜主所深恤失宜之大莫痛刑獄夫明達之才將欲聽訟或誘之以詐或脅之以威或開之以情或苦之以戮雖作設權異而必也公平故使天下之人生無所於德死無所於怨夫秉國建吏持刑若此可謂至官至官之代群情和正諸產咸宜愛敬交深上下條固不可搖蕩有類一家苟違領凌逆安得

動哉平王返正既宅天邑務求賢良等聞一善憪
豫連日左右侍僕累言大臣有賢異者如是踰歲
王曰余一人于德不明務求賢異恐山澤遺逸
不舉豈樂聞善以自閉塞哉適者反媢僕臣累譽
權任頗階左右意余孱昧无能斷明徒唯共和依
違浸長自賢敗德莫此爲多不時匡過就茲固黨
於是棄左右近習三人於市眂虔司尹長五人曰
無令人臣附下罔上持祿阿意天下聞之稱爲齊
明海南之西歸者七國至理之代輿服純素憲令
寬簡禁網疏潤大輿服純素則人不勝義憲令寬

憪音喜

簡則俗旡忌諱禁網疎濶則易避難犯若人不勝
羨則嗜欲希微而服役樂業矣俗旡忌諱則抑閑
開舒而歡欣交通矣易避難犯則好惡分明而貴
德知耻矣夫服役樂業之謂順歡欣交通之謂和
貴德知耻之謂正浮墮之人不勝於順逆節之人
不勝於和姦邪之人不勝於正順和正三者理國
之宗也衰末之世輿服文巧憲令穰祈禁網煩僻
夫輿服文巧則流相炎慕憲令穰祈則俗多忌諱
禁網煩僻則莫知所遁若流相炎慕則人不忠潔
而耻樸貴華矣俗多忌諱則情思不通而上下膠

戾矣莫知所追則讒𩴣繁興而衆不懼死矣夫恥
樸貴華之謂浮上下膠戾之謂塞衆不懼死之謂
冒眞正之士不官於浮公直之士不官於塞器能
之士不官於冒浮塞冒三者亂國之梯也荊君熊
圉問水旱理亂亢倉子曰水旱由天理亂由人若
人事和理雖有水旱无能爲害堯湯是也故周之
秩官云人强勝天若人事壞亂縱無水旱日益崩
離且桀紂之滅豈惟水旱荊君北面遵循稽首曰
天不棄不穀及此言也乃以弘璧十朋爲亢倉子
壽拜爲亞尹曰庶吾國有瘳乎亢倉子不得已中

熊十三村本作能

宿徵服違之他邦至理之代山無僞隱市無邪利朝無佞祿國產問何由得人俗醇樸亢倉子曰政煩苛則人姦僞政省一則人醇樸夫人俗隨國政之方圓猶蠖屈之於葉也食黃則身黃食蒼則身蒼曰何爲則人富亢倉子曰賦斂以時官上清約則人富賦斂無節官上奢縱則人貧紉粤之簳鏃以精金鷙隼爲之羽以之棓箠則其與槁樸也無擇及夫蕩寇爭衡覿武決勝加之駭弩之上則三百步之外不立敵矣蜚景之劍威奪白日氣盛紫蜺以之刲穫則其與劚刃也無擇及夫凶邪流毒

沸渭不靖加之運掌之上則千里之内不留行矣夫材有分而用有當所貴善因時而已耳昔者明王聖帝天下和平萬物茂暢群性得極善因時而勿擾者也近古以來天下姦邪者衆正直者寡輕薄趨利者多敦方退靜者鮮姦者出言等於忠言遂使天下之人交相疑害悲夫作法貴於易避而難犯救弊貴於省事而一令除去豪横則官人不敢務私利官人不敢務私利而百姓富史刑曰眚災肆赦赦不欲數赦數則惡者得計平人生心而賢良否塞矣人有大爲賊害官吏捕獲因廣條引

誣陷貞良淵遠牽率冀稚時序卒蒙赦宥遇賊害者訖無所快自毒而已由是平人遞生黠計吏勞政酷莫能鎮止此由數赦之過也夫人之所以惡爲無道不善者爲其有罰也所以勉爲有道行義者爲其有賞也今無道不義者赦之而有道行義者被姦而不賞欲人之就善也不亦難乎代有賢主秀士肯察此論人怨者非不接人也神怒者非不事神也巧佞甚人愈怨淫祀盛神愈怒

君道篇第四

始生之者天地養成之者人也能養天之所主而

物攖之謂之天子天子之動也以全天氣故此官
之所以自立也立官者以全生也今代之惑主多
官而反以害生則失所以爲立之本矣草鬱則爲
蕢樹鬱則爲蠹人鬱則爲病國鬱則百慝竝起危
亂不禁所謂國鬱者主德不下宣人欲不上達也
是故聖王貴忠臣正士爲其敢直言而決鬱塞也
克己復禮賢良自至君耕后蚕蒼生自化由是言
之則賢良正可待不可求求得非賢也蒼生正可
化不可刑刑行非理也堯舜有爲人主之勤无爲
人主之欲故天下各得濟其欲有爲人主之位无

爲人主之心故天下各得肆其心主有天下人愛之而主不愛者有主獨愛之而天下人不愛者用天下人愛者則天下安用主獨愛者則天下危人主安可以自放其愛憎哉由是重天下者當制其情所謂天下者謂其有萬物也所謂有邦國者謂其有人衆也夫國以人爲本人安則國安故憂國之主務求理人之術玉之所以難辨者謂其有怪石也金之所以難辨者謂其有鍮石也今夫以隼翼而被之鷄視不明者正以爲隼明者視之乃鷄也今夫小人多誦經籍方書或學音技通說而衹

以青紫章服使愚者聽而視之正爲君子明者聽而視之乃小人也故人主誠明以言取人理也以才取人理也以行取人理也人主不明以言取人亂也以才取人亂也以行取人亂也夫聖人之用人也貴耳不聞之功目不見之功口不可道之功而百姓暢然自理矣若人主貴耳聞之功則天下之人運貨逐利而市譽矣貴目見之功則天下之人恢形異藝而爭進矣貴可道之功則天下之人習舌調吻而飾辭矣使天下之人市譽爭進飾辭見達則政敗矣人主皆知鏡之明已也而惡士之

明已也鏡之明已也功細士之明已也功大知其
細失其大不知類矣於乎人主清心省事人臣恭
儉守職太平立致矣而代主或難之吾所不知也
若人主方寸之地不明不斷則无地之宜四海之
內動植萬類咸失其道矣以耳目取人者官多而
政亂以心慮取人者官小而政清是知循理之代
務求不可見不可聞之材澆危之代務取可聞可
見之材於乎人主豈知哉以耳目取人人皆敷敍
以貿譽以心慮取人人皆靜正以勤德吏靜正以
勤德則不言而自化吏敷敍以貿譽則刑之而不

无十三行本作天

畏代主豈不知哉

臣道篇第五

夫國之將興也朝廷百吏或短或長或醜或美或怡或厲或是或非雖聽其言觀其貌有似不同然察其志徵其心盡於爲國所以剛訐不欲黜退不愕議得其中无違乎理故天不惑其時地不乏其利人不亂其事鬼神開質蠻夷柔同保合太和萬物化育國之將亡也朝廷百吏姿貌多美顏色諧和詞氣華柔動止詳潤雖觀其貌聽其言有若歡洽然察其志徵其心盡在競位所以鬪訐則怪見

異必愕狙嫉相蒙遂喪其道故天告災時地生反物人作凶德鬼神間禍戎狄交侵喪亂弘多萬物不化夫不妨人力不損官吏而功成政立下阜百姓上滋主德如此者忠賢之臣也若費財煩人危官苟效一時功利規賞於主不顧過後貽災於國如此者姦臣也至理之代官得人不理之代人得官邾龍覩問事君亢倉子曰既榮死而臣人者也心莫若公貌莫若和言莫若正公不欲露和不欲雜正不欲犯古之清勤爲國修正今之清勤爲身修名夫爲國脩政者遍處條則動得其宜合於大

體爲身脩名者區處條别致遠不滯拘於小節是知心以道爲主抵物得其所心以事爲主抵物失其所臣居上位不諫下位不公不合贍其禄君不嚴敬大臣不彰信小臣不合官其朝有才者不必忠忠者不必有才臣不患不忠適恐盡忠而主莫之信不患不信適恐信之而莫能事事上等之人得其性則天下理中等之人得其性則天下亂明主用上等之人當委以權宜便事肆其所爲用中等之人則當程課其功示以賞罰

賢道篇第六

賢良所以屢求而不至難進而易退者非爲愛身而不死王事適恐盡忠而主[illegible]之信耳自知有才識之人外恭謹而内无憂其於衆也和正而不狎親之則彌莊踈之則退去而不怨窮厄則以命自寬榮達則以道自止人有視其儀賢也聽其聲賢徵神識或負所望夫賢人其見用也入則諷譽出則龔默職司勤辨居室儉間其未見用也藏身於終藏識於目藏言於口飽食安步獨善其貞而不怨智者不疑事識者不疑人有識之士行危而色不可踈言遜而理不可援凡謂賢人不自稱賢

效在官功在事事太平之時上士運其識中士竭
其耐小人輸其力齊有棓子者材可以振國行可
以獨立事父母孝謹鄉黨恭循念居貧無以爲養
施信義而遊者久之矣所如寡合或爲桀時夸毗
者所嗤紿於是負杖步足問乎亢倉子曰吾聞至
人忘情爲人不事情存情之嗇務其教訓而尊信
義吾乃不知爲工受不信爲信信而不見信爲信
爲勤慕義爲義然則信義之士常獨厄隨退胡以
取貴乎時而教理之所上也亢倉子俯而循袵仰
而譆超然歌曰時之陽兮信義昌時之黙兮信義

伏陽與興默昌與伏汨吾無誰私兮芒忽不知其讀
夫運正性以如道之而物莫之應者真不行也真且
不行謂之道喪道喪之時上士乃隱隱之爲義有
可爲也莫可爲者也有可用也莫可用者也祭公
問賢材何從而不至亢倉子曰賢正可待不可求
材慎在求不在無若天子靜大臣明刑不避貴澤
不隔下則賢人自至而求用矣賢人用則四海之
内明目而視清耳而聽坦心而無鬱矣天自成地
自寧萬物醇化鬼神不能靈故曰賢正可待不可
求若天子勤明大臣和理之求士也則恢弘方大

公直靖人之材至若天子苛察大臣躁急之求士也則曲心巧應毀方破道之材至若天子疑忌大臣巧隨之求士也則竒姓異名夂媢怪術之材至若天子自賢大臣固位之求士也則事文遂譽貪濁浮麗之材至若天子依違大臣回佞之求士也則内忠外僻情毒言和之材至故曰材慎在求不在無昔者黄帝得常仙封鴻鬼容丘商王得伊尹中興得甫申齊桓得甯籍皆由數君體道邁仁布昭聖武思輯光明寛厚昌正而衆賢求用非爲簡核而得也祭公曰夫子云賢人不求而自至亦有

非賢不求而自至者乎亢倉子曰夫非賢不求而自至者固衆矣夫天下有道則賢人不求而自至天下無道則非賢不求而自至人主有道者寡無道者衆天下賢人少不肖者多是知非賢不求而自至者多矣祭公曰賢固濟天下材亦能濟天下俱濟天下賢與材安取異邪亢倉子曰審乎哉其問也功成事畢不殉封譽恭退樸儉之謂賢功成事畢榮在祿譽光揚志滿之謂材賢可以鎮國材亦可以理國所謂鎮者和寧無爲人不知其力所謂理者勤率其事人知所於德一賢統衆材則有

雖衆材度一賢猶不足如是賢材之殊域有居山林而讙者有在人俗而靜者有讙而正者有靜而邪者凡視察其貌鄙俗而能有賢者萬不一視察其貌端雅而實小人者十而九夫不練其言而知其文不責其儀而審其度不采其譽而知其善不流其毀而斷其實可謂有識者也

訓道篇第七

閔子騫問仲尼道之與孝相去奚若仲尼曰道者自然之妙用孝者人道之至德夫其包運天地發育萬物曲成萬類不希性壽其功至實而不爲物

府不爲事官無爲力尸捫求視聽莫得而有字之曰道用之於人守之曰孝孝者善事父母之名也夫善事父母敬順爲本意以承之順承顔色無所不至發一言舉一意不敢忘父母營一手措一足不敢忘父母事君不敢忘忠朋友不敢不信臨下不敢不敬嚮善不敢不勤雖居獨室之中亦不敢懈其誠此之謂全孝故至誠之至通乎神明光于四海有感必應善事父母之所致也昔者虞舜其大孝矣庶母惑父屢憎害之舜心益恭懼而無怨[illegible]使浚井下土實之于時天休震動神明騐赫導

穴而出奉養滋謹由是玄德茂盛爲天下君善事
父母之所致也文王之爲太子也其大老矣朝夕
必至乎寢門之外問寺人曰茲日安否如何曰安
太子慍然喜色小不安節太子色憂滿容朝夕食
上太子必視寒煖之節食下必知善羞所進然後
退寺人言疾太子肅冠而齋膳宰之饌必敬視之
湯液之貢必親嘗之嘗饌善則太子亦能食嘗饌
寡太子亦不能飽以至于復初然後亦復初君后
有過怡聲以諷君后所愛雖小物必嚴襲是故孝
成於身道治天下雅曰文王陟降在帝左右言文

治下三行本作洽

王靜作進退天必贊之故紂不能害夢啓之壽卜世三十卜年七百天所命也善事父母之所致也閔子騫曰善事父母之道旣幸聞矣敢問教子之義仲尼曰凡三王教子必視禮樂樂所以修內禮所以修外禮樂交修則德容發輝于貌故能溫容而文明夫爲人臣者殺其身有益於君則爲之況利其身以善其君乎是故擇建忠良貞正之士爲之師傅欲知其父子君臣長幼之道夫知爲人子然後可以爲人父知爲人臣然後可以爲人君知爲人然後能使人此三王教子之義也閔子騫退

而事之於家三年人無間於父母昆弟之言交遊稱其信鄉黨稱其仁宗族稱其弟德行之聲溢於天下此善事父母之所致也齊太子坐清臺之上燕莊侯他高冠嚴色左帶玉具劒右帶環珮左光照右右光照左太子讀書不視莊侯他問曰齊國有寶乎太子曰主信臣忠百姓戴上齊國之寶也莊侯他應聲解劒而去於乎人有偏蔽終身莫自知已矣賢者見之寬恕而不言小人暴愛而溢言親戚憐嫉而貳言人有偏蔽惡乎不自知哉是故君子檢身常若有過衣其衣食其食知其過而不

克有以正之者君子耻之將欲有言識其必不能行者君子罕之當責衆人之惡者視已善乎哉當責衆人之邪者視已正乎哉此之謂返明翟西氏之子甚孝謹翟西憐其子而好躁妄之言翟西辰出夕返則曰甲死矣其子信之既而甲在焉他夕則曰乙且害予其子伺將行仇既而不見惡端他夕則曰丁病矣其子覘之丁誠無恙舉此類也冒涉年序子固孝謹至於訓勸益不保承鄉國之人疾其咎口謀將殺之翟西聞而懼歸以告子子未甚信既而翟西既殺謂多言之人爲踈露亦有辭

辰 小宋本作晨

端 十三行本作常

約而不密者謂輕佻之人爲不定亦有體閒而心
躁者謂叢㯳之人爲猥細亦有外潔而内濁者若
類而引之不可殫載若非徹識安能洞祥有不可
以應事也者内靜而外動其動而難靜時有不可
求事也者内思而外待待至而後樂是故外靜而
内動者搖思而損性奔走而逐利者勞力而害名
人生於代或有事不遂志而宣言云不遇時者是
死異負丹頸之罪俟時行戮豈不殆哉其有博才
通識未見稱用者正可云時非不清命未與耳豈
不避與長於諫者務依存前人之性而剪制其情

之所由起是以彼此開進親敬殷篤不長於諫者務攻前人之性而闇於情之所來是以彼此嫌貳猜疊日積兒童之所簡者乃耆耋之所非耳目之所娛者乃心慮之所疾徒責天下之愚者已之未賢也徒責天下之迷者已之未明也以未賢責衆愚未賢者以之亡以未明責衆迷未明者以之傷

農道篇第八

人捨本而事末則不一令不一令則不可以守不可以戰人捨本而事末則其產約其產約則輕流徙輕流徙則國家時有災患皆生遠志無復居心

人忘本而事末則好智好智則多詐多詐則巧法令巧法令則以是爲非以非爲是古先聖主之所以理人者先務農農農業非徒爲地也貴其志也人農則樸樸則易用易用則邊境安安則主位尊人農則童童則少私義少私義則公法立力博深農則其產複其產複則重流散重流散則死其處无二慮是天下爲一心矣天下一心軒轅几邊之理不是過也古先聖王之所以茂耕織者以爲本教也是故天子躬率諸侯耕籍田大夫士第有功級勸人尊地產也后妃率嬪御繭於郊桑公田勸

人力婦教也男子不織而衣婦人不耕而食男女貿功資相爲業此聖王之制也故敬時愛日埒實課功非老不休非疾不息一人勤之十人食之當時之務不興土功不料師旅男不出御女不外嫁以方農黃帝曰四時之不正正五穀而已耳夫稼爲之者人也生之者天也養之者地也是以稼之容足耨之容耰耘之容手是謂耕道農攻食工攻器賈攻貨時事不龔敘之以土功是謂大凶凡稼蚤者先時暮者不及時寒暑不節稼乃生災冬至已後五旬爲七日而昌生於是乎始耕事農之道

見生而藝生見死而穫死天發時地產財不與人期有年祀土無年祀土無失人時迨時而作過時而止老弱之力可使盡起不知時者來至而逆之既往而慕之當其時而薄之此從事之下也人耨必以旱使地肥而土緩稼欲產於塵上而殖於堅者慎其種勿使數亦無使疏於其施土無使不足亦無使有餘畎欲深以端畝欲沃以平下得陰上得陽然後盛生吾苗有行故速長強弱不相害故速大正其行通其中疏為泠風則有收而多功率稼望之有餘就之則疏是地之竊也不除則蕪除

之則虛是事之傷也苗其弱也欲孤其長也欲相
與居其熟也欲相扶三以爲族稼乃多穀凡苗之
患不俱生而俱死是以先生者美米後生者爲粃
是故其耨也長其兄而去其弟樹肥無使扶疏樹
墝不欲專生而獨居肥而扶疏則多粃墝而獨居
則多死不知耨者去其兄而養其弟不收其粟而
收其粃上下不安則稼多死得時之禾長稠而大
穗圜粟而薄糠米粕而香舂而易而食之强失時
之禾深芒而小莖穗銳多粃而青零得時之黍穗
不芒以長搏米而寡糠失時之黍大本華莖葉膏

何粲亢倉子注云稠當作稠

短穗得時之稻莖葆長秱穗如馬尾失時之稻纖
莖而不滋厚糠而菑死得時之麻疎節而色陽堅
枲而小本失時之麻蕃柯短莖岸節而葉蟲得時
之菽長莖而短長其莢二七以爲族多枝數節競
葉繁實稱之重食之息失時之菽以長而蔓浮葉
虛本疎節而小莢得時之麥長秱而頸族二七以
爲行薄翼而薜色食之使人肥且有力失時之麥
胕腫多病弱苗而翠穗是故得時之稼豐失時之
稼約庛穀盡宜從而食之使人四衛變强耳目聰
明凶氣不入身無苛殃善乎孔生之言冬飽則身

溫夏飽則身凉夫溫凉時適則人無病疹人無病疹是疫癘不行疫癘不行咸得遂其天年故曰穀者人之天是以興王務農王不務農是棄人也王而棄人將何國哉

兵道篇第九

秦景王將跻強兵於天下使庶長鮑戎必致命亢倉子待以壤邑十二周賔迫之亢倉子至自滎泉賔于上館景主三日弗得所問下席北首頓珪曰天果無意恤孤邪亢倉子油然虧眙曰朕以主爲異之問而寧弊弊焉以斫刺爲故抑者隨其所而

得正者無如可矣景主一拜再舉歛黼袵端珪抑首而坐曰實惟天所命元倉子仰榱而嘘俯正顔色曰原兵之所起與始有人俱夫兵也者出人之威也人之有威性受於天故兵之所自來上矣嘗無少選之不用貴賤長少賢愚相與察同兵之兆在心懷恚而未發兵也疾視作色兵也傲言推捘兵也侈鬬攻戰兵也此四者鴻細之爭也未有蚩尤之時人實揭林木以鬬矣黄帝用水火矣共工稱亂矣五帝相與爭矣一興一廢勝者用事夫有以用藥而死者欲禁天下之醫非也有以藥舟而

死者欲禁天下之船非也有以用兵而喪其國者
欲禁天下之兵非也夫兵之不可廢譬水火焉善
用之則爲福不善用之則爲禍是故怒笞不可偃
於家刑罰不可偃於國征伐不可偃於天下古之
聖王有義兵而無偃兵兵誠義以誅暴君而振若
人人之悅也若孝子之見慈親餓隸之遇美食號
呼而走若强弩之射深谷也勝負之決勿衡於他
必反人情人之情欲生而惡死欲榮而惡辱死生
榮辱之道一則三軍之士可使一心矣凡軍欲其
衆也心欲其一也三軍一心則令可施無敵人古

之至兵蓋重令也故其令强者其敵弱其令信者其敵詘先勝之於此則勝之與彼誠若此則敵與足勝也凡敵人之來也以求利也今來而得死且以走爲利則刃無所與接矣此之謂至兵傲虐姦詐之與義理反也其勢不俱勝不相立故義兵入於敵之境則人知所庇矣兵至於國邑之郊不踐果稼不穴丘墓不殘積聚不焚室屋得人虜虛而歸之但與人期以敘敵貲以章好惡以示逆順若此而猶有愎狠凌宕不聽者雖行武焉可也先發聲出號令曰兵之來也以除人之讎以順天之道

故魁其國不屠其人獨誅所誅而已於是舉選秀
士賢良而尊封之求見孤疾長老而拯敬之發府
庫之財散倉廩之秩不私其物曲加其禮今有人
於此能生死人一人則天下之人爭事之矣義兵
之生一人亦多矣人孰不悅故義兵至則鄰之人
歸之若流水諸國之人望之如父母行地滋遠得
人滋衆辭未終景主興起首曰孤獲聞先生教言
不覺氣盈宇宙志知所如也而心滋益龍於是步
前稱觴爲亢倉子壽拜居首列師位嚴于
月涉旬辰加天關白晝行道

何𤍐注人下尚有生字

主小宋本作王

亢倉子一卷

周·庚桑楚撰　傅增湘批校

明刊《十子》本

一本作杓

亢倉子

全道篇第一

亢倉子居羽山之頽三年俗無疵癘而仍穀熟其俗竊相謂曰亢倉子之始來吾鮮然異之今吾日計之不足歲計之有餘其或聖者邪盍相與尸而祝之社而稷之乎亢倉子聞之色有不釋其徒黶啜從而啓之亢倉子曰吾聞至人尸居環堵之室而百姓猖狂不知其所如往今以羽俗父子竊竊焉將俎豆予我其的之人邪吾是以不釋於老耼之言黶啜曰不者夫尋常之汙巨魚無所還其體

一本顯

而鯢鰌爲之制步仞之丘巨獸無所隱其軀而蘖
狐爲之祥且也尊賢事能嚮善就利自堯舜以固
然而況羽俗乎先生其聽矣亢倉子曰譆來夫二
子者知乎函車之獸介而離山罔罟制之吞舟之
魚蕩而失水螻蟻苦之故鳥獸居欲其高魚鼈居
欲其深夫全其形生之人藏其身也亦不厭深眇
而已吾語若大亂之本禱乎堯舜之間其終存乎
千代之後必有人與相食者矣言未終南子榮之
樗色蹙然膝席曰樗年運而長矣將奚以託業以
事斯言亢倉子曰全汝形抱汝生无悖汝思慮營

營若此緒年或可以及此言雖然吾才小不足以
化子子胡不南謁吾師聃亢倉子既謝榮之檴不
釋羽俗而龍已乎天下水之性清土者抇之故不
得清人之性壽物者抇之故不得壽物也者所以
養性也今代之惑者多以性養物則不知輕重也
是故聖人之於聲色滋味也利於性則取之害於
性則捐之此全性之道也萬人操弓共射一招招
無不中萬物章章以害一生生无不傷故聖人之
制萬物也全其天也天全則神全矣神全之人不
慮而通不謀而當精照无外志凝宇宙德若天地

然上爲天子而不驕下爲匹夫而不惛此之謂全道之人心平正不爲外物所誘曰清清而能久則明明而能久則虛虛則道全而居之秦佚死亢倉子哭之其役曰天下皆死先生何哭爲也亢倉子曰天下皆哭安得不哭其役曰哭者必哀而先生未始哀何也亢倉子曰舉天之下吾无與樂安所取哀蜕地之謂水蜕水之謂氣蜕氣之謂虛蜕虛之謂道虛者道之體靖者道之地理者道之綱識者道之目道所以保神德所以宏量禮所以齊物物所以養體好質白之物者以黑爲汚好質黑之

物者以白爲汚吾又安知天下之正潔汚哉由是不主物之潔汚者矣夫瞀視者以黈爲赤以蒼爲玄吾乃今所謂皂白安知識者不以爲頳黃吾又安知天下之正色哉由是不遁物之色矣夫好貨甚者不見他物之可好好馬甚者不見他物之可好好書甚者不見他物之可好吾又安知天下之果可好者果可惡者哉由是不見物之可以保戀矣死能滑吾眞矣陳懷君柳使其大夫禱行聘於魯叔孫卿私曰吾國有聖人若知之乎陳大夫曰奚以果明其聖叔孫卿曰能廢心而用形陳大夫

一本作孰如是

曰弊邑則小亦有聖人異於所聞曰聖人謂誰陳大夫曰有亢倉子者偏得老聃之道其能用耳視目聽定公聞而異焉使叔孫氏報聘且致亢倉子待以上卿之禮亢倉子至賓于亞寢魯公卑辭以問之亢倉子曰吾能視聽不用耳目非能易耳目之所用告者過也公曰孰知是寡人增異矣其道若何寡人果願聞之亢倉子曰我體合於心心合於氣氣合於神神合於无其有介然之有唯然之音雖遠際八荒之表邇在眉睫之內來干我者吾必盡知之乃不知為是我七竅手足之所覺六腑

五臟心慮之所知其自知而已矣、

用道篇第二

天不可信地不可信人不可信心不可信惟道可信賢主秀士豈知哉昔者桀信天與其禮四海已不勤於道天奪其國以授殷紂亦信天與其禮四海已不龔於道天奪其國以授周今夫惰農信地實生百穀不力於其道地竊其菓稼而荒翳之齊后信人之性酬讓不明於其道舉全境以付人人實鴟義而有其國凡人不修其道隨其心而師之營欲茂滋災疾朋釁戕身損壽心斯害之矣故曰

惟道可信天地非道不能悠久蒼生非賢不能靖
順庶政非才不能和理夫用道之人不露其用福
滋萬物功歸无有神融業茂靈慶悠長知而辨之
謂之識知而不辨謂之道識以理人道以安人夫
雞晨而作負日任勞流汗灑地夜分僅息農夫之
道也俯拾仰取銳意錐撮力思搏精希求利潤賈
豎之道也嚥氣谷神宰思損慮超遙輕舉日精鍊
仙高士之道也剸情端想畢志所事倫揆忘寢謀
效位司人臣之道也清心省念察驗近習務求賢
良以安萬姓人主之道也若由是類之各順防其

志度不替塞其業覆是謂天下有道導筋骨則形全剪情欲則神全靖言語則福全克保三全是謂清賢道德順則鬼神助信義敦則君子全禮義備則小人懷有識者自是無識者亦自是有道者靜默闇鈍者亦靜默物固有似是而非似非而是先號後笑始吉終凶身可親而才不可親才可敬而身不堪敬敬甚則不親親甚則不敬親之而疎疎之而親恩甚則怨生愛多則憎至有以速爲貴有以緩爲貴有以直爲貴有以曲爲貴百事之宜其由甚微不可不知是故智者難之靜則神通窮則

卷一止

卷二起

意通，貴則語通，富則身通，理勢使然。同道者相愛，同藝者相嫉，人情自然也。多才而好謙，貧賤而不諂，處勞而不爲辱，富貴而恭勤，可謂有德者也。

政道篇第三

人无法以知天，以四時寒暑日月星辰之所行知天，若四時寒暑日月星辰之所行當，則諸生血氣之類皆得其處而安其産矣。人臣亦无法以知主，以主之賞罰爵祿之所加知主，若主之賞罰爵祿之所加宜，則親疏遠近賢不肖者皆盡其力而以爲用矣。信全則天下安，信失則天下危。夫百姓勤勞則物殫盡則爭害之心生而不相信矣人不相信由政之不平也政之不平吏之辠也吏之有辠刑賞不齊也刑賞不齊主不勤明也夫主勤明則刑賞一刑賞一則吏奉法吏奉法則政下宣政下宣則人人得其所而交相信矣是知天下不相信者由主不勤明也亢倉子居息壤五年秦靈王使祭公致籠帛與紉璐曰余末小子否德忝位水旱不時藉爲人君何以禳之亢倉子曰水陰沴也陰於國政類刑人事類私旱陽過也陽於國政類德人事類盈楚以爲凡遭水旱天子宜正刑脩德百官

一本作驚

宜去私飛盈，則以類而消，百福日至矣。鄭有胡之封珪戎弓，異時，失同於荆。荆曰：必得封珪戎弓，不然，臨兵于汝。鄭君病之，駕見亢倉子曰：封珪戎弓，先君得之于胡，綿代功寶，傳章翼嗣，今荆侍大而曰必得，不然臨兵，國危矣。寡人欲以他封珪戎弓往，若之何？亢倉子曰：君其少安，今是楚亦有寶於此，飾楚之寶以貫罪於君，楚所不能。君必致夫真，今荆以淺鮮之過而負其威刑，申逞不直以耗彼與國，荆失諸侯於是乎在。諸侯聞之，將警勸備倫，比勤明會同，上義固存，鄭其爲首，君姑待之，豈必

非禍於是以胡珪戎弓往未至郢荆人聞之曰彼
用聖人之訓辭吾焉取此以暴不直於天下而令
諸侯實生心焉遽反其賂而益善焉人之情欲生
而惡死欲安而惡危欲榮而惡辱天下之人得其
欲則樂樂則安不得其欲則苦苦則危若人主放
其欲則百吏庾長具展其欲百吏庾長具展其欲
則天下之人貧者竭其力富者竭其財四人失其
序皆不得其欲矣天下之人不得其欲則相與提
攜保抱逋逃隱蔽漂流捃采以祈性命吏又從而
捕之是故不勝其危苦因有群聚背叛之心生則

國非其國也勿貪戶口百姓汝走多壯城池百姓汝疲賦斂不中窮者日窮刑罰且貳貳者日貳科禁大行國則以傾官吏非才則寬猛失所寬與百姓爭利則狡詐之心生所以天下姦而難知天下難知則上人疑上人疑則下益惑下既惑則官長勞官長勞則賞不足勸刑不能禁易動而難靖此由官不得人故也政術至要力於審士士有才行比於一鄉委之鄉才行比於一縣委之縣才行比於一州委之州才行比於一國委之國政而後廼能死伏士矣人有惡戾於鄉者則誨之不改是爲

惡戾於縣則撻之不改是爲惡戾於國則誅之廼能无復逆節矣誠如是舉天下之人一一畏懷無有干慴謟慢之萌矣此之謂靖人凡爲天下之務莫大求士士之待來莫善通政通政之善莫若靖人靖人之才蓋以文章考之百無四五以言論考之十或一二以神器靖作態度考之十全八九是皆賢王慶代明識裁擇所能爾也王天下者若以文章取士則翦巧綺繿益至而正雅素實益藏矣以言論取士則浮掞游飾益來而蹇諤諄直益晦矣以神氣靖作態度取士則外正內邪益尊而清

一本作順

脩明實益隱矣若然者賢愈到政愈僻令愈勤人愈亂矣夫天下至大器也帝王至重位也得士則靖失士則亂故人主勞於求賢逸於任使嗚呼守國䘮人者其胡可以不試於士乎人情失宜主所深恤失宜之大莫痛刑獄夫明達之才將欲聽訟或誘之以詐或脅之以威或開之以情或苦之以戮雖作設權輿而必也公平故使天下之人生無所於德死無所於怨夫秉國建吏持刑若此可謂至官至官之代群情和正諸產咸宜愛敬交深上下條固不可搖蕩有類一家苟違領淩逆安得

動哉平王返正既宅天邑務求賢良等聞一善惆
豫連日左右侍僕累言大臣有賢異者如是踰歲
王曰余一人于德不明務求賢異益恐山澤遺逸
不舉豈樂聞善以自閉塞哉廼者仄媚僕臣累譽
權任頗階左右意余孱昧无能斷明徒唯共和依
違浸長自賢敗德莫此爲多不時匡過就茲固黨
於是棄左右近習三人於市貶庶司尹長五人曰
無令人臣附下罔上持祿阿意天下聞之稱爲齊
明海南之西歸者七國至理之代輿服純素憲令
寬簡禁網疎闊夫輿服純素則人不勝羨憲令寬

簡則俗无忌諱禁網踈濶則易避難犯若人不勝羨則嗜欲希微而服役樂業矣俗无忌諱則抑閑開舒而歡欣交通矣易避難犯則好惡分明而貴德知耻矣夫服役樂業之謂順歡欣交通之謂和貴德知耻之謂正浮墯之人不勝於順逆節之人不勝於和姦邪之人不勝於正順和正三者理國之宗也衰末之世輿服文巧憲令禳祈禁網頗僻夫輿服文巧則流相炎慕憲令禳祈則俗多忌諱禁網頗僻則莫知所逭若流相炎慕則人不忠潔而耻樸貴華矣俗多忌諱則情思不通而上下膠

戾矣莫知所道則譊𧫱繁興而衆不懼死矣夫耻樸貴華之謂浮上下膠戾之謂塞衆不懼死之謂冒真正之士不官於浮公直之士不官於塞器能之士不官於冒浮塞冒三者亂國之梯也荊君熊圉問水旱理亂亢倉子曰水旱由天理亂由人若人事和理雖有水旱旡能爲害堯湯是也故周之秩官云人强勝天若人事壞亂縱無水旱日益崩離且桀紂之滅豈惟水旱荊君北面遵循稽首曰天不棄不穀及此言也乃以弘璧十朋爲亢倉子壽拜爲亞尹曰庶吾國有瘳乎亢倉子不得巳中

宿微服違之他邦至理之代山無僞隱市無邪利
朝無倖祿國產問何由得人俗醇樸亢倉子曰政
煩苛則人姦僞政省一則人醇樸夫人俗隨國政
之方圓猶蠖屈之於葉也食黃則身黃食蒼則身
蒼曰何爲則人富亢倉子曰賦斂以時官上清約
則人富賦斂無節官上奢縱則人貧幼粤之幹鏃
以精金鷙隼爲之羽以之楛箠則其與槁樸也無
擇及夫蕩寇爭衡覿武決勝加之駭弩之上則三
百步之外不立敵矣蜚景之劒威奪白日氣盛紫
蜺以之刲穫則其與劚刃也無擇及夫凶邪流毒

沸渭不靖加之運掌之上則千里之内不留行矣夫材有分而用有當所貴善因時而已耳昔者明王聖帝天下和平萬物茂暢群性得極善因時而勿擾者也近古以來天下姦邪者衆正直者寡輕薄趨利者多敦方退靜者鮮姦者出言尊於忠言遂使天下之人交相疑害悲夫作法貴於易避而難犯救弊貴於省事而一令除去豪横則官人不敢務私利官人不敢務私利而百姓富史刑曰青災肆赦赦不欲數赦數則惡者得計平人生心而賢良否塞矣人有大爲賊害官吏捕獲因廣條引

卷二止

誣陷貞良淵遠牽率冀雅時序卒蒙赦宥遇賊害者訖無所快自毒而已由是平人遮生黠計吏勞政酷莫能鎮止此由數赦之過也夫人之所以惡爲無道不善者爲其有罰也所以勉爲有道行義者爲其有賞也今無道不義者赦之而有道行義者被姦而不賞欲人之就善也不亦難乎代有賢主秀士肯察此論人怨者非不接人也神怒者非不事神也巧佞甚人愈怨淫祀盛神愈怒

君道篇第四

始生之者天地養成之者人也能養天之所生而

物攖之謂之天子天子之動也以全天氣故此官之所以自立也立官者以全生也今代之惑主多官而反以害生則失所以為立之本矣草鬱則為腐樹鬱則為蠹人鬱則為病國鬱則百惡並起危亂不禁所謂國鬱者主德不下宣人欲不上達也是故聖王貴忠臣正士為其敢直言而決鬱塞也克己復禮賢良自至君耕后蠶蒼生自化由是言之則賢良正可待不可求求得非賢也蒼生正可化不可刑刑行非理也雖有為人主之勤无為人主之欲故天下各得濟其欲有為人主之位无

爲人主之心故天下各得肆其心士有天下人愛之而主不愛者有主獨愛之而天下人不愛者用天下人愛者則天下安用主獨愛者則天下危人主安可以自放其愛憎哉由是重天下者當制其情所謂天下者謂其有萬物也所謂有邦國者謂其有人衆也夫國以人爲本人安則國安故憂國之主務求理人之術玉之所以難辨者謂其有怪石也金之所以難辨者謂其有鍮石也今夫以隼翼而被之鶡視不明者正以爲隼明者視之乃鶡也今夫小人多誦經籍方書或學奇技通說而被

以青紫章服使愚者聽而視之正爲君子明者聽而視之乃小人也故人主誠明以言取人理也以才取人理也以行取人理也人主不明以言取人亂也以才取人亂也以行取人亂也夫聖人之用人也貴耳不聞之功目不見之功口不可道之功而百姓暢然自理矣若人主貴耳聞之功則天下之人運貨逐利而市譽矣貴目見之功則天下之人恢形異藝而爭進矣貴可道之功則天下之人習舌調吻而飾辭矣使天下之人市譽爭進飾辭見達則政敗矣人主皆知鏡之明已也而惡士之

明已也鏡之明已也功細士之明已也功大知其細失其大不知類矣於呼人主清心省事人臣恭儉守職太平立致矣而代主或難之吾所不知也若人主方寸之地不明不斷則天地之宜四海之内動植萬類咸失其道矣以耳目取人者官多而政亂以心慮取人者官小而政清是知循理之代務求不可見不可聞之材浇危之代務取可聞可見之材於乎人主豈知哉以耳目取人人皆數敘以買譽以心慮取人人皆靜正以勤德吏靜正以勤德則不言而自化吏數敘以買譽則刑之而不

畏代主豈不知哉

臣道篇第五

夫國之將興也朝廷百吏或短或長或醜或美或怡或厲或是或非雖聽其言觀其貌有似不同然察其志徵其心盡於爲國所以剛訐不從黜退不愕議得其中无違乎理故天不惑其時地不乏其利人不亂其事鬼神開賓蠻夷柔同保合太和萬物化育國之將亡也朝廷百吏姿貌多美頰色諧和詞氣華柔動止詳潤雖觀其貌聽其言有若歡洽然察其志徵其心盡在競位所以閙竒則怪見

異必愕祖嫉相蒙遂喪其道故天告災時地生反物人作凶德鬼神間禍戎狄交侵喪亂弘多萬物不化夫不如人力不損官吏而功成政立下阜百姓上滋主德如此者忠賢之臣也若費財煩人危官苟效一時功利規賞於主不顧過後貽災於國如此者姦臣也至理之代官得人不理之代人得官郗龍覸問事君亢倉子曰既榮死而臣人者也心莫若公貌莫若和言莫若正公不欲露和不欲雜正不欲犯古之清勤爲國修政今之清勤爲身修名夫爲國脩政者區處條制動得其宜合於大

體爲身脩名者區處條別致遠不通拘於小節是知心以道爲主抵物得其所心以事爲主抵物失其所臣居上位不諫下位不公不合贍其祿君不嚴敬大臣不彰信小臣不合官其朝有才者不必忠忠者不必有才臣不患不忠適恐盡忠而主莫之信不患不信適恐信之而莫能事事上等之人得其性則天下理中等之人得其性則天下亂明主用上等之人當委以權宜便事肆其所爲用中等之人則當程課其功示以賞罰

賢道篇第六

賢良所以屢求而不至難進而易退者非爲愛身
而不死王事適恐盡忠而主莫之信耳自知有才
識之人外恭謹而内无憂其於衆也和（龢）正而不狎
親之則彌莊踈之則退去而不懟窮厄則以命自
寛榮達則以道自止人有視其儀賢也聽其聲賢
徵神也（課）識或負所望夫賢人其見用也入則諷譽出
則龔默職司勤辨居室儉間其未見用也藏身於
終藏識於目藏言於口飽食安步獨善其善貞而
不懟智者不疑事（度）識者不疑人有識之士行危而
色不可踈言遜而理不可拔凡謂賢人不自稱賢

一本效在官天

效在官功在事事太平之時上士運其識中士竭
其耐小人輸其力齊有揞子者材可以振國行可
以獨立事父母孝謹鄉黨恭循念居貧無以爲養
施信義而遊者久之矣所如寡合或爲乘時夸毗
者所蚩紿於是負杖步足問乎亢倉子曰吾聞登
人忘情黎人不事情存情之背務其教訓而尊信
義吾乃不知爲工受不信爲信信而不見信爲信
爲勤慕義爲義然則信義之士常獨厄隨退胡以
取貴乎時而教理之所上也亢倉子俯而循衽仰
而譆超然歌曰時之陽兮信義昌時之黙兮信義

伏陽與默冒與伏汨吾無誰私兮羌忽不知其讀夫運正性以如適而物莫之應者眞不行也眞且不行謂之道喪道喪之時上士乃隱隱之爲義有可爲也莫可爲者也有可用也莫可用者也祭公閗賢材何從而不至亢倉子曰賢正可待不可求材憧在求不在無若天子靜大臣明刑不避貴澤不隔下則賢人自至而求用矣賢人用則四海之內明目而視清耳而聽坦心而無鬱矣天自成地自寧萬物醇化鬼神不能靈故曰賢正可待不可求若天子勤明大臣和理之求士也則恢弘方大

公直請人之材至若天子苛察大臣躁急之求士
也則曲心巧應毀方破道之材至若天子疑忌大
臣巧隨之求士也則奇姓異名夃媚怪術之材至
若天子自賢大臣固位之求士也則事文逐譽貪
濁浮麗之材至若天子依違大臣回佞之求士也
則內忠外僻情毒言和之材至故曰材愼在求不
在無昔者黃帝得常仙封鴻鬼容丘商王得伊尹
中興得甫申齊桓得甯籍皆由數君體道遵仁布
昭聖武思輯光明寬厚昌正而衆賢求用非爲簡
核而得也祭公曰夫子云賢人不求而自至亦有

非賢不求而自至者乎亢倉子曰夫非賢不求而自至者固衆矣夫天下有道則賢人不求而自至天下無道則非賢不求而自至人主有道者寡無道者衆天下賢人少不肖者多是知非賢不求而自至者多矣祭公曰賢固濟天下材亦能濟天下俱濟天下賢與材安取異邪亢倉子曰寋乎哉其問也功成事畢不殉封譽恭退樸儉之謂賢功成事畢榮在祿譽光揚志滿之謂材賢可以鎮國材亦可以理國所謂鎮者和寧無爲人不知其力所謂理者勤率其事人知所於德一賢統衆材則有

卷三止
卷四起

餘衆材度一賢猶不足如是賢材之殊域有居山林而諠者有在人俗而靜者有諠而正者有靜而邪者凡視察其貌鄙俗而能有賢者蓋不一視察其貌端雅而實小人者十而九夫不練其言而知其文不責其儀而審其度不采其譽而知其善不流其毀而斷其實可謂有識者也

訓道篇第七

閔子騫問仲尼道之與孝相去奚若仲尼曰道者自然之妙用孝者人道之至德夫其包運天地發育萬物曲成萬類不私其性壽其功至實而不爲物

府不為事官無爲功尸捫求視聽莫得而有字之曰道用之於人字之曰孝孝者善事父母之名也夫善事父母敬順爲本意以承之順承顏色無所不至發一言舉一意不敢忘父母營一手措一足不敢忘父母事君不敢忘忠朋友不敢不信臨下不敢不敬嚮善不敢不勤雖居獨室之中亦不敢懈其誠此之謂全孝故至誠之至通乎神明光于四海有感必應善事父母之所致也昔者虞舜其大孝矣庶母惑父屢懵害之舜心益恭懼而無怨謀使浚井下土實之于時天休震動神明駭赫導

穴而出奉養滋謹由是玄德茂盛爲天下君善事
父母之所致也文王之爲太子也其父老矣朝夕
必至乎寢門之外問寺人曰茲日安否如何曰安
太子慍(温)然喜色小不安節太子色憂滿容朝夕食
上太子必視(示)寒煖之節食下必知善羞所進然後
退寺人言疾太子肅冠而齋膳宰之饌必敬視(示)之
湯液之貢必親嘗之嘗饌善則太子亦能食嘗饌
寡太子亦不能飽以至于復初然後亦復初君后
有過怡聲以諷君后所愛雖小物必嚴龔是故孝
成於身道治(合)天下雅曰文王陟降在帝左右言文

王靜作進退天必贊之故紂不能害夢啓之壽卜世三十卜年七百天所命也善事父母之所致也閔子騫曰善事父母之道旣幸聞矣敢問教子之義仲尼曰凡三王教子必視禮樂樂所以修內禮所以修外禮樂交修則德容發輝于貌故能溫容而文明夫爲人臣者殺其身有益於君則爲之況利其身以善其君乎是故擇建忠良貞正之士爲之師傅欲知其父子君臣長幼之道夫知爲人子然後可以爲人父知爲人臣然後可以爲人君知事人然後能使人此三王教子之義也閔子騫退

一本作壯

而事之於家三年人無間於父母昆弟之言交遊稱其信鄉黨稱其仁宗族稱其弟德行之聲溢於天下此善事父母之所致也齊太子坐清臺之上燕莊侯他高冠嚴色左帶玉具劒右帶環珮左光照右右光照左太子讀書不視莊侯他問曰齊國有寶乎太子曰主信臣忠百姓戴上齊國之寶也莊侯他應聲解劒而去於乎人有偏蔽終身莫自知已矣賢者見之寬恕而不言小人暴愛而溢言親戚憐嫉而貳言人有偏蔽惡乎不自知哉是故君子檢身常若有過衣其衣食其食知其過而不

克有以正之者君子耻之將欲有言識其必不能
行者君子罕之當責衆人之惡者視巳善乎哉當
責衆人之邪者視巳正乎哉此之謂返明翟西氏
之子甚孝謹翟西憐其子而好躁妄之言翟西辰
出夕返則曰甲死矣其子信之既而甲在焉他夕
則曰乙且害予其子伺將行仇既而不見惡端他
夕則曰丁病矣其子覘之丁誠無恙舉此類也冒
淹年序子固孝謹至於訓勸益不保承鄉國之人
疾其咎口誅將殺之翟西聞而懼歸以告子子未
甚信既而翟西既殺謂多言之人爲跡露亦有辭

約而不密者謂輕佻之人爲不定亦有體閒而心躁者謂叢樸之人爲猥細亦有外潔而內濁者若類而引之不可彈載者非徹識安能洞祥有不可以應事也者內靜而外動其動而難靜時有不可求事也者內思而外待待至而後樂是故外靜而內動者搖思而損性奔走而逐利者勞力而害名人生於代或有事不遂志而宣言云不遇時者是死異負丹頸之罪俟時行戮豈不殆哉其有博才通識未見稱用者正可云時非不清命未與耳豈不韙歟長於諫者務依存前人之性而剪制其情

卷四止

之所由起是以彼此開進親敬殷篤不長於諫者務攻前人之性而闇於情之所來是以彼此嫌貳猜釁日積兒童之所簡者乃耆耋之所非耳目之所娛者乃心慮之所疾徒責天下之愚者已之未賢也徒責天下之迷者已之未明也以未賢責衆愚未賢者以之亡以未明責衆迷未明者以之傷

農道篇第八

人捨本而事末則不一令不一令則不可以守不可以戰人捨本而事末則其產約其產約則輕流徙輕流徙則國家時有災患皆生遠志無復居心

此下鈔補九葉

人忘本而事末則好智好智則多詐多詐則巧法
令巧法令則以是爲非以非爲是古先聖王之所
以理人者先務農農農業非徒爲地也貴其志也
人農則樸樸則易用易用則邊境安安則主位尊
人農則童童則少私義少私義則公法立力博深
農則其產複其產複則重流散重流散則死其處
无二慮是天下爲一心矣天下一心軒轅几遷之
理不是過也古先聖王之所以茂耕織者以爲本
教也是故天子躬率諸侯耕籍田大夫士第有功
級勸人尊地產也后妃率嬪御繭於郊桑公田勸

人力婦教也男子不織而衣婦人不耕而食男女
貿功資相爲業此聖王之制也故敬時愛日埒實
課功非老不休非疾不息一人勤之十人食之當
時之務不興土功不料師旅男不出御女不外嫁
以方農黄帝曰四時之不正正五穀而已耳夫稼
爲之者人也生之者天也養之者地也是以稼之
容足耨之容耰耘之容手是謂耕道農攻食工攻
器賈攻貨時事不襲敘之以土功是謂大凶凡稼
蚤者先時暮者不及時寒暑不節稼乃生災冬至
巳後五旬爲七日而昌生於是乎始耕事農之道

見生而藝生見死而穫死天發時地產財不與人期有年祀土無年祀土無失人時迨時而作過時而止老弱之力可使盡起不知時者來至而逆之旣往而慕之當其時而薄之此從事之下也人耨必以旱使地肥而土緩稼欲產於塵上而殖於堅者愼其種勿使數亦無使疏於其施土無使不足亦無使有餘畎欲深以端畝欲沃以平下得陰上得陽然後盛生吾苗有行故遬長强弱不相害故遬大正其行通其中疏爲泠風則有收而多功率稼望之有餘就之則疏是地之竊也不除則蕪除

之則虛是事之傷也苗其弱也欲孤其長也欲相
與居其熟也欲相扶三以為族稼乃多穀凡苗之
患不俱生而俱死是以先生者美米後生者為粃
是故其耨也長其兄而去其弟樹肥無使扶疏樹
墝不欲專生而獨居肥而扶疏則多粃墝而獨居
則多死不知耨者去其兄而養其弟不收其粟而
收其粃上下不安則稼多死得時之禾長稠而大
穗圜粟而薄糠米飴而香舂而易而食之強失時
之禾深芒而小莖穗銳多粃而青蘦得時之黍穗
不芒以長搏米而寡糠失時之黍大本華莖葉膏

短穗得時之稻莖葆長桐穗如馬尾失時之稻纖莖而不滋厚糠而菑死得時之麻疎節而色陽堅枲而小本失時之麻蕃柯短莖岸節而葉蟲得時之菽長莖而短長其莢二七以爲族多枝數節競葉繁實稱之重食之息失時之菽以長而蔓浮葉虛本疎節而小莢得時之麥長桐而頸族二七以爲行薄翼而薾色食之使人肥且有力失時之麥胕腫多病弱苗而翜穗是故得時之稼豐失時之稼約庛穀盡宜從而食之使人四衛變强耳目聰明凶氣不入身無苛殃善乎孔生之言冬飽則身

溫夏飽則身涼夫溫涼時適則人無病疹人無病疹是疫癘不行疫癘不行咸得遂其天年故曰穀者人之天是以興王務農王不務農是棄人也王而棄人將何國哉

兵道篇第九

秦景王將賑強兵於天下使庶長鮑戎必致命亢倉子待以壤邑十二周實迫之亢倉子至自滎泉賓于上館景主三日弗得所問下席北首頓珪曰天果無意恤孤邪亢倉子油然歔欷曰朕以主爲異之問而寧弊弊焉以所刺爲故抑者隨其所而

得正者無如可矣景主一拜再舉歛黼衽端珪抑首而坐曰實惟天所命亢倉子仰榱而噓俯正顔色曰原兵之所起與始有人俱夫兵也者出人之威也人之有威性受於天故兵之所自來上矣嘗無少選之不用貴賤長少賢愚相與祭同兵之兆在心懷恚而未發兵也疾視作色兵也傲言推捘兵也侈鬭攻戰兵也此四者鴻細之爭也未有蚩尤之時人實揭材木以鬭矣黄帝用水火矣共工稱亂矣五帝相與爭矣一興一廢勝者用事夫有以用藥而死者欲禁天下之醫非也有以乘舟而

死者欲禁天下之船非也有以用兵而喪其國者欲禁天下之兵非也夫兵之不可廢譬水火焉善用之則爲福不善用之則爲禍是故怒笞不可偃於家刑罰不可偃於國征伐不可偃於天下古之聖王有義兵而無偃兵兵誠義以誅暴君而振若人人之悅也若孝子之見慈親餓隸之遇美食號呼而走若强弩之射深谷也勝負之決勿衛於他必反人情人之情欲生而惡死欲榮而惡辱死生榮辱之道一則三軍之士可使一心矣凡軍欲其衆也心欲其一也三軍一心則令可使無敵人古

之至兵蓋重令也故其令强者其敵弱其令信者自
其敵詘先勝之於此則勝之與彼誠若此則敵胡
足勝也凡敵人之來也以求利也今來而得死且
以走爲利則刃無所與接矣此之謂至兵儆虐姦
詐之與義理反也其勢不俱勝不相立故義兵入
於敵之境則人知所庇矣兵至於國邑之郊不踐
果稼不穴丘墓不殘積聚不焚室屋得人虜而
歸之但與人期以效敵資以章好惡以示逆順若
此而猶有愎狠凌宕不聽者雖行武焉可也先發
聲出號令曰兵之來也以除人之讎以順天之道

故尅其國不屠其人獨誅所誅而已於是舉選秀
士賢良而尊崇之求見孤疾長老而拯敬之發府
庫之財散倉廩之秩不私其物曲加其禮今有人
於此能生死人一人則天下之人爭事之爲義兵
之生一人亦多矣人孰不悅故義兵至則鄰之人
歸之若流水諸國之人望之如父母行地滋遠得
人滋衆辭未終景主興起首曰孤獲聞先生教言
不覺氣盈宇宙志知所如也而心滋益龍於是步
前稱觴爲亢倉子壽拜居首列師位嚴于齋室又
月涉旬辰加天關白晝行道

亢倉子終

依瞿氏藏宋刊新雕洞靈真經校正文畢戊辰閏月廿七日沅州清泉吟社記

亢倉子一卷

周·庚桑楚撰

明刊本（十行十九字）

亢倉子

姓庚桑名楚周春秋時隱羽山脩道秦景王聘至庠居首列師位

全道篇第一

亢倉子居羽山之頽三年俗無疵癘而仍穀熟其俗竊相謂曰亢倉子之始來吾鮮然異之今吾日計之不足歲計之有餘其或聖者邪盍相與尸而祝之社而稷之乎亢倉子聞之色有不釋其徒贏啜從而啓之亢倉子曰吾聞至人尸居環堵之室而百姓猖狂不知其所如往今以羽俗父子竊竊焉將俎豆予我其的之人邪吾是以不釋於老聃之言贏啜曰不者夫尋常之汙巨魚無所還其體

而鯢鰌爲之制步仞之丘巨獸無所隱其軀而孽狐爲之祥且也尊賢事能嚮善就利自堯舜以固然而況羽俗乎先生其聽矣亢倉子曰譆來夫二子者知乎函車之獸介而離山罔罟制之吞舟之魚蕩而失水螻蟻苦之故鳥獸居欲其高魚鼈居欲其深夫全其形生之人藏其身也亦不厭深眇而已吾語若大亂之本禮乎堯舜之間其終存乎千代之後必有人與相食者矣言未終南子榮之樗色蹙然膝席曰樗年運而長矣將奚以託業以事斯言亢倉子曰全汝形抱汝生无惇汝思慮營

嘗若此緒年或可以及此言雖然吾才小不足以化子子胡不南謁吾師聃亢倉子旣謝榮之樗不釋羽俗而龍巳乎天下水之性清土者抇之故不得清人之性壽物者抇之故不得壽物也者所以養性也今代之惑者多以性養物則不知輕重也是故聖人之於聲色滋味也利於性則取之害於性則捐之此全性之道也萬人操弓共射一招招無不中萬物章章以害一生生无不傷故聖人之制萬物也全其天也天全則神全矣神全之人不慮而通不謀而當精照无外志凝宇宙德若天地

然上爲天子而不驕下爲匹夫而不惛此之謂全道之人心平正不爲外物所誘曰清清而能久則明明而能久則虛虛則道全而居之秦佚死亢倉子哭之其役曰天下皆死先生何哭爲也亢倉子曰天下皆哭安得不哭其役曰哭者必哀而先生未始哀何也亢倉子曰舉天之下吾无與樂安所取哀蛻地之謂水蛻水之謂氣蛻氣之謂虛蛻虛之謂道虛者道之體靖者道之地理者道之綱識者道之目道所以保神德所以宏量禮所以齊物物所以養體好質白之物者以黑爲污好質黑之

物者以白爲汚吾又安知天下之正潔汚哉由是
不主物之潔汚者矣夫瞽視者以黈爲赤以蒼爲
玄吾乃今所謂皂白安知識者不以爲頳黃吾又
安知天下之正色哉由是不遁物之色矣夫好貨
甚者不見他物之可好好馬甚者不見他物之可
好好書甚者不見他物之可好吾又安知天下之
果可好者果可惡者哉由是不見物之可以保戀
矣死能滑吾眞矣陳懷君柳使其大夫禱行聘於
魯叔孫卿私曰吾國有聖人若知之乎陳大夫曰
奚以果明其聖叔孫卿曰能廢心而用形陳大夫

曰弊邑則小亦有聖人異於所聞曰聖人謂誰陳
大夫曰有亢倉子者偏得老聃之道其能用耳視
目聽定公聞而異焉使叔孫氏報聘且致亢倉子
待以上卿之禮亢倉子至賓于亞寢魯公卑辭以
問之亢倉子曰吾能視聽不用耳目非能易耳目
之所用告者過也公曰孰知是寡人增異矣其道
若何寡人果願聞之亢倉子曰我體合於心心合
於氣氣合於神神合於无其有介然之有唯然之
音雖遠際八荒之表邇在眉睫之內來干我者吾
必盡知之乃不知爲是我七竅手足之所覺六腑

五臓心慮之所知其自知而已矣

用道篇第二

天不可信地不可信人不可信心不可信惟道可信賢聖秀士豈知哉昔者桀信天與其禮四海巳不勤於道天奪其國以授殷紂亦信天與其禮四海巳不襲於道天奪其國以授周今夫惰農信地實生百穀不力於其道地竊其菓稼而荒翳之齊后信人之性辭讓不明於其道舉全境以付人人實鴟義而有其國凡人不修其道隨其心而師之嘗欲茂滋災疾朋𦥑戕身損壽心斯害之矣故曰

惟道可信天地非道不能悠久蒼生非賢不能靖順庶政非才不能和理夫用道之人不露其用福滋萬物功歸无有神融業茂靈慶悠長知而辨之謂之識知而不辨謂之道識以理人道以安人夫雞晨而作負日任勞流汗灑地夜分僅息農夫之道也俯拾仰取銳意錐撮力思搏精希求利潤貫豎之道也嚥氣谷神宰思損慮超遥輕舉日精鍊仙高士之道也剸情端想畢志所事倫撰忘寢謀效位司人臣之道也清心省念察驗近習務求賢良以安萬姓人主之道也若由是類之各順防其

志度不替塞其業履是謂天下有道導筋骨則形全翦情欲則神全靖言語則福全克保三全是謂清賢道德順則鬼神助信義敦則君子全禮義備則小人懷有識者自是無識者亦自是有道者靜默闇鈍者亦靜默物固有似是而非似非而是先號後笑始吉終凶身可親而才不可親才可敬而身不堪敬敬甚則不親親甚則不敬親之而疎疎之而親恩甚則怨生愛多則憎至有以速爲貴有以緩爲貴有以直爲貴有以曲爲貴百事之宜其由甚微不可不知是故智者難之靜則神通窮則

意通貴則語通富則身通理勢使然同道者相愛同藝者相嫉人情自然也多才而好謙貧賤而不諂處勞而不爲辱富貴而恭勤可謂有德者也

政道篇第三

人无法以知天以四時寒暑日月星辰之所行知天若四時寒暑日月星辰之所行當則諸生血氣之類皆得其處而安其産矣人臣亦无法以知主以主之賞罰爵祿之所加知主若主之賞罰爵祿之所加宜則親䟽遠近賢不肖者皆盡其力而以爲用矣信全則天下安信失則天下危夫百姓勤

勞則物殫盡則爭害之心生而不相信矣人不相
信由政之不平也政之不平吏之辠也吏之有辠
刑賞不齊也刑賞不齊主不勤明也夫主勤明則
刑賞一刑賞一則吏奉法吏奉法則政下宣政下
宣則人人得其所而交相信矣是知天下不相信
者由主不勤明也亢倉子居息壤五年靈王使祭
公致篚帛與紉璐曰余末小子否德忝位水旱不
時藉爲人君何以禳之亢倉子曰水陰沴也陰於
國政類刑人事類私旱陽過也陽於國政類德人
事類盈楚以爲凡遭水旱天子宜正刑脩德百官

宜去私戒盈則以類而消百福日至矣鄭有胡之封珪戎弓異時失同於荆荆曰必得封珪戎弓不然臨兵于汝鄭君病之駕見亢倉子曰封珪戎弓先君得之于胡綿代功寶傳章翼嗣令荆侍大而曰必得不然臨兵國危矣寡人欲以他封珪戎弓往若之何亢倉子曰君其少安今是楚亦有寶於此飾楚之寶以貰罪於君楚所不能君必致夫真今荆以淺鮮之過而負其威刑中逞不直以耗敘與國荆失諸侯於是乎在諸侯聞之將警勸備倫比勤明會同上義固存鄭其爲首君姑待之豈必

非福於是以胡珪戎弓往未至郢荆人聞之曰彼用聖人之訓辭吾焉取此以暴不直於天下而令諸侯實生心焉遽反其賂而益善焉人之情欲生而惡死欲安而惡危欲榮而惡辱天下之人得其欲則樂樂則安不得其欲則苦苦則危若人主放其欲則百吏庶長具展其欲百吏庶長具展其欲則天下之人貧者竭其力富者竭其財四人失其序皆不得其欲矣天下之人不得其欲則相與提攜保抱逋逃隱蔽漂流捃采以祈性命吏又從而捕之是故不勝其危苦因有群聚背叛之心生則

國非其國也勿貪戶口百姓汝走多壯城池百姓
汝疲賦歛不中窮者日窮刑罰且貳匱者日匱科
禁大行國則以傾官吏非才則寬猛失所寘與百
姓爭利則狡詐之心生所以天下姦而難知天下
難知則上人疑上人疑則下益惑下既惑則官長
勞官長勞則賞不足勸刑不能禁易動而難靖此
由官不得人故也政術至要力於審士士有才行
比於一鄉委之鄉才行比於一縣委之縣才行比
於一州委之州才行比於一國委之國政而後迺
能无伏士矣人有惡戾於鄉者則誨之不改是爲

惡戾於縣則撻之不改是爲惡戾於國則誅之迺能无復逆節矣誠如是舉天下之人一一畏懷無有干愲謟慢之萌矣此之謂靖人凡爲天下之務莫大求士士之待來莫善通政通政之善莫若靖人靖人之才蓋以文章考之百無四五以言論考之十或一二以神器靖作態度考之十全八九是皆賢王慶代明識裁擇所能爾也王天下者若以文章取士則翦巧綺繿益至而正雅素實益藏矣以言論取士則浮掞游飾益來而謇諤諍亶益晦矣以神氣靖作態度取士則外正内邪益尊而清

脩明實益隱矣若然者賢愈到政愈僻令愈勤人愈亂矣夫天下至大器也帝王至重位也得士則靖失士則亂故人主勞於求賢逸於任使嗚呼守國聚人者其胡可以不事試於士乎人情失宜主所深恤失宜之大莫痛刑獄夫明達之才將欲聽訟或誘之以詐或脅之以威或開之以情或苦之以戮雖作設權異而必也公平故使天下之人生無所於德死無所於怨夫秉國建吏持刑若此可謂至官至官之代群情和正諸產咸宜愛敬交深上下條固不可搖蕩有類一家苟違領凌逆安得

動哉平王返正既宅天邑務求賢良等聞一善憪豫連日左右侍僕累言大臣有賢異者如是踰歲王曰余一人于德不明務求賢異益恐山澤遺逸不舉豈樂聞善以自閉塞哉廼者反媚僕臣累譽權任頗階左右意余孱昧无能斷明徒唯共和倭違浸長自賢敗德莫此爲多不時匡過就茲固黨於是棄左右近習三人於市貶庶司尹長五人曰無令人臣附下罔上持祿阿意天下聞之稱爲齊明海南之西歸者七國至理之代輿服純素憲令寬簡禁網疏濶夫輿服純素則人不勝羡憲令寬

簡則俗无忌諱禁網踈濶則易避難犯若人不勝
美則嗜欲希微而服役樂業矣俗无忌諱則抑閑
開舒而歡欣交通矣易避難犯則好惡分明而貴
德知耻矣夫服役樂業之謂順歡欣交通之謂和
貴德知耻之謂正浮墮之人不勝於順逆節之人
不勝於和姦邪之人不勝於正順和正三者理國
之宗也衰末之世輿服文巧憲令禳祈禁網頗僻
夫輿服文巧則流相炎慕憲令禳祈則俗多忌諱
禁網頗僻則莫知所遁若流相炎慕則人不忠絜
而耻樸貴華矣俗多忌諱則情思不通而上下膠

戾矣莫知所逭則讒慝繁興而衆不懼死矣夫耻樸貴華之謂浮上下膠戾之謂塞衆不懼死之謂冒眞正之士不官於浮公直之士不官於塞器能之士不官於冒浮塞冒三者亂國之梯也荆君熊圉問水旱理亂亢倉子曰水旱由天理亂由人若人事和理雖有水旱无能爲害堯湯是也故周之秩官云人强勝天若人事壞亂縱無水旱日益崩離且桀紂之滅豈惟水旱荆君北面遵循稽首曰天不棄不穀及此言也乃以弘璧十朋爲亢倉子壽拜爲亞尹曰康吾國有瘳乎亢倉子不得巳中

宿微服違之他邦至理之代山無僞隱市無邪利朝無佞祿國産問何由得人俗醇樸亢倉子曰政煩苛則人姦僞政省一則人醇樸夫人俗隨國政之方圓猶蠖屈之於葉也食黄則身黄食蒼則身蒼曰何爲則人富亢倉子曰賦斂以時官上清約則人富賦斂無節官上奢縱則人貧幼粤之簳鏃以精金鷙隼爲之羽以之棓箠則其與槁樸也無擇及夫蕩寇爭衡覿武決勝加之駮弩之上則三百步之外不立敵矣蜚景之劒威奪白日氣盛紫蜺以之刲穫則其與剛刃也無擇及夫凶邪流毒

沸渭不靖加之運掌之上則千里之內不留行矣夫材有分而用有當所貴善因時而巳耳昔者明王聖帝天下和平萬物茂暢群性得極善因時而勿擾者也近古以來天下姦邪者衆正直者寡輕薄趨利者多敦方退靜者鮮姦者出言等於忠言遂使天下之人交相疑害悲夫作法貴於易避而難犯救弊貴於省事而一令除去豪横則官人不敢務私利官人不敢務私利而百姓富史刑曰眚災肆赦赦不欲數赦數則惡者得計平人生心而賢良否塞矣人有大爲賊害官吏捕獲因廣條引

誣陷貞良淵遠牽率冀稚時序卒蒙赦宥遇賊害者訖無所快自毒而已由是平人遞生黠計吏勞政酷莫能鎮止此由數赦之過也夫人之所以惡爲無道不善者爲其有罰也所以勉爲有道行義者爲其有賞也今無道不義者赦之而有道行義者被妎而不賞欲人之就善也不亦難乎代有賢主秀士肯察此論人怨者非不接人也神怒者非不事神也巧佞甚人愈怨淫祀盛神愈怒

君道篇第四

始生之者天地養成之者人也能養天之所主而

物攖之謂之天子天子之動也以全天氣故此官之所以自立也立官者以全生也今代之惑主多官而反以害生則失所以爲立之本矣草鬱則爲腐樹鬱則爲蠹人鬱則爲病國鬱則百慝竝起危亂不禁所謂國鬱者主德不下宣人欲不上達也是故聖王貴忠臣正士爲其敢直言而决鬱塞也克己復禮賢良自至君耕后蚕蒼生自化由是言之則賢良正可待不可求求得非賢也蒼生正可化不可刑刑行非理也堯舜有爲人主之勤无爲人主之欲故天下各得濟其欲有爲人主之位无

爲人主之心故天下各得肆其心士有天下人愛之而主不愛者有主獨愛之而天下人不愛者用天下人愛者則天下安用主獨愛者則天下危人主安可以自放其愛憎哉由是重天下者當制其情所謂天下者謂其有萬物也所謂有邦國者謂其有人衆也夫國以人爲本人安則國安故憂國之主務求理人之術玉之所以難辨者謂其有怪石也金之所以難辨者謂其有鍮石也今夫以隼翼而被之鷄視不明者正以爲隼明者視之乃鷄也今夫小人多誦經籍方書或學奇技通説而被

以青紫章服使愚者聽而視之正爲君子明者聽而視之乃小人也故人主誠明以言取人理也以才取人理也以行取人理也人主不明以言取人亂也以才取人亂也以行取人亂也夫聖人之用人也貴耳不聞之功目不見之功口不可道之功而百姓暢然自理矣若人主貴耳聞之功則天下之人運貨逐利而市譽矣貴目見之功則天下之人恢形異藝而爭進矣貴可道之功則天下之人習舌調吻而飾辭矣使天下之人市譽爭進飾辭見達則政敗矣人主皆知鏡之明已也而惡士之

明已也鏡之明已也功細士之明已也功大知其
細失其大不知類矣於乎人主清心省事人臣恭
儉守職太平立致矣而代主或難之吾所不知也
若人主方寸之地不明不斷則无地之宜四海之
內動植萬類咸失其道矣以耳目取人者官多而
政亂以心慮取人者官小而政清是知循理之代
務求不可見不可聞之材澆危之代務取可聞可
見之材於乎人主豈知哉以耳目取人人皆數敘
以買譽以心慮取人人皆靜正以勤德吏靜正以
勤德則不言而自化吏數敘以買譽則刑之而不

畏代主豈不知哉

臣道篇第五

夫國之將興也朝廷百吏或短或長或醜或美或怡或厲或是或非雖聽其言觀其貌有似不同然察其志徵其心盡於爲國所以剛訐不惑黜退不愕議得其中无違乎理故天不惑其時地不乏其利人不亂其事鬼神開贊蠻夷柔同保合太和萬物化育國之將亡也朝廷百吏姿貌多美顔色諧和詞氣華柔動止詳潤雖觀其貌聽其言有若歡洽然察其志徵其心盡在競位所以聞奇則怪見

異必愕狙嫉相蒙遂喪其道故天告災時地生反物人作凶德鬼神間禍戎狄交侵喪亂弘多萬物不化夫不妎人力不損官吏而功成政立下阜百姓上滋主德如此者忠賢之臣也若費財煩人危官苟效一時功利規賞於主不顧過後貽災於國如此者姦臣也至理之代官得人不理之代人得官郗龍覘問事君亢倉子曰既榮死而臣人者也心莫若公貌莫若和言莫若正公不欲露和不欲雜正不欲犯古之清勤爲國修正今之清勤爲身修名夫爲國脩政者區處條别動得其宜合於大

體爲身脩名者區處條別致遠不通拘於小節是知心以道爲主抵物得其所心以事爲主抵物失其所臣居上位不諫下位不公不合贍其祿君不嚴敬大臣不彰信小臣不合官其朝有才者不必忠忠者不必有才臣不患不忠適恐盡忠而主莫之信不患不信適恐信之而莫能事事上等之人得其性則天下理中等之人得其性則天下亂明主用上等之人當委以權宜便事肆其所爲用中等之人則當程課其功示以賞罰

賢道篇第六

賢良所以屢求而不至難進而易退者非爲愛身而不死王事適恐盡忠而主莫之信耳自知有才識之人外恭謹而內无憂其於衆也和正而不狎親之則彌莊疎之則退去而不怨窮厄則以命自寬榮達則以道自止人有視其儀賢也聽其聲賢徵神識或負所望夫賢人其見用也入則諷譽出則龔默職司勤辨居室儉間其未見用也藏身於終藏識於目藏言於口飽食安步獨善其善貞而不怨智者不疑事識者不疑人有識之士行危而色不可疎言遜而理不可拔凡謂賢人不自稱賢

效在官功在事事太平之時上士運其識中士竭其耐小人輸其力齊有掊子者材可以振國行可以獨立事父母孝謹鄉黨恭循念居貧無以爲養施信義而遊者久之矣所如寡合或爲桀時夸毗者所嗤給於是負杖步足問乎亢倉子曰吾聞至人忘情黎人不事情存情之曹務其教訓而尊信義吾乃不知爲工受不信爲信信而不見信爲信爲勤慕義爲義然則信義之士常獨厄隨退胡以取貴乎時而教理之所上也亢倉子俯而循袵仰而譆超然歌曰時之陽兮信義昌時之黕兮信義

伏陽與默昌與伏汩吾無誰私兮羌忽不知其讀
夫運正性以如適而物莫之應者眞不行也眞且
不行謂之道喪道喪之時上士乃隱隱之爲義有
可爲也莫可爲者也有可用也莫可用者也祭公
問賢材何從而不至亢倉子曰賢正可待不可求
材愼在求不在無若天子靜大臣明刑不避貴澤
不隔下則賢人自至而求用矣賢人用則四海之
內明目而視清耳而聽坦心而無鬱矣天自成地
自寧萬物醇化鬼神不能靈故曰賢正可待不可
求若天子勤明大臣和理之求士也則恢弘方大

公直靖人之材至若天子苛察大臣躁急之求士也則曲心巧應毀方破道之材至若天子疑忌大臣巧隨之求士也則竒姓異名又媢怪術之材至若天子自賢大臣固位之求士也則事文遂譽貪濁浮麗之材至若天子依違大臣回佞之求士也則内忠外僻情毒言和之材至故曰材慎在求不在無昔者黃帝得常仙封鴻鬼容丘商王得伊尹中興得甫申齊桓得甯籍皆由數君體道邁仁布昭聖武思輯光明寛厚昌正而衆賢求用非爲簡核而得也祭公曰夫子云賢人不求而自至亦有

非賢不求而自至者乎亢倉子曰夫非賢不求而
自至者固衆矣夫天下有道則賢人不求而自至
天下無道則非賢不求而自至人主有道者寡無
道者衆天下賢人少不肖者多是知非賢不求而
自至者多矣祭公曰賢固濟天下材亦能濟天下
俱濟天下賢與材安取異邪亢倉子曰窘乎哉其
問也功成事畢不殉封譽恭退樸儉之謂賢功成
事畢榮在祿譽光揚志滿之謂材賢可以鎮國材
亦可以理國所謂鎮者和寧無為人不知其力所
謂理者勤率其事人知所於德一賢統衆材則有

餘衆材度一賢猶不足如是賢材之殊域有居山林而諠者有在人俗而靜者有諠而正者有靜而邪者凡視察其貌鄙俗而能有賢者萬不一視察其貌端雅而實小人者十而九夫不練其言而知其文不責其儀而審其度不采其譽而知其善不流其毀而斷其實可謂有識者也

訓道篇第七

閔子騫問仲尼道之與孝相去奚若仲尼曰道者自然之妙用孝者人道之至德夫其包運天地發育萬物曲成萬類不希性壽其功至實而不爲物

府不爲事官無爲功尸拥求視聽莫得而有字之曰道用之於人字之曰孝孝者善事父母之名也夫善事父母敬順爲本意以承之順承顔色無所不至發一言舉一意不敢忘父母營一手措一足不敢忘父母事君不敢忘忠朋友不敢不信臨下不敢不敬嚮善不敢不勤雖居獨室之中亦不敢懈其誠此之謂全孝故至誠之至通乎神明光于四海有感必應善事父母之所致也昔者虞舜其大孝矣庶母惑父屢憎害之舜心益恭懼而無怨謀使浚井下土實之于時天休震動神明駭赫導

穴而出奉養滋謹由是玄德茂盛爲天下君善事父母之所致也文王之爲太子也其大老矣朝夕必至乎寢門之外問寺人曰玆日安否如何曰安太子愠然喜色小不安節太子色憂滿容朝夕食上太子必視寒煖之節食下必知善羞所進然後退寺人言疾太子肅冠而齋膳宰之饌必敬視之湯液之貢必親嘗之嘗饌善則太子亦能食嘗饌寡太子亦不能飽以至于復初然後亦復初君后有過怡聲以諷君后所愛雖小物必嚴龔是故孝成於身道治天下雅曰文王陟降在帝左右言文

王靜作進退天必贊之故紂不能害夢啓之壽卜世三十卜年七百天所命也善事父母之所致也閔子騫曰善事父母之道旣幸聞矣敢問教子之義仲尼曰凡三王教子必視禮樂樂所以修內禮所以修外禮樂交修則德容發輝于貌故能溫容而文明夫爲人臣者殺其身有益於君則爲之況利其身以善其君乎是故擇建忠良貞正之士爲之師傅欲知其父子君臣長幼之道夫知爲人子然後可以爲人父知爲人臣然後可以爲人君知事人然後能使人此三王教子之義也閔子騫退

而事之於家三年人無間於父母昆弟之言交遊稱其信鄉黨稱其仁宗族稱其弟德行之聲溢於天下此善事父母之所致也齊太子坐清臺之上燕莊侯他高冠嚴色左帶玉具劒右帶環珮左光照右右光照左太子讀書不視莊侯他問曰齊國有寶乎太子曰主信臣忠百姓戴上齊國之寶也莊侯他應聲解劒而去於乎人有偏蔽終身莫自知已矣賢者見之寬恕而不言小人暴變而溢言親戚憐嫉而貳言人有偏蔽惡乎不自知哉是故君子檢身常若有過衣其衣食其食知其過而不

克有以正之者君子耻之將欲有言識其必不能行者君子罕之當責衆人之惡者視巳善乎哉當責衆人之邪者視巳正乎哉此之謂返明翟西氏之子甚孝謹翟西憐其子而好躁妄之言翟西辰出夕返則曰甲死矣其子信之既而甲在焉他夕則曰乙且害予其子伺將行仇既而不見惡端他夕則曰丁病矣其子覘之丁誠無恙舉此類也冒淹年序子固孝謹至於訓勤益不保承鄉國之人疾其咎口諜將殺之翟西聞而懼歸以告子子未甚信既而翟西既殺謂多言之人爲踈露亦有辭

約而不密者謂輕佻之人爲不定亦有體閑而心
躁者謂叢襍之人爲猥細亦有外潔而内濁者若
類而引之不可殫載若非徹識安能洞祥有不可
以應事也者内靜而外動其動而難靜時有不可
求事也者内思而外待待至而後樂是故外靜而
内動者揺思而損性奔走而逐利者勞力而害名
人生於代或有事不遂志而宣言云不遇時者是
旡異負丹頸之罪俟時行戮豈不殆哉其有博才
通識未見稱用者正可云時非不清命未與耳豈
不韙歟長於諫者務依存前人之性而剪制其情

之所由起是以彼此開進親敬殷篤不長於諫者務攻前人之性而闇於情之所來是以彼此嫌貳猜疊日積兒童之所簡者乃耆耋之所非耳目之所娛者乃心慮之所疾徤責天下之愚者已之未賢也徤責天下之迷者已之未明也以未賢責衆愚未賢者以之亡以未明責衆迷未明者以之傷

農道篇第八

人捨本而事末則不一令不一令則不可以守不可以戰人捨本而事末則其產約其產約則輕流徙輕流徙則國家時有災患皆生遠志無復居心

人忘本而事末則好智好智則多詐多詐則巧法令巧法令則以是爲非以非爲是古先聖主之所以理人者先務農農業非徒爲地也貴其志也人農則樸樸則易用易用則邊境安安則主位尊人農則童童則少私義少私義則公法立力博深農則其產複其產複則重流散重流散則死其處无二慮是天下爲一心矣天下一心軒轅氏遵之理不是過也古先聖王之所以茂耕織者以爲本教也是故天子躬率諸侯耕籍田大夫士第有功級勸人尊地產也后妃率嬪御綵於郊桑公田勸

人力婦教也男子不織而衣婦人不耕而食男女貿功資相爲業此聖王之制也故敬時愛日埒實課功非老不休非疾不息一人勤之十人食之當時之務不興土功不料師旅男不出御女不外嫁以方農黃帝曰四時之不正正五穀而已耳夫稼爲之者人也生之者天也養之者地也是以稼之容足耨之容耰耘之容手是謂耕道農攻食工攻器賈攻貨時事不龔敓之以土功是謂大凶凡稼蚤者先時暮者不及時寒暑不節稼乃生災冬至已後五旬爲七日而昌生於是乎始耕事農之道

見生而藝生見死而穫死天發時地産財不與人期有年祀土無年祀土無失人時迨時而作過時而止老弱之力可使盡起不知時者來至而逆之既往而慕之當其時而薄之此從事之下也人耨必以旱使地肥而土緩稼欲産於塵上而殖於堅者慎其種勿使數亦無使踈於其施土無使不足亦無使有餘畎欲深以端畝欲沃以平下得陰上得陽然後盛生吾苗有行故速長强弱不相害故速大正其行通其中踈爲冷風則有收而多功率稼望之有餘就之則踈是地之竊也不除則蕪除

之則虛是事之傷也苗其弱也欲孤其長也欲相
與居其熟也欲相扶三以爲族稼乃多穀凡苗之
患不俱生而俱死是以先生者美米後生者爲粃
是故其耨也長其兄而去其弟樹肥無使扶踈樹
墝不欲專生而獨居肥而扶踈則多粃墝而獨居
則多死不知耨者去其兄而養其弟不收其粟而
收其粃上下不安則稼多死得時之禾長稠而大
穗圜粟而薄糠米粘而香舂而易而食之强失時
之禾深芒而小莖穗銳多粃而青蕎得時之黍穗
不芒以長搏米而寡糠失時之黍大本華莖葉膏

短穗得時之稻莖葆長秱穗如馬尾失時之稻纖莖而不滋厚糠而菑死得時之麻疎節而色陽堅枲而小本失時之麻蕃柯短莖岸節而葉蟲得時之菽長莖而短長其莢二七以爲族多枝數節競葉繁實穪之重食之息失時之菽以長而蔓浮葉虛本疎節而小莢得時之麥長秱而頸族二七以爲行薄翼而䵗色食之使人肥且有力失時之麥胕腫多病弱苗而翜穗是故得時之稼豐失時之稼約庛穀盡宜從而食之使人四衛變強耳目聰明凶氣不入身無苛殃善乎孔生之言冬飽則身

溫夏飽則身涼夫溫涼時適則人無病疹人無病疹是疫癘不行疫癘不行咸得遂其天年故曰穀者人之天是以興王務農王不務農是棄人也王而棄人將何國哉

兵道篇第九

秦景王將眎強兵於天下使庶長鮑戎必致命亢倉子待以壤邑十二周實迫之亢倉子至自榮泉賓于上館景主三日弗得所問下席北首頓珪曰天果無意恤孤邪亢倉子油然歔欷曰朕以主為異之問而寧弊弊焉以斫刺為故抑者隨其所而

得正者無如可矣景主一拜再舉歛黼袵端珪抑首而坐曰實惟天所命亢倉子仰榱而噓俯正顏色曰原兵之所起與始有人俱夫兵也者出人之威也人之有威性受於天故兵之所自來上矣嘗無少選之不用貴賤長少賢愚相與察同兵之兆在心懷恚而未發兵也疾視作色兵也傲言推梭兵也侈鬬攻戰兵也此四者鴻細之爭也未有蚩尤之時人實揭材木以鬬矣黄帝用水火矣共工稱亂矣五帝相與爭矣一興一廢勝者用事夫有以用藥而死者欲禁天下之醫非也有以乘舟而

死者欲禁天下之船非也有以用兵而喪其國者欲禁天下之兵非也夫兵之不可廢譬水火焉善用之則爲福不善用之則爲禍是故怒笞不可偃於家刑罰不可偃於國征伐不可偃於天下古之聖王有義兵而無偃兵兵誠義以誅暴君而振若人人之悅也若孝子之見慈親餓隸之遇美食號呼而走若强弩之射深谷也勝負之决匆徵於他必反人情人之情欲生而惡死欲榮而惡辱死生榮辱之道一則三軍之士可使一心矣凡軍欲其衆也心欲其一也三軍一心則令可使無敵人古

之至兵蓋重令也故其令强者其敵弱其令信者
其敵詘先勝之於此則勝之與彼誠若此則敵胡
足勝也凡敵人之來也以求利也今來而得死且
以走爲利則刃無所與接矣此之謂至兵儌虐姦
詐之與義理反也其勢不俱勝不相立故義兵入
於敵之境則人知所庇矣兵至於國邑之郊不踐
果稼不穴丘墓不殘積聚不焚室屋得人虜而
歸之但與人期以敘敵資以章好惡以示逆順若
此而猶有愎狠凌宕不聽者雖行武焉可也先發
聲出號令曰兵之來也以除人之讎以順天之道

故尅其國不屠其人獨誅所誅而已於是舉選秀士賢良而尊封之求見孤疾長老而拯敬之發府庫之財散倉廩之秩不私其物曲加其禮令有人於此能生死人一人則天下之人爭事之矣義兵之生一人亦多矣人孰不悅故義兵至則鄰之人歸之若流水諸國之人望之如父母行地滋遠得人滋衆辭未終景主興起首曰孤獲聞先生教言不覺氣盈宇宙志知所如也而心滋益龔於是步前稱觴為亢倉子壽拜居首列師位嚴于齋室又月涉旬辰加天闢日晝行道

亢倉子終

亢倉子一卷

唐·王士元撰

清嘉慶十四年(1809)刊《墨海金壺》本

亢倉子

亢倉子提要

亢倉子一卷舊本題庚桑楚撰唐柳宗元嘗辨其僞晁公武讀書志曰案唐天寶元年詔號亢桑子爲洞靈眞經然求之不獲襄陽處士王士元謂莊子作庚桑子太史公列子作亢倉子其實一也取諸子文義類者補其亡今此書乃士元補亡者宗元不知其故而遽詆之可見其銳於譏議也今考新唐書藝文志載王士元亢倉子二卷所註與公武所言同則公武之說有據又考孟浩然集首有宣城王士元序自稱修亢倉子九篇又有天寶九載韋滔序亦稱宣城王士元藻思淸遠深鑒文理常游山水不在人間著亢倉子數篇傳之於代云云

與新唐書所言合則新唐書之說亦爲有據宋濂作諸子辨乃仍摘其以人易民以代易世斷爲唐人所爲亦未之考矣惟是庚桑楚居於畏壘僅見莊子而史記莊周列傳則云周爲書如畏壘亢倉子皆空言無事實則其人亦鴻濛雲將之流有無蓋未可定其書漢志隋志皆不著錄至於唐代何以無所依據憑虛漫求毋亦士元先有此本而出入禁中之方士如葉法善羅公遠者轉相煽惑預爲之地因而詔求歟觀士元自序稱天寶四載徵謁京邑適在書成之後是亦明證也劉恕通鑑外紀引封演之言曰王巨源採莊子庚桑楚篇義補葺分爲九篇云其先人於山中得古本奏上之敕付學士

詳議疑不實竟不施行今亢桑子三卷是也案此條封氏聞見記不載蓋今本乃殘闕之餘其以王士元爲王巨源以亢倉子爲亢桑子以二卷爲三卷則傳聞異詞也然則士元此書始猶僞稱古本後經勘驗知其不可以售欺乃自承爲補亡矣然士元本亦文士故其書雖雜剽老子莊子列子文子商君書呂氏春秋劉向說苑新序之詞而聯絡貫通亦殊亹亹有理致非他僞書之比其多作古文奇字與衞元嵩元包相類晁公武謂內不足者必假外飾頗中其病宋史藝文志別有亢倉子音一卷殆卽釋其奇字歟崇文總目作九篇晁陳諸家皆同宋志作二卷宋濂諸子辨則作五卷此本僅有一卷而篇數與崇文總目合蓋又明人所倂云

亢倉子

墨海金壺 子部

唐 王士元 撰

全道篇第一

亢倉子居羽山之顏三年俗無疵癘而仍穀熟其俗竊相謂曰亢倉子之始來吾鮮然異之今吾日計之不足歲計之有餘其或聖者耶盍相與尸而祝之社而稷之乎亢倉子聞之色有不釋其徒黶啜從而啓之亢倉子曰吾聞至人尸居環堵之室而百姓猖狂不知其所如往今以羽俗父子竊竊焉將俎豆予我其的之人邪吾是以不釋於老聃之言黶啜曰不耆夫尋常之汙巨魚無所還其體而鯢鰌爲之制步仞之邱巨獸無所隱其軀而孽狐爲之祥且也尊賢事能鬻善就

利自堯舜以固然而況羽俗乎先生其聽矣亢倉子曰譆來夫二子者知乎函車之獸介而離山罔罟制之吞舟之魚蕩而失水螻蟻苦之故鳥獸居欲其高魚鼈居欲其深夫全其形生之人藏其身也亦不厭深眇而已吾語若大亂之本處乎堯舜之間其終存乎千代之後必有人與相食者矣言未終南子榮之榑色蹵然膝席曰榑年運而長矣將奚以託業以事斯言亢倉子曰全汝形抱汝生無使汝思慮營營若此緒年或可以及此言雖然吾才小不足以化子子胡不南謁吾師聃亢倉子既謝榮之榑不釋羽俗而龍已乎天下水之性清土者滑之故不得清人之性壽物者滑之故不得壽物也者所以養性也今世之惑者多以性養物則不知輕重也

是故聖人之於聲色滋味也利於性則取之害於性則捐之此全性之道也萬人操弓共射一招招無不中萬物章章以害一生生無不傷故聖人之制萬物也全其天也天全則神全矣神全之人不慮而通不謀而當精照無外志凝宇宙德若天地然上爲天子而不驕下爲匹夫而不惛此之謂全道之人心平正不爲外物所誘曰清清而能久則明明而能久則虛虛則道全而居之秦佚死亢倉子哭之其役曰天下皆死先生何哭爲也亢倉子曰天下皆哭安得不哭其役曰哭者必哀而先生未始哀何也亢倉子曰舉天之下吾無與樂安所取哀蜺地之謂水蜺水之謂氣蜺氣之謂虛蜺虛之謂道虛者道之體靖者道之地理者道之綱識者道之目道所

以保神德所以宏量禮所以齊儀物所以養體好質白之物者以黑爲汚好質黑之物者以白爲汚吾又安知天下之正潔汚哉由是不主物之潔汚者矣夫瞀視者以黈爲赤以蒼爲元吾乃今所謂皂白安知識者不以爲頳黃吾又安知天下之正色哉由是不遁物之色矣夫好貨甚者不見他物之可好好馬甚者不見他物之可好好書甚者不見他物之可好吾又安知天下之果可好者果可惡者哉由是不見物之可以保戀矣無能滑吾眞矣陳懷君柳使其大夫禱行聘於魯叔孫卿私曰吾國有聖人若知之乎陳大夫曰奚以果明其聖叔孫卿曰能廢心而用形陳大夫曰弊邑則小亦有聖人異於所聞曰聖人謂誰陳大夫曰有亢倉子者徧得老聃

之道其能用耳視目聽定公聞而異焉使叔孫氏報聘且致亢倉子待以上卿之禮亢倉子至賓于亞寢魯公卑辭以問之亢倉子曰吾能視聽不用耳目非能易耳目之所用告者過也公曰孰如是寡人增異矣其道若何寡人果願聞之亢倉子曰我體合於心心合於氣氣合於神神合於無其有介然之有唯然之音雖遠際八荒之表邇在眉睫之內來于我者吾必盡知之乃不知爲是我七竅手足之所覺六腑五臟心慮之所知其自知而已矣

用道篇第二

天不可信地不可信人不可信心不可信惟道可信賢主秀士豈知哉昔者桀信天與其禮四海已不勤於道天奪其國

以授殷紂亦信天與其禮四海已不龔於道天奪其國以授周今夫惰農信地實生百穀不力於其道地竊其果稼而荒翳之齊后信人之性酧讓不明於其道舉全境以付人人實鴟義而有其國凡人不修其道隨其心而師之營欲茂滋災疾朋豐戕身損壽心斯害之矣故曰惟道可信天地非道不能悠久蒼生非賢不能靖順庶政非才不能釐理夫用道之人不露其用福滋萬物功歸無有神融業茂靈慶悠長知而辨之謂之識知而不辨謂之道識以理人道以安人夫雞晨而作負日任勞流汗灑地夜分僅息農夫之道也俯拾仰取銳意錐撮力思搏精希求利潤賈豎之道也嚥氣谷神宰思損慮超遥輕舉日精鍊仙高士之道也剸情端想畢志所事

倫揆忘寢謀效位司人臣之道也清心省念察驗近習務求賢良以安萬姓人主之道也若由是類之各順序其志度不潛塞其業履是謂天下有道導筋骨則形全翦情欲則神全靖言語則福全克保三全是謂清賢道德順則鬼神助信義敦則君子合禮義備則小人懷有識者自是無識者亦自是有道者靜默闇鈍者亦靜默物固有似是而非似非而是先號後笑始吉終凶身可親而才不可親才可敬而身不堪敬敬甚則不親親甚則不敬親之而踈踈之而親恩甚則怨生愛多則憎至有以速爲貴有以緩爲貴有以直爲貴有以曲爲貴百事之宜其由甚微不可不知是故智者難之靜則神通窮則意通貴則語通富則身通理勢然也同道者相愛同

藝者相嫉同與者相愛同取者相嫉同病者相愛同壯者相嫉人情自然也多才而好謙貧賤而不諂處勞而不爲辱富貴而恭勤可謂有德者也

政道篇第三

人無法以知天以四時寒暑日月星辰之所行知天若四時寒暑日月星辰之所行當則諸生血氣之類皆得其處而安其產矣人臣亦無法以知主以主之賞罰爵祿之所加知主若王之賞罰爵祿之所加宜則親踈遠近賢不肖皆盡其才力而以爲用矣信全則天下安信失則天下危夫百姓勤勞財物殫盡則爭害之心生而不相信矣人不相信由政之不平也政之不平吏之辠也吏之有辠刑賞不齊也刑賞不齊主

不勤明也夫主勤明則刑賞一刑賞一則吏奉法吏奉法則政下宣政下宣則人人得其所而交相信矣是知天下不相信者由主不勤明也亢倉子居息壤五年靈王使祭公致籠帛與紖璐曰余末小子否德忝位水旱不時積爲人君何以禳之亢倉子曰水陰沴也陰於國政類刑人事類私旱陽過也陽於國政類德人事類盈楚以爲凡遭水旱天子宜正刑修德百官宜去私戒盈則以類而消百禍日至矣鄭有胡之封珪戎弓異時失同於荆荆曰必得封珪戎弓不然臨兵于汝鄭君病之駕見亢倉子曰封珪戎弓先君得之于胡緜代功寶傳章翼嗣今荆恃大而曰必得不然臨兵國危矣寡人欲以他封珪戎弓往若之何亢倉子曰君其少安今是楚亦

有寶於此飾楚之寶以貫罪於君楚所不能君必致夫貞令荆以淺鮮之過而負其威刑申逞不直以耗敝與國荆失諸侯於是乎在諸侯聞之將警勸備倫比勤明會同上義固存鄭其爲首君姑待之豈必非禍於是以胡珪戎弓往未至郢荆人聞之曰彼用聖人之訓辭吾焉取此以暴不直於天下而令諸侯實生心焉遽反其賂而益善焉人之情欲生而惡死欲安而惡危欲榮而惡辱天下之人得其欲則樂樂則安不得其欲則苦苦則危若人主放其欲則百吏庶長具展其欲百吏庶長具展其欲則天下之人貧者竭其力富者竭其財四人失其序皆不得其欲矣天下之人不得其欲則相與提攜保抱逋逃隱蔽漂流捃采以祈性命吏又從而捕之是

故不勝其危苦因有羣聚背叛之心生則國非其國也勿貪戶口百姓汝走多壯城池百姓汝疲賦斂不中窮者曰窮刑罰且貳匱者曰匱科禁不行國則以傾官吏非才則寬猛失所宜與百姓爭利則狡詐之心生所以百姓姦而難知夫下難知則上人疑上人疑則下益惑下既惑則官長勞官長勞則賞不足勸刑不能禁易動而難靖此由官不得人故也政術至要力於審士士有才行比於一鄉委之鄉才行比於一縣委之縣才行比於一州委之州才行比於一國委之國政而後迺能無伏士矣人有惡戾於鄉者則誨之不改是爲惡戾於縣則撻之不改是爲惡戾於國則誅之而後迺能無逆節矣誠如是舉天下之人一一畏懷無有干背謟慢之萌矣

此之謂靖人凡爲天下之務莫大求士士之待求莫善通政通政之善莫若靖人靖人之才蓋以文章考之百無四五以言論考之十或一二以神器靖作態度考之十全八九是皆賢王慶代明識裁擇所能爾也夫下王危世以文章取士則藻巧綺繼益至而正雅素實益藏矣以言論取士則浮掞游飾益來而蹇諤諍直益晦矣以神氣靖作態度取士則外正內邪益尊而清修明實益隱矣若然者賢愈到政愈僻令愈勤人愈亂矣夫天下至大器也帝王至重位也得士則靖失士則亂故人主勞於求賢逸於任使嗚呼守國聚人者其胡可以不事試於士乎人情失宜主所深恤失宜之大莫痛刑獄夫明達之才將欲聽訟或誘之以詐或脅之以威或開之

以情或苦之以戮雖作設權異而必也公平故使天下之人
生無所於德死無所於怨夫秉國建吏持刑若此可謂至官
至官之世羣情和正諸産咸宜愛敬交深上下條固不可搖
蕩有類一家茍違順姦逆安得動哉平王返正既宅天邑務
求賢良等聞一善惆豫連日左右侍僕累言大臣有賢異者
如是踰歲王曰余一人于德不明務求賢異益恐山澤遺逸
不舉豈樂聞善以自閉塞哉迺者反媚僕臣累譽權任頗僭
左右意余孱昧無能斷明徒唯共和依違浸長自賢敗德莫
此爲多不時匡過就茲固黨於是棄左右近習三人於市貶
庶司尹長五人曰無令人臣附下罔上持祿阿意天下聞之
稱爲齊明海南之西歸者七國至理之世輿服純素憲令寬

簡禁網踈濶夫輿服純素則人不勝羨憲令寬簡則俗無忌諱禁網踈濶則易避難犯若人不勝羨則嗜欲希微而服役樂業矣俗無忌諱則抑閉開舒而歡欣交通矣易避難犯則好惡分明而貴德知恥矣夫服役樂業之謂順歡欣交通之謂和貴德知恥之謂正浮墮之人不勝於順遊節之人不勝於和姦邪之人不勝於正順和正三者理國之宗也衰末之世輿服文巧憲令禳祈禁網煩僻夫輿服文巧則流相炎慕憲令禳祈則俗多忌諱禁網煩僻則莫知所逭若流相炎慕則人不忠潔而恥樸貴華矣俗多忌諱則情志不通而上下膠戾矣莫知所逭則讒禍繁興而衆不懼死矣夫恥樸貴華之謂浮上下膠戾之謂塞衆不懼死之謂冒眞正之士不宦

於浮公直之士不官於塞器能之士不官於冒浮塞冒三者
亂國之梯也荆君熊圉問水旱理亂亢倉子曰水旱由天理
亂由人若人事和理雖有水旱無能爲害堯湯是也故周之
秩官云人强勝天若人事壞亂縱無水旱日益崩離且桀紂
之滅豈惟水旱荆君北面遵循稽首曰天不棄不穀及此言
也乃以弘璧十朋爲亢倉子壽拜爲亞尹曰庶吾國有瘳乎
亢倉子不得已中宿微服違之他邦至理之世山無僞隱市
無邪利朝無僥祿國庭問何由得人俗醇樸亢倉子曰政煩
苛則人姦僞政省一則人醇樸夫人俗隨國政之方圓猶蠖
屈之於葉也食黃則身黃食蒼則身蒼曰何爲則人富亢倉
子曰賦斂以時官上清約則人富賦斂無節官上奢縱則人

貧勾粤之簳鏃以精金鷲隼爲之羽以之棓箙則其與口樸
也無擇及夫蕩寇爭衡覲武決勝加之駭弩之上則三百步
之外不立敵矣蜚景之劒威奪白日氣盛紫蜺以之剗穫則
其與劂刃也無擇及夫凶邪流毒沸渭不靖加之運掌之上
則千里之內不留行矣夫材有分而用有當所貴善因時而
已耳昔者明王聖帝天下和平萬物茂暢羣性得極善因時
而勿擾者也近古以來天下姦邪者衆正直者寡輕薄趨利
者多敦方退靜者鱻姦者出言長於忠言遂使天下之人交
相疑害悲夫作法貴於易避而難犯救弊貴於省事而一令
除去豪橫則官人安刑禁必行則官人不敢務私利而百姓
富史刑白眚災肆赦赦不欲數赦數則惡者得計平人生心

而賢良否塞矣人有大爲賊害官吏捕獲因廣條引誣陷貞良潤遠牽率冀推時序卒蒙赦宥遇賊害者訖無所快自毒而已由是平人遞生黠計吏勞政酷莫能鎮止此由數赦之過也夫人之所以惡爲無道不義者爲其有罰也所以勉爲有道行義者爲其有賞也今無道不義者赦之而有道行義者被姦而不賞欲人之就善也不亦難乎世有賢主秀士肯察此論人怨者非不接人也神怒者非不事神也巧佞甚人愈怨淫祀盛神愈怒

君道篇第四

始生之者天也養成之者人也能養天之所生而勿攖之謂之天子天子之動也以全天氣故此官之所以自立也立官

者以全生也今世之惑主多官而反以害生則失所以爲立
官之本矣草鬱則爲腐樹鬱則爲蠹人鬱則爲病國鬱則百
惡並起危亂不禁所謂國鬱者主德不下宣人欲不上達也
是故聖王貴忠臣正士爲其敢直言而決鬱塞也克己復禮
賢良自至君耕后蠶蒼生自化由是言之則賢良正可待不
可求求得非賢也蒼生正可化不可刑刑行非理也堯舜有
爲人主之勤無爲人主之欲故天下各得濟其欲有爲人主
之位無爲人主之心故天下各得肆其心士有天下人愛之
而主不愛者有主獨愛之而天下人不愛者用天下人愛者
則天下安用主獨愛者則天下危人主安可以自放其愛憎
哉由是重天下者當制其情所謂天下者謂其有萬物也所

謂邦國者謂其有人衆也夫國以人爲本人安則國安故憂國之主務求理人之材玉之所以難辨者謂其有怪石也金之所以難辨者謂其有鍮石也今夫以隼翼而被之鶡視不明者正以爲隼明者視之乃鶡也今夫小人多誦經籍方書或學奇技通說而被以靑紫章服使愚者聽而視之正爲君子明者聽而視之乃小人也故人主誠明以言取人理也以才取人理也以行取人理也人主不明以言取人亂也以才取人亂也以行取人亂也夫聖人之用人也貴耳不聞之功目不見之功口不可道之功而百姓暢然自理矣若人主貴耳聞之功則天下之人運貨逐利而市譽矣貴目見之功則天下之人恢形異藝而爭進矣貴可道之功則天下之人習

舌調吻而飾辭矣使天下之人市譽爭進飾辭見達則政敗矣人主皆知鏡之明己也而惡士之明己也鏡之明己也功細士之明己也功大知其細失其大不知類矣於乎人主淸心省事人臣恭儉守職太平立致矣而世或難之吾所不知也若人主方寸之地不明不斷則天地之宜四海之內動植萬類咸失其道矣以耳目取人者官多而政亂以心慮取人者官少而政淸是知循理之世務求不可見不可聞之材澆危之世務取可聞可見之材於乎人主豈知哉以耳目取人人皆數竅以買譽以心慮取人人皆靜正以勤德吏靜正以勤德則不言而自化吏數竅以買譽則刑之而不畏世士豈知哉

臣道篇第五

夫國之將興也朝廷百吏或短或長或醜或美或怡或厲或是或非雖聽其言觀其貌有似不同然察其志徵其心盡於為國所以剛訐不怨黜退不愕議得其中無違乎理故天不忒其時地不乏其利人不亂其事鬼神開贊蠻夷柔同保合太和萬物化育國之將亡也朝廷百吏姿貌多美顏色諧和詞氣華柔動止詳潤雖觀其貌聽其言有若歡洽然察其志徵其心盡在競位所以闇訐則怪見異必愕狙嫉相蒙遂喪其道故天告災時地生反物人作兦德鬼神間禍戎狄交侵喪亂弘多萬物不化夫不傷貨財不妨人力不損官吏而功成政立下阜百姓上滋主德如此者忠賢之臣也若費財煩人危官苟效一時功利規賞於主不顧過後貽災於國如此

者姦臣也至理之世官得人不理之世人得官邾龍覿問事君亢倉子曰既策名而臣人者心莫若公貌莫若和言莫若正公不欲露和不欲雜正不欲犯古之淸勤爲國修政令之淸勤爲身修名夫爲國修政者區處條別動得其宜合於大體爲身修名者區處條別致遠不通拘於小節是知心以道爲主抵事得其所心以事爲主抵物失其所臣居上位不諫下位不公不合瞻其祿君不嚴敬大臣不彰信小臣不合官其朝有才者不必忠忠者不必有才臣不患不忠適恐盡忠而主莫之信不患不信適恐信之而莫能事事上等之人得其性則天下理中等之人得其性則天下亂明主用上等之人當委以權宜便事肆其所爲用中等之人則當程課其功

示以賞罰

賢道篇第六

賢良所以屢求而不至難進而易退者非爲愛身而不死王事適恐盡忠而主莫之信耳自知有才識之人外恭謹而內無憂其於衆也和正而不狎親之則彌莊疎之則退去而不怨窮厄則以命自寬榮達則以道自正人有視其儀賢也聽其聲賢也徵神課識或負所望夫賢人其見用也入則諷譽出則龔默職司勤辨居室儉閑其未見用也藏身於衆藏識於目藏言於口飽食安步獨善其身貞而不怨智者不疑事識者不疑人有識之士行危而色不可疎言遜而理不可拔凡謂賢人不自稱賢効在官政功在事事太平之時上士違

其識中士竭其能小人輸其力齊有掊子者材可以振國行可以獨立事父母孝謹鄉黨恭循念居貧無以爲養施信義而遊者久之矣所如寡合或爲乘時夸毗者所蚩紿於是負杖步足問乎亢倉子曰吾聞至人忘情黎人不事情存情之曹務其教訓而尊信義吾乃今不知爲工受不信爲信信而不見信爲信爲勤慕義爲義義而不自義爲義然則信義之士常獨厄隨退胡以取貴乎時而教理之所上也亢倉子俯而循衽仰而譆超然而歌曰時之陽兮信義昌時之黙兮信義伏陽與黙昌與伏汩吾無誰私兮羌忽不知其讀夫運正性以如適而物莫之應者眞不行也眞且不行謂之道喪道喪之時上士乃隱隱之爲義有可爲也莫可爲者也有可用

也莫可用者也祭公問賢材何從而致亢倉子曰賢正可待不可求財慎在求不慎無若天子靜大臣明刑不避貴澤不隔下則賢人自至而求用矣賢人用則四海之内明目而視淸耳而聽坦心而無鬱矣天自成地自寧萬物醇化鬼神不能靈故曰賢正可待不可求若天子勤明大臣和理之求士也則恢弘方大公直靖人之材至若天子苛察大臣躁急之求士也則曲心巧應毀方破道之材至若天子疑忌大臣巧隨之求士也則奇姓異名仄媚怪術之材至若天子自賢大臣固位之求士也則事文逐譽貪濁浮麗之材至若天子伭違大臣回佞之求士也則内忠外僻情毒言和之材至故曰材慎在求不慎無昔者黃帝得常仙封鴻鬼容邸商王得伊

尹中與得甫申齊桓得甯籍皆由數君體道邁仁布昭聖武思輯光明寬厚昌正而衆賢自至而求用非爲簡核而得之也祭公曰夫子云賢人不求而自至亦有非賢不求而自至者乎亢倉子曰夫非賢不求而自至者固衆矣夫天下有道則賢人不求而自至天下無道則非賢不求而自至人主有道者寡無道者衆天下賢人少不肖者多是知非賢不求而自至者多矣祭公曰賢固濟天下材亦能濟天下俱濟天下賢與材安取異邪亢倉子曰奢乎哉其問也天功成事畢不殉封譽恭退樸儉之謂賢功成事畢榮在祿譽光揚滿志之謂材賢可以鎮國材亦可以理國所謂鎮者和寧無爲人不知其力所謂理者勤卒其事人知所於德一賢統衆材則有

餘衆材度一賢猶不足如是賢材之殊域有居山林而諠者有在人俗而靜者有諠而正者有靜而邪者凡視察其貌鄙俗而能有賢者萬不有一視察其貌端雅而實小人者十而九夫不練其言而知其文不責其儀而審其度不采其譽而知其善不流其毀而斷其實可謂有識者也

訓道篇第七

閔子騫問仲尼道之與孝相去奚若仲尼曰道者自然之妙用孝者人道之至德夫其包運天地發育萬物曲成萬類布丞性壽其功至實而不爲物府不爲事官無爲功尸捫求視聽莫得而有字之曰道用之於人字之曰孝孝者善事父母之名也夫善事父母敬順爲本意以承之順承顏色無所不

至發一言舉一意不敢忘父母營一手措一足不敢忘父母事君不敢不忠朋友不敢不信臨下不敢不敬嚮善不敢不勤雖居獨室之中亦不敢懈其誠此之謂全孝故至誠之至通乎神明光于四海有感必應善事父母之所致也昔者虞舜其大孝矣庶母惑父屢憎害之舜心益恭懼而無怨謀使浚井下土實之于時天休震動神明駭赫導穴而出奉養滋謹由是元德茂盛爲天下君善事父母之所致也文王之爲太子也其大孝矣朝夕必至乎寢門之外問寺人曰玆日安否如何曰安太子温然喜色小不安節太子色憂滿容朝夕食上太子必視寒煖之節食下必知膳羞所進然後退寺人言疾太子肅冠而齋膳宰之饌必敬視之湯液之貢必親嘗

之嘗饌善則太子亦能食嘗饌寡太子亦不能飽以至于復
初然後亦復初君后有過怡聲以諷君后所愛雖小物必嚴
襲是故孝成於身道洽天下雅曰文王陟降在帝左右言文
王靜作進退天必贊之故紂不能害夢啓之壽卜世三十卜
年七百天所命也善事父母之所致也閔子騫曰善事父母
之道既幸聞矣敢問教子之義仲尼曰凡三王教子必視禮
樂樂所以修內禮所以修外禮樂交修則德容發輝于貌故
能溫恭而文明夫爲人臣者殺其身有益於君則爲之況利
其身以善其君乎是故擇建忠良貞正之士爲之師傅欲其
知父子君臣長幼之道夫知爲人子然後可以爲人父知爲
人臣然後可以爲人君知事人然後能使人此三王教子之

義也閔子騫退而事之於家三年人無間於父母昆弟之言交遊稱其信鄉黨稱其仁宗族稱其弟德行之聲溢于天下此善事父母之所致也齊太子坐清臺之上燕莊侯佗高冠嚴色左帶玉具劍右帶環珮左光照右右光照左太子讀書不視莊侯佗問曰齊國有寶乎太子曰主信臣忠百姓戴上齊國之寶也莊侯佗應聲解劍而去於乎人有偏蔽終身莫自知已矣賢者見之寬恕而不言小人暴愛而溢言親戚憐嫉而貳言人有偏蔽惡乎不自知哉是故君子檢身常若有過衣其衣食其食知其過而不克有以正之者君子恥之將欲有言識其必不能行者君子罕言嘗責衆人之惡者視已善乎哉嘗責衆人之邪者視已正乎哉此之謂返明翟酉氏

之子甚孝謹翟西憐其子而好妄與之言翟西辰出夕返則曰甲死矣其子信之既而甲在焉他夕則曰乙且害子其子伺將行仇既而不見惡端他夕則曰丁病矣其子覘之丁誠無恙舉此類也自淹年序子固孝謹至于訓勸益不保承鄉國之人疾其咎曰謀將殺之翟西聞而懼歸以告子子未甚信既而翟西見殺謂多言之人爲疎露亦有辭約而不啻者謂輕佻之人爲不定亦有體閒而心躁者謂叢褋之人爲猥細亦有外潔而內濁者若類而引之不可殫載若非徹識安能洞詳時有不可不應事也者內靜而外動易動而難靜時有不可不求事也者內思而外待待至而後樂是故外靜而內動者搖思而損性奔走而逐利者勞力而害名人生於世

或有事不遂志而宣言云不遇時者是無異負丹頸之罪徒時行戮豈不殆哉其有博才通識未見稱用者正可云時非不清命未與耳豈不趨歟長於諫者務依存前人之性而翦制其情之所由起是以彼此開進親敬殷篤不長於諫者務攻前人之性而闇於情之所來是以彼此嫌貳猜疊日積兒童之所簡者乃耆耋之所非耳目之所娛者乃心慮之所疾健責天下之愚者已之未賢也健責天下之迷者已之未明也以未賢責衆愚未賢者以之亡以未明責衆迷未明者以之傷

農道篇第八

人捨本而事末則不一令不一令則不可以守不可以戰人

捨本而事末則其産約其産約則輕流徙輕流徙則國家時有災患皆生遠志無復居心人捨本而事末則好智好智則多詐多詐則巧法令巧法令則以是為非以非為是古先聖王之所以理人者先務農人農人非徒為地利也貴行其志也人農則樸樸則易用易用則邊境安安則主位尊人農則童童則少私義少私義則公法立力博深農則其産複其産複則重流散重流散則死其處無二慮是天下為一心矣天下一心軒皇几蘧之理不是過也古先聖王之所以茂耕織者以為本教也是故天子躬率諸侯耕籍田大夫士第有功級勸人尊地産也后妃率嬪御繇於郊桑公田勸人力婦教也男子不織而衣婦人不耕而食男女貿功資相為業此聖

王之制也故敬時愛日埒實課功非老不休非疾不息一人勤之十人食之當時之務不興土功不料師旅男不出御女不外嫁以妨農也黃帝曰四時之不可正正五穀而已耳夫稼爲之者人也生之者天也養之者地也是以稼之容足耨之容耰耘之容手是謂耕道農攻食工攻器賈攻貨時事不龔斂之以土功是謂大凶凡稼蚤者先時暮者不及時寒暑不節稼乃多災冬至己後五旬有七日而昌生於是乎始耕事農之道見生而蓺生見死而穫死天發時地產財不與人期有年祀土無年祀土無失人時迨時而作過時而止老弱之力可使盡起不知時者未至而逆之既往而慕之當其時而薄之此從事之下也夫耨必以旱使地肥而土緩稼欲產

於壟土而殖於地堅者慎其種勿使數亦無使踈於其施土無使不足亦無使有餘畎欲深以端畝欲沃以平下得陰上得陽然後盛生立苗有行故速長強弱不相害故速大正其行通其中疏爲冷風則有收而多功率稼望之有餘就之則疏是地之竊也不除則蕪除之則虛是事之傷也苗其弱也欲孤其長也欲相與居其熟也欲相與扶三以爲族稼乃多穀凡苗之患不俱生而俱死是以先生者美米後生者爲粃是故其耨也長其兄而去其弟樹肥無使扶踈樹墝不欲專生而獨居肥而扶踈則多粃墝而獨居則多死不知耨者去其兄而養其弟不收其粟而收其粃上下不安則稼多死得時之禾長稠而大穗圜粟而薄糠米飴而香舂之易而食之

強失時之禾深芒而小莖穗銳多粃而青蕾得時之黍穗不芒以長搏米而寡糠失時之黍大本華莖葉膏短穗得時之稻莖葆長稠穗如馬尾失時之稻纖莖而不滋厚糠而菑死得時之麻疏節而色陽堅枲而小本失時之麻蕃柯短莖岸節而葉蟲得時之菽長莖而短足其莢二七以為族多枝數節競葉繁實稱之重食之息失時之菽必長而蔓浮葉虛本疏節而小莢得時之麥長稠而頸族二七以為行薄翼而䵺色食之使人肥且有力失時之麥胕腫多病弱苗而翜穗是故得時之稼豐失時之稼約庶穀盡宜從而食之使人四衛變強耳目聰明凶氣不入身無苛殃善乎孔子之言冬飽則身溫夏飽則身涼夫溫涼時適則人無病疹人無病疹是疫

厲不行疫癘不行咸得遂其天年故曰穀者人之天是以興王務農王不務農是棄人也王而棄人將何國哉

兵道篇第九

秦景主將聮强兵於天下使庶長鮑戎必致命亢倉子待以壤邑十二周實迫之亢倉子至自榮泉舍于上館景主三日弗得所問下席北首頓珪曰天果無意恤孤邪亢倉子油然虧盼曰朕以主爲畏之問而寧弊弊焉以斫刺爲故抑者亦隨其欲而得正焉無如可矣景主一拜再舉斂緇袒端珪抑首而坐曰實惟天所命亢倉子仰榱而噓俯正顏色曰原兵之所起與始有人俱夫兵也者出人之威也人之有威性受於天故兵之所自來上矣嘗無少選　不用貴賤長少賢愚

相與同察兵之兆在心懷恚而未發兵也疾視作色兵也傲
言推梭兵也侈鬭攻戰兵也此四者鴻細之爭也未有蚩尤
之時人實揭材木以鬭矣黃帝用水火矣共工稱亂矣五帝
相與爭矣一興一廢勝者用事夫有以咽藥而死者欲禁天
下之醫非也有以乘舟而死者欲禁天下之船非也有以用
兵而喪其國者欲禁天下之兵非也夫兵之不可廢譬水火
焉善用之則爲福不善用之則爲禍是故怒笞不可偃於家
刑罰不可偃於國征伐不可偃於天下古之聖王有義兵而
無偃兵兵誠義以誅暴君而振苦人人之悅也若孝子之見
慈親饑餓之遇美食號呼而走之若强弩之射深谷也勝負
之決勿徵於他必反人情人之情欲生而惡死欲榮而惡辱

死生榮辱之道一則三軍之士可使一心矣凡軍欲其衆也
心欲其一也三軍一心則令可使無敵矣古之至兵蓋重令
也故其令强者其敵弱其令信者其敵詘先勝之於此則勝
之於彼誠若此則敵胡足勝也凡敵人之來也以求利也今
來而得死且以走爲利敵皆以走爲利則刃無所與接矣此
之謂至兵儌虐姦詐之與義理反也其勢不俱勝不兩立故
義兵入於敵之境則人知所庇矣兵至於國邑之郊不踐果
稼不穴邱墓不殘積聚不焚室屋得人虜屋而歸之信與人
期以戢敵資以章好惡以示逆順若此而猶有愎狠凌若不
聽者雖行武焉可也先發聲出號令曰兵之來也以除人之
讎以順天之道故尅其國不屠其人獨誅所誅而已於是舉

選秀士賢良而尊封之求見孤疾長老而拯敬之發府庫之財散倉廩之穀不私其物曲加其禮今有人於此能生死人一人則天下之人爭事之矣義兵之生一人亦多矣人孰不悅故義兵至則鄰國之人歸之若流水誅國之人望之如父母行地滋遠得人滋衆辭未終景主興稽首曰孤獲聞先生教言不覺氣盈宇宙志知所如也而心滋益襲於是步前稱觴爲亢倉子壽拜居首列師位嚴于齋室又月涉旬辰加天闕白晝行道行弟子禮

亢倉子終

皇清嘉慶十四年歲在屠維大荒落余月昭文張海鵬較梓

子藏

道家部

亢倉子卷

2

華東師範大學「子藏」編纂中心編

總編纂 方勇

副總編纂 吳平

國家圖書館出版社

第二册目録

亢倉子一卷

宋·何璨注　明·黄諫音釋

明金城黄氏刊本

亢倉子一卷

周·庚桑楚撰

清同治八年(1869)劉履芬抄本

亢倉
於陵

全道
用道
政道
君道

○○臣道

○賢道

訓道僞

○○農道

兵道僞

亢倉子

全道篇第一

仍連歳熟也

亢倉子居羽山之頽三年俗無疵癘而仍穀熟其俗竊相謂曰亢倉子之始來吾鮮然異之今吾日計之不足歳計之有餘其或聖者耶盍相與尸而祝之社而稷之乎亢倉子聞之色有不釋其徒饜啜從而啟之亢倉子曰吾聞至人尸居環堵之室而百姓猖狂不知其所如往今以羽俗父子竊竊焉將俎豆予我其的之人耶吾是以不釋於老聃

還是旋轉也

之言。鷹啜曰不者。夫尋常之汙。巨魚無所還其體。而鯢鰌為之制。步仞之丘。巨獸無所隱其軀。而蘖狐為之祥。且也尊賢事能。嚮善就利。自堯舜以固然。而況羽俗乎。先生其聽矣。亢倉子曰。譆來。夫二子者。知乎函車之獸。介而離山。罔罟制之。吞舟之魚。蕩而失水。螻蟻苦之。故鳥獸居欲其高。魚鼈居欲其深。夫全其形生之人。藏其身也。亦不厭深眇而已。吾語若。大亂之本。禮乎堯舜之間。其終存乎千代之後。必有人與相食者矣。言未終。南子榮之

禮以加切方言取也南楚之間凡取物溝汙中為禮

樗色蹙然膝席曰、樗年運而長矣。將奚以託業以
事斯言。亢倉手曰全汝形。抱汝生。無使汝思慮營
營。若此緒年。或可以及此言。雖然吾才小不足以
化子。子胡不南謁吾師聃。亢倉子既謝榮之樗不
釋、羽俗而龍已乎天下、水之性清。土者滑之。故不
得清。人之性壽。物者滑之。故不得壽。物。也。者。所。以。
養。性。也。今。世。之。惑。者。多。以。性。養。物。則。不。知。輕。重。也。
是故聖人之於聲色滋味也。利於性則取之。害於
性則損之。此全性之道也。萬、人、操、弓、共、射、一、招。招、

無不中萬物章章以害一生生無不傷故聖人之
制萬物也全其天也天全則神全矣神全之人不
慮而通不謀而當精照無外志凝宇宙德若天地
然上為天子而不驕下為匹夫而不惛此之謂全
道之人心平正不為外物所誘曰清清而能久則
明明而能久則虛虛則道全而居之秦佚死亢倉
子哭之其役曰天下皆死先生何哭為也亢倉子
曰天下皆哭安得不哭其役曰哭者必哀而先生
未始哀何也亢倉子曰舉天下吾無與樂安所取

衰蛻地之謂水蛻水之謂氣蛻氣之謂虛蛻虛之謂道虛者道之體精者道之地理者道之綱識者道之目道所以保神德所以宏量禮所以齊儀物所以養體好質白之物者以黑為污好質黑之物者以白為污吾又安知天下之正潔污哉由是不主物之潔污者矣夫瞽視者以斑為赤以蒼為玄吾乃今所謂皂白安知識者不以為賴黃吾又安知天下之正色哉由是不遁物之色矣夫好貨甚者不見他物之可好好馬甚者不見他物之可好

大段得之蒙莊然蒙莊之文多采他文不必究其誰始也

好書甚者不見他物之可好吾又安知天下之果
可好者果可惡者哉由是不見物之可以保戀矣
無能滑吾真矣陳懷君柳使其大夫禱行聘於魯
叔孫卿私曰吾國有聖人若知之乎陳大夫曰奚
以果明其聖叔孫卿曰能廢心而用形陳大夫曰
弊邑則小亦有聖人異於所聞曰聖人謂誰陳大
夫曰有亢倉子者偏得老聃之道其能用耳視目
聽定公聞而異焉使叔孫氏報聘且致亢倉子待
以上卿之禮亢倉子至賓于亞寢魯公卑辭以問

之亢倉子曰吾能視聽不用耳目非能易耳目之
所用告者過也公曰孰如是寡人增異矣其道若
何寡人果願聞之亢倉子曰我體合於心心合於
氣氣合於神神合於無其有介然之有唯然之音
雖遠際八荒之表邇在眉睫之內來于我者吾必
盡知之乃不知為是我七竅手足之所覺六腑五
臟心慮之所知其自知而已矣

用道篇第二

天不可信地不可信人不可信心不可信惟道可

信。賢。主。秀。士。豈。知。哉。昔者桀信天、與其禮四海已不勤於道、天奪其國以授殷、紂亦信天與其禮四海已不襲於道、天奪其國以授周、今夫惰、農信地、寶生百穀。不力於其道。地竊。其。果。稼。而。荒。翳。之。齊后信人、之性、酬、讓、不明於其道、舉全境以付人、人寶賜義而有其國凡、人、不、修其、道。隨、其、心、而、師、之。營欲茂滋。災疾朋豐。戕身損壽。心斯害之矣。故曰惟道可信。天地非道。不能悠久。蒼生非賢。不能靖順。庶政非才。不能和理。夫。用。道。之。人。不。露。其。用。福。

此之心特識想也元明妙心為道之所自出

滋。萬。物、功、歸。無、有。神融業茂。靈慶悠長知而辨之
謂之識。知而不辨謂之道。識以理人。道以安人。夫、
雞、長而、作。負、日、任、勞。流汗、灑、地。夜、分、偃、息。農、夫、之、
道、也。俯、拾、仰、取。銳、意、錐、撮。力、思、搏、精。希、求、利、潤。賈、
豎、之、道、也。嘸、氣、谷、神。宰、思、損、慮。超、遥、輕、舉。日、精、鍊、
仙。高、士、之、道、也。剸、情、端、想。畢、志、所、事。倫、撰、忘、寢。謀、
效、位、司。人、臣、之、道、也。清、心、省、念。察、驗、近、習。務、求、賢、
良。以安萬姓。人、主、之、道、也。若由是類之各順序其
志度。不替塞其業履。是謂天下有道。導筋。骨。則形。

全剪情欲則神全靖言語則福全克保三全是謂
清賢道德順則鬼神助信義敦則君子合禮義備
則小人懷有識者自是無識者亦自是有道者靜
黙闇鈍者亦靜黙物固有似是而非似非而是先
丈人無行耶
號後笑始吉終凶身可親而才不可親才可敬而
身不堪敬敬甚則不親親甚則不敬親之而疏疏
之而親恩甚則怨生愛多則憎至有以速為貴有
以緩為貴有以直為貴有以曲為貴百事之宜其
由甚微不可不知是故智者難之靜則神通窮則

書亦有之

意通貴則語通富則身通理勢然也同道者相愛同藝者相嫉同與者相愛同取者相嫉同病者相愛同壯者相嫉人情自然也多才而好讓貧賤而不諂處勞而不為辱富貴而恭勤可謂有德者也

政道篇第三

人無法以知天以四時寒暑日月星辰之所行知天若四時寒暑日月星辰之所行當則諸生血氣之類皆得其處而安其產矣人臣亦無法以知主以主之賞罰爵祿之所加知主若主之賞罰爵祿

之所加宜則親疎遠近賢不肖皆盡其才力而以
為用矣信全則天下安信失則天下危夫百姓勤
勞財物殫盡則爭害之心生而不相信矣人不相
信由政之不平也政之不平吏之辠也吏之有辠
刑賞不齊也刑賞不齊主不勤明也夫主勤明則
刑賞一刑賞一則吏奉法吏奉法則政下宣政下
宣則人人得其所而交相信矣是知天下不相信
者由主不勤明也亢倉子居息壤五年靈王使祭
公致篚帛與紛璐曰余未小子否德忝位水旱不

時蓍為人君何以禳之亢倉子曰水陰沴也陰於
國政類刑人事類私旱陽過也陽於國政類德人
事類盈楚以為幾遭水旱天子宜正刑修德百官
宜去私戒盈則以類而消百福日至矣鄭有胡之
封珪戎弓異時失同於荆荆曰必得封珪戎弓不
然臨兵于汝鄭君病之駕見亢倉子曰封珪戎弓
先君得之于胡綿代功寶傳章冀嗣今荆恃大而
曰必得不然臨兵國危矣寡人欲以他封珪戎弓
往若之何亢倉子曰君其少安今是楚亦有寶於

大似盲史

此飾楚之寶以貫罪於君楚所不能君必致夫真
今荆以淺鮮之過而負其威刑申逞不直以耗致
與國荆失諸侯於是乎在諸侯聞之將警勸備倫
比勤明會同上義固存鄭其為首君姑待之豈必
非福於是以胡珪戎引往未至郢荆人聞之曰彼
用聖人之訓辭吾焉取此以暴不直於天下而令
諸侯寶生心焉遽反其賂而益善焉人之情欲生
而惡死欲安而惡危欲榮而惡辱天下之人得其
欲則樂樂則安不得其欲則苦苦則危若人主

酸鼻

金鏡録耶大寶箴耶戒石銘耶

其欲則百吏庶長具展其欲百吏庶長具展其欲
則天下之人貧者竭其力富者竭其財四人失其
序皆不得其欲矣天下之人不得其欲則相與提
携保抱逋逃隐藪漂流捃采以祈性命吏又從而
捕之是故不勝其危苦因有羣衆背叛之心生則
國非其國也勿貪戶口百姓汝走多壯城池百姓
汝疲賦歛不中窮者日窮刑罰且貳匱者日匱科
禁不行國則以傾官吏非才則寬猛失所宜與百
姓争利則狡詐之心生所以百姓姦而難知天下

禮記有此段

難知則上人疑上人疑則下益惑下既惑則官長
勞官長勞則賞不足勸刑不能禁易動而難靖此
由官不得人故也政術至要力於審士士有才行
比於一鄉委之鄉才行比於一縣委之縣才行比
於一州委之州才行比於一國委之國政而後迺
能無伏士矣人有惡戾於鄉者則誨之不改是為
惡戾於縣則撻之不改是為惡戾於國則誅之而
後迺能無逆節矣誠如是舉天下之人一一畏懷
無有干肯謟慢之萌矣此之謂靖人凡為天下之

科目之獘乃
預決如見

務莫大求士士之待求莫善通政通政之善莫若
靖人靖人之才蓋以文章考之百無四五以言論
考之十或一二以神器靖作態度考之十全八九
是皆賢王慶代明識裁擇所能爾也夫下王危世
以文章取士則剪巧綺纖益至而正雅素實益藏
矣以言論取士則浮挾游飾益來而蹇諤諍直益
晦矣以神氣靖作態度取士則外正內邪益尊而
清修明實益隱矣若然者賢愈到政愈僻令愈勤
人愈亂矣夫天下至大器也帝王至重位也得士

則靖失士則亂故人主勞於求賢逸於任使嗚呼
守國聚人者其胡可以不事試於士乎人情失宜
主所深恤失宜之大莫痛刑獄夫明達之才將欲
聽訟或誘之以詐或脅之以威或開之以情或苦
之以戮雖作設權異而必也公平故使天下之人
生無所於德死無所於怨夫秉國建吏持刑若此
可謂至官至官之世羣情和正諸產咸宜愛敬交
深上下條固不可搖蕩有類一家苟違順凌逆安
得動哉平王返正既宅天邑務求賢良等闡一善

僴豫連日左右侍僕累言大臣有賢異者如是踰
歲王曰余一人于德不明務求賢異益恐山澤遺
逸不舉豈樂聞善以自閉塞哉迺者反媚僕臣累
蒼然典誥
譽權任頗階左右意余孱昧無能斷明徒唯共和
依違浸長自賢敗德莫此爲多不時匡過就茲固
黨於是棄左右近習三人於市貶庶司尹長五人
曰無令人臣附下罔上持祿阿意天下聞之稱爲
齊明海南之西歸者七國至理之世輿服純素憲
令寬簡禁網疎濶夫輿服純素則人不勝羨憲令

寬簡則俗無忌諱禁網疎闊則易避難犯若人不
勝羨則嗜欲希微而服役樂業矣俗無忌諱則抑
閉開舒而歡欣交通矣易避難犯則好惡分明而
貴德知恥矣夫服役樂業之謂順歡欣交通之謂
和貴德知恥之謂正浮墮之人不勝於順逆節之
人不勝於和姦邪之人不勝於正順和正三者理
國之宗也衰末之世輿服文巧憲令穰祈禁網煩
僻夫輿服文巧則流相炎慕憲令穰祈則俗多忌
諱禁網煩僻則莫知所遁若流相炎慕則人不忠

⿺鬼咼即禍字

潔而恥樸貴華矣俗多忌諱則情志不通而上下膠戾矣莫知所道則讒⿺鬼咼繁興而衆不懼死矣夫恥樸貴華之謂浮上下膠戾之謂塞衆不懼死之謂冒真正之士不官於浮公直之士不官於塞器能之士不官於冒浮塞冒三者亂國之梯也荊君熊圍問水旱理亂亢倉子曰水旱由天理亂由人若人事和理雖有水旱無能為害堯湯是也故周之秩官云人强勝天若人事壞亂縱無水旱日益崩離且桀紂之滅豈惟水旱荊君北面遵循稽首

微服去便及
偽隱

曰天不棄不穀及此言也乃以弘璧十朋為亢倉
子壽拜為亞尹曰庶吾國有瘳乎亢倉子不得已
中宿微服違之他邦至理之世山無偽隱市無邪
利朝無佞祿國產閒何由得人俗醇樸亢倉子曰
政煩苛則人姦偽政省一則人醇樸夫人俗隨國
政之方圓猶蠖屈之於葉也食黃則身黃食蒼則
身蒼曰何為則人富亢倉子曰賦歛以時官上清
約則人富賦歛無節官上奢縱則人貧勾粵之䥐
鏃以精金鷙隼為之羽以之梏箠則其與槁樸也

鱻古鮮字

無擇及夫蕩寇爭衡覿武决勝加之駭弩之上則
三百步之外不立敵矣蚩景之劍威奪白日氣盛
紫蜺以之封蕉則其與劚刃也無擇及夫山邪流
毒沸渭不靖加之運掌之上則千里之內不留行
矣夫材有分而用有當所貴善因時而已耳昔者
明王聖帝天下和平萬物茂暢羣性得極善因時
而勿擾者也近古以來天下姦邪者衆正直者寡
輕薄趨利者多敦方退靜者鱻姦者出言長於忠
言遂使天下之人交相疑害悲夫作法貴於易避

而難犯救弊貴於省事而一令除去豪横則官人
安刑禁必行則官人不敢務私刑而百姓富史刑
曰青災肆赦赦不欲數赦數則惡者得計平人生
心而賢良否塞矣人有大為賊害官吏捕獲困廣

古今通葉目
前吏黟悲哉

條引誣陷貞良濶遠牽率冀推時序卒蒙赦宥遇
賊害者訖無所怏自毒而已由是平人遮生黠計
吏勞政酷莫能鎮正此由數赦之過也夫人之所
以惡為無道不義者為其有罰也所以勉為有道
行義者為其有賞也今無道不義者赦之而有道

行義者被奸而不賞欲人之就善也不亦難乎世有賢主秀士肯察此論人怨者非不接人也神怒者非不事神也巧佞甚人愈怨淫祀盛神愈怒

君道篇第四

始生之者天也養成之者人也能養天之所生而勿攖之謂之天子天子之動也以全天氣故此官之所以自立也立官者以全生也今世之惑主多官而反以害生則失所以為立官之本矣草鬱則為腐樹鬱則為蠹人鬱則為病國鬱則百慝並起

危亂不禁。所謂國蠹者。主德不下宣。人欲不上達
也。是故聖王貴忠臣正士。為其敢直言而決鬱塞
也。克己復禮賢良自至、君耕后蠶、蒼生自化、由是
言之、則、賢、良、正、可、待、不、可、求。求、得、非、賢、也。蒼、生、正、
可、化、不、可、刑。刑、行、非、理、也。堯、舜。有。為。人。主。之。勤。無。
為。人。主。之。欲。故。天。下。各。得。濟。其。欲。有。為、人、主。之。位
無。為。人。主。之。心。故。天。下。各。得。肆。其。心。士、有、天、下、人、
愛、之、而、主、不、愛、者。有、主、獨、愛、之、而、天、下、人、不、愛、者。
用天下人愛者則天下安。用主獨愛者則天下危。

人主安可以自放其愛憎哉。由是重天下者當制其情。所謂天下者謂其有萬物也。所謂邦國者謂其有人衆也。夫國以人為本。人安則國安。故憂國之主務求理人之材。玉之所以難辨者謂其有怪石也。金之所以難辨者謂其有鍮石也。今夫以隼翼而被之鶡。視不明者正以為隼。明者視之乃鶡也。今夫小人多誦經籍方書。或學奇技通説。而被以青紫章服。使愚者聽而視之正為君子。明者聽而視之乃小人也。故人主誠明以言取人理也。以才取人理也以行取人理也人主不明以言取人亂也以才取人亂也以行取人亂也夫聖人之用人也貴耳不聞之功目不見之功口不可道之功而百姓暢然自理矣若人主貴耳聞之功則天下人運貨逐利而市譽矣貴目見之功則天下之人恢形異藝而争進矣貴可道之功則天下之人習舌調吻而飾辭矣使天下之人市譽争進飾辭見達則政敗矣人主皆知鏡之明己也而惡士之明己也鏡之明己也功細士之明己也功大知其細

失其大不知類矣於乎人主清心省事人臣恭儉
守職太平立致矣而世或難之吾所不知也若人
主方寸之地不明不斷則天地之宜四海之內動
植萬類咸失其道矣以耳目取人者官多而政亂
以心慮取人者官少而政清是知循理之世務求
不可見不可聞之材澆危之世務取可聞可見之
材於乎人主豈知哉以耳目取人人皆數欲以買
譽以心慮取人人皆靜正以勤德吏靜正以勤德
則不言而自化吏數欲以買譽則刑之而不畏世

主豈知哉

臣道篇第五

夫國之將興也朝廷百吏或短或長或醜或美或怡或厲或是或非雖聽其言觀其貌有似不同然察其志徵其心盡於為國所以剛訐不怨黜退不愕議得其中無違乎理故天不忒其時地不之其利人不亂其事鬼神開贊蠻夷柔同保合太和萬物化育國之將亡也朝廷百吏姿貌多美顏色諧和詞氣華柔動止詳潤雖觀其貌聽其言有若歡

洽然察其志徵其心盡在競位所以聞奇則怪見異必愕狙嫉相蒙遂喪其道故天告災時地生反物人作凶德鬼神閒禍戎狄交侵喪亂弘多萬物不化夫不傷貨財不妨人力不損官吏而功成政立下阜百姓上滋主德如此者忠賢之臣也若費財煩人危官苟效一時功利規賞於主不顧過後貽災於國如此者姦臣也至理之世官得人不理之世人得官郗龍觀問事君亢倉子曰既策名而臣人者心莫若公貌莫若和言莫若正公不欲露

和不欲雜正不欲犯古之清勤為國修政今之清
勤為身修名夫為國修政者區處條別動得其宜
合於大體為身修名者區處條別致遠不通拘於
小節是知心以道為主抵事得其所心以事為主
抵物失其所臣居上位不諫下位不公不合贈其
祿君不嚴敬大臣不彰信小臣不合官其朝有才
者不必忠忠者不必有才臣不患不忠適恐盡忠
而主莫之信不患不信適恐信之而莫能事事上
等之人得其性則天下理中等之人得其性則天

中人便足壞天下何況宵小

下亂。明主用上等之人。當以權宜便事。肆其所為。用中等之人。則當程課其功。亦以賞罰

賢道篇第六

賢良所以屢求而不至。難進而易退者。非為愛身而不死王事。適恐盡忠而主莫之信耳。自知有才識之人。外恭謹而內無憂其於衆也。和正而不狎。親之則彌莊。疎之則退去而不怨。窮厄則以命自寬。榮達則以道自正。人有視其儀賢也。聽其聲賢也。徵神課識。或負所望。夫賢人其見用也。入則諷

譽出則龔默職司勤辨居室儉聞其未見用也藏

三藏妙奇句

身於眾藏識於目藏言於口飽食安步獨善其身貞而不怨智者不疑事識者不疑人有識之士行危而色不可疎言遜而理不可拔凡謂賢人不自稱賢效在官政功在事事太平之時上士運其識

耐即能字記有之

中士竭其耐小人輸其力齊有桔子者材可以振國行可以獨立事父母孝謹鄉黨恭循念居貧無以為養施信義而遊者久之矣所如寡合或為乘時夸毗者所蚩紿於是負杖步足聞乎亢倉子曰

吾聞至人忘情黎人不事情存情之曹務其教訓而尊信義吾乃令不知為工受不信為信信而不見信為信為勤慕義為義義而不自義為義然則信義之士常獨厄隨退胡以取貴乎時而教理之所上也亢倉子俯而循衽仰而譆超然而歌曰時之陽兮信義昌時之默兮信義伏陽與默昌與伏汨吾無誰私兮羗忽不知其讀夫運正性以如適而物莫之應者真不行也真且不行謂之道喪道喪之時上士乃隱隱之為義有可為也莫可為者

也有可用也莫可用者也祭公問賢材何從而致
亢倉子曰賢正可待不可求材慎在求不慎無若
天子靜大臣明刑不避貴澤不隔下則賢人自至
而求用矣賢人用則四海之內明目而視清耳而
聽坦心而無鬱矣天自成地自寧萬物醇化鬼神
不能靈故曰賢正可待不可求若天子勤明大臣
和理之求士也則恢弘方大公直靖人之材至若
天子苛察大臣躁急之求士也則曲心巧應毀方
破道之材至若天子疑忌大臣巧隨之求士也則

奇姓異名仄媚怪術之材至若天子自賢大臣固
位之求士也則事文逐譽貪濁浮麗之材至若天
子依違大臣回佞之求士也則內忠外僻情毒言
和之材至故曰材慎在求不慎無昔者黃帝得常
僊封鴻鬼容丘商王得伊尹中興得甫申齊桓得
甯籍皆由數君體道邁仁布昭聖武思輯光明寬
厚昌正而衆賢自至而求用非為簡核而得之也
祭公曰夫子云賢人不求而自至亦有非賢不求
而自至者乎亢倉子曰夫非賢不求而自至者固

衆矣夫天下有道則賢人不求而至天下無道則非賢不求而自至人主有道者寡無道者衆天下賢人少不肖者多是知非賢不求而自至者多矣祭公曰賢國濟天下材亦能濟天下俱濟天下賢與材安取異耶亢倉子曰窘乎哉其問也夫功成事畢不殉封譽恭退樸儉之謂賢功成事畢榮在禄譽光揚滿志之謂材賢可以鎮國材亦可以理國所謂鎮者和寧無為人不知其力所謂理者勤率其事人知所於德一賢統衆材則有餘衆材度

一賢猶不足如是賢材之殊域有居山林而諠者有在人俗而靜者有諠而正者有靜而邪者凡視察其貌鄙俗而能有賢者萬不有一視察其貌端雅而實小人者十而九夫不練其言而知其文不責其儀而審其度不采其譽而知其善不流其毀而斷其實可謂有識者也

訓道篇第七

閔子騫問仲尼道之與孝相去奚若仲尼曰道者自然之妙用孝者人道之至德夫其包運天地發

全篇藏經不知生吞活剥為誰

育萬物曲成萬類布丕性壽其功至實而不為物
府不為事官無為功尸捫求視聽莫得而有字之
曰道用之於人字之曰孝孝者善事父母之名也
夫善事父母敬順為本意以承之順承顏色無所
不至發一言舉一意不敢忘父母營一手措一足
不敢忘父母事君不敢不忠朋友不敢不信臨下
不敢不敬嚮善不敢不勤雖居獨室之中亦不敢
懈其誠此之謂全孝故至誠之至通乎神明光於
四海有感必應善事父母之所致也昔者虞舜其

大孝矣庶母惑父屢憎害之舜心益恭懼而無怨
謀使浚井下土實之于時天休震動神明駿赫導
穴而出奉養滋謹由是玄德茂盛為天下君善事
父母之所致也文王之為太子也其大孝矣朝夕
必至于寢門之外問寺人曰玆日安否如何曰安
太子溫然喜色小不安節太子色憂滿容朝夕食
上太子必視寒煖之節食下必知膳羞所進然後
退寺人言疾太子肅冠而齋膳宰之饌必敬視之
湯液之貢必親嘗之嘗饌善則太子亦能食嘗饌

寡太子亦不能飽以至于復初然後亦復初君后有過怡聲以諷君后所愛雖小物必嚴龔是故孝成於身道洽天下雅曰文王陟降在帝左右言文王静作進退天必贊之故紂不能害夢啟之壽卜世三十卜年七百天所命也善事父母之所致也閔子騫曰善事父母之道既幸聞矣敢問教子之義仲尼曰凡三王教子必視禮樂樂所以脩内禮所以修外禮樂交脩則德容發輝於貌故能温恭而文明夫為人臣者殺其身有益於君則為之況

利其身以善其君乎、是故擇建忠良貞正之士、為之師傅、欲其知父子君臣長幼之道、夫知為人子、然後可以為人父、知為人臣、然後可以為人君、知事人、然後能使人、此三王教子之義也、閔子騫退而事之於家、三年人無閒於父母昆弟之言、交遊稱其信、鄉黨稱其仁、宗族稱其弟、德行之聲、溢于天下、此善父母之所致也、齊太子坐清臺之上、燕莊侯、他高冠嚴色、左帶玉具劍、右帶環珮、左光照右、右光照左、太子讀書不視、莊侯他閒曰、齊國有

寶乎太子曰主信臣忠百姓戴上齊國之寶也莊
俁他應聲解劍而去於乎人有偏蔽終身莫自知
己矣賢者見之寬恕而不言小人暴愛而溢言覩
戚憐悽而貳言人有偏蔽惡乎不自知哉是故君
子檢身常若有過衣其衣食其食知其過而不克
有以正之者君子恥之將欲有言識其必不能行
者君子罕言當責衆人之惡者視己善乎哉當責
衆人之邪者視己正乎哉此之謂返明程西氏之
子甚孝謹程西憐其子而好妄與之言程西辰出

夕返則曰甲死矣其子信之既而甲在焉他夕則曰乙且害予其子伺將行仇既而不見惡端他夕則曰丁病矣其子覘之丁誠無恙舉此類也冐淹年序予固孝謹至於訓勸益不保承鄉國之人疾其咎口謀將殺之翟西聞而懼歸以告子子未甚信既而翟西見殺謂多言之人為疎露亦有辭約而不密者謂輕佻之人為不定亦有體閒而心躁者謂業褋之人為猥細亦有外潔而內濁者若類而引之不可殫藏若非徹識安能洞詳時有不可

不應事也者內靜而外動易動而難靜時有不可
不求事也者內思而外待待至而後樂是故外靜
而內動者搖思而損性奔走而逐利者勞力而害
名人生於世或有事不遂志而宣言云不遇時者
是無異負丹顯之罪俟時行戮豈不殆哉其有博
才通識未見稱用者正可云時非不清命未與耳
豈不題歟長於諫者務依存前人之性而剪制其
情之所由起是以彼此開進觀敬殷篤不長於諫
者務攻前人之性而闇於情之所來是以彼此嫌

寬緩兒穉僞書無疑即斷錦碎璧不成大觀

貳猜覺曰積兒童之所簡者乃耆耋之所非耳目之所娛者乃心慮之所疾健責天下之愚者己之未賢也健責天下之迷者己之未明也以未賢責衆愚未賢者以之比以未明責衆迷未明者以之傷

農道篇第八

雖是商君語如此起段落序次有成竹於胸中自無纖痕蝕漏

人捨本而事末則不一令不一令則不可以守不可以戰人捨本而事末則其產約其產約則輕流徙輕流徙則國家時有災患皆生遠志無復居心

人捨本而事末則好智好智則多詐多詐則巧法
令巧法令則以是為非以非為是古先聖王之所
以理人者先務農人農人非徒為地利也貴行其
志也人農則樸樸則易用易用則邊境安安則主
位尊人農則童童則少私義少私義則公法立力
博深農則其產複其產複則重流散重流散則死
其處無二慮是天下為一心矣天下一心軒皇几
遂之理不是過也古先聖王之所以茂耕織者以
為本教也是故天子躬率諸侯耕藉田大夫士第

有功級勸人尊地產也后妃率嬪御繇於郊桑公田勸人力婦教也男子不織而衣婦人不耕而食男女貿功資相為業此聖王之制也故敬時愛日埒實課功非老不休非疾不息一人勤之十人食之當時之務不興土功不料師旅男不出御女不外嫁以妨農也黃帝曰四時之不可正正五穀而已耳夫稼為之者人也生之者天也養之者地也是以稼之容足耨之容耰耘之容手是謂耕道農攻食工攻器賈攻貨時事不龔敓之以土功是謂

敓古奪字見籀書

犁頭壠陌聽老農課晴雨燥濕津津有寔據

夫凶凡稼蚕者先時暮者不及時寒暑不節稼乃多災冬至已後五旬有七日而昌生於是乎始耕事農之道見生而藝生見死而穫死天發時地產財不與人期有年祀土無年祀土無失人時迨時而作過時而止老弱之力可使盡起不知時者未至而逆之既往而慕之當其時而薄之此從事之下也夫耨必以旱使地肥而土緩稼欲産於塵土而殖於地堅者慎其種勿使數亦無使踈於其施土無使不足亦無使有餘畝欲深以端畝欲沃以

平下得陰上得陽然後盛生立苗有行故速長強
弱不相害故速大正其行通其中疏為泠風則有
收而多功率稼望之有餘就之則疏是地之竊也
不除則蕪除之則虛是事之傷也苗其弱也欲孤
其長也欲相與居其熟也欲相與扶三以為族稼
乃多穀凡苗之患不俱生而俱死是以先生者美
米後生者為秕是故其耨也長其兄而去其弟樹
肥無使扶疏樹墝不欲專生而獨居肥而扶疏則
多秕墝而獨居則多死不知耨者去其兄而養其

村庄事秀句
幽韻翠蒼襲
人

弟不收其粟而收其粃上下不安則稼多死得時之禾長稠而大穗圜粟而薄糠米飴而香舂之易而食之强失時之禾深芒而小莖穗銳多粃而青蘦得時之黍穗不芒以長搏米而寡糠失時之黍大本華莖葉膏短穗得時之稻莖葆長稠穗如馬尾失時之稻纖莖而不滋厚糠而菑死得時之麻疏節而色陽堅枲而小本失時之麻蕃柯短莖岸節而葉蟲得時之菽長莖而短足其莢二七以為族多枝數節競葉繁實稱之重食之息失時之菽

必長而蔓。浮葉虛本。疎節而小莢。得時之麥。長稠而頸族。二七以為行。薄翼而薵色。食之使人肥且有力。失時之麥。胕腫多病。弱苗而翠穗。是故得時之稼豐。失時之稼約。庶穀盡宜。從而食之。使人四衛變強。耳目聰明。凶氣不入。身無苛殃。善乎孔子之言。冬飽則身溫。夏飽則身涼。夫溫涼時適。則人無病疹。人無病疹。是疫癘不行。疫癘不行。咸得遂其天年。故曰。穀者人之天。是以興王務農。王不務農。是棄人也。王而棄人。將何國哉

兵道篇迂蕪淺乏亦僞無疑

虧不全視也

兵道篇第九

秦景主将晰強兵於天下使庶長鮑戎必致命亢倉子待以壤邑十二周實迫之亢倉子至自榮泉賓于上館景主三日弗得所間下席北首頓珪曰天果無意恤孤邪亢倉子油然虧盼曰朕以主為異之間而寧弊弊焉以斫刺為故抑者亦隨其欲而得正焉無如可矣景主一拜再舉斂黼袵端珪抑首而坐曰實惟天所命亢倉子仰襪而噓俯正顏色曰原兵之所起與始有人俱夫兵也者出人

之威也人之有威性受於天故兵之所自來上矣
嘗無少選不用貴賤長少賢愚相與伺察兵之兆
在心懷恚而未發兵也疾視作色兵也傲言推梭
兵也侈鬬攻戰兵也此四者鴻細之爭也未有蚩
尤之時人實揭材木以鬭矣黃帝用水火矣共工
稱亂矣五帝相與爭矣一興一廢勝者用事夫有
以咽藥而死者欲禁天下之醫非也有以乘舟而
死者欲禁天下之船非也有以用兵而喪其國者
欲禁天下之兵非也夫兵之不可廢譬水火焉善

用之則為福不善用之則為禍是故怒笞不可偃於家刑罰不可偃於國征伐不可偃於天下古之聖王有義兵而無偃兵兵誠義以誅暴君而振苦人人之悅也若孝子之見慈親餓隸之遇美食號呼而走之若強弩之射深谷也勝負之決勿徵於他必反人情人之情欲生而惡死欲榮而惡辱死生榮辱之道一則三軍之士可使一心矣凡軍欲其衆也心欲其一也三軍一心則令可使無敵矣古之至兵蓋重令也故其令強者其敵弱其令信

者其敵詘先勝之於此則勝之於彼誠若此則敵胡足勝也凡敵人之來也以求利也今來而得死且以走為利敵皆以走為利則刃無所與接矣此之謂至兵傲虐姦詐之與義理反也其勢不俱勝不兩立故義兵入於敵之境則人知所庇矣兵至於國邑之郊不踐果稼不穴丘墓不殘積聚不焚室屋得人虜庢而歸之信與人期以致敵資以章好惡以示逆順若此而猶有愎狠凌宕不聽者雖行武焉可也先發聲出號令曰兵之來也以除人

之讎以順天之道故剋其國不屠其人獨誅所誅
而已於是舉選秀士賢良而尊封之求見孤疾長
老而拯敬之發府庫之財散倉廩之穀不私其物
曲加其禮今有人於此能生死人一人則天下之
人爭事之矣義兵之生一人亦多矣人孰不悅故
義兵至則鄰國之人歸之若流水誅國之人望之
如父母行地滋遠得人滋衆辭未終景王興稽首
曰孤獲聞先生教言不覺氣盈宇宙志知所如也
而心滋益龔於是步前稱觴為亢倉子壽拜居首

列師位嚴於齋室又月涉旬辰加天關白晝行道
行弟子禮
亢倉一書以平暢條達為主絕無濫舌碍目處
然詞不論平奇要當問理之淺深耳深入之淺
出之文之真者也意猶人詞掩人文之偽者也
吁於今日而論亢倉談可容易哉
農書一篇自是絕作

同治己巳二月從包廣文桂生借録江山劉履芬

履芬

周·庚桑楚撰

亢倉子一卷

清光緒元年(1875)湖北崇文書局刊《子書百家》本

介倉子

光緒紀元夏月湖
北崇文書局開雕

亢倉子序

老子之後有庚桑楚者陳人也偏得老子之道居畏壘之山其臣之畫然知者去之其妾之潔然仁者遠之擁腫之與居鞅掌之爲使居三年畏壘大壤後遊吳隱毗陵孟峯道成仙去後有漢輔光張天師唐張果老相繼隱脩因號張公壇福地古建洞靈觀宋改天申萬壽宮著書九篇號庚桑子一名亢倉子唐封洞靈眞人書爲洞靈眞經

亢倉子

全道篇第一

亢倉子居羽山之顔三年俗無疵癘而仍穀熟其俗竊相謂曰亢倉子之始來吾鮮然異之今吾日計之不足歲計之有餘其或聖者邪盍相與尸而祝之社而稷之虖亢倉子聞之色有不釋其徒䜌啜從而啓之亢倉子曰吾聞至人尸居環堵之室而百姓猖狂不知其所如往今以羽俗父子竊竊焉將俎豆予我其的之人邪吾是以不釋於老耼之言䜌啜曰不者夫尋常之汙巨魚無所還其體而鯢鰌爲之制步仞之丘巨獸無所隱其軀而蘖狐爲之祥且也尊賢事能饗善就利自堯舜以固然而況羽俗虖先生其聽矣亢倉子曰譆來夫二子者知虖函車之獸介而離山罔罟制之吞舟之魚碭而失水螻蟻苦之故鳥獸

居欲其高魚鼈居欲其深夫全其形生之人藏其身也亦不厭深眇而已吾語若大亂之本祖虖堯舜之閒其終存虖千代之後必有人與相食者矣言未終南子榮之檮色蹙然膝席曰檮年運而長矣將奚以託業以事斯言亢倉子曰全汝形抱汝生無使汝思慮營營若此緒年或可以及此言雖然吾才小不足以化子子胡不南謁吾師聃亢倉子旣謝榮之檮不釋羽俗而龍巳虖天下水之性清土者抇之故不得清人之性壽物者抇之故不得壽物也者所以養性也今代之惑者多以性養物則不知輕重也是故聖人之於聲色滋味也利於性則取之害於性則捐之此全性之道也萬人操弓共射一招招無不中萬物章章以害一生生無不傷故聖人之制萬物也全其天也天全則神全矣神全之人不慮而通不謀而當精照無外志凝宇宙

德若天地然上爲天子而不驕下爲匹夫而不惛此之謂全道
之人心平正不爲外物所誘曰清清而能久則明明而能久則
虛虛則道全而居之秦佚死亢倉子哭之其役曰天下皆死先
生何哭爲也亢倉子曰天下皆哭安得不哭其役曰哭者必哀
而先生未始哀何也亢倉子曰舉天之下吾無與樂安所取哀
蛻地之謂水蛻水之謂氣蛻氣之謂虛蛻虛之謂道虛者道之
體靖者道之用理者道之綱識者道之目道所以保神德所以
宏量禮所以齊物物所以養體好質白之物者以黑爲污好質
黑之物者以白爲污吾又安知天下之正潔污哉由是不主物
之潔污者矣夫瞀眎者以黈爲赤以蒼爲玄吾乃今所謂皂白
安知識者不以爲頳黃吾又安知天下之正色哉由是不道物
之色矣夫好貨甚者不見他物之所可好好馬甚者不見他物

之可好好書甚者不見他物之可好吾又安知天下之果可好
者果可惡者哉由是不見物之可以保戀矣無能滑吾眞矣陳
懷君柳使其大夫禱行聘於魯叔孫卿私曰吾國有聖人若知
之乎陳大夫曰奚以果明其聖叔孫卿曰能廢心而用形陳大
夫曰微邑則小亦有聖人異於所聞曰聖人謂誰陳大夫曰有
亢倉子者偏得老聃之道其能用耳眎目聽定公聞而異焉使
叔孫氏報聘且致亢倉子待以上卿之禮亢倉子至賓于亞寢
魯公卑辭以問之亢倉子曰吾能眎聽不用耳目非能易耳目
之所用告者過也公曰孰如是寡人增異矣其道若何寡人果
願聞之亢倉子曰我體合於心心合於氣氣合於神神合於無
其有介然之有唯然之音雖遠際八荒之表邇在眉睫之內來
干我者吾必盡知之乃不知爲是我七竅手足之所覺六腑五

臟心慮之所知其自知而已矣

用道篇第二

天不可信地不可信人不可信心不可信惟道可信賢主秀士豈知哉昔者桀信天與其祖四海巳不勤於道天奪其國以授殷紂亦信天與其祖四海巳不龔於道天奪其國以授周今夫惰農信地實生百穀不力於其道地縮其菓稼而荒翳之齊后信人之性酧讓不明於其道舉全境以付人人實竊義而有其國凡人不修其道隨其心而師之營欲茂滋災疾朋疊戕身損壽心斯害之矣故曰惟道可信天地非道不能悠久蒼生非賢不能靖順庶政非才不能和理夫用道之人不露其用福滋萬物功歸無有神融業茂靈廣慾長知而辨之謂之識知而不辨謂之道識以理人道以安人夫雞長而作負日任勞流汗灑地

夜分僅息農人之道也俯拾仰取銳意錐撮力思專精希求利潤買豎之道也藏氣谷神宰思損慮超遥輕舉日精鍊僊高士之道也剸情端想畢志所事倫揆忘寢謀効位司人臣之道也清心省念察驗近習務求賢良以安萬姓人主之道也若由是類之各順序其志度不替豐其業履是謂天下有道導筋骨則形全窮情欲則神全靖言語則洞全克保三全是謂清賢道德順則鬼神助信義敦則君子全禮義備則小人懷有識者自是無識者亦自是有道者靜默闇鈍者亦靜默物固有似是而非似非而是先號後笑始吉終凶身可親而才不可親才可敬而身不堪敬敬甚則不親親甚則不敬親之而疎疎之而親恩甚則怨生愛多則憎至有以遠爲貴有以緩爲貴有以直爲貴有以曲爲貴百事之宜其由甚微不可不知是故賀者難之靜則

神通窮則意通貫則語通富則身通理勢使然同道者相愛同藝者相嫉人情自然也多才而好謙貧賤而不諂處勞而不爲辱富貴而恭勤可謂有德者也

政道篇第三

人無灋以知天以四時寒暑日月星辰之所行知天若四時寒暑日月星辰之所行當則諸生血氣之類皆得其處而安其產矣人臣亦無灋以知主以主之賞罰爵祿之所加知主若主之賞罰爵祿之所加宜則親疎遠近賢不肖者皆盡其力而以爲用矣信全則天下安信失則天下危夫百姓勤勞則物殫謹則爭害之心生而不相信矣人不相信由政之不平也政之不平吏之辠也吏之有辠刑賞不齊也刑賞不齊主不勤明也夫主勤明則刑賞一刑賞一則吏奉灋吏奉灋則政下宣政下宣則

人人得其所而交相信矣是知天下不相信者由主不勤明也
亢倉子居息壞五年靈王使祭公致饍帛與級璐曰余末小子
否德忝位水旱不時請爲人君何以禳之亢倉子曰水陰沴也
陰於國政類刑人事類私旱陽過也陽於國政類德人事類盈
楚以爲凡遭水旱天子宜正刑脩德百官宜去私戒盈則以類
而消自福日至矣鄭有胡之封珪戎弓異時失同於荆荆曰必
得封珪戎弓不然臨兵于汝鄭君病之鶻冕亢倉子曰封珪戎
弓先君得之于胡綿伐功寶傳章蠶嗣今荆恃大而曰必得不
然臨兵國危矣寡人欲以他封珪戎弓往若之何亢倉子曰君
其少安今是楚亦有寶於此飾楚之寶以貰罪於君楚所不能
君必致失眞今荆以淺鮮之過而負其威刑申逞不直以耗奪
與國荆失諸侯於是乎在諸侯聞之將讋勸備倫比勤明會同

上義固存鄭其爲首君姑待之曾必非福於是以胡建戎弓往未至郢荊人聞之曰彼用聖人之訓辭者焉取此以暴不亞於天下而分諸侯賓生心焉遽反其賂而益壽爲人之情欲生而惡死欲安而惡危欲榮而惡辱天下之人得其欲則樂樂則安不得其欲則苦苦則危若人主放其欲則百吏庶長貝展其欲百吏庶長貝展其欲則天下之人貧者竭其力富者竭其財四人失其序皆不得其欲矣天下之人不得其欲則相與提攜保抱遁逃隱蔽漂流招采以祈性命吏又從而捕之是故不勝其危苦因有羣聚背叛之心生則國非其國也匆貪戶口百姓汝走多壯城池百姓汝疲賦斂不中窮者日窮刑罰且貳賈者日賈科禁大行國則以傾官吏非才則寬猛失所宜與百姓爭利則狡詐之心生所以天下姦而難知天下難知則上人疑上人

疑則下益惑下既惑則官長勞官長勞則賞不足勸刑不能禁
易動而難靖此由官不得人故也政術至要力於審士士有才
行比於一鄉委之鄉才行比於一縣委之縣才行比於一州委
之州才行比於一國委之國政而後迺能無伏士矣人有惡戾
於鄉者則誨之不改是爲惡戾於縣則撻之不改是爲惡戾於
國則誅之迺能無復逆節矣誠知是舉天下之人一一畏懷無
有干信謟慢之萌矣此之謂靖人凡爲天下之務莫大求士士
之待來莫善通政通政之意莫若靖人靖人之才盡以文章考
之百不四五以言論考之十或一二以神豐靖作態度考之十全
八九是皆賢王歷代明識裁擇所能爾也王天下者若以文章
取士則翦巧綺繿益至而正雅素實益藏矣以言論取士則浮
掞游飾益來而謇諤評直益晦矣以神氣靖作態度取士則外

正內邪益蕃而清脩明賓益隱矣若然者賢愈釗政愈僻令愈勤人愈亂矣夫天下至大器也帝王至重位也得士則靖失士則亂故人王勞於求賢逸於任使嗚呼守國聚人者其胡可以不事試於士虖人情失宜主所深恤失宜之大莫痛刑獄夫明達之才將欲聽訟或誘之以詐或脅之以威或開之以情或苦之以戮雖作設權異而必也公平故使天下之人生無所於德死無所於怨夫秉國建吏持刑若此可謂至官至官之代羣情和正諸產咸宜愛敬交深上下條固不可搖蕩有類一家苟違順淩逆安得動哉平王返正既宅大邑務求賢良等闓一善豫連日左右侍僕累言大臣有賢異者如是踰歲王曰余一人于德不明務求賢異益恐山澤遺逸不舉豈樂聞善以自閉塞哉廼者及媚僕臣累譽權任頗階左右意余孱昧無能斷明徒

唯共和依違浸長自賢敗德莫此爲多不時匡過就茲固黨於是棄左右近習三人於市貶黜尹長五人曰無令人臣附下罔上持祿阿意天下聞之稱爲齊明海南之西歸者七國至理之代輿服純素憲令寬簡禁網疏闊夫輿服純素則人不勝羨憲令寬簡則俗無忌諱禁網疏闊則易避難犯若人不勝羨則嗜慾希微而服役樂業矣俗無忌諱則抑閉開舒而歡欣交通矣易避難犯則好惡分明而貴德知恥矣夫服役樂業之謂順歡欣交通之謂和貴德知恥之謂正浮墮之人不勝於順逆節之人不勝於和姦邪之人不勝於正順和正三者理國之宗也衰末之世輿服文巧憲令襍祈禁網煩僻夫輿服文巧則流相炎慕憲令襍祈則俗多忌諱禁網煩僻則莫知所遁若流相炎慕則人不忠潔而恥樸貴華矣俗多忌諱則情忠不通而上下

膠戾矣莫知所追則讒禍繁興而衆不懼死矣夫恥樸貴華之謂浮上下膠戾之謂塞衆不懼死之謂亶眞正之士不官於浮公直之士不官於塞咢能之士不官於亶浮塞亶三者亂國之梯也荆君能國問水旱理亂亢倉子曰水旱由天理亂由人若人事和理雖有水旱無能爲害堯湯是也故周之秩官云人强勝天若人事壞亂縱無水旱日益崩離且桀紂之滅豈惟水旱荆君北面遵循稽首曰天不棄不穀及此言也乃以弘璧十朋爲亢倉子壽拜爲亞尹曰庶吾國有瘳乎亢倉子不得已中宿微服違之他邦至理之代山無僞隱市無邪利朝無佞祿國產問何由得人俗醕樸亢倉子曰政煩苛則人姦僞政省一則人醕樸夫人俗隨國政之方圓猶蠖屈之於葉也食黃則身黃食蒼則身蒼曰何爲則人富亢倉子曰賦斂以時官上清約則人

富賦斂無節官上奢縱則人貧勾粵之簳鏃以精金鷲隼爲之羽以之棓箭則其與槁樸也無擇及夫蕩寇爭衝覿武決勝加之駭弩之上則三百步之外不立敵矣甚景之劍威奪白日氣盛紫蜺以之封稷則其與劂刃也無擇及夫凶邪流毒沸渭不靖加之運掌之上則千里之內不留行矣夫材有分而用有當所貴善因時而已耳昔者明王聖帝天下和平萬物茂暢羣性得極善因時而勿擾者也近古以來天下姦邪者衆正直者寡輕薄趍利者多敦方退靜者鮮姦者出言等於忠言遂使天下之人交相疑害悲夫佞讒貴於易避而難犯救弊貴於省事而一令除去豪橫則官人不敢務私利官人不敢務私利而百姓富史刑曰眚災肆赦赦不欲數赦數則惡者得計平人生心而賢良否塞矣人有大爲賊害官吏捕獲因廣條引誣陷貞良闒

遠辜卒莫推時序卒蒙赦宥遇賊害者訖無所快自毒而已由是平人遠生黠吏勞政酷莫能鎮止此由數赦之過也夫人之所以惡爲無道不善者爲其有罰也所以勉爲有道行義者爲其有賞也今無道不義者赦之而有道行義者被害而不賞欲人之就善也不亦難乎代有賢主秀士肯察此論人怨者非不接人也神怒者非不事神也巧佞甚人愈怨淫祀盛神愈怒

君道篇第四

始生之者天地養成之者人也能養天之所生而勿攖之謂之天子天子之動也以全天氣故百官之所以自立也立官者以全生也今代之惑主多官而反以害生則失所以爲立之本矣草鬱則爲腐樹鬱則爲蠹人鬱則爲病國鬱則百慝並起危亂不禁所謂國鬱者主德不下宣人欲不上達也是故聖王貴忠

臣正士爲其敢直言而決鬱塞也克己復禮賢良自至君耕后
蠶蒼生自化由是言之則賢良正可待不可求求得非賢也蒼
生正可化不可刑刑行非理也堯舜有爲人主之勤無爲人主
之欲故天下各得濟其欲有爲人主之位無爲人主之心故天
下各得肆其心士有天下人恣之而主不恣者有主獨恣之而
天下人不恣者用天下人恣者則天下安用主獨恣者則天下
危人主安可以自放其恣憎哉由是重天下者當御其情所謂
天下者謂其有萬物也所謂有邦國者謂其有人衆也天國以
人爲本人安則國安故憂國之主務求理人之術玉之所以難
辨者謂其有怪石也金之所以難辨者謂其有鍮石也今夫以
隼翼而被之鷄視不明者正以爲隼明者視之乃鷄也今夫小
人多誦經籍方書或學奇技通說而被以青紫章服使愚者聽

而眎之正爲君子明者聽而眎之乃小人也故人主誠明以言取人理也以才取人理也以行取人理也人主不明以言取人亂也以才取人亂也以行取人亂也夫聖人之用人也貴耳不聞之功貴目不見之功口不可道之功而百姓暢然自理矣若人主貴耳聞之功則天下之人運貨逐利而市譽矣貴目見之功則天下之人恢形異藝而爭進矣貴可道之功則天下之人習舌調吻而飾辭矣使天下之人市譽爭進飾辭見達則政敗矣人主皆知鏡之明已也而惡士之明已也鏡之明已也功細士之明已也功大知其細失其大不知類矣於乎人主清心省事人臣恭儉守職太平立致矣而代主或難之吾所不知也若人主方寸之地不明不斷則天地之宜四海之内動植萬類咸失其道矣以耳目取人者官多而政亂以心慮取人者官少而政

清是知循理之代務求不可見不可聞之材澆危之代務取可聞可見之材於是人主豈知哉以耳目取人人皆攘奪以買譽以心慮取人人皆靜正以勤德吏靜正以勤德則不言而自化吏攘奪以買譽則刑之而不畏代主豈不知哉

臣道篇第五

夫國之將興也朝廷百吏或短或長或醜或美或怡或厲或是或非雖聽其言觀其貌有似不同然察其志徵其心盡於為國所以剖訐不怨黜退不愕議得其中無違乎理故天不忒其時地不乏其利人不亂其事鬼神開贊蠻夷柔同保合太和萬物化育國之將亡也朝廷百吏姿貌多美顏色諧和詞氣華柔動止詳潤雖觀其貌聽其言有若歡洽然察其志徵其心盡在競位所以聞奇則怪見異必愕狙嫉相蒙遂喪其道故天告災時

地生反物人作凶德鬼神閒禍戎狄交侵喪亂弘多萬物不化
夫不妨人力不損官吏而功成政立下阜百姓上滋主德如此
者忠賢之臣也若聚財煩人危官苟效一時功利規賞於主不
顧過後貽災於國如此者姦臣也至理之代官得人不理之代
人得官鄒龍覲問事君亢倉子曰既榮死而臣人者也心莫若
公貌莫若和言莫若正公不欲露和不欲雜正不欲犯古之清
勤爲國脩政令之清勤爲身脩名夫爲國脩政者區處條別動
得其宜合於大體爲身脩名者區處條別致遠不通拘於小節
是知心以道爲主抵物得其所心以事爲主抵物失其所臣居
上位不諫下位不公不合贍其祿君不嚴敬大臣不彰信小臣
不合官其朝有才者不必忠忠者不必有才臣不忠不忠適恐
盡忠而主莫之信不患不信適恐信之而莫能事事上等之人

得其性則天下理中等之人得其性則天下亂明主用上等之人當委以權宜便事肆其所爲用中等之人則當程課其功示以賞罰

賢道篇第六

賢良所以屢求而不至難進而易退者非爲惡身而不死王事適恐盡忠而主莫之信耳自知有才識之人外恭謹而內無憂其於衆也和正而不狎親之則彌莊疏之則退去而不怨窮厄則以命自寬榮達則以道自止人有睎其儀賢也聽其聲賢也徵神識或負所望夫賢人其見用也入則諷譽出則韜默職司勤辨居室儉陋其未見用也藏身於終藏識於目藏言於口飽食安步獨善其善負而不怨智者不疑事識者不疑人有識之士行危而色不可疏言遜而理不可拔凡謂賢人不自稱賢效

在官功在事事太平之時上士運其識中士竭其能小人輸其力齊有掊子者材可以振國行可以獨立事父母孝謹鄉黨恭循念居貧無以爲養施信義而遊者久之交所以寡合或爲乖嘗務訿者所貲給於是貧較尤居閭乎亢倉子曰吾聞至人忘情黎人不事情存情之曲務其教訓而尊信義吾乃不知爲士受不信爲信信而不見信爲信爲勤崇義爲義然則信義之士常獨厄隨退胡以取貴序嘗而教理之所上也亢倉子俯而循衽仰而譆超然歌曰時之陽兮信義昌時之默兮信義伏陽與默昌與伏汩吾無誰私兮羌忽不知其讀夫運正性以如適而物莫之應者貴不行也貴且不行謂之道喪道喪之嘗上士乃隱隱之爲義有可爲也莫可爲者也有可用也莫可用者也祭公問賢材何從而不至亢倉子曰賢正可待不可求材慎在求

不在無若天子靜大臣明刑不避貴澤不隔下則賢人自至而求用矣賢人用則四海之內明目而眎清耳而聽坦心而無鬱矣天自成地自寧萬物醇化鬼神不能靈故曰賢正可待不可求若天子勤明大臣和理之求士也則恢弘方大公直請人之材至若天子苛察大臣躁急之求士也則曲心巧應毀方破道之材至若天子疑忌大臣巧隨之求士也則奇姓異名仄媚怪術之材至若天子自賢大臣固位之求士也則事文逐譽貪濁浮麗之材至若天子依違大臣回佞之求士也則內忠外僻情毒言和之材至故曰材慎在求不在無昔者黃帝得常僊封鴻鬼容巨商王得伊尹中興得甫申齊桓得甯籍皆由數君體道邁仁布昭聖武思輯光明寬厚昌正而衆賢求用非爲簡核而得也祭公曰天子云賢人不求而自至亦有非賢不求而自至

者庨亢倉子曰夫非賢不求而自至者國衆矣夫天下有道則賢人不求而自至天下無道則非賢不求而自至人主有道者寡無道者衆天下賢人少不肖者多是知非賢不求而自至者多矣祭公曰賢固濟天下材亦能濟天下俱濟天下賢與材安取異邪亢倉子曰賢庨哉其間也功成事畢不殉封譽恭退樸儉之謂賢功成事畢榮在祿譽光揚志滿之謂材賢可以鎮國材亦可以理國所謂鎮者和寧無爲人不知其力所謂理者勤率其事人知所於德一賢統衆材則有餘衆材度一賢猶不足如是賢材之殊域有居山林而諠者有在人俗而靜者有諠而正者有靜而邪者凡眎察其貌鄙俗而能有賢者萬不一眎察其貌端雅而實小人者十而九夫不練其言而知其文不責其儀而審其度不采其譽而知其善不流其毀而斷其實可謂有

識者也

訓道篇第七

閔子騫問仲尼道之與孝相去奚若仲尼曰道者自然之妙用孝者人道之至德夫其包運天地發育萬物曲成萬類不希性壽其功至實而不爲物府不爲事官無爲功尸捫求眎聽莫得而有字之曰道用之於人字之曰孝孝者善事父母之名也夫善事父母敬順爲本意以承之順承顔色無所不至發一言舉一意不敢忘父母營一手措一足不敢忘父母事君不敢忘忠朋友不敢不信臨下不敢不敬嚮善不敢不勤雖居獸室之中亦不敢懈其誠此之謂全孝故至誠之至通乎神明光于四海有感必應善事父母之所致也昔者虞舜其人孝矣庶母惑父屢憎害之舜心益恭懼而無怨謀使浚井下土實之于時天休

震動神明驗赫導宍而因奉養謐謹由是立德茂盛為天下君善事父母之所致也文王之為太子也其大老矣朝夕必至乎寢門之外問寺人曰謐日安否如何曰安太子温然喜色小不安節太子色憂滿容朝夕食上太子必眎寒煖之節食下必知膳羞所進然後退寺人言疾太子肅冠而齋膳宰之饌必敬眎之湯液之貢必親嘗之嘗饌善則太子亦能食嘗饌寡太子亦不能飽以至於復初然後亦復初君后有過怡聲以諷君后所惡雖小物必嚴襲是故孝成於身道洽天下雅曰文王陟降在帝左右言文王靜作進退天必贊之故紂不能害夢啓之壽下世三十卜年七百天所命也善事父母之所致也閔子騫曰善事父母之道既幸聞矣敢問教子之義仲尼曰凡三王教子必視禮樂樂所以脩內禮所以脩外禮樂交脩則德容發輝于貌

故能溫容而文明夫爲人臣者殺其身有益於君則爲之況利其身以善其君乎是故擇建忠長貞正之士爲之師傅欲知其父子君臣長幼之道夫知爲人子然後可以爲人父知爲人臣然後可以爲人君知事人然後能使人此三王教子之義也閔子騫退而事之於家三年人無間於父母昆弟之言交遊稱其信鄉黨稱其仁宗族稱其悌德行之聲溢於天下此善事父母之所致也齊太子坐清臺之上燕莊侯他高冠嚴色左帶玉具劍右帶環珮左光照右右光照左太子讀書不眎莊侯他問曰齊國有寶乎太子曰主信臣忠百姓戴上齊國之寶也莊侯他應聲解劍而去烏虖人有偏蔽終身莫自知已矣賢者見之竟怨而不言小人暴慈而溢言親戚憐嫉而貳言人有偏蔽惡虖不自知哉是故君子檢身常若有過衣其衣食其食知其過而

不克自以正之者君子恥之將欲自言識其必不能行者君子罕之當責衆人之惡者眎己善乎哉當責衆人之邪者視己正乎哉此之謂返明翟西氏之子甚孝謹翟西憐其子而好躁妄之言翟西辰出夕返則曰甲死矣其子信之既而甲在焉他夕則曰乙且害子其子伺將行伺既而不見惡端他夕則曰丁病矣其子覘之丁誠無恙舉此類也亘淹年序子因孝謹至於訓勤益不保承鄉國之人疾其詧口謀將殺之翟西聞而懼歸以告子子未甚信既而翟西既殺謂多言之人爲疎露亦有辭約而不密者謂輕佻之人爲不定亦有體閑而心疎者謂叢襍之人爲猥細亦有外潔而內濁者若類而引之不可殫載若非徹識安能洞詳有不可以應事也者內靜而外動其動而難靜時有不可求事也者內思而外待待至而後樂是故外靜而內動

者揺思而損性奔走而逐利者勞力而害名人生於代或有事不遂志而宣言云不遇時者是無異貪丹頸之罪俟時行戮豈不殆哉其有博才通識未見稱用者亦可云是非人情命未與耳豈不體歟長於諫者務依存前人之性而節制其情之所由起是以彼此開進親敬殷篤不長於諫者務攻前人之性而閒於情之所來是以彼此嫌貳猜疊日積兒童之所餡者乃耆耋之所非耳目之所娛者乃心慮之所疾健責天下之愚者已之未賢也健責天下之迷者已之未明也以未賢責衆愚未賢者以之亡以未明責衆迷未明者以之傷

農道篇第八

人捨本而事末則不一令不一令則不可以守不可以戰人捨本而事末則其産約其産約則輕流徙輕流徙則國家時有災

患皆生遠志無復居心人忘本而事末則好智好智則多詐多詐則巧法令巧法令則以是爲非以非爲是古先聖王之所以理人者先務農業農業非徒爲地也貴其志也人農則樸樸則易用易用則邊境安安則主位尊人農則重重則少私義少私義則公法立力慱深農則其產複其產複則重流散重流散則死其處無二慮是天下爲一心矣天下一心軒轅几遽之理不是過也古先聖王之所以茂耕織者以爲本教也是故天子躬率諸侯耕籍田大夫士第有功級勸人尊地產也后妃率嬪御繇於郊桑公田勸人力婦教也男子不織而衣婦人不耕而食男女貿功資相爲業此聖王之制也故敬時愛日埒實課功非老不休非疾不息一人勤之十人食之當時之務不興土功不料師旅男不出御女不外嫁以妨農黃帝曰四時之不正正五

穀而已耳夫稼爲之者人也生之者天也養之者地也是以稼之容足耨之容耰耘之容手是謂耕道農攻食工攻器賈攻貨時事不襲敚之以土功是謂大凶凡稼蚤者先時暮者不及時寒暑不節稼乃生災冬至已後五旬爲七日而昌生於是乎始耕事農之道見生而藝生見死而穫死天發昔地產財不與人期有年祀土無年祀土無失人昔道昔而作過昔而止老弱之力可使盡起不知昔者未至而逆之既往而慕之當其時而薄之此從事之下也人耨必以旱使地肥而土緩稼欲產於塵上而殖於堅者慎其種勿使數亦無使踈於其施土無使不足亦無使有餘畎欲深以端畝欲沃以平下得陰上得陽然後盛生吾苗有行故速長強弱不相害故速大正其行通其中疏爲冷風則有收而多功率稼望之有餘就之則疏是地之竊也不除

則蕪除之則虛是事之傷也苗其弱也欲孤其長也欲相與居
其熟也欲相扶三以為族稼乃多穀凡苗之患不俱生而俱死
是以先生者美米後生者為粃是故其耨也長其兄而去其弟
樹肥無使扶疎樹墝不欲專生而獨居肥而扶疎則多粃墝而
獨居則多死不知耨者去其兄而養其弟不收其粟而收其粃
上下不安則稼多死得時之禾長稠而大穗圜粟而薄糠米粭
而香舂而易而食之彊失時之禾深芒而小莖穗銳多粃而青
蕾得時之黍穗不芒以長摶米而寡糠失時之黍大本華莖葉
膏短穗得時之稻莖葆長稠穗如馬尾失時之稻纖莖而不滋
厚糠而菑死得時之麻疎節而色陽堅枲而小本失時之麻蕃
柯短莖岸節而葉蟲得時之菽長莖而短足其莢二七以為族
多枝數節競葉蕃實稱之重食之息失時之菽以長而蔓浮葉

虛本疏節而小莢得時之麥長稠而頸族二七以爲行薄翼而
薪色食之使人肥且有力失時之麥胕腫多病弱苗而𦕈穗是
故得時之稼豐失時之稼約庶穀盡宜從而食之使人四衛變
强耳目聰明凶氣不入身無苛殃善乎孔生之言冬飽則身溫
夏飽則身涼夫溫涼時適則人無病疢人無病疢是疫癘不行
疫癘不行咸得遂其天年故曰穀者人之天是以興王務農王
不務農是棄人也王而棄人將何國哉

兵道篇第九

秦景王將賑強兵於天下使庶長鮑戎必致命亢倉子待以壤
邑十二周寶迫之亢倉子至自滎泉實于上館景王三日弗得
所問下席北首頓珪曰天果無意恤孤耶亢倉子油然虧盼曰
朕以主爲異之問而寧弊弊焉以斫刺爲故抑者隨其所而得

正者無如可矣景王一辭再舉歛黼衽端珪抑首而坐曰寡惟
天所命亢倉子仰榱而噓俯正顏色曰原兵之所起與始有人
俱夫兵也者出人之威也人之有威性受於天故兵之所自來
上矣嘗無少選之不用貴賤長少賢愚相與察同兵之兆在心
懷恚而未發兵也疾眎作色兵也傲言推捘兵也侈鬬攻戰兵
也此四者鴻細之爭也未有蚩尤之時人實揭材木以鬬矣黃
帝用水火矣共工稱亂矣五帝相與爭矣一興一廢勝者用事
夫有以用藥而死者欲禁天下之醫非也有以乘舟而死者欲
禁天下之船非也有以用兵而喪其國者欲禁天下之兵非也
夫兵之不可廢譬水火焉善用之則爲福不善用之則爲禍是
故怒笞不可偃於家刑罰不可偃於國征伐不可偃於天下古
之聖王有義兵而無偃兵兵誠義以誅暴君而振苦人人之悅

色若孝子之見慈親餓隸之遇美食號呼而走若強弩之射深
谷也勝負之決勿徵於他必反人情人之情欲生而惡死欲榮
而惡辱死生榮辱之道一則三軍之士可使一心矣凡軍欲其
衆也心欲其一也三軍一心則令可使無敵人古之至兵蓋重
令也故其令強者其敵弱其令信者其敵詘先勝之於此則勝
之與彼誠若此則敵胡足勝也凡敵人之來也以求利也今來
而得死且以走爲利則刃無所與接矣此之謂至兵儌虐姦詐
之與義理反也其勢不俱勝不相立故義兵入於敵之境則人
知所庇矣兵至於國邑之郊不踐果稼不穴丘墓不殘積聚不
焚室屋得人虜壹而歸之但與人期以致敵貧以章好惡以示
逆順若此而猶有愎狠淩寇不聽者雖行武焉可也先發聲出
號令曰兵之來也以除人之讎以順天之道故尅其國不屠其

人獨誅所誅而已於是舉選秀士賢良而尊封之求見孤疾長老而拯敬之發府庫之財散倉廩之秩不私其物曲加其禮今有人於此能生死人一人則天下之人爭事之矣義兵之生一人亦多矣人孰不悅故義兵至則鄰之人歸之若流水諸國之人望之如父母行地滋遠得人滋衆辭未終景王興起首曰孤獲聞先生教言不覺氣盈宇宙志知所如也而心滋益襲於是步前稽觴爲亢倉子壽拜揖首列師位嚴于齋室又月洪旬辰加天關白晝行道

亢倉子終

亢倉子一卷

周·庚桑楚撰

民國十二年(1923)沔陽盧氏慎始基齋刊《湖北先正遺書》本

亢倉子

湖北先正遺書 子部

沔陽盧氏慎始
基齋借江安傅
氏雙鑑樓藏明
刻本景印

亢倉子

全道篇第一

亢倉子居羽山之頹三年俗無疵癘而仍穀熟其俗竊相謂曰亢倉子之始來吾鮮然異之今吾日計之不足歲計之有餘其或聖者邪盍相與尸而祝之社而稷之乎亢倉子聞之色有不釋其徒黶啜從而啓之亢倉子曰吾聞至人尸居環堵之室而百姓猖狂不知其所如往今以羽俗父子竊竊焉將俎豆予我其的之人邪吾是以不釋於老聃之言黶啜曰不者夫尋常之汙巨魚無所還其體

而鯢鰌爲之制步仞之丘巨獸無所隱其軀而孽狐爲之祥且也尊賢事能饗善就利自堯舜以固然而況羽俗乎先生其聽矣亢倉子曰譆來夫二子者知乎函車之獸介而離山閒罟制之呑舟之魚蕩而失水螻蟻苦之故鳥獸居欲其高魚鼈居欲其深夫全其形生之人藏其身也亦不厭深眇而已吾語若大亂之本禮乎堯舜之閒其終存乎千代之後必有人與相食者矣言未終南子榮之樗色蹙然膝席曰樗年運而長矣將奚以託業以事斯言亢倉子曰全汝形抱汝生无悖汝思慮營

嘗若此緒年或可以及此言雖然吾才小不足以化子胡不南謁吾師聃亢倉子旣謝榮之擕不釋羽俗而龍巳乎天下水之性清土者抇之故不得清人之性壽物者抇之故不得壽物也者所以養性也今代之惑者多以性養物則不知輕重也是故聖人之於聲色滋味也利於性則取之害於性則捐之此全性之道也萬人操弓共射一招招無不中萬物章章以害一生生无不傷故聖人之制萬物也全其天也天全則神全矣神全之人不慮而通不謀而當精照无外志凝宇宙德若天地

然上爲天子而不驕下爲匹夫而不惛此之謂全道之人心平正不爲外物所誘曰清清而能久則明明而能久則虛虛則道全而居之泰佚死亢倉子哭之其役曰天下皆死先生何哭爲也亢倉子曰天下皆哭安得不哭其役曰哭者必哀而先生未始哀何也亢倉子曰舉天之下吾无與樂安所取哀蛻地之謂水蛻水之謂氣蛻氣之謂虛蛻虛之謂道虛者道之體靖者道之地理者道之綱識者道之目道所以保神德所以宏量禮所以齊物物所以養體好質白之物者以黑爲汙好質黑之

物者以白爲汚吾又安知天下之正潔汚哉由是不主物之潔汚者矣夫瞽視者以黈爲赤以蒼爲玄吾乃今所謂皂白安知識者不以爲頳黃吾又安知天下之正色哉由是不遁物之色矣夫好貨甚者不見他物之可好好馬甚者不見他物之可好好書甚者不見他物之可好吾又安知天下之果可好者果可惡者哉由是不見物之可以保戀矣死能滑吾眞矣陳懷君柳使其大夫禱行聘於魯叔孫卿私曰吾國有聖人若知之乎陳大夫曰奚以果明其聖叔孫卿曰能廢心而用形陳大夫

曰弊邑則小亦有聖人異於所聞曰聖人謂誰陳大夫曰有亢倉子者偏得老聃之道其能用耳視目聽定公聞而異焉使叔孫氏報聘且致亢倉子待以上卿之禮亢倉子至賓于亞寢魯公卑辭以問之亢倉子曰吾能視聽不用耳目非能易耳目之所用告者過也公曰孰知是寡人增異矣其道若何寡人果願聞之亢倉子曰我體合於心心合於氣氣合於神神合於无其有介然之有唯然之音雖遠際八荒之表邇在眉睫之內來干我者吾必盡知之乃不知爲是我七竅手足之所覺六腑

五臟心慮之所知其自知而已矣

用道篇第二

天不可信地不可信人不可信心不可信惟道可信賢主秀士豈知哉昔者桀信天與其禮四海已不勤於道天奪其國以授殷紂亦信天與其禮四海已不襲於道天奪其國以授周今夫惰農信地實生百穀不力於其道地竊其巢稼而荒翳之齊后信人之性辭讓不明於其道舉全境以付人人實鴟義而有其國凡人不修其道隨其心而師之營欲茂滋災疾朋釁戕身損壽心斯害之矣故曰

惟道可信天地非道不能悠久蒼生非賢不能靖順庶政非才不能和理夫用道之人不露其用福滋萬物功歸无有神融業茂靈慶悠長知而辨之謂之識知而不辨謂之道識以理人道以安久夫雞晨而作負日任勞流汗灑地夜分僅息農夫之道也俯拾仰取鋭意錐撮力思摶精希求利潤賈豎之道也嚥氣谷神宰思損慮超遥輕舉日精鍊仙高士之道也剸情端想畢志所事倫撰忘寢謀效位司人臣之道也清心省念察驗近習務求賢良以安萬姓人主之道也若由是類之各順防其

志度不替塞其業覆是謂天下有道導筋骨則形全剪情欲則神全靖言語則福全克保三全是謂清賢道德順則鬼神助信義彰則君子全禮義備則小人懷有識者自是無識者亦自是有道者靜默闇鈍者亦靜默物固有似是而非似非而是先號後笑始吉終凶身可親而才不可親才可敬而身不堪敬敬甚則不親親甚則不敬親之而疎疎之而親恩甚則怨生愛多則憎至有以速爲貴有以緩爲貴有以直爲貴有以曲爲貴百事之宜其由甚微不可不知是故智者難之靜則神通窮則

意通貴則語通富則身通理勢使然同道者相愛同藝者相嫉人情自然也多才而好謙貧賤而不諂處勞而不爲辱富貴而恭勤可謂有德者也

政道篇第三

人无法以知天以四時寒暑日月星辰之所行知天若四時寒暑日月星辰之所行當則諸生血氣之類皆得其處而安其產矣人臣亦无法以知主以主之賞罰爵祿之所加知主若主之賞罰爵祿之所加宜則親疏遠近賢不肖者皆盡其力而以爲用矣信全則天下安信失則天下危夫百姓勤

勞則物殫盡則爭害之心生而不相信矣人不相信由政之不平也政之不平吏之辠也吏之有辠刑賞不齊也刑賞不齊主不勤明也夫主勤明則刑賞一刑賞一則吏奉法吏奉法則政下宣政下宣則人人得其所而交相信矣是知天下不相信者由主不勤明也亢倉子居息壤五年靈王使祭公致簏帛與紉璐曰余末小子否德忝位水旱不時藉爲人君何以禳之亢倉子曰水陰沴也陰於國政類刑人事類私旱陽過也陽於國政類德人事類盈楚以爲凡遭水旱天子宜正刑脩德百官

宜去私戒盈則以類而消百福日至矣鄭有胡之
封珪戎弓異時失同於荆荆曰必得封珪戎弓不
然臨兵于汝鄭君病之駕見亢倉子曰封珪戎弓
先君得之于胡綿代功寶傳章翼嗣令荆待大而
曰必得不然臨兵國危矣寡人欲以他封珪戎弓
往若之何亢倉子曰君其少安令是楚亦有寶於
此飾楚之寶以貰罪於君楚所不能君必致夫眞
令荆以淺鮮之過而負其威刑申逞不直以耗斁
與國荆失諸侯於是乎在諸侯聞之將警勸備倫
比勤明會同上義固存鄭其爲首君姑待之豈必

非福於是以胡珪戎弓往未至郢荆人聞之曰彼用聖人之訓辭吾焉取此以暴不直於天下而令諸侯實生心焉遽反其賂而益善焉人之情欲生而惡死欲安而惡危欲榮而惡辱天下之人得其欲則樂樂則安不得其欲則苦苦則危若人主放其欲則百吏庶長具展其欲百吏庶長具展其欲則天下之人貧者竭其力富者竭其財四人失其序皆不得其欲矣天下之人不得其欲則相與提攜保抱逋逃隱蔽漂流捃采以祈性命吏又從而捕之是故不勝其危苦因有群聚背叛之心生則

國非其國也勿貪戸口百姓汝走多壯城池百姓
汝疲賦歛不中窮者曰窮刑罰且貳覆者曰覆科
禁大行國則以傾官吏非才則寬猛失所寘與百
姓爭利則狡詐之心生所以天下姦而難知天下
難知則上人疑上人疑則下益惑下既惑則官長
勞官長勞則賞不足勸刑不能禁易動而難靖此
由官不得人故也政術至要力於審士士有才行
比於一鄉委之鄉才行比於一縣委之縣才行比
於一州委之州才行比於一國委之國政而後廼
能无伏士矣人有惡戾於鄉者則誨之不改是爲

惡戾於縣則撻之不改是爲惡戾於國則誅之迺能无復逆節矣誠如是舉天下之人一一畏懷無有干悁謟慢之萌矣此之謂靖人凡爲天下之務莫大求士士之待來莫善通政通政之善莫若靖人靖人之才蓋以文章考之百無四五以言論考之十或一二以神器靖作態度考之十全八九是皆賢王慶代明識裁擇所能爾也王天下者若以文章取士則翦巧綺纎益至而正雅素實益藏矣以言論取士則浮掞游飾益來而謇諤訐直益晦矣以神氣靖作態度取士則外正内邪益尊而清

脩明實益隱矣若然者賢愈到政愈僻令愈勤人愈亂矣夫天下至大器也帝王至重位也得士則靖失士則亂故人主勞於求賢逸於任使嗚呼守國聚人者其胡可以不事試於士乎人情失宜主所深恤失宜之大莫痛刑獄夫明達之才將欲聽訟或誘之以詐或脅之以威或開之以情或苦之以戮雖作設權輿而必也公平故使天下之人生無所於德死無所於怨夫秉國建吏持刑若此可謂至官至官之代群情和正諸產咸宜愛敬交深上下條固不可搖蕩有類一家苟違領凌逆安得

動哉平王返正既宅天邑務求賢良等聞一善憫豫連日左右侍僕累言大臣有賢異者如是踰歲王曰余一人于德不明務求賢異益恐山澤遺逸不舉豈樂聞善以自閉塞哉廼者反媢僕臣累譽權任煩階左右意余孱昧无能斷明徒唯共和依違浸長自賢敗德莫此爲多不時匡遏就茲固黨於是棄左右近習三人於市貶庶司尹長五人曰無令人臣附下罔上持祿阿意天下聞之稱爲齊明海南之西歸者七國至理之代輿服純素憲令寬簡禁網疏濶夫輿服純素則人不勝羨憲令寬

簡則俗无忌諱禁網踈濶則易避難犯若人不勝
羡則嗜欲希微而服役樂業矣俗无忌諱則抑閉
開舒而歡欣交通矣易避難犯則好惡分明而貴
德知耻矣夫服役樂業之謂順歡欣交通之謂和
貴德知耻之謂正浮墮之人不勝於順逆節之人
不勝於和姦邪之人不勝於正順和正三者理國
之宗也衰末之世輿服文巧憲令禳祈禁網頗僻
夫輿服文巧則流相炎慕憲令禳祈則俗多忌諱
禁網頗僻則莫知所逭若流相炎慕則人不忠潔
而耻樸貴華矣俗多忌諱則情思不通而上下膠

戾矣莫知所追則讒慝繁興而衆不懼死矣夫耻樸貴華之謂浮上下膠戾之謂塞衆不懼死之謂冒眞正之士不官於浮公直之士不官於塞器能之士不官於冒浮塞冒三者亂國之梯也荆君熊圉問水旱理亂亢倉子曰水旱由天理亂由人若人事和理雖有水旱无能爲害堯湯是也故周之秩官云人强勝天若人事壞亂縱無水旱日益崩離且桀紂之滅豈惟水旱荆君北面遵循稽首曰天不棄不穀及此言也乃以弘璧十朋爲亢倉子壽拜爲亞尹曰庶吾國有瘳乎亢倉子不得已中

宿微服違之他邦至理之代山無僞隱市無邪利
朝無倖祿國産問何由得人俗醇樸亢倉子曰政
煩苛則人姦僞政省一則人醇樸夫人俗隨國政
之方圓猶蠖屈之於葉也食黃則身黃食蒼則身
蒼曰何爲則人富亢倉子曰賦斂以時官上清約
則人富賦斂無節官上奢縱則人貧幼粤之𨥥鏃
以精金鷙隼爲之羽以之𣏌簳則其與槁樸也無
擇及夫蕩寇爭衡覿武决勝加之駭弩之上則三
百步之外不立敵矣蜚景之劒威奪白日氣盛紫
蜺以之刲𥟖則其與劚刃也無擇及夫凶邪流毒

沸渭不靖加之運掌之上則千里之内不留行矣
夫材有分而用有當所貴善因時而已耳昔者明
王聖帝天下和平萬物茂暢群性得極善因時而
勿擾者也近古以來天下姦邪者衆正直者寡輕
薄趨利者多敦方退靜者鮮姦者出言等於忠言
遂使天下之人交相疑害悲夫作法貴於易避而
難犯救弊貴於省事而一令除去豪横則官人不
敢務私利官人不敢務私利而百姓富史刑曰青
災肆赦赦不欲數赦數則惡者得計平人生心而
賢良否塞矣人有大爲賊害官吏捕獲因廣條引

誣陷貞良淵遠牽連冀雜時序卒蒙赦宥遇賊害者訖無所快自毒而已由是平人遞生黠計吏勞政酷莫能鎮止此由數赦之過也夫人之所以惡爲無道不善者爲其有罰也所以勉爲有道行義者爲其有賞也今無道不義者赦之而有道行義者被姦而不賞欲人之就善也不亦難乎代有賢主秀士肯察此論人怨者非不按人也神怒者非不事神也巧佞甚人愈怨淫祀盛神愈怒

君道篇第四

始生之者天地養成之者人也能養天之所生而

物攖之謂之天子天子之動也以全天氣故此官
之所以自立也立官者以全生也今代之惑主多
官而反以害生則失所以爲立之本矣草鬱則爲
腐樹鬱則爲蠹人鬱則爲病國鬱則百惡竝起危
亂不禁所謂國鬱者主德不下宣人欲不上達也
是故聖王貴忠臣正士爲其敢直言而决鬱塞也
克己復禮賢良自至君耕后蚕蒼生自化由是言
之則賢良正可待不可求求得非賢也蒼生正可
化不可刑刑行非理也尭舜有爲人主之勤无爲
人主之欲故天下各得濟其欲有爲人主之位无

爲人主之心故天下各得肆其心士有天下人愛之而主不愛者有主獨愛之而天下人不愛者用天下人愛者則天下安用主獨愛者則天下危人主安可以自放其愛憎哉由是重天下者當制其情所謂天下者謂其有萬物也所謂有邦國者謂其有人衆也夫國以人爲本人安則國安故憂國之主務求理人之術玉之所以難辨者謂其有怪石也金之所以難辨者謂其有鍮石也今夫以隼翼而被之鶡視不明者正以爲隼明者視之乃鶡也今夫小人多誦經籍方書或學奇技通說而被

以青紫章服使愚者聽而視之正爲君子明者聽而視之乃小人也故人主誠明以言取人理也以才取人理也以行取人理也人主不明以言取人亂也以才取人亂也以行取人亂也夫聖人之用人也貴耳不聞之功目不見之功口不可道之功而百姓暢然自理矣若人主貴耳聞之功則天下之人運貨逐利而市譽矣貴目見之功則天下之人恢形異藝而爭進矣貴可道之功則天下之人習舌調吻而飾辭矣使天下之人市譽爭進飾辭見達則政敗矣人主皆知鏡之明已也而惡士之

明已也鏡之明已也功細士之明已也功大知其細失其大不知類矣於乎人主清心省事人臣恭儉守職太平立致矣而代主或難之吾所不知也若人主方寸之地不明不斷則死地之宜四海之内動植萬類咸失其道矣以耳目取人者官多而政亂以心慮取人者官小而政清是知循理之代務求不可見不可聞之材澆危之代務取可聞可見之材於乎人主豈知哉以耳目取人人皆藪欲以買譽以心慮取人人皆靜正以勤德吏靜正以勤德則不言而自化吏藪欲以買譽則刑之而不

畏代主豈不知哉

臣道篇第五

夫國之將興也朝廷百吏或短或長或醜或美或怡或厲或是或非雖聽其言觀其貌有似不同然察其志徵其心盡於爲國所以剛訏不慾黜退不愕議得其中无違乎理故天不惑其時地不乏其利人不亂其事鬼神開賓蠻夷柔同保合太和萬物化育國之將亡也朝廷百吏姿貌多美顏色諧和詞氣華柔動止詳潤雖觀其貌聽其言有若歡洽然察其志徵其心盡在競位所以閧哥則怪見

異必愕祖嫉相蒙遂喪其道故天告災時地生反
物人作凶德鬼神閒禍戎狄交侵喪亂弘多萬物
不化夫不妨人力不損官吏而功成政立下阜百
姓上滋主德如此者忠賢之臣也若費財煩人危
官苟效一時功利規賞於主不顧過後貽災於國
如此者姦臣也至理之代官得人不理之代人得
官邾龍覿問事君亢倉子曰旣榮死而臣人者也
心莫若公貌莫若和言莫若正公不欲露和不欲
雜正不欲犯古之清勤爲國修正今之清勤爲身
修名夫爲國脩政者區處條别動得其宜合於大

體爲身脩名者區處條別致遠不通拘於小節是知心以道爲主抵物得其所心以事爲主抵物失其所臣居上位不諫下位不公不合贍其祿君不嚴敬大臣不彰信小臣不合官其朝有才者不必忠忠者不必有才臣不患不忠適恐盡忠而主莫之信不患不信適恐信之而莫能事事上等之人得其性則天下理中等之人得其性則天下亂明主用上等之人當委以權宜便事肆其所爲用中等之人則當程課其功示以賞罰

賢道篇第六

賢良所以屢求而不至難進而易退者非爲愛身而不死王事適恐盡忠而主莫之信耳自知有才識之人外恭謹而內无憂其於衆也和正而不狎親之則彌莊踈之則退去而不怨窮戹則以命自寬榮達則以道自止人有視其儀賢也聽其聲賢徵神識或負所望夫賢人其見用也入則諷譽出則龔默職司勤辨居室儉閒其未見用也藏身於終藏識於目藏言於口飽食安步獨善其善貞而不怨智者不疑事識者不疑人有識之士行危而色不可踈言遜而理不可拔凡謂賢人不自稱賢

效在官功在事事太平之時上士運其識中士竭其耐小人輸其力齊有揞子者材可以振國行可以獨立事父母孝謹鄉黨恭循念居貧無以爲養施信義而遊者久之矣所如寡合或爲桀時夸眦者所嗤紿於是負杖步足問乎亢倉子曰吾聞至人忘情黎人不事情存情之曹務其教訓而尊信義吾乃不知爲工受不信爲信信而不見信爲信爲勤慕義爲義然則信義之士常獨阨隨退胡以取貴乎時而教理之所上也亢倉子俯而循袵仰而譆超然歌曰時之陽兮信義昌時之黓兮信義

伏陽與默昌與伏汨吾無誰私兮羌忽不知其讀
夫運正性以如適而物莫之應者眞不行也眞且
不行謂之道喪道喪之時上士乃隱隱之爲義有
可爲也莫可爲者也有可用也莫可用者也祭公
問賢材何從而不至亢倉子曰賢正可待不可求
材愼在求不在無若天子靜大臣明刑不避貴澤
不隔下則賢人自至而求用矣賢人用則四海之
內明目而視清耳而聽坦心而無鬱矣天自成地
自寧萬物醇化鬼神不能靈故曰賢正可待不可
求若天子勤明大臣和理之求士也則恢弘方大

公直靖人之材至若天子許察大臣躁急之求士也則曲心巧應毀方破道之材至若天子疑忌大臣巧隨之求士也則奇姓異名交媚怪術之材至若天子自賢大臣固位之求士也則事文逐譽貪濁浮麗之材至若天子依違大臣回佞之求士也則內忠外僻情毒言和之材至故曰材慎在求不在無昔者黃帝得常仙封鴻鬼容丘商王得伊尹中興得甫申齊桓得甯籍皆由數君體道邁仁布昭聖武思輯光明寬厚昌正而衆賢求用非爲簡核而得也祭公曰夫子云賢人不求而自至亦有

非賢不求而自至者乎亢倉子曰夫非賢不求而自至者固衆矣夫天下有道則賢人不求而自至天下無道則非賢不求而自至人主有道者寡無道者衆天下賢人少不肖者多是知非賢不求而自至者多矣祭公曰賢固濟天下材亦能濟天下俱濟天下賢與材安取異邪亢倉子曰審乎哉其問也功成事畢不殉封譽恭退樸儉之謂賢功成事畢榮在祿譽光揚志滿之謂材賢可以鎮國材亦可以理國所謂鎮者和寧無爲人不知其力所謂理者勤率其事人知所於德一 賢統衆材則有

餘衆材度一賢猶不足如是賢材之殊域有居山林而諠者有在人俗而靜者有諠而正者有靜而邪者凡視察其貌鄙俗而能有賢者萬不一視察其貌端雅而實小人者十而九夫不練其言而知其文不責其儀而審其度不采其譽而知其善不流其毁而斷其實可謂有識者也

訓道篇第七

閔子騫問仲尼道之與孝相去奚若仲尼曰道者自然之妙用孝者人道之至德夫其包運天地發育萬物曲成萬類不希性壽其功至實而不爲物

府不爲事官無爲功尸擟求視聽莫得而有字之
曰道用之於人字之曰孝孝者善事父母之名也
夫善事父母敬順爲本意以承之順承顔色無所
不至發一言舉一意不敢忘父母營一手措一足
不敢忘父母事君不敢忘忠朋友不敢不信臨下
不敢不敬嚮善不敢不勤雖居獨室之中亦不敢
懈其誠此之謂全孝故至誠之至通乎神明光于
四海有感必應善事父母之所致也昔者虞舜其
大孝矣庶母惑父屢憎害之舜心益恭懼而無怨
謀使浚井下土實之于時天休震動神明駿赫導

穴而出奉養滋謹由是玄德茂盛爲天下君善事父母之所致也文王之爲太子也其父老矣朝夕必至乎寢門之外問寺人曰茲日安否如何曰安太子慍然喜色小不安節太子色憂滿容朝夕食上太子必視寒煖之節食下必知善羞所進然後退寺人言疾太子肅冠而齋膳宰之饌必敬視之湯液之貢必親嘗之嘗饌善則太子亦能食嘗饌寡太子亦不能飽以至于復初然後亦復初君后有過怡聲以諷君后所愛雖小物必嚴龔是故孝成於身道治天下雅曰文王陟降在帝左右言文

王靜作進退天必贊之故紂不能害夢啓之壽卜世三十卜年七百天所命也善事父母之所致也閔子騫曰善事父母之道既幸聞矣敢問教子之義仲尼曰凡三王教子必視禮樂樂所以修內禮所以修外禮樂交修則德容發輝于貌故能溫容而文明夫爲人臣者殺其身有益於君則爲之況利其身以善其君乎是故擇建忠良貞正之士爲之師傅欲知其父子君臣長幼之道夫知爲人子然後可以爲人父知爲人臣然後可以爲人君知事人然後能使人此三王教子之義也閔子騫退

而事之於家三年人無間於父母昆弟之言交遊稱其信鄉黨稱其仁宗族稱其弟德行之聲溢於天下此善事父母之所致也齊太子坐清臺之上燕莊侯他高冠嚴色左帶玉具劍右帶環珮左光照右右光照左太子讀書不視莊侯他問曰齊國有寶乎太子曰主信臣忠百姓戴上齊國之寶也莊侯他應聲解劍而去於乎人有偏蔽終身莫自知已矣賢者見之寬恕而不言小人暴愛而溢言親戚憐嫉而貳言人有偏蔽惡乎不自知哉是故君子檢身常若有過衣其衣食其食知其過而不

克有以正之者君子耻之將欲有言識其必不能行者君子罕之當責衆人之惡者視已善乎哉當責衆人之邪者視已正乎哉此之謂返明翟西氏之子甚孝謹翟西憐其子而好躁妄之言翟西晨出夕返則曰甲死矣其子信之既而甲在焉他夕則曰乙且害予其子伺將行侂既而不見惡端他夕則曰丁病矣其子覘之丁誠無恙舉此類也冒淹年序子固孝謹至於訓勤益不保承鄉國之人疾其咎口謀將殺之翟西聞而懼歸以告子子未甚信既而翟西既殺謂多言之人爲踈露亦有辭

約而不密者謂輕佻之人爲不定亦有體閒而心躁者謂叢檏之人爲猥細亦有外潔而內濁者若類而引之不可殫載若非徹識安能洞祥有不可以應事也者內靜而外動其動而難靜時有不可求事也者內思而外待待至而後樂是故外靜而內動者搖思而損性奔走而逐利者勞力而害名人生於代或有事不遂志而宣言云不遇時者是无異負丹頸之罪俟時行戮豈不殆哉其有博才通識未見稱用者正可云時非不清命未與耳豈不避嫌長於諫者務依存前人之性而剪制其情

之所由起是以彼此開進親敬殷篤不長於諫者務攻前人之性而闇於情之所來是以彼此嫌貳猜釁日積兒童之所簡者乃耆耋之所非耳目之所娛者乃心慮之所疾從責天下之愚者已之未賢也從責天下之迷者已之未明也以未賢責衆愚未賢者以之亡以未明責衆迷未明者以之傷

農道篇第八

人捨本而事末則不一令不一令則不可以守不可以戰人捨本而事末則其產約其產約則輕流徙輕流徙則國家時有災患皆生遠志無復居心

人忘本而事末則好智好智則多詐多詐則巧法
令巧法令則以是爲非以非爲是古先聖王之所
以理人者先務農農業非徒爲地也貴其志也
人農則樸樸則易用易用則邊境安安則主位尊
人農則童童則少私義少私義則公法立力博深
農則其產複其產複則重流散重流散則死其處
无二慮是天下爲一心矣天下一心軒轅几遷之
理不是過也古先聖王之所以茂耕織者以爲本
教也是故天子躬率諸侯耕籍田大夫士第有功
級勸人尊地產也后妃率嬪御絲於郊桑公田勸

人力婦教也男子不織而衣婦人不耕而食男女貿功資相爲業此聖王之制也故敬時愛日埒實課功非老不休非疾不息一人勤之十人食之當時之務不興土功不料師旅男不出御女不外嫁以方農黃帝曰四時之不正正五穀而已耳夫稼爲之者人也生之者天也養之者地也是以稼之容足耨之容耰耘之容手是謂耕道農攻食工攻器賈攻貨時事不龔敓之以土功是謂大凶凡稼蚤者先時暮者不及時寒暑不節稼乃生災冬至已後五旬爲七日而昌生於是乎始耕事農之道

見生而藝生見死而穫死天發時地產財不與人期有年祀土無年祀土無失人時迨時而作過時而止老弱之力可使盡起不知時者來至而逆之旣往而慕之當其時而薄之此從事之下也人耨必以旱使地肥而土緩稼欲產於塵上而殖於堅者愼其種勿使數亦無使疏於其施土無使不足亦無使有餘畎欲深以端畝欲沃以平下得陰上得陽然後盛生吾苗有行故速長强弱不相害故速大正其行通其中疏爲冷風則有收而多功率稼望之有餘就之則疏是地之竊也不除則蕪除

之則虛是事之傷也苗其弱也欲孤其長也欲相與居其熟也欲相扶三以爲族稼乃多穀凡苗之患不俱生而俱死是以先生者美米後生者爲粃是故其耨也長其兄而去其弟樹肥無使扶疏樹墝不欲專生而獨居肥而扶疏則多粃墝而獨居則多死不知耨者去其兄而養其弟不收其粟而收其粃上下不安則稼多死得時之禾長稠而大穗圜粟而薄糠米粘而香舂而易而食之强失時之禾深芒而小莖穗銳多粃而青蘦得時之黍穗不芒以長摶米而寡糠失時之黍大本華莖葉膏

短穗得時之稻莖葆長稠穗如馬尾失時之稻纖莖而不滋厚糠而菑死得時之麻踈節而色陽堅枲而小本失時之麻蕃柯短莖岸節而葉蟲得時之菽長莖而短長其莢二七以爲族多枝數節競葉繁實稱之重食之息失時之菽以長而蔓浮葉虛本踈節而小莢得時之麥長稠而頸族二七以爲行薄翼而蓴色食之使人肥且有力失時之麥胕腫多病弱苗而翠穗是故得時之稼豐失時之稼約庶穀盡宜從而食之使人四衛變強耳目聰明凶氣不入身無苛殃善乎孔生之言冬〻飽則身

溫夏飽則身涼夫溫涼時適則人無病疹人無病疹是疫癘不行疫癘不行咸得遂其天年故曰穀者人之天是以興王務農王不務農是棄人也王而棄人將何國哉

兵道篇第九

秦景王將眎強兵於天下使庶長鮑戎必致命亢倉子待以壤邑十二周實迫之亢倉子至自滎泉賓于上館景王三日弗得所問下席北首頓珪曰天果無意恤孤邪亢倉子油然戲眄曰朕以主為異之問而寧弊弊焉以所刺為故抑者隨其所而

得正者無如可矣景主一拜再舉歛黼袵端珪抑首而坐曰實惟天所命亢倉子仰榱而嘘俯正顔色曰原兵之所起與始有人俱夫兵也者出人之威也人之有威性受於天故兵之所自來上矣嘗無少選之不用貴賤長少賢愚相與察同兵之兆在心懷恚而未發兵也疾視作色兵也傲言推倰兵也侈鬬攻戰兵也此四者鴻細之爭也未有蚩尤之時人實揭材木以鬬矣黃帝用水火矣共工稱亂矣五帝相與爭矣一興一廢勝者用事夫有以用藥而死者欲禁天下之醫非也有以藥舟而

死者欲禁天下之船非也有以用兵而喪其國者欲禁天下之兵非也夫兵之不可廢譬水火焉善用之則爲福不善用之則爲禍是故怒笞不可偃於家刑罰不可偃於國征伐不可偃於天下古之聖王有義兵而無偃兵兵誠義以誅暴君而振若人人之悅也若孝子之見慈親餓隸之遇美食號呼而走若强弩之射深谷也勝負之決勿衡於他必反人情人之情欲生而惡死欲榮而惡辱死生榮辱之道一則三軍之士可使一心矣凡軍欲其衆也心欲其一也三軍一心則令可使無敵入古

之至兵蓋重令也故其令强者其敵弱其令信者其敵詘先勝之於此則勝之與彼誠若此則敵胡足勝也凡敵人之來也以求利也今來而得死且以走爲利則刃無所與接矣此之謂至兵傲虐姦詐之與義理反也其勢不俱勝不相立故義兵入於敵之境則人知所庇矣兵至於國邑之郊不踐果稼不穴丘墓不殘積聚不焚室屋得人虜奉而歸之但與人期以敎敵資以章好惡以示逆順若此而猶有愎狠凌宕不聽者雖行武焉可也先發聲出號令曰兵之來也以除人之讎以順天之道

故尅其國不屠其人獨誅所誅而已於是舉選秀
士賢良而尊封之求見孤疾長老而拯敬之發府
庫之財散倉廩之秩不私其物曲加其禮令有人
於此能生死人一人則天下之人爭事之矣義兵
之生一人亦多矣人孰不悅故義兵至則鄰之人
歸之若流水諸國之人望之如父母行地滋遠得
人滋衆辭未終景主興起首曰孤獲聞先生教言
不覺氣盈宇宙志知所如也而心滋益龔於是步
前稱觴為亢倉子壽拜居首列師位嚴于齋室又
月涉旬辰加天闕白晝行道

亢倉子 終

宋·何粲注

新雕洞靈真經五卷

宋刊本

新雕洞靈真經卷第一

亢倉子　何粲注

全道篇第一

用道篇第二

全道篇第一夫心冥虛極德洞玄微功並四時蒼生自化

亢倉子居羽山之顏三年羽山尚書禹貢在徐州舜典云殛鯀于羽山蓋在東裔後屬魯國顏山之南面也莊子引此章云北居畏壘之山即此山是也俗無疵癘而仍穀熟聖賢所在天祐之福故俗無疵癘而五穀豐稔類熟曰仍其俗竊相謂曰亢倉子之始來吾鮮然異之鮮然驚異之貌異其虛懷寂泊不存近情今吾日計之不足歲計之有餘其或聖者邪驗其利益故疑之為聖人盍相

與尸而祝之社 古文社字 而稷之乎 盍何不也既蒙厚利欲立爲君何不建置宗廟并及社稷尸穀祝祭南面事之乎 亢倉子聞之色有不釋其徒饜黑 一本黷 啜從而啓之 饜黑啜亢倉子門人也欲也衆心故從而諮啓 亢倉子曰吾聞至人尸居環堵之室而百姓猖狂不知其所如往 至人冥心絕慮有類於尸无事蕭然獨居環堵蒼生欣慕共往歸依察其所歸非由知者也 今以羽俗父子竊竊焉將俎豆予我其的 一本作杓 之人邪 竊竊私議之謂也我本棲隱全道任眞今乃俎豆相尊反成人之標的 吾是以不釋於老聃之言 老聃言我无爲而民自化我无事而民自足我好靜而民自正今乃反此故不釋其言 饜黑啜曰不者 不者猶不然 夫尋常之汙巨魚无所還其體而鯢鰌鶩 音爲 之制步仞之丘巨獸无所隱其軀

而蘖狐爲之祥八尺曰尋倍尋曰常汙池也還迴也鯢魚而有脚制猶專擅也六尺曰步十尺曰仞蘖祆也祥善也言小水而不能容巨魚小丘不能藏大獸喻元倉子道德既高必須厚祿也旦也尊賢叏音事能鄉尚善就利自堯舜以固然而況羽俗乎先生其聽矣元倉子曰譆來譆歎聲也怪其不達已志故發譆歎將欲告之遠致故呼之曰來夫二子者知乎二子堯舜也知乎言豈知之函車之獸介而離山罔罟制之吞舟之魚蕩而失水螻蟻苦之故鳥獸居欲其高魚鼈居欲其深夫全其形生之人藏其身也亦不厭深眇而已函盈也介孤也眇遠也吾語若大亂之本祖乎堯舜之間其身音終存乎千代之後必有人與相食者矣若汝也夫事有先成後敗始吉

終凶胡可必邪故堯舜禪讓而光一時之美迹流後代成篡弒之禍故莊子云堯舜讓而帝之噲讓而絕湯武爭而王白公爭而滅斯其効歟夫唯不立善名者則事迹冥絕无所企慕耳言未終南子榮之樗色蹵然膝席曰樗季運而長矣將奚以託業以支斯言榮之樗莊子所謂南榮趎也既聞高義將欲就蹵然變色斂膝於席願垂告示以敬事此言亢倉子曰全汝形抱汝生无使汝思慮營營若此緒季或可以及此言營營運動不息也緒終也全形抱生不運思慮虛心冥寂道自居之若此終年可及此言也雖然吾才小不足以化子子胡不南謁吾師聃聃老子字亢倉子既謝榮之樗不釋羽俗而龍巳乎天下謝猶遣也不釋羽俗潛遁而遊如龍變化与時升降水之性清土者扫胡骨反之故不得清人之性壽物者扫

之故不得壽相乱也人性壽考爲外物所乱使不終天季物也者所以養性也今代之惑者多以性養物則不知輕重也衣食養性不可一日而无而惑者乃損性以求物物愈積而性愈傷殊不知性重而物輕蓋倒置之流也是故聖人之於聲色滋味也利於性則取之害於性則捐之此全性之道也萬人操弓𢍰音共射一招又音鵰招无不中萬物章章以害一生生无不傷捐棄也操持也招射的也章章猶擾擾故聖人之制萬物也全其天也聖人抐佛万物不使傷性以全天真天全則神全矣神全之人不慮而通不謀而當精照无外志凝宇宙德若天塈音地然上爲天子而不驕下爲匹夫而不惛此之謂全道之人神全之人智慮充溢精明照於无外志氣

（凝乎宇宙覆載之德同乎天地雖貴爲天下賤爲匹夫不以窮達而迴其志）心平正不鶩外物所誘曰清清而能久則明明而能久則虛虛則道全而居之秦佚死亢倉子哭之（秦佚古之有道者蓋老子之友也）其役曰天下皆死先生何哭鶩也（役謂門人充使役也死生之道古今是常達人射之不哭向也）亢倉子曰天下皆哭安得不哭（順物不哭雖哭而非哭）其役曰哭者必哀而先生未始哀何也（未始猶未嘗也世人之哭必生哀痛今先生雖哭不見悲傷敢問何故）亢倉子曰舉天之下吾无與樂安所取哀（夫有樂必有哀人之常情也達人大觀豈有疎親既不與爲樂亦无所取哀）蜕地之謂水蜕水之謂氣蜕氣之謂虛蜕虛之謂道（蜕者免脫之謂也夫脫地之謂水脫水之謂氣脫氣之謂虛脫虛之謂道猶至人不係情於哀樂然後爲極）虛者道之

體靖者道之坙理者道之綱識者道之目（言至人能虛能靜有理有識者則能契道之形躰知道之綱目）道所以保神德所以弘量禮所以齊儀物所以養體（四者皆可以資身不可暫无）好質白之物者以黑爲汙好質黑之物者以白爲汙吾又安知天下之正絜汙哉由是不主物之絜汙矣夫瞀（莫豆反）視者以黈（偷厚反）爲赤以蒼爲玄吾乃今所謂皁白安知識者不以爲頳黃吾又安知天下之正色哉由是不遁物之色矣（瞀風眩也黈黃色也頳赤色也夫有風眩之疾者視物不能審也故以黄爲赤以青爲黑亦猶凡俗之情妄執絜汙雖有大聖孰能正之故不主其絜汙不流遁於衆色）夫好貨甚者不見他物之可好好馬甚者不見他物之可

好好書甚者不見他物之可好吾又安知天下之果可好者果可惡者哉由是不見物之可以保戀矣无能滑吾眞 音眞 矣 果决定也 保猶懷也 陳懷君柅使其大夫禱行聘於魯 陳懷君謚柅名也 禱陳大夫之名 叔孫卿私曰 叔孫謚卅爲魯卿 吾國有聖人若知之乎 聖人謂仲尼 陳大夫曰奚以果明其聖叔孫卿曰能廢心而用形 聖境超殊非凡情所測徒見其應接世務使證以圣 聖人豈知其所以聖哉 陳大夫曰弊邑則小亦有聖人異於所聞曰聖人謂誰陳大夫曰有亢倉子者偏得老聃之道 門人之中最爲稱首故曰偏得 其能用耳眎目聽定公聞而異焉使叔孫氏報聘且𦤺 音致 亢倉子待以上卿之禮亢

倉子至賓于亞寢亞寢公之次殿魯公卑辭以問之亢倉子曰吾能聽眎不用耳目非能易耳目之所用告者過也公曰孰知是一本作孰如是寡人增異矣其道若何寡人果願聞之亢倉子曰我體合於心心合於氣氣合於神神合於无其有介然之有唯然之音雖遠際八荒之表邇在眉睫之内來干我者吾必盡知之乃不知鶩是我七竅手足之所覺六腑五藏心慮之所知其自知而已矣心形俱合神氣冥符洞然至忘与符同躰然後心彌静而智彌遠神愈默而昭愈章理極而自通不思而玄覽非夫至聖至神其孰能与於此斯固靈真之要樞重玄之妙道也

用道篇第二

无非利物上荅天心剋已歸仁化行刑措

天不可信堅不可信人不可信心不可信惟道可信賢主秀士豈知哉昔者桀信天與其祖四海巳不勤於道天奪其國以授殷紂亦信天與其祖四海巳不龔於道天奪其國以授周与猶以也祖猶主也夏桀殷紂兢兢淫奢縱自云有民有命亶在上天窮凶肆虐不脩其道故天奪其国以授於湯武今夫隋農音農信堅實生百穀不力於其道堅竊其莫稼而荒翳之隋農之人信地生穀不勤耕耘根莠荒蕪故不能獲莫稼齊后信人之性酬讓不明於其道舉全境以付人人實鵙義而有其國后君也齊簡公也信人性不明酬讓為陳恒所弑人取其国鵙義喻貪殘也凡人不脩其道隨其心而師之營欲茂滋災疾朋豐戕身損壽心斯害之矣人自

師心不遵聖教營欲熾盛百殃斯集此乃心爲身害損猶羣也疊動也戕害也故曰惟道可信道者
坦蕩恬怡人所染著人能虛心歸道則身命保全也天堅非道不能悠久天得一以清地得一
以寧蒼生非賢不能靖順庶政非才不能龢音和理賢才
皆用道以理物夫用道之人不露其用福滋寧音萬物歸功无
有潛功密濟百姓謂我自然神融業茂靈慶悠長融通也神理通達德業榮茂積
善所鍾慶流後裔知而辯之謂之識知而不辯謂之道識以
理人道以安人辯析事物使人去惡就善所以理人也含弘冲寂无所毀譽所以安鎮浮競也夫
雞鼂音晨而作負日任勞流汗灑壍夜分僅息囂
夫之道也雞晨謂雞鳴之旦也夜分中夜也負日謂日所曝也僅少也俯拾仰取銳
心錐撮力思摶精希求利潤賈豎之道也嘸氣谷神

宰思損慮超遥輕舉日精錬仙高士之道也（嚥氣胎息五牙之類也谷養也宰割也日精吸日精也錬仙錬質而升仙也）剸情耑（古端字）想毋志所

事倫揆忘寢謀效位司人臣之道也（專情正想盡志於所事之君遵理揆度效功於所司之位是人臣之道也）清心省念察驗近習務求才良以安

兪姓人主之道也（清心寡嗜慾也省念无私也近習謂近臣也）若由是類之

各順防（音序）其志度不替寔（音塞）其業履是謂天下有

道（農夫賈豎各保其業明君賢臣各脩其道則天下順序而業履安定矣）導筋骨則形全

剪情欲則神全靖言語則福全泉（音克）全三全是謂清

賢道德盛則鬼神助信義敦則君子全禮義備則小

人懷有識者自是无識者亦自是有道者靜默闇鈍

者亦静默物固有似是而非似而是先號後笑始吉終凶身可親而才不可親才可敬而身不堪敬敬甚則不親親甚則不敬親之而踈踈之而親恩甚則怨生愛多則憎至有以速爲貴有以緩爲貴有以直爲貴有以㘨（音曲）爲貴百事之宜其由甚微不可不智故智者難之靖則神通窮則意通貴則語通富則身通理勢使然同道者相愛同藝者相嫉同與者相愛同取者相嫉同病者相愛同壯者相嫉人情自然也（情通无求則相愛爭能尚勝則相嫉勢使然也）多才而好謙貧賤而不諂處勞不爲辱富貴而恭勤可謂有德者也

新雕亢倉子卷第一

新雕洞靈真經卷第二

亢倉子　　何粲注

政道篇第三（順天行令不擇親踈異域同歸望風而靡）

人无法以知天以四時寒暑日月星歷（音厤）之所行知天若四時寒暑日月星歷之所行當則諸生血氣之類皆得其処（音處）而安其産矣人臣亦无法以知主以主之賞罰爵禄之所加知主若主之賞罰爵禄之所加宜則親踈遠近賢不肖者皆盡其力而以為用矣信全則天下安信失則天下危夫百姓勤勞則物殫盡則争家（音害）之心生而不相信矣人不相信由政

之不平也政之不平吏之辠也吏之有辠刑賞不齊也刑賞不齊主不勤明也夫主勤明則刑賞一刑賞一則吏奉法吏奉法則政下宣政下宣則人得其所而交相信矣是知天下不相信者由主不勤明也

亢倉子居息壤五年（息壤是周地）靈王使祭公致篚帛與紉璐（靈王周靈王也祭公周之卿士也璐美玉也靈王慕亢倉子之德使祭公致玉帛之礼以聘之篚盛帛之筐也紉所以貫土者也）曰余末小子否德忝位水旱不時藉為人若何以禳之（靈王云我淺末小子不有其德忝居寶位致水旱失時人遭飢苦故請問禳辟之方）亢倉子曰水陰沴也陰於国政類刑人事類私（沴乱也水陰象陰主刑水又潛流私匿之類也若刑獄不直人事多私則有大水之災）旱陽過也陽於国政類

德人事盈類旱陽象陽主德陽為顯盛驕盈之類君君不脩其德人事盈多則有大旱之災楚
以為凡遭水干天子宜正刑脩德百官宜去私戒盈
則以類而消百福日至矣楚亢倉子名也後皆放此鄭有胡之封
珪戎弓胡国名封珪大珪也戎弓弓名也二物本胡国所有後為鄭所得異時失同於
荆異時猶他時也諸侯朝覲曰荆楚之舊号也蓋時楚大諸侯共朝於楚為會同之期而後鄭至荆曰
必得封珪戎弓不然臨兵于汝荆恃強大欲行非義因鄭後期脅二迫之將求
二物鄭君病之駕見亢倉子曰封珪戎弓先君得之
于胡綿代功寶傳章翼嗣病患也綿歷也翼異嗣謂後嗣先君得此二物敬而藏
之欲傳示子孫以為有功之寶今荆恃大而曰必得不然臨兵國危
矣寡人欲以他封珪戎弓往君之何他封珪別珪也亢倉子

曰君其少安勸君少安勿懷憂懼今是楚亦有寶於此亢倉子以信義爲寶飾楚之寶以貫罪於君楚所不能貫縣也僞以他珪欺誑大国取我誠信光飾而行雖罪可延縣終致後戮陷君於罪虧我信義故我不能爲君必殛夫貟勸鄭君勿以他珪往今荊以淺鮮之過而負其威刑申逞不直以耗敓音奪與國荊失諸侯於是乎在諸侯聞之蔣警一本作驚勸備倫比勤明會同上義固存鄭其爲首君姑待之豈必非福淺鮮小貌也負恃也逞快也倫比猶等倫也姑且也鄭之失期實爲小過荊恃強大欲肆威刑脅迫珪弓侵奪与国无德貪取必失諸侯矣於是以胡珪戎弓往未至郢郢荊所都荊人聞之聞亢倉子之謀曰彼用聖人之訓辭吾焉取此以暴不直於天下而令諸

侯寶生心焉遽返其賂而益善焉（暴猶露也遽急也賂即鄭之珪弓也）人之情欲生而惡死欲安而惡危欲榮而惡辱天下之人得其欲則樂樂則安不得其欲則苦苦則危若人主放其欲則百吏庶長（音長）具展其欲（放謂放縱也百吏百官也庶長衆士之長展申也）百吏庶長具展其欲則天下之人貧者竭其力富者竭其財四人失其序（士農工商失其次序）皆不得其欲矣天下之人不得其欲則相與攜持保抱逋逃隱蔽漂泳（音流）捃采以祈性命（捃拾也采取也拾取野果求養性命）吏又從而捕之是故不勝其危苦因有羣聚背叛之心生若羣聚背叛之心生則國非其國也勿

貧戶口百姓汝走多壯城池一百姓汝疲賦斂不中
窮者曰窮刑罰且貳貴者曰貴科禁不行國則以
傾中平也官吏非才則寬猛失所或與百姓爭利由是
狡詐之心生所以百姓姦而難知天下難知則上人
疑則下益惑下既惑則官長勞官長勞則賞不足
勸刑不能禁易動而難靖此由官不得人故也政術
至要力於審士力猶動也士有才行比於一鄉委之鄉士能和此
一鄉則委一鄉之政以任之才行比於一縣委之縣才行比於一洲
情州委之洲才行比於一國委之國政而後迺能无伏
士矣各得展其才用則无隱伏之士矣人有惡戾於鄉者則誨之矣罪

也人有罪惡者則一律之長元教誨之不改是為惡戾於縣則撻之在鄉改則撻
縣而撻之不改是為惡戾於國則誅之而後迺能无復逆
節矣誠如是舉天下之人一一背懷无有千背僭慢
之萌矣此之謂靖人賢才獲用暴惡迸語則天下之人安靖也凡為天下
之務莫大求士士之待求莫善通政通政之善莫若
靖人人主通達政教則士歸之衆賢共理莫善於靖人矣靖人之才盖以文章考
之百不四五文章浮華矯而不實今以文章考覈靖人之才百中无四五以言論考
之十或一二有言者不必有德有德者不必有言故有中或有一二以神氣靖作態
度考之十全八九賢良必備躰骵神氣沖和動靜態度必合儀則審而察之十中得八九矣
是皆賢王慶代明識裁擇所能爾也外雖有賢才而主无明識亦不

（能以裁擇）天下王危代以文章取士則彫巧綺纖益至而正雅紫以音素實益藏矣（末世文章尚於綺靡則雅素之士不來矣）以言論取士浮挾游飾益來而蹇諤諍貞益晦矣（浮游華飾之士貴則蹇諤忠諫之才伏矣）以神氣靖作態度取士則外正內邪益尊而清脩明實益隱矣（內无明識故任擇不得其人）若然者賢愈到政愈僻令愈勤人愈亂矣（用非賢爲賢乃益所以亂）夫天下至大器也帝王至重位也得士則靖失士則亂故人主勞於求賢逸於任使於呼守天聚人若其胡可以不事誠於士乎人情失宜主所深恤失宜之大莫痛刑獄夫明達之才將欲聽訟或誘之以詐或脅之以威或

開之以情或苦之以戮雖作設權異而必也公平勢一矢宜明主之所深恤況刑獄之大乎夫察獄問因務得其實或有隱匿則設威以脅之開導之以實情或苦切之以刑戮雖權變多端而終无枉濫也故使天下之人生无所於德死无所於怨理自當生故生无報德理自當死故死无怨怨夫秉國建吏持刑若此可謂至官至官之代羣情和正諸産咸宜愛敬交深上下條固不可搖蕩有類一家苟有違領一本作順凌逆安得動哉平王返正既宅天邑務求才良等聞一善簡音喜豫連日平王承幽厲之後天下板蕩无復紀綱於是撥乱返正東遷洛邑改革前非務求賢哲得聞日善累日歡悅宅言也天邑即洛邑也等猶得也左右侍僕累言大臣有賢異者如是踰歲侍僕左右小臣也見王悅喜承意阿諛王曰余一人

于德不明務求賢異益恐山澤遺逸不舉豈樂聞善以自閉塞哉廼者仄媚僕臣累譽權任頗階左右意余寡昧无能斷明徒唯雙和依違寖長自賢敗德莫此爲多不時臣過就茲固黨（仄媚邪媚也權任大臣也階升也寡弱也依違相依也雅媚小臣稱揚權任階緣左右共相蒙蔽謂我闇弱不能明察若不遏絕黨固滋深）於是弃左右近習三人市（謂殺之而曝尸於市也古者刑人於市与衆共弃之）貶庶司尹兵五人（庶司尹長謂權任大臣也）曰無令臣君者附下罔上持祿阿意天下聞之稱爲齊明海南之西歸者七國至理之代輿服純絮（音素）憲令寬簡閒禁網踈闊夫輿服純絮則人不勝羡（不相企羡）憲令寬簡則俗无忌諱禁網踈

闊則易避難犯若人不勝美則嗜欲希微而服役樂
業矣服從也從於所役之業也俗无忌諱則抑閉開舒而歡欣交通
矣凡所抑閉皆由忌諱令既无忌諱皆得開舒也易避難犯則好惡分明而貴
德知恥矣貴德則不犯知恥則易避夫服役樂業之謂順歡欣交
通之謂龢貴德知恥之謂正浮墮之人不勝於順逆
節之人不勝於龢姦邪之人不勝於正順龢正三者
理國之宗也亮跡音衰末之代輿服文巧憲令穰祈穰祈
煩多也禁網煩僻夫輿服文巧則流相炎慕俗尚文巧則下人隨
流遞相企慕如火之上炎憲令穰祈則俗多忌諱禁網煩僻則莫
知所逭逭猶逃也若流相炎慕則人不忠愨而聪樸貴華

矣俗多忌諱則情志不通而上下膠戾矣莫知所追則讒禍（乎果反）繁興而衆不懼死矣夫恥樸貴華之謂浮上下膠戾之謂寠衆不懼死之謂冒真正之士不官於浮公直之士不官於寠器能之士不官於冒浮寠冒三者乱國之梯也荆君熊圍（能荆之姓圍名）問水旱理乱亢倉子曰水旱由天理乱由人若人事和理雖有水旱无能爲害堯湯是也（堯時九年洪水湯時七年大旱）故周之秩官云人強勝天（秩官周書篇也）若人事壞乱縱无水旱日益崩離且桀紂之滅豈惟水旱（桀紂之君暴虐奢淫以滅亡非獨水旱也）荆君北面遵循稽首曰天不棄不穀及此言也（遵循退行也）荆

君倘重亢倉子故稱曰天不穀王公之卑稱也言亢倉子不棄於我故得及聞此言也乃以弘璧十朋為亢倉子壽拜為亞尹弘璧大璧也十朋十雙也亞尹小尹曰庶吾国有瘳乎亢倉子不得已中宿微服違之他邦瘳差也違法也至理之代山无僞隱市无邪利朝无佞祿国產問何由得人俗醇樸国產鄭大夫公孫喬字子產亢倉子曰政煩苛則人姦僞法令滋彰盜賊多矣政省一則人醇樸其政悶悶其民醇醇夫人俗隨國政之方圓猶蠖屈之於葉也食黄則身黄食蒼則身蒼曰何為則人富亢倉子曰賦斂以時官上清約則人富斂无節官上奢縱則人貧勾粤之䉸鏃以精金爇鷩隼為之羽以之棓箠則其與槁樸也无擇

勾粤東粤也簳箭笴簳也鷙鳥隼鶚鶚之類也揞箠打擊也尔雅云東南之美者有會稽之箭焉勾夫粤之也以精金為鏃以

隼領為羽用之打擊則同於槁樸无擇由无異及夫蕩寇爭家音衝覿武决勝

加之駭弩之士則三百步之外不立敵矣排蕩寇敵爭衝决勝

如此勾粤之簳於強弩之則前无立敵矣蜚景之劒威奪白日氣盛紫蜺以

之封穫則其與劂刃也无擇蜚景神劒也劂鐮也神劒鋒利以之穫禾則同於鐮

刃也及夫凶邪流毒沸謂不靖加之運掌之上則千里

之内不留行矣凶邪流毒謂瘟疫之氣也此神劒能辟凶邪故威光所行則千里之内未嘗留止

夫材有分而用有當所貴善因時而已耳槁樸劂刃旋用常用耳粤

簳蜚景以禦凶災材分所當各因時而貴也劂音厥昔者明皇聖帝天下和平爭

物茂暢羣性得極善因時而勿擾者也近古是來天

下姦邪者衆正直者寡輕薄趨利者多敦方退静者鮮姦者出言貞於忠言巧僞乱真不能辨也遂使天下之人交相疑害悲夫作法貴於易避而難犯救弊貴於省事而一令除去豪横則官人安刑禁必行則官人不敢務私利官人不敢務私利而百姓富吏刑曰眚災肆赦赦不欲數赦數則惡者得計平人生心惡者得計務益於姦平人生心亦爲不善而賢良否塞矣人有大爲賊害官吏捕獲因廣條引誣陷貞良闊遠牽率兾推時序卒干蒙赦宥遇賊害者訖死所抉自毒而已由是平人遞生黠計吏勞政酷莫能鎮止此由數赦之過也夫

人之所以惡爲无道不善者爲其有罰也所以勉爲有道行義者爲其有賞也今无道不義者赦之而有道行義者被姤譖而不賞欲人之就善也不亦難乎代有賢主秀士肯察此論訖猶終也快喜也毒若也肯可也人怨者非不接人也神怒者非不事神也巧佞甚人愈怨淫祀盛神益怒

洞靈真經卷第二

新雕洞靈真經卷第三

亢倉子　何粲注

君道篇第四

臣道篇第五

賢道篇第六

君道篇第四

（清靜無為以身帥下）

始生之者天地，養成之者也。（萬物之始生者由乎天地，助天地而養之者由乎人也）能養天之所生而物攖之，謂之天子。（攖擾也。人能動天養物而物馴擾之者，是謂天子。昔舜有聖德，三徙成都是也）天子之動也，以全天氣，故此官之所以自立也。立官者，以全生也。（天不自理，故聖人代天以理物者也。聖人不能猶理。故立官以輔之。（立官之由本以養物，貴全天氣，不使有虧傷。）今代之惑主，多官而反以害生，則失所以爲立之本矣。（後代惑主，務在多官，官多則政煩，政煩則害物，是失立官之本意也。）草鬱則爲腐，樹鬱則爲蠹，人鬱則爲病，國鬱則百慝並起，危亂不禁。（鬱者，氣擁不通之謂也。官多政煩，事有擁滯，如草木之成腐蠹也。）所謂國鬱者，主德不下宣，人欲不上達也。（姦妄以蒙蔽，故主德不宣；黎庶枉屈，故人欲不上達。）是故聖王貴忠臣正士，爲其敢直言而決鬱塞也。剋己復禮，賢良自至。（剋，損也。復，返也。人君能以謙損返禮，則賢良歸己。）君耕后蠶，（古蠶字。）蒼生自化。（天子親耕，皇后親蠶，以身率人，則天下化。）由是言之，賢良正可待，不可求，求得非賢也。（君有賢讓，賢自自歸，故可待也；君無禮讓，雖復求賢，賢至乃非賢也。）蒼生正可化，不可

刑刑行非理也君耕后蠶人自效之故可化也身不自爲而使人爲之必不從雖復刑之刑行非至理
堯舜有爲人主之勤无爲人主之欲天下各得濟其
欲勤謂勞心以養物欲謂私身以奉己也有爲人主之位无爲人主之
心故天下各得肆其心位謂居位而理事心謂求安以自適肆者申也士有天
下人愛之而主不愛者有主獨愛之而天下人不愛
者竭公忠而養天下則天下愛之徇私情而媚一人則其主愛之用天下人愛者則天
下安用主獨愛者則天下危人主安可以自放其愛
憎哉由是重天下者當制其情聖人以天下爲安危者欲天下之安則人
主不得縱其愛憎當抑制其私情所謂天下者謂其有萬物也所謂
邦國者謂其有人衆也夫國以人爲本人安則國

安故憂國之主務求理人之術天下以萬物為多邦國以人衆為富憂國家者不可不任賢以輔己也玉之所以難辨者謂其有怪石也金之所以難辨者謂其有鍮石也怪石似玉鍮石似金猶姦人外正内邪亦難辨也今大以隼鶚而被之鷃視不明者正以為隼明者視之乃鷃也隼鶚鷃雀今夫小人多誦經籍方書或學奇技通說而被以青紫章服使愚者聽而視之正為君子明者聽而視之乃小人也奇技卑藝也通說雜說也故人主誠明以言取人理也以才取人理也以行取人理也人主不明以言取人亂也以才取人亂也以行取人亂也人主明者以言行取人盡皆理也主昏昧雖以言行取人盡皆亂也夫聖王之用人也貴耳不聞之

功目不見之功口不可道之功而百姓暢然自理矣夫賢良之毘出也不顯其名不彰其用不稱其能潛功密濟理自玄暢名迹不生人无企尚故聖王貴之也若人主貴耳聞之功則天下之人運貨逐利而市譽矣若人主貴聞臣下之功則姦人運其財貨隨逐便利以市聲譽貴目見之功則天下之人恢形異埶云而爭進矣恢誕形容奇異伎藝云奇企爭進愈亂天下矣貴可道之功則天下之人習舌調吻而飾辭矣利口便辨虛而不實使天下之人而譽爭進飾辭見達者政敗矣爭名尚能則政理之道衰人主皆知鏡之明己也而惡士之明己也鏡之明己也功細士之明己也功大知其細失其大不知類矣鏡知形之好醜士知心之善惡正形之功細正心之功大今人主乃貴其細失其大豈不惑哉於呼人

主清心省吏音事人自恭儉守職太平立致矣而代
或難之吾所不知也若人主方寸之地不明不斷
則天地之宜四海之內動植萬類咸失其道矣方寸之地
謂心所居也動謂含氣之類植謂草木之類以耳目取人者官多而政亂取聞
見之功則飾僞者衆爭進者多主不能辨故官多而政乱矣以心慮取人者官小而
政清用心慮神識而得人者其官甚寡其政甚理是知循理之代務求不可
見不可聞之材澆危之代務取可聞可見之材嗚
呼人主豈知哉以耳目取人人皆殼敓上褱下奪以買
譽以心慮取人人皆靜正以勸德吏靜正以勸德
則不言而自化吏殼敓以買譽則刑之而不塞音畏

代主豈不知哉

臣道篇第五 盡忠竭力謀効所同

夫國之將興也朝廷百吏或短或長或醜或美或怡或厲或是或非醜惡也怡悅也厲嚴厲也雖聽其言觀其貌有似不同然察其志徵其心盡於爲國所以剛訐不怨黜退不悖議得其中无違乎理故天不惑其時墜不乏其利人不亂其支戾音鬼神開贊蠻夷柔同保合太和萬物化育國之興也朝廷祿位務盡其忠各竭其能力行行公正无有阿私故天時不惑地利不乏人事事不乱鬼神祐助遠方柔服

國之將亡也朝廷百吏姿貌多美顏色諧和詞氣華柔動止詳潤亡国之臣外雖和順內懷猜忌各徇其私闇相諆害雖

觀其貌聽其言有若歡洽然察其志衡其心盡在競
位所以聞奇則怪見異必愕狙嫉相蒙遂喪其道故
天生災時墜生反物（天反時爲災地反物爲妖）人作凶德庶神間過
（間猶伺也）戎狄交侵喪亂弘多萬物不化夫不傷貨財不
妨人力不損官吏而功成政立下阜百姓上滋主德
如此者忠賢之臣也若費財煩人危官苟效一時功
利規賞於主不顧過後貽災於國如此者姦臣也至
理之代官得人不理之代人得官郭龍觀（客閑反又音慳）問
事君元倉子曰既榮死而臣人者也心莫若公（無阿私也）
貌莫若和言莫若正公不欲露和不欲雜正不欲犯

（君不見察亦不欲犯顏而諫也）古之清勤爲國脩政今之清勤爲身脩名夫爲國脩政者區処條別動得其宜合於大體爲身脩名者區処條別致遠不通拘於小節是知心以道爲主抵物得其所心以事爲主抵物失其所（以道爲主公心也以事爲主私情也抵者觸也）臣居上位不諫下位不公不合贍其祿（贍賙給也）君不嚴敬大臣不彰信小臣不合官其朝有才者不必忠忠者不必有才臣不患不忠適恐盡忠而主莫之信主不患不信適恐信之而莫能事事（事事猶用事也）上等之人得其性則天下理中等之人得其性則天下亂明主用上等之人當委以權宜便叓四其

所爲上等之人謂賢良也公平正直无所阿私之莅職信能目賛雖權変有時必帰於正也使用中等之人則當程課其功示以賞罰中等之人謂藝能之士見善則遷見惡則染故人君賞罰制之

賢道篇第六刻己復礼賢良自至

賢良所以屢求而不至難進而易退者非爲愛身而不死王事適恐盡忠而主莫之信耳自知有材識之人外恭謹而内無憂其於衆也龢正而不狎親之則彌莊疎之則退去而不怨窮厄則以命自寛榮達則以道自止人有視其儀賢也聽其聲賢衜神謀識或負所望夫賢人其見用也入則諷譽出則龔默職司

勤辨居室儉閑 諷謂刻君之過譽謂稱君之美龔默靜慎也辨理也閑謂防閑 其未見
用也藏身於終藏識於目藏言於口飽食安步獨善
其善身而不怨智者不疑叓識者不疑人有識之士
行危而色不可疎言遜而理不可拔 謂過濁世不變其志行雖危而色常
和言雖遜而理確然 凢謂賢人不自稱賢 自伐者無功故非賢也 效在官
一本效在官天 功在事事 驗其官政察其用事即賢不肖可辨也 太平之時上士
運其識中士竭其耐 音能 小人輸其力齊有揞子者耕
可以振國行可以獨立 振濟也猶立謂德行孤摽不可傾拔 叓父母孝謹
鄉黨恭循念居貧無以爲養施信義而遊者父之
矣所如寡合或爲乗時夸毗者所蚩給 如往也寡合少諧偶也夸毗謂

矜持也蚩笑也給欺也於是負杖步足問乎亢倉子曰吾聞圣音至人忘情至人虛懷與道合躰故忘情也黎人不事情黎衆人智力愚昧不能用情也存情之曹務其教訓而尊信義曹輩也中人存情情以信義爲尊吾乃今不知爲工工猶能也躬行信義所往寡合不知其所爲能受不信爲信世有受人之不信將以爲信也信而不見信爲有實爲信而不爲人所見信乃自以爲信也爲勤慕義爲義人有本非義而以慕義爲義乃爲人所稱義也義而不俟義爲義有實爲義而不待人稱義亦常自爲義也然則信義之士常獨厄隨退胡以取貴乎時而教理之所上也亢倉子俯而循衽仰而譆超然歌衽衣襟也譆歎声也超然高舉之貌曰時之陽兮信義凶時之陽喻君有道也君有道則信義昌盛時之默兮信義伏時之默喻君暗昧也君暗昧則信義伏藏陽與默

昌與伏汩吾無誰私兮羌忽不知其讀汩乱也羌發声也讀云也夫特有理乱故用有行藏陽則与時俱昌默則与時俱伏隨流任運寧有私邪今乃問我故我不知其云也夫運正性以如適而物莫之應者貞不行也貞且不行謂之道喪信義者正性之用也貞者正性之本也道喪之時上士乃隱隱之為義有可亂音為也時有可為莫可亂者也時有否泰莫得長為有可用也有時而用莫可用者也用有行藏莫得長用祭公問賢材何從而不求而擇之不慎无材若天子靜大目明刑不避貴澤不隔下則至元君子曰賢正可待不可求材慎在求不慎無材在賢人自至而求用矣賢人用則四海之内明目而聽清耳而聽坦心而無鬱矣天自成地自寧萬物醇化

鬼神不能靈（天下醇和故鬼神不能見靈怪）故曰賢正可待不可求若天子勤明大臣和理之求士也則恢弘方大公直靖人之才至若天子苛察大臣躁急之求士也則囬心巧應毀方破道之才至若天子疑忌大臣巧隨之求士也則奇姓異名反媚怪術之才至若天子自賢大臣固位之求士也則事文逐譽貪濁浮麗之才至若天子依違大臣回佞之求士也則外忠內僻情毒言和之才至故曰才慎在求不慎无昔者黃帝得常仙封鴻㡳容丘（二人黃帝臣也）商王得伊尹中興得甫申（中興周宣王也甫仲山甫申申伯也）齊桓得甯籍（即甯戚也）皆由數君體道

邁（音邁）仁布昭聖武思輯光明寬厚以正而衆賢求用非為簡核而得也（邁行也輯睦也簡核猶擇也）祭公曰夫子云賢人不求而自至亦有非賢不求而自至者乎亢倉子曰夫非賢不求而自至者固衆矣夫天下有道則賢人不求而自至天下無道則非賢不求而自至人主有道者寡無道者衆天下賢人少不肖者多是知非賢不求而自至者多矣祭公曰賢固濟天下材亦能濟天下俱濟天下賢與材安取異邪亢倉子曰窘乎哉其問也（窘迫也言所問切迫）功成事畢不殉封譽恭退樸儉之謂賢（殉求也功成不居其位守恭儉以自牧也為之賢人）功成事畢榮在祿譽光揚

滿志之謂材賢可以鎮國材可以理國所謂鎮者繇學无爲人不知其力至德潛化者人莫能知之所謂理者勤率其事人知所於德人賴其功故推德於己一賢統衆材則有餘衆材度一賢猶不足如是賢材之殊域一賢雖少統領衆材尚有餘德衆材雖多比度一賢猶不能及有居山林而諠者有在人俗而靜者有諠而正者有靜而邪者言求賢不可不察其邪正矣凡睩察其貌鄙俗而能有賢者兪亭不一睩察其貌端雅而實小人者十而九言賢人難得也夫不練其言而知其文不責其儀而審其度不采其輿言而知其善不流其毀而斷其實可謂有識者也不待流言毀謗而知其惡情也

新雕洞靈真經卷第三

新雕洞靈眞經卷第四

元倉子　　何　粲　注

訓道篇第七至德之用萬教之主神明其賛可以化民

閔子騫問仲尼道之與孝相去奚若疑其相去遠也仲尼曰道者自然之妙用孝者人道之至德窮於本始謂之道施於人理謂之孝道能通生萬物不知其所由然故曰妙用孝者善事父母盡敬盡順通乎神明故曰至德夫其包運天地發育萬物曲成類形布丕性壽性者剛柔之質壽者一期之盡其功至實而不爲物府不爲事官無爲功尸捫求眎聽莫得而有字之曰道雖曲成萬類彫刻衆形尋求主宰莫見其眹故字之曰道道者靈通之謂用之於人字之曰

孝孝者善事父母之名也夫善事父母敬順爲本意以承之順承顔色無所不至發一言舉一意不敢忘父母營一手措一足不敢忘父母事君不敢忘忠朋友不敢不信臨下不敢不敬嚮善不敢不勤雖居獨室之中亦不敢懈其誠此之謂全孝故孝誠之至通乎神明光于四海有感必應善事父母之所致也昔者虞舜其大孝矣庶母惑父屢憎害之舜心益恭懼而無怨謀使浚井下土實之于時天休震動神明駿赫導穴而出奉養滋謹由

是玄德茂盛爲天下君善事父母之所致也（史記稱舜父瞽瞍與庶母弟各皆欲殺舜使舜修廩瞽瞍從下縱火焚廩舜乃以兩笠自扞而下去得不死後又使舜穿井舜穿井爲匿孔旁出舜飯入深瞽瞍與象共下土實井舜匿孔出去是其事也于時天以美之德震動舜心俾明赫然令其免害及出之後事父彌謹堯知其聖歷試諸難後乃禪其位焉）文王之爲太子也

其大老矣朝夕必至乎寢門之外問寺（音侍）人曰茲曰安否如何（寺人奄宮主在左右侍君也）曰安太子溫然喜色小不安節太子色憂滿容朝夕食上（謂侍者進食於君）太子必眎寒暖之節食下必知善羞所進然後退（知所食之多少）寺人言疾太子肅冠而齋（君有疾故太子嚴肅衣冠而齋齋者盡心專志以祈神明使救護耳）膳宰之饌必敬眎之

滫瀡之貢必親嘗之饋餉食也貢進也嘗饌善謂羞嘗饌也
則太子亦能食嘗饌寡太子亦不能飽以至
于復初然後亦復初君病間而太子亦復初君后有過怡聲
以諷怡悅也謂下氣怡声幾微諷諫君后所愛雖小物必嚴龔不敢
慢君父之所愛是故孝成於身道洽天下雅曰文王陟
降在帝左右雅詩大雅也陟升也帝天也左右助也言文王所為天必助之言文王
静作進退天必贊之故紂不能害贊佐也文王事紂為天所
佐故殷紂雖暴不能輒害夢啓之壽礼記曰文王有疾旬有二日乃間文王謂武王曰汝何夢矣武王對
曰夢帝与我九齡文王曰汝以為何紂武王曰西方有九國君王其終撫諸文王曰非也我百尔九十吾与汝三焉文王九十
七而終武王九十三而終卜世三十卜年七百天所命也善事

父母之所致也（左傳曰成王定鼎于郟鄏卜世三十卜年七百天所命也）閔子騫曰善事父母之道幸既聞矣敢問教子之義仲尼曰凡三王教子必視禮樂（視猶示也）樂所以脩內（和其心）禮所以修外（檢其容）禮樂交脩則德容發輝于貌故能溫恭而文明夫爲人臣者殺其身有益於君則爲之況利其身以善其君乎是故擇建忠良貞正之士爲之師傅欲知其父子君臣長幼之道夫知爲人子然後可以爲人父知爲人臣然後可以爲人君知事人然後能使人此三王教子之義也（三王謂夏殷周三代之王也）閔子

騫退而事之於家三年人旡間於父母兄弟之言（上事父母下順兄弟盡善盡美故人旡非間之言）交遊稱其信鄉黨稱其仁宗族稱其悌德行之聲溢於天下此善事父母之所致也齊太子坐清臺之上燕莊（一本作壯）侯他（莊侯燕謚也他名也）高冠嚴色左帶玉具劍右帶環珮左光照右右光照左（言玉珮之光交相照也）太子讀書不睬莊侯他問曰齊國有寶乎太子曰主信臣忠百姓戴上齊國之寶也莊侯他應聲解劍而去（聞義而服也此章言君子尚信尚忠不尚華飾）烏乎人有偏蔽終身莫自知已矣賢者見之寬恕而不

言小人縣愛而溢言親戚憐嫉而貳言人有偏蔽惡乎不自知哉惡乎猶於何也是故君子檢身常若有過衣其衣食其食知其過而不产音克有以正之者君子恥之言爲人臣不能有所匡正也將欲有言識其必不能行者君子罕言君不納忠諫則罕言以避患也當責衆人之惡者眎己善乎哉當責衆人之邪者眎己正乎哉此之謂返明先審身之善正然後責人之邪惡翟西氏之子甚孝謹翟西憐其子而好妄而之言翟西鼂出夕返則曰甲死矣其子信之既而甲在焉他夕則曰乙且害余其子伺將行

仇既而不見惡嵩他夕則曰丁病矣其子覘之丁誠旡恙舉此類也覘眎也恙憂也舉皆也冒淹季亭子固孝謹至於訓勸益不保承鄉國之人疾其咎口謀將殺之翟西聞而懼歸以告子子未甚信既而翟西見殺此章戒人輕言致害雖愛子猶不信之以至見殺況他人乎謂多言之人爲疎露亦有辭約而不密者謂輕佻之人爲不定亦有體閑而心躁者輕佻猶輕躁也謂叢雜之人爲猥細亦有外絜而內濁者若類而引之不可殫載若非徹識孰能究詳殫盡也有不可以應支也者內靜而外動其

動而難静謂外見利貪而逐之愈得愈貪故身勞而難静時有不可求妄也者内思而外待待至而後樂謂内興情欲緣境思求心有待得而後樂不知心揺而傷性是故外静而内動者揺思而損性奔走而逐利者勞力而害名唯由於无情欲人不爲名利所誘者然後身安而性全也人生於代或有妄不遂志而宣言云不遇時者是无異負丹頭之罪俟時行戮豈不殆哉不能危行言遜于犯時君无異負斬首之罪待時戮也丹血色也其有博才通識未見稱用者正可云時非不清命未與耳豈不韙歟韙是也長於諫者務依存前人之性而翦制其情之所由

起是以彼此開進親敬郎篤不長於諫者務攻前人之性而闇於情之所來是以彼此嫌貳猜疊日積兒童之所蕳者迺耆耋之所非耳目之所娛者迺心慮之所疾健責天下之愚者己之未賢也健責天下之迷者己之未明也賢明者當恕愚迷而勿責以未賢責衆愚未賢者以之亡以未明責衆迷未明者以之傷愚迷之人无所損健責者徒自傷耳

新雕亢倉子卷第四

新雕洞靈真經卷第五

亢倉子　何粲注

農道篇第八

兵道篇第九

農道篇第八夫穀者人之天理國之道務農爲本

人捨本而事末則不一令本謂農也末謂趍浮利也人趍末利則姦詐多端故一令不能制也不一令則不可以守不可以戰趍利多端人心不一固不可以固守不可以攻戰人捨本而事末則亓產約人貪浮利則產業薄亓古其字亓產約則輕流徙輕流徙則國家時有災患皆生遠志无復居心人末本而事末則好智好智則多詐多詐則

巧法令巧法令則以是爲非以非爲是古先聖王之所以理人者先務農人農非徒爲墬也貴其志也志在安人人農則樸樸則易用易用則邊境安安則主位尊人農則童如童兒无異志童則少私義少私義則公法立力博深農則亣產複複猶厚也亣產複則重流散不流散也重流散則死亣処无二慮是天下亂一心矣天下一心軒皇几蘧音蘧之理不足過也軒皇几蘧古之有道之君古先聖王之所以茂耕織者以爲本教也是故天子躬率諸侯耕籍田大夫士第有功級勸人尊墬產也第次第也月令云正月中氣天子乃擇元辰親載耒耜置之車右率公卿諸侯大夫躬耕籍田天子三推公五推卿

諸侯九推是以功級勸人也）后妃率嬪御絲（一作蠑又作蠶）於郊桑公田勸人力婦教也（月令云三月中氣命有司无伐桑柘乃脩蠶器后妃齋戒享先蠶而躬桑以勸蠶事祭器云古者天子諸侯各有公桑蠶室近川而爲之君上三宮之大夫世婦之吉者使入蠶於蠶室世婦卒蠶奉繭以示乎君遂獻於夫人夫人繅三盆手遂布于三宮夫人世婦之吉者使繅之此勸婦教也）男子不織而衣婦人不耕而食男女貿功資相爲業此聖王之制也（貿易也）故敬旹恣日埒實課功（埒量工也）非老不休非疾不息一人勤之十人食之（上農夫食十人）當時之務不興土功不料師旅男不出御女不外嫁以方農（興土功理師旅行婚嫁皆謂方農業也御迎也謂男子不親御）黄帝曰四旹之不正正五穀而已耳夫稼爲之者人也（稼種也）生之者萈也養之者墬也是以稼之

容足耨之容耰（耨鋤也耰謂鋤器也）耘出容手（耘除草也）是謂耕道（種苗可使容足耨之可使容耰耘之可使容手）農攻食工攻器賈攻貨（攻理也）時叓不龔奪之以土功是謂大凶（君王不恭農事而奪其時以興土功則大凶之道也）凡稼蚤者先旹暮者不及時寒暑不節稼乃生災（謂大旱大晚者不得中和之氣）冬至已後五旬鶩七日而昌生（旬十日也五十七日在立春節中而草木昌發）於是虖始耕叓農之道見生而蓺生見死而穫死（因天時而興民利也蓺種也穫刈也）兲發旹墬產財不與人春（音期）有秊祀土無秊祀土（有年豐年也无年荒年也礼土祭社稷也春祭祈豐年也秋祭報成熟不以有年則祭無年不祭所以祈地利重人命）無失人旹迨時而作過旹而止老弱之力可崟盡起（迨及也雖老弱可使尽耕所以趍使也）不知旹

者來至而逆之（謂與農大旱）既往而慕之（時既過往而慕之是大晚）當其時而薄之（雖當其時而用功寡薄所收亦不多）此從事之下也（此三者雖從農務不得其時故云下也）人耨必以旱使埅肥而土緩（夫鋤必用旱旹旱時則草易死而土脉肥緩）稼欲産於塵上而殖於堅者（殖長也下種欲其土細如塵則地虛而根深及苗深長也得雨則土堅土堅則莖固也）慎其種勿使數亦無使踈（數謂煩密）於其施土無使不足亦無使有餘（於土謂施利於土也種不足則傷踈而費地於有餘則傷密而損谷不費不損取其中也）甽欲深以耑畆欲沃以平（耑正直也畆深直則水流疾畆沃平則潤澤均）下得侌上得昜然後盛生（下陰謂水潤上陽謂日氣盛咸生也）吾苗有行故速長強弱不相害故速大（苗成行則長疾強不害弱則易大）正其行通亦

（當作斤）中疏爲冷風（風古颺字使苗疏而通風）則有收而多功率稼望之有餘就之則疏是墮之竊也（由地瘠薄也苗不茂盛若被竊之狀）不除則蕪除之則虛是吏之傷也（除理也草盛而後除之苗則虛矣是人事傷之）苗其弱也欲孤（欲一一孤生不併聚也）其長也欲相與居（與衆共相蔭映）其熟也欲相扶（无倒折之害）三以爲族稼乃多穀（三者如人之宗族共相扶持則多收也）凡苗之害不俱生而俱死（生不齊則不茂矣）是以先生者美米後生者爲粃（強者凌弱故後生者不實）是故其耨也長其兄而去其弟（以人喻苗先後兄弟）樹肥無岺扶踈樹墝不欲專生而族居（墝瘠也專生獨居不奈風旱也）肥而扶踈則多粃墝而族居則多死不知耨者去其兄而養其

弟不收其粟而收其粃上下不安則稼多死得時之

禾長稠當作而大穗圜粟而薄糠米粘而香舂而易

而食之强禾粟也稠穗鴉也圜圓也粘甘味也失旹之禾深芒而小莖

穗鋭多粃而青蕾深芒長芒也銳細也青蕾米青也得旹之黍穗不

芒以長搏米而寡糠博米謂以手挼穀而出米也失旹之黍大本

華莖葉膏短穗本根也華莖莖傍有花名膏肥大也得旹之稻莖葆長

秱穗如馬尾葆大也馬尾言長也失旹之稻纖莖而不滋厚糠

而菑疤得旹之麻踈節而色陽堅桌而小本陽光揚也堅牢

也言皮堅勁也失旹之麻蕃柯短莖岸節而葉蟲蕃柯枝柯多也岸節

言節高也得旹之菽長莖而短長其莢二七以爲族多枝

數節竟葉蘩實稱之重食之息（萩豆也族聚也息猶盈也）失旹之萩以長而蔓浮葉虛本踈節而小莢得旹之麥長稠而頸族二七以爲行薄翼而䵽色（䵽吐覩切薄翼穅也䵽黃色也）食之使人肥且有力失旹之麥胕腫多病弱苗而翜穗（胕腫謂根莖麤而且蚤翜穗多芒也）昰故得旹之稼豐失旹之稼約庶穀盡宜從而食之令人四衛變強耳目聰明凶氣不入身無苛殃善㕞孔生之言冬飽則身溫夏飽則身涼夫溫涼旹適則人無病疢（音疹）人無病疢是疫癘不行疫癘不行咸得遂其天秊故曰穀者人之天昰以興王務農王不務農昰棄人也王而棄人將何國

本從口或聲古作𡈽唐武后作圀俗作国哉

兵道篇第九兵者不祥之器不得已而用之

秦景王将睎強兵於兲下秦時着函險固兵強士勇故睎強兵於天下使天下无敢与之敵睎

猶示也岑庶兵鮑戎必致命亢倉学庶長秦爵號鮑戎人姓名待以壤

邑十二周實迫之周密也欲問亢倉子之計故以十二邑待之恐其不来密使鮑戎迫之使必来亢

倉学至自滎泉賔於上館滎泉秦地名景主三日弗得所問

欲問之而弗得下席北首頓珪曰萬果無意恤孤耶北首頓珪盡禮

而已亢倉学油然虧盻曰朕以主亂異之間而寧弊弊

焉以所刺亂故油然微動貌虧側也盻顧也朕我也以景主有遠異之間而何謂弊弊焉言景主以兵戈

所刺為故予言其所問下也抑者隨其所而得正者無如可矣言景主既

以兵道問我故我抑亦隨其所欲丐正之非至理之可也景主一拜再舉歛黼裞端珪抑首而坐曰實惟亢所命黼裞綉襟也抑者低首也惟天所命頫垂告命也亢倉學仰褱而噓俯正顏色曰原兵之所起與始有人俱褱褖也噓嘆也嗟其不問至道故仰面而發噓嘆夫兵之所起与人俱生本始有之非獨今也夫兵也者出人之威也人之有威性受於兀人有喜怒之性本受于天怒則威生威生則兵起之由也故兵之所自來上矣嘗無少選之不用少選猶少時也喜怒之情用之无常故无少時不用也貿賤長少賢愚相與察同同察怒无人動則知兵起之原也兵之兆在心懷恚而未發兵也疾眎作色兵也傲言推捘兵也捘子寸反後鬬攻戰兵也此四者鴻細之爭也恚怒也作色厲色也捘亦推也謂相推盪也四者雖有大小之異皆

(有怒心故為兵也)未有蚩尤之旹人實揭材木以鬬矣(蚩尤黄帝時諸侯兄弟八十一人銅頭鐵額與黄帝戰於涿鹿之野始造兵器為黄帝所滅)黄帝用水火矣(或引水注邑或縱火燒城)共工稱亂矣(共工與顓頊爭天下)五帝相與爭矣一興一廢勝者用事(用兵之道有廢有興皆以順天而勝者得用矣)夫有以用藥而死者欲禁天下之醫非也有以乘舟而死者欲禁天下之船非也有以用兵而喪其國者欲禁天下之兵非也夫兵之不可廢譬水火焉善用之則為福不善用之則為禍是故怒笞不可偃於家刑罰不可偃於國征伐不可偃於天下(笞鞭杖也偃息也)古之聖王有義兵而無偃兵(義兵者順天應人所以誅暴乱也)兵誠義以誅暴君而振

若人之恱芒（本字奏刺石文作芒俗作也）若李子之見慈親餓隷之遇美食號呼而走若強弩之射深谷芒（振救也隷僕隷也強弩之射深谷言投赴疾也）勝負之決勿徵於他必反人情人生情欲生而惡死欲榮而惡辱死生榮辱之道一剬三軍之士可岑一心矣（人君與三軍之士同其死生榮辱則三軍雖衆可使一心矣）凡軍欲其衆也心欲其一芒三軍一心剬令可使無敵人古之至兵盖重令芒（古之至極善用兵者盖重慎其令也）故其令強者其敵弱其令信者其敵詘先勝之於此剬勝之與彼（夫料敵制勝必先自料若與衆同死生而三軍一心則勝矣）誠若此則敵胡足勝也凡敵人之來也以求利也今来而得死且以走為利則刃

無所與接矣此之謂至兵傲雪姦詐之與義理反也言姦兵與義兵逆順之理相反其勢不俱勝不相立義兵勝姦兵敗故義兵入於敵之境則人知所庇矣兵至於國邑之郊不踐果稼不穴丘墓不殘積聚不焚室屋得人虜皇而歸之但與人期以敚敵資以章好惡以示逆順若此而猶有愎狠凌宕不聽者雖行武焉可也愎狠猶悪戾也宕流宕也先行義以示之猶有悪戾不聽服者雖用武諫可也先發聲出號令曰兵之來也以除人之讎以順天之道故尅其國不屠其人獸誅所誅而已獨誅者誅暴君也於是舉選秀士賢良而尊㞷古豈字俗作封之求見孤疾長老而拯敬之孤疾之人拯給之長老者致敬

也發府庫之財散倉廩之秩說文曰積也毛氏曰以禾形从失声也本再生稻借為秩序字不私其物曲加其禮不私其利與衆共之曲加其礼聘以求賢也今有人於此能㞢从屮上象艸㞢出土上也死人人下當有生字一人則天下之人爭事之矣生猶活也言有人以義活一人之死則天下咸事之義兵之㞢一人亦多矣人孰不悅故義兵至則鄰之人歸㞢若流水諸國之人望之如父母行㞢滋遠得人滋衆辭未終景主興起首首抑首而坐至是坐而起立舉首也曰孤獲聞先生教言不覺氣盈宇宙志知所如也而心滋益龔既聞義兵之道鄙其姦傲之心故志氣盈滿充塞宇宙志知所如也於是步前稱觴爲亢倉學壽舉步前進稱觴飾重道也拜居首列師位嚴于齋室又月

涉句辰加天關白晝行道天關即天罡謂辰時也行道行弟子礼也

洞靈真經卷第五

音義

全道一○𡍼䄦社圣至𪁉為叓叓事㒷叐音終𢓊後

扣胡骨反𡘜蔎共陸隧也𡇼為𠦪𠦪玄貞貞不𦤺致

○用道二○囂闘農𩟓和𡧸离𡸘晨𠦬端𨪒

塞㕯克囲曲

○政道三○𠩄辰𠒂處𠀤長𣏟流𠑽𡿧州藺喜𠅝

寮衰豦奧衝妗害宎天敔敢出别本刲奎

○君道四○邈蠶寋豈艮

○臣道五○庣苑鬼

○賢道六○掊後本反或作棓扶福反

○訓道七○奩齋亯克汖能

○農道八○亣其𦳝蘧春期凬風

○兵道九○𣡕流鷊鷊絣關捘子寸反

洞靈真經音義終

全道　且也尊賢使能旦字悮　禮所以齊儀今本
儀作物
用道　似非而是似下脱非字
政道　藉爲人君若字悮　人事類盈作盈類悮
窮者日窮曰字悮　科禁不行今本作科禁
大行　寬猛失所宜或字悮　天下王危代
今本作王天下者若　絜字作縶　守天聚
人今本天作囹　事誠於士今本誠作試
簡豫簡作憪　賦歛無節歛上脱賦字　駭
弩之上士字悮　近古吕来是字悮　貞於

忠言貞今本作等

君道　養成之者人也脫人字

賢道　信而不見信爲信脫下信字　不愼無愼字

悞

訓道　布丕今本作不希　茲日安否曰字悞　好躁妄之言悞作妄而之言　孰能究詳今本作安能洞詳

農道　人忘本而事末人末本末字悞　好智下脫好智二字

右得金城黃諫刻本校對

宋·何璨注

亢倉子三卷

明正統《道藏》本

洞靈真經卷上

何璨　註

全道篇第一

夫心冥虛極德洞玄微　功並四時蒼生自化

亢倉子居羽山之顛三年

羽山尚書禹貢在徐州舜典云殛鯀于羽山蓋在東裔後屬魯顏山之南面也莊子引此章云北居畏壘之山即此山是也

俗無疵癘而仍穀熟

賢聖之居天祐神助近無疵癘而五穀豐稔頻熟曰仍也

其俗竊相謂曰亢倉子始来吾鮮然異之

鮮然驚異之貌也異其虛懷寂泊不在近

情

今吾日計之不足歳計之有餘其或聖者耶

驗其利益故疑之爲聖人

盍相與尸而祝之社而稷之乎釋云十三一

盍何不也旣蒙厚利欲立爲君何不建置

宗廟并及社稷尸穀祝祭南面事之者乎

亢倉子聞之色有不釋其徒饜𪒠從而啓之

饜𪒠亢倉子之門人也欲允衆心故從而

啓之
亢倉子曰吾聞至人尸居環堵之室而百姓
猖狂不知其所如往
至人冥心絶慮有類於尸無事蕭然獨居
環堵蒼生欣慕共往歸依察其所歸非由
知者也
今以羽俗子父竊竊焉將俎豆予我其的之
人耶
竊竊私議之謂也我本棲隱全道任真今
乃俎豆相尊反成人之標的也

吾是以不釋於老聃之言

老聃言我無爲而民自化我無事而民自足我好靜而民自正今乃反此故不釋然

黶啜曰不者

不者猶不然也

夫尋常之汙埜十三巨魚無所還其體二而鯢鰌爲音爲之制步仞之丘巨獸無所隱其軀而孽狐爲之祥

八尺曰尋倍尋曰常汙池也還迴也鯢小魚而有脚制猶專擅也六尺曰步七尺曰

仞隻犾也祥善也言小水不能容巨魚小
丘不能藏大獸喻亢倉道德既高必須厚
得也
且也尊賢叓事轄能嚮善就利自堯舜以固然
而况羽俗乎先生其聽矣亢倉子曰譆來
譆歎聲也恠其不達己志故發譆歎將欲
告之遠致故呼之曰來也
夫二子者知乎
二子堯舜也知乎言豈知也
函車之獸介而離山罔罟制之呑舟之魚蕩

而失水螻蟻苦之故鳥獸居欲其高魚鱉居欲其深夫全其形生之人藏其身也亦不厭深渺而已

函盈也介孤介也渺遠也

吾語若大亂之本祖乎堯舜之間其兵（音終）存乎千代之後千代之後必有人與人相食者矣

若汝也夫事有先成後敗始吉終凶胡可必耶故堯舜禪讓光一時之美迹流後代成篡煞之禍故莊子云堯舜讓而帝之噲

讓而絶湯武争而王白公爭而滅斯其効
歟夫唯不立善名者則事跡宜絶無所企
慕耳
言未笄男子縈之樗色憃然膝席曰樗年運
而長ゝ矣將奚以託業以畢斯言
縈之樗莊子所謂南榮趎也既聞高義深
欲憃然變色歛膝于席顧垂告示以敬事
此言
亢倉子曰全汝形抱汝生無使汝思慮營營
若此緒年或可以及此言

營營運動不息也緒終也全形抱生不運思慮虛心冥寂道自居之若此終年可及此言也

雖然吾才小不足以化子子胡不南謁吾師聃

聃老子之字也

亢倉子既謝榮之嫭不釋羽俗而龍已乎天下

謝猶遣也不釋羽俗潛遁而遊如龍變化與時昇降

水之性欲清土者滑𩪆之故不得清人之性
欲壽物者滑之故不得壽
滑亂也人性壽考爲外物所亂故使不終
天年
物也者所以養性也今世之惑者多以性養
物則不知輕重也
衣食養性不可一日而無而惑者乃損性
以求物物愈積而性愈傷殊不知性重而
物輕蓋倒置者也
是故聖人之於聲色滋味也利於性則取之

害於性則揹之此全性之道也萬人操弓㚘射一招招無不中萬物章章以害一生生無不傷

揹棄也操持也招射的也章章猶擾擾也

故聖人之制萬物也全其天也

聖人抑制萬物不使傷性以全天真

天全則神全矣神全之人不慮而通不謀而當精照無外志凝宇宙德若天墬然上爲天子而不驕下爲匹夫而不惛此之爲全道之人

神全之人智慮充溢精明照於無外志氣凝乎宇宙覆載之德同乎天地雖貴為天子賤為匹夫不以窮達而迴其志者也心平正不為外物所誘曰清清而能久則明明而能久則虛虛則道全而居之秦佚死亢

倉子哭之

秦佚古之有道者蓋老子之友也其役曰天下皆死先生何哭為也役謂門人充使役也死生之道古今是常達人體之不哭可也

亢倉子曰天下皆哭安得不哭
順物而哭雖哭而非哭也
其役曰哭者必哀而先生未始哀何也
未始猶未嘗也世人之哭必生哀痛今先
生雖哭不見悲傷敢問何故也
亢倉子曰舉天之下吾無與樂安所取哀
夫有樂必有哀人之常情也達人大觀豈
有疎親既不與爲樂亦無所取哀
蜕墜之謂水蜕水之謂氣蜕氣之謂虚蜕虚
之謂道

蜕者免脱之謂也夫脱地之謂水脱水之謂氣脱氣之謂虚脱虚之謂道猶至人不係情於哀樂然後爲極也

虚者道之體靖者道之地理者道之綱識者道之目

言至人能虚能静有識有理者則能契道之形體知道之綱目

道所以保神德所以弘量禮所以齊儀物所以養體

四者皆可以資身不可暫無也

好質白之物者以黑爲汙好質黑之物者以白爲汙吾又安知天下之正潔汙哉由是不主物之潔汙矣夫瞀視者以黈爲赤以蒼爲玄吾乃今所謂皂白安知識者不以爲頳黃吾又安知天下之正色哉由是不遁物之色

黈十二　大

矣

瞀風眩也黈黃色也頳赤色也夫有風眩之疾者視物不能審也故以黃爲赤以青爲黑亦猶凡俗之情妄執潔汙雖有大聖孰能正之故不主一其潔汙不流遁於衆

色也
夫好貨甚者不見他物之可好好焉甚者不見他物之可好好書甚者不見他物之可好
吾又安知天下之果可好者果可惡者哉由是不見物之可以保戀矣無能滑吾天趣矣
果決定也保猶懷也
陳懷君柳使其大夫禱行聘於魯
懷君謚也柳名也禱陳大夫之名也
叔孫卿私曰
叔孫氏世爲魯卿也

吾國有聖人．若知之乎
聖人謂仲尼也
陳大夫曰奚以果明其聖叔孫卿曰能廢心
而用形
聖境超殊非凡情所測徒見其能應接世
聖十三　七
務便證以為聖人豈知其所聖哉
陳大夫曰弊邑則小亦有聖人異於所聞曰
聖人焉雖陳大夫曰有亢倉子者偏得老聃
之道
門人之中最為稱首故曰偏得也

其能用耳眎而目聽定公聞而異焉使叔孫
氏報聘且致亢倉子待以上卿之禮亢倉子
至賓于亞寢

亞寢公之次殿

魯公卑辭以問之亢倉子曰吾能聽視不用
耳目非能易耳目之所用告者過也公曰孰
如是寡人增異矣其道若何寡人果願聞之
亢倉子曰我體合於心心合於氣氣合於神
神合於無其有介然之有唯然之音雖遠際
八荒之表邇在眉睫之内來干我者吾必盡

知之廼不知爲是我七竅手足之所覺六腑五臟心慮之所知其自知而已矣

心形泯合神氣冥符洞然至忘與無同體然後心彌靜而智彌遠神愈默而照愈章理極而自通不思而玄覽非夫至聖至神其孰能與於此哉斯固靈真之要樞重玄之妙道也

用道篇第二 無非利物上合天心克己歸仁化行刑措

天不可信墜不可信人不可信心不可信惟道可信賢主秀士豈可知哉昔者桀信天與

其祖四海已不勤於道天奪其國以授殷紂
亦信天與其祖四海已不躬於道天奪其國
以授周
與猶以也祖猶主也夏桀殷紂耽淫奢縱
自云有命稟於上天窮凶肆虐不修其道
故天奪其國以授於湯武

令夫隋農（音農）信墬實生百穀不力於其道墬
竊其菓稼而荒翳之
隋農之人信墬生穀不勤耘耕稂莠荒蕪
故不能穫菓稼

齊后信人之性酬讓不明於其道舉全境以
付人人實鴟義而有其國
后君也齊簡公也信人性不明酬讓爲陳
恒之所紿而取其國鴟義喻貪殘也
凡人不修其道隨其心而師之營欲茂滋災
疾朋釁戕身損壽心斯害之矣
人自師心不遵聖教營欲熾盛百殃斯集
此乃心爲身害朋猶群也釁猶動也戕害
者也
故曰惟道可信

道者坦蕩恬怡無所染著人能虛心歸道
則身命保全也
天墜非道不能悠久
天得一以清地得一以寧
蒼生非賢不能靖順庶政非材不能緐理

賢材皆用道以理物
夫用道之人不露其用福滋萬物歸功無有
潛功密濟百姓謂我自然
神融業茂靈慶悠長
融通也神理通達德業崇茂積善所鍾慶

流後裔也
知而辨之謂之識知而不辨謂之道識以理
人道以安人
辨析事物使人去惡就善所以理人也含
弘沖寂無所毀譽所以安鎮浮競也
夫雞戹音辰而作負日任勞流汗灑墜夜分僅
息鷽夫之道也
雞晨謂雞鳴之旦也夜分中夜負日爲日
所曝也僅少也
俯拾仰取鋭心錐撮力思搏精希求利潤賈

竪之道也嚥氣谷神宰思損慮超遥輕舉日
精鍊仙高士之道也
嚥氣胎息五牙之類也谷養也宰割也日
精吸日精也鍊仙鍊質專而乃昇仙也
剸情耑想畢志所事人偏揆忘寢謀効位司人
臣之道也
專情正想盡忠於所事之君導理揆度効
功於所司之位是人臣之道也
清心省念察驗近習發求才良以安萬姓人
主之道也

清心寡嗜慾也省念無私也近習謂近臣
若由是類之各順序其志度不替實音塞其業
履是爲天下有道
農夫賈竪各保其業明君賢臣各修其道
則天下順序而業履安定者也

雄三十二　十

道有筋骨則形全翦情欲則神全靖言語則福
全虒音魋此三全是謂清賢道德盛則鬼神助
信義敦則君子合禮義備則小人懷有識者
自是無識者亦自是有道者靜默闇鈍者亦
靜默物固有似是而非似非而是先號後笑

始吉終凶身可親而才不堪親才可敬而身不堪敬敬甚則不親親甚則不敬親之而踈踈之而親恩甚則怨生愛多則憎至有以速爲貴有以緩爲貴有以直爲貴有以曲爲貴百事之宜其由甚微不可不知是故智者難之靜則神通窮則意通貴則語通富則身通理勢然也

王本云理勢使然也

同道者相愛同藝者相嫉同與者相愛同取者相嫉同病者相愛同壯者相嫉人情自然

也
情通無求則相愛爭能尚勝則相嫉勢使
然也
才多而好謙貧賤而不諂處勞而不爲辱貴
富而益恭勤可謂有德者也

政道篇第三 順天行令不擇親疏 異域同歸望風而靡
人無法以知天之四時寒暑日月星辰之所
行若知天之四時寒暑日月星辰之所行當
則諸生血氣之類皆得其處而安其產矣人
臣亦無法以知主之賞罰爵祿之所加若知

主之賞罰爵祿之所加宜則親踈遠近賢不肖皆盡其才力而以爲用矣信全則天下安信失則天下危夫百姓勤勞財物殫盡則爭害之心生而不相信矣人不相信由政之不平也政之不平吏之罪也吏之有罪刑賞不齊也刑賞不齊主不勤明也夫主勤明則刑賞一刑賞一則吏奉法吏奉法則政下宣政下宣則民得其所而交相信矣是知天下不相信者由主不勤明也亢倉子居息壤五年

息壤是周地名也

靈王使祭公致篚帛與紡璐

靈王周靈王也祭公周之卿士也璐美玉也靈王慕亢倉之德使祭公致玉帛之禮以聘之篚盛帛之篚也紡所以貫玉者也

曰余末小子否德忝位水旱不時藉爲人若

何以禳之

靈王云我淺末小子不明其德忝君寶位致使水旱失時人遭飢苦故請問禳辟之方也

亢倉子曰水陰沴也陰於國政類刑人事類

私

沴亂也水陰象陰主刑水又潛流私匿之類也若刑獄不直人事多私則有沴水之災也

旱陽過也陽於國政類德人事類盈

旱陽象陽主德陽爲顯盛驕盈之類也若君不修其德人事盈侈則有大旱之災也

璧十三

十二

楚以爲凡遭水旱天子宜正刑修德百官宜去私戒盈則以類而消百福日至矣

楚亢倉子名也後皆放此

鄭有胡之封珪戎弓
胡國名封珪大珪也戎弓弓名也二物本
胡國所有後爲鄭所得也
異時失同於荆
異時猶他時也諸侯殷見曰同荆楚之舊
號也蓋時楚大諸侯共朝于楚爲會同之
期而鄭後至也
荆曰必得封珪戎弓不然臨兵于汝
荆恃强大欲行非義因鄭後期脅而迫之
將求二物

鄭君病之篤見亢倉子曰封珪戎弓先君得

之胡綿代功實傳章翼嗣

病患也綿歷也翼嗣謂後嗣先君得此二

物敬而藏之欲傳示子孫以爲有功之寶

也

璧十二

十三

今荆恃大而曰必得不然臨兵國危矣寡人

欲以他封珪戎弓往若之何

他封珪别珪也

亢倉子曰君其少安

勸君少安勿懷憂懼

今是楚亦有寶於此
亢倉以信義爲寶也
飾楚之寶以貫罪於君楚所不能爲
貫賒也僞以他珪欺詐大國取我誠信先
飾而行雖罪可延賒終致後戮陷君於罪
虧我信義故我不能爲也
君必致夫眞
勸鄭君勿以他珪往
今荆以淺解之過而負其威刑申逞不直以
耗惑與國荆失諸侯於是乎在諸侯聞之將

警勸備倫比勤明會同上義固存鄭爲首君
姑待之豈必非福
淺鮮小貌也負恃也逞快也倫比猶等倫
也姑且也鄭之失期實爲小過荆恃强大
欲肆威刑脅迫珪弓侵奪與國無德貪取
必失諸侯矣
於是以胡珪戎弓往來至郢
郢荆所都
荆人聞之
聞亢倉之謀也

曰彼用聖人之訓辭吾焉取此以暴不直於
天下而今諸侯寶生心焉遽返其賂而益善
鄭焉
暴猶露也遽急也賂即鄭之珪弓也
人之情欲生而惡死欲安而惡危欲榮而惡
璧十三 十四
辱天下之人得其欲則樂樂則安不得其欲
則苦苦則危若人主放其欲則百吏庶夫具
展其欲
放謂放縱也百吏百官也庶夫衆事之長
展申者也

百吏無夫具展其欲則天下之人貧者竭其
力富者竭其財四人失其序
士農工商失其次序
皆不得其欲矣天下之人不得其欲則相與
携持保抱逋逃隱蔽漂泭湘捃采以祈性命
捃拾也釆取也拾取野菓求養性命
吏又從而捕之是故不勝其危苦因有群聚
背叛之心生若群聚背叛之心生則國非其
國也勿貪戶口百姓汝走勿壯城池百姓汝
疲賦斂不中窮者日窮刑罰且二貴者日貴

科禁不行國則以傾
　中平之也
官吏非才則寬猛失所或與百姓爭利由是
狡詐之心生所以百姓姦而難知夫下難知
則上人疑上人疑則下益惑下既惑則官長
勞官長勞則賞不足勸刑不能禁易動而難

肇十三　十五

靜此由官不得人故也政術至要力於審士
　力循勤也
士有才行比於一鄉委之鄉
士能和比一鄉則委一鄉之政以任

才行比於一縣委之縣才行比於一州牖委
之州才行比於一國委之國政而後廷能無
伏士矣
各得展其才用則無隱伏之士者矣
人有惡戾於鄉者則以誨之
戾罪也人有罪惡者則一鄉之長先教誨
之也
不改是爲惡戾於縣則撻之
在鄉不改則送上於縣而撻之也
不改是爲惡戾於州則移之

撻之不改則遷州而流移之也
不改是爲惡戾於國則誅之而後廼能無逆
節矣誠如是舉天下之人一一胷懷無有干
背慆慢之萌矣此之謂靖人
賢材獲用暴惡遷善則天下之人安靜也
凡爲天下之務莫大求士士之待求莫善通
政通政之善莫若靖人
人主通達聖叡則士歸之衆賢共治莫善
於靖人也
靖人之才蓋以文章考之百不四五

文章浮華矯而不實今以文章考𦦙靖人
之才百中無四五也
以言論考之十或一二
有言者不必有德有德者不必有言故十
中或有一二也
壁十三 十六
以神氣靖作態度考之十全八九
賢良心廣體胖神氣沖和動靖態度必合
儀則審而察之十得八九者矣
是皆賢王慶世明識裁擇所能爾也
外雖有賢才而主無明識亦不能以裁擇

夫下王危世以文章取士則翦巧綺濫益至而正雅緐藉實益藏矣

末世文章尚於綺靡則雅素之士不來矣以言論取士則浮挨游飾益來而謇諤諍直益晦矣

浮游華飾之事貴則謇諤忠諍之才伏矣以神氣靖作態度取士則外正內邪益尊而清修明實益隱慝矣

內無明識故任擇不得其人也若然者賢愈到政愈僻令愈勤人愈亂矣

用非賢爲賢乃益所以亂

夫天下至大器也帝王至重位也得士則靖失士則亂人主勞於求賢逸於任使於呼守天聚人者其胡可以不事誠於士乎人情失宜主所深恤失宜之大莫痛刑獄夫明達之才將欲聽訟或誘之以詐或脅之以威或開之以情或苦之以戮雖作設權異而必也公平

璧十二　十七

一物失宜明主之所深恤況刑獄之大乎

夫察獄問囚務得其實或有隱匿則設威

以脅之或導之以實情或苦之以刑戮雖
權變多端而終無枉濫也
故使天下之人生無所於德死無所於怨
理自當生故生無報德理自當死故死無
咎怨
夫東國建吏持刑若此可謂至官至官之世
群情和正諸產咸宜愛敬交深上下條固不
可搖蕩有類一家苟有違順陵逆安得動哉
平王反正既宅天邑務求才良等闡一善喜
豫連日

平王承幽厲之後天下板蕩無復紀綱於
是撥亂返正東遷洛邑改革前非務求賢
哲得聞一善累日歡悦宅居也天邑即洛
邑也等猶得也
左右侍僕累言大臣有賢異者如是踰歲
侍僕左右小臣也見王悦喜承意阿諛也
王曰余一人丁德不明務求賢異益恐山澤
遺逸不舉豈樂聞善以自閉塞哉迺者仄媢
僕臣累譽權任頗階左右意余孱昧無能斷
明徒唯莜音共和依違浸長自賢敗德莫此爲

多不時佳過就茲回黨

仄媚邪媚也權任大臣也階昇也孱弱也

依違相依也邪媚小臣稱揚權任階緣左

右共相蒙蔽謂我闇弱不能明察若不過

絕黨固滋深也

於是棄左右近習三人市

謂殺之而曝尸於市也古者刑人於市與

衆共棄之

聚庶司尹夫五人

庶司尹夫謂權任大臣也

曰無令臣君者附下罔上持禄阿意天下聞之稱爲齊明海南之西歸者七國至理之世輿服純橥憲令寛簡禁綱疎闊夫輿服純素則人不勝羨

不相企羨

憲令寛簡則俗無忌諱禁綱疎闊則易避難犯若人不勝羨則嗜慾希微而服役樂業矣服從也從於所役之業也

俗無忌諱則抑閑開舒而歡欣交通矣

凡所抑閑皆由忌諱今既無忌諱皆得開

舒也
易避難犯則好惡分明而貴德知耻矣
貴德則不犯知耻則易避
夫服役樂業之謂順歡欣交通之謂和貴德
知耻之謂正浮墮之人不勝於順逆節之人

不勝於和姦邪之人不勝於正順和正三者
理國之宗也衰末之世輿服文巧憲令櫰析
櫰析煩多者也
禁網頗僻夫輿服文巧則流相炎慕
俗尚文巧則下人隨流迹相企慕如火之

上炎也

憲令攘析則俗多忌諱禁網頗僻則莫知所

逭

逭猶逃也

若流相炎慕則人不忠潔而耻朴貴華矣俗

多忌諱則情志不通而上下膠戾矣莫知所

逭則讒禍繁興而衆不懼死矣夫耻朴貴華

之謂浮上下膠戾之謂寠衆不懼死之謂冒

貞正之士不官於浮公直之士不官於寠器

能之士不官於冒浮寠冒三者亂國之梯也

荆君熊圍問水旱理亂

熊荆之姓圍名

亢倉子曰水旱由天理亂由人若人事和理

雖有水旱無能爲害堯湯是也

堯時九年洪水湯時七年大旱

故周之秩官云人强勝天

秩官周書篇也

若人事壞亂縱無水旱日益崩離且桀紂之

滅豈惟水旱

一云豈因水旱桀紂之君暴虐奢淫以滅

亡非獨水旱也

荆君北面遵循稽首曰天不棄不穀及此言也

一本云遵修遵循退行也荆君敬重亢倉子故稱之曰天不棄不穀王公之卑稱也

亢倉子不棄於我故得及聞此言者也

璧五十三　二十

乃以弘璧十朋爲亢倉子壽拜爲亞尹

弘璧大璧也十朋十雙也亞尹小尹也

曰庶吾國有瘳乎亢倉子不得已中宿微服違之他邦

瘳差也違去也

至理之世山無僞隱市無邪利朝無佞祿國

產問何由得人俗醇樸

國產鄭大夫公孫僑字子產也

亢倉子曰政煩苛則人姦僞

法令滋彰盜賊多矣

政省一則人醇樸

其政悶悶其人醇醇

夫人俗隨國政之方圓猶蠖屈之於葉也食

蒼則身蒼食黃則身黃曰何爲則人富亢倉

子曰賦斂以時官上清約則人富賦斂無節
官上奢縱則人貧句粤之簳鏃以精金鷙隼
爲之羽以之掊箠則其與槁樸也無擇
勾粤東粤也簳箭簳也鷙隼鶻鷂之類也
掊箠打擊也爾雅云東南之美者有會稽

壁十三　二十一

之竹箭焉夫勾粤之簳以精金爲鏃以隼
翮爲羽用之打擊則同於槁樸無擇猶無
異
及夫蕩寇爭虔（音衡）覿武決勝加之駭弩之上
則三百步之外不立敵矣

排蕩寇敵爭衡決勝加此勾粤之藓於强
弩之上則前無立敵矣
蜚景之劒威奪白日氣盛紫蜺以之刲獲則
莫與劘刃也無擇
蜚景神劒也劘鐮也神劒雖利以獲稻則
同於鐮刃也
及夫凶邪流毒沸渭不靖加之運掌之上則
千里之内不留行矣
凶邪流毒謂温疫之氣也此神劒能辟凶
邪故威光所行則千里之内未嘗留止也

夫材有分而用有當所貴善因時而已耳
槁樸劙刃施於常用耳粤笴幹蜚景以禦凶
災材分所當各因時而貴也
昔者明皇聖帝天下和平萬物暢茂群性得
極善因時而勿攘者也近古是來天下姦邪
者衆正直者寡輕薄趍利者多敦方退靜者
鮮姦者出言夫於忠言
巧僞亂真不能辨也
遂使天下之人交相疑害悲夫作法貴於易
避而難犯救弊貴於省事而一令除去豪橫

則官人安刑禁必行則官人不敢務私利官
人不敢務私利而百姓富吏刑曰眚災肆赦
赦不欲數數赦則惡者得計平人生心
惡者得計務益於姦平人生心亦為不善
也

而賢良否塞矣人有大為賊害官吏捕獲因
廣條引誣陷貞良闊遠牽率冀推時序卒蒙
赦宥遇賊害者訖無所快自毒而已由是平
人逆生黠計吏勞政酷莫能鎮止此由數赦
之過也夫人之所以惡為無道不義者為其

有罰也所以勉爲有道行義者爲其有賞也
令無道不義者赦之而有道行義者被妎諳
而不賞欲人之就善也不亦難乎世有賢主
秀士肯察此論
訖猶終也快喜也毒苦也肯可也
人怨若非不接人也神怒若非不事神也巧
佞甚人愈怨淫祀盛神益怒

洞靈真經卷上

洞靈真經卷中

何粲　註　璧凸

君道篇第四 清靜無爲以身帥下

始生之者天也養成之者人也

萬物之始生者由乎天也助天而養之由乎人也

能養天之所生而物攖之謂天子

攖擾也人能助天養物而物馴擾之者是謂天子也昔舜有聖德三徙成都是也

天子之動也以全天氣故此官之所以自立

也立官者以全生也
天不自治故聖人代天以治物者也聖人
不能獨治故立官以輔之立官之由本以
養物貴全天氣不使有虧傷
今世之惑主多官而反以害生則失所以爲

立官之本矣
後世惑主務在多官官多則政煩政煩則
害物是失立官之本意也
草鬱則爲腐樹鬱則爲蠹人鬱則爲病國鬱
則百惡並起危亂不禁

鬱者氣未通之謂也官多政煩事有擁滯
如草木之成腐蠹也
所謂國鬱者主德不下宣人欲不上達也
姦臣蒙蔽故主德不下宣黎庶枉屈故人
欲不上達
是故聖王貴忠臣正士爲其敢直言而決鬱
塞也克己復禮賢良自至
克損也復反也人君能以謙損反禮則賢
良歸
君耕后蠶蒼生自化

天子親耕皇后親蠶以身率人則天下化
之也
由是言之賢良正可待不可求求得非賢也
君有禮讓賢臣自歸故可待也君無禮讓
雖復求賢賢至乃非賢也
璧十四　二
蒼生正可化不可刑刑行非理也
君耕后蠶人自効之故可化也身不自為
而使人為之人必不從雖復刑之刑行非
至理
堯舜有為人主之勤無為人主之欲天下各

得濟其欲
勤謂勞心以養物欲謂私身以奉己也
有爲人主之位無爲人主之心故天下各得
肆其心
位謂居位而治事心謂求安以自適肆者
申也
士有天下人愛之而主不愛者有主獨愛之
而天下人不愛者
竭公忠而養天下者則天下愛之狥私情
而媚一人者則其主愛之

用天下人愛者則天下安用主獨愛者則天下危人主安可以自放其愛憎哉由是重天下愛者當制其情

聖人以天下爲安危者也欲天下之安則人主不得縱其愛憎當抑制其私也

璧十四　三

所謂天下者謂其有萬物也所謂邦國者謂其有人衆也夫國以人爲本人安則國安故憂國之主務求理人之材

天下以萬物爲多邦國以人衆爲富憂國家者不可不任賢以輔己也

玉之所以難辨者謂其有硜石也金之所以難辨者謂其有鍮石也

硜石似玉鍮石似金猶姦人外正內邪亦難辨也

今夫以隼翼而被之鶡視而不明者正以爲隼明者視之乃鶡也

隼鷹也鶡雀也

今夫小人多誦經籍方書或學奇技通說而被以靑紫章服使愚者聽而視之正爲君子也明者聽而視之乃小人也

奇技異藝也通説雜説也

故人主誠明以言取人理也以才取人理也

以行取人理也人主不明以言取人亂也以

才取人亂也以行取人亂也

人主明者以言行取人盡皆理也主昏昧

雖以言行取人盡皆亂也

夫聖主之用人也貴耳不聞之功目不見之

功口不可道之功而百姓暢然自理矣

夫賢良之佮世也不顯其名不彰其用不

稱其能潛功密濟理自玄暢名迹不生人

無企尚故聖主貴之也

若人主貴耳聞之功則天下之人運貨逐利

而市譽矣

若人主貴闘臣下之功則妬人運其財貨

隨逐便利以市聲譽也

貴目見之功則天下之人恢形異藝而爭進

矣

恢誕形容奇異技藝夸企爭進愈亂天下

矣

貴可道之功則天下之人習舌調吻而飾辭

矣
利口便辯虛而不實
使天下之人市譽爭進飾辭見達者政敗矣
爭名尚能則正理之道衰矣
人主皆知鏡之明己也而惡士之明己也鏡
之明己也功細士之明己也功大知其細失
其大不知類也
鏡知形之好醜士知心之善惡正形之功
細正心之功大今人主乃貴其細而失其
大豈不惑哉

於呼人主清心省事人臣恭儉守職太平立致矣而世或難之吾所不知也若人主方寸之墬不明不斷則天地之宜四海之內動植萬類咸失其道矣

方寸之地謂心之所居也動謂含氣之類植謂草木之類也

以耳目取人者官多而政亂

取聞見之功則飾偽者衆爭進者多主不能辨故官多而政亂也

以心慮取人者官少而政清

用心愿神識而得人者其官甚寡其政甚治也

是知循理之世務求不可見不可聞之材澆危之世務取可聞可見之材嗚呼人主豈知哉以耳目取人人皆藪飾以買譽以心慮取人人皆靜正以勤德史靜正以勤德則不言而自化吏藪飾以買譽則刑之而不畏（音畏）世主豈知哉

臣道篇第五（盡忠竭力諫劾所司）

夫國之將興也朝廷百吏或短或長或醜或

美或怡或厲或是或非

醜惡也怡悦也厲嚴厲也

雖聽其言觀其貌有似不同然察其志徵其心盡於爲國所以剛訐不怨黜退不愕議得其中無違乎理故天不惑其時墜不乏其利人不亂其變鬼神開贊蠻夷柔同保合大和萬物化育

國之興也朝廷祿位務盡其忠各竭其能力行公正無有阿私故天時不忒地利不乏人事不亂鬼神祐助遠方柔服也

國之將亡也朝廷百吏姿貌多美顏色諧和詞氣華柔動止詳潤

亡國之臣外雖和順內懷情忌各徇其私闇相謀害

雖觀其貌聽其言有若歡洽然察其志徵其心盡在競位所以聞奇則怪見異必愕相嫉相蒙遂喪其道故天告災時墜生反物

天反時爲災地反物爲祅

人作凶德鬼神間禍

間猶伺也

戎狄交侵喪亂弘多萬物不化夫不傷貨財
不竭人力不損官吏而功成政立下阜百姓
上謚主德如此者忠賢之臣也若費財煩人
危官苟効一時功利規賞於主不顧過後貽
災於國如此者姦臣也至理之世官得人不
理之世人得官鄭龍覲問事君亢倉子曰既
策名而臣人者心莫若公
無阿私也
貌莫若和言莫若正公不欲盡和不欲雜正
不欲犯

君不見察亦不欲犯顏而諫也
古之清勤爲國修政令之清勤爲身修名夫
爲國修政者區處條別動得其宜合於大體
爲身修名者區處條別致遠不通拘於小節
是知心以道爲主抵事得其所心以事爲主
臣軌十四　七
抵物失其所
以道爲主公心也以事爲主私情也抵者
觸也
臣居上位不諫下位不公不合贍其禄
贍賙給也

君不嚴敬大臣不彰信小臣不合官其朝有才者不必忠忠者不必有才臣不患不忠適恐盡忠而主莫之信主不患不信適恐信之而莫能事事

事事猶用事也

上等之人得其性則天下理中等之人得其性則天下亂明主用上等之人當委以權宜便覺肆其所為

上等之人謂賢良也公平正直無所阿私使之莅職信能匡贊雖權變有時必歸於

正也

用中等之人則當程課其功示以賞罰

中等之人謂藝能之士見善則遷見惡則染故人主以賞罰制之也

賢道篇第六 克己復禮賢良自至

賢良所以屢求而不至難進而易退者非爲愛身而不死王事適恐盡忠而主莫之信耳自知有材識之人外恭謹而內無憂其於衆也無正而不狎親之則彌莊疎之則退去而不怨窮厄則以命自寬榮達則以道自正人

有視其儀賢也聽其聲賢也徵神課識或負
所望夫賢人其見用也入則諷譽出則龔默
職司勤辦居室儉閑
諷謂刺君之過譽謂稱君之美龔默靜慎
也辦治也閑謂防閑

其未見用也藏身於衆藏識於目藏言於口
飽食安步獨善其身貞而不怨智者不疑豈
識者不疑人有識之士行危而色不可跡言
遜而理不可拔
謂遇濁世不變其志行雖危而色常和言

雖遜而理確然
凡謂賢人不自稱賢
自伐者無功故非賢
効在官政功在事事
驗其官政察其用事賢不肖可辯也
太平之時上士運其識中士竭其耐小人輸
其力齊有揞子者材可以振國行可以獨立
振濟也獨立謂德行孤標不可傾拔
事父母孝謹鄉黨恭循念居貧無以爲養施
信義而游者久之矣所如寡合或爲乘時夸

眦者所蚩紿

如往也本作所蚩往紿音待一云始於是也寡合少諧偶也夸眦矜恃也蚩笑也紿欺也

於是負杖步足問乎亢倉子曰吾聞至人忘情

至人虛懷與道合體故忘情也

黎人不事情

黎衆也智力愚蒙不能用情也

存情之曹務其教訓而尊信義

曹輩也中人存情以信義爲尊

吾乃今不知爲工

工猶能也躬行信義所往寡合不知其所

爲能

受不信爲信

世有受人之不信將以爲信也

信而不見信爲信

有實爲信而不爲人所見信乃自以爲信

爲勤慕義爲義

人有本非義而以慕義爲義乃爲人所稱

義也

義而不俟義爲義

有實爲義而不待人稱義亦常自爲義也

然則信義之士常獨戹隨退胡以取貴乎時而教理之所上也亢倉子俯而循袵衻而譆

超然而歌

袵衣襟也譆歎聲也超然高舉之貌

曰時之陽兮信義囚昌音

時之陽喻君有道也有道則信義昌也

時之默兮信義伏

時之黙喻君瞶昧也君瞶昧則信義伏藏
陽與黙昌與伏汨吾無誰私兮兎忽不知其
讀
汨亂也羌發聲也一讀猶云也夫時有治亂
故用有行藏陽則與時俱昌黙則與時俱
璧十四　十
伏隨流任運寧有私耶今乃問我不知其
云也
夫運正性以如適而物莫之應者真不行也
夫真且不行謂之道喪
信義者正性之用也真者正性之本也

道喪之時上士乃隱之爲義有可氣音爲也
時有否泰莫得妄爲
莫可爲者有可用也邦有道則智邦無道則愚
有時而用
故莫可用者也
用有行藏莫得長用
祭公問賢材何從而致亢倉子曰賢正可待
不可求材慎在求不慎無
材在求而擇之不慎無材

若天子靜大臣明刑不避貴澤不隔下則賢人自至而求用矣賢人用則四海之內明目而視清耳而聽坦心而無鬱矣天自成地自寧萬物醇化鬼神不能靈

天下醇和故鬼神不能見靈怪

故曰賢正可待不可求若天子勤明大臣和理之求士也則恢弘方大公直靖人之才至若天子苛察大臣躁急之求士也則圜心巧應毀方破道之才至若天子疑忌大臣巧隨之求士也則奇姓異名反媚怪術之才至若

天子自賢大臣固位之求士也則事文遂譽
貪濁浮麗之才至若天子依違大臣回佞之
求士也則外忠内僻情毒言和之才至故曰
才慎在求不慎無昔者黄帝得常仙封鴻廆
音鬼容丘音丘
三人黄帝臣也
商王得伊尹中興得甫申
中興周宣王也甫仲山甫也申申伯
齊桓得甯籍
即甯戚也

皆由數君體道邁仁布昭聖武思輯光明寬厚昌正而衆賢自至而求用非爲簡核而得之也

邁行也輯睦也簡核猶擇也

祭公曰夫子云賢人不求而自至亦有非賢不求而自至者乎亢倉子曰夫非賢不求而自至者固衆矣夫天下有道則賢人不求而自至天下無道則非賢不求而自至人主有道者寡無道者衆天下賢人少不肖者多是知非賢不求而自至者多矣祭公曰賢固濟

天下材亦能濟天下俱濟天下賢與材安異耶亢倉子曰窘乎哉其問也

窘迫也言所問切迫

夫功成事畢不徇封譽恭退朴儉之謂賢

徇求也功成不居其位守恭謙以自牧也

功成事畢榮在祿譽光揚滿志之謂材賢可以鎮國材可以理國所謂鎮者鎮寧無為人不知其力

至德潛化人莫能知之也

所謂理者勸率其事人知所於德

人賴其功故推德於已也
一賢統衆材則有餘衆材度一賢猶不足如
是賢材之殊域
一賢雖少統領衆材尚有餘德衆材雖多
比度一賢猶不能及
有居山林而諠者有在人俗而靜者有諠而
正者有靜而邪者也
言求賢不可不察其邪正矣
凡視察其貌鄙俗而能有賢者萬不有一視
察其貌端雅而實小人者十而有九

言賢人難得也
夫不鍊其言而知其文不責其儀而審其度
不采其譽而知其善不流其毁而斷其實可
謂有識者也
不待流言毁謗而知其惡情也

洞靈眞經卷中

洞靈眞經卷下　　壁十五

訓道篇第七　　何　注

至德之用萬教之主神明共贊可以化民

閔子騫問仲尼道之與孝相去奚若

疑其相去遠也

仲尼曰道者自然之妙用孝者人道之至德

窮於本始謂之道施於人理謂之孝道能通生萬物不知其所由然故曰妙用孝者善事父母盡敬盡順通乎神明故曰至德

夫其包運天地發育萬物曲成類形布丕性

壽

性者剛柔之質壽者一期之盡
其功至實而不爲物府不爲事官無爲功尸
捫求眎聽莫得而有字之曰道
雖曲成萬類彫刻衆形尋求主宰莫見其
朕故字之曰道道者虛通之謂

璧十五　　一

用之於人字之曰孝孝者善事父母之名也
夫善事父母敬順爲本意以承之順承顔色
無所不至發一言舉一意不敢忘父母營一
手措一足不敢忘父母事君不敢不忠朋友

不敢不信臨下不敢不敬嚮善不敢不勤雖居獨室之中亦不敢懈其誠此之謂全孝故孝誠之至通乎神明光于四海有感必應善事父母之所致也昔者虞舜其大孝矣乎庶母惑父屢憎害之舜心益恭懼而無怨謀使浚井下土實之于時天休震動神明駿赫道穴而出奉養滋謹由是玄德茂盛爲天下君善事父母之所致也

按史記稱舜父瞽叟與庶母弟皆欲殺舜使舜修廪瞽叟從下縱火焚廪舜乃以兩

笠自扞而下去得不死後又使舜穿井舜
穿井爲匿孔旁出舜旣入深瞽叟與象共
下土塡井舜匿孔出去是其事也于時天
以休美之德震動舜心神功赫然令其免
害及出之後事父彌謹堯知其聖歷試諸
難後乃禪其位焉 壁十五 二
文王之爲太子也其大孝美朝夕必至乎寢
門之外問寺人曰兹日安否何如
寺人問官主在左右侍君也
曰安太子溫然喜色小不安節太子色憂滿

容朝夕食上

謂侍者進食於君也

太子必視寒暖之節食下必知膳羞所進然

後退

知所食之多少

寺人言疾太子肅冠而齋

君有疾故太子嚴肅衣冠而齋齋者虛心

專志以祈神明使救護者耳

膳宰之饌必敬眂之湯液之貢必親嘗之

饌飲食也貢進之也

嘗膳善

謂君嘗饌者也

則太子亦能食嘗饌寡太子亦不能飽以至

乎復初然後亦復初

君病閒而太子亦復初也

君后有過怡聲以諷

怡悅也謂下氣怡聲幾微諷諫

君后所愛雖小物必嚴龔

不敢慢君父之所愛

是故孝成於身道洽天下雅曰文王陟降在

帝左右
雅詩大雅也陟升也帝天也左右助也言
文王所爲天必助之
言文王靜作進退天必贊之故紂不能害
贊佐也文王事紂爲天所佐故殷紂雖暴
不能輙害
夢啓之壽
禮記云文王有疾旬有二日乃間文王謂
武王曰汝何夢矣武王對曰夢帝與我九
齡文王曰汝以爲何也武王曰西方有九

國君王其終撫諸文王曰非也我百爾九十吾與汝三焉文王九十七而終武王九十三而終也

卜世三十卜年七百天所命也善事父母之所致也

左傳曰成王定鼎于郟鄏卜世三十卜年七百天所命也

閔子騫曰善事父母之道幸既聞之矣敢問教子之義仲尼曰凡三王教子必視禮樂

視猶示也

樂所以修内
和其心也
禮所以修外
檢其容也
禮樂交修則德容發輝于貌故能温恭而文
明夫爲人臣者殺其身有益於君則爲之況

璧十五　四

利其身以善其君乎是故擇建忠良貞正之
士爲之師傅欲其知父子君臣長幼之道夫
知爲人子然後可以爲人父知爲人臣然後
可以爲人君知事人然後能使人此三王教

子之義也
三王謂夏殷周三代之王也
閔子騫退而事之於家三年人無間於父母
兄弟之言
上事父母下順兄弟盡善盡美故人無非
間之言也
交遊稱其信鄉黨稱其仁宗族稱其悌德行
之聲溢於天下此善事父母之所致也齊太
子坐清臺之上燕壯侯他
壯燕侯謚也他名也

高冠嚴色左帶玉具劍右帶環珮左光照右右光照左

言玉珮之光桐照也

太子讀書不視壯佚他問曰齊國有寶乎太子曰主信臣忠百姓戴上齊國之寶也壯佚

他應聲解劍而去

聞義而服也此言君子尚德不尚華飾也

嗚呼人有偏蔽終身莫自知己乎賢者見之寬恕而不言小人暴變而溢言親戚憐嫉而貳言人有偏蔽惡乎不自知哉

惡乎猶何也

是故君子檢身常若有過衣其衣食其食知其過而不亭𧨏有以正之者君子耻之

言爲人口不能有所𢓊正也

將欲有言識其必不能行者君子罕言

君不納忠諫則罕言以避患也

當責衆人之惡者視己善乎哉當責衆人之邪者視已正乎哉此之謂反明

先審身之善正然後責人之邪惡也

翟西氏之子甚孝謹翟西憐其子而好𡚁與

之言翟西戹出夕返則曰甲死矣其子信之既而甲在焉他夕則曰乙且害余其子伺將行仇既而不見惡端他夕則曰丁病矣其子覘之丁誠無恙舉此類也

覘視也恙憂也舉皆也

胥淹年序子固孝謹至於訓勸益不保承鄉國之人疾其咎口謀將煞之翟西聞而懼歸以告子子未甚信既而翟西見煞

此章戒人輕言致害雖愛子猶不信之以至見煞況他人乎

謂多言之人爲疎露亦有辭約而不密者謂輕佻之人爲不定亦有體閑而心躁者

輕佻猶輕躁也

謂褻雜之人爲猥細亦有外潔而內濁者若類而引之不可殫載若非徹識孰彪䪼究詳

殫猶盡也

璧 十五 六

時有不可不應變也者內靜而外動易動而難靜

謂外見利貪而逐之愈得愈貪故身勞而難靜

時有不可不求𧺫也者内思而外待待至而後樂

謂内興情慾緣境思求心有所待故待得而復樂不知心摇而傷性

是故外静而内動者摇思而損性奔走而逐利者勞力而害名

唯泊然無情慾而不爲名利所誘者然後身安而性全也

人生於世或有𧺫不遂志而宣言云不遇時者是無異負丹頸之罪俟時行戮豈不殆哉

不能危行言遜干犯時君無異負斬首之
罪待時行戮也丹血色
其博才通識未見稱用者正可云時非不清
命未與耳豈不躄歟
躄猶是也 璧十五 七
長於諫者務依存前人之性而翦制其情之
所由起是以彼此開進親敬殷篤不長於諫
者務攻前人之性而暗於情之所來是以彼
此嫌貳猜釁日積兒童之所簡者廼者耋之
所非耳目之所娛者廼心慮之所疾緁以責天

下之愚者已之未賢也健責天下之迷者已之未明也

賢明者當恕愚迷而勿責

以未賢責衆愚未賢者以之亡以未明責衆迷未明者以之傷

愚迷之人無所損健責者徒自傷耳

農道篇第八

夫穀者人之天理國之道務農爲本

人捨本而事末則不一令

本謂農也末謂趨浮利也人趨末利則奸詐多端故一令不能制也

不一令則不可以守不可以戰

趨利多端人心不一故不可以固守不可以攻戰也

人捨本而事末則亓其音產約

人貪淨利則產業薄也

亓產約則輕流徙輕流徙則國家時有災患皆生遠志無復居心人捨本而事末則好知好知則多詐多詐則巧法令巧法令則以是爲非以非爲是古先聖王之所以理人者先務闢人闢人非徒爲墾利也貴行其志也

志在安人
人𠎝則朴朴則易用易用則邊境安安則主
位尊人𠎝則童
如童兒無異志也
童則少私義少私義則公法立力慱深𠎝則
壁十五 八
丌産複
複猶厚也
丌産複則重流散
不流散也
重流散則死其處無二慮是天下𢀩一心矣

天下一心軒皇几邁之理不是過也
軒皇几邁古之有道之君也
古先聖皇之所以茂耕織者以爲本教也是
故天子躬率諸侯耕籍田大夫士第有功級
勸人尊墬産也
第次第也月令云正月中氣天子乃擇元
辰親載耒耜置之車右率公卿諸侯大夫
躬耕籍田天子三推三公五推卿諸侯九
推是以功級勸人也
后妃率嬪御蠶於郊桑公田勸人力婦教也

月令云三月中氣命有司無伐桑柘乃修
器后妃齋戒享先蠶而躬桑以勸蠶事
祭義云古者天子諸侯必有公桑蠶室近
川而爲之君卜三宮之夫人世婦之吉者
使入蠶室世婦親蠶奉繭以示于君遂獻
于夫人夫人繅三盆手遂布于三宮夫人
世婦之吉者使繅之此勸婦教也
男子不織而衣婦人不耕而食男女貿功資
相爲業此聖王之制也
貿猶易也

故敬時愛日埒實課功
埒量也
非老不休非疾不息一人勤之十人食之
上農夫食十人
當時之務不興土功不料師旅男不出御女
不外嫁
一作大嫁
以妨闗也
興土功治師旅行婚嫁皆謂妨農業也御
迎也謂男子不親御

黃帝曰四時之不可正正五穀而已耳夫稼

爲之者人也

稼謂種也

生之者天也養之者地也是以稼之容足耨

之容耰

耨鋤也又耰謂鋤器也

耘之容手

耘除草也

是謂耕道

種苗可使容足耨之可使容耰耘之可使

容手

鬬攻食工攻器賈攻貨

攻治也

時豈不龔恣之以土功是謂大凶

君王不恭則大凶之道也

壁十五 十

凡稼早者先時暮者不及時寒暑不節稼乃

多災

言太早太晩者謂不得中和之氣也

冬至已後五旬有七日而昌生

旬十日也五十七日在立春節中而草木

昌發

於是乎始耕𧶘𤰈之道見生而埶生見死而穫死

因天時而興人事也埶種也穫刈也

天發時隊產財不與人習音期

產生也

有年祀土無年祀土

有年豐年也無年荒年也祀土祭社稷也

春祭祈豐祥也秋祭報成熟也不以有年則祭無年不祭所以祈地利重人命

無失人、時迨時而作過時而止老弱之力可使盡起

迨及也雖老弱可使盡耕所以趨時也

不知時者未至而逆之

謂興農太早也

筆十五

十二

既往而慕之

時既過往而慕之是大晚

當万時而薄之

雖當其時而用功寡薄所收亦不多

此從費之下也

比三者雖從農務不得其時故云下也

夫耨必以旱使墬肥而土緩

夫鋤必用旱時旱時則草易死而土脉肥緩也

稼欲產於塵土而殖於地堅者

殖長也下種欲其土細如塵則地虛而根深及苗長也得雨則土堅堅則莖固也

慎其種勿使數亦無使疎

數為煩也

於其施土無使不足亦無使有餘

施土謂施種於土也種不足則傷疎而費地種有餘則傷密而損穀不費不損取其中也

甽欲深以端畝欲決以平

端正直也甽深直則水流疾畝決平則潤

澤勻

下得陰上得陽然後咸生

下陰謂水潤上陽謂日氣

立苗有行故速成强弱不相害故速大

苗成行則長疾强不害弱則易大也

正丌行通其中疏氣冷風
使苗疏而通風
則有收而多功率稼望之有餘就之則疏是
墜之竊也
由地瘠薄也苗不茂盛若被竊之狀
十二
不除則蕪除之則虛是皆傷之也
叠十五
除治也草盛而後除之苗則虛矣是人事
傷之也
苗丌弱也欲孤
欲一一孤生不併聚也

丆夫也欲相與居

與衆同居共相蔭映

丆熟也欲相與扶

無倒折之害也

三以弱族稼乃多穀

三者如人之宗族共相扶持則多收

凡苗之患不俱生而俱死

生不齊則大苗淩小小苗不茂

是以先生者美米後生者爲粃

强者淩弱故後生者不實

是故其耨也夫其兄而去其弟

以人喻苗也先生為兄後生為弟也

樹肥無使扶疏樹墝不欲專生而獨居

墝瘠地專主獨居不耐風旱

肥而扶疏則多粃墝而專居則多死不知耨

者去其兄而養其弟不收其粟而收其粃上

皇十五　十三

下不安則稼多死得時之禾長稠而大穗圜

粟而薄糠米飴而香舂之易而食之强

禾謂粟也稠穗頸也圜圓也飴謂味甘如

飴也

失時之禾深芒而小莖穗銳多秕而青蘦
深芒長芒也銳細也青蘦其米青也
得時之黍穗不芒以長摶米而寡糠
摶謂以手挼穀而出米
失時之黍大本華莖葉膏短穗
本根也華莖莖傍有華也膏言肥大也
得時之稻莖葆長秱穗如馬尾
葆大也馬尾言長也
失時之稻纖莖而不滋厚糠而菑死得時之
麻疎節而色陽堅枲而小本

陽光揚也堅牢也言皮堅勁

失時之麻蕃柯短莖岸節而葉蟲

蕃柯謂枝柯多也岸節者高節也

得時之菽長莖而短足其莢二七以爲族多

枝數節競葉繁實稱之重食之息

菽者豆也族聚也息猶盈也

失時之菽必長以蔓浮葉虛本疏節而小莢

得時之麥長秱而頸族二七以乱行薄翼謂

蓴音屯色食之使人肥且有力

薄翼謂糠也蓴黃色也其麥穗一行有二

七粒

失時之麥胕腫多病弱苗而葉穗

胕腫謂莖根麤而且蟲葉穗多芒

是故得時之稼豐失時之稼約庶穀盡宜從

而食之使人四衛變強耳目聰明凶氣不入

豐十五　十四

身無苛殃

四衛四支也

善乎孔子之言冬飽則身溫夏飽則身涼夫

溫涼時適則人無疾疢人無疾疢是疫癘不

行疫癘不行咸得遂其天年故曰穀者人之

天是以興王務闢王不務闢是棄人也王而棄人將何國哉

兵道篇第九 兵者不祥之器不得已而用之

秦景主將眎强兵於天下

秦恃崤函險固兵强士勇故欲示强於兵使天下无敢與之敵眎猶示也

使麃夫鮑戎必致亢倉子

麃長秦爵號鮑戎人姓名也

待以壞邑十二周實迫之

周家也欲問亢倉子計故以十二邑待之

恐其不來密使鮑戎迫之使必來

亢倉子至自滎泉賓于上館

滎泉秦地名也

景主三日弗得所問

謂欲問之而不得也

下席北首頓珪曰天果無意恤孤耶 韻王十五 十五

北首頓珪盡禮也

亢倉子油然虧眄曰朕以王氣異之問而寧

弊弊焉以所刺氣故

油然微動貌虧側也眄顧眄也朕我也我

以景主有遠異之問而何爲弊弊焉言景主以兵戈斫刺爲故乎言其所問下抑若亦隨其欲而得正焉無如可矣言景主既以兵道問我故我抑亦隨其所欲而正之非至理之可也

景主一拜再舉斂黼維端珪抑首而坐曰實惟天所命

黼維繡襟也抑首低首也惟天所命願垂告命

亢倉子仰棖而噓俯正顏色曰原兵之所起

與始有人俱

榱椽也仰榱仰面屋榱也嘘歎聲也嗟其不問至道故仰面而發嘘歎夫兵之所起與人俱生本始有之非獨今也

凡兵也者出人之威也人之有威性受於天

人有喜怒之性本受於天怒則威生威生則兵起之由也

故兵之所自來上矣嘗無少選不用

少選猶少時也喜怒之情用之无常故無少時不用也

貴賤夭少賢愚相與同
　同察怒氣之動則知兵起之原
察兵之兆在心懷恚而未發兵也疾視作色
兵也傲言推捘兵也侈鬪攻戰兵也此四者
鴻細之爭也
豐十五　十六
　恚怒也作色厲色捘亦推也謂相推盪也
四者雖有大小之異皆有怒心故為兵也
未有蚩尤之時人實揭材木以鬪矣
蚩尤黃帝時據諸侯兄弟八十一人銅頭
鐵額與帝戰於涿鹿之野造兵器後為黃

帝所滅也
黄帝用水火矣
或引水注邑或縱火燒城
共工稱亂矣
共工與顓頊爭天下
五帝相與爭矣一興一廢勝者用事
用兵之道有廢有興皆以順天而勝者得
用耳
夫有以咽藥而死者欲禁天下之醫非也有
以乘舟而死者欲禁天下之船非也有以用

兵喪其國者欲禁天下之兵非也夫兵之不
可廢譬水火焉善用之則爲福不善用之則
爲禍是故怒笞不可偃於家刑罰不可偃於
國征罰不可偃於天下
笞鞭杖偃息也
野至 十五
古之聖王有義兵而無偃兵
十七
義兵者順天應人所以誅暴亂也
兵誠義以誅暴君而振苦人人之悅也若孝
子之見慈親饑隸之遇美食號呼而走之若
強弩之射深谷也

振救也隸僕隸也强弩之射深谷言救之疾也

勝負之決勿徵於他必反人情

兵之勝負勿徵驗於他反求人情則得之人之情欲生而惡死欲榮而惡辱死生榮辱之道一則三軍之士可使一心矣人君與三軍之士同其死生榮辱則三軍雖衆可使一心矣

凡君欲其衆也心欲其一也三軍一心則令

可使無敵矣古之至兵蓋重令也

古之至極善用兵者蓋重慎其令也

故其令強者其敵弱其令信者其敵詘先勝

之於此則勝之於彼

夫料敵制勝必先自料若與衆同死生而

三軍一心則勝於彼矣

誠若此則敵胡足勝也凡敵人之來也以求

利也今來而得死且以走爲利敵皆以走爲

利則刃無所與接矣此之謂至兵數歷奸詐

之與義理反也

言奸兵與義兵逆順之理相反

其勢不俱勝不兩立

義兵勝奸兵敗

故義兵之入於敵之境則人知所庇矣兵至於國邑之郊不踐果稼不穴丘墓不殘積聚不焚室屋得人虜厚而歸之信與人期以發敵資以章好惡以示逆順

叢十五 十八

先示之以義也

若此而猶有愎狠淩傲遂宕不聽者雖行武焉可也

愎狠猶惡戾也宕流宕也先行義以示之

猶有惡戾不聽服者用武誅之可也
先發聲出號令曰兵之來也以除人之讎以
順天之道故剋其國不屠其人獨誅所誅而
已矣
獨誅者暴君也
於是舉選秀士賢良而尊封之求見孤疾長
老而拯救之
孤疾之人拯給之長老者致敬之也
發府庫之財散倉廩之穀不私其物曲加其
禮

不私其利與衆共之曲加其禮聘以求賢人
也
令有人於此能生死一人則天下之人爭事
之矣
生猶活也言有人以義能活一人之死則
天下咸能事之矣　壁十五　十九
義兵之生一人亦多矣人孰不悅故義兵至
則隣國之人歸之若流水誅國之人望之如
父母行地滋遠得人滋衆辭未終景主興稽
首曰孤獲聞先生教言不覺氣盈宇宙志知

所如也而心滋益襲
既聞義兵之道鄙其奸傲之心故氣志盈
滿充塞宇宙志知所如也
於是步前稱觴音觴爲亢倉子壽
羣步前進稱獻壽所以嚴師重道也
拜居首列師位嚴于齋室又月朔旬辰加天
關白晝行道
天關即天綱謂辰時也行道行弟子禮也

洞靈眞經卷下

宋·何璨注

亢倉子三卷

明萬曆間金陵聚奎樓刊本

晨 羽點次

亢倉子

古鄧析子 聚奎叢書

亢倉子序

余比承乏詞林日惟金華殿語祇奉之唯謹間卽於馬通輪沸中持一刻報謁諸纓緌不得少休囘視攜雙柑斗酒聽六橋柳

上鷺倦卽支頤對西山[illegible]氣何
啓星泥適予羽社好從郵筒中
緘寄新梓亢倉子一冊然香竟
讀便如置身明聖湖品次舸展
勝事只覺爆煙塵暈爲之一滌

亢倉子云卽庚桑子著書九篇道家尊爲洞靈眞經顧其所述而於人俗世諦翻多居半何耶近王元美曰亢倉子僞書也多援少借多拘少劇誠然哉書之

眞贋不足辨茀其語有足存者如言道則曰用耳視目聽又曰不以耳目用論賢則曰有喧而正有静而邪課農則曰長其兒去其弟談兵則曰兵猶水火善

用之則爲禍是亦抉幽剔隱足
可垂摹者也惟始則措擢仁義
訾訶堯舜而曰大亂之本祖於
此乃旣祟君道復以堯舜有爲
人主之勤無爲人主之欲天下

三

各得濟其欲是又何自相背謬
也大畧托爲子家言者或多竄
跡儒老之間而務中持乎非玄
非白之際欲抗據於百家聲光
之上而未必有絕異之才足以

鑿空而出而間亦有一二獨致
者竊自享千金不能甘自寘寘
也遂趨影附標調停兩寄以希
片皋靈彩浮宿於薪傳之餘灼
而不顧夫言畱名滅也是瑯琊

氏所爲可悲者也雖然猶勝於
名滅而言并湮也噫天下發憤
侘傺無所寓而姑土苴是寄何
獨一爲亢倉子者時
乙丑秋日社弟徐時泰書於長

安邸舍

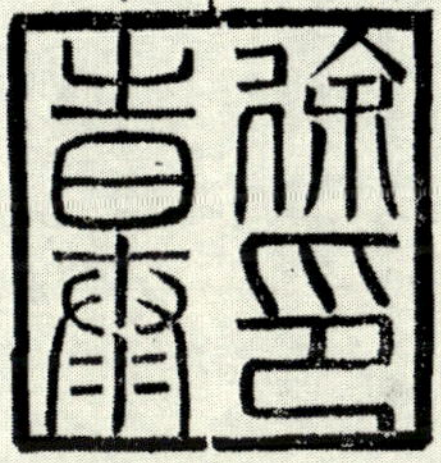

五

亢倉子目錄

卷下

張鴻舉子羽父點次

何璨註　虎林呂昭世躬三父參閱

全道篇第一

夫心寘虛極德洞玄微功並四時蒼生自化

亢倉子居羽山之顏三年羽山尚書禹貢在徐州舜典云殛鯀于羽山蓋在東裔後屬魯顏山之南面也莊子引此章云北居喂壘之山即此山是也俗無疵癘而仍穀熟。賢聖之居天祐神助近無疵癘而五穀豐稔振熟曰仍也其俗竊相謂曰亢倉子始來吾鮮然異之鮮然驚異之貌也異其虛懷寂泊不在近情今吾日計之不足歲計之有餘其或聖者耶驗其利益故疑之爲聖人盍相與尸而祝之社而稷之乎。盍何不也既蒙厚利欲立爲君何不建置宗廟并及社稷尸穀祝祭南面事之者乎亢倉子聞之色有不釋其徒屬嚴從而啓之屬嚴亢倉子之門人也欲允衆心故從而啓之亢倉子曰吾聞至人尸居環堵之室而百姓猖狂不知其所如往至人冥心絕慮有類於尸無事蕭然獨居環堵蒼生欣慕共往歸依察其所歸非由知者也今以羽俗子父竊竊焉將俎豆予我其的之人耶竊竊私議之謂也我本棲隱全道任眞今乃俎豆相尊反成人之標的也吾是以不釋於老聃之言老聃言我無爲而民自化我無事而民自足我好靜而民自正今乃反此故不釋然屬嚴曰不者不者猶不然也夫尋常之汙巨魚無所還其體而鯢鰌爲之制步仞之丘巨獸無所隱其軀而孽狐為之祥（八尺曰尋倍尋曰常汙池也還迴也鯢小魚而有脚制猶專擅也六尺曰步七尺曰仞孽祆也祥善也言小水不能容巨魚小丘不能藏大獸喻亢倉道德既高必須厚祿也）且也尊賢事能鬻善就利自堯舜以固然而況羽俗乎先生其聽矣亢倉子曰譆來（譆歎聲也惟其不達巳志故發譆歎將欲告之遠致故呼之曰來也）夫二子者知乎（二子堯舜也知乎言豈知也）函車之獸介而離山罔罟制之吞舟之魚蕩而失水螻蟻苦之故鳥獸居欲其高魚鱉居欲其深夫全其形生之人藏其身也亦不厭深渺而已（函盈也介孤介也渺遠也）吾語若大亂之本祖乎堯舜

之間其終存乎千代之後千代之後必有人與人相食者矣若汝也夫事有先成後敗始吉終凶胡可必耶故堯舜禪讓先一時之美迹流後代成篡煞之禍故莊子云堯舜讓而帝之噲讓而絕湯武爭而王白公爭而滅斯其効歟夫惟不立善名者則事跡宜絕無所企慕耳言未終男子榮之樗色蹵然滕席曰樗年運而長矣將奚以託業以事斯言榮之樗莊子所謂南榮趎也旣聞高義深欲蹵然變色歛膝于席願垂告示以敬事此言亢倉子曰全汝形抱汝生無使汝思慮營營若此緒年或可以及此言營營運動不息也緒終也全形抱生不運思慮虛心寘寂道自居之若此終年可及此言也雖然吾才小不足以化子子胡不南謁[illegible]聃老子[illegible]之字也亢倉子旣

謝榮之槫、不釋羽俗而龍巳乎天下（謝猶道也不釋羽俗潛遁而遊如龍變化與時昇降）水之性欲清土者滑之故不得清人之性欲壽物者滑之故不得壽（滑亂也人性壽考為外物物所亂敗使不終天年）物也者所以養性也今世之惑者多以性養物則不知輕重也（衣食養性不可一日而無而惑者乃損性以求物物愈積而性愈傷殊不知性重而物輕益倒置者也）是故聖人之於聲色滋味也利於性則取之害於性則捐之此全性之道也萬人操弓共射一招招無不中萬物章章以害一生生無不傷也（捐棄也操持也招射的也章章猶擾擾也）故聖人之制萬物也全其天也（聖人制制萬物不使傷性以全天眞天全則神全矣。神全之人，不慮而適，不謀而當，精照無外，志凝宇宙，德若天地。然上爲天子而不驕，下爲匹夫而不惛，此之爲全道之人。神全之人智慮克滿，精明照於無外，志氣凝乎宇宙，覆載之德同乎天地，雖貴爲天子，賤爲匹夫，不以窮達而迴其志者也。心平正不爲外物所誘曰清，清而能久則明，明而能久則虛，虛則道全而居之。秦佚死，亢倉子哭之。秦佚古之有道者，蓋老子之友也。其役曰：天下皆死，先生何哭爲也？役謂門人亢使役也。死生之道古今是常，達人體之不哭可也。亢倉子曰：天下皆哭，安得不哭。順物而哭，雖哭而非哭也。其役曰：哭者必哀，而先生未始哀，何也、未始猶未嘗也世人之哭必生於痛今先生雖哭不見悲傷敢問何故也亢倉子曰舉天之下、吾無與樂、安所取哀、夫有樂必有哀人之常情也達人大觀豈有疎親既不與爲樂亦無所取哀蛻地之謂水蛻水之謂氣蛻氣之謂虛蛻虛之謂道蛻者脫蛻之謂也夫脫地之謂水脫水之謂氣脫氣之謂虛脫虛之謂道猶至人不係情於哀樂然後爲極也虛者道之體靖者道之地理者道之綱識者道之目言至人能虛能靜有識有理者則能契道之形體知道之綱目道所以保神德所以弘量禮所以齊儀物所以養體四者皆可以資身不可暫無也好質白之物者以黑爲汙好質黑之物者以白爲汙吾又安知天下之正潔汙哉由是不主物之潔汙矣夫瞽視者以黈爲赤以蒼爲玄吾乃今所謂皂白安知識者不以爲頳黃吾又安知天下之正色哉由是不遁物之色矣（瞽風眩也黈黃色也頳赤色也夫有風眩之疾者視物不能審也故以黃爲赤以青爲黑亦猶凡俗之情妄執潔汙雖有大聖孰能正之故不主一其潔汙不流遁於衆色也）夫好貨甚者不見他物之可好好馬甚者不見他物之可好好書甚者不見他物之可好吾又安知天下之果可好者果可惡者哉由是不見物之可以保戀矣無能滑吾長矣（果決定也保猶懷也）陳懷君柳使其大夫禱行聘於魯（懷君謚也柳名也禱陳大夫之名也）叔孫卿秋

曰。叔孫氏世為魯卿也吾國有聖人若知之乎。聖人謂仲尼也陳大夫曰。奚以果明其聖。叔孫卿曰。能廢心而用形。聖境超殊非凡情所測徒見其能應接世務便謂以為聖人豈知其所聖哉陳大夫曰。弊邑則小亦有聖人。異於所聞。曰。聖人為誰。陳大夫曰。有亢倉子者。偏得老聃之道。門人之中最為偏首故曰偏得也其能用耳眎而目聽。定公聞而異焉。使叔孫氏報聘。且致亢倉子待以上卿之禮。亢倉子至。賓於亞寢。亞寢公之次殿魯公卑辭以問之。亢倉子曰。吾能聽視不用耳目。非能易耳目之所用。告者過也。公曰。孰如是。寡人增異矣。其道若何寡人果願聞之亢倉子曰我體合於心心合於氣氣合於神神合於無其有介然之有唯然之音雖遠際八荒之表邇在眉睫之內來干我者吾必盡知之迺不知爲是我七竅手足之所覺六腑五臟心慮之所知其自知而已矣心形混合神氣冥符洞然至忘與無同體然後心彌靜而智彌遠神愈默而昭愈章理極而自通不思而玄覽非夫至聖至神其孰能與於此哉斯固靈真之要樞重玄之妙道也

用道篇第二 無非利物上合天心克己歸仁化行刑措

天不可信地不可信人不可信心不可信惟道可信

賢主秀士。豈可知哉。昔者桀信天與其祖。四海已不勤於道。天奪其國以授殷。紂亦信天與其祖。四海已不躬於道。天奪其國以授周。（與猶以也祖謂主也夏桀殷紂恥淫奢縱自云有命稟於上天窮凶肆虐不修其道故天奪其國以授於湯武）今夫墮農。信地實生百穀。不力於其道。地竊其菓稼而荒翳之。（墮農之人信地生穀不勤耘耕穮蓘荒蕪故不能獲菓稼）齊后信人之性。酬讓不明於其道。舉全境以付人。人實鳴義而有其國。（后君也齊簡公也信人性不明酬讓爲陳恒之所執而取其國鳴義揄貪殘也）凡人不修其道。隨其心而師之。嘗欲茂滋。災疾朋轟。戕身損壽。心斯害之矣。（人自師心）

不遵聖教營欲熾盛百殃斯集此乃心為身害朋猶羣也纍猶動也戕害者也故曰惟道可信。道者坦蕩恬怡無所染著人能虛心歸道則身命保全也天地非道不能悠久天得一以清地得一以寧蒼生非賢不能靖順。庶政非材。不能和理。賢材皆用道以理物夫用道之人不露其用福滋萬物歸功無有潛功密濟百姓謂我自然神融業茂靈慶悠長。融通也神理通達德業榮茂積善所鍾慶流後裔也知而辨之謂之識知而不辨謂之道識以理人道以安人。辨析事物使人去惡就善所以理人也含弘沖寂無所毀譽所以安鎮浮競也夫雞辰而作。負日任勞。流汗灑地。夜分僅息。農夫之道也。雞晨謂雞鳴之旦也夜分中夜負日為日所曝也僅少也俯拾仰取。銳心雖攝力思摶精希求利潤賈豎之道也噤氣谷神宰思損慮超遥輕舉日精鍊仙高士之道也噤氣胎息五牙之類也谷養也宰割也日精吸日精也鍊仙鍊質專而乃昇仙也剸情耑想畢志所事倫揆忘寢謀効位司人臣之道也專情正想盡忠於所事之君導理揆度効功於所司之位是人臣之道也清心省念察驗近習務求才良以安萬姓人主之道也清心寡嗜慾也省念無私也近習謂近臣若由是類之各順序其志度不替塞其業履是為天下有道農夫賈豎各保其業明君賢臣各修其道則天下順序而業履安定者也導筋骨則形全剪情欲則神全靖言語則福全克此三全是謂清醫

道德盛則鬼神助信義敦則君子合禮義備則小人懷有識者自是無識者亦自是有道者靜默闇鈍者亦靜默物固有似是而非似非而是先號後笑始吉終凶身可親而才不堪親才可敬而身不堪敬敬甚則不親親甚則不敬親之而疎疎之而親恩甚則怨生愛多則憎至有以速爲貴有以緩爲貴有以直爲貴有以曲爲貴百事之宜其由甚微不可不知是故智者難之靜則神通窮則意通貴則語通富則身通理勢然也王本云理勢使然也同道者相愛同藝者相嫉同與

者相愛同取者相嫉同病者相愛同壯者相嫉人情自然也情通無求則相愛爭能尚勝則相嫉勢使然也才多而好謙貧賤而不諂處勞而不爲辱貴富而益恭勤可謂有德者也

政道篇第三 順天行令不擇親疏異域同歸望風而靡

人無法以知天之四時寒暑日月星辰之所行若知天之四時寒暑日月星辰之所行當則諸生血氣之類皆得其處而安其產矣人臣亦無法以知主之賞罰爵祿之所加若知主之賞罰爵祿之所加宜則親疏遠近賢不肖皆盡其才力而以爲用矣信全則天

下安信失則天下危。夫百姓勤勞，財物殫盡，則爭害之心生，而不相信矣。人不相信，由政之不平也。政之不平，吏之罪也。吏之有罪，刑賞不齊也。刑賞不齊，主不勤明也。夫主勤明，則刑賞一。刑賞一，則吏奉法。吏奉法，則政下宣。政下宣，則民得其所而交相信矣。是知天下不相信者，由主不勤明也。亢倉子居息壤五年，息壤是周地名也　靈王使祭公致篚帛與紉璐，靈王周靈王也祭公周之卿士也璐美玉也靈王慕亢倉之德使祭公致玉帛之禮以聘之篚盛帛之篚也紉所以貫玉者也曰：余末小子，否德忝位，[illegible]年不時，藉爲人苦，何以禳之。靈主云我淺末小子不明其德忝君寶位致使水旱失時人遭飢苦故請問禳辟之方也亢倉子曰水陰沴也。陰於國政類刑人事類私。沴亂也水陰象陰主刑水又潛流私匿之類也若刑獄不直人事多私則有沴水之災也旱陽過也。陽於國政類德人事類盈。旱陽象陽主德陽爲顯盛驕盈之類也若君不修其德人事盈僭則有大旱之災也楚以爲凡遭水旱。天子宜正刑修德。百官宜去私戒盈。則以類而消。百福日至矣楚亢倉子名也後皆倣此鄭有胡之封珪戎弓。胡國名封珪大珪也戎弓弓名也二物本胡國所有後爲鄭所得也異時失同於荆、異時猶他時也諸侯殷見曰同荆楚之舊號也葢時楚大諸侯共朝於楚爲會同之期而鄭後至也荆曰必得封珪戎弓。不然。臨兵於汝。荆恃強大欲行非義因鄭後期脅而迫之將求二物鄭君病之駕見亢倉子曰封珪戎弓。先君得之。胡綿代功。實傳章翼嗣。病患也綿歷也翼嗣謂後嗣先君得此二物敬而藏之欲傳示子孫以爲有功之寶也今荆恃大而曰必得。不然。臨兵。國危矣。寡人欲以他封珪戎弓往。若之何。他封珪别珪也亢倉子曰君其少安、勸君少安勿懷憂懼今是楚亦有實於此亢倉以信義爲寶也飾楚之寶以貰罪於君。楚所不能爲。貰賒也僞以他珪欺誑大國取信光飾而行雖罪可延賒終致後戮於罪虧我信義故我不能爲也君必致夫真。勸鄭君勿以他珪往今荆以淺鮮之過。而負其威刑。申是不直。以耗斁與國。荆失諸侯。於是乎在。諸侯聞之將警勸備倫比。勸明會同。上義固存。鄭爲首。君姑待之。豈必非福。淺鮮小貌也負恃也逞快也倫比猶等倫也姑且也鄭之失期實爲小過荆恃強大欲肆威刑脅迫珪弓侵奪與國無德貪取必失諸侯矣於是以胡珪戎弓往。未至郢。郢荆所都荆人聞之。聞亢倉之謀也曰彼用聖人之訓辭。吾焉取此以暴不直於天下。而令諸侯實生心焉。遽返其賂而益善鄭焉。暴猶露也遽急也賂即鄭之珪弓也

人之情欲生而惡死。欲安而惡危。欲榮而惡辱。天下之人得其欲則樂。樂則安。不得其欲則苦。苦則危。若人主放其欲。則百吏庶長。具展其欲。放謂放縱也百吏百官也庶長

衆事之長展申者也百吏庶長。其展其欲。則天下之人。貧者竭其力。富者竭其財。四人失其序。士農工商失其次序皆不得其欲矣。天下之人。不得其欲。則相與攜持保。抱遁逃隱蔽漂流。裙采以祈性命裙拾也采取也拾取野菓求養性命吏又從而捕之。是故不勝其危苦。因有羣聚背叛之心生。若羣聚背叛之心生。則國非其國也。勿貪戶口百姓。汝走勿壯城池百姓。汝疲賦斂不中。窮者日窮。刑罰且二貴者日貴。科禁不行。國則以傾。中平之也官吏非才則寬猛失所。或與百姓爭利。由是狡詐之心生。所以百姓姦而難知，夫下難知則上人疑，上人疑則下益惑，下旣惑則官長勞，官長勞則賞不足勸，刑不能禁，易動而難靜，此由官不得人故也。政術至要，力於審士。力猶勤也士有才行比於一鄉，委之鄉，士能和比一鄉則才委一鄉之政以任行比於一縣，委之縣，才行比於一州，委之州，才行比於一國，委之國政，而後迺能無伏士矣。各得展其才用則無隱伏之士者矣人有惡矣，於鄉者則以誨之。矣罪也人有罪惡者則一鄉之長先教誨之也不改是爲惡矣，於縣則撻之，在鄉不改則送上於縣而撻之也不改是爲惡矣，於州則移之，撻之不改則送州而流移之也不改是爲惡戾於國則誅之而後迺能無逆節矣誠如是舉天下之人一一胸懷無有干背悁慢之萌矣此之謂靖人賢才獲用暴惡遷善則天下之人安靜也凡爲天下之務莫大求士士之待求莫善通政通政之善莫若靖人人主通達聖教則士歸之衆賢共治莫善於靖人也靖人之才益以文章考之百不四五文章浮華矯而不實今以文章考覈靖人之才百中無四五也以言論考之十或一二有言者不必有德有德者不必有言故十中或有一二也以神氣靖作態度考之十全八九賢良心廣體胖神氣沖和動靖態度必合儀則審而察之十得八九者矣是皆賢王慶世明識裁擇所能爾也外雖有賢才而主無明識亦不能以

款擇夫下王危世。以文章取士則翦巧綺濫益至。而正雅素實益藏矣末世文章尚於綺靡則雅素之士不來矣以言論取士。則浮掞游飾益來。而謇諤諍直益晦矣浮游華飾之士貴則謇諤忠評之才伏矣以神氣靖作態度取士。則外正內邪益尊而清修明實益隱矣內無明識故任擇不得其人也若然者賢愈到。政愈僻。令愈勤。人愈亂矣用非賢爲賢乃益所以亂夫天下至大器也帝王至重位也。得士則靖。失士則亂。人主勞於求賢逸於任使。於呼。守天聚人者。其胡可以不事誠於士乎。人情失宜。王所深恤。失宜之大。莫痛刑獄。夫明達之才。將欲聽訟。或誘之以詐。或脅之以威。或開之以情。或苦之以戮。雖作設權異而必也。公平。一物失宜明主之所深恤況刑獄之大乎夫察獄問囚務得其實或有隱匿則設威以脅之或導之以實情或苦之以刑戮雖權變多端而終無枉濫也故使天下之人。生無所於德。死無所於怨。理自當生故生無報德理自當死故死無咎怨夫秉國建吏。持刑若此。可謂至官。至官之世。羣情和正。諸產咸宜。愛敬交深。上下條固。不可搖蕩。有類一家。苟有違順陵逆。安得動哉。平王反正。既宅天邑。務求才良。等聞一善。喜豫連平王承幽厲之後天下板蕩無復紀綱於是撥亂日返正東遷洛邑改革前非務求賢哲得聞一善喜累

日歡悅宅居也天邑即洛邑也等猶得也左右侍僕、冢言大臣有賢異者

如是踰歲、侍僕左右小臣也見王悅喜承意阿諛也王曰余一人子德不

明。務求賢異。益恐山澤遺逸不舉。豈樂聞善。以自閉

塞哉，迺者仄媚僕臣。冢宰權任。煩階左右。意余孱昧。

無能斷明。徒唯共和。依違浸長。自賢敗德。莫此爲多。

不肯匡過就茲固黨。仄媚邪媚也權任大臣也階昇也孱弱也依違相依也邪媚小臣稱揚權任階緣左右共相蒙蔽謂我闇弱不能明察若不遏絕黨固滋深也於是棄左右

近習三人市。謂殺之而暴尸於市也古者刑人於市與衆共棄之貶、庶司尹長

五人。庶司尹長謂權任大臣也曰無令臣君者。附下罔上。持祿阿

意天下聞之稱爲齊明海南之西歸者七國至理之世與服純素憲令寬簡禁網疎濶夫與服純素則人不勝羨（不相企羨）憲令寬簡則俗無忌諱禁網疎濶則易避難犯若人不勝羨則嗜慾希微而服役樂業矣（服從自從於所役之業也）俗無忌諱則抑閑開舒而歡欣交通矣（凡所拘防皆由忌諱今既無忌諱皆得開舒也）易避難犯則好惡分明而貴德知耻矣（貴德則不犯知耻則易避）夫服役樂業之謂順歡欣交通之謂和貴德知耻之謂正浮墮之人不勝於順遊惰之人不勝於和姦邪之人不勝於正順和正三者並

國之宗也衰末之世輿服文巧憲令禳祈禳祈煩多者也禁綱煩僻夫輿服文巧則流相炎慕俗尚文巧則下人隨流遞相企慕如火之上炎也憲令禳祈則俗多忌諱禁綱煩僻則莫知所逭逭猶逃也若流相炎慕則人不忠潔而耻朴貴華矣俗多忌諱則情志不通而上下膠戾矣莫知所逭則譏禍繁興而衆不懼死矣夫耻朴貴華之謂浮上下膠戾之謂塞衆不懼死之謂冒貞正之士不官於浮公直之士不官於塞器能之士不官於冒浮塞冒三者亂國之梯也荆君熊圉問水旱理亂熊荆之姓圉名亢倉子

曰。水旱由天。理亂由人。若人事和理。雖有水旱。無能爲害。堯湯是也。（堯時九年洪水湯時七年大旱）故周之秩官。云人強勝天。（秩官周書篇也）若人事壞亂。縱無水旱。日益崩離。且桀紂之滅。豈惟水旱。（一云豈因水旱桀紂之君暴虐奢淫以滅亡非獨水旱也）荊君北面遵循。稽首曰。天不棄不穀。及此言也。（一本云遵修遵循退行也荊君敬重亢倉子故稱之曰天不棄不穀王公之卑稱也亢倉子不棄於我故得及聞此言者也）乃以弘璧十朋爲亢倉子壽。拜爲亞尹。（弘璧大璧也十朋十雙也亞尹小尹也）曰。庶吾國有瘳乎。亢倉子不得已。中宿微服遁之他邦。（瘳差也遁去也）至理之世。山無僞隱。市無邪利。朝無佞祿國產問何由得人俗醇樸國產鄭大夫公孫僑字子產也亢倉子曰政煩苛則人姦僞法令滋彰盜賊多矣政省一則人醇樸其政悶悶其人醇醇夫人俗隨國政之方圓猶蠖屈之於葉也食蒼則身蒼食黃則身黃曰何爲則人富亢倉子曰賦歛以時官上清約則人富賦歛無節官上奢縱則人貧句粵之簳鏃以精金鷙隼爲之羽以之掊箄則其與槁樸也無擇句粵東粵也簳箭簳也鷙隼鵰鶚之類也掊箄打擊也爾雅云東南之美者有會稽之竹箭焉夫句粵之簳以精金爲鏃以隼翎爲羽用之打擊則同於槁樸無擇猶無異及夫蕩寇爭衡覩武決勝加之駭弩之上則三百

步之外不立敵矣排蕩寇敵爭衝決勝如此句粤之斡於強弩之上則前無立敵矣蜚景之劍威奪白日氣盛紫蜺以之封穫則其與刜刃也無擇蜚景神劍也刜鎌也神劍雖利以穫稻則同鎌刃也及夫凶邪流毒滯渭不靖加之運掌之上則千里之內不留行矣凶邪流毒謂温疫之氣也此神劍能辟凶邪故威光所行則千里之內未嘗留止也夫材有分而用有當所貴善因時而已耳槁樸刜刃施於常用耳粤斡蜚景以禦凶災材分所當各因時而貴也昔者明王聖帝天下和平萬物暢茂曁性得極善因時而勿擾者也近古以來天下姦邪者衆正直者寡輕薄趍利者多敦方退靜者鮮姦者出

言長於忠言巧僞亂眞不能辨遂使天下之人交相疑害悲夫作法貴於易避而難犯救弊貴於省事而一令除去豪橫則官人安刑禁必行則官人不敢務私利官人不敢務私利而百姓富。史刑曰眚災肆赦赦不欲數赦數則惡者得計平人生心。惠者得計務益於姦平人生心亦爲不善也而賢良否塞矣人有大爲賊害官吏捕獲因廣條引誣陷貞良澗遠牽率蔓推時序卒蒙赦宥遺賊害者訖無所快自毒而已由是平人遞生黠計吏劳政酷莫能鎮止此由數赦之過也夫人之所以惡爲無道不義者。爲其有罰也。所以勉爲有道行義者。爲其有賞也。今無道不義者赦之。而有道行義者被害而不賞。欲人之就善也。不亦難乎。世有賢主秀士。宜察此論。訖猶忠也。快喜也。毒苦也。宜可也。人怨若非不接人也。神怒者非不事神也。巧使甚。人愈怨。淫祀盛。神益怒。

亢倉子卷中

何璨註

虎林張鴻舉子羽父點次

呂昭世躬三父叅閱

君道篇第四清靜無爲以身帥下

始生之者天也。養成之者人也。萬物之始生者由乎天也助天而養之由乎人也能養天之所生而物攖之謂天子。攖擾也人能助天養物而物馴擾之者是謂天子也昔舜有聖德三徙成都是也天子之動也以全天氣。故此官之所以自立也。立官者以全生也。天不自治故聖人代天以治物者也聖人不能獨治故立官以輔之立官之由本以養物貴全天氣不使有虧傷今世之惑主。多官而反以害生。則失所以爲立官之本矣。（後世惑主務在多官官多則政煩政煩則害物是失立官之本意也）草鬱則爲腐。樹鬱則爲蠹。人鬱則爲病。國鬱則百慝並起。危亂不禁。（鬱者氣未通之謂也官多政煩事有擁滯如草木之成腐蠹也）所謂國鬱者。主德不下宣。人欲不上達也。（姦臣蒙蔽故主德不下宣黎庶枉屈故人欲不上達）是故聖王貴忠臣正士。爲其敢直言而決鬱塞也。克己復禮。賢良自至。（克損也復反也人君能以謙損反禮則賢良歸）君耕后蠶。蒼生自化。（天子親耕皇后親蠶以身率人則天下化之也）由是言之。賢良正可待不可求。求得非賢也。（君有禮讓賢臣自歸故可待也君無禮讓雖得求賢賢至乃非賢也）

蒼生正可化不可刑刑行非理也君耕后蠶人自勸之故可化也身不自爲而使人爲之人必不從雖復刑之刑行非至理堯舜有爲人主之勤無爲人主之欲天下各得濟其欲勤謂勞心以養物欲謂私身以奉己也有爲人主之位無爲人主之心故天下各得肆其心位謂居位而治事心謂求安以自適肆者申也士有天下人愛之而主不愛者有主獨愛之而天下人不愛者竭公忠而養天下者則天下愛之猶私情而媚一人者則其主愛之用天下人愛者則天下安用主獨愛者則天下危人主安可以自放其愛憎哉由是重天下愛者當制其情聖人以天下爲安危者也欲天下之安則人主不得縱其愛憎當抑制其

（私也）所謂天下者。謂其有萬物也。所謂邦國者。謂其有人衆也。夫國以人爲本。人安則國安。故愛國之主務求理人之材。（天下以萬物爲多邦國以人衆爲富憂國家者不可不在賢以輔已也）玉之所以難辨者。謂其有碔石也。金之所以難辨者。謂其有鍮石也。（碔石似玉鍮石似金猶姦人外正内邪亦難辨也）今夫以隼翼而被之鷃。視而不明者。正以爲隼。明者視之。乃鷃也。（隼鷹也鷃雀也）今夫小人多誦經籍方書。或學奇技通説。而被以青紫章服。使愚者聽而視之。正爲君子也。明者聽而視之。乃小人也。（奇技異藝也通説雜説也）故人主誠明以言

取人理也以才取人理也以行取人理也人主不明
以言取人亂也以才取人亂也以行取人亂也人主明者
以言行取人盡皆理也主昏昧雖以言行取人盡皆亂也夫聖主之用人也貴耳
不聞之功目不見之功口不道之功而百姓暢然自
理矣夫賢良之治世也不顯其名不彰其用不稱其能潛功密濟理自玄暢名迹不生人無企尚故
聖主貴之也若人主貴耳聞之功則天下之人運貨逐利
而市譽矣若人主貴聞臣下之功則姦人運其財貨隨逐便利以市聲譽也貴目見
之功則天下之人恢形異藝而爭進矣恢誕形容奇異技藝夸企
爭進愈亂天下矣貴可道之功則天下之人習舌調吻而飾

無能子　卷中　三

辭矣。利口便辯虛而不實使天下之人。市譽爭進飾辭見達者政敗矣。爭名尚能則正理之道衰矣人主皆知鏡之明已也。而惡士之明已也鏡之明已也功細士之明已也功大知其細。失其大。不知類也。鏡知形之好醜士知心之善惡正形之功細正心之功大今人主乃貴其細而失其大豈不惑哉於呼人主清心省事人臣恭儉守職太平立致矣。而世或難之吾所不知也若人主方寸之地不明不斷則天地之宜四海之內動植萬類咸失其道矣。方寸之地謂心之所居也動謂含氣之類植謂草木之類也以耳。目取人者官多而政亂取聞見之功則飾僞者衆爭進者多主不能辨故官多而政亂也以心慮取人者官少而政清用心慮神識而得人者其官甚寡其政甚治也是知循理之世務少不可見不可聞之材澆危之世務取可聞可見之材嗚呼人主豈知哉以耳目取人人皆敷欲以買譽以心慮取人人皆靜正以勸德吏靜正以勸德則不言而自化吏敷欲以買譽則刑之而不與世主豈知哉

臣道篇第五盡忠竭力謀効所司

夫國之將興也朝廷百吏或短或長或醜或美或怡或厲或是或非醜惡也怡悅也厲嚴厲也雖聽其言觀其貌有似

四

不同然察其志徵其心盡於爲國所以剛訐不怨黜退不愕議得其中無違乎理故天不惑其時地不乏其利人不亂其事鬼神開贊蠻夷柔同保合太和萬物化育（國之典也朝廷祿位務盡其忠各竭其能力行公正無有阿私故天時不忒地利不乏人事不亂鬼神祐助遠方柔服也）國之將亡也朝廷百吏姿貌多美顏色諧和詞氣華柔動止詳潤（亡國之臣外飾和順內懷猜忌各狥其私闇相謀害）雖觀其貌聽其言有若歡洽然察其志徵其心盡在競位所以開奇則惟見異必愕狙嫉相蒙遂喪其道故人告災時地生反物（天反時爲災地反物爲祆）人作凶德鬼

神陽禍（陽猶何也）戎狄交侵喪亂弘多萬物不化夫不傷貨財不竭人力不損官吏而功成政立下阜百姓上滋主德如此者忠賢之臣也若費財煩人危官苟効一時功利規賞於主不顧過後貽災於國如此者姦臣也至理之世官得人不理之世人得官邪寵覬問

事君亢倉子曰既策名而臣人者心莫若公（無阿私也）貌莫若和言莫若正公不欲露和不欲雜正不欲犯（君不見察亦不欲犯顏而諫也）古之清勤爲國脩政今之清勤爲身修名未爲國脩政者區處條別動得其宜合於太體爲

身脩名者區處條別致遠不通拘於小節是知心以道爲主抵事得其所心以事爲主抵物失其所（以道爲主公心也以事爲主私情也抵者觸也）臣居上位不諫下位不公不合贍其祿（贍賙給也）君不嚴敬大臣不彰信小臣不合官其朝有才者不必忠忠者不必有才臣不患不忠適恐盡忠而主莫之信主不患不信適恐信之而莫能事事（事事猶用事也）上等之人得其性則天下理中等之人得其性則天下亂明主用上等之人當委以權宜便事肆其所爲（上等之人謂賢良也公平正直無所阿私使之莅職信能臣賛雖權變有時必歸於正也）

用中等之人則嘗君課其功示以賞罰中等之人謂藝能之士見善則遷見惡則染故人主以賞罰制之也

賢道篇第六 克己復禮賢良自至

賢良所以屢求而不至難進而易退者非爲愛身而不死王事適恐盡忠而主莫之信耳自知有材識之人外恭謹而內無憂其於衆也和正而不狎親之則彌莊疎之則退去而不怨窮厄則以命自寬榮達則以道自正人有視其儀賢也聽其聲賢也徵神課識或負所望夫賢人其見用也入則諷譽出則龔默識

司勤辨居室儉閑。諷謂刺君之過譽謂稱君之美龔默靜慎也辨治也閑謂防閑其。未見用也藏身於衆藏識於目藏言於口飽食安步。獨善其身貞而不怨智者不疑事識者不疑人有識之士行危而色不可疏言遜而理不可拔謂遇濁世不變其志行雖危而色常和言雖遜而理確然凡謂賢人不自稱賢自伐者無効功故非賢在官政功在事事。驗其官政察其用事賢不肖可辨也太平之時上士運其識中士竭其耐小人輸其力齊有指予者材可以振國行可以獨立。振濟也獨立謂德行孤標不可傾拔事父母孝謹鄉黨恭循。念居貧無以爲養施信義而游者久之矣所如寡合，或爲乘時夸毗者所蚩絺。（如往也本作所蚩往絺音待一云始於是也寡合少諧偶也夸毗矜情也蚩笑也絺欺也）於是負杖步足問乎亢倉子曰：吾聞至人忘情，（至人虛懷與道合體故忘情也）黎人不事情。（黎衆也智力愚昧不能用情也）存情之曹，務其教訓而尊信義。（曹輩也中人存情以信義爲尊）吾乃今不知爲工。（工猶能也躬行信義所生寡合不知其所爲能）受不信爲信，（世有受人之不信將以爲信也）信而不見信爲信，（有實爲信而不爲人所見信乃自以爲信）爲勸慕義爲義，（人有本非義而以慕義爲義乃爲人所稱義也）義而不俟義爲義。（有實爲義而不待人稱義亦常自爲義也）然則信義之士，常獨厄隨退，胡以取貴乎時，而教理之所上也。

亢倉子俯而循袵仰而譆超然而歌袵衣襟也譆歎聲也超超然高舉之貌曰時之陽兮信義昌時之陽喻君有道也有道則信義昌也時之默兮信義伏時之默喻君暗昧也君暗昧則信義伏藏陽與默昌與伏汩吾無誰私兮羌忽不知其讀汩亂也羌發聲也讀猶云也夫時有治乱故用有行藏陽則與時俱昌默則與時俱伏隨流任運寧有私邪今乃問我不知其云也夫運正性以如適而物莫之應者眞不行也夫眞且不行謂之道喪信義者正性之用也眞者正性之本也道喪之時上士乃隱隱之爲義有可爲也時有否泰莫得長爲莫可爲者有可用也邦有道則智邦無道則愚有時而用故莫可用者也用有行藏莫得長用祭

公問賢材何從而致亢倉子曰賢正可待不可求材慎在求不慎無材在求而擇之不慎無材若天子靜大臣明刑不避貴澤不隔下則賢人自至而求用矣賢人用則四海之內明目而視淸耳而聽坦心而無鬱矣天自成地自寧萬物醇化鬼神不能靈天下醇和故鬼神不能見靈怪故曰賢正可待不可求若天子勤明大臣和理之求士也則恢弘方大公直靖人之才至若天子苛察大臣躁急之求士也則曲心巧應毁方破道之才至若天子疑忌大臣巧隨之求士也則奇姓異名仄媚怪術之

才至若天子自賢大臣固位之求士也則事文逐譽貪濁浮麗之才至若天子依違大臣同佞之求士也則外忠內僻情毒言和之才至故曰才慎在求不慎無昔者黄帝得常仙封鴻鬼容丘三人黄帝臣也商王得伊尹中典得申甫中典周宣王也甫仲山甫也申申伯齊桓得甯籍郎甯戚也皆由數君體道邁仁布昭聖武思輯光明寬厚昌正而衆賢自至而求用非爲簡核而得之也邁行也輯睦也簡核猶擇也祭公曰夫子云賢人不求而自至亦有非賢不求而自至者乎亢倉子曰夫非賢不求而自至者固

衆矣夫天下有道則賢人不求而自至天下無道則
非賢不求而自至人至有道者寡無道者衆天下賢
人少不肖者多是知非賢不求而自至者多矣祭公
曰賢固濟天下材亦能濟天下俱濟天下賢與材安
異耶亢倉子曰窘乎哉其問也窘迫也言所問切迫夫功成事
畢不狥封譽恭退朴儉之謂賢狥求也功成不居其位守恭謙以自牧也
功成事畢榮在祿譽光揚滿志之謂材賢可以鎮國
材可以理國所謂鎮者和寧無爲人不知其力至德潛化
人莫能知之也所謂理者勤率其事人知所於德人賴其功故推德於

已也一賢統衆材則有餘衆材度一賢猶不足如是賢材之殊域一賢雖少統領衆材尚有餘德衆材雖多比度一賢猶不能及有居山林而誼者有在人俗而靜者有誼而正者有靜而邪者也言求賢不可不察其邪正矣凡視察其貌鄙俗而能有賢者萬不有一視察其貌端雅而實小人者十而有九言賢人難得也夫不鍊其言而知其文不責其儀而審其度不采其譽而知其善不流其毀而斷其實可謂有識者也不待流言毀謗而知其惡情也

亢倉子卷中終

亢倉子卷下

何璨註
虎林　張鴻舉子羽父點次
呂昭世躬三父叅閱

順道篇第七

至德之用萬教之主神明共賛可以化民

閔子騫問仲尼，道之與孝相去奚若。疑其相去遠也仲尼曰。道者自然之妙用，孝者人道之至德。窮於本始謂之道施於人理謂之孝道能通生萬物不知其所由然故曰妙用孝者善事父母盡敬盡順通乎神明故曰至德夫其包運天地。發育萬物。曲成類形。布丕性壽。性者剛柔之質壽者一期之盡其功至實而不爲物府。不爲事官。無爲功尸。捫求聽聽莫得而有学之曰道雖由成萬類形刻衆形尋求主宰莫見其朕故字之曰道道者虛通之謂用之於人字之曰孝孝者善事父母之名也夫善事父母敬順爲本意以承之順承顏色無所不至發一言舉一意不敢忘父母营一手措一足不敢忘父母事君不敢不忠朋友不敢不信臨下不敢不敬嚮善不敢不勤雖居獨室之中亦不敢懈其誠此之謂全孝故孝誠之至通乎神明光于四海有感必應善事父母之所致也昔者虞舜其大孝矣乎庶母惑父屢憎害之舜心益恭懼而無怨謀使浚井

下土實之于時天休震動。神明駿赫。道穴而出。奉養滋謹。由是玄德茂盛。爲天下君。善事父母之所致也。

按史記稱舜父瞽瞍與庶母弟皆欲殺舜使舜修廪瞽叟從下縱火焚廪舜乃以兩笠自扞而下去得不死後又使舜穿井舜穿井爲匿孔旁出舜既入深瞽叟與象共下土填井舜匿孔出去是其事也于時天以休美之德震動舜心神功赫然令其免害及出之後事父母彌謹堯知其聖歷試諸難後乃禪其位焉

文王之爲太子也。其大孝矣。朝夕必至乎寢門之外。問寺人曰。茲日安否何如。寺人閹官主在左右侍君也曰安。太子溫然色喜。小不安節。太子色憂滿容。朝夕食上。謂侍者進食於君也太子必視寒暖之節。食下必知膳羞所進然後

退。知所食之多少寺人言疾。太子肅冠而齋。君有疾故太子嚴肅衣冠而齋

齋者虛心專志以祈神明使救護者耳膳宰之饌必敬眎之湯液之貢。必親嘗之。饌飲食也貢進之也嘗膳善謂君嘗饌者也則太子亦能食嘗饌寡。太子亦不能飽。以至乎復初。然後亦復初。君病間而太子亦復初也君后有過怡聲以諷怡悅也謂下氣怡聲幾微諷諫君后所愛雖小物必嚴龔。不敢慢君父之所愛是故孝成於身道洽天下。雅曰文王陟降。在帝左右。雅詩大雅也陟升也帝天也左右助也言文王所爲天必助之言文王靜作進退。天必贊之。故紂不能害。贊佐也文王事紂爲天所佐故殷紂雖暴不能輒害憂啓之壽。禮記云文王有疾旬有二日乃

問文王謂武王曰汝何夢矣武王對曰夢帝與我九齡文王曰汝以爲何也武王曰西方有九國君王其終撫諸文王曰非也我百爾九十吾與汝三焉文王九十七而終武王九十三而終也卜世三十卜年七百天所命也善事父母之所致也左傳曰成王定鼎于郟鄏卜世三十卜年七百天所命也閔子騫曰善事父母之道既聞之矣敢問教子之義仲尼曰凡三王教子必視禮樂視猶示也樂所以脩內和其心也禮所以脩外檢其容也禮樂交脩則德容發輝于貌故能温恭而文明夫爲人臣者殺其身有益於君則爲之況利其身以善其君乎是故擇建忠良貞正之士爲之師傅欲其知父子君臣

長幼之道。夫知爲人子。然後可以爲人父。知爲人臣。然後可以爲人君。知事人。然後能使人。此三王教子之義也。（三王謂夏殷周三代之王也）閔子騫退而事之於家。三年。人無間於父母兄弟之言。（上事父母下順兄弟盡善盡美故人無非間之言也）交遊稱其信。鄉黨稱其仁。宗族稱其悌。德行之聲溢於天下。此善事父母之所致也。齊太子坐清臺之上、燕莊侯他、（莊燕侯謚也他名也）高冠嚴色、左帶玉具劍、右帶環珮、左光照右、右光照左、（言玉珮之光相照也）太子讀書不視莊侯他。問曰。齊國有寶乎。太子曰、主信臣忠。百姓戴上。

齊國之寶也。非矣，他應聲斷所劍而去。聞義而服也。此言君子尚德不尚華節也

嗚呼，人有偏蔽，終身莫自知己乎。賢者見之寬恕而不言。小人暴愛而溢言。親戚憐嫉而貳言。人有偏蔽，惡乎不自知哉。惡乎猶何也

是故君子檢身常若有過。衣其衣。食其食。知其過而不克有以正之者。君子耻之。言爲人口不能有所匡正也

將欲有言。識其必不能行者。君子罕言。君不納忠諫則罕言以避患也

當責衆人之惡者。視己善乎哉。當責衆人之邪者。視己正乎哉。此之謂反明。先審身之善正然後責人之邪惡也

翟西氏之子甚孝謹。翟西憐其子而好

奚與之言翟西晨出夕返則曰甲死矣其子信之旣而甲在焉他夕則曰乙且害余其子伺將行佚旣而不見惡端他夕則曰丁病矣其子覘之丁誠無恙舉此類也（覘視也恙憂也舉皆也）冒淹年原子固孝謹至於訓勸益不保承鄉國之人疾其咎只謀將煞之翟西聞而懼歸以告子子未甚信旣而翟西見煞（此章戒人輕言致害雖愛子猶不信之以至見煞況他人乎）

謂多言之人爲疎露亦有辭約而不審者（輕佻猶輕躁也）謂輕佻之人爲不定亦有體閑而心躁者謂蔾雜之人爲猥細亦有外絜而內濁者若類

而引之。不可殫載。若非微識。孰克究詳。（殫猶盡也）時有不可不應事也者。內靜而外動。易動而難靜。（謂外見利貪而逐之愈得愈貪故身勞而難靜）時有不可不求事也者。內思而外待。待至而後樂。（謂內其情慾緣境思求心有所待故待得而復樂不知心搖而傷性）是故外靜而內動者。搖思而損性。奔走而逐利者。勞力而害名。（唯泊然無情慾而不為名利所誘者然後身安而性全也）人生於世。或有事不遂志。而宜言云不遇時者。是無異負丹頸之罪。俟時行戮。豈不殆哉。（不能危行言遜干犯時君無異負斬首之罪待時行戮也丹血色）其博才通識。未見稱用者。正可云時非。不清命未與耳。

豈不躄歟。躄猶是也長於諫者務依存前人之性而翦制其情之所由起是以彼此開進親敬殷篤不長於諫者務攻前人之性而暗於情之所來是以彼此嫌貳猜釁日積兒童之所簡者迺耆耋之所非耳目之所娭者迺心慮之所疾徙責天下之愚者巳之未賢也徙責天下之迷者巳之未明也賢明者當恕愚迷而勿責以未賢責衆愚未賢者以之亡以未明責衆迷未明者以之傷。愚迷之人無所損徙責者徒自傷耳

農道篇第八

夫穀者人之天理國之大務務農爲本

人捨本而事末則不一令本謂農也末謂趨浮利也人趨末利則好詐多端故一令不能制也不一令則不可以守不可以戰趨利多端人心不一故不可以固守不可以攻戰也人捨本而事末則其產約人貪浮利則產業薄也其產約則輕流徙輕流徙則國家時有災患皆生遠志無復居心人捨本而事末則好知好知則多詐多詐則巧法令巧法令則以是爲非以非爲是古先聖王之所以理人者先務農人農人非徒爲地利也貴行其志也志在安人人農則朴朴則易用易用則邊境安安則主位尊人農則童如童兒無異志也童則少私義少私

義則公法立力傳深農則其產複（複猶厚也）其產複則重流散（不流散也）重流散則死其處無二慮是天下為一心矣天下一心軒皇几遽之理不是過也（軒皇几遽古之有道之君也）古先聖王之所以茂耕織者以為本教也是故天子躬率諸侯耕籍田大夫士第有功級勸人尊地產也（第次第也月令云王月中氣天子乃擇元辰親載耒耜置之車右率公卿諸侯大夫躬耕籍田天子三推諸侯五推卿諸侯九推是以功級勸人也）后妃率嬪御蠶於郊桑公田勸人力婦教也（月令云三月中氣命有司無伐桑柘乃修器后妃齋戒享先蠶而躬桑以勸蠶事祭義云古者天子諸侯必有公桑蠶室近川而為之君十三公之夫人世婦之吉者使入蠶室

世婦親蠶奉繭以示於君遂獻於夫人夫人繅三盆手遂布於三宮夫人世婦之吉者使繅之此勸婦教也男子不織而衣。婦人不耕而食。男女貿功資相爲業此聖王之制也。貿猶易也故敬時愛日。埒實課功埒量也非老不休。非疾不息。一人勤之十人食之。上農夫食十人當時之務。不興土功。不料師旅。男不出御。女不外嫁。一作大嫁以妨農也。興土功治師旅行婚嫁皆謂妨農業也御迎也謂男子不親御黃帝曰四時之不可不正。正五穀而已耳夫稼爲之者人也稼謂種也生之者天也養之者地也是以稼之容足耨之容耰耨鋤也又耰謂鉏器也耘之容手耘除草也是謂耕道種苗可使容足是耨之可使容耰，耘之可使容手。農攻食。工攻器。賈攻貨。（攻治也）時事不襲。敘之以土功。是謂大𡵂（君王不恭則大凶之道也）凡稼早者先時。暮者不及時。寒暑不節。稼乃多災。（言太早太晚者不得中和之氣也）冬至已後。五旬有七日而昌生。（旬十日也五十七日在立春節中而草木昌發）於是乎始耕。事農之道。見生而藝生。見死而穫死。（因天時而與人事也藝種也穫刈也）天發時。地產財。不與人期。（產生也）有年祀土。無年祀土。（有年豐年也無年荒年也祀土祭社稷也春祭祈豐祥也秋祭報成熟也不以有年則祭無年不祭所以祈地利重人命）無失人時。迨時而作。過時而止。老弱之力可使盡起。（迨及也雖老弱可使使盡耕以趨時也）不。

知時者未至而逆之謂典農太早也既往而慕之時既過往而慕之是太晚當其時而薄之雖當其時而用功寡薄所收亦不多此從事之下也此三者雖從農務不得其時故云下也夫耨必以早使地肥而土緩夫鋤必用旱時旱時則草易死而土太肥緩也稼欲産於塵土而殖於地堅者殖長也下種欲其土細如塵則地虛而根深及苗長也得雨則土堅堅則堅固也慎其種勿使數亦無使疏數爲煩也於其施土無使不足亦無使有餘施土謂施種於土也種不足則傷疏而費地種有餘則傷密而損穀不費不損取其中也甽欲深以端畝欲沃以平端正直也甽深直則水流疾畝沃平則潤澤勻下得陰上得陽然後咸生下陰謂水潤上陽謂日氣立苗有行故速成強

弱不相害故速大〔苗成行則長疾強不害弱則易大也〕正其行通其中
疏為泠風〔疏而通風〕則有收而多功率稼望之有餘就之
則疏是地之竊也〔由地瘠薄也苗不茂盛若被竊之狀〕不除則蕪除之
則虛是事傷之也〔除治也草盛而後除之苗則虛矣是人事傷之也〕苗其弱
也欲孤〔欲一一孤生不併聚也〕其夫也欲相與居〔與衆同居共相蔭映〕其
熟也欲相與扶〔無倒折之害也〕三以為族稼乃多穀〔三者如人之宗
族共相扶持則多收〕凡苗之患不俱生而俱死〔生不齊則大苗凌小小苗不茂〕
是以先生者美米後生者為粃〔強者凌弱故後生者不實〕是故其
耨也長其兄而去其弟〔以人喻苗也先生為兄後生為弟也〕樹肥無使

扶疏樹墝不欲專生而獨居墝瘠地專生獨居不耐風旱肥而扶疏則多秕墝而專居則多死不知耨者去其兄而養其弟不收其粟而收其秕上下不安則稼多死得時之禾長稠而大穗圓粟而薄糠米飴而香舂之易而食之彊禾謂粟也稠穗頭也圜圓也飴謂味甘如飴也失時之禾深芒而小莖穗銳多秕而青蘦深芒長芒也銳細也青蘦其米青也得時之黍穗不芒以長摶米而寡糠摶謂以手捼穀而出米失時之黍大本華莖葉膏短穗本根也華莖莖傍有華也膏言肥大也得時之稻莖葆長稠穗如馬尾葆大也馬尾言長也失時之稻纖莖而不滋厚

糠而菑死。得時之麻，疏節而色陽，堅枲而小本。（陽光揚也堅牢也芦皮堅勁）失時之麻，蕃柯短莖，岸節而葉蟲。（蕃柯謂枝柯多也岸節者高節也）得時之菽，長莖而短足，其莢二七以為族。多枝數節，競葉繁實，稱之重，食之息。（菽者豆也族聚也息猶盈也）失時之菽，必長以蔓，浮葉虛本，疏節而小莢。得時之麥，長稠而頸族，二七以為行，薄翼而蔚色，食之使人肥且有力。（薄翼謂糠也蔚黃色也其麥穗一行有二七粒）失時之麥，胕腫多病，弱苗而翜穗。（胕腫謂莖根麄而且蟲翜穗多芒）是故得時之稼豐，失時之稼約。庶穀盡宜，從而食之，使人四衛變彊，耳目聰明。邪氣不入。身無苛殃。四衛四支也善乎孔子之言。冬飽則身溫。夏飽則身涼。夫溫涼時適。則人無疾疢。人無疾疢。是疫癘不行。疫癘不行。咸得遂其天年。故曰穀者人之天。是以興王務農。王不務農。是棄人也。王而棄人。將何國哉。

兵道篇第九

兵者不祥之器不得已而用之

秦景王將賑強兵於天下秦恃崤函險固兵強士勇故欲示強於兵使天下無敢與之敵賑猶示也使庶長鮑戎必致亢倉子庶長秦爵號鮑戎人姓名也待以壤邑十二。周實迫之周密也欲問亢倉子討故以十二邑待之恐其不來

密使鮑戎追之使必來。亢倉子至自榮泉，賔於上館。榮泉秦地名也景
王三月弗得所問。謂欲問之而不得也下席北首頓珪曰天果
無意恤孤耶。北首頓珪盡禮也亢倉子油然、虧、盻、曰朕以王
爲異之問而寧弊弊焉以斫刺爲故。油然微動貌虧側也盻顧盻也
朕我也我以景王有遠異之問而何爲弊弊焉言景王以兵戈斫刺爲故予言其所問下抑者亦
隨其欲而得正焉無如可矣。言景王既以兵道問我故我抑以隨其所欲而
正之非至理之可也景王一拜再舉斂黼袘端珪抑首而坐曰。
實惟天所命黼袘繡襟也抑首低首也惟大所命願垂告命亢倉子仰、懐、而、
嘘俯正顔色曰原兵之所起與始有人俱。懐㨾也仰懐仰面屋

𧖼也嘘[illegible]虛也[illegible]其不聞主道[illegible][illegible]發虛歎夫兵之所起與人俱生本始有之非獨今也凡兵也者出人之威也人之有威性受於天人有喜怒之性本受於天怒則威生威生則兵起之由也故兵之所自來上矣嘗無少選不用少選猶少時也喜怒之情用之無常故無少時不用也貴賤長少賢愚相與同同察怒氣之動則知兵起之原察兵之兆在心懷恚而未發兵也疾視作色兵也傲言推援兵也侮鬬攻戰兵也此四者湯細之爭也恚怒也作色厲色援亦推也謂相推搤也四者雖有大小之異皆有怒心故爲兵也未有蚩尤之時人實揭材木以鬬矣蚩尤黃帝時掾諸侯兄弟八十一人銅頭鐵額與帝戰於涿鹿之野造兵器後爲黃帝所滅也黃帝用水火矣或引

水淫邑或縱火燒城共工稱亂矣共工與顓頊爭天下五帝相與爭矣一興一廢勝者用事用兵之道有廢有興皆以順天而勝者得用耳夫有以咽噎而死者欲禁天下之醫非也有以乘舟而死者欲禁天下之船非也有以用兵喪其國者欲禁天下之兵非也夫兵之不可廢譬水火焉善用之則爲福不善用之則爲禍是故怒笞不可偃於家刑罰不可偃於國征伐不可偃於天下笞鞭杖偃息也古之聖王有義兵而無偃兵義兵者順天應人所以誅暴亂也兵誠義以誅暴君而振苦人人之悅也若孝子之見慈親饑隷之遇美食號

呼而走之若強弩之射深谷也。振救也隸僕隸也強弩之射深谷言救之疾也

勝負之決勿徵於他。必反人情。兵之勝負勿徵驗於他反求人情則得之

人之情欲生而惡死。欲榮而惡辱。死生榮辱之道一。則三軍之士可使一心矣。人君與三軍之士同其死生榮辱則三軍雖衆可使一心矣

凡君欲其衆也心欲其一也三軍一心則令可使無敵矣。古之至兵蓋重令也。古之至極善用兵者蓋重慎其令也

故其令強者。其敵弱。其令信者。其敵詘。先勝之於此。則勝之於彼。大料敵制勝必先自料若與衆同死生而三軍一心則勝於彼矣

誠若此。則敵胡足勝也。凡敵人之來也。以求利也。今來而

得死，且以走為利。敵皆以走為利，則刃無所與接矣。此之謂至兵。傲虐奸詐之與義理反也。言奸兵與義兵逆順之理相反其勢不俱勝，不兩立。義兵勝奸兵敗故義兵之入於敵之境，則人知所庇矣。兵至於國邑之郊，不踐果稼，不穴丘墓，不殘積聚，不焚室屋，得人虜，厚而歸之，信與人期，以敘敵資，以章好惡，以示逆順。先示之以義也若此而猶有愎狠凌傲，遂宕不聽者，雖行武焉可也。愎狠猶惡戾也宕流宕也先行義以示之猶有惡戾不聽服者用武誅之可也先發聲出號令曰：兵之來也，以除人之讎，以順天之道。故尅其國，不屠其人，

獨誅所誅而已矣（獨誅者暴君也）於是舉選秀士賢良而尊

封之求見孤疾長老而拯救之（孤疾之人拯卹之援 長老者致敬之也）

府庫之財散倉廩之穀不私其物而加其禮（不私其利與衆

共之而加其礼聘以求賢也）今有人於此能生死一人則天下之

人爭事之矣（生㳬活也言有人以義能活一人之死則天下咸能事之矣）義兵之

生一人亦多矣人孰不悅故義兵至則鄰國之人歸

之若流水誅國之人望之如父母行地滋遠得人滋

衆靡未終景王與稽首曰孤獲聞先生教言不覺氣

盈乎宙志如所如也而心滋益冀（[illegible]其之道鄙其奸[illegible]之心故氣）

志盈滿充塞宇宙志知所如也於是步前稱觴為九倉子壽舉步前進稱獻壽所以嚴師至道也拜居於列師位嚴於齋室又月涉旬辰加天関白晝行道天関即天綱謂辰時也行道盡弟子礼也

宋·何璨注

亢倉子三卷

明天啓間刊《合諸名家批點諸子全書》本

張子羽點次

亢倉子

武林段景亭發行

近時批評[illegible]
管達觀各有[illegible]
唯餘故是編[illegible]
[illegible]

合鄧析子

遠齋藏板

亢倉子序

余比承乏詞林日惟金華殿語

祇奉之唯謹間卽於馬通輪沸

中持一刻報謁諸纓紱不得少

休囘視携雙柑斗酒聽六橋柳

上鶩倦郎支頤對西山爽氣何
啻星泥適子羽社好從郵筒中
緘寄新梓亢倉子一冊然香竟
讀便如置身明聖湖品次舸展
勝事只覺煤煙塵暈爲之一滌

亢倉子云卽庚桑子著書九篇道家尊爲洞靈眞經顧其所述而於人俗世諦翻多居半何耶近王元美曰亢倉子僞書也多援少倍多拘少劇誠然哉書之

眞贋不足辨第其語有足存者如言道則曰用耳視目聽又曰不以耳目用論賢則曰有喧而正有静而邪課農則曰長其兄去其弟談兵則曰兵猶水火善

用之則爲福是亦抉幽剔隱足
可垂摹者也惟始則棓權仁義
訾訶堯舜而曰大亂之本祖於
此乃旣崇君道復以堯舜有爲
人主之勤無爲人主之欲天下

三

各得濟其欲是又何自相背謬
也大畧託爲子家言者或多寓
跡儒老之間而務中持乎非玄
非白之際欲抗據於百家聲光
之上而未必有絕異之才足以

鑿空而出而間亦有一二獨致
者竊自享千金不能甘自寘寘
也遂趨影附標調停兩寄以希
片舉靈彩浮宿於薪傳之餘灼
而不顧夫言留名滅也是瑯琊

氏所爲可悲者也雖然猶勝於
名滅而言并湮也噫天下發憤
侘傺無所寓而姑土苴是寄何
獨一爲亢倉子者時
乙丑秋日社弟徐時泰書於長

安邱舍

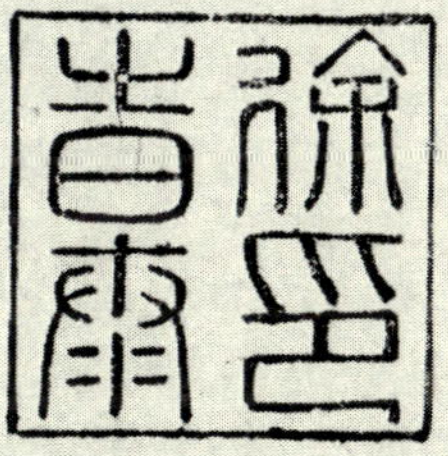

五

引語

亢倉子意別有一亢倉子乃向啟云即莊所稱庚桑子者是借其姓與別號一托諸守黑者不能似所云見長於治屋之于矣畏俗尚好與脈械嚇腐

華一炫其災身之形與知其所不
為也夫彼方去其居之畫於知
者今顧吾所知寧之彼方畫乎
言如之執於仁者今顧吾所於權
之怨庚桑子相遭乎千古之下必
笑吾之尸祝乎北如畏壘之民

矣竊以唐言字以言先言聃子
祖之立者在博士固徵其後及其
書而實之集隨書庫放一時爲
道家言者並出乎先秦子家手時
姚若之讀其書不過漢魏何謂
姚閎或曰今世言乃言先秦子言

之矣於其數汲寄奧附隱之僕
隨來文頻之雕役而不出于況
矣何不一爲其全今隨之以剞劂
俾男婦者均得此歲大穰與
乙丑冬日西湖張鴻舉序影于
柯閣

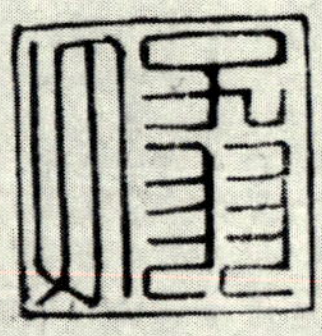

亢倉子目錄

卷上

卷中

亢倉子卷上

虎林 張鴻舉子羽父點次

何璨註 呂昭世躬三父參閲

全道篇第一

夫心寘虛極德洞玄微功並四時養生自化

亢倉子居羽山之顔三年。羽山尚書禹貢在徐州舜典云殛鯀于羽山益在東裔後屬魯顔山之南面也莊子引此章云北居喂壘之山即此山是也俗無疵癘而仍穀熟。賢聖之居天祚神助近無疵癘而五穀豐稔頻熟曰仍也其俗竊相謂曰。亢倉子始來。吾鮮然異之。鮮然驚異之貌也異其虛懷寂泊不在近情今吾日計之不足。歲計之有餘。其或聖者耶。驗其利益故疑之為聖人盍相與尸而祝之社而稷之乎。盍何不也既蒙厚利欲立爲君何不建置宗廟并及社稷尸穀祝祭南面事之者乎亢倉子聞之、色有不釋、其徒釁嗘從而啓之、釁嗘亢倉子之門人也欲亢衆心故從而啓之亢倉子曰、吾聞至人尸居環堵之室、而百姓猖狂不知其所如往。至人眞心絕慮有類於尸無事蕭然獨居環堵蒼生欣慕共往歸依察其所歸非由知者也今以羽俗子父竊竊焉將俎豆予我其的之人耶竊竊私議之謂也我本棲隱全道任眞今乃俎豆相尊反成人之標的也吾是以不釋於老聃之言。老聃言我無爲而民自化我無事而民自足我好靜而民自正今乃反此故不釋然釁嗘曰、不者、不者猶不然也夫尋常之汙、巨魚無所還其體、而鯢鰌爲之制步仞之丘巨獸無所隱其軀而蘖狐爲之祥八尺曰尋倍尋曰常汙池也還迴也鯢小魚而有脚制猶專擅也六尺曰步七尺曰仞蘖祆也祥善也言小水不能容巨魚小丘不能藏大獸喻亢倉道德既高必須厚藏也且也尊賢事能疇善就利自堯舜以固然而況羽俗乎先生其聽矣亢倉子曰譆來譆歎聲也惟其不達已志故發譆歎將欲告之遠致故呼之曰來也夫二子者知乎二子堯舜也知乎言豈知也函車之獸介而離山罔罟制之吞舟之魚蕩而失水螻蟻苦之故鳥獸居欲其高魚鱉居欲其深夫全其形生之人藏其身也亦不厭深渺而已函盈也介孤介也渺遠也吾語若大亂之本祖乎堯舜

之間其終存乎千代之後千代之後必有人與人相食者矣若汝也夫事有先成後敗始吉終凶胡可必耶故堯舜禪讓光一時之美迹流後代成簒煞之禍故莊子云堯舜讓而帝之噲讓而絕湯武爭而王白公爭而滅斯其効歟夫惟不立善名者則事跡宜絕無所企慕耳言未終男子榮之樗色蹙然膝席曰樗年運而長矣將奚以託業以事斯言榮之樗莊子所謂南榮趎也既聞高義深欲蹙然變色歛膝于席顧垂告示以敬事此言亢倉子曰全汝形抱汝生無使汝思慮營營若此緒年或可以及此言營營運動不息也緒終也全形抱生不運思慮虛心寘寂道自居之若此終年可及此言也雖然吾才小不足以化子子胡不南謁吾師聃聃老子之字也亢倉子既

謝榮之樽、不釋羽俗、而龍已乎天下、（謝猶遺也不釋羽俗潛遁而遊如龍變化與時昇降）水之性欲清、土者滑之、故不得清、人之性欲壽、物者滑之、故不得壽、（滑亂也人性壽考爲外物所亂故使不終天年）物也者、所以養性也、今世之惑者、多以性養物、則不知輕重也、（衣食養性不可一日而無而惑者乃損性以求物物愈積而性愈傷殊不知性重而物輕蓋倒置者也）是故聖人之於聲色滋味也、利於性則取之、害於性則捐之、此全性之道也、萬人操弓共射一招、招無不中、萬物章章、以害一生、生無不傷也、（捐棄也操持也招射的也章章猶擾擾也）故聖人之制萬物也、全其天也、（聖人抑制萬物不使傷性以全天眞天全則神全矣。神全之人。不慮而通。不謀而當。精照無外。志凝宇宙。德若天地。然上爲天子而不驕。下爲匹夫而不惛。此之爲全道之人。神全之人智慮克謐精明照於無外志氣凝乎宇宙覆載之德同乎天地雖貴爲天子賤爲匹夫不以窮達而廻其志者也心平正不爲外物所誘曰清清而能久則明明而能久則虛虛則道全而居之秦佚死亢倉子哭之秦佚古之有道者蓋老子之友也其役曰天下皆死先生何哭爲也役謂門人克使役也死生之道古今是常達人體之不哭可也亢倉子曰天下皆哭安得不哭順物而哭雖哭而非哭也其役曰哭者必哀而先生未始哀何也、未始猶未嘗也世人之哭必生哀痛今先生雖哭不見悲傷敢問何故也亢倉子曰、舉天之下、吾無與樂、安所取哀、夫有樂必有哀人之常情也達人大觀豈有踈親既不與爲樂亦無所取哀蜺地之謂水蜺水之謂氣蜺氣之謂虛蜺虛之謂道蜺者兎蜺之謂也夫脫地之謂水脫水之謂氣脫氣之謂虛脫虛之謂道猶至人不係情於哀樂然後爲極也虛者道之體靖者道之地理者道之綱識者道之目。言至人能虛能靜有識有理者則能契道之形體知道之綱目道所以保神德所以弘量禮所以齊儀物所以養體。四者皆可以資身不可暫無也好質白之物者以黑爲汙好質黑之物者以白爲汙吾又安知天下之正潔汙哉由是不

主物之潔汙矣夫瞀視者以䵗爲赤以蒼爲玄吾乃
今所謂皂白安知識者不以爲頳黃吾又安知天下
之正色哉由是不遁物之色矣瞀風眩也䵗黃色也頳赤色也夫有風眩
之疾者視物不能審也故以黃爲赤以青爲黑赤猶
凡俗之情妄執潔汙雖有大聖莫能正之故不主一
其潔汙不流適於衆色也夫好貨甚者不見他物之可好好馬甚
者不見他物之可好好書甚者不見他物之可好吾
又安知天下之果可好者果可惡者哉由是不見物
之可以保戀矣無能滑吾長矣果決定也保猶懷也陳懷君柳
使其大夫禱行聘於魯懷君諡也柳名也禱陳大夫之名也叔孫卿私

曰（叔孫氏也為魯卿也）吾國有聖人若知之乎（聖人謂仲尼也）陳大夫曰奚以果明其聖叔孫卿曰能廢心而用形（聖境超殊非凡情所測徒見其能應接世務便證以為聖人豈知其所聖哉）陳大夫曰弊邑則小亦有聖人異於所聞曰聖人為誰陳大夫曰有亢倉子者偏得老聃之道（門人之中最為稱首故曰偏得也）其能用耳眎而目聽定公聞而異焉使叔孫氏報聘且致亢倉子待以上卿之禮亢倉子至賓於亞寢（亞寢公之次殿）魯公卑辭以問之亢倉子曰吾能聽視不用耳目非能易耳目之所用告者過也公曰孰如是寡人增異矣其道

若何寡人果願聞之亢倉子曰我體合於心心合於氣氣合於神神合於無其有介然之有唯然之音雖遠際八荒之表邇在眉睫之內來干我者吾必盡知之廼不知爲是我七竅手足之所覺六腑五臟心慮之所知其自知而已矣心形泯合神氣冥符洞然至忘與無同體然後心彌靜而智彌遠神愈默而照愈章理極而自通不思而玄覽非夫至聖至神其孰能與於此哉斯固靈真之要樞重玄之妙道也

用道篇第二 無非利物上合天心克己歸仁化行刑措

天不可信地不可信人不可信心不可信惟道可信

賢主秀士豈可知哉昔者桀信天與其祖四海已不勤於道天奪其國以授殷紂亦信天與其祖四海已不躬於道天奪其國以授周與猶以也祖猶主也夏桀殷紂耽淫奢縱自云有命稟於上天窮凶肆虐不修其道故天奪其國以授於湯武今夫墮農信地實生百穀不力於其道地竊其菓稼而荒翳之墮農之人信地生穀不勤耘耕稂莠荒蕪故不能獲菓稼齊后信人之性酬讓不明於其道舉全境以付人人實鴟義而有其國后君也齊簡公也信人性不明酬讓爲陳恒之所弒而取其國鴟義騟貪殘也凡人不修其道隨其心而師之營欲茂滋災疾朋釁戕身損壽心斯害之矣人自師心

不遵聖教嗜欲熾盛百殃斯集此乃心為身害朋猶羣也纍猶動也戕害者也故曰惟道可信道者坦蕩恬怡無所染著人能虛心歸道則身命保全也天地非道不能悠久天得一以清地得一以寧蒼生非賢不能靖順庶政非材不能和理賢材皆用道以理物夫用道之人不露其用福滋萬物歸功無有潛功密濟百姓謂我自然神融業茂靈慶悠長融通也神理通達德業榮茂積善所鍾慶流後裔也知而辨之謂之識知而不辨謂之道識以理人道以安人辨析事物使人去惡就善所以理人也含弘沖寂無所毀譽所以安鎮浮競也夫雞辰而作負日任勞流汗灑地夜分僅息農夫之道也雞晨謂雞鳴之旦也夜分中夜負日為日所暴也僅少也俯拾仰取銳

心雖撮力思搏精希求利潤賈豎之道也嘸氣谷神宰思損慮超遥輕舉日精鍊仙高士之道也（嘸氣胎息五牙之類也谷養也宰割也日精吸日精也鍊仙鍊質專而乃昇仙也）剸情耑想畢志所事倫揆忘寢謀効位司人臣之道也（專情正想盡忠於所事之君導理揆度効功於所司之位是人臣之道也）清心省念察驗近習務求才良以安萬姓人王之道也（清心寡嗜慾也省念無私也近習謂近臣）若由是類之各順序其志度不替塞其業履是爲天下有道（農夫賈豎各保其業明君賢臣各修其道則天下順序而業履安定者也）導筋骨則形全剪情欲則神全靖言語則福全兙此三全是謂清賢

道德盛則鬼神助信義敦則君子合禮義備則小人懷有識者自是無識者亦自是有道者靜默闇鈍者亦靜默物固有似是而非似非而是先號後笑始吉終凶身可親而才不堪親才可敬而身不堪敬敬甚則不親親甚則不敬親之而疏疏之而親恩甚則怨生愛多則憎至有以速爲貴有以緩爲貴有以直爲貴有以曲爲貴百事之宜其由甚微不可不知是故智者難之靜則神通窮則意通貴則語通富則身通理勢然也王本云理勢使然也同道者相愛同藝者相嫉同與

者相愛同取者相嫉同病者相愛同壯者相嫉人情自然也情通無求則相愛爭能尚勝則相嫉勢使然也才多而好謙貧賤而不諂處勞而不爲辱貴富而益恭勤可謂有德者也

政道篇第三順天行令不擇親疎異域同歸望風而靡

人無法以知天之四時寒暑日月星辰之所行若知天之四時寒暑日月星辰之所行當則諸生血氣之類皆得其處而安其産矣人臣亦無法以知主之賞罰爵祿之所加若知主之賞罰爵祿之所加宜則親疎遠近賢不肖皆盡其才力而以爲用矣信全則天

下安信失則天下危夫百姓勤勞財物殫盡則爭害之心生而不相信矣人不相信由政之不平也政之不平吏之罪也吏之有罪刑賞不齊也刑賞不齊主不勤明也夫主勤明則刑賞一刑賞一則吏奉法吏奉法則政下宜政下宜則民得其所而交相信矣是知天下不相信者由主不勤明也亢倉子居息壤五年、息壤是周地名也靈王使祭公致篚帛與紉璐靈王周靈王[illegible]公周之卿士也璐美玉也靈王慕亢倉之德使[illegible]公致王帛之禮以聘之篚盛帛之篚也紉所以貫玉者也曰、余末小子否德忝位水旱不時耤為人苦何以禳靈王云余淺末小子不明其德忝君寶位致使水旱失時人遭飢苦故請問禳弭之方也亢倉曰水陰沴也。陰於國政類刑。人事類私。沴亂也水陰象陰主為水又潛流私匿之類也若刑獄不直人事多私則有沴水之災也旱、陽過也。陽於國政類德。人事類盈。旱陽象陽主德陽為顯盛驕盈之類也若君不修其德人事盈修則有大旱之災也楚以為凡遭水旱。天子宜正刑修德。百官宜去私戒盈。則以類而消。百福日至矣。楚亢倉子名也後皆倣此鄭有胡之封珪戎弓、胡國名封珪大珪也戎弓弓名也二物本胡國所有後為鄭所得也異時失同於荆、異時猶他時也諸侯殷見曰同荆楚之舊號也蓋時楚大諸侯共朝於楚為會同之期而鄭後至也荆曰、必得封珪戎弓。不然。臨兵於汝。荆恃

九

強大欲行非義因鄭後期脅而迫之將求二物鄭君病之、駕見亢倉子曰、封珪戎弓先君得之。胡綿代功實傳章異嗣。病患也綿歷也異嗣謂後嗣先君得此二物敬而藏之欲傳示子孫以為有功之寶也令荆恃大而曰必得不然。臨兵國危矣。寡人欲以他封珪戎弓徃。若之何。他封珪別珪也亢倉子曰、君其少安、勸君少安勿懷憂懼令是楚亦有實於此。亢倉以信義為寶也飾楚之寶以貫罪於君。楚所不能為。貫賒也僞以他珪欺誑大國取信光飾而行雖罪可延賒終致後戮於罪虧我信義故我不能為也君必致夫眞。勸鄭君勿以他珪徃令荆以淺鮮之過而負其威刑。申是不直。以耗欲與國荆失諸侯。於是乎在諸侯聞之將警勸備倫比勤明會同上義固存鄭爲首君姑待之豈必非福淺鮮小貌也負恃也逞快也倫比猶等倫也姑且也鄭之失期實爲小過荆恃強大欲肆威刑脅廹珪弓侵奪與國無德貪取必失諸侯矣於是以胡珪戎弓往未至郢郢荆所都荆人聞之聞亢倉之謀也曰彼用聖人之訓辭吾焉取此以暴不直於天下而令諸侯實生心焉遽返其賂而益善鄭焉暴猶露也遽急也賂即鄭之珪弓也

人之情欲生而惡死欲安而惡危欲榮而惡辱天下之人得其欲則樂樂則安不得其欲則苦苦則危若人主放其欲則百吏庶長具展其欲放謂放縱也百吏百官也庶長

衆事之長展申者也（衆事之長展申者也）百吏庶長具展其欲則天下之人貧者竭其力富者竭其財四人失其序（士農工商失其次序）皆不得其欲矣天下之人不得其欲則相與携持保抱逋逃隱蔽漂流捃采以祈性命（捃拾也采取也拾取野菓求養性命）吏又從而捕之是故不勝其危苦因有羣聚背叛之心生若羣聚背叛之心生則國非其國也勿貪戶口百姓汝走勿壯城池百姓汝疲賦歛不中窮者日窮刑罰且二貴者日貴科禁不行國則以傾（中平之也）官吏非才則寛猛失所或與百姓爭利由是狡詐之心生所以百姓

姦而難知。夫下難知則上人疑。上人疑則下益惑。下旣惑則官長勞。官長勞則賞不足勸。刑不能禁。易動而難靜。此由官不得人故也。政術至要。力於審士。力猶勤也。士有才行比於一鄉委之鄉。士能和比一鄉則委一鄉之政以任才行比於一縣委之縣。才行比於一州委之州。才行比於一國委之國政。而後迺能無伏士矣。各得展其才用則無隱伏之士者矣人有惡疚於鄉者則以誨之。疚罪也人有罪惡者則一鄉之長先教誨之也不改是爲惡疚於縣則撻之。在鄉不改則送上於縣而撻之也不改是爲惡疚於州則移之。撻之不改則送州而流移之也不改是爲惡矣。於國則誅之。而後廼能無逆節矣。誠如是。舉天下之人。一一胸懷。無有干背悔慢之萌矣。此之謂靖人。賢才獲用暴惡遷善則天下之人安靜也 凡爲天下之務。莫大求士。士之待求。莫善通政。通政之善。莫若靖人。人主通達聖教則士歸之衆賢共治莫善於靖人也 靖人之才。益以文章考之。百不四五。文章浮華觭而不實今以文章考覈靖人之才百中無四五也 以言論考之。十或一二。有言者不必有德有德者不必有言故十中或有一二也 以神氣靖作態度考之。十全八九。賢良心廣體胖神氣沖和動靖態度必合儀則審而察之十得八九者矣 是皆賢王慶世。明識裁擇。所能爾也。外雖有賢才而主無明識亦不能以裁擇夫下王危世以文章取士則翦巧綺濫益至而正雅素實益藏矣末世文章尚於綺靡則雅素之士不來矣以言論取士則浮掞游飾益來而謇諤諍直益晦矣浮游華飾之士貴則謇諤忠諍之才伏矣以神氣靖作態度取士則外正內邪益尊而清修明實益隱矣內無明識故任擇不得其人也若然者賢愈到政愈僻令愈勤人愈亂矣用非賢爲賢乃益所以亂夫天下至大器也帝王至重位也得士則靖失士則亂人主勞於求賢逸於任使於呼守天聚人者其胡可以不事誠於士乎人情失宜主所深恤失宜之大莫痛刑獄夫明達

之才。將欲聽訟。或誘之以詐。或脅之以威。或開之以情。或苦之以戮。雖作設權。異而必也。公平。一物失宜明主之所深恤況刑獄之大乎夫察獄問囚務得其實或有隱匿則設威以脅之或導之以實情或苦之以刑戮雖權變多端而終無枉濫也故使天下之人生無所於德。死無所於怨。理自當生故生無報德理自當死故死無咎怨夫秉國建吏持刑若此。可謂至官。至官之世。羣情和正。諸產咸宜。愛敬交深。上下條固。不可搖蕩。有類一家。苟有違順。陵逆。安得動哉。平王反正。既宅天邑。務求才良。等聞一善。喜豫連日。平王承幽厲之後天下板蕩無復紀綱於是撥亂返正東遷洛邑改革前非務求賢哲得聞一善累日歡悅宅居也天邑卽洛邑也等猶得也）左右侍僕、累言大臣有賢異者、如是踰歲、（侍僕左右小臣也見王悅喜承意阿諛也）王曰、余一人于德不明、務求賢異、益恐山澤遺逸不舉、豈樂聞善以自閉塞哉、迺者反媚僕臣、累譽權任、煩階左右、意余孱昧、無能斷明、徒唯共和依違、浸長自賢、敗德莫此爲多。不時匡過就茲、固黨、（反媚邪媚也權任大臣也階昇也孱弱也依違相依也邪媚小臣稱揚權任階緣左右共相蒙蔽謂我闇弱不能明察若不遏絕黨固滋深也）於是棄左右近習三人市、（謂殺之而暴尸於市也古者刑人於市與衆共棄之）貶庶司尹長五人、（庶司尹長謂權任大臣也）曰、無令臣君者附下罔上、持祿阿意天下聞之稱爲齊明海南之西歸者七國至理之世輿服純素憲令寬簡禁網疎濶夫輿服純素則人不勝羨（不相企羨）憲令寬簡則俗無忌諱禁網疎濶則易避難犯若人不勝羨則嗜慾希微而服役樂業矣（服從也從於所役之業也）俗無忌諱則抑閉開舒而歡欣交通矣（凡所抑閉皆由忌諱今既無忌諱皆得開舒也）易避難犯則好惡分明而貴德知耻矣（貴德則不犯知耻則易避）夫服役樂業之謂順歡欣交通之謂和貴德知耻之謂正浮墮之人不勝於順逆節之人不勝於和姦邪之人不勝於正順和正三者理

國之宗也衰末之世輿服文巧憲令禳祈禳祈煩多者也禁網煩僻夫輿服文巧則流相炎慕俗尚文巧則下人隨流遞相企慕如火之上炎也憲令禳祈則俗多忌諱禁網煩僻則莫知所逭逭猶逃也若流相炎慕則人不忠潔而耻朴貴華矣俗多忌諱則情志不通而上下膠戾矣莫知所逭則讒禍繁興而衆不懼死矣夫耻朴貴華之謂浮上下膠戾之謂塞衆不懼死之謂冒眞正之士不官於浮公直之士不官於塞嚚能之士不官於冒浮塞冒三者亂國之梯也荆君熊圉問水旱理亂熊荆之姓圉名亢倉子

曰水旱由天理亂由人若人事和理雖有水旱無能爲害堯湯是也（堯時九年洪水湯時七年大旱）故周之秩官云人強勝天（秩官周書篇也）若人事壞亂縱無水旱日益崩離且桀紂之滅豈惟水旱（一云豈因水旱桀紂之君暴虐奢淫以滅亡非獨水旱也）荆君北面遵循稽首曰天不棄不穀及此言也（一本云遵修遵循逡行也荆君敬重亢倉子故稱之曰天不棄不穀王公之卑稱也亢倉子不棄於我故得及聞此言者也）乃以弘璧十朋爲亢倉子壽拜爲亞尹（弘璧大璧也十朋十雙也亞尹小尹也）曰庶吾國有瘳乎亢倉子不得巳中宿微服違之他邦（瘳差也違去也）至理之世山無僞隱市無邪利朝

無佞祿國產問何由得人俗醇樸、國產鄭大夫公孫僑字子產也亢倉子曰政煩苛則人姦僞法令滋彰盜賊多矣政省一則人醇樸其政悶悶其人醇醇夫人俗隨國政之方圓猶蠖屈之於葉也食蒼則身蒼食黃則身黃曰何爲則人富亢倉子曰賦斂以時官上清約則人富賦斂無節官上奢縱則人貧句粤之簳鏃以精金鷙隼爲之羽以之掊箠則其與槁樸也無擇句粤東粤也簳箭簳也鷙隼鵰鶚之類也掊箠打擊也爾雅云東南之美者有會稽之竹箭焉夫句粤之簳以精金爲鏃以隼翮爲羽用之打擊則同於槁樸無擇猶無異及夫蕩寇爭衡覿武決勝加之駭弩之上則三百

步之外不立敵矣排蕩寇敵爭衡決勝如此句粤之辭於強弩之上則前無立敵矣
蜚景之劍威奪白日氣盛紫蜺以之封䕶則其輿劍
刃也無擇蜚景神劍也劚鎌也神劍雖利以穫稻則同鎌刃也及夫凶邪流毒
沸渭不靖加之運掌之上則千里之內不留行矣凶邪
流毒謂溫疫之氣也此神劍能辟凶邪故威光所行則千里之內未嘗留止也夫材有分而
用有當所貴善因時而已耳槁樸劚刃施於常用耳粤辭蜚景以禦凶災材
分所當各因時而貴也昔者明王聖帝天下和平萬物暢茂羣
性得極善因時而勿擾者也近古是來天下姦邪者
衆正直者寡輕薄趍利者多敦方退靜者鮮姦者出

言長於忠言巧僞亂眞不能辨也遂使天下之人交相疑害悲夫作法貴於易避而難犯救弊貴於省事而一令除去豪橫則官人安刑禁必行則官人不敢務私利官人不敢務私利而百姓富史刑曰眚災肆赦赦不欲數赦數則惡者得計平人生心惡者得計務益於姦平人生心亦爲不善也而賢良否塞矣人有大爲賊害官吏捕獲因廣條引誣陷貞良凋遠牽率蔓推時序卒蒙赦宥過賊害者訖無所快自壽而已由是平人遁生黠計吏勞政酷莫能鎮止此由數赦之過也夫人之所以惡爲無

道不義者。爲其有罰也。所以勉爲有道行義者。爲其有賞也。今無道不義者赦之。而有道行義者被害而不賞。欲人之就善也。不亦難乎。世有賢主秀士。宥察此論。（訖猶忠也快喜也壽若也宥可也）人怨若非不接人也。神怒者。非不事神也。巧佞甚。人愈怨。淫祀盛。神益怒

亢倉子卷上終

亢倉子卷中

何璨註　虎林張鴻舉子羽父點次

呂昭世躬三父參閱

君道篇第四 清靜無爲以身師下

始生之者天也。養成之者人也。萬物之始生者由乎天也助天而養之由乎人也能養天之所生而物攖之謂天子攖攖也人能助天養物而物馴擾之者是謂天子也昔舜有聖德三徙成都是也天子之動也以全天氣故此官之所以自立也。立官者以全生也。天不自治故聖人代天以治物者也聖人不能獨治故立官以輔之立官之由本以養物貴全天氣不使有虧傷今世之惑主。多官而反以害生。則失所以為立官之本矣。後世惑于務在多官官多則政煩政煩則害物是失立官之本意也草鬱則為腐。樹鬱則為蠹。人鬱則為病。國鬱則百惡並起。危亂不禁。鬱者氣未通之謂也官多政煩事有擁滯如草木之成腐蠹也所謂國鬱者。主德不下宣。人欲不上達也。姦臣蒙蔽故主德不下宣黎庶枉屈故人欲不上達是故聖王貴忠臣正士。為其敢直言而決鬱塞也。克己復禮。賢良自至。克損也復反也人君能以謙損反禮則賢良歸君耕后蠶。蒼生自化。天子親耕皇后親蠶以身率人則天下化之也由是言之。賢良正可待。不可求。求得非賢也。君有禮讓賢臣自歸故可待也君無禮讓雖復求賢賢至乃非賢也蒼生正可化不可刑刑行非理也君耕后蠶人自劾之故可化也身不自為而使人為之人必不從雖復刑之刑行非至理堯舜有為人主之勤無為人主之欲天下各得濟其欲勤謂勞心以養物欲謂私身以奉巳也有為人主之位無為人主之心故天下各得肆其心位謂居位而治事心謂求安以自適肆者申也士有天下人愛之而主不愛者有主獨愛之而天下人不愛者竭公忠而養天下者則天下愛之狥私情而媚一人者則其主愛之用天下人愛者則天下安用主獨愛者則天下危人主安可以自放其愛憎哉由是重天下愛者當制其情聖人以天下為安危者也欲天下之安則人主不得縱其愛憎當抑制其

私也所謂天下者。謂其有萬物也。所謂邦國者。謂其有人衆也。夫國以人爲本。人安則國安。故憂國之主務求理人之材。天下以萬物爲多邦國以人衆爲富憂國家者不可不任賢以輔己也玉之所以難辨者。謂其有碔石也。金之所以難辨者。謂其有鍮石也。碔石似玉鍮石似金猶姦人外正內邪亦難辨也令夫以隼翼而被之鷃。視而不明者。正以爲隼。明者視之。乃鷃也。隼鷹也鷃雀也令夫小人多誦經籍方書。或學奇技通說。而被以青紫章服。使愚者聽而視之。正爲君子也。明者聽而視之。乃小人也。奇技異藝也通說雜說也故人主誠明以言

取人理也以才取人理也以行取人理也人主不明
以言取人亂也以才取人亂也以行取人亂也人主明者
以言行取人盡皆理也主昏昧雖以言行取人盡皆亂也夫聖主之用人也貴耳
不聞之功目不見之功口不道之功而百姓暢然自
理矣夫賢良之治世也不顯其名不彰其用不稱其能潛功密濟理自玄暢名迹不生人無企尚故
聖主貴之也若人主貴耳聞之功則天下之人運貨逐利
而市譽矣若人主貴聞臣下之功則姦人運其財貨隨逐便利以市聲譽也貴目見
之功則天下之人恢形異藝而爭進矣恢誕形容奇異技藝夸企
爭進愈亂天下矣貴可道之功則天下之人習舌調吻而飾

辭矣。利口便辯虛而不實使天下之人。市譽爭進。飾辭見達者

政敗矣。爭名尚能則正理之道衰矣人主皆知鏡之明已也。而惡

士之明已也。鏡之明已也功細。士之明已也功大。知

其細。失其大。不知類也。鏡知形之好醜士知心之善惡正形之功細正心之功大

今人主乃貴其細而失其大豈不惑哉於呼。人主清心省事。人臣恭儉

守職。太平立致矣。而世或難之。吾所不知也。若人主

方寸之地。不明不斷。則天地之宜。四海之內。動植萬

類。咸失其道矣。方寸之地謂心之所居也動謂含氣之類植謂草木之類也以耳

目取人者。官多而政亂。取聞見之功則飾僞者衆爭進者多主不能辨故官多而

政亂也以心慮取人者官少而政清用心慮辯識而得人者其官甚寡其政甚治也是知循理之世務求不可見不可聞之材澆危之世務取可聞可見之材嗚呼人主豈知哉以耳目取人人皆數效以買譽以心慮取人人皆靜正以勤德吏靜正以勤德則不言而自化吏數效以買譽則刑之而不與世主豈知哉

臣道篇第五盡忠竭力謀効所司

夫國之將興也朝廷百吏或短或長或醜或美或怡或厲或是或非醜惡也怡悅也厲嚴厲也雖聽其言觀其貌有似

不同然察其志徵其心盡於爲國所以剛訐不怨黜退不愕議得其中無違乎理故天不惑其時地不乏其利人不亂其事鬼神開贊蠻夷柔同保合太和萬物化育（國之典也朝廷祿位務盡其忠各竭其能力行公正無有阿私故天時不忒地利不乏人事不亂鬼神祐助遠方柔服也）國之將亡也朝廷百吏姿貌多美顏色諧和詞氣華柔動止詳潤（亡國之臣外雖和順內懷猜忌各徇其私鬬相謀害）雖覩其貌聽其言有若歡洽然察其志徵其心盡在競位所以聞奇則恠見異必愕狙嫉相蒙遂喪其道故天告災時地生反物（天反時爲災地反物爲祅）人作凶德鬼

神閒禍（閒猶伺也）戎狄交侵喪亂弘多萬物不化夫不傷貨財不妨人力不損官吏而功成政立下阜百姓上滋主德如此者忠賢之臣也若費財煩人危官苟劾一時功利規賞於主不顧過後貽災於國如此者姦臣也至理之世官得人不理之世人得官邦龍覩問事君亢倉子曰既策名而臣人者心莫若公（無阿私也）貌莫若和言莫若正公不欲露和不欲雜正不欲犯（君不見察亦不欲犯顔而諫也）古之清勤爲國脩政今之清勤爲身修名夫爲國脩政者區處條別動得其宜合於大體爲

身脩名者區處條別致遠不通拘於小節是知心以道爲主抵事得其所心以事爲主抵物失其所以道爲主公心也以事爲主私情也抵抵者觸也臣居上位不諫下位不公不合贍其祿贍賙給也君不嚴敬大臣不彰信小臣不合官其朝有才者不必忠忠者不必有才臣不患不忠適恐盡忠而主莫之信主不患不信適恐信之而莫能事事事事猶用事也上等之人得其性則天下理中等之人得其性則天下亂明主用上等之人當委以權宜便事肆其所爲上等之人謂賢良也公平正直無所阿私使之濫職信能臣賛雖權變有時必歸於正也

用中等之人則當程課其功示以賞罰（中等之人謂藝能之士見善則遷見惡則染故人主以賞罰制之也）

賢道篇第六（克己復禮賢良自至）

賢良所以屢求而不至難進而易退者非爲愛身而不死王事適恐盡忠而主莫之信耳自知有材識之人外恭謹而內無憂其於衆也和正而不狎親之則彌莊疎之則退去而不怨窮厄則以命自寬榮達則以道自正人有視其儀賢也聽其聲賢也徵神課識或負所望夫賢人其見用也入則諷譽出則韜默藏

司勤辦居室儉閑諷謂刺君之過譽謂稱君之美冀默靜慎也辦治也閑謂防閑其
未見用也藏身於衆藏識於目藏言於口飽食安步
獨善其身貞而不怨智者不疑事識者不疑人有識
之士行危而色不可疏言遜而理不可拔謂遇濁世不變其志
行雖危而色常和言雖遜而理確然凡謂賢人不自稱賢自伐者無効功故非賢
在官政功在事事驗其官政察其用事賢不肖可辯也太平之時上士
運其識中士竭其耐小人輸其力齊有揩子者材可
以振國行可以獨立振濟也獨立謂德行孤標不可傾拔事父母孝謹
鄉黨恭循念居貧無以爲養施信義而游者久之矣

所如寡合或爲乘時夸毗者所嗤紿。如注也本作所嗤徃紿音待一
云姁於是也寡合少諧偶也夸毗矜恃也嗤笑也紿欺也於是負杖步足問乎亢
倉子曰、吾聞至人忘情。至人虛懷與道合體故忘情也黎人不事情。
黎衆也智力過眛不能用情也存情之胄務其教訓而尊信義。曹輩也中
人存情以信義爲尊吾乃今不知爲工。工猶能也躬行信義所徃寡合不知其所爲能
受不信爲信世有受人之不信將以爲信也信而不見信爲信有實爲信
而不爲人所見信乃自以爲信爲勤慕義爲義。人有本非義而以慕義爲義乃爲人所稱
義也義而不俟義爲義有實爲義而不待人稱義亦常自爲義也然則信義
之士常獨厄隨退胡以取貴乎時而教理之所上也。

亢倉子俯而循衽仰而譆超然而歌衽衣襟也譆歎聲也超然高舉之貌曰時之陽兮信義昌時之陽喻君有道也有道則信義昌也時之默兮信義伏時之默喻君暗昧也君暗昧則信義伏藏陽與默昌與伏汩吾無誰私兮羌忽不知其讀汩亂也羌發聲也讀猶云也夫時有治亂故用有行藏陽則與時俱昌默則與時俱伏隨流任運寧有私耶今乃問我不知其云也夫運正性以如適而物莫之應者眞不行也夫眞且不行謂之道喪信義者正性之用也眞者正性之本也道喪之時上士乃隱隱之爲義有可爲也時有否泰莫得長爲莫可爲者有可用也邪有道則智邪無道則愚有時而用故莫可用者也用有行藏莫得長用祭

公問賢材何從而致亢倉子曰賢正可待不可求材慎在求不慎無（材在求而擇之不慎無材）若天子靜大臣明刑不避貴澤不隔下則賢人自至而求用矣賢人用則四海之內明目而視清耳而聽坦心而無鬱矣天自成地自寧萬物醇化鬼神不能靈（天下醇和故鬼神不能見靈怪）故曰賢正可待不可求若天子勤明大臣和理之求士也則恢弘方大公直靖人之才至若天子苛察大臣躁急之求士也則曲心巧應毀方破道之才至若天子疑忌大臣巧隨之求士也則奇娃異名反媚怪術之

才至若天子自賢大臣固位之求士也則事文逐譽貪濁浮麗之才至若天子依違大臣回佞之求士也則外忠內僻情毒言和之才至故曰才慎在求不慎無昔者黃帝得常仙封鴻鬼容丘（三人黃帝臣也）商王得伊尹中興得申甫（中興周宣王也甫仲山甫也申申伯）齊桓得甯籍（卽甯戚也）皆由數君體道邁仁布昭聖武思輯光明寬厚昌正而衆賢自至而求用非為簡核而得之也（邁行也輯睦也簡核猶擇也）祭公曰夫子云賢人不求而自至亦有非賢不求而自至者乎亢倉子曰夫非賢不求而自至者固

衆矣。夫天下有道。則賢人不求而自至。天下無道則非賢不求而自至。人主有道者寡。無道者衆。天下賢人少。不肖者多。是知非賢不求而自至者多矣。祭公曰。賢固濟天下。材亦能濟天下。俱濟天下。賢與材安異耶。亢倉子曰。窘乎哉其問也。窘迫也言所問切迫夫功成事畢。不狥封譽。恭退朴儉之謂賢。猶求也功成不居其位守恭謙以自牧也功成事畢。榮在祿譽。光揚滿志之謂材。賢可以鎮國。材可以理國。所謂鎮者。和寧無爲。人不知其力。至德潛化人莫能知之也所謂理者。勤率其事。人知所於德人賴其功故推德於已也。一賢統衆材則有餘衆材度一賢猶不足如是賢材之殊域一賢雖少統領衆材尚有餘德衆材雖多比度一賢猶不能及有居山林而諠者有在人俗而靜者有諠而正者有靜而邪者也。言求賢不可不察其邪正矣凡視察其貌鄙俗而能有賢者萬不有一視察其貌端雅而實小人者十而有九言賢人難得也夫不鍊其言而知其文不責其儀而審其度不乖其譽而知其善不流其毀而斷其實可謂有識者也不待流言毀謗而知其惡情也

亢倉子卷中終

亢倉子卷下

張鴻舉子羽父點次
何璨註　虎林　吕昭世躬三父叅閱

順道篇第七

至德之用萬教之主神明共賛可以化民

閔子騫問仲尼、道之與孝相去奚若、疑其相去遠也仲尼曰、道者自然之妙用。孝者人道之至德。窮於本始謂之道施於人理謂之孝道能通生萬物不知其所由然故曰妙用孝者善事父母盡敬盡順通乎神明故曰至德夫其包運天地發育萬物曲成類形布丕性壽。性者剛柔之質壽者一期之盡其功至實而不爲物府不爲事官。無爲功尸。捫

求睹聽莫得而有字之曰道雖曲成萬類彫刻衆形尋求主宰莫見其朕故
字之曰道道用之於人字之曰孝孝者善事父母之
者虛通之謂
名也夫善事父母敬順爲本意以承之順承顏色無
所不至發一言舉一意不敢忘父母營一手措一足
不敢忘父母事君不敢不恭朋友不敢不信臨下不
敢不敬嚮善不敢不勤雖居獨室之中亦不敢懈其
誠此之謂全孝故孝誠之至通乎神明光于四海有
感必應善事父母之所致也昔者虞舜其大孝矣乎
庶母惑父嚚悖告之舜心益恭懼而無怨謀使浚井

于上實之。于時天休震動。神明駿赫。道穴而出。奉養滋謹。由是玄德茂盛。爲天下君。善事父母之所致也。

按史記稱舜父瞽叟與庶母弟皆欲殺舜使舜修廩瞽叟從下縱火焚廩舜乃以兩笠自扞而下去得不死後又使舜穿井舜穿井爲匿孔旁出舜既入深瞽叟與象共下土填井舜匿孔出去是其事也于時天以休美之德震動舜心神功赫然令其免害及出之後事父母彌謹堯知其聖歷試諸難後乃禪其位焉

文王之爲太子也。其大孝矣。朝夕必至乎寢門之外。問寺人曰。茲日安否何如。寺人閹官主在左右侍君也曰安。太子溫然色喜。小不安。節太子色憂滿容。朝夕食上。謂舜者進食於君也太子必視寒暖之節。食下。必知膳羞所進。然後退。知所食之多少寺人言疾。太子肅冠而齋。君有疾故大子嚴肅衣冠而齋齋者虛心專志以祈神明使救護者耳膳宰之饌，必敬眎之。湯液之貢，必親嘗之。饌飲食也貢進之也嘗膳善。謂君嘗饌者也則太子亦能食。嘗饌寡。太子亦不能飽，以至乎復初，然後亦復初。君病閒而太子亦復初也君后有過，怡聲以諷。怡悅也謂下氣怡聲幾微諷諫君后所愛雖小物，必嚴龔。不敢慢君父之所愛是故孝成於身，道洽天下。雅曰：文王陟降，在帝左右。雅詩大雅也陟升也帝天也左右助也言文王所爲天必助之言文王靜作進退，天必贊之，故紂不能害。贊佐也文王事紂爲天所佐故殷紂雖暴不能輒害夢啓之壽。禮記云文王有疾旬有二日乃

（周文王謂武王曰汝何夢矣武王對曰夢帝與我九齡文王曰汝以爲何也武王曰西方有九國君主其終撫諸文王曰非也我百爾九十吾與汝三焉文王九十七而終武王九十三而終也）卜世三十。卜年七百天所命也善事父母之所致也（左傳曰成王定鼎于郟鄏卜世三十卜年七百天所命也）閔子騫曰善事父母之道、幸既聞之矣、敢問教子之義、仲尼曰、凡三王教子必視禮樂（視猶示也）樂所以脩內（和其心也）禮所以脩外（檢其容也）禮樂交脩則德容發輝于貌故能溫恭而文明夫爲人臣者殺其身有益於君則爲之況利其身以善其君乎是故擇建忠良貞正之士爲之師傅欲其知父子君臣長幼之道夫知爲人子然後可以爲人父知爲人臣然後可以爲人君知事人然後能使人此三王教子之義也(三王謂夏殷周三代之王也)閔子騫退而事之於家三年人無間於父母兄弟之言(上事父母下順兄弟盡善盡美故人無非間之言也)交遊稱其信鄉黨稱其仁宗族稱其悌德行之聲溢於天下此善事父母之所致也齊太子坐淸臺之上燕壯侯他(壯燕侯諡也他名也)高冠嚴色左帶玉具劍右帶環珮左光照右右光照左(言玉珮之光相照也)太子讀書不視壯侯國有寶乎太子曰主信臣忠百姓戴上

齊國之寶也壯侯他應聲解劍而去（聞義而服也此言君子尚德不尚華飾也）嗚呼人有偏蔽終身莫自知已乎賢者見之寬恕而不言小人暴愛而溢言親戚憐嫉而貳言人有偏蔽惡乎不自知哉（惡乎猶何也）是故君子檢身常若有過衣其衣食其食知其過而不克有以正之者君子耻之（言爲人上不能有所匡正也）將欲有言識其必不能行者君子罕言（君不納忠諫則罕言以避患也）當責衆人之惡者視已善乎哉當責衆人之邪者視已正乎哉此之謂反明（先審身之善正然後責人之邪惡也）翟西氏之子甚孝謹翟西憐其子而好

妄與之言、翟西晨出夕返、則曰甲死矣、其子信之、既而甲在焉、他夕則曰乙且害余、其子伺將行佻、既而不見惡端、他夕則曰丁病矣、其子覘之、丁誠無恙、舉此類也、覘視也恙憂也舉皆也冒淹年序、子固孝謹、至於訓勒、葢不保承、鄉國之人、疾其咎口、謀將煞之、翟西聞而懼、歸以告子、子未甚信、既而翟西見煞、此章戒人輕言致害雖愛子猶不信之以至見煞況他人乎謂多言之人爲疎露、亦有辭約而不密者、謂輕佻之人爲不定、亦有體閑而心躁者、輕佻猶輕躁也謂蕤雜之人爲猥細、亦有外潔而內濁者、若類而引之不可殫載若非徹識孰克究詳〔殫猶盡也〕時有不可不應事也者內靜而外動易動而難靜〔謂外見利貪而逐之身勞而難靜愈得愈貪故〕時有不可不求事也者內思而外待待至而後樂〔謂內典情慾緣境思求心有所待故待得而復樂不知心搖而傷性〕是故外靜而內動者搖思而損性奔走而逐利者勞力而害名〔唯泊然無情慾而不爲名利所誘者然後身安而性全也〕人生於世或有事不遂志而宜言云不遇時者是無異負丹頸之罪俟時行戮豈不殆哉〔不能危行言遜干犯時君無異負斬首之罪待時行戮甚丹血色〕其慱才通識未見稱用者正可云時非不清命未與耳

豈不踶歟（踶猶是也）長於諫者務依存前人之性而翦制其情之所由起是以彼此開進親敬殷篤不長於諫者務攻前人之性而牾於情之所來是以彼此嫌貳猜釁日積兒童之所簡者迺耆耋之所非耳目之所娛者迺心慮之所疾徤責天下之愚者巳之未賢也徤責天下之迷者巳之未明也（賢明者當恕愚迷而勿責）以未賢責衆愚未賢者以之亡以未明責衆迷未明者以之傷（愚迷之人無所損徤責者徒自傷耳）

農道篇第八

（夫穀者人之天理國之道務務農爲本）

人捨本而事末則不一令本謂農也末謂趨浮利也人趨末利則奸詐多端故一令不能制也不一令則不可以守不可以戰趨利多端人心不一故不可以固守不可以攻戰也人捨本而事末則其產約人貪浮利則產業薄也其產約則輕流徙輕流徙則國家時有災患皆生遠志無復居心人捨本而事末則好知好知則多詐多詐則巧法令巧法令則以是為非以非為是古先聖王之所以理人者先務農人農人非徒為地利也貴行其志也志在安人人農則朴朴則易用易用則邊境安安則主位尊人農則童如童兒無異志也童則少私義少私

義則公法立力傅深農則其産復（復猶厚也）其産復則重流散（不流散也）重流散則死其處無二慮是天下為一心矣天下一心軒皇几蘧之理不是過也（軒皇几蘧古之有道之君也）古先聖王之所以茂耕織者以為本教也是故天子躬率諸侯耕籍田大夫士第有功級勸人尊地産也（第次第也月令云正月中氣天子乃擇元辰親載耒耜置之車右率公卿諸侯大夫躬耕籍田天子三推諸侯五推卿諸侯九推是以功級勸人也）后妃率嬪御蠶於郊桑公田勸人力婦教也（月令云三月中氣命有司無伐桑柘乃修器后妃齋戒享先蠶而躬桑以勸蠶事祭義云古者天子諸侯必有公桑蠶室近川而為之君十三公之夫人世婦之吉者使入蠶室

世婦親蠶奉繭以示於君遂獻於夫人夫人繅三盆手遂布於三宮夫人世婦之吉者使繅之此勸婦教也男子不織而衣婦人不耕而食男女貿工資相爲業此聖王之制也貿猶易也故敬時愛日埒賞課功埒量也非老不休非疾不息一人勤之十人食之上農夫當食十人時之務不與土功不料師旅男不出御女不外嫁一作大嫁以妨農也與土功治師旅行婚嫁皆謂妨農業也御迎也謂男子不親御黃帝曰、四時之不可不正正五穀而已耳夫稼爲之者人也稼謂種也生之者天也養之者地也是以稼之容足耨之容耰耨鋤也又耰謂鋤器也耘之容手耘除草也是謂耕道種苗可使容足耨之可使容耰耘之可使容手農攻食。工攻器。賈攻貨。攻治也時事不龔。欲之以土功。是謂大凶。君王不恭則大凶之道也凡稼早者先時。暮者不及時。寒暑不節。稼乃多災。言太早太晚者不得中和之氣也冬至巳後五旬有七日而昌生。旬十日也五十七日在立春節中而草木昌發於是乎始耕。事農之道。見生而蓺生。見死而穫死。因天時而典人事也蓺種也穫刈也天發時。地產財。不與人期。產生也有年祀土。無年祀土。有年豐年也無年荒年也祀土祭社稷也春祭祈豐祥也秋祭報成熟也不以有年則祭無年不祭所以祈地利重人命無失人時。迨時而作。過時而止。老弱之力可使盡起。迨及也雖老弱可使使盡耕以趍時也不知時者未至而逆之（謂與農太早也）既往而慕之（時既過往而慕之是太晚）當其時而薄之（雖當其時而用功寡薄所收亦不多）此從事之下也（此三者雖從農務不得其時故云下也）夫耨必以早使地肥而土緩（夫鋤必用旱時旱時則草易死而土木肥緩也）稼欲產於塵土而殖於地堅者（殖長也下種欲其土細如塵則地虛而根深及苗長也得雨則土堅堅則墊固也）慎其種勿使數亦無使疏（數爲頻也）於其施土無使不足亦無使有餘（施土謂施種於土也種不足則傷疎而費地種有餘則傷密而損穀不費不損取其中也）甽欲深以端畝欲沃以平（端正直也甽深直則水流疾畝沃平則潤澤勻）下得陰上得陽然後咸生（下陰謂水潤上陽謂日氣）立苗有行故速成強

弱不相害故速大苗成行則長疾強不害弱則易大也正其行通其中疏爲泠風疏而通風則有收而多功率稼望之有餘就之則疏是地之竊也由地瘠薄也苗不茂盛若被竊之狀不除則蕪除之則虛是事傷之也除治也草盛而後除之苗則虛矣是人事傷之也苗其弱也欲孤欲一一孤生不併聚也其夫也欲相與居與衆同居共相蔭映其熟也欲相與扶無倒折之害也三以爲族稼乃多穀三者如人之宗族共相扶持則多收凡苗之患不俱生而俱死生不齊則大苗凌小小苗不茂是以先生者美米後生者爲秕強者凌弱故後生者不實是故其耨也長其兄而去其弟以人喻苗也先生爲兄後生爲弟也樹肥無使

扶疏樹墝不欲專生而獨居墝瘠地專主獨居不耐風旱肥而扶疏則多粃墝而專居則多死不知稼者去其兄而養其弟不收其粟而收其粃上下不安則稼多死得時之禾長秱而大穗圜粟而薄糠米飴而香舂之易而食之强禾謂粟也秱穗頸也圜圓也飴謂味甘如飴也失時之禾深芒而小莖穗銳多粃而青蕭深芒長芒也銳細也青蕭其米青也得時之黍穗不芒以長摶米而寡糠摶謂以手挼殼而出米失時之黍大本華莖葉膏短穗本根也華莖莖傍有華也膏言肥大也得時之稻莖葆長秱穗如馬尾葆大也馬尾言長也失時之稻纖莖而不滋厚

穅而菑死。得時之麻。疎節而色陽。堅枲而小本。陽光揚也堅牢也言皮堅勁失時之麻。蕃柯短莖。岸節而葉蟲。蕃柯謂枝柯多也岸節者高節也得時之菽。長莖而短足。其莢二七以爲族。多枝數節。競葉蕃實。稱之重。食之息。菽者豆也族聚也息猶盈也失時之菽。必長以蔓。浮葉虛本。疎節而小莢。得時之麥。長秱而頸族。二七以爲行。薄翼而䵂色。食之使人肥且有力。薄翼謂穅也䵂黄色也其麥穗一行有二七粒失時之麥。胕腫多病。弱苗而翜穗。胕腫謂莖根麤而且蟲翜穗多芒是故得時之稼豐。失時之稼約。庶穀盡宜。從而食之。使人四衛變強。耳目聰明。沴氣不入。身無苛殃。(四衛四支也) 善乎孔子之言。冬飽則身溫。夏飽則身涼。夫溫涼時適。則人無疾疢。人無疾疢。是疫癘不行。疫癘不行。咸得遂其天年。故曰。穀者人之天。是以興王務農。王不務農。是棄人也。王而棄人。將何國哉。

兵道篇第九

(兵者不祥之器不得已而用之)

秦景王將眎強兵於天下、(秦恃崤函險固兵強士勇故欲示強於兵使天下無敢與之敵眎猶示也) 使庶長鮑戎、必致亢倉子、(庶長秦爵號鮑戎人姓名也) 待以壞邑十二、周實迫之、(周密也欲問亢倉子計故以十二邑待之恐其不來)

密使鮑戎追之使必來亢倉子至自滎泉賓於上館滎泉秦地名也景王三日弗得所問謂欲問之而不得也下席北首頓珪曰天果無意恤孤耶北首頓珪盡禮也亢倉子油然虧盻曰朕以主爲異之問而寧弊弊焉以所刺爲故油然微動貌虧側也盻顧盻也朕我也我以景王有遠異之問而何爲弊弊焉言景王以兵戈所刺爲故乎言其所問下抑者亦隨其欲而得正焉無如可矣言景王既以兵道問我故我抑以隨其所欲而正之非至理之可也景王一拜再舉歛黼袡端珪抑首而坐曰實惟天所命黼袡黼襟也抑首低首也惟大所命願垂告命亢倉子仰榱而噓俯正顏色曰原兵之所起與始有人俱榱榱椽也仰榱仰面屋

榱也噓歎聲也嗟其不問至道故仰面而發噓歎夫兵之所起與人俱生本始有之非獨今也凡兵也者出人之威也人之有威性受於天人有喜怒之性本受於天怒則威生威生則兵起之由也故兵之所自來上矣嘗無少選不用少選猶少時也喜怒之情用之無常故無少時不用也貴賤長少賢愚相與同同察怒氣之動則知兵起之原察兵之兆在心懷恚而未發兵也疾視作色兵也傲言推挍兵也偩鬪攻戰兵也此四者鴻細之爭也恚怒也作色厲色挍亦推也謂相推盪也四者雖有大小之異皆有怒心故爲兵也未有蚩尤之時人實揭材木以鬪矣蚩尤黃帝時椽諸侯兄弟八十一人銅頭鐵額與帝戰於涿鹿之野造兵器後爲黃帝所滅也黃帝用水火矣或引

水汪邑或縱火燒城共工稱亂矣共工與顓頊爭天下五帝相與爭矣一興一廢勝者用事用兵之道有廢有興皆以順天而勝者得用耳夫有以咽藥而死者欲禁天下之醫非也有以乘舟而死者欲禁天下之船非也有以用兵喪其國者欲禁天下之兵非也夫兵之不可廢譬水火焉善用之則爲福不善用之則爲禍是故怒笞不可偃於家刑罰不可偃於國征伐不可偃於天下笞鞭杖偃息也古之聖王有義兵而無偃兵義兵者順天應人所以誅暴亂也兵誠義以誅暴君而振苦人人之悅也若孝子之見慈親饑隷之遇美食號

呼而走之若強弩之射深谷也。振救也隸僕隸也強弩之射深谷言救之疾也

勝負之決勿徵於他必反人情兵之勝負勿徵驗於他反求人情則得之

人之情欲生而惡死欲榮而惡辱死生榮辱之道

一則三軍之士可使一心矣人君與三軍之士同其死生榮辱則三軍雖衆可使一心矣

凡君欲其衆也心欲其一也三軍一心則令

可使無敵矣古之至兵甚重令也古之至極善用兵者甚重慎其令也

故其令強者其敵弱其令信者其敵詘先勝之於此

則勝之於彼夫料敵制勝必先自料若與衆同死生而三軍一心則勝於彼矣誠若

此則敵胡足勝也凡敵人之來也以求利也今來而

得死。且以走爲利。敵皆以走爲利。則刃無所與接矣。此之謂至兵傲虐奸詐之與義理反也。（言奸兵與義兵逆順之理相反）其勢不俱勝。不兩立。（義兵勝奸兵敗）故義兵之入於敵之境則人知所庇矣。兵至於國邑之郊。不踐果稼。不穴丘墓。不殘積聚。不焚室屋。得人虜。厚而歸之。信與人期。以致敵賓。以章好惡。以示逆順。（先示之以義也）若此而猶有愎狠凌傲。遂宕不聽者。雖行武焉可也。（愎狠猶惡戾也宕流宕也先行義以示之猶有惡戾不聽服者用武誅之可也）先發聲出號令曰兵之來也。以除人之讐。以順天之道。故剋其國。不屠其人。

獨誅所誅而已矣（獨誅者暴君也）於是舉選秀士賢良而尊封之求見孤疾長老而拯救之（孤疾之人拯給之長老者致敬之也）發府庫之財散倉廩之穀不私其物曲加其禮（不私其利與衆共之曲加其禮聘以求賢也）今有人於此能生死一人則天下之人爭事之矣（生猶活也言有人以義能活一人之死則天下咸能事之矣）義兵之生一人亦多矣人孰不悅故義兵至則隣國之人歸之若流水誅國之人望之如父母行地滋遠得人滋衆辭未終景王興稽首曰孤穫聞先生教言不覺氣盈宇宙志知所如也而心滋益龔（既聞義兵之道鄙其奸傲之心故氣

志盈滿充塞宇宙志知所如也。於是步前稱觴爲亢倉子壽。舉步前進稱獻壽所以嚴師重道也。拜居首列師位嚴於齋室。又月涉旬辰加天關白晝行道。天關即天綱謂辰時也行道行弟子禮也

亢倉子卷下終

宋·何璨注　明·黄諫音釋

亢倉子一卷

明金城黄氏刊本

亢倉子

何粲註

黃諫音釋

全道篇第一心冥虛極德洞玄微功並四時著生自化

亢倉子古子字上从巛髮也師古曰子者人之嘉稱居羽山之顏弎古三字歲

作參數名秊秊从禾千聲熟也取禾歲一熟也俗作年羽山尚書禹貢在徐州舜典云殛鯀于羽山蓋

在東裔後屬魯國顏山之南面也莊子引此章云北居畏壘之山即此山是也俗無疵癘而

仍穀熟聖賢所在天祐之福故祥集疵癘而五穀豐登[illegible]變自消其俗竊相謂曰

亢倉子之始來吾鮮然从火肰燃也借爲語助作然非異之鮮然驚異之貌

異其虛懷寂泊不存近情今吾日計之不足歲計之有餘其或聖
者邪驗其利益故疑之為聖人盍相與尸而祝之社音社而稷之虖
虖作乎語助盍何不也既嘗厚利欲立為君主而處置宗廟并及社稷壇壝祝祭南面事之乎亢
倉孚聞之色有不釋其徒甗甗一本豎從而啓之甗豎亢倉
學門人也欲如之必故從而詰啓亢倉孚曰吾聞至人尸居環堵之
室而百姓猖狂不知其所如迬古往字之也至人寘心絕慮有類於尸無
事蕭然獨居環堵蒼生欽慕其往歸依祭其所歸非由知者也今以羽俗父子竊竊
焉將俎豆予我其的一作杓之人邪竊竊私議之謂也我本無隱全道任
真今乃俎豆相尊反成人之標的吾是以不釋舍也於老聃之言老聃言我

（无為而民自化我無事而民自足夲好静而民自正今乃反此故不稱其言）鷰䜣曰不者（不者猶不然也）夫尋常之汙巨魚無所還其體而鯢鰌為（音為）之制步仞之丘巨獸無所隱其軀而㜸狐為之祥（八尺曰尋倍尋曰常汙池也還迴也鯢小魚而有聊制鰌專擅也六尺曰步七尺曰仞㜸妖也祥善也言小水而不能容巨魚小丘不能藏大獸且喻亢倉子道德既高必須厚禄也）且也尊賢叓（音事古作叓从史之音聲）能鄉音就利自堯舜以固然而况羽俗虖羌生其䍃矣亢倉子曰譆來（譆歎聲也怪其不違已志故發譆歎將欲告之致遠故呼之來）夫二子者知虖（二子堯舜也知乎言豈知之）函車之獸介而離山罔罟制之吞舟之魚蕩而失水蟻蟻苦之故鳥

獸居欲其高魚鼈居欲其㴱古深字从水穴聲淺㴱之對夫全其形生之人藏其身也亦不厭㴱眇而已函盈也介孤也聊遠也吾語若若汝也大亂之本禮庳堯舜之間其暴易音終存庳音乎千代之後必有人與相食者矣事有先成後敗始吉終凶胡可必邪故堯舜禪讓而光一時之美迹流後代成篡弑之禍故莊子云堯舜讓而帝噲之讓而絕湯武爭而王白公爭而滅斯其效於夫惟不立善名者則事迹亙絕无所企慕耳言未終南子榮之𢖍色變歛膝席曰𢖍年運而長矣將奚以託業以叓音事斯言榮之𢖍莊子所謂南榮趎也既聞高誼將欲𢖍然變色歛膝於席頓爵告示以賦事此言庚桑子曰全汝形抱汝生无孛古孛字从米子[illegible]也汝思

慮營營若此緒年或可以及此言營營運動不息也緒終也全形抱生不運思慮虛心冥寂道自居之比此終年可及此言也雖然吾才小不足以化

學學胡不南謁吾師聃聃老子名亢倉學既謝業之攜不

釋羽俗而龍已虖天下謝遣也不釋羽俗潛遁而遊如龍變化與時升降水

之性清土者扫胡骨反之故不得清人之性壽物者扫

之故不得壽扫亂也人性壽考為外物所亂使不終天年物也者所以養

性也今代之惑者多以性養物則不知輕重也衣食養性

不可一日而无而惑者乃損性以求物物愈積而性愈傷殊不知性重物輕倒置也是故聖人

之於聲色滋味也利於性則取之害音害利害之對於性則

捐之此全性之道也夅古萬字數名人操弓矍音共射一招
又音鶮招無不中夅物章章以豖一生生旡不傷捐棄擲
持也招射的也章章猶擾擾故聖人之制萬物也全其天也聖人抑制
萬物不使傷性以全天真天全𠟭神全矣神全之人不慮而適不
謀而當精照旡外志凝宇宙悳若旡墬古地字从阜土彖聲與墜
同然上爲天子而不驕下爲匹夫而不惛此之謂全
道之人神全之人智慮充溢志氣凝乎宇宙覆載之德同乎天地雖貴為天子賤為匹夫不以窮達而迴其志
心平正不爲外物所誘曰清清而能久𠟭古則字从鼎刀隸作則
明明而能久𠟭虛虛𠟭道全而居之秦佚

死亢倉子哭之秦佚古之有道者蓋若子之友也其役曰天下皆死
先生何哭哉也役門人充使役也死生之道今是常達人休之不哭可也古亢倉
子曰天下皆哭安得不哭順物不哭雖哭而非哭其役曰哭者
必哀而先生未始哀何也未始未嘗也世人之哭必生哀痛今先生雖哭不見
哀傷敢問何故亢倉子曰舉天之下吾无與樂安所取哀夫有
樂必有哀人之常情也達人大觀豈有哀樂親既不與為樂亦无所取哀蛻墬之謂木蛻
木之謂气蛻气之謂虛蛻虛之謂道蛻者免蛻之謂也夫蛻地之謂
木蛻木之謂气蛻气之謂虛蛻虛之謂道至人不係情於哀樂然後為極者也虛者道之
體靖者道之陸音地理者道之綱識者道之目言至人能盡識

靜有理有識者則能契道之形彝知道之綱目道所以保神惪古德字从心直聲音德普
心直所以宏量禮所以坐音齊平也物物所以養體四者皆可以資
身不普无可好貨白之物者以黑鶩汚好貨黑之物者以
白鶩汚吾又安知天下之正潔汚哉由是不主物之
潔汚者矣夫瞀莫豆反眎著以黈諭厚反鶩赤以蒼鶩玄
吾乃今所謂皂白安知識者不以鶩頳黃吾又安知
天下之正色哉由是不遁物之色矣瞀風敗也黈黃色也頳赤色也
夫有風眩之疾者覩牧不能審也故以黃為赤以青為黑亦猶凡俗之情妄執潔汚雖有大聖亦詎能止
之故不生其潔汚不流遁於雜色夫子貨甚者不見他物之可好好

馬甚者不見他物之可好好書甚者不見他(去声)物之可好吾又安知天下之果可好者果可惡者哉由是不見物之可以保戀矣亢能滑吾眞(音眞)矣陳懷君柳使其大夫禱行聘於魯(陳懷君諡柳名也禱大夫之名)叔孫卿私曰(叔孫其諡世為魯卿)吾國有聖人若知之乎(聖人仲尼)謂陳大夫曰奚以果聞其聖叔孫卿曰能廢心而用形(聖境超殊非凡情流測徒見其應接世務使證以為聖人豈知其所以聖哉)陳大夫曰弊邑雖小亦有聖人異於所聞曰聖人謂誰陳大夫曰有亢倉学著偏得老聃之道(門人中最為稱首故曰偏得)其能用耳眎(古視字从)

（目示声）目⿰耳壬（古聽字从耳壬声）定公聞而異焉使叔孫氏報聘

且郅（郅音致）亢倉子待以上卿之禮亢倉子至賓于亞

寢（亞寢公之次寢）魯公卑辭以問之亢倉子曰吾能眎⿰耳壬不

用耳目非能易耳目之所用告者過也公曰⿰享凡（音孰 本作）

孰知是（一本孰如是）寡人增異矣其道若何寡人果願䎽

之亢倉子曰我躰合於心心合於气气合於神神合

於无其有介肰之有唯肰之音雖遠際八荒之表邇

在睂（古眉字从目上象額理）睫之內來干我者吾必盡知之乃

不知爲是我七竅手足之所覺六腑五臟心慮之所

知其自知而已矣心形泯合神气冥符洞然至忘機符同躰然後心亦静而志弥遠神愈默而昭愈彰理極而自通不思而玄覺非至聖至神其孰能與此斯固靈真之要極重玄之妙道也

金道篇第一

亢倉子

用道篇第二 无非利物上合天心克己歸仁化行刑措

兲不可信墬音地墜同不可信人不可信心不可信惟道可信賢主秀士豈知哉昔者桀信兲與其禮四海已不勤於道兲奪其國以授殷紂亦信兲與其禮四海已不龔於道兲奪其國以授周與猶以也祖主也夏桀殷紂躬滔奢縱目謂有民有命稟在上天竊以肆虐不修其道故兲奪其國以授於湯武今夫惰農音農从晨囟声耕也信地實生百穀不力於其道墬亦地字墜陸同竊其稾稼而荒翳之惰農之人信地生穀不勤耕耘稂莠荒蕪故不能獲稾穡齊后信人

之性酧讓不明於其道舉全境以付人人實鴆義而

有其國齊簡公信人性不明酧讓為陳恒所弑人取其國鴆義貪殘也凡人不修其

道隨其心而師之營欲茂滋災疾朋疊戕身損壽心

斯亥之矣人自師心不遵聖教營欲熾盛百殃斯集此乃心為身害朋群也疊動也戕害也

故曰惟道可信道者坦蕩恬怡無所染着人能虛心歸道則身命安全无陸非

道不能悠久天得一以清地得一以寧蒼生非賢不能靖順秦政

非才不能龢古和字理賢才皆用道以理物夫用道之人不靈其

用畗古福字从田高皆有昌之義滋尊古高字物功歸无有著功尊濟百姓

絹我自然神融業茂霧古靈字著也慶悠長融通也神理通達德業榮茂學善所

積慶濟後齋 知而辨之謂之識知而不辨謂之道識以理

人道以安人 辨析事物使人去惡就善所以理人也含弘沖寂无所毀譽所以安鎮浮競也

夫鷄晨 音晨以晶長声 而作負日任勞流汗灑陸夜分僅息

農夫之道也 鷄晨鷄鳴之旦也夜分中夜也負日謂日所曝也僅少也 俯拾仰取

鋭意雜撮力思搏精希求利潤貫堅之道也蕪氣谷

神宰思損慮超遙輕舉日精鍊僊高士之道也 蕪氣胎息

五牙之顏也谷養也宰割也吸日精也鍊仙鍊質而升仙也 日精 剸情崇作端非想 正也

畢志所專倫揆忘寢謀効位司人臣之道也 專情正想盡忘

於所事之君遵理揆度效功也於所司之位是人臣之道也 清心省念察驗近習務

求賢良以安夅姓人王之道也清心寡嗜欲也肖念无私也近智近臣也
若由是類之各順防音序恐是序字誤其志度不替𡨥音塞其
業履是謂旡下有道農夫賈竪各保其業明君賢臣各脩其道則天下順序而業履
安定矣導筋骨則形全剪情欲則神全靖言語則畐古福
字全彔古克字能也保三全是謂清賢道悳順則鬼神助
信義敦則君子全禮義備則小人懷有識者自是無
識者亦自是有道者靜默闇鈍者亦靜默物固有似
是而非似非而是先號後笑始吉終凶身可親而才
不可親才可敬而身不堪敬敬甚則不親親甚則不

敬親之而疎疎之而親恩甚則怨生忎古愛字从心无声恩也

多則憎至有以速爲音爲貲有以緩爲貲有以直爲貲

有以曲爲貲百吏之室其由甚微不可不知是故智

者難之靜則神通窮則意通貧則語通富則身通理

勢使然同道者相忎同執者相嫉人情自然也情通无求

則相愛爭能好勝則相嫉勢使然也多才而好謙貧賤而不謟處勞而

不爲辱富貴而恭勤可謂有恩者也

用道篇第二

政道篇第三 順天行令不擇親疏 異域同歸望風而靡

人无遷以知无以四時寒暑日月星晨音辰之所行知无若四時寒暑日月星晨之所行當則諸生血气之類皆得其處而安其產矣人臣亦无遷以知主以主之賞罰爵祿之所加知主若主之賞罰爵祿之所加宜則親疏遠近賢不肖者皆盡其力而以為用矣信全則天下安信失則天下危夫百姓勤勞則物殫盡則爭奪詐之心生而不相信矣人不相信由政之不

虧也政之不虧吏之辜也吏之有辜刑賞不審也刑賞不審主不勤明也夫主勤明則刑賞一刑賞一則吏奉法吏奉法則政下宣政下宣則人人得其所而交相信矣是知天下不相信者由主不勤明也亢倉子居息壤五年息壤是周地靈王使祭公致籠帛與紛璐靈王周王也祭公周之卿士也璐美玉也靈王慕亢倉子之德使祭公致玉帛之禮以聘之籠盛帛之籠也紛所以貫玉者也白余末小子否息忝位水旱不時籍爲人君何以禳之靈王云我淺末小子不有其息忝居寶位致水旱失時人遭飢困故請問乎禳壀之亢倉子曰水陰沴也陰於國政類刑人吏類訟

分亂也水陰象陰主刑水又潜流而匿之類也若刑獄不直人事多私則有人事之災旱陽過
也陽於國政類惠人吏類盈旱陽象陽主德陽爲顯盛驕盈之類若君不脩
其德人事盈多則有大旱之災楚以爲凡遭水旱天子宰正刑脩惠
百官宰去私戒盈剔以類而消百富日至矣楚亢倉子名也
後皆做此此段有理鄭有胡之封珪戎弓胡國名封珪大珪也戎弓弓名也二物本
胡國所有後爲鄭所得異時失同於荊異時猶他時也諸侯歲會白同荊楚舊號也蓋
時楚大諸侯共朝於楚爲會同之期而後鄭至荊白必得封珪戎弓不然臨
兵于汝荊恃強大欲行非義因鄭後期脅大迫之將求二物鄭君病之駕見亢
倉子曰封珪戎弓先君得之于胡綿代功寶傳重襲

嗣司病患也綿歷也翼嗣謂後嗣先君得此二物敬而藏之欲傳示子孫以爲有功之實今荆待

大而白必得不然臨兵國危矣寡人欲以他封珪戎

弓遂若之何他封珪別珪也亢倉子曰君其必安勸君少安勿懷憂懼

令是猶言今如是也楚亦有寶於此亢倉子以信義爲寶飾楚之寶以

貫罪於君楚所不能貫賒也偽以他珪欺詐大國聚我誠信光飾而符賒罪可延賒

雖致後我陷君於罪戾我信義故我不能爲君必至不致字夫眞勸鄭君勿以館珪往令

荆以淺鮮之過而負其威刑申遅不直以耗𢇍音奪與

國荆失諸侯於是乎在諸侯聞之將警一作驚勸備備字

疑衍文倫比勤闘會同上義固存鄭其黔首君姑待之

豈又非富淺鮮小貌也負恃也逞快也倫比猶等倫也姑且也鄭之失期實爲小過荊恃強大欲肆威荊脅迫珪弓侵奪與國先憂貪取必失諸侯矣於是以胡珪戎弓逞未至郢郢荊所都荊人聞之聞亢倉子之謀曰彼用聖人之訓辭吾爲取此以暴不直於天下而令諸侯實生心焉遽反其賂而益善焉暴猶露也遽急也賂即鄭之珪弓也人之情欲生而惡死欲安而惡危欲榮而惡辱天下之人得其欲則樂樂則安不得其欲則苦苦則危若人主放其欲則百吏庶長音長齒高位尊也具展其欲放謂放縱也百吏百官也庶長衆士之長長中也百吏庶長具展其欲則天下之人貧者竭其力富

者竭其財四人失其序（士農工商失其次序）皆不得其欲矣兵下之人不得其欲則相與提攜保抱逋逃隱蔽漂林流（音）据（音居）采以祈性命（据拾也采取也拾取野果求養性命）吏又從而捕之是故不勝其危苦因有羣聚背叛之心生則國非其國也勿貪戶口百姓汝走多壯城池百姓汝疲賦歛不中窮者日窮刑罰且貳賽（恐是匱字）者日賽科禁大行國則以傾（不平也）官吏非才則寬猛失所宜（古宜字）與百姓爭利則狡詐之心生所以天下姦而難知无下難知則上人疑上人疑則下益惑下既惑則官兵勞官

兵勞則賞不足勸刑不能禁易動而難靖此由官不得人故也政術至要力於審士（力猶勤也）士有才行比於一鄉委之鄉（士能和比一鄉則委一鄉之政以任之）才行比於一縣委之縣才行比於一州（音州）委之州才行比於一國委之國政而後廼能无伏士矣（各得盡其才用則无隱伏之士矣）人有惡戾於鄉者則誨之（戾罪也人有罪戾者則一鄉之長者教誨之）不改是爲惡戾於縣則撻之（在鄉不改則送縣而撻之）不改是爲惡戾於國則誅之廼能無復遁節矣誠如是舉天下之人一一畏（古畏字）懷無有干悁諂慢之萌矣此之謂靖人（賢人獲用）

舉選善則天下之人安靖也凡爲天下之務莫大求士士之待來
莫善通政通政之善莫若靖人人主通達政毀則士歸之衆賢共理莫善
於靖人矣靖人之才蓋以文章考之百不四五文章浮華矯而不實
今人文章考覈靖人之才百无四五以言論考之十或一二有言者不必有德有
德者不[illegible]有言故十中或有一二以神器靖作態度考之十全八九
賢良心廣体胖神氣冲和動靖態度必合儀則審而察之十中得八九矣是皆賢王慶代
明識裁擇所能爾也外雖有賢才而王無明識亦不能以義擇王六下若
若以文章取士剔翦巧綺繿盆至而正雅縈音素實
藏矣末世文章尚於綺靡則雅素之士不來矣以言論取士剔浮撲游

益來而蹇諤諍直益聯矣〔浮游華飾之士貴則蹇諤忠諍之才伏矣〕以神

气靖作態度取士剔外正内邪益尊而清脩明實益

隱矣〔内無明識故在乎擇不得其人〕若欽者賢愈到政愈僻令愈勤

人愈亂矣〔用非賢爲賢乃盡所以亂〕夫天下至大器也帝王至重

位也得士剔靖失士剔亂故人主勞於求賢逸於任

使嗚呼守國〔靖國〕聚人者其胡可以不吏試於士虜人

情失寔主所漠恤失寔之大莫痛刑獄夫明達之方〔子〕

將欲聽訟或誘之以詐或脅之以威或開之以情或

告之以義雖作設權異而必也公乎〔一物失宜明主之所深恤況刑〕

獄之大爭夫寡獄圄因務得其實或有隱匿則義成以脅之開導之以實情或書切之以刑戮雖權變多
端終無枉濫也故使天下之人生無所恚死無所怨理自
當生故生無報德理自當死故死無怨恨夫秉國建吏持刑者此可謂至
官至官之代群情歸正諸產咸宴悉敬交泼上下條
固不可搖蕩有類一家苟違領一作順凌逆安得動哉
号王逐正既宅亢邑務求賢良等聞一善惆音喜豫連
日平王承幽厲之後天下板蕩無復紀綱於是撥亂反正東遷洛邑毀華前非務求賢哲得聞一善累
日歡悅宅居也天邑即洛邑也等猶得也左右侍僕累言大臣有賢異者
如是踰歲侍僕左右小臣也見王喜悅承意阿諛王白余一人于意不明

務求賢異益恖古恖字从公工声恩也山澤遺逸不舉豈樂聞

善以自閉塞哉遁者反媢僕臣累譽權任頗偕左右

意余孱昧无能斷明徒唯嫛音秋共龢依違浸兵自賢敗

悳莫此為多不時臣遏就茲固黨反媢邪媢也權任大臣也偕升也譽

弱並依違相依也邪媢小臣稱揚權任偕緣左右兵相蒙蔽謂我闇弱不能明察善不遏絕黨固蔽派

於是棄左右近習三人於市謂殺之而暴尸於市也古者刑人於市與衆共

棄之貶庶司尹兵五人庶司尹兵謂權任大臣也白無令人臣附下

罔上持祿阿意天下聞之稱為齊明海南之西歸者

七國至理之代與朕純粢音素憲今寬簡禁網疏闊夫

輿服純絫剔人不勝羡（不相企羡）寔令寬簡剔俗旡忌諱
禁網疎闊剔易避難犯若人不勝羡剔嗜慾希微而
服役（此役字从人荷殳行戍會意）樂業矣（服從也從於所役之業也）俗旡忌諱
剔抑閑開舒而歡欣交通矣（凡所抑閑既因忌諱令既旡忌諱皆得開舒也）
易避難犯剔好惡分明而貴惪知恥矣（貴德則不犯知恥則易避）
夫服役樂業之謂順歡欣交通之謂龢貴惪知恥之
謂正淫墮之人不勝於順逆節之人不勝於龢姦邪
之人不勝於正順龢正三者理國之宗也亭（音褒）末之
世輿服文巧寔令禳祈（禳祈煩多也）禁網煩僻夫輿服文

巧剽流相炎慕（俗尚文巧則下人隨流遞相企慕如火之上炎）憲令穰祈剽

俗多忌諱禁網煩僻剽莫知所逭（逭猶逃也）若流相炎慕

剽人不忠絜而耻樸質華矣俗多忌諱剽情忠不遍

而上下膠戾矣莫知所逭則詭𩴾（音乎果反）繁興而衆不

懼死矣夫耻樸質華之謂浮上下膠戾之謂塞（音塞）衆

不懼死之謂冐真正之士不官於浮公直之士不官

於塞器能之士不官於冐浮塞冐三者亂國之椽也

剃君能圉問水旱理亂（熊剃之姓圉名）亢倉子曰水旱由天

理亂由人若人吏舒理雖有水旱無能爲害堯湯是

也堯時九年洪水湯時七年大旱故周之秩官云人強勝亢秩官周書篇也

若人吏壞亂縱無水旱日益崩離且桀紂之滅豈惟

水旱桀紂之君暴虐貪淫以滅亡非獨水旱也荊君北面遵循稽首白天

不棄不穀及此言也遵循退行也荊君敬重亢倉子故稱曰天不穀下公之卑稱也

言亢倉子不棄於我故得聞此言也乃以弘璧十朋爲亢倉子壽拜爲

亞尹弘璧大璧也十朋十雙也亞君少尹曰庶吾國有謬乎亢倉子不

得已中宿微服違之他邦謬差也違去也至理之代山無僞

隱市無邪利朝無佞祿國產問何由得人俗醇樸國產

鄭大夫公孫僑字子產亢倉子曰政煩苛則人姦僞法令滋彰盜賊多矣

政省一則人醇樸其政悶悶其人醇樸夫人俗隨國政之方圓
猶蠖屈之於葉也食黃則身黃食蒼則身蒼曰何為
則人富亢倉子曰賦歛以時官上清約則人富賦歛
無節官上奢縱則人貧勾粵之篺鏃以精金鶩隼為
之羽以之桔箠則其與槁樸也無擇勾粵東粵也篺箭䕼也鶩隼鴨
鴉之類也桔箠打擊也尔雅云東南之美者有會稽之箭焉勾粵之地以精金為鏃以隼翎為羽用之打
擊則同於槁樸無擇由无異也及夫蕩寇爭衡音衡覿武決勝加之騣
弩之上則三百步之外不立敵矣排蕩寇敵爭衡决勝如此則勾粵之
篺加於騣弩之上無立敵者矣斐景之鈖威奪白日氣盛紫蜺以之

剴穫剸其與劂刃也無擇斐景神鋣也劂鑣也神鋣雖利以之獲禾則同於鎌刃也及夫凶邪流毒沸渭不竫加之運掌之上剸千里之內不留行矣凶邪溗毒謂瘟毒之氣也此神鋣能辟凶邪故威光所行千里之內未嘗留行夫材有分而用有當所貴善因時而已耳槁樸劂刃施用常用耳粵鎽萋景以禦凶災材分所當各因時而貴也劂音厥昔者明王聖帝兗下辭乎乚奪物茂暢群性得極善因普而勿擾者也占遊守古吕來兗下姦邪者衆正直者寡輕薄趨利者多敲方退靜者鱻姦著出言等於忠言巧僞亂真遂使不能卞也兗下之人交相疑家悲夫作澐貫於易避而難紀救

弊賢於省吏而一令除去豪横剽官人不敢務私利
官人不敢務私利而百姓富安刑曰眚災肆赦赦不
欲數赦數則惡者得計平人生心惡者得計務益於姦平人生心亦爲
不善而賢良否塞矣人有大爲賊寇官吏捕獲因廣條
引誣陷貞良闊遠牽率卑稚皆存乎蒙赦有遇賊寇
者訖耕音無所快肖毒而已由是令人造生黠計吏勞
政酷莫能鎮止此由數赦之過也夫人之所以惡爲
耕道不善者爲其有罰也所以勉爲有道行義者爲
其有賞也今耕道不義者赦之而有道行義者被始

音害而不賞欲人之就善也不亦難乎代有賢主秀士
肯察此論人怨者非不援人也神怒者非不更神也
巧佞其人愈怨淫祀瀆神愈怒

政道篇第三

君道篇第四清淨无爲以身率下

始生之者无陛養成之者人也萬物之始生者由乎天地而養之者由乎人能養天之所主而守物攖之謂之天子攖擾也人能助天養物而物攖之者是謂天子昔舜有盛德三徙成都者是也无子之動也以全天氣故此官之所以自太从大立一之上作立非也太官者以全生也天不自理故聖人代天以理物聖人不能獨理故立官以輔之立官之由本以養物貴全天氣不使有虧傷今代之惑此惑字當作惑字主多官而反以害生則失所以爲太之本矣後代惑心務在多官官多則政煩政煩則害物是失立官之本意也

矣草鬱則爲腐樹鬱則爲蠹人鬱則爲病國鬱則百惡並起危亂不禁鬱者氣壅不通之謂也官多政褒事有壅滯如草木之成腐蠹也所謂國鬱者主悳不下宣人欲不上達也姦臣蒙蔽故主德不下宣黎庶枉屈故人欲不上達是故聖王貴忠臣正士爲其敢直言而決鬱塞也尅已復禮賢良自至尅損也復反也人君能以謙損反禮則賢君歸己君耕后蠶古蠶字蒼生自化天子親耕皇后親蠶以身率人則天下自化由是言之則賢良正可待不可求求得非賢也君有禮讓賢臣自歸故可待也君無禮讓雖復求賢賢至亦非賢也蒼生正可化不可刑刑行非理也君耕后蠶人目効之故可化也身不自爲而使人爲之故人不從雖復刑

行亦非禮堯舜有爲人主之勤无爲人主之欲故天下各
得濟其欲勤謂勞心以養物欲謂私身以奉己也有爲人主之位无爲
人主之心故天下各得肆其心位謂居位而理事心謂求安以自適肆者
遂情也士有天下人悉之而主不悉者有主獨悉之而
天下人不悉者謂公忠而養天下則天下人愛之猶私心而獨一人則其主愛之用
天下人悉者亂天下安用主獨悉者亂天下危人主
安可以自放其悉憎哉由是重天下者當制其情言人
以天下為安危欲天下之安則人主不得縱其愛憎當抑制其私情所謂天下者謂其
有尊物也所謂有天國者謂其有人衆也夫國以人

怨夭人妄亂國妄故恩〔古憂字从心頁人愁則形於面會意作憂非〕國之

主務求理人之術〔天下以萬物爲多邦國以人衆爲富故當任賢輔也〕主之所

以難辨者謂其有怪石也金之所以難辨者謂其有

鍮石也〔怪石似玉鍮石似金猶蠢入外正内邪之辭〕今夫以隼翼而被之

鷄視不明者正以鷙隼明者視之乃鷄也〔隼鷙也鷄雀也〕今

夫小人多誦經籍方書或學奇技通説而被以青紫

章服使愚者眐而眎之正爲君子明者眐而眎之乃

小人也故人主誠明以言取人理也以才取人理也

以行取人理也人主不明以言取人亂也以才取人

亂也以行取人亂也（人主明者以言行取人盡皆也主皆以言行取人盡皆亂）夫聖人之用人也賢耳不聞之功目不見之功口不可道之功而百姓暢然自理矣（夫賢良之世也不顯其名不彰其用不矜其能潛功密濟理自玄暢名迹不生人無企尚故聖人貴之也）若人乇賢耳聞之功則兲下之人運貨逐利而市譽矣（若人主貴聞見下之功則姦人運其財貨隨便逐利以市聲譽）賢目見之功則兲下之人恢形異貌而爭進矣（恢誕形容奇異技藝夸企爭進愈亂天下）賢可道之功則兲下之人習舌調吻而飾辭矣（利口便辯虛而不實）使兲下之人市譽爭進飾辭見遠則政敗矣（尚名尚能則政理之道衰）人主皆知鏡

之明已也而惡士之明已也鏡之明已也功細去之
明已也功大知其細失其大不知類矣鏡知形之好醜士知心之
善惡正形之功細正心之功大今人主乃貴其細失其大豈不惑哉於序人主清心省
支音事人臣恭儉守職太平立致矣而代主或難之吾
所不知也若人主方寸之璧一不明不斷剔亮璧之靈
四海之内動植等類咸失其道矣方寸之地謂心所居也動謂含氣之
類植謂草木之類以耳目取人者官多而政亂取見聞之功則飾偽者衆
爭進者多主不能辨故官多而政亂矣以心慮取人者官小而政清用心
慮神識而得人者其官甚寡而政甚理是知循理之代務求不可見不

可開之材澆堯之代務取可聞可見之材於庠人主豈知哉以耳目取人人皆數殽上音穫下音尊以買譽以心慮取人人皆靜正以勤德吏靜正以勤悳剸不言而自化吏數殽以買譽剸刑之而不塞音長代主豈不知哉

君道篇第四

臣道篇第五 盡忠竭力謀効所同

夫國之將興也朝廷百吏或短或長或醜或美或怡或厲或是或非醜惡也怡怡也厲嚴厲也雖駐其言觀其貌各殊不同然察其志微其心盡於為國所以剛訐不怨黜退不愕議得其中无違乎理故天不忒此疑忒字誤其普陸不乏其利人不亂其叓音事鬼音鬼神開賛夷柔同保合太龢爭物化育國之興也朝廷祿位務盡各竭其能力行公正宥故天時不忒地利不乏人事不乱鬼神助祐遠方來服國之將亡也朝是

姿貌多美顔色諧龢詞氣華柔動止詳閑亡國之臣外雖和順内懷猜忌名狗其私鬭相讒害雖觀其貌聴其言有若歡洽然察其志徹其心盡在競位所以聞奇剔怪見異必愕狙嫉相蒙遂畧其道故天告災眚隷於時字从日出声辰也墮生反物天反旹為災地反旹為妖人作凶慝厲神間禍間伺也戎狄交侵畧亂弘多奪物不化夫不妎音害人力不損官吏而功成政大下息音鼻畀也百姓上滋主意如此者忠賢之臣也若責財煩人危官苟效一旹功利規賞於主不顧過後貽災於國如此者姦臣也至理之代官得人不理

之代人得官郗龍覸客閒反又音慳問叟君亢倉子曰旣崇
皃而臣人者也心莫若公無阿私也貌莫若龢言莫若正
公不欲露龢不欲雜正不欲犯君不見察亦不欲犯顏而諫之古之
清勤爲國脩正令之清勤爲身脩名夫爲國脩政者
區處條別動得其宜合於大體爲身脩名者區處條
別踈遠不通拘於小節是知心以道爲主抵物得其
所心以事爲主抵物失其所以道爲主公心也以事爲主私情也抵者觸也
臣居上位不諫下位不公不合贍其祿贍賙給也君不嚴
敬大臣不彰信小臣不合官共朝有才者不必忠忠

者不必有才臣不患不忠適志盡忠而主莫之信不患不信適志信之而莫能叓叓事事猶用事也上等之人得其性剔免下理中等之人得其性剔免下辭明手用上等之人當委以權密便叓肆其所爲上等之人謂賢良也公平正直無所阿私使之雖職信說匡贊難權寧有時必歸於王也用中等之人剔當君課其功示以賞罰中等之人謂藝能之士見善則遷見惡則黜故人君賞罰以制之

臣道篇第五

亢倉子

賢道篇第六 刻已後樣 賢良自至

賢良所以屢求而不至難進而易退者非爲惡身而不死王事適志盡忠而主莫之信耳自知有才識之人外恭謹而內无息內无憂慮其於衆也飾正而不狎親之剝獨粹踈之剝退從退字从之从日夕會意都也去而不怨竆厄剝以命自責榮達剝以道自止人有聽其儀賢也聖其聲賢哉神識或負所望夫賢人其見用也入剝諷譽出剝龍默職司勤辨居宴儉間諷刺君之過失譽謂稱君之美也與

默靜慎也辨理也間謂防間也其未見用也藏身於終藏識於目藏識

言於口飽食安步獨善其善貞而不怨智者不疑吏

識者不疑人有識之士行危而色不可踈言遜而理

不可按謂遇濁世不變其志行雖危而色常和言雖遜而理確然凡謂賢人不肯

稱賢自伐者無功故非賢也效在官一本效在官天功在吏吏驗其官政察其

用事即賢不肖可辨也太平之旹上士運其識中士竭其尌旹

能小人輸其力齊有梏子者材可以振國行可以獨

立振齊也獨立謂德行孫標不可傾拔吏父母孝謹鄉黨恭循念居貧

無以為養施信義而遊者久之矣所如寡合或驁桀

肯夸毗着所蚩給如往也寡合少諧偶也夸毗謂矜特也蚩笑也給欺也於是
胥校步足問乎亢倉子曰吾聞聖音至人忘情至人虛懷與道
合躰故忘情也黎人不享情黎衆人智力愚昧不能用情也存情之曹務莫
教訓而尊信義曹輩也中人存情情以信義為尊吾乃不知為工工猶
能也躬行信義所往寡合不知其所能為受不信為信世有受人之不同特以為信也信
而不見信為信有實為信而不為人所見信乃自以為信也為勤慕義為
義人有本非義而以慕義為義乃為人所稱義也然則信義之士常獨戹隨
退古退字胡以取賢厚肯而教理之所上也亢倉子俯
而循衽仰而譆超然歌衽衣襟也譆歎声也超然高舉之貌曰時之陽

兮信義兕音昌時之陽謂君有道也君有道則信義昌盛時之默兮信義伏
時之默喻君暗昧也否暗昧則禮義伏藏陽與默昌與伏汨吾無誰私兮
羌忽不知其讀汨辭也羌發声也讀云也夫時有理亂故用有行藏陽則與時俱昌默則
與時俱伏隨流任運寧有私邪令乃問我故我不知其所云也矣夫運正性以如適
而物莫之應者眞不行也眞且不行謂之道卷信義者正
性之用眞者正性之李道卷之旨上士乃隱隱之騖義有可騖
也時有可爲也莫可騖者也時有春否莫得長爲有可用也有時而用莫
可用者也用有行藏莫得長用祭公問賢材何從而不至亢倉
子曰賢正可待不可求材慎在求不在無材在求而擇之不在

元材若元子靜大臣明刑不避貴澤不隱下則賢人自
至而求用矣賢人用則四海之內明目而視清耳而
聽坦心而無鬱矣元自成墜自寧爭物醇化亂神不
能霧天下醇和故界神不能見霧怪故曰賢正可待不可求若元子
勤明大臣龢理之求士也則恢弘方大公直請人之
材至若元学苛察大臣躁急之求士也則曲心巧應
毀方破道之材至若元学疑忌大臣巧隨之求士也
則育姓異名仄媢怪術之材至若天子自賢大臣固
位之求士也則吏文逐譽貪濁浮麗之材至若天子

依違大臣回佞之求士也則内忠外僻情毒言龢之
材至敷曰材慎在求不在㫺管古昔字从殘肉曰以晞之俊僭往昔字
者黄帝得常僊封鴻亂容立二人黄帝臣也商王得伊尹中
興得甫申中興周宣王也甫仲山甫申申伯也齊桓得甯藉即甯戚皆由
數君體道遵遵仁布昭聖武思輯究明寬厚昌正而
衆賢求周非獨簡核而得也遵行也輯睦也簡核謹也祭公曰夫
學云賢人不求而自至亦有非賢不求而自至者摩
亢倉學曰夫非賢不求而自至者固衆矣天下有
道則賢人不求而自至天下無道則非賢不求而自

聖人主有道者寡無道者衆天下賢人必不肖者多

是知非賢不求而自至者多矣然公曰賢固濟天下

材亦能濟天下俱濟天下賢與材安取異耶元會學

曰窘乎哉其問也（窘迫也言所問迫切）功成事舉不狥封譽恭

退樸儉之謂賢（狥求也功成不居其位守泰儉以自牧也謂之賢人）功成事舉

榮在祿譽光揚志滿之謂材賢可以鎮國材亦可以

理國所謂鎮者静寧無驚人不知其力（至德潛化人莫能知）所

謂理者勤率其吏人知所於德（人賴其功故推德於己）一賢統

衆材剸有餘衆材度一賢猶不足如是賢材之殊域

一賢雖少統領衆才亦有餘衆才雖多比度一賢猶不及

有居山林而諠者有在人俗而靜者有諠而正者有靜而邪者凡睎察其貌鄙俗而能有賢者益不一睎察其貌端雅而實小人者十而九夫不練其言而知其文不責其儀而審其度不采其譽而知其善不流其毀而斷其實可謂有識者也

亢倉子

訓道篇第七 至德之用爲教之主神明共貫可以化民

閔子騫問仲尼道之與孝本以孝者今作孝相去奚若是其謂遠也

仲尼曰道者自然之妙用孝者人道之至悳窮於本始謂之道施於人理謂之孝道能生萬物不知所由然故曰妙用孝者善事父母孝德通乎神明故曰至德

夫其包運天墜發育萬物曲成萬類不吝性壽性者剛柔之質壽者一期之盡其功至實而不爲物府不爲事官無爲功尸捫求聯莫得而有字之曰道用之於人字之曰孝孝者善事父母之名也夫善事父母敬順爲

本意以承之順承顏色無所不至發一言舉一意不敢忘父母嘗一手措一足不敢忘父母事君不敢忘忠朋友不敢不信臨下不敢不敬嚮善不敢不勤雖居獸室之中亦不敢懈其誠此之謂全孝故至誠之至通乎神明光于四海有感必應善事父母之所致也昔者虞舜其大孝矣庶母惑父嚚惛狠之辭心益恭懇（音懼）而無怨謀使浚井下土實之于昔天休震動神明駿赫導宄而出奉養滋謹由是玄德茂盛爲天下君善事父母之所致也（史記稱舜父瞽瞍與庶母弟各皆欲殺舜使舜修廩

瞽瞍從下縱火焚廪舜乃以由笠自扞而下去得不死後又使舜穿井舜為匿孔旁出舜既入深瞽瞍與象共下土實之舜匿孔出後事父孫謹堯乃禪位焉文王之爲太子也其大老矣朝夕必至乎寢門之外問寺人曰兹日安否如何寺人奄官主在左右侍君曰安太子愠然喜色小不安節太子色憂滿容朝夕食上謂侍者進食於君太子必眎寒煖之節食下必知善羞所進然後退知所食之多少寺人言疾太子肅冠而齋君有疾太子嚴肅衣冠而齋齋者虛心專志以祈神明使救護耳膳宰之饌必敬眎之湯液之貢必親嘗之嘗饌善則太子亦能食嘗饌寡太子亦不能飽以至于復初然後亦復初

君病間而太子亦復初君后有過怡聲以諷怡悅也謂下氣怡声幾微諫諷君后所悪雖小物必嚴龔不敢慢君父所愛是故孝成於身道洽天下雅曰文王陟降在帝左右言文王所為天必助之言文王靜作進退必贊之故紂不能害贊佐也文王為天所佐故殷紂雖暴不能鞭害夢啓之壽武王夢帝與九齡文王曰汝以為何武士曰西方有九國君王其終撫諸文王曰非也我百爾九十吾與汝三焉文王九十七而終武王九十三而終卜世三十卜年七百天所命也善事父母之所致也閔子騫曰善事父母之道既幸聞矣敢問教學之義仲尼曰凡三王教學必視禮樂視示也樂所以修內禮所以修外

禮樂交修則德容發輝于貌故能溫容而文明夫爲人臣者殺其身有益於君則爲之況利其身以善其君乎是故擇建忠良貞正之士爲之師傅欲知其父子君臣長幼之道夫知爲人子然後可以爲人父知爲人臣然後可以爲人君知事人然後能使人此三王教子之義也閔子騫退而吏之於家三年人無間於父母昆弟之言上事父母下順兄弟盡善盡美故人無非間之言交遊稱其信鄉黨稱其仁宗族稱其悌惠行之聲溢於天下此善吏父母之所致也齊太子坐清臺之上燕莊侯

他（莊侯諡也他名也莊一作壯字）高冠嚴色左帶玉具劒右帶環珮左光照右右光照左（言玉珮之光交相照也）太學讀書不睬莊侯他問曰齊國有寳乎太學曰主信臣忠百姓戴上齊國之寳也莊侯他應聲解劒而去（此章言君子聞義而服也尚忠信不尚華飾）

嚴虐人有偏蔽身終身莫自知己矣賢者見之寛恕而不言小人暴恣而溢言親戚憐嫉而貳言人有偏蔽惡虐不自知哉是故君子檢身常若有過衣其衣食其食知其過而不弃（音克）有以正之者君子恥之將欲有言識其必不能行者君子寧之（君不納忠）

兼則干言以遊惡也當責衆人之惡者斯已善序哉當責衆人
之邪者視已正序哉此之謂返明先審身之善惡然後責人之邪惡
翟西氏之學甚孝謹翟西憐其學而好躁妄之言翟
西邑長出夕返劇曰甲死矣其子信之既而甲在焉
他夕劇曰乙且死矣其子伺將行仇既而不見惡耑
作耑者草木初生之題是始發耑也他夕劇曰丁病矣其子覘之丁誠
無恙舉此類也冒淹季序學固孝謹至於訓勤蓋不
保承鄉國之人疾其咎口謀將殺之翟西聞而畏歸
以告學學未甚信既而翟西既殺此章戒人輕言數害雖愛子猶不信

之況他人乎謂多言之人為跡露亦有辭約而不密者謂輕佻之人為不定亦有體閑而心躁者謂叢襍之人為很細亦有外潔而內濁者若類而引之不可殫載若非徹識安能洞祥有不可以應變也者內靜而外動其動而難靜外是利貪而逐之愈得愈貪故身勞難靜昔有不可求變也者內思而外待待至而後樂謂內興情欲緣境求心有待得而後樂不知心搖而傷性是故外靜而內動者搖思而損性奔走而逐利者勞力而求名恬泊然无欲不為名位所誘然後身安而性全人生於代或有變不遂志而宣言云不遇昔者是无異負丹

頸之罪侯昔行戮豈不殆哉不能危行言遜于犯時君无異負軌首之罪將戮也丹血色也其有博才通識未見稱用者正可云昔非不清命未與耳豈不聽歟長於諫者務依存前人之性而剪制其情之所由起是以彼此開進親敬敷篤不長於諫者務攻前人之性而闇於情之所來是以彼此嫌貳猜釁日積兒童之所簡者乃耆耋之所非耳目之所娛者乃心慮之所疾徒責天下之愚者已之未賢也徒責天下之迷者已之未明也賢明者當恕愚迷者勿責以未賢責衆愚未賢者以之亡以未明責衆迷未明

者以之傷愚迷之人无所損徒費著徒自傷耳

訓道卷第七

元倉字

農道篇第八（夫農者人之天語 國之道務農為本）

人捨本而事（音事）末則不一令（本謂農也末謂遊浮利 也人遊末則姦許多端）

（故令不 能執也）不一令則不可以守不可以戰（誠利多端人 心不一固不）

（可固守亦不 可以攻戰）人捨本而事末則方產約（人貪浮利則 產業薄方古）

（其 字）方產約則輕流徙輕流徙則國家皆有災患皆生

遠志無復居心人忘本而事末則好智好智則多詐

多詐則巧法令巧法令則以是為非以非為是古先

聖主之所以理人者先務農農（古農字 疑衍）農業非徒為

隳也眷其志也志在安人人覺則樸樸則易用易用則邊
境安安則主位尊人覺則董安平董兒雜其志董則少私義少
私義則公法立力侍潑覺則亣產複複猶畢也亣產複則
重流散不流散也重流散則妃其𠄩无二慮是天下亄音
一心矣天下一心軒轅凡麓音麓之理不是過也軒轅
古有道之君古先聖王之所以茂耕織者以為本教也是
故天子躬率諸侯耕籍田大夫士第有功級勸人尊
隳產也第次第也月令云正月中旬天子乃擇元辰親載耒耜置之車右率公卿諸侯大夫躬耕
籍田天子三推公五推卿諸侯九推是以功級勸人也后妃率嬪御絲一作蠶又作蠶

於郊桑公田勸人力婦教也月令云三月中氣命有司无伐桑柘乃脩蠶器

后妃齋戒享先蠶而躬桑以勸蠶事禮記云古者天子諸侯各有公桑蠶室近川而為之君卜三官之夫

人世婦之吉者使入蠶于蠶室世婦卒蠶奉繭以示于君遂獻繭于夫人夫人繅三盆手遂布于三宮夫人

世婦之吉者使繅之此勸婦教也男子不織而衣婦人不耕而食男

女貿功資相貳業此聖王之制也貿易也故敬耆悉曰

埒實課功也埒量也非老不休非疾不息一人勤之十人

食之上農夫食十人當時之務不興土功不料師旅男不出

御女不外嫁以方農只土功理師旅行婚嫁皆謂方農業也揮運也謂男子不親御

黃帝曰四昔之不正正五穀而已耳夫嫁鶩之者人

也稼種也生之者歲也養之者陰也是以稼之容足耨

之容耰耨鋤也耰謂鋤器也耘之容手耘除草也是謂耕道種苗可使容足

耨之可使容耰耘之可容手農攻食工攻器賈攻貨攻理也時事不

龔縱之已土功是謂大凶君王不恭農事而縱其時以興土功則大凶之道也

凡稼蚤者先時暮者不及時寒暑不節稼乃生災謂大

早大晚者不得中和之氣冬至已後五旬七日而昌生旬十日也五十七

七日在立春節中而草木昌發於是庠始耕事農之道見生而藝生

見死而穫死因天時而興民利也蓺種也穫刈也凡發皆臨產財不與

人春音期有年祀土無年祀土有年豐年也無年荒年也祀土祭社稷也春祭

祈豐年也秋祭報成熟不以有年則祭无年不祭所以祈地利重人命無失人旹追時
而作過旹而止老弱之力可使盡起追及也辟老弱可使盡耕所以
趨使也不知旹者來至而逆之謂興農大早旣往而慕之時旣
過往而慕之是大晚當其旹而薄之雖當其時而用功寡薄所收亦不多此從事
之下也此三者雖從農務不得其時故云下也人耨必以旱使地肥而
土緩夫鉏必用旱時旱時則草易死而土脉開緩稼欲産於塵上而殖於
堅者殖長也下種欲其土細如塵則地虛而根深及苗深長也得雨則土堅土堅則甚固也慎其
種勿使數亦無使踈數謂頻密於其施土無使不足亦無
使有餘施土謂施種於土也種不足則傷踈而費地於有餘則傷密而損谷不費不損取其中也

甽欲深以端畝欲沃以平端正直也甽深直則水流疾畝沃平則潤澤均下
得陰上得陽然後咸生下陰謂水潤上陽謂日氣盛成生也吾苗有行
故速長強弱不相害故速大苗成行則長疾強不害弱則易大正其
行通亦當作六中頭為冷風風古風字使苗疏而通風劚有夜而多
功勞稼望之有餘就之劚疏是陸之竊也由地春蒔也苗不茂
盛若被竊之狀不除劚蕪除之劚虛是麥之傷也除理也草盛而後除
之苗則虛矣是人事傷之苗其弱也欲孤欲一一孤生不能叢也其長也欲
相與居與衆共相蔭映其熟也欲相扶无倒折之害三以為族稼
乃多穀三者如人之宗族共相扶持則多收也凡苗之患不俱生而俱

死（生不齊則不茂矣）是以先生者美米後生者爲粃（强者凌弱故後生者不實）是故其耨也長其兄而去其弟（之之人俞苗樹肥先後兄弟）無孝扶疏樹墝不欲專生而獸居（墝瘠也專生獨肥居不柰氣旱也）而扶疏則多粃墝而獸居則多死不知耨者去其兄而養其弟不收其粟而收其粃上下不安則稼多死

得時之禾長稠（當作稠）而大穗圜粟而薄糠米飴而香舂而易而食之強（禾粟也稠穗鷄也圜圜也飴甘味也）失昔之禾深芒而小莖穗銳多粃而青蘙（深芒長芒也銳細也青蘙米青也）得昔之黍穗不芒以長搏米而寡糠（搏米謂以手挼糠薄出米也）失昔之

黍大本華莖葉膏短穗（本根也華莖葉傍有花名膏肥大也）得旹之稼
莖葆長秱穗如馬尾（葆大也馬尾言長也）失旹之稻纖莖而不
滋厚糠而菑死得旹之麻疎節而色陽堅枲而小本（陽光揚也堅牢
也言皮堅韌也）失旹之麻蕃柯短莖岸節而葉蟲（蕃柯
枝柯多也岸節言節高也）得旹之菽長莖而短足其莢二七以為
族多枝數節競葉繁實稱之重食之息（菽豆也族聚也息猶益也）
失旹之菽以長而蔓浮葉虛本疎節而小莢得旹之
麥長秱而頸族二七以為行薄翼而芻色（芻也是切薄翼[illegible]也）
（芻黃色也）食之使人肥且有力失旹之麥胕腫多病弱苗

而芡穗胕腫謂根莖疼而且垂芡穗多芒也是故得時之稼豐失時之

稼約庶穀盡宜從而食之令人四衛變強耳目聰明

凶氣不入身無苛殃善屖孔生之言冬飽則身溫夏

飽則身凉夫温凉時適則人無病疢音疹人無病疢是

疫癘不行疫癘不行咸得遂其天年故曰穀者人之

天是以興王務農王不務農是棄人也王而棄人將

何國本以口或聲古作壄唐武后作圀俗作国哉

農道篇第八

亢倉子

兵道篇第九兵者不祥之器不得已而用之

秦景王將聚強兵於天下秦時脅西陲一四兵論士勇故聚強兵於天下使天下无敢與之敵聚猶示也令庶長鮑戎必致命亢倉子庶長秦爵號鮑戎人姓名待以遷邑十二周實迫之周客也欲以一同亢倉子之計故以十二一邑待之遷其不來密使鮑戎迫之使必來亢倉子至自滎泉賓于上館[illegible]

景王三日帝得所問欲問之而弗得下席北首頓稽曰曾累無意恤孤耶北首頓稽盡禮而已亢倉子油然歔欷曰朕以主氣異之問而寧弊弊焉以斫刺氣故油然微動貌側也斫頓也朕

我也以景主有遠異之問而何謂弊弊爲言
景主以兵戈所刺爲故乎言其所問下也
抑着隨其所而得正者無如可矣言景主既以兵道問義兹
我抑亦隨其術政而正之
非至理
之可也
景主一拜再擧歛鷸袿端珪抑嘗而坐曰實惟元所命鷸袿端襟也抑者低首也
惟天所命願垂告命也
元倉子仰譆而譆嘘也嘘
嘆也嘆其
嘘俯正顏色曰原兵之所起與始有人俱不問至道故仰面而發嘘嘆夫兵之
所起與人俱生本始有之非獨今也
夫兵也者出人之威也人之有威性受於元人有喜怒之性本受於
天怒則威生威生則兵
起之
由也
故兵之所由來上矣嘗無少選之不用少選猶
少時也
喜怒之情用之元常
故元少時不用也
貴賤長少賢愚相與察同同察
怒元

可使心矣一凡軍欲其衆也心欲其一也三軍一心則令可使無敵人古之至兵蓋重令也古之至極善用兵者蓋重慎其令也故其令強者其敵弱其令信者其敵詘先勝之於此則勝之與彼夫料敵制勝必先自料若與衆同死生而三軍一心則勝矣誠若此則敵胡足勝也凡敵人之來也以求利也今來而得死其以走為利則刃無所與接矣此之謂至兵徼虐姦詐之與義理反也言姦兵與義兵逆順之理相反其勢不俱勝不相立義兵勝姦兵敗故義兵入於敵之境則人知所庇矣兵至於國邑之郊不踐果稼不穴丘墓不殘積聚不焚

室屋得人虜屋而歸之但與人期以從醜資以章好
惡以示逆順若此而猶有愎很淩宕不廷者雖行武
焉可也愎很猶惡戾也宕流宕也先行義以示之猶有惡戾不聽服者雖用武誅可也堯發
聲出號令曰兵之來也以除人之讎以順堯之道故
尅其國不屠其人獸誅所誅而已獨誅者誅暴若也於是舉
選秀士賢良而尊宝古數字俗作封之求見孤寡長老而卹
敬之孤寡之人撫給之長老者致敬也發府庫之財散倉廩之粟說文
曰穀也毛氏曰以禾形以失声也本爾生稻借為秩序字不私其物曲加其禮不私
其利與衆共之曲加其禮聘以求賢也令有人於此能宝从屮上篆艸室宋土上地

兜人（人下當有生字）一人則天下之人爭事之矣（生猶活也言有人以義活一人之死則天下咸事之）義兵之生一人亦效矣人孰不悅故義兵至劓鄰出人歸之若泝水諸國之人望之如父母行坐滋遠得入滋衆辭未終景主興起首（抑首而坐至是坐而起立舉首也）曰張獲聞先生教言不覺乾盈宇宙志知所如也而心滋益冀（既聞義兵之道歸其蓋徽之心故志氣盈滿充塞宇宙志知所如也）於是步前稱觴為充倉孚壽（舉步前進稱觴謂重道也）拜居皆列師位嚴于齋室又月樹（本作步又作樹隸作步）旬長加天闕白晝行道（天闕即天罡謂辰時也行道行弟子禮也）

右亢倉子九篇類道家書然其言多采莊老文訓
呂氏管子說苑戴氏禮諸書高子略謂泛而不醇濫
而不實柳子以為空言尤世人多未見此書及見
之多以此取譏又以用唐人文字為唐嘗僞書造
錯項之交轇轕也今觀其書誠吾人所述當開元
癸富癸子方尊尼其說処士王褒謂莊子作桑
予削予倫亢倉子取其文義補其亡者意必述其
篇而纂成之並隨事用字以奇其作也古書自六
經孔孟外求其醇者寡況是乎哉然其間有一二
可取者又非特晨遺一書可孤行也予久求此夫
未見南京國子監祭酒吳先生以此本寄予且屬
鋟板傳好事者商奇之遂加音釋重錄舊譜梓因
題于後以識蘭畹
遺人金城黃諫書

新刊亢倉子洞靈真經卷終

子藏

道家部

亢倉子卷

3

華東師範大學「子藏」編纂中心編

總編纂 方勇

副總編纂 吴平

國家圖書館出版社

第三册目録

宋·何燦注

洞靈真經不分卷

清光緒二十三年(1897)成都二仙庵刊《道藏輯要》本

道藏輯要

洞靈眞經

周庚桑楚著 一名亢倉子　　何燦注

全道篇第一 夫心寘虛極德洞玄微功並四時萬生自化

亢倉子居羽山之顏三年

羽山尚書禹貢在徐州舜典云殛鯀于羽山蓋在東裔後屬魯顏山之南面也莊子引此章云北居畏壘之山即此山是也

俗無疵癘而仍穀熟

賢聖之居天祐神助近無疵癘而五穀豐稔頻熟曰仍也

其俗竊相謂曰亢倉子始來吾鮮然異之

鮮然驚異之貌也異其虛懷寂泊不在近情

今吾日計之不足歲計之有餘其或聖者耶

驗其利益故疑之為聖人

盍相與尸而祝之社而稷之乎

盍何不也既蒙厚利欲立為君何不建置宗廟并及社稷尸穀祝祭南面事之者乎

亢倉子聞之色有不釋其徒畏壘從而啓之

畏壘亢倉子之門人也欲允衆心故從而啓之

亢倉子曰吾聞至人尸居環堵之室而百姓猖狂不知其所如

往

至人冥心絶慮有類於尸無事蕭然獨居環堵蒼生欣慕共往歸依察其所歸非由知者也

令以羽俗子父竊竊焉將俎豆予我其的之人耶竊竊私議之謂也我本棲隱全道任真今乃俎豆相尊反成人之標的也

吾是以不釋於老明之言

老明言我無為而民自化我無事而民自足我好靜而民自正今乃反此故不釋然

釁啜曰不者

不者猶不然也

夫尋常之汙巨魚無所還其體而鯢鰌(音)爲之制步仞之邱巨獸無所隱其軀而孽狐爲之祥

八尺曰尋倍尋曰常汙池也還迴也鯢小魚而有脚制猶專擅也六尺曰步七尺曰仞孽妖也祥善也言小水不能容巨魚小邱不能藏大獸喻亢倉德道既高必須厚祿也

且也尊賢叏(音事)能衛善兆利自堯舜以固然而况羽俗乎先生其聽矣亢倉子曰譆来

譆歎聲也恠其不達己志故發譆歎將欲告之遠致故呼之曰来也

夫二子者知乎

二子堯舜也知乎言豈知也

函車之獸介而離山網罟制之吞舟之魚蕩而失水螻蟻苦之故鳥獸居欲其高魚鱉居欲其深夫全其形生之人藏其身也亦不厭深渺而已

函盈也介孤介也渺遠也

吾語若大亂之本祖乎堯舜之間其㚇音終存乎千代之後千代之後必有人與人相食者矣

若汝也夫事有先成後敗始吉終凶胡可必耶故堯舜禪讓先一時之美迹流後代成篡煞之禍故莊子云堯舜讓而帝

之噲讓而絕湯武争而王白公爭而滅斯其效歟夫唯不立
善名者則事跡宜絕無所企慕耳
言未兵男子榮之樗色蹵然膝席曰樗年運而長矣將奚以託
業以及斯言
榮之樗莊子所謂南榮趎也既聞高義深欲蹵然變色斂膝
于席願垂告示以敬事此言
亢倉子曰全汝形抱汝生無使汝思慮營營若此緒年或可以
及此言
營營運動不息也緒終也全形抱生不運思慮虛心寘寂道
自居之若此終年可及此言也

雖然吾才小不足以化子子胡不南謁吾師聃

聃老子之字也

亢倉子既謝榮之樗不釋羽俗而龍巳乎天下

謝猶遣也不釋羽俗潛遁而遊如龍變化與時昇降

水之性欲清土者滑䯋之故不得清人之性欲壽物者滑之故

不得壽

滑亂也人性壽考為外物所亂故使不終天年

物也者所以養性也今世之惑者多以性養物則不知輕重也

衣食養性不可一日而無而惑者乃損性以求物物愈積而

性愈傷殊不知性重而物輕蓋倒置者也

是故聖人之於聲色滋味也利於性則取之害於性則捐之此
全性之道也萬人操弓龔音共射一招招無不中萬物章章以害
一生生無不傷

捐棄也操持也招射的也章章猶擾擾也

故聖人之制萬物也全其天也

聖人抑制萬物不使傷性以全天真

天全則神全矣神全之人不慮而通不謀而當精照無外志凝
宇宙德若天墜然上為天子而不驕下為匹夫而不惛此之為
全道之人

神全之人智慮充溢精明照於無外志氣凝乎宇宙覆載之

德同乎天地雖貴為天子賤為匹夫不以窮達而迴其志者
也
心平正不為外物所誘曰清清而能久則明明而能久則虛虛
則道全而居之秦佚死亢倉子哭之
秦佚古之有道者蓋老子之友也
其役曰天下皆死先生何哭焉也
役謂門人充使役也死生之道古今是常達人體之不哭可
也
亢倉子曰天下皆哭安得不哭
順物而哭雖哭而非哭也

其役曰哭者必哀而先生未始哀何也

未始猶未嘗也世人之哭必生哀痛今先生雖哭不見悲傷

敢問何故也

亢倉子曰舉天之下吾無與樂安所取哀

夫有樂必有哀人之常情也達人大觀豈有疎親既不與為

樂亦無所取哀

蜕墜之謂水蜕水之謂氣蜕氣之謂虛蜕虛之謂道

蜕者免蜕之謂也夫脫地之謂水脫水之謂氣脫氣之謂虛

脫虛之謂道猶至人不係情於哀樂然後為極也

虛者道之體詰者道之地理者道之綱識者道之目

言至人能虛能靜有識有理者則能契道之形體知道之綱目

道所以保神德所以弘量禮所以齊儀物所以養體四者皆可以資身不可暫無也

好質白之物者以黑為汙好質黑之物者以白為汙吾又安知天下之正潔汙哉由是不主物之潔汙矣夫瞽視者以黈為赤以蒼為玄吾乃今所謂皂白安知識者不以為頳黃吾又安知天下之正色哉由是不遁物之色矣

瞽風眩也黈黃色也頳赤色也夫有風眩之疾者視物不能審也故以黃為赤以青為黑亦猶凡俗之情妄執潔汙雖有

夫聖孰能正之故不主一其潔汙不流遁於衆色也

夫好貨甚者不見他物之可好好馬甚者不見他物之可好好書甚者不見他物之可好吾又安知天下之果可好者果可惡者哉由是不見物之可以保慈矣無能滑吾支音長矣

果決定也保猶懷也

陳懷君柳使其大夫禱行聘於魯

懷君謚也柳名也禱陳大夫之名也

叔孫卿私曰

叔孫氏世為魯卿也

吾國有聖人若知之乎

聖人謂仲尼也

陳大夫曰奚以果明其聖叔孫卿曰能廢心而用形

聖境超殊非凡情所測徒見其能應接世務便證以爲聖人

豈知其所聖哉

陳大夫曰弊邑則小亦有聖人異於所聞曰聖人爲誰陳大夫

曰有亢倉子者偏得老聃之道

其門人之中最爲稱首故曰偏得也

其能用耳眎而目聽定公聞而異焉使叔孫氏報聘且致亢倉

子待以上卿之禮亢倉子至賓于亞寢

亞寢公之次殿

魯公畀辭以問之亢倉子曰吾能聽視不用耳目非能易耳目之所用告者過也公曰孰如是寡人增異矣其道若何寡人果願聞之亢倉子曰我體合於心心合於氣氣合於神神合於無其有介然之有唯然之音雖遠際八荒之表邇在眉睫之内來干我者吾必盡知之迺不知踢是我七竅手足之所覺六腑五臟心慮之所知其自知而已矣

心形泯合神氣冥符洞然至忘與無同體然後心彌靜而智彌遠神愈默而照愈章理極而自通不思而玄覽非夫至聖至神其孰能與於此哉斯固靈真之要樞重玄之妙道也

用道篇第二

無非利物上合天心克已歸仁化行刑措

天不可信墜不可信人不可信心不可信惟道可信賢主秀士豈可知哉昔者桀信天與其祖四海已不勤於道天奪其國以授殷紂亦信天與其祖四海已不勤於道天奪其國以授周

與猶以也祖猶主也夏桀殷紂耽淫奢縱自云有命稟於上天窮凶肆虐不修其道故天奪其國以授於湯武

今夫墮鬭農音信墜實生百穀不力於其道墜竊其菓稼而荒翳之

墮農之人信墜生穀不勤耘耕稂莠荒蕪故不能獲菓稼

齊后信人之性酬讓不明於其道舉全境以付人人實鴟義而有其國

后君也齊簡公也信人尚不明酬讓為陳恒之所弒而取其
國鴟義喻貪殘也
凡人不修其道隨其心而師之營欲茂滋災疾朋釁戕身損壽
心斯害之矣
人自師心不遵聖教營欲熾盛百殃斯集此乃心為身害朋
猶羣也釁猶動也戕害者也
故曰惟道可信
道者坦蕩恬怡無所染著人能虛心歸道則身命保全也
天墜非道不能悠久
天得一以清地得一以寧

羣生非賢不能靖順庶政非材不能緫理

賢材皆用道以理物

夫用道之人不露其用福滋萬物歸功無有潛功密濟百姓謂我自然

神融業茂靈慶悠長

融通也神理通達德業榮茂積善所鍾慶流後裔也

知而辨之謂之識知而不辨謂之道識以理人道以安人

辨析事物使人去惡就善所以理人也含弘沖寂無所毀譽所以安鎮浮競也

夫雞戹音辰而作負日任勞流汗灑墜夜分僅息農夫之道也

雞晨謂雞鳴之旦也夜分中夜負日為日所曝也僅少也

俯拾仰取銳心錐撮力思搏精希求潤利賈竪之道也噈氣谷

神宰思損慮超遥輕舉日精鍊仙高士之道也

噈氣胎息五牙之類也谷養也宰割也日精吸日精也鍊仙

鍊質專而乃昇仙也

剸情耑想畢志所事倫揆忘寢謀効位司人臣之道也

專情正想盡忠於所事之君導理揆度効功於所司之位是

人臣之道也

清心省念察驗近習務求才良以安萬姓人主之道也

清心寡嗜慾也省念無私也近習謂近臣

若由是類之各順序其志度不替寔（音塞）其業履是爲天下有道農夫賈豎各保其業明君賢臣各修其道則天下順序而業履安定者也

導筋骨則形全翦情欲則神全靖言語則福全虎（音魁）此三全是謂清賢道德感則鬼神助信義敦則君子合禮義備則小人懷有識者自是無識者亦自是有道者靜默闇鈍者亦靜默物固有似是而非似非而是先號後笑始吉終凶身可親而才不堪親才可敬而身不堪敬敬甚則不親親甚則不敬親之而疏疏之而親恩甚則怨生愛多則憎至有以速爲貴有以緩爲貴有以直爲貴有以曲爲貴百事之宜其由甚微不可不知是故智

者難之靜則神通窮則意通貴則語通富則身通理勢然也

王本云理勢使然也

同道者相愛同藝者相嫉同與者相愛同取者相嫉同病者相愛同壯者相嫉人情自然也

情通無求則相愛爭能尚勝則相嫉勢使然也

才多而好謙貧賤而不諂處勞而不為辱貴富而益恭勤可謂有德者也

政道篇第三

順天行令不擇親疎 異域同歸望風而靡

人無法以知天之四時寒暑日月星辰之所行若知天之四時寒暑日月星辰之所行當則諸生血氣之類皆得其處而安其

產矣人臣亦無法以知主之賞罰爵祿之所加若知主之賞罰爵祿之所加宜則親疏遠近賢不肖皆盡其才力而以為用矣信全則天下安信失則天下危夫百姓勤勞財物殫盡則爭害之心生而不相信矣人不相信由政之不平也政之不平吏之罪也吏之有罪刑賞不齊也刑賞不齊主不勤明也夫主勤明則刑賞一刑賞一則吏奉法吏奉法則政下宣政下宣則民得其所而交相信矣是知天下不相信者由主不勤明也亢倉子居息壤五年

息壤是周地名也

靈王使祭公致篚帛與紉璐

靈王周靈王也祭公周之卿士也璐美玉也靈王慕亢倉之德使祭公致玉帛之禮以聘之篚盛帛之篚也紉所以貫玉者也

曰余末小子否德忝位水旱不時藉爲人苦何以禳之

靈王云我淺末小子不明其德忝君寶位致使水旱失時人遭飢苦故請問禳辟之方也

亢倉子曰水陰沴也陰於國政類刑人事類私

沴亂也水陰象陰主刑水又潛流私匿之類也若刑獄不直人事多私則有沴水之災也

旱陽過也陽於國政類德人事類盈

旱陽象陽主德陽為顯盛驕盈之類也若君不修其德人事盈侈則有大旱之災也

楚以為凡遭水旱天子宜正刑修德百官宜去私戒盈則以類而消百福日至矣

楚亢倉子名也後皆放此

鄭有胡之封珪戎弓

胡國名封珪大珪也戎弓弓名也二物本胡國所有後為鄭所得也

異時失同於荆

異時猶他時也諸侯殷見曰同荆楚之舊號也蓋時楚大諸

侯共朝于楚為會同之期而鄭後至也

荆曰必得封珪戎弓不然臨兵于汝

荆恃強大欲行非義因鄭後期脅而迫之將求二物

鄭君病之駕見亢倉子曰封珪戎弓先君得之胡綿代功實傳

章翼嗣

病患也綿歷也翼嗣謂後嗣先君得此二物敬而藏之欲傳

示子孫以為有功之寶也

今荆恃大而曰必得不然臨兵國危矣寡人欲以他封珪戎弓之

往若之何

他封珪別珪也

亢倉子曰君其少安

勸君少安勿懷憂懼

今是楚亦有寶於比

亢倉以信義為寶也

飾楚之寶以貫罪於君楚所不能為

貫賒也僞以他珪欺誑大國取我誠信先飾而行雖罪可延

賒終致後戮陷君於罪虧我信義故我不能為也

君必致夫真

勸鄭君勿以他珪往

今荆以淺鮮之過而負其威刑申逞不直以耗寇與國荆失諸

侯於是乎在諸侯聞之將警勸備倫比勤明會同上義固存鄭

爲首君姑待之豈必非福

淺鮮小貌也貭恃也逞快也倫比猶等倫也姑且也鄭之失

期實爲小過荆恃強大欲肆威刑脅迫珪弓侵奪與國無德

貪取必失諸侯矣

於是以胡珪戎弓往未至郢

郢荆所都

荆人聞之

覩亢倉之謀也

曰彼用聖人之訓辭吾焉取此以暴不直於天下而令諸侯實

生心焉遽返其賂而益善鄭焉

綦猶露也遽急也賂即鄭之珪弓也

人之情欲生而惡死欲安而惡危欲榮而惡辱天下之人得其欲則樂樂則安不得其欲則苦苦則危若人主放其欲則百吏庶夫具展其欲

放謂放縱也百吏百官也庶夫衆事之長展申者也

百吏庶夫具展其欲則天下之人貧者竭其力富者竭其財四人失其序

士農工商失其次序

皆不得其欲矣天下之人不得其欲則相與攜持保抱逋逃隱

蔽漂淋音流捃采以祈性命

捃拾也采取也拾取野菓求養性命

吏又從而捕之是故不勝其危苦因有羣聚背叛之心生若康

聚背叛之心生則國非其國也勿貪戶口百姓汝走勿壯城池

百姓汝疲賦斂不中窮者日窮刑罰且二貴者日貴科禁不行

國則以傾

中平之也

官吏非才則寬猛失所或與百姓爭利由是狡詐之心生所以

百姓姦而難知夫下難知則上人疑上人疑則下益惑下既惑

則官長勞官長勞則賞不足勸刑不能禁易動而難靜此由官

不得人故也政術至要力於審士

力猶勤也

士有才行比於一鄉委之鄉

士能和比一鄉則委一鄉之政以任

才行比於一縣委之縣才行比於一州州音州委之州才行比於一

國委之國政而後迺能無伏士矣

各得展其才用則無隱伏之士者矣

人有惡戾於鄉者則以誨之

戾罪也人有罪惡者則一鄉之長先教誨之也

不改是為惡戾於縣則撻之

在鄉不改則送上於縣而撻之也
不改是為惡戾於州則移之
撻之不改則送州而流移之也
不改是為惡戾於國則誅之而後迺能無逆節矣誠如是舉天
下之人一一胷懷無有干背惱慢之萌矣此之謂靖人
賢材獲用暴惡遷善則天下之人安靜也
凡為天下之務莫大求士士之待求莫善通政通政之善莫共

靖人

人主通達聖教則士歸之衆賢共治莫善於靖人也
靖人之才蓋以文章考之百不四五

文章浮華矯而不實今以文章考覈靖人之才百中無四五也

以言論考之十或一二

有言者不必有德有德者不必有言故十中或有一二也

以神氣靖作態度考之十全八九

賢良心廣體胖神氣沖和動靖態度必合儀則審而察之得八九者矣

是皆賢王慶世明識裁擇所能爾也

外雖有賢才而主無明識亦不能以裁擇

夫下王危世以文章取士則翦巧綺濫益至而正雅縈隸實益

蔵矣

末世文章尚於綺靡則雅素之士不来矣

以言論取士則浮挾游飾益来而謇諤諍直益晦矣

浮游華飾之事貴則謇諤忠諍之才伏矣

以神氣靖作態度取士則外正内邪益尊而清修明實益隱矣

内無明識故任擇不得其人也

若然者賢愈到政愈僻令愈勤人愈亂矣

用非賢為賢乃益所以亂

夫天下至大器也帝王至重位也得士則靖失士則亂人主勞於求賢逸於任使於呼守天聚人者其胡可以不事誠於士乎

人情失宜主所深恤失宜之大莫痛刑獄夫明達之才將欲聽訟或誘之以詐或脅之以威或開之以情或苦之以戮雖作設權興而必也公平

一物失宜明主之所深恤況刑獄之大乎夫察獄問囚務得其實或有隱匿則設威以脅之或導之以實情或苦之以刑戮雖權變多端而終無枉濫也

故使天下之人生無所於德死無所於怨

理自當生故生無報德理自當死故死無咎怨

夫秉國建吏持刑若此可謂至官至官之世羣情和正諸雇咸宜愛敬交深上下條固不可搖蕩有類一家苟有違順陵逆安

得動哉平王反正既宅天邑務求才良等聞一善喜豫連日

平王承幽厲之後天下板蕩無復紀綱於是撥亂返正東遷洛邑改革前非務求賢哲得聞一善累日歡悅宅居也天邑即洛邑也等猶得也

左右侍僕累言大臣有賢異者如是踰歲

侍僕左右小臣也見王悅喜承意阿諛也

王曰余一人於德不明務求賢異益恐山澤遺逸不舉豈樂聞善以自閉塞哉邇者仄媚僕臣累譽權任頗階左右意余辱昧無能斷明徒唯莜音共和依違浸長自賢敗德莫此為多不時匡逍就茲固黨

仄媚邪媚也權任大臣也階昇也孱弱也依違相依也邪媚小臣稱揚權任階緣左右共相蒙蔽謂我闇弱不能明察若不遏絶黨固滋深也

於是棄左右近習三人市謂殺之而曝尸於市也古者刑人於市與衆共棄之

貶庶司尹夫五人庶司尹夫謂權任大臣也

曰無令臣君者附下罔上持禄阿意天下聞之稱為齊明天下之西歸者七國至理之世與服純𥿄憲令寬簡禁網疎濶夫與服純素則人不勝羨

不相企羨

憲令寬簡則俗無忌諱禁網疎濶則易避難犯若人不勝羨則嗜慾希微而服役樂業矣

服從也從於所役之業也

俗無忌諱則抑閑開舒而歡欣交通矣

凡所抑閑皆由忌諱今既無忌諱皆得開舒也

易避難犯則好惡分明而貴德知恥矣

貴德則不犯知恥則易避

夫服役樂業之謂順歡欣交通之謂和貴德知恥之謂正浮墮之人不勝於順逆節之人不勝於和姦邪之人不勝於正順亂

正三者理國之宗也衰末之世輿服文巧憲令禳祈

禳祈煩多者也

禁網頗僻夫輿服文巧則流相炎慕

俗尚文巧則下人隨流遞相企慕如火之上炎也

憲令禳祈則俗多忌諱禁網頗僻則莫知所逭

逭猶逃也

若流相炎慕則人不忠潔而恥朴貴華矣俗多忌諱則情志不

通而上下膠戾矣莫知所逭則譏禍繁興而衆不懼死矣夫恥

朴貴華之謂浮上下膠戾之謂寔衆不懼死之謂冒真正之士

不官於浮公直之士不官於寔器能之士不官於冒浮寔冒三

者亂國之梯也荊君熊圍問水旱理亂

熊荊之姓圍名

亢倉子曰水旱由天理亂由人若人事和理雖有水旱無能為害堯湯是也

堯時九年洪水湯時七年大旱

故周之秩官云人強勝天

秩官周書篇也

若人事壞亂縱無水旱日益崩離且桀紂之滅豈惟水旱

一云豈因水旱桀紂之君暴虐奢淫以滅亡非獨水旱也

荊君北面遵循稽首曰天不棄不穀反此言也

一本云遵修遵循退行也荆君敬重亢倉子故稱之曰天不棄不穀王公之卑稱也亢倉子不棄於我故得及聞此言者也

乃以弘璧十朋為亢倉子壽拜為亞尹

弘璧大璧也十朋十雙也亞尹少尹也

曰庶吾國有瘳乎亢倉子不得已中宿微服違之他邦

瘳差也違去也

至理之世山無僞隱市無邪利朝無佞祿國産問何由得人俗醇樸

國産鄭大夫公孫喬字子産也

亢倉子曰政煩苛則人姦僞
法令滋彰盜賊多矣
政省一則人醇樸
其政悶悶其人醇醇
夫人俗隨國政之方圓猶蠖屈之於葉也食蒼則身蒼食黃則身黃曰何為則人富亢倉子曰賦斂以時官上清約則人富賦斂無節官上奢縱則人貧句粤之簳鏃以精金鶩隼為之羽以之揞薙則其與槁樸也無擇
句粤東粤也簳箭簳也鶩隼雕鶚之類也揞薙打擊也爾雅云東南之美者有會稽之竹箭焉夫句粤之簳以精金為簇

以隼翎為羽用之打擊則同於槁樸無揮猶無異

及夫蕩寇爭虔衡音覿武決勝加之駭弩之上則三百步之外一不立敵矣

排蕩寇敵爭衡決勝加此勾粤之簳於強弩之上則前無立敵矣

蜚景之劍威奪白日氣盛紫蜺以之封獲則其與劍刃也無擇

蜚景神劍也劍鐮也神劍雖利以獲稻則同於鐮刃也

及夫凶邪流毒沸渭不靖加之運掌之上則千里之内不留行矣

凶邪流毒謂瘟疫之氣也此神劍能辟凶邪故威光所行則

千里之内未嘗留止也

夫材有分而用有當所貴善因時而已耳

槁樸劘刃施於常用耳粤辭蜚景以禦凶災材分所當各因時而貴也

昔者明皇聖帝天下和平萬物暢茂羣性得極善因時而勿擾者也近古是來天下姦邪者衆正直者寡輕薄趨利者多敦方退靜者鮮姦者出言失於忠信

巧僞亂真不能辨也

遂使天下之人交相疑害悲夫作法貴於易避而難犯救弊貴於省事而一令除去豪横則官人安刑禁必行則官人不敢務

私利官人不敢務私利則百姓富吏刑曰青災肆赦赦不欲數赦數則惡者得計平人生心

惡者得計務益於姦平人生心亦為不善也

而賢良否塞矣人有大為賊害官吏捕獲因廣係引誣陷貞良濶遠牽率冀推時序率蒙赦宥遇賊害者訖無所快自毒而已由是平人遇生黠計吏勞政酷莫能鎮止此由數赦之過也夫人之所以惡為無道不義者為其有罰也所以勉行有道行義者為其有賞也今無道不義者赦之而有道行義者被姧音害而不賞欲人之就善也不亦難乎世有賢主秀士肯察此論

訖猶終也快喜也毒苦也肯可也

人怨者非不接人也神怒者非不事神也巧佞甚人愈怨淫祀盛神益怒

君道篇第四 清靜無爲以身帥下

始生之者天也養成之者人也

萬物之始生者由乎天也助天而養之由乎人也

能養天之所生而物攖之謂天子

攖擾也人能助天養物而物馴擾之者是謂天子也昔舜有聖德三徙成都是也

天子之動也以全天氣故此官之所以自立也立官者以全生也

天不自治故聖人代天以治物者也聖人不能獨治故立官以輔之立官之由本以養物貴全天氣不使有虧傷

今世之惑主多官而反以害生則失所以為立官之本矣

後世惑主務在多官官多則政煩政煩則害物是失立官之本意也

草鬱則為腐樹鬱則為蠹人鬱則為病國鬱則百惡並起危亂不禁

鬱者氣未通之謂也官多政煩事有擁滯如草木之成腐蠹也

所謂國鬱者主德不下宣人欲不上達也

姦臣蒙蔽故王德不下宣黎庶枉屈故人欲不上達

是故聖王貴忠臣正士為其敢直言而決鬱塞也克己復禮賢

良自至

克損也復反也人君能以謙損反禮則賢良歸

君耕后蠶蒼生自化

天子親耕皇后親蠶以身率人則天下化之也

由是言之賢良正可待不可求求得非賢也

君有禮讓賢臣自歸故可待也君無禮讓雖復求賢賢至乃

非賢也

蒼生正可化不可刑刑行非理也

君耕后蠶人自効之故可化也身不自為而使人為之人必
不從雖復刑之刑行非至理
堯舜有為人主之勤無為人主之欲天下各得濟其欲
勤謂勞心以養物欲謂私身以奉已也
有為人主之位無為人主之心故天下各得肆其心
位謂居位而治事心謂求安以自適肆者申也
士有天下人愛之而主不愛者有主獨愛之而天下人不愛者
竭公忠而養天下者則天下愛之徇私情而媚一人者則其
主愛之
用天下人愛者則天下安用主獨愛者則天下危人主安可以

自放其愛憎哉由是重天下愛者當制其情

聖人以天下為安危者也欲天下之安則人主不得縱其愛

憎當抑制其私也

所謂天下者謂其有萬物也所謂邦國者謂其有人衆也夫國

以人為本人安則國安故憂國之主務求理人之材

天下以萬物為多邦國以人衆為寶憂國家者不可不任賢

以輔已也

玉之所以難辨者謂其有碔石也金之所以難辨者謂其有鍮

石也

碔石似玉鍮石似金猶姦人外正內邪亦難辨也

今夫以隼翼而被之鶡視而不明者正以為隼明者視之乃鶡也

隼鷹也鶡雀也

今夫小人多誦經籍方書或學奇技通說而被以青紫章服使愚者聽而視之正為君子也明者聽而視之乃小人也

奇技異藝也通說雜說也

故人主誠明以言取人理也以才取人理也以行取人理也人主不明以言取人亂也以才取人亂也以行取人亂也

人主明者以言行取人盡皆理也主昏昧雖以言行取人盡皆亂也

夫聖人之用人也貴耳不聞之功目不見之功口不可道之功而百姓暢然自理矣

夫賢良之治世也不顯其名不彰其用不稱其能潛功密濟理自玄暢名迹不生人無企尚故聖主貴之也

夫人主貴耳聞之功則天下之人運貨逐利而市譽矣

若人主貴聞臣下之功則姦人運其財貨隨逐便利以市聲譽也

貴目見之功則天下之人恢形異藝而爭進矣

恢誕形容奇異技藝夸企爭進愈亂天下矣

貴可道之功則天下之人習舌調吻而飾辭矣

利口便辯虛而不實

使天下之人市譽爭進飾辭見達者政敗矣

爭名尚能則正理之道衰矣

人主皆知鏡之明已也而惡士之明已也鏡之明已也功細士之明已也功大知其細失其大不知類也

鏡知形之好醜士知心之善惡正形之功細正心之功大今人主乃貴其細而失其大豈不惑哉

於呼人主清心省事人臣恭儉守職太平立致矣而世或難之吾所不知也若人主方寸之壓不明不斷則天地之宜四海之內動植萬類咸失其道矣

方寸之地謂心之所居也動謂含氣之類植謂草木之類也

以耳目取人者官多而政亂

取聞見之功則飾偽者衆爭進者多主不能辨故官多而政亂也

以心慮取人者官少而政清

用心慮神識而得人者其官甚寡其政甚治也

是知循理之世務求不可見不可聞之材澆危之世務取可聞可見之材嗚呼人主豈知哉以耳目取人人皆轂𩴾以買譽以心慮取人人皆靜正以勤德吏靜正以勤德則不言而自化吏轂𩴾以買譽則刑之而不畏音畏世主豈知哉

臣道篇第五 盡忠竭力謀効所司

夫國之將興也朝廷百吏或短或長或醜或美或怡或厲或是或非

醜惡也怡悅也厲嚴厲也

雖聽其言觀其貌有似不同然察其志徵其心盡於為國所以剛訐不怨黜退不愕議得其中無違乎理故天不惑其時墜不乏其利人不亂其叟鬼神開贊蠻夷柔同保合太和萬物化育

國之興也朝廷祿位務盡其忠各竭其能力行公正無有阿私故天時不忒地利不乏人事不亂鬼神祐助遠方柔服也

國之將亡也朝廷百吏姿貌多美顏色諧和詞氣華柔動止詳潤

亡國之臣外雖和順内懷猜忌各徇其私闇相謀害雖覩其貌聽其言有若歡洽然察其志徵其心盡在競位所以闇奇則怪見異必愕相嫉相蒙遂喪其道故天告災時墜生妖物

天反時為災地反物為妖人作凶德鬼神闇禍

闇猶伺也

戎狄交侵喪亂弘多萬物不化夫不傷貨財不妨人力不損官史而功成政立下阜百姓上滋主德如此者忠賢之臣也若費財煩人危官苟効一時功利規賞於主不顧過後貽災於國如

此者姦臣也至理之世官得人不理之世人得官郗龍覩問事

君亢倉子曰既策名而臣人者心莫若公

無阿私也

貌莫若和言莫若正公不欲靈和不欲雜正不欲犯

君不見察亦不欲犯顏而諫也

古之清勤為國修政令之清勤為身修名夫為國修政者區處條別動得其宜合於大體為身修名者區處條別致遠不通拘於小節是知心以道為主抵事得其所心以事為主抵物失其所

以道為主公心也以事為主私情也抵者觸也

臣居上位不諫下位不公不合贍其祿

贍賙給也

君不嚴敬大臣不彰信小臣不合官其朝有才者不必忠忠者不必有才臣不患不忠適恐盡忠而主莫之信主不患不信適恐信之而莫能事事

事事猶用事也

上等之人得其性則天下理中等之人得其性則天下亂明主用上等之人當委以權宜便豈肆其所為

上等之人謂賢良也公平正直無所阿私使之莅職信能匡贊雖權變有時必歸於正也

用中等之人則當程課其功示以賞罰

中等之人謂藝能之士見善則遷見惡則深故人主以賞罰制之也

賢道篇第六 克己復禮賢良自至

賢良所以屢求而不至難進而易退者非為愛身而不死王事適恐盡忠而主莫之信耳自知有材識之人外恭謹而內無憂其於衆也龢正而不狎親之則彌莊疎之則退去而不怨窮戹則以命自寬榮達則以道自正人有視其儀賢也聽其聲賢也徵神課識或負所望夫賢人其見用也入則諷譽出則龔默職司勤辨居室儉閑

諷謂刺君之過譽謂稱君之美龔默靜愼也辦治也閑謂防閑

其未見用也藏身於衆藏識於目藏言於口飽食安步獨善其身貞而不怨智者不疑覚識者不疑人有識之士行危而色不可疏言遜而理不可拔

謂遇濁世不變其志行雖危而色常和言雖遜而理確然

凡謂賢人不自稱賢

自伐者無功故非賢

効在官政功在事事

驗其官政察其用事賢不肖可辨也

太平之時上士運其識中士竭其耐小人輸其力齊有揞子者

材可以振國行可以獨立

振濟也獨立謂德行孤標不可傾拔

事父母孝謹鄉黨恭循念居貧無以為養施信義而游者久之

矣所如寡合或為乘時夸毗者所蚩紿

如往也本作所蚩往紿音待一云始於是也寡合少諧偶也

夸毗矜恃也蚩笑也紿欺也

於是負杖步足問乎亢倉子曰吾聞至人忘情

黎人不事情

至人虛懷與道合體故忘情也

黎衆也智力愚昧不能用情也

存情之曹務其教訓而尊信義

曹輩也中人存情以信義為尊

吾乃今不知為工

工猶能也躬行信義所往寡合不知其所為能

受不信為信

世有受人之不信將以為信也

信而不見信為信

有實為信而不為人所見信乃自以為信

為勤慕義為義

人有本非義而以慕義為義乃為人所稱義也

義而不俟義為義

有實為義而不待人稱義亦常自為義也

然則信義之士常獨厄隨退胡以取貴乎時而敎理之所上也

亢倉子俯而循袵仰而譆趍然而歌

袵衣襟也譆歎聲也趍然高舉之貌

曰時之陽兮信義昌音昌

時之陽喻君有道也有道則信義昌也

時之黙兮信義伏

時之黙喻君暗昧也君暗昧則信義伏藏

陽與默昌與伏汨吾無誰私兮羌忽不知其讀

汨亂也羌發聲也讀猶云也夫時有治亂故用有行藏陽則與時俱昌默則與時俱伏隨流任運寧有私耶今乃問我不知其云也

夫運正性以如適而物莫之應者真不行也夫真且不行謂之道喪

信義者正性之用也真者正性之本也

道喪之時上士乃隱隱之為義莫可亂音為也

時有否泰莫得長為

莫可為者有可用也邦有道則智邦無道則愚

有時而用

故莫可用者也

用有行藏莫得長用

祭公問賢材何從而致亢倉子曰賢正可待不可求材慎在求

不慎無

材在求而擇之不慎無材

若天子靜大臣明刑不避貴澤不隔下則賢人自至而求用矣

賢人用則四海之内明目而視清耳而聽坦心而無鬱矣天自

成地自寧萬物醇化鬼神不能靈

天下醇和故鬼神不能見靈怪

故曰賢正可待不可求若天子勤明大臣和理之求士也則忮弘方大公直靖人之才至若天子苛察大臣躁急之求士也則罔心巧應毀方破道之才至若天子疑忌大臣巧隨之求士也則奇姓異名仄媚怪術之才至若天子自賢大臣固位之求士也則事文逐譽貪濁浮麗之才至若天子依違大臣回佞之求士也則外忠內僻情毒言和之才至故曰才慎在求不慎無昔者黃帝得常仙封鴻底音鬼容邱

三人黃帝臣也

商王得伊尹中興得甫申

中興周宣王也甫仲山甫也申申伯

齊桓得寗籍

即寗戚也

皆由數君體道邁仁布昭聖武思輯光明寬厚昌正而衆賢自至而求用非為簡核而得之也

邁行也輯睦也簡核猶擇也

祭公曰夫子云賢人不求而自至亦有非賢不求而自至者乎

亢倉子曰夫非賢不求而自至者固衆矣夫天下有道則賢人不求而自至天下無道則非賢不求而自至人主有道者寡無道者衆天下賢人少不肖者多是知非賢不求而自至者多矣

祭公曰賢固濟天下材亦能濟天下俱濟天下賢與材安異耶

亢倉子曰窘乎哉其問也

窘迫也言所問切迫

夫功成事畢不徇封譽恭退朴儉之謂賢

徇求也功成不居其位守恭謙以自收也

功成事畢榮在祿譽光揚滿志之謂材賢可以鎮國材可以理

國所謂鎮者穌寧無為人不知其力

主德潛化人莫能知之也

所謂理者勤率其事人知所於德

人賴其功故推德於己也

一賢統衆材則有餘衆材度一賢猶不足如是賢材之殊域

一賢雖少統領衆材尚有餘德衆材雖多比度一賢猶不能及

有居山林而諠者有在人俗而靜者有諠而正者有靜而邪者也

言求賢不可不察其邪正矣

凡視察其貌鄙俗而能有賢者萬不有一視察其貌端雅而實小人者十而有九

言賢人難得也

夫不鍊其言而知其文不責其儀而審其度不采其譽而知其善不流其毀而斷其寶可謂有識者也

不待流言毀謗而知其惡情也

訓道篇第七至德之用萬教之主神明共贊可以化民

閔子騫問仲尼道之與孝相去奚若

疑其相去遠也

仲尼曰道者自然之妙用孝者人道之至德

窮於本始謂之道施於人理謂之孝道能通生萬物不知其所由然故曰妙用孝者善事父母盡敬盡順通乎神明故曰至德

夫其包運天地發育萬物曲成類形布丕性壽

性者剛柔之質壽者一期之盡

其功至實而不爲物府不爲事官無爲功尸捫求眎聽莫得而

有字之曰道

雖曲成萬類彫刻衆形尋求主宰莫見其眹故字之曰道道

者虛通之謂

用之於人字之曰孝孝者善事父母之名也夫善事父母敬順爲本意以承之順承顔色無所不至發一言舉一意不敢忘父母營一手措一足不敢忘父母事君不敢不忠朋友不敢不信臨下不敢不敬嚮善不敢不勤雖居獨室之中亦不敢懈其誠此之謂全孝故孝誠之至通乎神明光于四海有感必應善事父母之所致也昔者虞舜其大孝矣乎庶母惑父屢憎害之舜

心益恭懼而無怨謀使浚井下土實之于時天休震動神明駿赫道穴而出奉養滋謹由是元德茂盛為天下君善事父母之所致也

按史記稱舜父瞽叟與庶母弟皆欲殺舜使舜脩廩瞽叟從下縱火焚廩舜乃以兩笠自捍而下去得不死後又使舜穿井舜穿井為匿孔旁出舜既入深瞽叟與象共下土填井舜匿孔出去是其事也于時天以休美之德震動舜心神功赫然令其免害及出之後事父彌謹堯知其聖歷試諸難後乃禪其位焉

文王之為太子也其大孝矣朝夕必至乎寢門之外問寺人曰

玆日安否何如
寺人問官主在左右侍君也
曰安太子溫然喜色小不安節太子色憂滿容朝夕食上
謂侍者進食於君也
太子必侍寒煖之節食下必知膳羞所進然後退
知所食之多少
寺人言疾太子肅冠而齋
君有疾故太子嚴肅衣冠而齋齋者虛心專志以祈神明使
救護者耳
膳宰之饌必敬眎之湯液之貢必親嘗之

饌飲食也貢進之也

嘗膳善

謂君嘗饌者也

則太子亦能食嘗饌寡太子亦不能飽以至嘗饌初然後亦復

初

君病閒而太子亦復初也

君后有過怡聲以諷

怡悅也謂下氣怡聲幾微諷諫

君后所愛雖小物必嚴龔

不敢慢君父之所愛

是故孝成於身道洽天下雅曰文王陟降在帝左右

雅詩大雅也陟升也帝天也左右助也言文王所為天必助之

言文王靜作進退天必贊之故紂不能害

贊佐也文王事紂為天所佐故殷紂雖暴不能輒害

夢啓之壽

禮記云文王有疾旬有二日乃間文王謂武王曰汝何夢矣武王對曰夢帝與我九齡文王曰汝以為何也武王曰西方有九國君王其終撫諸文王曰非也我百爾九十吾與汝三焉文王九十七而終武王九十三而終也

卜世三十卜年七百天所命也善事父母之所致也

左傳曰成王定鼎於郟鄏卜世三十卜年七百天所命也

閔子騫曰善事父母之道幸既聞之矣敢問教子之義仲尼曰

凡三王教子必視禮樂

視猶示也

樂所以修內

和其心也

禮所以修外

檢其容也

禮樂交修則德容發輝于貌故能溫恭而文明夫曷人臣者役

其身有益于君則為之況利其身以善其君乎是故擇建忠良貞正之士為之師傅欲其知父子君臣長幼之道夫知為人子然後可以為人父知為人臣然後可以為人君知事人然後能使人此三王教子之義也

三王謂夏殷周三代之王也

閔子騫退而事之於家三年人無間於父母兄弟之言

上事父母下順兄弟盡善盡美故人無非間之言也

交遊稱其信鄉黨稱其仁宗族稱其悌德行之聲溢於天下此善事父母之所致也齊太子坐清臺之上燕壯侯他

壯燕侯謚也他名也

高冠嚴色左帶玉具劒右帶環珮左光照右右光照左

言玉珮之光相照也

太子讀書不視壯侯他問曰齊國有寶乎太子曰主信臣忠百姓戴上齊國之寶也壯侯他應聲解劒而去

聞義而服也此言君子尚德不尚華飾也

嗚呼人有偏蔽終身莫自知己乎賢者見之寬恕而不言小人暴愛而溢言親戚憐嫉而貳言人有偏蔽惡乎不自知哉

惡乎猶何也

是故君子檢身常若有過衣其衣食其食知其過而不戸克矜

以正之者君子恥之

言為人口不能有所匡正也

将欲有言識其必不能行者君子罕言

君不納忠諫則罕言以避患也

當責衆人之惡者視已善乎哉當責衆人之邪者視已正乎哉

此之謂反明

先審身之善正然後責人之邪惡也

翟西氏之子甚孝謹翟西憐其子而好妄與之言翟西爬出夕返則曰甲死矣其子信之既而甲在焉他夕則曰乙且害余其子伺将行仇既而不見惡端他夕則曰丁病矣其子覘之丁誠無恙舉此類也

覘視也惎憂也畢皆也

冒淹年序子固孝謹至于訓勒益不保承鄉國之人疾其咎口謀將煞之翟西聞而懼歸以告子子未其信既而翟西見煞此章戒人輕言致害雖愛子猶不信之以至見煞況他人乎

謂多言之人為疎露亦有辭約而不密者謂輕佻之人為不定亦有體閒而心躁者

輕佻猶輕躁也

謂蕪雜之人為猥細亦有外潔而內濁者若類而引之不可殫載若非徹識孰尅音克究詳

殫猶盡也

時有不可不應費也者內靜而外動易動而難靜

謂外見利貪而逐之愈得愈貧故身勞而難靜

時有不可不求費也者內思而外待待至而後樂

謂內興情慾緣境思求心有所待故待得而後樂不知心擾

而傷性

是故外靜而內動者搖思而損性奔走而逐利者勞力而害名

唯泊然無情慾而不為名利所誘者然後身安而性全也

人生於世或有費不遂志而宣言去不遇時者是無異負丹頸

之罪俟時行戮豈不殆哉

不能危行言遜于犯時君無異負斬首之罪待時行戮也丹

血色

其博才通識未見稱用者正可云時非無清命未與耳豈不韙歟

韙猶是也

長於諫者務依存前人之性而翦制其情之所由起是以彼此開進親敬殷篤不長於諫者務攻前人之性而暗於情之所來是以彼此嫌貳猜釁日積兒童之所簡者迺耆耋之所非耳目之所娛者洒心慮之所疾健責天下之愚者己之未賢也健責天下之迷者己之未明也

賢明者當恕愚迷而勿責

以未賢責衆愚未賢者以之亡　以未明責衆迷未明者以之湯

愚迷之人無所損縱責者徒自傷耳

農道篇第八　夫穀者人之天理穀之道務農為本

人捨本而事末則不一令

本謂農也末謂趨浮利也人趨末利則奸詐多端故一令不能制也

不一令則不可以守不可以戰

趨利多端人心不一故不可以固守不可以攻戰也

人捨本而事末則丌音其產約

人貪浮利則產業薄也

亓產約則輕流徙輕流徙則國家時有災患皆生遠志無復居心人捨本而事末則好知好知則多詐多詐則巧法令巧法令則以是為非以非為是古先聖王之所以理人者先務農人農人非徒為墬利也貴行其志也

志在安人

人農則朴朴則易用易用則邊境安安則主位尊人農則童

如童兒無異志也

童則少私義少私義則公法立力摶深農則亓產複

複猶厚也

亓產複則重流散

不流散也

重流散則死其處無二慮是天下歸一心矣天下一心軒皇几

邃之理不是過也

軒皇几邃古之有道之君也

古先聖皇之所以茂耕織者以為本教也是故天子躬率諸侯

耕籍田大夫士第有功級勸人尊隆產也

第次第也月令云正月中氣天子乃擇元辰親載耒耜置之

車右率公卿諸侯大夫躬耕籍田天子三推三公五推卿諸

侯九推是以功級勸人也

后妃率嬪御蠶於郊桑公田勸人力婦教也

月令云三月中氣命有司無伐桑柘乃修桑器后妃齋戒享先蠶而躬桑以勸蠶事祭義云古者天子諸侯必有公桑蠶室近川而為之君卜三公之夫人世婦之吉者使入蠶室世婦親蠶奉繭以示於君遂獻於夫人夫人繅三盆手遂布於三宮夫人世婦之吉者使繅之此勸婦教也

男子不織而衣婦人不耕而食男女貿功資相為業此聖王之制也

貿猶易也

故敬時愛日埒實課功

埒量也

非老不休非疾不息一人勤之十人食之

上農夫食十人

當時之務不興土功不料師旅男不出御女不外嫁

一作大嫁

以妨農也

興土功治師旅行昏嫁皆謂妨農業也御迎也謂男子不親

御

黃帝曰四時之不可正正五穀而已耳夫稼爲之者人也

稼謂種也

生之者天也養之者地也是以稼之容足耨之容耰

耨鋤也又耰謂鋤器也
耘之容手
耘除草
是謂耕道
種苗可使容足耨之可使容耰耘之可使容手
斸攻食工攻器賈攻貨
攻治也
時豈不襲從之以土功是謂大凶
君王不恭則大凶之道也
凡稼早者先時暮者不及時寒暑不節稼乃多災

言太早太晚者謂不得中和之氣也

冬至已後五旬又七日而昌生

旬十日也五十七日在立春節中而草木昌發

於是乎始耕蒦𤲅之道見生而藝生見死而穫死

因天時而興人事也藝種也穫刈也

人發時墜產財不與人胥音翹

產生也

有年祀土無年祀土

有年豐年也無年荒年也祀土祭社稷也春祭祈豐祥也秋祭報成熟也不以有年則祭無年不祭所以祈地利重人命

無失人時追時而作過時而止老弱之力可使盡起

追及也雖老弱可使盡耕所以趨時也

不知時者未至而逆之

謂興農太早也

既往而慕之

時既過往而慕之是大晚

當其時而薄之

雖當其時而用功寡薄所收亦不多

此從受之下也

此三者雖從農務不得其時故云下也

夫耨必以旱使墬肥而土緩

夫鋤必用旱時旱時則草易死而土脉肥緩也

稼欲産于塵土而殖於地堅者

殖長也下種欲其土細如塵則地虛而根深及苗長也得雨則土堅堅則莖固也

慎其種勿使數亦無使踈

數為煩也

於其施土無使不足亦無使有餘

施土謂施種於土也種不足則傷踈而費地種有餘則傷密而損穀不費不損取其中也

畎欲深以端畝欲沃以平

端正直也畎深直則水流疾畝沃平則潤澤均

下得陰上得陽然後咸生

下陰謂水潤上陽謂日氣

立苗有行故速成強弱不相害故速大

苗成行則長疾強不害弱則易大也

正丌行通其中疏氣泠風

使苗疏而通風

則有收而多功率稼望之有餘就之則疏是墝之竊也

由地瘠薄也苗不茂盛若被竊之狀

不除則蕪除之則虛是皆傷之也
除治也草盛而後除之苗則虛矣是人事傷之也
苗不弱也欲孤
欲一一孤生不併聚也
不大也欲相與居
與衆同居共相蔭映
不熟也欲相與扶
無倒折之害也
三以弱族稼乃多穀
三者如人之宗族共相扶持則多收

凡苗之患不俱生而俱死

生不齊則大苗凌小小苗不茂

是以先生者美米後生者為粃

強者凌弱故後生者不實

是故其耨也去其兄而去其弟

以人喻苗也先生為兄後生為弟也

樹肥無使扶疎樹墝不欲專生而獨居

墝瘠地專主獨居不耐風旱

肥而扶疎則多粃墝而專居則多死不知耨者去其兄而養其

弟不收其粟而收其粃上下不安則稼多死得時之禾長秱而

大穗圓粟而薄糠米飴而香舂之易而食之強
禾謂粟也稠穗頸也圜圓也飴謂味甘如飴也
失時之禾深芒而小莖穗銳多秕而青蕾
深芒長芒也銳細也青蕾其米青也
得時之黍穗不芒以長搏米而寡糠
搏謂以手挼穀而出米
失時之黍大本華莖葉膏短穗
本根也華莖莖傍有華也膏言肥大也
得時之稻莖葆長稠穗如馬尾
葆大也馬尾言長也

失時之稻纖莖而不滋厚糠而菑死得時之麻疎節而色陽堅枲而小本

陽光揚也堅牢也言皮堅勁

失時之麻蕃柯短莖岸節而葉蟲

蕃柯謂枝柯多也岸節者高節也

得時之菽長莖而短足其莢二七以為族多枝陳節競葉繁實稱之重食之息

菽者豆也族聚也息猶盈也

失時之菽必長以蔓浮葉虛本疎節而小莢得時之麥長秱而頸族二七以亂行薄翼謂䕸音屯色食之使人肥且有力

薄翼謂糠也蒔黃色也其麥穗一行有二七粒

失時之麥胕腫多病弱苗而翼穗

胕腫謂莖根麤而且蟲翼穗多芒

是故得時之稼豐失時之稼約庶穀盡宜從而食之使人四衛

變強耳目聰明邪氣不入身無苛殃

四衛四支也

善乎孔子之言冬飽則身溫夏飽則身凉夫溫凉時適則人無疾疢

人無疾疢是疫癘不行疫癘不行咸得遂其天年故曰穀者人之天是以興王務農王不務農是棄人也王而棄人將何國哉

兵道篇第九 兵者不祥之器不得已而用之

秦景王將睽強兵於天下
秦恃崤函險固兵強士勇故欲示强於兵使天下無敢與之
敵睽猶示也
使庶夫鮑戎必致亢倉子
庶長秦爵號鮑戎人姓名也
待以壞邑十二周實迫之
周密也欲問亢倉子計故以十二邑待之恐其不来密使鮑
戎迫之使必来
亢倉子至自滎泉賓于上館
滎泉秦地名也

景主三日弗得所問

謂欲問之而不得也

下席北首頓珪曰天果無意邮孤耶

北首頓珪盡禮也

亢倉子油然虧眄曰朕以主覔異之問而寧弊弊焉以所刺覔故

油然微動貌虧側也眄顧眄也朕我也我以景主有遠異之問而何為弊弊焉言景主以兵戈所刺為故乎言其所問下

抑者亦隨其欲而得正焉無如可矣

言景主既以兵道問我故我抑亦隨其所欲而正之非至理

之可也

景主一拜再舉歃黼黻端珪抑首而坐曰實惟天所命

黼黻繡襟也抑首低首也惟天所命願垂告命

亢倉子仰榱而嘘俯正顔色曰原兵之所起與始有人俱

榱椽也仰榱仰面屋榱也嘘歎聲也嗟其不聞至道故仰面而發嘘歎夫兵之所起與人俱生本始有之非獨今也

凡兵也者出人之威也人之有威性受於天

人有喜怒之性本受於天怒則威生威生則兵起之由也

故兵之所自來上矣嘗無少選不用

少選猶少時也喜怒之情用之无常故無少時不用也

貴賤夫少賢愚相與同

同察怒氣之動則知兵起之原察兵之兆在心懷恚而未發兵也疾視作色兵也傲言推挨兵也侈鬪攻戰兵也此四者鴻細之爭也恚怒也作色厲色挨亦推也謂相推盪也四者雖有大小之異皆有怒心故為兵也

未有蚩尤之時人實揭材木以鬪矣

蚩尤黄帝時掾諸侯兄弟八十一人銅頭鐵額與帝戰於涿鹿之野造兵器後為黄帝所滅也

黄帝用水火矣

　或引水注邑或縱火燒城

共工稱亂矣

　共工與顓頊爭天下

五帝相與爭矣一興一廢勝者用事

　用兵之道有廢有興皆以順天而勝者得用耳

夫有以咽藥而死者欲禁天下之醫非也有以乘舟而死者欲禁天下之船非也有以用兵喪其國者欲禁天下之兵非也夫兵之不可廢譬水火焉善用之則為福不善用之則為禍是故怒笞不可偃於家刑罰不可偃於國征罰不可偃於天下

　笞鞭杖偃息也

古之聖王有義兵而無偃兵

義兵者順天應人所以誅暴亂也

兵誠義以誅暴君而振苦人人之悅也若孝子之見慈親餓隸之遇美食號呼而走之若強弩之射深谷也

振救也隸僕隸也强弩之射深谷言救之疾也

勝負之決勿徵於他必反人情

兵之勝負勿徵驗於他反求人情則得之

人之情欲生而惡死欲榮而惡辱死生榮辱之道一則三軍之士可使一心矣

人君與三軍之士同其死生榮辱則三軍之衆可使一心矣

凡兵欲其衆也心欲其一也三軍一心則令可使無敵矣古之至兵蓋重令也

古之至極善用兵者蓋重慎其令也

故其令強者其敵弱其令信者其敵詘先勝之於此則勝之於彼

夫料敵制勝必先自料若與衆同死生而三軍一心則勝於彼矣

誠若此則敵胡足勝也凡敵人之來也以求利也今来而得死且以走為利敵皆以走為利則刃無所與接矣此之謂至兵儆虐奸詐之與義理反也

言奸兵與義兵逆順之理相反

其勢不俱勝不兩立

義兵勝奸兵敗

故義兵之入於敵之境則人知所庇矣兵至於國邑之郊不踐果稼不穴邱墓不殘積聚不焚室屋得人虜厚而歸之信與人期以從敵貨以章好惡以示逆順

先示之以義也

若此而猶有愎狠凌傲遂宕不聽者雖行武焉可也

愎狠猶惡戾也宕流宕也先行義以示之猶有惡戾不聽服者用武誅之可也

先發聲出號令曰兵之来也以除人之讎以順天之道故剋其國不屠其人獨誅所誅而已矣

獨誅者暴君也

於是舉選秀士賢良而尊封之求見孤疾長老而拯救之

孤疾之人拯給之長老者致敬之也

發府庫之財散倉廩之穀不私其物曲加其禮

不私其利與衆共之曲加其禮聘以求賢也

令有人於此能生死一人則天下之人爭事之矣

生猶活也言有人以義能活一人之死則天下咸能事之矣

義兵之生一人亦多矣人孰不悅故義兵至則隣國之人歸之

若流水誅國之人望之如父母行地滋遠得人滋衆辭禾終景主輿稽首曰孤獲聞先生教言不覺氣盈宇宙志知所如也而心滋益龔

既聞義兵之道鄙其奸傲之心故氣志盈滿充塞宇宙志知所如也

於是步前稱觴音觴為亢倉子壽

舉步前進稱獻壽所以嚴師重道也

拜居首列師位嚴于齋室又月涉旬辰加天關白晝行道

天關即天綱謂辰時也行道行弟子禮也

新雕洞靈真經五卷校勘記一卷

宋·何粲注　張元濟校勘

民國二十五年（1936）上海商務印書館《四部叢刊三編》依宋本影印

新雕洞靈真經

四部叢刊三編子部

上海涵芬樓借常
熟瞿氏鐵琴銅劍
樓藏宋刊本景印
原書板匡高十九
公分寬十二公分

新雕洞靈眞經卷第一

亢倉子　何粲注

全道篇第一

用道篇第二

全道篇第一 夫心冥虛極德洞玄微功並四時蒼生自化

亢倉子居羽山之顏三年 羽山尚書禹貢在徐州舜典云殛鯀于羽山蓋在東裔後屬魯國顏山之南面也莊子引此章云北居畏壘之山即此山是也 俗無疵癘而仍穀孰 聖賢所在天祐之福故俗無疵癘而五穀豐稔類孰曰仍 其俗竊相謂曰亢倉子之始來吾鮮然異之 鮮然驚異之貌異其虛懷寂泊不存近情 今吾日計之不足歲計之有餘其或聖者邪 驗其利益故疑之為聖人 盍相

與尸而祝之社古文社字而稷之乎盍何不也既蒙厚利欲立爲君何不建置宗廟并及社稷尸穀祝祭南面事之乎亢倉子聞之色有不釋其從厭黑一本黷啜從而啓之厭黑啜亢倉子門人也欲也衆心故從而諮啓亢倉子曰吾聞至人尸居環堵之室而百姓猖狂不知其所如往至人冥心絕慮有類於尸无事蕭然獨居環堵蒼生欣慕共往歸依察其所歸非由知者也今以羽俗父子竊竊焉將俎豆予我其的一本作杓之人邪竊竊私議之謂也我本栖隱全道任眞今乃俎豆相尊反成人之標的吾是以不釋於老聃之言老聃言我无爲而民自化我无事而民自足我好靜而民自正今乃反此故不釋其言厭黑啜曰不者不者猶不然夫尋常之汙巨魚无所還其體而鯢鰌音爲爲之制步仞之丘巨獸无所隱其軀

而孽狐鴞之祥八尺曰尋倍尋曰常汙池也還迴也鯢小魚而有腳制猶專擅也六尺曰步七尺曰仞孽祅也祥善也言小水而不能容巨魚小丘不能藏大獸喻亢倉子道德既高必須厚祿也且也尊賢叓音事能鄉善就利自堯舜以固然而況羽俗乎先生其聽矣亢倉子曰譆來譆歎聲也怪其不達已志故發譆歎將欲告之遠致故呼之曰來夫二子者知乎二子堯舜也知乎言豈知之函車之獸介而離山罔罟制之吞舟之魚蕩而失水螻蟻苦之故鳥獸居欲其高魚鼈居欲其深夫全其形生之人藏其身也亦不厭深眇而已函盈也介孤也眇遠也吾語若大亂之本祖乎堯舜之間其身音終存乎千代之後必有人與相食者矣君汝也夫事有先成後敗始吉

終幽胡可必邪故堯舜禪讓而光一時之美迹流後代成篡弒之禍故莊子云堯舜讓而帝之噲讓而絶湯武爭而王白公爭而滅斯其効歟夫唯不立善名者則事迹冥絶无所企慕耳言未終南子榮之欆色蹙然膝席曰欆季運而長矣將奚以託業以支斯言榮之欆莊子所謂南榮趎也既聞高義將欲蹙然變色斂膝於席顧垂告示以敬事此言亢倉子曰全汝形抱汝生无使汝思慮營營若此緒季或可以及此言營營運動不息也緒終也全形抱生不運思慮虛心冥寂道自居之若此終年可及此言也雖然吾才小不足以化子子胡不南謁吾師聃聃老子字亢倉子既謝榮之欆不釋羽俗而龍已乎天下謝猶遣也不釋羽俗潛遁而遊如龍變化与時升降水之性清土者汩胡骨反之故不得清人之性壽物者汩

之故不得壽（相乱也人性壽考爲外物所乱使不終天年）物也者所以養性也今代之惑者多以性養物則不知輕重也（衣食養性不可一日而无而惑者乃損性以求物物愈積而性愈傷殊不知性重而物輕盖倒置之流也）是故聖人之於聲色滋味也利於性則取之害於性則捐之此全性之道也萬人操弓𢍰（音共）射一招（又音鵰）招无不中萬物章章以害一生生无不傷（捐棄也操持也招射的也章章猶擾擾）故聖人之制萬物也全其天也（聖人制万物不使傷性以全天真）天全則神全矣神全之人不慮而通不謀而當精照无外志凝宇宙德若天埅（音地）然上爲天子而不驕下爲匹夫而不惛此之謂全道之人（神全之人智慮充溢精明照於无外志氣

凝乎宇宙覆載之德同乎天地雖貴爲天下賤爲匹夫不以窮達而廻其志心平正不爲外物所誘曰清清而能久則明明而能久則虛虛則道全而居之秦佚死亢倉子哭之秦佚古之有道者蓋老子之友也其役曰天下皆死先生何哭焉也役謂門人充使役也死生之道古今是常達人躰之不哭可也亢倉子曰天下皆哭安得不哭順物不哭雖哭而非哭其役曰哭者必哀而先生未始哀何也未始猶未嘗也世人之哭必生哀痛今先生雖哭不見悲傷敢問何故亢倉子曰舉天之下吾无與樂安所取哀夫有樂必有哀人之常情也達人大觀豈有疎親既不与爲樂亦无所取哀蛻地之謂水蛻水之謂氣蛻氣之謂虛蛻虛之謂道蛻者免脫之謂也夫脫地之謂水脫水之謂氣脫氣之謂虛脫虛之謂道猶至人不係情於哀樂然後爲極虛者道之

體靖者道之㘸理者道之綱識者道之目言至人能虛能靜有理有識者則能契道之形躰知道之綱目道所以保神德所以弘量禮所以齊儀物所以養體四者皆可以資身不可暫无好質白之物者以黑鶩汙好質黑之物者以白鶩汙吾又安知天下之正潔汙哉由是不主物之潔汙矣夫瞽視莫豆反者以黈偷厚反鶩赤以蒼鶩玄吾乃今所謂皁白安知識者不以鶩顡黃吾又安知天下之正色哉由是不循物之色矣瞽風眩也黈黃色也顡赤色也夫有風眩之疾者視物不能審也故以黃爲赤以青爲黑亦猶凡俗之情妄執潔汙雖有大聖孰能正之故不主其潔汙不流遁於衆色夫好眥甚者不見他物之可好好馬甚者不見他物之可

好好書甚者不見他物之可好吾又安知天下之果可好者果可惡者哉由是不見物之可以保戀矣无能滑吾真（音真）矣（果决定也保猶懷也）陳懷君柳使其大夫禱行聘於魯（陳懷君謚柳名也禱陳大夫之名）叔孫卿私曰（叔孫謚世為魯卿）吾國有聖人若知之乎（聖人謂仲尼）陳大夫曰奚以果明其聖叔孫卿曰能廢心而用形（聖境超殊非凡情所測徒見其應接世務使證以為聖人豈知其所以聖哉）陳大夫曰弊邑則小亦有聖人異於所聞曰聖人謂誰陳大夫曰有亢倉子者偏得老聃之道（門人之中最為稱首故曰偏得）其能用耳眎目聽定公聞而異焉使叔孫氏報聘且致（音致）亢倉子待以上卿之禮亢

倉子至賓于亞寢（亞寢公之次殿）魯公卑辭以問之亢倉子曰吾能聽眎不用耳目非能易耳目之所用告者過也公曰孰知是（一本作就如是）寡人增異矣其道若何寡人果願聞之亢倉子曰我體合於心心合於氣氣合於神神合於无其有介然之有唯然之音雖遠際八荒之表迩在眉睫之内來干我者吾必盡知之乃不知鷙是我七竅手足之所覺六腑五藏心慮之所知其自知而已矣（心形泯合神氣冥符洞然至忘与符同躰然後心弥静而智弥遠神愈默而昭愈章理極而自通不思而玄覽非夫至聖至神其孰能与於此斯固靈真之要樞重玄之妙道也）

用道篇第二

（无非利物上荅天心刻已帰仁化行刑措）

天不可信墬不可信人不可信心不可信惟道可信
賢主秀士豈知哉昔者桀信天與其祖四海已不勤
於道天奪其國以授殷紂亦信天與其祖四海已不
龔於道天奪其國以授周与猶以也祖猶主也夏桀殷紂躭躭淫奢縱自云有民有
命禀在上天窮凶肆虐不脩其道故天奪其国以授於湯武今夫墮〓音農信墬實
生百穀不力於其道墬竊其菓稼而荒翳之墮農之人
信地生穀不勤耕耘根莠荒蕪故不能獲菓稼齊后信人之性酬讓不明於其
道舉全境以付人人實鴟義而有其國后君也齊簡公也信人性
不明酬讓為陳恒所弑人取其国鴟義喻貪殘也凡人不脩其道隨其心而師
之營欲茂滋災疾朋豐戕身損壽心斯害之矣人自

師心不遵聖教營欲熾盛百殃斯集此道乃心爲身害朋循羣也疊動也戕害也故曰惟道可信道者坦蕩恬怡人所染著人能虛心歸道則身命保全也天竪非道不能悠久天得一以清地得一以寧蒼生非賢不能靖順庶政非才不能龢音和理賢才皆用道以理物夫用道之人不露其用福滋孶音萬物歸功无有潛功密濟百姓謂我自然神融業茂靈慶悠長融通也神理通達德業榮茂積善所鍾慶流後裔知而辯之謂之識知而不辯謂之道識以理人道以安人辯析事物使人去惡就善所以理人也含弘冲寂无所毀譽所以安鎮浮競也夫雞鼂音晨而作負日任勞流汗灑墬夜分僅息羸夫之道也雞晨謂雞鳴之旦也夜分中夜也負日謂日所曝也僅少也俯拾仰取鋭心錐撮力思摶精希求利潤賈豎之道也嚥氣谷神

宰思損慮超遥輕舉日精鍊仙高士之道也嚥氣胎息五牙之類也谷養也宰割也日精吸日精也鍊仙鍊質而升仙也剸情耑古端字想畢志所事倫揆忘寢謀效位司人臣之道也專情正想尽志於所事之君遵理揆度效功於所司之位是人臣之道也清心省念察驗近習務求才良以安孚姓人主之道也清心寡嗜慾也省念无私也近習謂近臣也若由是類之各順防音序其志度不替寋音塞其業履是謂天下有道農夫賈賢各保其業明君賢臣各脩其道則天下順序而業履安定矣導筋骨則形全翦情欲則神全靖言語則福全㚖音克全三全是謂清賢道德盛則鬼神助信義敦則君子全禮義備則小人懷有識者自是无識者亦自是有道者靜默闇鈍

者亦静默物固有似是而非似而是先號後笑始吉終凶身可親而才不可親才可敬而身不堪敬敬甚則不親親甚則不敬親之而疎疎之而親恩甚則怨生愛多則憎至有以速爲貴有以緩爲貴有以直爲貴有以𠚕（音曲）爲貴百事之宜其由甚微不可不智故智者難之靖則神通窮則意通貴則語通富則身通理勢使然同道者相愛同藝者相嫉同與者相愛同取者相嫉同病者相愛同壯者相嫉人情自然也（情通无求則相愛爭能尚勝則相嫉勢使然也）多才而好讓貧賤而不謟處勞不爲辱富貴而恭勤可謂有德者也

新雕亢倉子卷第一

新雕洞靈真經卷第二

亢倉子　　何粲注

政道篇第三（順天行令不擇親踈異域同歸望風而靡）

人无法以知天以四時寒暑日月星歷（音辰）之所行知天若四時寒暑日月星歷之所行當則諸生血氣之類皆得其処（音處）而安其産矣人臣亦无法以知主以主之賞罰爵禄之所加知主若主之賞罰爵禄之所加宜則親踈遠近賢不肖者皆盡其力而以為用矣信全則天下安信失則天下危夫百姓勤勞則物殫盡則争家（音害）之心生而不相信矣人不相信由政

之不平也政之不平吏之辠也吏之有辠刑賞不齊也刑賞不齊主不勤明也夫主勤明則刑賞一刑賞一則吏奉法吏奉法則政下宣政下宣則人人得其所而交相信矣是知天下不相信者由主不勤明也

亢倉子居息壤五年（息壤是周地）靈王使祭公致篚帛與紉璐（靈王周靈王也祭公周之卿士也璐美玉也靈王慕亢倉子之德使祭公致玉帛之礼以聘之篚盛帛之篋也紉所以貫玉者也）曰余末小子否德忝位水旱不時藉爲人若何以禳之（靈王云我戔末小子不有其德忝居寳位致水旱失時人遭飢苦故請問禳辟之方）亢倉子曰水陰沴也陰於国政類刑人事類私（沴乱也水陰象陰主刑水又潛流私匿之類也若刑獄不直人事多私則有大水之災）旱陽過也陽於国政類

德人事盈類旱陽象陽主德陽爲顯盛驕盈之類若君不脩其德人事盈多則有大旱之災楚以爲凡遭水干天子宜正刑脩德百官宜去私戒盈則以類而消百福日至矣楚亢倉子名也後皆放此鄭有胡之封珪戎弓胡国名封珪大珪也戎弓弓名也二物本胡国所有後爲鄭所得異時失同於荆異時猶他時也諸侯朝覲曰荆楚之舊号也蓋時楚大諸侯共朝於楚爲會同之期而後鄭至荆曰必得封珪戎弓不然臨兵于汝荆恃強大欲行非義因鄭後期會二迫之將求二物鄭君病之駕見亢倉子曰封珪戎弓先君得之于胡綿代功寶傳章翼嗣病患也綿歷也翼嗣謂後嗣先君得此二物敬而藏之欲傳示子孫以爲有功之寶今荆恃大而曰必得不然臨兵國危矣寡人欲以他封珪戎弓往若之何他封珪别珪也亢倉子

曰君其少安勸君少安勿懷憂懼今是楚亦有寶於此亢倉子以信義爲寶飾楚之寶以貰罪於君楚所不能貰賒也僞以他珪欺誑大国取我誠信光飾而行雖罪可延賒終致後戮陷君於罪虧我信義故我不能爲君必致夫員勸鄭君勿以他珪往今荆以淺鮮之過而負其威刑申逞不直以耗斁音奪與國荆失諸侯於是乎在諸侯閒之嶈警一本作驚勸備倫比勸明會同上義固存鄭其爲首君姑待之豈必非福淺鮮小貌也負恃也逞快也倫比猶等倫也姑且也鄭之失期實爲小過荆恃強大欲肆威刑脅迫珪弓侵奪与国无德貪取必失諸侯矣於是以胡珪戎弓往未至郢郢荆所都荆人聞之聞亢倉子之謀曰彼用聖人之訓辭吾焉取此以暴不直於天下而令諸

佚實生心焉遽返其賂而益善焉㬥猶露也遽急也賂即鄭之珪弓也
人之情欲生而惡死欲安而惡危欲榮而惡辱天
下之人得其欲則樂樂則安不得其欲則苦苦則危
若人主放其欲則百吏庶正音長具展其欲放謂放縱也百吏百
官也庶長衆士之長展申也百吏庶長具展其欲則天下之人負
者竭其力富者竭其財四人失其序士農工商失其次序皆不
得其欲矣天下之人不得其欲則相與攜持保抱
逋逃隱蔽漂水音流据采以祈性命据拾也采取也拾取野果求養
性命吏又從而捕之是故不勝其危苦因有羣聚背
叛之心生若羣聚背叛之心生則國非其國也勿

貧戶口百姓沒走多壯城池百姓沒疲賦斂不中窮者曰窮刑罰且貳貴者曰貴科禁不行國則以傾中平也官吏非才則寬猛失所或與百姓爭利由是狡詐之心生所以百姓姦而難知天下難知則上人疑則下益惑下既惑則官長勞官長勞則賞不足勸刑不能禁易動而難靖此由官不得人故也政術至要力於畜士力猶動也士有才行比於一鄉委之鄉士能和此一鄉則委一鄉之政以任之才行比於一縣委之縣才行比於一州州者委之州才行比於一國委之國政而後迺能无伏士矣各得展其才用則无隱伏之士矣人有惡戾於鄉者則誨之戾罪

也人有罪惡者則一鄉之長元教誨之不改是爲惡戾於縣則撻之在鄉不改則送縣而撻之不改是爲惡戾於國則誅之而後迺能无復逆節矣誠如是舉天下之人一一肯懷无有干背憎慢之萌矣此之謂靖人賢才獲用暴惡迁善則天下之人安靖也凡爲天下之務莫大求士士之待求莫善通政通政之善莫若靖人人主通達政教則士歸之衆賢共理莫善於靖人矣靖人之才盖以文章考之百不四五文章浮華矯而不實今以文章考覈靖人之才百中无四五以言論考之十或一二有言者不必有德有德者不必有言故有中或有一二以神氣靖作態度考之十全八九賢良心廣躰胖神氣冲和動静態度必合儀則審而察之十中得八九矣是皆賢王慶代明識裁擇所能爾也外雖有賢才而主无明識亦不

能以裁擇天下王危代以文章取士則翦巧綺濫益至而正雅絜(音素)實益藏矣(末世文章尚於綺靡則雅素之士不來矣)以言論取士浮掞游飾益來而謇諤諍直益晦矣(浮游華飾之士貴則謇諤忠諍之才伏矣)以神氣靖作態度取士則外正內邪益尊而清脩明實益隱矣(內无明識故任擇不得其人)若然者賢愈到政愈僻令愈勤人愈亂矣(用非賢為賢乃益所以亂)夫天下至大器也帝王至重位也得士則靖失士則亂故人主勞於求賢逸於任使於呼守天聚人者其胡可以不事誠於士乎人情失宜主所深恤失宜之大莫痛刑獄夫明達之才將欲聽訟或誘之以詐或脅之以威或

開之以情或苦之以戮雖作設權異而必也公平一物
失宜明主之所深恤况刑獄之大乎夫察獄問囚務得其實或有隱匿則設威以脅之開導之以實情或苦切之以刑戮
雖權變多端而終无枉濫也故使天下之人生无所於德死无所
於怨理自當生故生无報德理自當死故死无怨怨夫秉國建吏持刑若此
可謂至官至官之代羣情和正諸產咸宜愛敬交
深上下條固不可摇蕩有類一家苟有違領一本作順淩
逆安得動哉平王返正既宅天邑務求才良等聞
一善簡音喜豫連日平王承幽厲之後天下板蕩无復紀綱於是撥乱返正東遷洛邑改革前
非務求賢哲得聞日善累日歡悅宅言也天邑即洛邑也等猶得也左右侍僕累言大臣
有賢異者如是踰歲侍僕左右小臣也見王悅喜承意阿諛王曰余一人

于德不明務求賢異益恐山澤遺逸不舉豈樂聞善
以自閉塞哉延者仄媚僕臣累譽權任頗階左右意
余孱昧无能斷明徒唯嬖和依違浸長自賢敗德
莫此爲多不時匡過就茲固黨（仄媚邪媚也權任大臣也階升也孱弱也依違相依也雅媚小臣稱揚權任階緣左右共相蒙蔽謂我闇弱不能明察若不過絶黨固滋深）於是弃左右
近習三人市（謂殺之而曝尸於市也古者刑人於市与衆共弃之）貶庶司尹氏五
人（庶司尹長謂權任大臣也）曰無令臣君者附下罔上持祿阿意
天下聞之稱爲齊明海南之西歸者七國至理之代
輿服純絮（音素）憲令寬簡禁網疎闊夫輿服純絮
則人不勝美（不相企羨）憲令寬簡則俗无忌諱禁網疎

閑則易避難犯若人不勝美則嗜欲希微而服役樂業矣服從也從於所役之業也俗无忌諱則抑閉開舒而歡欣交通矣凡所抑閉皆由忌諱令既无忌諱皆得開舒也易避難犯則好惡分明而貴德知恥矣貴德則不犯知恥則易避夫服役樂業之謂順歡欣交通之謂緐貴德知恥之謂正浮墯之人不勝於順逆節之人不勝於緐姦邪之人不勝於正順緐正三者理國之宗也衰音衰末之代輿服文巧憲令禳祈禳祈煩多也禁網煩僻夫輿服文巧則流相炎慕俗尚文巧則下人隨流遞相企慕如火之上炎憲令禳祈則俗多忌諱禁網煩僻則莫知所逭逭猶逃也若流相炎慕則人不忠愨而恥樸貴華

矣俗多忌諱則情志不通而上下膠戾矣莫知所逭
則讒過乎果反繁興而衆不懼死矣夫恥樸貴華之謂
浮上下膠戾之謂寠衆不懼死之謂冒真正之士不
官於浮公直之士不官於寠罷之士不官於冒浮
寠冒三者乱國之梯也荆君能圉問水旱理乱能荆之姓
圉名亢倉子曰水旱由天理乱由人若人事和理雖有
水旱无能爲害堯湯是也堯時九年洪水湯時七年大旱故周之秩
官云人強勝天秩官周書篇也若人事壞乱縱无水旱日益
崩離且桀紂之滅豈惟水旱桀紂之君暴虐奢婬以滅亡非獨水旱也荆
君北面遵循稽首曰天不棄不穀及此言也遵循退行也荆

君儆重亢倉子故稱曰天不穀王公之卑稱也言亢倉子不棄於我故得及聞此言也乃以弘璧十朋爲亢倉子壽拜爲亞尹（弘璧大璧也十朋十雙也亞尹小尹）曰庶吾国有瘳乎亢倉子不得已中宿微服違之他邦（瘳差也違法也）

至理之代山无僞隱市无邪利朝无佞禄国産問何由得人俗醇樸（国産鄭大夫公孫喬字子産）亢倉子曰政煩苛則人姦僞（法令滋彰盜賊多矣）政省一則人醇樸（其政悶悶其民醇醇）夫人俗隨國政之方圓猶蠖屈之於葉也食黄則身黄食蒼則身蒼曰何爲則人富亢倉子曰賦歛以時官上清約則人富歛无節官上奢縱則人貧公粤之簳鏃以精金鷙隼爲之羽以之棓箠則其與槁樸也无擇

勾粤東粤也簳箭笴簳也鷙鳥隼鵰鶚之類也揺箠打擊也尔雅云東南之美者有會稽之箭焉勾夫粤之也以精金為鏃以隼領為羽用之打擊則同於槁樸无擇由无累及夫蕩寇爭家音衝覿武決勝

加之駭弩之士則三百步之外不立敵矣排蕩寇敵爭衝決勝如此勾粤之簳於強弩之則前无立敵矣蜚景之劍威奪白日氣盛紫蜺以之封獲則其與劚刃也无擇蜚景神劍也劚鐮也神劍鏟利以之獲禾則同於鐮刃也及夫凶邪流毒沸渭不靖加之運掌之上則千里之內不留行矣凶邪流毒謂瘟疫之氣也此神劍能辟凶邪故威光所行則千里之内未嘗留止

夫材有分而用有當所貴善因時而已耳槁樸劚刃施用常用耳粤簳蜚景以禦凶災材分所當各因時而貴也劚音厥昔若明皇聖帝天下和平傘

物茂暢羣性得極善因時而勿擾者也近古是來天

下姦邪者衆正直者寡輕薄趨利者多敦方退靜者鮮姦者出言異於忠言（巧僞乱真不能辨也）遂使天下之人交相疑害悲夫作法貴於易避而難犯赦弊貴於省事而一令除去豪橫則官人安刑禁必行則官人不敢務私利官人不敢務私利而百姓富史刑曰眚災肆赦赦不欲數赦數則惡者得計平人生心（惡者得計務益於姦平人生心亦爲不善）而賢良否塞矣人有大爲賊害官吏捕獲因廣條引誣陷貞良闊遠牽率異推時序卒干蒙赦宥遇賊害者訖无所快自毒而已由是平人遞生黠計吏勞政酷莫能鎮止此由數赦之過也夫

人之所以惡為无道不善者為其有罰也所以勉為有道行義者為其有賞也今无道不義者赦之而有道行義者被妎〔音害〕而不賞欲人之就善也不亦難乎代有賢主秀士肯察此論〔訖猶終也快喜也毒若也肯可也〕人怨者非不接人也神怒者非不事神也巧佞甚人愈怨淫祀盛神益怒

洞靈眞經卷第二

新雕洞靈真經卷第三

亢倉子　何粲注

君道篇第四

臣道篇第五

賢道篇第六

君道篇第四 清靜无為以身帥下

始生之者天，埊養成之者也。萬物之始生者由乎天地，助天地而養之者由乎人也。能養天之所生而物攖之謂之天子。攖擾也。人能動天養物而物馴擾之者，是謂天子。昔舜有聖德，三徙成都是也。天子之動也以全天氣，故此官之所以自立也。立官者以全生也。天不自理，故聖人代天以理物者也。聖人不能

循理故立官以輔之立官之由本以養物貴全天氣不使有虧傷今代之惑主多官而反
以害生則失所以爲立之本矣後代惑主務在多官官多則政煩政煩則害物
是失立官之本意也草鬱則爲腐樹鬱則爲蠹人鬱則爲病
國鬱則百惡並起危亂不禁鬱者氣擁不通之謂也官多政煩事有擁滯如
草木之成腐蠹也所謂國鬱者主德不下宣人欲不上達也
姦妄以蒙蔽故主德不事宣黎庶枉屈故人欲不上達是故聖王貴忠臣正士爲其
敢直言而決鬱塞也剋己復禮賢良自至剋損也復返也人君
能以謙損返禮則賢良歸己君耕后蠶古蠶字蒼生自化天子親耕皇后親蠶以身
率人則天下化由是言之賢良正可待不可求求得非賢
也君有賢讓賢臣自歸故可待也君無禮讓雖復求賢賢至乃非賢也蒼生正可化不可

刑刑行非理也君耕后蠶人自效之故可化也身不自為而使人為之必不從雖復刑之刑行非至理

堯舜有為人主之勤无為人主之欲天下各得濟其欲勤謂勞心以養物欲謂私身以奉己也有為人主之位无為人主之心故天下各得肆其心位謂居位而理事心謂求安以自適肆者申也士有天下人愛之而主不愛者有主獨愛之而天下人不愛者竭公忠而養天下則天下愛之徇私情而媚一人則其主愛之用天下人愛者則天下安用主獨愛者則天下危人主安可以自放其愛憎哉由是重天下者當制其情聖人以天下為安危者欲天下之安則人主不得縱其愛憎當抑制其私情所謂天下者謂其有萬物也所謂邦國者謂其有人衆也夫國以人為本人安則國

安故憂國之主務求理人之術（天下以萬物爲多邦國以人衆爲富憂國家者不可不任賢以輔己也）玉之所以難辨者謂其有怪石也金之所以難辨者謂其有鍮石也（怪石似玉鍮石似金猶人外正內邪亦難辨也）今大以隼翼而被之鷃視不明者正以爲隼明者視之乃鷃也（隼鷂鷃雀）今夫小人多誦經籍之書或學奇技通說而被以青紫章服使愚者聽而視之正爲君子明者聽而視之乃小人也（奇技異藝云也通說雜說也）故人主誠明以言取人理也以才取人理也以行取人理也人主不明以言取人亂也以才取人亂也以行取人亂也（人主明者以言行取人以才皆理也主昏昧雖以言行取人盡皆亂也）夫聖王之用人也貴耳不聞之

功目不見之功口不可道之功而百姓暢然自理矣夫賢良之理世也不顯其名不彰其用不稱其能潛功密濟理自玄暢名迹不生人无企尚故聖王貴之也若人主貴耳聞之功則天下之人運貨逐利而市譽矣若人主貴聞目下之功則姦人運其財貨隨逐便利以市聲譽貴目見之功則天下之人恢形異藝而争進矣恢誕形容奇異伎藝夸企争進愈乱天下矣貴可道之功則天下之人習舌調吻而飾辭矣利口便辨虛而不實使天下之人市譽争進飾辭見達者政敗矣争名尚能則政理之道衰人主皆知鏡之明己也而惡士之明己也鏡之明己也功細士之明己也功大知其細失其大不知類矣鏡知形之好醜士知心之善惡正形之功細正心之功大今人主乃貴其細其失其大豈不惑哉於呼人

主清心省吏音事人自恭儉守職太平立致矣而代或難之吾所不知也若人主方寸之地不明不斷方寸之地則天地之宜四海之內動植萬類咸失其道矣謂心所居也動謂含氣之類植謂草木之類以耳目取人者官多而政亂取聞見之功則飾僞者衆爭進者多主不能辨故官多而政乱矣以心慮取人者官小而政清用心慮神識而得人者其官甚寡其政其理是知循理之代務求不可見不可聞之材澆危之代務取可聞可見之材嗚呼人主豈知哉以耳目取人人皆歡兇上讙下奪以買譽以心慮取人人皆靜正以勤德吏靜正以勤德則不言而自化吏歡兇以買譽則刑之而不塞音畏

代主豈不知哉

臣道篇第五 盡忠竭力謀効所同

夫國之將興也朝廷百吏或短或長或醜或美或怡或厲或是或非 醜惡也怡悦也厲嚴厲也 雖聽其言觀其貌有以不同然察其志徵其心盡於爲國所以剛訐不怨黜退不慳議得其中无違乎理故天不惑其時墬不乏其利人不亂其支庪 音鬼 神開贊蠻夷柔同保合太和萬物化育 國之興也朝廷祿位務盡其忠各竭其能力行行公正无有阿私故天時不惑地利不乏人事事不乱鬼神祐助遠方柔服 國之將亡也朝廷百吏姿貌多美顏色諧和詞氣華柔動止詳潤 亡国之臣外雖和順内懷猜忌各徇其私闇相謀害 雖

觀其貌聽其言有若歡洽然察其志覺其心盡在競位所以聞奇則怪見異必愕徂嫉相蒙遂喪其道故天告災時墜生反物（天反時爲災地反物爲妖）人作凶德厲神間過（閒猶伺也）戎狄交侵喪亂弘多萬物不化夫不傷貨財不妨人力不損官吏而功成政立下阜百姓上滋主德如此者忠賢之臣也若費財煩人危官苟效一時功利規賞於王不顧過後貽災於國如此者姦臣也至理之代官得人不理之代人得官郗龍觀（客閑又又音慳）問事君之臣子曰既榮死而臣人者也心莫若公（無阿私也）貌莫若和言莫若正公不欲露和不欲雜正不欲犯

（君不見察亦不欲犯顔而諫也）古之清勤爲國脩政今之清勤爲身脩名夫爲國脩政者區處條別動得其宜大合於大體爲身脩名者區處條別致遠不通拘於小節是知心以道爲主抵物得其所心以事爲主抵物失其所（以道爲主公心也以事爲主私情也抵者觸也）臣居上位不諫下位不公不合贍其禄（贍賙給也）君不嚴敬大臣不彰信小臣不合官其朝有才者不必忠忠者不必有才臣不惠不忠適恐盡忠而主莫之信主不惠不信適恐信之而莫能事事（事事猶用事也）上等之人得其性則天下理中等之人得其性則天下亂明主用上等之人當委以權宜便叓四其

所為上等之人謂賢良也公平正直无所阿私使之岀職信能目賛雖權變有時必歸於正也用中等之人則當程課其功示以賞罰中等之人謂藝能之士見善則遷見惡則染故人君賞罰制之

賢道篇第六 刻己復禮賢良自至

賢良所以屢求而不至難進而易退者非為愛身而不死王事適恐盡忠而主莫之信耳自知有材識之人外恭謹而内無憂其於衆也龢正而不狎親之則彌莊疎之則退去而不怨窮厄則以命自寬榮達則以道自止人有視其儀賢也聽其聲賢衒神課識或負所望夫賢人其見用也入則諷譽出則龔默職司

勤辨居室儉閑 謳謂刻君之過與言謂稱君之美龔默靜慎也辨毘也閑謂防閑 其未見用也藏身於終藏識於目藏言於口飽食安步獨善其善貞而不怨智者不疑叓識者不疑人有識之士行危而色不可踈言遜而理不可拔 謂過濁世不變其志行雖危而色常和言雖遜而理確然 凡謂賢人不自稱賢 自伐者無功故非賢也 效在官 一本效在官天 功在事事 驗其官政察其用事即賢不肖可辨也 太平之時上士運其識中士竭其耐 音能 小人輸其力齊有掊子者材可以振國行可以獨立 振濟也猶立謂德行孤摽不可傾拔 叓父母孝謹鄉黨恭循念居貧無以爲養施信義而遊者父之矣所如寡合或爲乘時夸毗者所蚩給 如往也寡合少諧偶也夸毗謂

矜持也蚩笑也給欺也 於是負杖步足問乎亢倉子曰吾聞圣音至人忘情 至人虛懷與道合躰故忘情也 黎人不事情 黎衆人智力愚昧不能用情也 存情之曹務其教訓而尊信義 曹輩也中人存情以信義為尊 吾乃今不知爲工 工猶能也躬行信義所往寡合不知其所為能 受不信爲信 世有受人之不信將以爲信也 信而不見信爲 有實為信而不為人所信乃自以為信也 爲勤慕義爲義 人有本非義而以慕義為義乃為人所稱義也 義而不俟義爲義 有實為義而不待人稱義亦常自為義也 然則信義之士常獨厄隨退胡以取貴乎時而教理之所上也亢倉子俛而循衽仰而譆超然歌 衽衣襟也譆歎声也超然高舉之貌 曰時之陽兮信義凶 時之陽喻君有道也君有道則信義昌盛 時之默兮信義伏 時之默喻君暗昧也君暗昧則信義伏藏 陽與默

昌與伏汩吾無誰私兮羌忽不知其讀汩乱也羌發声也讀云也夫時有理乱故用有行藏陽則与時俱昌默則与時俱伏隨流任運寧有私邪今乃問我故我不知其云也夫運正性以如適而物莫之應者真不行也真且不行謂之道喪信義者正性之用也真者正性之本也道喪之時上士乃隱隱之爲義有可爲音爲也時有可爲莫可爲者也時有否泰莫得長爲有可用也有時而用莫可用者也用有行藏莫得長用祭公問賢材何從而不至元君子曰賢正可待不可求材慎在求不慎無材在求而擇之不慎无材若天子靜大目明刑不避貴澤不隔下則賢人自至而求用矣賢人用則四海之内明目而眎清耳而聽坦心而無欝矣天自成地自寧萬物醇化

鬼神不能靈天下醇和故鬼神不能見靈怪故曰賢正可待不可求若天子勤明大臣和理之求士也則恢弘方大公直靖人之才至若天子苛察大臣躁急之求士也則囬心巧應毀方破道之才至若天子疑忌大臣巧隨之求士也則奇姓異名反媚怪術之才至若天子自賢大臣固位之求士也則事文逐譽貪濁浮麗之才至若天子依違大臣回佞之求士也則外忠內僻情毒言和之才至故曰才慎在求不慎免昔者黃帝得常仙封鴻底容丘二人黄帝臣也商王得伊尹中興得甫申中興周宣王也甫仲山甫申申伯也齊桓得甯籍即甯戚也皆由數君體道

逡音邁仁布昭聖武思輯光明寬厚含正而衆賢求用非爲簡核而得也邁行也輯睦也簡核猶擇也祭公曰夫子云賢人不求而自至亦有非賢不求而自至者乎亢倉子曰夫非賢不求而自至者固衆矣夫天下有道則賢人不求而自至天下無道則非賢不求而自至人主有道者寡無道者衆天下賢人少不肖者多是知非賢不求而自至者多矣祭公曰賢固濟天下材亦能濟天下俱濟天下賢與材安取異邪亢倉子曰窘乎哉其問也窘迫也言所問切迫功成事畢不殉封譽恭退樸儉之謂賢殉求也功成不居其位守恭儉以自牧也爲之賢人功成事畢榮在祿譽光揚

滿志之謂材賢可以鎮國材可以理國所謂鎮者鱻學[?]无爲人不知其力（至德潛化者人莫能知之）所謂理者勤率其事人知所於德（人賴其功故推德於己）一賢統衆材則有餘衆材度一賢猶不足如是賢材之殊域（一賢雖少統領衆材尚有餘德衆材雖多比度一賢猶不能及）有居山林而諠者有在人俗而靜者有諠而正者有靜而邪者（言求賢不可不察其邪正矣）凡睩察其貌鄙俗而能有賢者僉不一睩察其貌端雅而實小人者十而九（言賢人難得也）夫不練其言而知其文不責其儀而審其度不采其譽言而知其善不流其毀而斷其實可謂有識者也（不待流言毀謗而知其惡情也）

新雕洞靈眞經卷第三

新雕洞靈眞經卷第四

亢倉子　何粲注

訓道篇第七 至德之用萬教之主神明共賛可以化民

閔子騫問仲尼道之與孝相去奚若疑其相去遠也仲尼曰道者自然之妙用孝者人道之至德窮於本始謂之道施於人理謂之孝道能通生萬物不知其所由然故曰妙用孝者善事父母盡敬盡順通乎神明故曰至德夫其包運天地發育萬物曲成類形布丕性壽性者剛柔之質壽者一期之盡其功至實而不爲物府不爲事官無爲功尸捫求眡聽莫得而有字之曰道雖曲成萬類彫刻衆形尋求主宰莫見其朕故字之曰道道者靈通之謂用之於人字之曰

孝孝者善事父母之名也夫善事父母敬順
爲本意以承之順承顔色無所不至發一言
舉一意不敢忘父母營一手措一足不敢忘
父母事君不敢忘忠朋友不敢不信臨下不
敢不敬嚮善不敢不勤雖居獨室之中亦不
敢懈其誠此之謂全孝故孝誠之至通乎神
明光于四海有感必應善事父母之所致也
昔者虞舜其大孝矣庶母惑父屢憎害之舜
心益恭懼而無怨謀使浚井下土實之于時
天休震動神明駿赫導穴而出奉養滋謹由

是玄德茂盛爲天下君善事父母之所致也（史記稱舜父瞽瞍與庶母弟各皆欲殺舜使舜修廩瞽瞍從下縱火焚廩舜乃以雨笠自扞而下去得不死後又使舜穿井舜穿井爲匿孔旁出舜旣入深瞽瞍與象共下土實井舜匿孔出去是其事也于時天以美之德震動舜心神明赫然令其免害及出之後事父弥謹堯知其聖歷試諸難後乃禪其位焉）文王之爲太子也其大老矣朝夕必至乎寢門之外問寺人（音侍）曰茲曰安否如何（寺人奄宫主在左右侍君也）曰安太子溫然喜色小不安節太子色憂滿容朝夕食上（謂侍者進食於君）太子必眎寒暖之節食下必知善羞所進然後退（知所食之多少）寺人言疾太子肅冠而齋（君有疾故太子嚴肅衣冠而齋齋者虛心專志以祈神明使救護耳）膳宰之饌必敬眎之

湯液之貢必親嘗之饌飲食也貢進也嘗饌善謂君嘗饌也
則太子亦能食嘗饌寡太子亦不能飽以至
于復初然後亦復初君病間而太子亦復初君后有過怡聲
以諷怡悅也謂下氣怡声幾微諷諫君后所愛雖小物必嚴龔不敢
慢君父之所愛是故孝成於身道洽天下雅曰文王陟
降在帝左右雅詩大雅也陟升也帝天也左右助也言文王所爲天必助之言文王
靜作進退天必贊之故紂不能害贊佐也文王事紂爲天所
佐故紂雖暴不能輒害夢啓之壽礼記曰文王有疾旬有二日乃間文王謂武王曰汝何夢矣武王對
曰夢帝与我九齡文王曰汝以爲何紂武王曰西方有九國君王其終撫諸文王曰非也我百尒九十吾与汝三焉文王九十
七而終武王九十三而終卜世三十卜年七百天所命也善事

父母之所致也左傳曰成王定鼎于郟鄏卜世三十卜年七百天所命也閔子騫曰善事父母之道幸既聞矣敢問教子之義仲尼曰凡三王教子必視禮樂視猶示也樂所以脩內和其心禮所以修外檢其容禮樂交脩則德容發輝于貌故能溫恭而文明夫為人臣者殺其身有益於君則為之況利其身以善其君乎是故擇建忠良貞正之士為之師傅欲知其父子君臣長幼之道夫知為人子然後可以為人父知為人臣然後可以為人君知事人然後能使人此三王教子之義也三王謂夏殷周三代之王也閔子

騫退而事之於家三年人无間於父母兄弟之言（上事父母下順兄弟盡善盡美故人无非間之言）交遊稱其信鄉黨稱其仁宗族稱其悌德行之聲溢於天下此善事父母之所致也齊太子坐清臺之上燕莊（一本作壯）侯他（莊侯燕謚也他名也）髙冠嚴色左帶玉具劒右帶環珮左光照右右光照左（言玉珮之光交相照也）太子讀書不睬莊侯他問曰齊國有寶乎太子曰主信臣忠百姓戴上齊國之寶也莊侯他應聲解劒而去（聞義而服也此章言君子尚信尚忠不尚華飾）烏乎人有偏蔽梟身莫自知已矣賢者見之寬恕而不

言小人暴愛而溢言親戚憐嫉而貳言人有偏蔽惡乎不自知哉(惡乎猶於何也)是故君子檢身常若有過衣其衣食其食知其過而不产(音克)有以正之者君子恥之(言爲人臣不能有所匡正也)將欲有言識其必不能行者君子罕言(君不納忠諫則罕言以避患也)當責衆人之惡者睎己善乎哉當責衆人之邪者睎己正乎哉此之謂返明(先審身之善正然後責人之邪惡)翟西氏之子甚孝謹翟西憐其子而好妄而之言翟西鼂出夕返則曰甲死矣其子信之既而甲在焉他夕則曰乙且害余其子伺將行

仇既而不見惡耑他夕則曰丁病矣其子覞之丁誠旡恙舉此類也（覞眎也恙憂也舉皆也）冒淹季存子固孝謹至於訓勤益不保承鄉國之人疾其咎口謀將殺之翟西聞而懼歸以告子子未甚信既而翟西見殺（此章戒人輕言致害雖愛子猶不信之以至見殺況他人乎）謂多言之人為疎露亦有辞約而不密者謂輕佻之人為不定亦有體閑而心躁者（輕佻猶輕躁也）謂叢雜之人為猥細亦有外絜而內濁者若類而引之不可彈載若非徹識孰能究詳（彈盡也）有不可以應卒也者內靜而外動其

動而難静謂外見利貪而逐之愈得愈貪故身勞而難静時有不可求

㝍也者内思而外待待至而後樂謂内興情欲緣境思求心有待得而後樂不知心揺而蕩性是故外静而内動者揺思

而損性奔走而逐利者勞力而害名唯泊然无情欲人不爲名利所誘者然後身安而性全也人生於代或有㝍不遂志

而宣言云不遇時者是无異賀丹頭之罪

俟時行戮豈不殆哉不能危行言遜于犯時君无異賀貢斬首之罪待時戮也丹血色也其有博才通識未見稱用者正可云時

非不清命未與耳豈不韙歟韙是也長於諫

者務依存前人之性而剪制其情之所由

起是以彼此開進親敬孰篤不長於諫者務攻前人之性而闇於情之所來是以彼此嫌貳猜疊日積兒童之所蕳者迺耆耋之所非耳目之所娛者迺心慮之所疾健責天下之愚者己之未賢也健責天下之迷者己之未明也（賢明者當恕愚迷而勿責）以未賢責衆愚未賢者以之亡以未明責衆迷未明者以之傷（愚迷之人无所損健責者徒自傷耳）

新雕亢倉子卷第四

新雕洞靈眞經卷第五

亢倉子　　何粲注

農道篇第八

兵道篇第九

農道篇第八夫穀者人之天理國之道務農爲本

人捨本而事末則不一令本謂農也末謂趍浮利也人趍末利則姦詐多端故一令不能制也不一令則不可以守不可以戰趍利多端人心不一固不可以固守不可以攻戰人捨本而事末則亓產約人貪浮利則產約業薄亓古其字亓產約則輕流徙輕流徙則國家時有災患皆生遠志无復居心人舍本而事末則好智則多詐多詐則

巧法令巧法令則以是爲非以非爲是古先聖王之所以理人者先務農人農非徒爲墬也貴其志也（志在安人）人農則樸樸則易用易用則邊境安安則主位尊人農則童（如童兒无異志）童則少私義少私義則公法立力博滐農則亓産複（複猶厚也）亓産複則重流散（不流散也）重流散則死亓処无二慮是天下同一心矣天下一心軒皇几𤇾（音蘧）之理不足過也（軒皇几蘧古之有道之君）古先聖王之所以茂耕織者以爲本教也是故天子躬率諸侯耕籍田大夫士第有功級勸人尊墬産也（第次第也月令云正月中氣天子乃擇元辰親載耒耜置之車右率公卿諸侯大夫躬耕藉田天子三推公五推卿

諸侯九推是以功級勸人也后妃率嬪御絲一作蠶又作蚕於郊桑公田勸人力婦教也月令云三月中氣命有司无伐桑柘乃脩蚕器后妃齋戒享先蚕而躬桑以勸蚕事祭器云古者天子諸侯各有公桑蚕室近川而為之君上三宮之大夫世婦之吉者使入蚕於蚕室世婦卒蚕奉繭以示乎君遂獻於夫人夫人繅三盆手遂布于三宮夫人世婦之吉者使繅之此勸婦教也男子不織而衣婦人不耕而食男女貿功資相乏業此聖王之制也貿易也故敬旹㤅日埒實課功埒量也非老不休非疾不息一人勤之十人食之上農夫食十人當時之務不興土功不料師旅男不出御女不外嫁以方農興土功理師旅行婚嫁皆謂方農業也御迎也謂男子不親御黃帝曰四旹之不正正五穀而已耳夫稼為之者人也稼種也生之者蓖也養之者墬也昰以稼之

容足耨之容耰（耨鋤也耰謂鋤器也）耘出容手（耘除草也）是謂耕道

（種苗可使容足耨之可使容耰耘之可使容手）農攻食工攻器賈攻貨（攻理也）

時事不龔縱之以土功是謂大凶（君王不恭農事而縱其時以興土功則大凶之道也）

凡稼蚤者先旹暮者不及時寒暑不節稼乃生

災（謂大旱大晚者不得中和之氣）冬至已後五旬鷙七日而昌生（旬十日也五十七日在立春節中而草木昌發）於是虖始耕事農之道見生而

蓺生見死而穫死（因天時而興民利也蓺種也穫刈也）无發旹墜産財不

與人春（音期）有秊祀土無秊祀土（有年豐年也无年荒年也礼土祭社稷也春祭祈豐年也秋祭報成熟不以有年則祭無年不祭所以祈地利重人命）無失人旹迨時而作過旹

而止老弱之力可峯盡起（迨及也雖老弱可使盡耕所以趍使也）不知旹

者來至而逆之（謂興農大旱）既往而慕之（時既過往而慕之是大晚）當其時而薄之（雖當其時而用功寡薄所收亦不多）此從事之下也（此三者雖從農務不得其時故云下也）人耨必以旱使地肥而土緩（夫鋤必用旱時旱時則草易死而土脉肥緩）稼欲産於塵上而殖於堅者（殖長也下種欲其土細如塵則地虛而根深及苗深長也得雨則土堅土堅則莖固也）愼其種勿使數亦無使疏（數謂煩密）於其施土無使不足亦無使有餘（於土謂施利於土也種不足則傷疏而費地於有餘則傷密而損谷不費不損取其中也）甽欲深以耑畝欲沃以平（耑正直也畝深直則水流疾畝沃平則潤澤均）下得陰上得陽然後盛生（下陰謂水潤上陽謂日氣盛咸生也）吾苗有行故速長强弱不相害故速大（苗成行則長疾強不害弱則易大）正其行通亦

當作丌中疏為冷風風古風字使苗疏而通風則有收而多功率稼望之有餘就之則疏是陸之竊也由地瘠薄也苗不茂盛若被竊之狀不除則蕪除之則虛是叓之傷也除理也草盛而後除之苗則虛矣是人事傷之苗其弱也欲孤欲一一孤生不併聚也其長也欲相與居與衆共相蔭映其熟也欲相扶无倒折之害三以為族稼乃多穀三者如人之宗族共相扶持則多收也凡苗之害不俱生而俱死生不齊則不茂矣是以先生者美米後生者為粃強者凌弱故後生者不實是故其耨也長其兄而去其弟以人喻苗先後兄弟樹肥無岑扶踈樹墝不欲專生而獸居墝瘠也專生獨居不奈風旱也肥而扶踈則多粃墝而獸居則多死不知耨者去其兄而養其

弟不收其稟而收其粃上下不安則稼多死得時之禾長秱當作而大穗圜稟而薄糠米粭而香舂而易而食之強禾粟也秱穗鷄也圜圓也粭甘味也失旹之禾深芒而小莖穗銳多粃而青蕾深芒長芒也銳細也青蕾米青也得旹之黍穗不芒以長摶米而寡糠摶米謂以手挼穀而出米也失旹之黍大本華莖葉膏短穗本根也華莖莖傍有花名膏肥大也得旹之稻莖葆長秱穗如馬尾葆大也馬尾言長也失旹之稻纖莖而不滋厚糠而菑死得旹之麻疎節而色陽堅枲而小本陽光揚也堅牢也言皮堅勁也失旹之麻蕃柯短莖岸節而葉蟲蕃柯枝柯多也岸節言節高也得旹之菽兵莖而短長其莢二七以為族多枝

數節競葉蕃實稱之重食之息[菽豆也族聚也息猶盈也]失旹之菽以長而蔓浮葉虛本踈節而小莢得旹之麥長稠而頸族二七以爲行薄翼而䵩色[䵩吐觀切薄翼糠也䵩黄色也]食之使人肥且有力失旹之麥胕腫多病弱苗而翠穗[胕腫謂根莖麤而且蟲翠穗多芒也]是故得旹之稼豐失旹之稼約庶穀盡宜從而食之老人四衛變強耳目聰明凶氣不入身無苛殃善虖孔生之言冬飽則身溫夏飽則身涼夫溫涼旹適則人無病疢[音疹]人無病疢是疫癘不行疫癘不行咸得遂其天年故曰穀者人之天是以興王務農王不務農是棄人也王而棄人將何國

（本從口或聲古作𡈼唐武后作圀俗作国）哉

兵道篇第九（兵者不祥之器不得已而用之）

秦景主將賅強兵於天下（秦時肴函險固兵強士勇故賅強兵於天下使天下无敢与之敵賅猶示也）岑庚兵鮑戎必致命亢倉子（庚長秦爵號鮑戎人姓名）待以壤邑十二周實迫之（周密也欲問亢倉子之計故以十二邑待之恐其不来密使鮑戎迫之使必来）亢倉子至自滎泉賓於上館（滎泉秦地名）景主三日弗得所問（欲問之而弗得）下席北首頓珪曰寡果無意恤孤耶（北首頓珪盡禮而已）亢倉子油然戲盼曰朕以主寡異之問而寧弊弊焉以斫刺寡故（油然微動貌戲側也盼顧也朕我也以景主有遠異之問而何謂弊弊焉言景主以兵戈斫刺為故予言其所問下也）抑者隨其所而得正者無如可矣（言景主既

以兵道問我故我抑亦隨其所欲而正之非至理之可也景主一拜再舉歛黼袵端珪抑首而坐曰實惟兂所命黼袵綉襟也抑首低首也惟天所命頷垂告命也亢倉學仰櫰而嘘俯正顔色曰原兵之所起與始有人俱櫰椽也嘘嘆也嗟其不問至道故仰面而發嘘嘆夫兵之所起与人俱生本始有之非獨今也夫兵也者出人之威也人之有威性受於兂人有喜怒之性本受于天怒則威生威生則兵起之由也故兵之所自來上矣嘗無少選之不用少選猶少時也喜怒之情用之旡常故旡少時不用也貴賤長少賢愚相與察同同察怒旡人動則知兵起之原也兵之兆在心懷恚而未發兵也疾眎作色兵也傲言推揆兵也揆子寸反侈鬪攻戰兵也此四者鴻細之爭也恚怒也作色厲絶也揆亦推也謂相推盪也四者雖有大小之異皆

（有怒心故為兵也）未有蚩尤之旹人實揭材木以鬬矣（蚩尤黃帝時諸侯兄弟八十一人銅頭鐵額與黃帝戰於涿鹿之野始造兵器為黃帝所滅）黃帝用水火矣（或引水注邑或縱火燒城）共工稱霸矣（共工與顓頊爭天下）五帝相與爭矣一興一廢勝者用吏（用兵之道有廢有興皆以順天而勝者得用矣）夫有以用藥而死者欲禁天下之醫非也有以乘舟而死者欲禁天下之船非也有以用兵而喪其國者欲禁天下之兵非也夫兵之不可廢譬水火焉善用之則為福不善用之則為禍是故怒笞不可偃於家刑罰不可偃於國征伐不可偃於天下（笞鞭杖也偃息也）古之聖王有義兵而無偃兵（義兵者順天應人所以誅暴亂也）兵誠義以誅暴君而振

若人人之恍芒本字奏刺石文作芒俗作也若李子之見慈親餓隸之遇美食號呼而走若強弩之射深谷芒振救也隸僕隸也強弩之射深谷言投赴疾也勝負之决勿徵於他必反人情人生情欲生而惡死欲榮而惡辱死生榮辱之道一剸三軍之士可岑一心矣人君與三軍之士同其死生榮辱則三軍雖衆可使一心矣凡軍欲其衆也心欲其一芒三軍一心剸令可使無敵人古之至兵盖重令芒古之至極善用兵者盖重慎其令也故其令强者其敵弱其令信者其敵詘先勝之於此剸勝之與彼夫料敵制勝必先自料若與衆同死生而三軍一心則勝矣誠若此則敵胡足勝也凡敵人之來也以求利也今来而得死且以走為利則刃

無所與接矣此之謂至兵傲雲姦詐之與義理反也言姦兵與義兵逆順之理相反其勢不俱勝不相立義兵勝姦兵敗故義兵入於敵之境則人知所庇矣兵至於國邑之郊不踐果稼不穴丘墓不殘積聚不焚室屋得人虜虛而歸之但與人期以悠敵資以章好惡以示逆順若此而猶有愎狠凌宕不聽者雖行武焉可也愎狠猶悪戾也宕流宕也先行義以示之猶有悪戾不聽服者雖用武諫可也先發聲出號令曰兵之來也以除人之讎以順兲之道故尅其國不屠其人獨誅所誅而已獨誅者誅暴君也於是舉選秀士賢良而尊𡋯古𡔷字俗作封之求見孤疾長老而拯敬之孤疾之人拯給之長老者致敬

也發府庫之財散倉廩之秩說文曰積也毛氏曰以禾形从失声也本再生稻借為秩序字不私其物曲加其禮不私其利與衆共之曲加其礼聘以求賢也今有人於此能生从屮上象艸生出土上也死人人下當有生字一人則天下之人爭事之矣生猶活也言有人以義活一人之死則天下咸事之義兵之生一人亦多矣人孰不悅故義兵至則鄰之人歸之若流水諸國之人望之如父母行坐滋遠得人滋衆辭未終景主興起稽首抑首而坐至是坐而起立舉首也曰孤獲聞先生教言不覺氣盈宇宙志知所如也而心滋益冀既聞義兵之道鄙其姦傲之心故志氣盈滿充塞宇宙志知所如也於是步前稱觴為亢倉子壽舉步前進稱觴飾重道也拜居稽首列師位嚴于齋室又月

陟旬辰加天關白晝行道天關即天罡謂辰時也行道行弟子礼也

洞靈眞經卷第五

音義

全道一。拴社圣至鴍為叓事𠭁音終彶後

扫胡骨反蕐共陸地圼為卒玄貞貞致不致

用道二。𩁹農龢和𠆤萬𣦼晨耑端𡬶

塞㝉克囲曲

政道三。㕒辰処處正八長㳻流汌州𦔳喜亯

𡨬衰豙奧衝妳害宎天㪂敢出别本刲圭

○君道四○𨓁蠢寋𠱸畏

○臣道五○庛菰鬼

○賢道六○掊後本反或作棓扶福反

○訓道七○𪉸齋亯克𠧟能

○農道八○亣其𦰩蘧昚期凬風

○兵道九○𣓏流𤔣觴𢍏關捘子寸反

洞靈眞經音義終

全道　且也尊賢使能旦字悞　禮所以齊儀今本

儀作物

用道　似非而是似下脱非字

政道　藉爲人君若字悞　人事類盈作盈類悞

窮者日窮曰字悞　科禁不行今本作科禁

大行　寬猛失所宜或字悞　天下王危代

令本作王天下者若　絜字作縈　守天聚

人令本天作图　事誠於士令本誠作試

簡豫簡作憪　賦歛無節歛上脱賦字　駭

弩之上士字悞　近古吕来是字悞　貞於

忠言貞今本作等

君道　養成之者人也脫人字

賢道　信而不見信爲信脫下信字　不慎無慎字

悞

訓道　布丕今本作不希　兹日安否曰字悞　好

躁妄之言悞作妄而之言　孰能究詳今本

作安能洞詳

農道　人忘本而事末人末本末字悞　好智下脫

好智二字

右得金城黄諫刻本校對

跋

右宋槧洞靈眞經五卷每卷標題新雕洞靈眞經卷第幾次行上題亢倉子下題何粲注書凡九篇與諸家著錄合治世民等唐諱字全書避之唯謹宋諱亦僅及貞徵蓋源出唐卷子本宋仁宗時始以上板去古最近唐卷本之可貴貴在雖有譌奪不輕改動觀於是本文字之互有得失殆猶未經唐以後人意爲增損也正統道藏作三卷取以對校如政道篇喜豫連日是本喜作簡（原注音喜）訓道篇燕壯佚他是本壯作莊（原注一本作壯）農道篇然後咸生是本咸作盛（原注盛咸生也）兵道篇散倉廩之穀是本穀作秩（原注本再生稻借爲秩序字）能生死一人是本作能生（原注从屮上象艸生出土上也）死人（原注人下當有生字）一人又景主興稽首是本稽作起（原注抑首而坐至是坐而起立拳首也）藏本經文既改并將舊注删落以滅妄改之跡若非此本尚存古書

佳字先唐原本眞面不幾盡被掩沒邪古子文義儘多奧衍奚必盡求可通道藏刊於明初世與宋槧齊觀而猶有此失此宋本之所以終勝明本歟卷五抄配五葉然與道藏互有異同可知其必有所本偶以子彙亢倉子一卷無注本參證之多與藏本合校印既竣因取兩刻異同悉錄存之以附於卷末而著宋本最勝字如右中華民國二十五年二月海鹽張元濟識

洞靈真經校勘記

卷次	葉次	行次	本文	校道藏本參同子彙
一	一	前二	何粲注	粲作璨
		前八注	聖賢所在	賢聖之居
		注	天祐之福故俗無疵癘	天祐神助近無疵癘
		前九注	不存近情	存作在
		後三注	欲也	也作允
		注	故從而諮啓	諮啓作啓之
		後六	羽俗父子	羽俗子父
		後八注	故不釋其言	其言作然
	二	前二注	喻亢倉子	無子字

前五注 言豈知之 之作也

前八 深眇而已 眇作渺下同

注 介孤也 孤下有介字

前十 必有人與相食者 與下有人字

矣

後一注 簒弒之禍 弒作煞

後二注 事迹冥絕 冥作宜

後十 水之性清土者抇 性下有欲字 抇作

之 滑下同

人之性壽 性下有欲字

三 前一注 使不終天年 使上有故字

前二 令代之惑者 代作世

前三注　蓋倒置之流也　之流二字作者字

前六注　捐葉也　葉作棄

後一注　而廻其志　志下有者也二字

後五注　順物不哭　不作而

前二注　有理有識　有識有理

四

前五　不主物之潔汙矣　子彙汙下有者字

前九注　故不主其潔汙　主下有一字

後三　眞音眞　夭音長

後四注　陳懷君謚　懷君謚也

後六注　徒見其應接世務　其下有能字　使作

使證以爲聖人　便

後七注　豈知其所以聖哉　無以字

後八　聖人謂誰　謂作爲

後九　耳眎目聽　眎下有而字

五

前二　吾能聽眎　子彙作視聽

前三　孰知是　知作如

前八注　與符同體　符作無

前九注　其孰能與於此　此下有哉字

前十注　上沓天心　沓作合

後二　豈知哉　豈下有可字

後四　不襲於道　襲作躬

注　自云有民有命稟　無有民二字　在作

在上天　於

後九注　爲陳恆所弑人取　恆下有之字　人作

其國　而

六　後二注　鍊質而升仙也　質下有專字　而下有乃字

後四　務求才良　子彙才作賢

後六　不㬱塞其業履　㬱作替

後八　克全三全　上全字作此

後九　道德盛　子彙盛作順

則君子全　全作合

七　前一　似而是　似下有非字

前二　而才不可親　可作堪

前六　靖則神通　靖作靜

前七　理勢使然　理勢然也原注王本云理勢使然也

前十　富貴而恭勤　富貴二字互易　而
下有益字

二一

前四　以四時寒暑　以作之

前五　知天若四時　若知天之四時

前七　知主若主之賞罰　若知主之賞罰

前八　賢不肖者皆盡其　無者字　其下有才
力　字

前九　則物殫盡　則作財

後七注　盛帛之篋也　篋作篚

注　所以貫士者也　士作玉

後八　藉爲人若　子彙若作君

注　不有其德忝居寶　有作明　居作君

位

注　致水旱失時　致下有使字

後十　則有大水之災　大作沴　災下有也

字

二　前一　人事盈類　人事類盈

注　人事盈多　多作侈

前二　凡遭水干　干作旱

前五注　殷猊曰荆楚之舊　殷見曰同荆楚之舊

號也　號

注　而後鄭至　而鄭後至也

前六注　脅二迫之　二作而

前八　綿代功寶　寶作實

後二　楚所不能　能下有爲字

後六　將警　將作將

後七　鄭其爲首　無其字

三

前一　而益善焉　善下有鄭字

前七　則相與攜持保抱　子彙攜持作提携

前十　若羣聚背叛之心　子彙無此八字

生

後二　窮者曰窮　曰作日

貴者日貴　子彙二貴字作匱

後三　則寬猛失所或與　子彙或作字　由是

百姓爭利由是狡　二字作則

詐之心生

後四 天下難知則上人 天作夫 疊上人疑

疑 三字

後七注 力猶動也 動作勤

後八注 士能和此一鄉 此作比

後十 則誨之 則下有以字

四

前一注 元教誨之 元作先

前二注 則送縣而撻之 送下有上於二字

不改是爲惡戾於 惡戾下有於州則移

國 之撻之不改則送州而流移之也 不改是

爲惡戾一段

无復逆節矣 無復字

前三 一一胷懷无有干 子彙胷作畏 愔作

背愔慢　諂

前六注　通達政教　衆賢　政作聖　理作治按治爲唐

共理　諱宋本均避作理

前七　百不四五　子彙不作無

前八注　有中或有一二　有作十

以神氣靖作　子彙氣作器

前九注　十中得八九矣　十得八九者矣

前十　賢王慶代　代作世

後一　天下王危代　天作夫　代作世

則翦巧綺繿　繿作濫

後三　浮掞游飾　浮上有則字

謷譔諍真　真作直

注　華飾之士貴　士作事

後八　守天聚人者　子彙天作國

五

前二注　開導之　或苦切　開作或　無切字

之

前五　至官之代　代作世

前六　苟有違領　領作順

前八　簡音喜豫連日　簡作喜原注脫　子彙作

惘

前九注　得聞日善　宅言　日作一　言作居

也

前十注　阿諛　阿諛也

後五注　雅媚小臣　雅作邪

後六　三人市　子彙人下有於字

後七　無令臣君者　子彙君作人

後八　至理之代　代作世

後九　輿服純絜音隶　絜作繫下三句作素

六

前三注　令旣无忌諱　令作今

前七　衰末之代　代作世

七

前一注　儆重亢倉子故稱曰天不穀　儆作敬　稱下有之字　天下有不棄二字

前三注　違法也　法作去

前四　至理之代　代作世

前六注　其民醇醇　民作人

前七　食黃則身黃食蒼　一句上下互易

則身蒼

後一注　有會稽之箭焉勾　箭上有竹字　勾夫

夫粵之也　作夫勾　也作簳

後二注　以隼領爲羽　領作翎

後三　加之駭弩之士　士作上

後四注　如此勾粵之簳於　如作加　弩之下有

强弩之　上字

後五注　以之穫禾　禾作稻

後八注　施用常用耳　施用作施於

後十　近古是來　子彙是作以

前二　臭於忠言　臭作夫

八

前五　則官人不敢務私　子彙下七字不重

利官人不敢務私

利

後一　惡爲無道不善者　子彙善作義

後四　代有賢主　代作世

後五　人怨者　者誤若

三一　前七　始生之者天地　地作也

養成之者也　者下有人字

注　由乎天地　天地作天也

助天地而養之者　無地者二字

前八　而物攖之謂之天　謂下無之字　子彙

子　物作勿

注　人能動天　動作助

前十注　天不自理故聖人　理均作治

代天以理物

後一注　聖人不能猶理　猶理作獨治

今代之惑主　代作世

後二　爲立之本矣　立下有官字

注　後代惑主　代作世

後四注　氣擁不通　氣未通

後六注　主德不軍宣　軍作下

後八注　則賢良歸己　脫己字

後九　賢良正可待　子彙賢上有則字

前四注　謂居位而理事　理作治

二

前八　重天下者　者上有愛字

後一　理人之術　術作材

後三　謂其有怪石也　怪作硜注同

今大以　大作夫

後四　視不明者　視下有而字

後五注　隼鴞　鴞作鷹

後十　聖王之用人也　王作主　子彙作人

三

前二注　大賢良之理世也　理作治

前七　飾辭見達者政敗　子彙者作則

矣

前八注　政理之道衰　政誤正

前九　不知類矣　矣作也

後一　而代或難之　代作世

後五　官小而政清　小作少

後六注　用心慮　慮作愿

注　其政甚理　理作治

循理之代　代作世

後七　澆危之代　代作世

四

前一　代主豈不知哉　代作世　無不字

前二注　謀効所同　同作司

前八注　天時不惑　惑作忒

前十注　內懷猜忌　猜作情

後二　狙嫉相蒙　狙作相

後九　既榮死而臣人者　榮死作策名　無也

也　字　子彙也空格

五　前四　抵物得其所　物作事

前八注　主不患不信　子彙無主字

前十　四其所爲　子彙四作肆

後一注　信能臣贊　臣作匡

後三注　人君賞罰制之　君作主　下有以字

之下有也字

後九　以道自止　止作正

聽其聲賢　賢下有也字

六　前一　職司勤辨　辨作辦注同

注　刻君之過　刻作刺

前二　藏身於終　終作衆

前三　獨善其善　下善字作身

前四注　謂過濁世　過作遇

前五　效在官　效作効　官下有政字

前六注　卽賢不肖可辨也　無卽字

前十　豈給　給作給注同

注　如往也　也下有本作所豈往給音待一云始於是也十四字

後二注　黎衆人　人作也

後五　信而不見信爲　爲下有信字

後八　超然歌　然下有而字

後十注　信義昌盛　盛作也

七

前一注　讀云也　云上有猶字

前二注　夫時有理亂　理作治

前三　真且不行　上有夫字

前五注　時有可爲　四字脫

莫可爲者也　五字脫

有可用也　上有莫可爲者四字

下有邦有道則智邦

無道則愚十字

前六　莫可用者也　莫上有故字

何從而不至　不至子彙作致

後九注　二人　二作三

八　前一　而衆賢求用　賢下有自至而三字
前二　而得也　得下有之字
前八　安取異耶　無取字
前九　功成事畢　上有夫字
前十注　守恭儉以自牧也　儉作謙　爲之賢人
爲之賢人　四字脱
後一　材可以理國　子彙材下有亦字
後六　有靜而邪者　者下有也字
後七　萬不一　十而九　不下而下俱有有字
後九　而斷其實　實作寶
四　一　前七　曲成類形　子彙類形作萬類
後四　不敢忘忠　忘作不

後六　孝誠之至　子彙孝作至

後八　其大孝矣　矣下有乎字

二

前二注　各皆欲殺舜　無各字

前三注　天以美之德　美上有休字

注　神明赫然　明作功

前五　其大老矣　老作孝

前六　茲曰安否如何　曰作日　如何作何

如

注　寺人奄宮　奄宮作問官

前八　必知善羞　善作膳

後一　必親嘗之　嘗誤賞

嘗饌善　饌作膳

後九注　汝以爲何紂　紂作也

三

前二　幸既聞矣　聞下有之字　子彙作既幸聞矣

後五　燕莊一本作壯侯他　莊作壯下同注同原注脫

後六注　交相照也　脫交字

後九注　此章言君子尚信　脫章字　尚信尚忠作尚德

後十　莫自知己矣　矣作乎

四

前二注　猶於何也　脫於字

前四注　言爲人臣　臣誤口

前八　好妄而之言　而作與

後九　孰能究詳　能作克　子彙作安

能洞詳

後十　有不可以應事也　上有時字　以作不

者

其動而難靜　其作易

五

前一注　愈得愈貪　貪作貧

時有不可求事也　求上有不字

者

前三注　心有待得而後樂　心有所待故待得而

復樂

前五注　人不爲名利所誘　人作而

者

前七注　待時戮也　戮上有行字

前八　其有博才通識　脫有字

五　一　前十　人末本而事末　上末字作捨

則好智　好智下疊好智二字

後二　農非徒爲地也　農下有人字　地下

有利字

貴其志也　貴下有行字

後七　不足過也　足作是

後十注　公五推　公上有三字

二　前一　絲（一作綵又作蠶）　絲作蠶　注全脫

前二注　乃修蠶器　蠶作空格

前三注　各有公桑　各作必

注　君上三宮之大夫　上作卜　大夫作夫

世婦之吉者　人

注　使入蠶於蠶室世　蠶於二字脫　卒作

婦卒蠶奉繭以示　親　平作于

平君

前八　女不外嫁以方農　嫁下有一作大嫁四字注

方作妨　農下有也

字

前九　四時之不正　不下有可字

前十注　稼種也　種上有謂字

後二注　攻理也　理作治

後三注　不恭農事而慾其　恭下十字脫

時以興土功

後四　稼乃生災　生作多

後五　五旬爲七日　爲作有

後七注　而興民利　民利作人事

後八　地產財不與人期　期下有注產生也三字

注　礼土　礼作祀

後九注　祈豐年也　年作祥

後十注　所以趨使也　使作時

三

前一　來至而逆之　來作未

前三　人耨必以旱　人作夫

前四　產於塵上而殖於　上作土　堅上有地

堅者　字

前五注　及苗深長也　無深字

前六注 數謂煩密 謂作爲 密作也

前七注 於土謂施利於土 上於土作施土 利

也 作種

於有餘 於有餘作種有餘

前八注 畝深直 畝作甽

前九 然後盛生 盛誤威

注 盛威生也 四字脫

吾苗有行故速兵 吾作立 兵作成

前十 通亦(當作)中 通其中

後三 是事之傷也 子彙之傷作傷之

後四 其夭也 夭誤夫

後五 欲相扶 相下有與字

後六　凡苗之害　害作患
後七注　則不茂矣　則下有大苗淩小小苗六字
後八注　先後兄弟　先生爲兄後生爲弟
後九注　不奈夙旱也　奈夙作耐風
後十　墝而獨居　獨作專

四

前二　長稠當作□　稠作秱
米粘而香舂而易　粘作飴　而作之
前三注　稠穗鶵也　稠作秱　鶵作頸
注　粘甘味也　飴謂味甘如飴也
前四注　米青也　上有其字
前六注　花名膏肥大也　花名作華也

前九注 枝柯也 枝上有謂字

前十注 岸節言節高也 岸節者高節也

兵莖而短長 短長作短足

後二 以長而蔓 以作必 而作以

子彙作必長而蔓

後三 薄翼而蘚色 而作謂

後七 孔生之言 生作子

五

前三 秦景王(下文作主) 王作主

注 故睎强兵於天下 故欲示强於兵

前四 必致命亢倉子 無命字

前八注 盡禮而已 而已作也

前九注 而何謂弊弊焉 謂作爲

前十　抑者隨其所得而　隨上有亦字　所作
正者　欲　者作焉

後四注　榱椽也噓嘆也　椽也下有仰榱仰面
屋榱也七字　嘆下
有聲字

夫兵也者　夫作凡

後六　嘗無少選之不用　無之字

後七　相與察同　相與同　察字連下
爲句

後八注　怒无人動　无人作氣之

六

前二注　黃帝時　時下有據字

注　與黃帝戰　與下無黃字

始造兵器爲黃　造上無始字　爲上

帝所滅　有後字

前四　用藥而死者　用作咽

前六　用兵而喪其國者　脫而字

前十　諫暴亂也　諫作誅

後一　而振若人　若作苦

後二　號呼而走　走下有之字

後三注　言投赴疾也　投赴作救之

必反人情　情下有兵之勝負勿徵驗於他反求人情則得之

注十六字

後五　凡軍欲其衆也　軍誤君

後六　可使無敵人　人作矣

後九注　則勝矣　勝下有於彼二字

後十　且以走爲利　下有敵皆以走爲利六字

七

前二　不相立　相作兩

義兵入於敵之境　兵下有之字

前五　但與人期　但作信

以示順逆　逆下有先示之以義也注六字

前六　凌宕　凌下有傲遂二字

前七注　雖用武諫可也　無雖字　諫作誅下有之字

前九　獸誅所誅而已　已下有矣字

注　誅暴君也　無誅字

前十　而拯敬之　敬誤救

後一　散倉廩之秩原注有二十四字　秩誤穀注全脫

後三　能生原注有十字兆人原注有六字　無人字上下兩原注全脫

後四注　活一人之死則天　活上咸下俱有能字

下咸事之

後五　則鄰之人　鄰下有國字

後六　諸國之人　諸作誅

後七　景主與起首原注有十三字　起作稽原注全脫

後十注　稱觴□□□□飾　稱獻壽所以嚴師重

重道也　道也

四部叢刊三編

洞靈眞經

(23142·1)

中華民國二十五年三月初版

每部一冊定價國幣肆角伍分

外埠酌加運費匯費

發行人 王雲五 上海河南路

印刷所 商務印書館 上海河南路

發行所 商務印書館 上海及各埠

四六四九一

元·陶宗儀輯

庚桑子

明抄《説郛·讀子隨識》本

庚桑子

尋常之汙臣魚無所还其軀而鯢鰌為之制步仞之

丘巨獸無所隱其軀而孽狐為之祥

聖人之制萬物全其天天全則神神全全之人不慮

而通不謀而當志凝宇宙德若天地一質白之物以

黑為汙質黑之物以白為汙吾又安知天下正絜汙

哉

高士注云吸日精煉丹而仙曰高士

庚桑子居息壞五年灵王使祭父致箎白幼路曰水

旱何以禳之對曰水陰沴也於国政類私旱陽過也

於国政類德人事類盈凡水旱天子宜致刑德百官宜去私貳盈則灾以類而消百福日至矣天子勤大臣和理之求士也則恢弘光大公直廉靖之才至天子苛察大臣躁急之求士也則規心巧應毀方破道之才至天子鑒忌大臣巧随之求士也則奇恠異名庂微之才至天子自賢大臣固位之求士也則事文遂誇貪濁淫麗之才至天子依違大臣回佞之求士也則外忠内辟之才至

亢倉子

元・陶宗儀輯

明抄《說郛》本

亢倉子九篇

全道第一　用道第二　政道第三　君道第四

臣道第五　賢道第六　訓道第七　農道第八

兵道第九

全道篇

亢倉子居羽山之頽三年俗無疵癘而仍穀熟其俗竊相謂曰亢倉子之始来吾鮮欸異之今吾日計之不足歲計之有餘其或聖者耶盍相與尸而祝之社而稷之乎亢倉子聞之色有不釋其徒靨啜從而啓之亢倉子曰吾聞至人尸居環堵之室而百姓猖狂不知其所如往今以羽俗父子竊竊焉将爼豆予我其的之人耶吾是以不釋於老聃之言靨啜曰不者無尋常之汚巨魚無所還其躰而鯢鰌為之利步仞之丘巨獸無所隱其軀而蘖狐為之祥且

夫尊賢使能鄉善就利自堯舜以固然而況羽俗乎先生其往矣
亢倉子曰譆來夫二子者知摩函車之獸介而離山網罟制之呑
舟之魚蕩而失水螻蟻苦之故鳥獸居欲其高魚鼈居欲其深夫
全其形生之人藏其身也亦不厭深眇而已吾語若大亂之本禮
乎堯舜之間其㠯存乎千代之後必有人與相食者矣言未終南
子榮之矍色蹵然膝席曰矍言運而長矣將奚以托業以事斯言
亢倉子曰全汝形抱汝無　子汝思畫　若此緒年或可以及此
言雖然吾才子不足以化子胡不南謁吾師脯亢倉子既謝榮之
矍木釋羽客而龍巳摩天下水之性清土者相之故不得清人之
性壽物者汨之故不得壽物也者所以養性也今代之惑者多以
性養物則不知輕重也是故聖人之於聲色滋味也利於性則取
之害於性則捐之此全性之道夆人操弓發冥射一招招無不中
夆物章章以害一生生無不傷故聖人之制萬物也全其天也天

全則神全矣神全之神不慮而通不謀而當精照無外志凝宇宙
息若天外然上為天子而不驕下為匹夫而不惛此之謂全道人
心平正不為外物所誘曰清清而能久則明明而能久則虚虚則
道全而居之秦佚死亢倉子哭之其役曰哭者必哀而先生未始
哀何也亢倉子曰天下皆哭安得不哭其役曰天下皆死先生何
哭為也亢倉子曰舉天之下吾無與樂安所取哀蜿墜之為水之
謂氣之謂虚蜿虚之謂道虚者道之体清者道之墜理者道之綱
識者道之曰道所以保神息所以宏量禮所以恭物物所以養躰
好質白之物者以黑為污好質黑之物者以白為污矣夫瞽眛者
以鞋為赤以蒼為玄吾乃今所謂皁白安知識者為赬黃吾又安
知天下之正色哉由是不遁物之色矣夫好質甚者不見它物之
可好好馬甚者不見他物之可好好書甚者不見他物之可好吾
又安知天下果可好者果可惡者哉由是不見物之可以保終也矣

無能滑吾真矣諫懷君柳使其大夫禱行聘於於魯叔孫卿私曰
吾國有聖人弗知之乎陳大夫曰奚以果明其聖叔孫卿曰能癈
心而用形陳大夫曰弊邑則心亦有聖人異於所聞曰聖人謂誰
陳大夫曰有亢倉子者偏者老聃之道其能用耳眎目所定公聞
而異焉使叔孫氏報聘且殊亢倉子待以上卿之禮亢倉子至賓
于亞寢魯公卑辭以問之亢倉子曰吾能眎听不用耳目非能易
耳目之所用告者過也公曰郭知是寡人增異矣其道若何寡人
果願問之亢倉子曰我躰合於心心合於氣氣合於神神合於無
其有介然之色唯然之音雖遠際八荒之表邇在眉睫之內未與
我者吾必盡之乃不知為是我七竅手足之所覔六腑五臟心慮
之所知其自知而已矣

君道

始生之者天地養成之者人也能養天之所生而物聚之謂之天

子天子之以也以全天氣故此官之所以自太也太官者以全也令代之惑主者官而反以害生無所以為太之矣草欝則為腐樹欝則為蠹人欝則為病國欝則百慝並起危乱不禁所為國欝者主德不下宣人欲不上達也是故聖王貴忠臣正士為其敢直言而開欝塞也克己復禮賢良自至君耕后絲蒼生自化由是言之則賢良正可待不可求求則非賢也蒼生正可化不可刑刑則非理也堯舜以為人主勤無為人之欲故天下各得濟其欲有為人主之位無為人主之心故天下各得肆其心士有天下人惡之而主不惡有主獨惡之而天下人不惡者用天下惡者則天下安用主獨惡者則天下危人主安可以自放其惡憎哉由是重天下者當制其情所謂天下者者有爭物也所謂有邦國者謂其有人衆也夫國以人為本人安則國安固得國之主務禮人之術玉之所以難辨者謂其有惟石也金之所以難辨

者謂其有鍮石也今夫以隼翼而被之鷃視不明者正以為準明者視之乃鷃也今夫小人多誦經籍方書或學奇技通說而被以青紫章服使愚者往而眎之正為君子明者往而眎之乃小人也故人主誠明以言取人理也以才取人理也以行取人理也主不明以言取人乱也以才取人亂也以行取人乱也夫聖人之用人人也貴耳不聞之功目不見之功口不可道之功而百姓暢然自理矣君人主貴耳聞之功則天下之人運貨逐利而市荅矣貴目見之功則天下之人恢形異藝而争進矣貴口道之功則天下之人習舌調吻而飾辞矣使天下之人市荅争進飾辞見達則政叅矣人主皆知鏡之明已也而惡士之明已而已鏡之明已也功細士之明已也功大知其細失其大不知類矣於虖人主清心省事人臣恭儉事職太平可知矣而代主或難之吾所不知也君人主方寸之地不明不斷則天地之空四海之内動植萬類誠失其道矣以

耳目取人者官多而政乱以心慮取人者官小而政清是如然理之代務取不可見不可聞之材澆危之我務取可聞可見之材於厚人主豈知哉以耳目取人人皆攘奪以買賽以心慮取人人皆靜正以勤得吏靜正以勤隨則不言而自化吏攘奪以買賽則刑之而不代主豈不知哉

臣道篇

夫國之將興也朝廷百吏或短或長或醜或美或怡或厲或是或非雖听其言觀其貌有似不同然察其志懲其心盡於為國所以刑罰不怨黜退不愕議得其中無遠乎理故天不惑其時地不乏其利人不乱其事鬼神開贊蠻夷柔同保合大龢爭物化育國之將亡也朝廷百吏姿貌多美顏色諧和詞氣柔華動止詳潤雖觀其貌听其言有若歡洽然察其志懲其心盡其競位所以聞奇則惟見異必愕粗詐相蒙遂棄其道故天告災時地生反物人作

凶惪鬼神間禍戎狄發侵器乱弘多萬物不化夫不妨人力不損官吏而功成政峯下阜百姓上滋主惪如此者忠賢之臣也若費財煩人危官苟效一時功利規賞於主不顧過役貽災於國如此者姦臣也至理之代官得人不理之代人得官其龍觀問事君亢

倉子曰既榮死而臣人者也心莫若公貌若穌言莫若正官不欲穌不欲雜正不欲犯古之清勤為國修政今之清勤為身修名夫為國修政者區處條別動得其宜合於大躰為身修名者區處條別致遠不通拘於小節是知心以道為主抵物得其所以是為主抵物失其所臣居上位不諫下位不公贍其禄君不嚴敬大臣不彰信小臣不合其朝有才者不必忠忠者不必有才臣不患不忠適至盡忠而主莫之信不患不信適至盡性而莫能事事上等之人得其性則天下理中等之人得其性則天下乱明主用上等之人當委以權宜便事肆其所為用中等之人則當程課其功示

以賞罰

庚桑子

元·陶宗儀輯　張宗祥重校

民國十六年(1927)上海商務印書館排印《説郛·讀子隨識》本

庚桑子

尋常之汙巨魚無所還其軀而鯢鰌爲之制步仞之丘巨獸無所隱其軀而孽狐爲之祥

聖人之制萬物全其天天全則神全神全之人不慮而通不謀而當志凝宇宙德若天地一質白之物以黑爲汚質黑之物以白爲汚吾又安知天下正潔汚哉

高士註云吸日精煉丹而仙曰高士

庚桑子居息壤五年靈王使祭父致饘白納璐曰水旱何以禳之對曰水陰沴也于國政類刑人事類私旱陽過也于國政類德人事類盈凡水旱天子宜致刑德百官宜去私戒盈則災以類而消百福日至矣

天子勤　大臣和理之求士也則恢弘光大公直廉靖之才至天子苛察大臣躁急之求士也則規心巧運毁方破道之才至天子鑒忌大臣巧隨之求士也則奇怪異名灰微之才至天子自賢大臣固位之求士也則事文遂譽貪濁淫麗之才至天子依違大臣回佞之求士也則外忠内辟之才至

亢倉子

元·陶宗儀輯　張宗祥重校

民國十六年(1927)上海商務印書館排印《説郛》本

說郛卷第七十一

亢倉子 九篇　　庚桑楚 陳人

全道篇

亢倉子居羽山之顏三年俗無疵癘而仍穀熟其俗竊竊相謂曰亢倉子之始來吾鮮䚡異之今吾日計之不足歲計之有餘其或聖者耶盍相與尸而祝之社而稷之乎亢倉子聞之色有不釋其徒曓啜從而啓之亢倉子曰吾聞至人尸居環堵之室而百姓猖狂不知其所如往今以羽俗父子竊竊焉將俎豆予我其的之人耶吾是以不釋于老聃之言曓啜曰不耆夫尋常之汚巨魚無所還

其體而鯢鰌爲之利步仞之丘巨獸無所隱其軀而蘖狐爲之祥且夫尊賢使能鬻善就利自堯舜以固然而況羽俗乎先生其往矣亢倉子曰譆來夫二子者知虖函車之獸介而離山網罟制之吞舟之魚蕩而失水螻蟻苦之故鳥獸居欲其高魚鼈居欲其深夫全其形生之人藏其身也亦不厭深眇而已吾語若大亂之本祖乎堯舜之間其終存乎千代之後必有人與相食者矣言未終南子榮之楟色蹙然膝席曰楟年運而長矣將奚以託業以事斯言亢倉子曰全汝形抱汝生無使汝思慮營營若此緒年或可以及此言雖然吾才小不足以化子子胡不南謁吾師聃亢倉子既謝榮之楟不釋羽俗而龍已乎天下水之性清土者扫之故不得清人之性壽物者扫之故不得壽物也者所以養性也今代之惑者多以性養物則不知輕重也是故聖人之于聲色滋味也利于性則取之害于性則捐之此全性之道也尊人操弓[illegible]音共射一招

招無不中盞物章章以害一生生無不傷故聖人之制萬物也全其天也天全則神全矣神全之人不慮而通不謀而當精照無外志凝宇宙德若天地然上爲天子而不驕下爲匹夫而不惛此之謂全道之人心平正不爲外物所誘曰淸淸而能久則明明而能久則虛虛則道全而居之秦佚死亢倉子哭之其役曰天下皆死先生何哭爲也亢倉子曰天下皆哭安得不哭其役曰哭者必哀而先生未始哀何也亢倉子曰擧天之下吾無與樂安所取哀蜕墜之爲水蜕水之謂氣蜕氣之謂虛蜕虛之謂道虛者道之體淸者道之用理者道之綱識者道之目道所以保神德所以宏量禮所以參物物所以養體好質白之物者以黑爲汚好質黑之物者以白爲汚吾又安知天下之正潔汚哉由是不主物之潔汚者矣夫瞀眡者以黈爲赤以蒼爲玄吾乃今所謂皂白安知識者不以爲頳黃吾又安知天下之正色哉由是不遁物之色矣夫好貨甚

者不見他物之可好好馬甚者不見他物之可好好書甚者不見他物之可好吾又安知天下果可好者果可惡者哉由是不見物之可以保戀矣無能滑吾眞矣陳懷君柳使其大夫禱行聘于魯叔孫卿私曰吾國有聖人若知之乎陳大夫曰奚以果明其聖叔孫卿曰能廢心而用形陳大夫曰敝邑則小亦有聖人異于所聞曰聖人謂誰陳大夫曰有亢倉子者偏得老聃之道其能用耳視目聽定公聞而異焉使叔孫氏報聘且致亢倉子待以上卿之禮亢倉子至賓于亞寢魯公卑辭以問之亢倉子曰吾能視聽不用耳目非能易耳目之所用告者過也公曰孰如是寡人增異矣其道若何寡人果願聞之亢倉子曰我體合于心心合于氣氣合于神神合于無其有介然之色唯然之音雖遠際八荒之表邇在眉睫之內來干我者吾必盡知之乃不知爲是我七竅手足之所覺六腑五臟心慮之所知其自知而已矣

君道

始生之者天地養成之者人也能養天之所生而勿攖之謂之天子天子之以也以全天氣故百官之所以自立也立官者以全生也今代之惑主者官而反以害生則失所以爲立之本矣草鬱則爲腐樹鬱則爲蠹人鬱則爲病國鬱則百慝並起危亂不禁所爲國鬱者主德不下宣人欲不上達也是故聖王貴忠臣正士爲其敢直言而開鬱塞也克己復禮賢良自至君耕后絲蒼生自化由是言之則賢良正可待不可求求則非賢也蒼生正可化不可刑刑則非理也堯舜有爲人主之勤無爲人主之欲故天下各得濟其欲有爲人主之位無爲人主之心故天下各得肆其心士有天下人惡之而主不惡有主獨惡之而天下人不惡者用天下人惡者則天下安用主獨惡者則天下危人主安可以自放其惡憎哉由是重天下者當制其情所謂天下者謂其有夸物也所謂有邦

國者謂其有人衆也夫國以人爲本人安則國安故得國之主務求理人之術玉之所以難辨者謂其有怪石也金之所以難辨者謂其有鍮石也今夫以隼翼而被之鷄視不明者正以爲隼明者視之乃鷄也今夫小人多誦經籍方書或學奇技通說而被以青紫章服使愚者聽而眎之正爲君子明者聽而視之乃小人也故人主誠明以言取人理也以才取人理也以行取人理也人主不明以言取人亂也以才取人亂也以行取人亂也夫聖人之用人也貴耳不聞之功目不見之功口不可道之功而百姓暢然自理矣若人主貴耳聞之功則天下之人運貨逐利而市譽矣貴目見之功則天下之人恢形異藝而爭進矣貴口道之功則天下之人習舌調吻而飾辭矣使天下之人市譽爭進飾辭見達則政紊矣人主皆知鏡之明己也而惡士之明己也鏡之明己也功細士之明己也功大知其細失其大不知類矣於虖人主淸心省事人臣

恭儉事職太平可知矣而代主或雜之吾所不知也若人主方寸之地不明不斷則天地之空四海之內動植萬類咸失其道矣以耳目取人者官多而政亂以心慮取人者官少而政清是知循理之代務取不可見不可聞之才澆危之代務取可聞可見之材於虖人主豈知哉以耳目取人人皆攘奪以買譽以心慮取人人皆靜正以勤德吏靜正以勤德則不言而自化吏攘奪以買譽則刑之而不畏代主豈不知哉

臣道篇

夫國之將興也朝廷百吏或短或長或醜或美或怡或厲或是或非雖聽其言觀其貌有似不同然察其志徵其心盡于爲國所以刑罰不怨黜退不愕議得其中無違乎理故天不忒其時地不乏其利人不亂其事鬼神開贊蠻夷柔同保合大和萬物化育國之將亡也朝廷百吏姿貌多美顏色諧和詞氣柔華動止詳潤雖觀

其貌聽其言有若歡洽然察其志徵其心盡在競位所以聞奇則怪見異必愕狙詐相蒙遂喪其道故天告災時地生反物人作凶德鬼神間禍戎狄交侵喪亂弘多萬物不化夫不妨人力不損官吏而功成政舉下阜百姓上滋主德如此者忠賢之臣也若費財煩人危官苟效一時功利規賞于主不顧過後貽災于國如此者姦臣也至理之代官得人不理之代人得官邾龍覵問事君亢倉子曰既榮死而臣人者也心莫若公貌莫若和言莫若正公不欲私和不欲雜正不欲犯古之清勤爲國修政今之清勤爲身修名夫爲國修政者區處條別動得其宜合于大體爲身修名者區處條別致遠不通拘于小節是知心以道爲主抵物得其所心以事爲主抵物失其所臣居上位不諫下位不公不合瞻其祿君不嚴敬大臣不彰信小臣不合官其朝有才者不必忠忠者不必有才臣不患不忠適恐盡忠而主莫之信不患不信適恐盡信而莫能

事事上等之人得其性則天下理中等之人得其性則天下亂明主用上等之人當委以權宜便專肆其所爲用中等之人則當程課其功示以賞罰

明·黎堯卿輯

亢倉子纂要

明刊《諸子纂要》本

亢倉子

亢倉子名楚說本老子文類莊子亦有近理者如曰所謂國欝者主德不下宣人欲不上達也如曰士有天下人愛之者有其主獨愛之者用天下人愛者則天下安用主獨愛者則天下危如曰理人

者先務醫人醫則樸醫農音此其近理者也亦有背
理者如曰大亂之本祖乎堯舜此其背理者也至
其妄自標榜以欺世則謂靈王使祭公致簏帛有
襪水旱之問謂熊鬬拜為亞尹常徵服而逃則有
不能自掩其欺者矣蓋其書称自鄉而縣縣而州
此後世之區畫也称被以青紫章服此後世之品
式也称吾無誰私节羗忽不知儌後世之楚詞而
字多用古文又欲以自蓋其今文而益彰者也曾
謂周靈楚國之世而有此式
夫尋常之汙巨魚無所環其體而鯢鰌為之制
步仞之血巨獸無所隱其軀而蘖狐為之祥

蒼生非賢不能靖順庶政非材不能和理道德盛則鬼神助信義敦則君子合禮義脩則小人懐

忌甚則怨生愛多則憎至同道者相愛同藝者相嫉同與者相愛同取者相嫉人情自然也

才多而好謙貧賤而不諂處勞而不爲辱貴富而益恭勤可謂有德者也

夫百姓勤勞財物殫盡則爭害之心生而不相信矣人不相信由政之不平也政之不平起之源也吏之有罪刑賞不齊也刑賞不齊主不勤

明也夫主勤明則刑賞一刑賞一則吏奉法吏奉法則政下宣政下宣則民得其所而交相信矣

水陰沴也陰於國政類刑人事類秘旱陽過也陽於國政類德人事類盈凡遭水旱天子宜正刑脩德百官宜去私戒盈則以類而消百福日至矣

官吏非才則寬猛失所或與百姓爭利由是狡詐之心生所以百姓奸而難知天下難知則上人疑上人疑則下惑下惑則官長勞官長勞賞不足勸刑不能禁易動而難靜此由官不

得人故也

以文章取士則翦巧綺濫益至而正雅朴素益藏矣以言論取士則浮談游飾益來而謇諤諍直益晦矣

夫天下大器也帝王重位也得士則靖失士則亂人主勞於求賢逸於任使

憲令寬簡則俗無忌諱禁網踈闊則易避難犯俗無忌諱則抑閑開節而歡欣交通矣易避難犯則好惡分明而貴德知耻矣

水旱由天理亂由人若人事和理雖有水旱無能為害堯湯是也

人強勝天若人事壞亂縱無水旱日益崩離桀
紂之滅豈惟水旱耶
政煩苛則人奸偽政省一則人醇樸
賦斂以時官上清約則人富賦斂無節官上奢
縱則人貧
夫作法貴於易避而難犯救弊貴於省事而一
令
夫人之所以惡為無道不義者為其有罰也所
以勉為有道行義者為其有賞也今無道不義
者赦之而有道行義者被害而不賞欲人之就
善也不亦難乎

人怨者非不援人也神怒者非不享神也巧佞
甚人愈怨淫祀盛神益怒
草鬱則為腐樹鬱則為蠹人鬱則為病國鬱則
百慝並起危亂不禁
所謂國鬱者主德不下宣人欲不上達也是故
聖王貴忠臣正士為其敢直言而決鬱塞也
士有天下人愛之而主不愛者有主獨愛之而
天下人不愛者用天下人愛者則天下安用主
獨愛者則天下危人主安可以自放其愛憎哉
夫國以人為本人安則國安故憂國之主務求
理人之術

玉之所以難辨者謂其有碔石也金之所以難
辨者謂其有鍮石也
天下之人市譽爭進飾辭見達者攻敗也
吏靜正以勤德則不言而自化吏穀俛以買譽
則刑之而不畏世主豈知哉
人作凶德鬼神閒禍閒何中
夫天下有道則賢人不求而自至天下無道則
非賢不求而自至人主有道者寡無道者衆天
下賢人必不肖者多是知有賢不求而自至者
多知
夫有以咽藥而死者欲禁天下之醫非也有以

乘舟而死者欲禁天下之船非也有以用兵喪其國者欲禁天下之兵非也夫兵之不可廢譬水火焉善用之則為福不善用之則為禍人之情欲生而惡死欲榮而惡辱死生榮辱之道一則三軍之士可使一心矣

諸子纂要終　亨集

亢倉子

明·歸有光輯評、文震孟參訂

明天啓五年（1625）刊《諸子彙函》本

秦華峰曰天子者猶天之肖子也其平日生全而德至則人欲俱出其下而所立之本不揺而國可安矣

○○○君道篇　　亢倉子

始生之者天地養成之者人也能養天之所生而物攖之謂之天子天子之動也以全天氣故此官之所以自立也立官者以全生也今代之惑主多官而反以害生則失所以爲立之本矣草鬱則爲腐樹鬱則爲蠹人鬱則爲病國鬱則百慝並起危亂不禁所謂國鬱者主德不下宣人欲不上達也是故聖王貴忠臣正士爲其敢直言而決鬱塞也克己復禮賢良自至君耕后

蠶蒼生自化由是言之則賢良正可待不可求
求得非賢也蒼生正可化不可刑刑行非理也
堯舜有爲人主之勤無爲人主之欲故天下各
得濟其欲有爲人主之位無爲人主之心故天
下各得肆其心士有天下人愛之而主不愛者
有主獨愛之而天下人不愛者用天下人愛者
則天下安用主獨愛者則天下危人主安可以
自放其愛憎哉由是重天下者當制其情所謂
天下者謂其有萬物也所謂有邦國者謂其有

王鳳洲曰堯舜儆戒無虞罔失法度是為人主之勤罔游于逸罔淫于樂是為人主之欲所以從欲以治而四方為之風動也反是則桀紂矣天下安得不肆其心乎

王浚川曰堯曰欽明舜曰文明是明者人主之第一義亦此篇中之眼目也此虛點之下宜縈之

沈霓川曰理亂應前安危

人衆也夫國以人爲本人安則國安故憂國之主務求理人之術玉之所以難辨者謂其有怪石也金之所以難辨者謂其有鍮石也今夫以隼翼而被之鶡視不明者正以爲隼明者視之乃鶡也今夫小人多誦經籍方書或學奇技通說而被以青紫章服使愚者聽而視之正爲君子明者聽而視之乃小人也故人主誠明以言取人理也以才取人理也以行取人理也人主不明以言取人亂也以才取人亂也以行取人

楊碧川曰功在言才行上見得

方遜菴曰以上言理

王少廣曰以上言亂

王鳳洲曰惟明而後知功之大以明字實發功字應前

亂也。夫聖人之用人也，貴耳不聞之功，目不見之功，口不可道之功，而百姓暢然自理矣。若人主貴耳聞之功，則天下之人運貨逐利而市譽矣；貴目見之功，則天下之人恢形異藝而爭進矣；貴可道之功，則天下之人習舌調吻而飾辭矣。使天下之人市譽爭進飾辭見達，則政敗矣。人主皆知鏡之明已也，而惡士之明已也。鏡之明已也功細，士之明已也功大。知其細，失其人，不知類矣。於乎！人主清心省事，人臣恭儉守職，

林見素曰此言才行之反

林見素曰末發明說一反一正又一正一反可謂反覆不盡

太平其立致矣而世或難之吾所不知也若人主方寸之地不明不斷則無地之宜四海之內動植萬類咸失其道矣以耳目取人者官多而政亂以心慮取人者官小而政淸是知循理之代務求不可見不可聞之材濟危之世務取可聞可見之材於乎人主豈知哉以耳目取人人皆斅欲以買譽以心慮取人人皆靜正以勤德吏靜正以勤德則不言而自化吏斅欲以買譽則刑之而不畏代主豈不知哉

陸子淵曰此篇言人君能養天之所主則本立而德下宣則天下安然國又以人爲本人君能明于用人而收其功則言才行畢集爲佐理而太平立致矣人主可不知哉篇中言君道多人所未發以遠形近以小形大以臣形主可爲曲至

王鳳洲曰賢人深藏岩穴者非爲養高恐一委贄爲臣以至忠而被謗信而見疑不去則苟容去之則矯激故耳

王少廣曰用不用二語正見其賢

賢道篇

亢倉子

賢良所以屢求而不至難進而易退者非爲愛身而不死王事適恐盡忠而主莫之信耳自知有才識之人外恭謹而內無憂其于衆也和正而不狎親之則彌莊疎之則退去而不怨窮厄則以命自寬榮達則以道自止人有視其儀賢也聽其聲賢徵神識或負所望夫賢人其見用也入則謳謈出則龔（音恭）默職司勤辦居室儉間其未見用也藏身于終藏識于目藏言于口飽

秦華峰曰賢人之賢在居官立功行事見之

方遂菴曰此突引齊之賢者以申巳說

食安步獨善其善貞而不怨智者不疑事識者不疑人有識之士行危而色不可疎言遜而理不可拔凡謂賢人不自稱賢效在官政功在事事太平之時上士運其識中士竭其耐小人輸其力齊有梧子者材可以振國行可以獨立事父母孝謹鄉黨恭循念居貧無以爲養施信義而遊者久之矣所如寡合或爲棄時夸毗者所蚩紿於是負杖步足間乎亢倉子曰吾聞至情忘情黎人猶黎民也不事情存情之曹務其教訓而

王鳳洲曰此亢倉子美揞子之賢能不為之為不用之用正自寓之意也

遵信義乃今不知為工受不信為信信而不見信為信為勤慕義為義義而不自義為義然則信義之士常獨厄隨退胡以取貴乎時而教理之所上也亢倉子俯而循袵仰而謌超然歌曰時之陽兮信義昌時之黙兮信義伏陽與黙昌與伏汨吾無誰私兮羌忽不知其讀夫運正性以知適而物莫之應者眞不行也眞且不行謂之道喪道喪之時上士乃隱隱之為義有可為也莫可為者也有可用也莫可用者也祭公

祭公

楊碧川曰此賢人相時而動所謂君擇臣臣亦擇君之時也

碧川曰賢明之主苛察之主躁急之主自賢之主依違之主疑忌之主有五而人材之至因之

謀父曾諫穆王征犬戎　問賢材何從而不至亢倉子曰賢正可待不可求材慎在求不在無若天子靜大臣明刑不避貴澤不隔下則賢人自至而求用矣賢人用則四海之內明目而視清耳而聽坦心而無鬱矣天自成地自寧萬物醇化鬼神不能靈故曰賢正可待不可求若天子勤明大臣和理之求士也則恢弘方大公直靖人之材至若天子苛察大臣躁急之求士也則曲心巧應毀方破道之材至若天子疑忌大臣巧隨之求

林見素曰歷引古明君用賢之効所謂明良會合相得益彰之時也

士也則奇姓異名仄媚怪僻之材至若天子自賢大臣固位之求士也則事文逐譽貪濁浮麗之材至若天子依違大臣回佞之求士也則內忠外僻情毒言和之材至故曰材慎在求不在無昔者黃帝得常仙封鴻鬼容丘商王得伊尹中興得甫申齊桓得甯籍皆由數君體道邁仁布昭聖武思輯光明寬厚昌正而衆賢求用非爲簡核而得也祭公曰夫子云賢人不求而自至亦有非賢不求而自至者乎亢倉子曰夫非

楊碧川曰此見天下無道非賢不求而至亦聲應氣求之理也

王少廣曰分別賢材之差等處賢以鎮國處者職要材以理國理者職詳照應濟天下處

賢不求而自至者固衆矣夫天下有道則賢人不求而自至天下無道則非賢不求而自至人主有道者寡無道者衆天下賢人少不肖者多是知非賢不求而自至者多矣祭公曰賢固濟天下材亦能濟天下但濟天下賢與材安取異邪亢倉子曰窮乎哉其問也功成事畢不殉封譽恭退樸儉之謂賢功成事畢榮在祿譽光揚志滿之謂材賢可以鎮國材亦可以理國所謂鎮者和寧無爲人不知其力所謂理者勤率其

王浚川曰賢材不拘山林市井邪正不論或喧或靜賢者一然端雅而不鄙俗小人淡多鄙俗寡端雅一觀其文采而徵其蓄實斯善識賢材者也

事人知所於德一賢統衆材則有餘衆材度一賢猶不足如是皆材之殊域有居山林而諠者有在人俗而靜者有諠而正者有靜而邪者凡覛察其貌鄙俗而能有賢者萬不一覛察其貌端雅而實小人者十而九夫不練其言而知其文不責其儀而審其度不采其譽而知其善不流其毁而斷其實可謂有識者也

陳白沙曰賢良之不輕出者俟時也擇君也待聘也渭濱莘野版築飯牛曷嘗終不出終

不遇哉弟躁進而衒玉求售恐非聖賢待價
擇君之志耳篇中轉折詳備處大爲賢豪吐
氣

王鳳洲曰此農戰之始商鞅本此

沈霓川曰理人先于務農農則樸樸則易用易用則邊境安安則主尊又農則童童則少私義

○○○農道

亢倉子

人捨本而事末則不一令不一令則不可以守不可以戰人捨本而事末則其產約其產約則輕流徙輕流徙則國家時有災患皆生遠志無復居心人忘本而事末則好智好智則多詐多詐則巧法令巧法令則以是爲非以非爲是古先聖王之所以理人者先務農農農業非徒爲地也貴其志也人農則樸樸則易用易用則邊境安安則主位尊人農則童童則少私義私義

少私義則公法立公法立則其產複其產複則重流散而心一心一則人理矣

王鳳洲曰此本戴禮來正見重農

王鳳洲曰此言農貴勤

義則公法法立力摶深農則其產複其產複則重流散重流散則死其處無二慮是天下爲一心矣天下一心軒轅几蘧之理不是過也古先聖王之所以茂耕織者以爲本敎也是故天子躬率諸侯耕藉田大夫士第有功級勸人尊地產也后妃率嬪御繇於郊桑公田勸人力婦教也男子不織而衣婦人不耕而食男女貿功資相爲業此聖王之制也故敬時愛日埒實課功非老不休非疾不息一人勤之十人食之當時之

王鳳洲曰此言農重力

于鳳洲曰此言農重時

務不興土功不料師旅男不出御女不外嫁以方農也方害黃帝曰四時之不正正五穀而已耳夫稼爲之者人也生之者天也養之者地也是以稼之容足耨之容耰耘之容手是謂耕道農攻食工攻器賈攻貨時事不襲敘之以土功是謂大凶凡稼蚤者先時暮者不及時寒暑不節稼乃生災冬至已後五旬爲七日而昌生於是乎始耕事農之道見生而蓺生見死而穫死天發時地產財不與人期有年祀土無年祀土無

王鳳洲曰此言土田之宜

李于鱗曰此言五穀之性

失人時逆時而作過時而止老弱之力可使盡起不知時者來至而逆之既往而慕之當其時而薄之此從事之下也人耨必以旱使地肥而土緩稼欲産于塵上而殖于堅者慎其種勿使數亦無使疎於其施土無使不足亦無使有餘畝欲深以端畝欲沃以平下得陰上得陽然後盛生吾苗有行故速長強弱不相害故速大正其行通其中疏爲冷風則有收而多功率稼望之有餘就之則疏是地之竊也不除則無除之

薛方山曰此言地之肥墝養之以雨露人事之齊不齊而收成因之

楊升菴曰次第禾黍稀穀麥五穀得時失時之驗如躬親稼穡

則虛是事之傷也苗其弱也欲孤其長也欲相與居其熟也欲相扶三以為族稼乃多穀凡苗之患不俱生而俱死是以先生者美米後生者為秕是故其耨也長其兄而去其弟樹肥無使扶疏樹墝不欲專生而獨居肥而扶疏則多秕墝而獨居則多死不知耨者去其兄而養其弟不收其粟而收其秕上下不安則稼多死得時之禾長稠而大穗圜粟而薄糠米粭而香舂而易而食之强失時之禾深芒而小莖穗銳多秕

王鳳洲曰此言五穀所獲之異薄可為曲至即問之老農亦作息而不知者

而青蕎得時之黍穗不芒以長搏米而寡糠失時之黍大本華莖葉脊短穗得時之稻莖葆長稠穗如馬尾失時之稻纖莖而不滋厚糠而菑死得時之麻疎節而色陽堅枲而小本失時之麻蕃柯短莖岸節而葉蟲得時之菽長莖而短長其莢二七以為族多枝數節競葉繁實稱之重食之息失時之菽以長而蔓浮葉虛本踈節而小莢得時之麥長稠而頸族二七以為行薄翼而薾色食之使人肥且有力失時之麥胕腫

秦華峰曰前引黄帝此引孔生俱為生色

林見素曰末結出與王無弃人是務農之首務而農戰可行矣

多病弱苗而翠穗是故得時之稼豐失時之稼約庶穀盡宜從而食之使人四衛變强耳目聰明凶氣不入身無苛殃善乎孔生之言冬飽則身溫夏飽則身凉夫溫凉時適則人無病疹人無病疹是疫癘不行疫癘不行咸得遂其天年故曰穀者人之天是以興王務農王不務農是棄人也王而棄人將何國哉

胡雅齋曰國家農戰先於務農務農則樸而可用農既可用則邊境安而主勢尊農則義

法公農既法公則其產覆而無流散是天下一心也所以聖王之制在正五穀凡地之肥墝力之齊否而秋成隨之厚薄民生爲之安危故末以與王務農應着首處篇中起伏照應轉折不窮可謂雄于文者

亢倉子終

亢倉子類纂

明·沈津撰

明隆慶元年（1567）含山縣儒學刊《百家類纂》本

亢倉子題辭

史記莊子傳畏累虛亢桑子之屬皆空語無事實陳氏以爲首篇所載與莊子庚桑楚同亢倉者庚桑聲之變也今讀其篇往往采列子文子呂氏春秋說苑戴氏禮諸書論殊而辭異可謂雜而不絶者矣周氏涉筆曰其稱危代以文章取士則剪巧綺濫益至而正雅朴素益藏又一鄉一縣一州被青紫章服皆唐制也其爲唐人所僞無疑且其書多作古文奇字豈内不足者必假外飾與晁氏謂天寶初王士元所撰獻今取其稍近於理者附之篇

亢倉子題辭

百家類纂

道家類　　元倉子

全道篇

水之性清土者抇之故不得清人之性壽物者抇之故不得壽物也者所以養性也今代之惑者多以性養物則不知輕重也是故聖人之於聲色滋味也利於性則取之害於性則捐之此全性之道也萬人操弓共射一招招無不中萬物章章以害一生生無不傷故聖人之制萬物也全其天也天全則神全矣神全之人不慮而通不謀而當精照無外志凝宇宙德若天地然上爲天子而不驕下爲匹夫而不惛此之謂全道之人心平正不爲外物所誘曰清

清而能久則明明而能久則虛虛則道全而居之
道所以保神德所以宏量禮所以齊物物所以養體好質
白之物者以黑爲汚好質黑之物者以白爲汚吾又安知
天下之正潔汚哉由是不主物之潔汚者矣夫瞽視者以
黈爲赤以蒼爲玄吾乃今所謂皂白安知識者不以爲賴
黃吾又安知天下之正色哉由是不遁物之色矣夫好貨
甚者不見他物之可好好馬甚者不見他物之可好好書
甚者不見他物之可好吾又安知天下之果可好者果可
惡者哉由是不見物之可以保戀矣無能滑吾眞矣
陳懷君柳使其大夫禱行聘於魯叔孫卿私曰吾國有聖
人若知之乎陳大夫曰奚以果明其聖叔孫卿曰能廢心

而用形陳大夫曰弊邑則小亦有聖人異於所聞曰聖人謂誰陳大夫曰有亢倉子者偏得老聃之道其能用耳視目聽定公聞而異焉使叔孫氏報聘且致亢倉子待以上卿之禮亢倉子至賓于亞寢魯公卑辭以問之亢倉子曰吾能視聽不用耳目非能易耳目之所用告者過也公曰孰知是寡人增異矣其道若何寡人果願聞之亢倉子曰我體合於心心合於氣氣合於神神合於無其有介然之有唯然之音雖遠際八荒之表邇在眉睫之內來于我者吾必盡知之乃不知爲是我七竅手足之所覺六腑五臟心慮之所知其自知而已矣

用道篇

天不可信地不可信人不可信心不可信惟道可信賢主秀士豈知哉昔者桀信天與其禮四海已不勤於道天奪其國以授殷紂亦信天與其禮四海已不龔於道天奪其國以授周今夫惰農信地實生百穀不力於其道地竊其菓稼而荒翳之齊后信人之性酧讓不明於其道舉全境以付人人實鴟義而有其國凡人不修其道隨其心而師之營欲茂滋災疾朋豐戕身損壽心斯害之矣故曰惟道可信天地非道不能悠久蒼生非賢不能靖順庶政非才不能和理夫用道之人不露其用福滋萬物功歸無有神融業茂靈慶悠長知而辨之謂之識知而不辨謂之道識以理人道以安人夫雞辰而作負日任勞流汗灑地夜分

僅息農夫之道也俯拾仰取銳意錐撮力思搏精希求利潤賈豎之道也嚥氣谷神宰思損慮超遙輕舉日精鍊仙高士之道也剸情端想畢志所事倫揆忘寢謀效位司人臣之道也清心省念察驗近習務求賢良以安萬姓人主之道也若由是類之各順防其志度不替塞其業發是謂天下有道導筋骨則形全剪情欲則神全靖言語則福全克保三全是謂清賢道德順則鬼神助信義敦則君子全禮義備則小人懷有識者自是無識者亦自是有道者靜默闇鈍者亦靜默物固有似是而非似非而是先號後笑始吉終凶身可親而才不可親才可敬而身不堪敬敬甚則不親親甚則不敬親之而踈踈之而親恩甚則怨生愛

多則憎至有以速爲貴有以緩爲貴有以直爲貴有以曲爲貴百事之宜其由甚微不可不知是故智者難之靜則神通窮則意通貴則語通富則身通理勢使然同道者相愛同藝者相嫉人情自然也多才而好謙貧賤而不諂處勞而不爲辱富貴而恭勤可謂有德者也

政道篇

人無法以知天以四時寒暑日月星辰之所行知天若四時寒暑日月星辰之所行當則諸生血氣之類皆得其處而安其産矣人臣亦無法以知主以主之賞罰爵祿之所加知主若主之賞罰爵祿之所加宜則親踈遠近賢不肖者皆盡其力而以爲用矣信全則天下安信失則天下危

夫百姓勤勞則物殫盡則爭害之心生而不相信矣人不相信由政之不平也政之不平吏之辠也吏之有辠刑賞不齊也刑賞不齊主不勤明也夫主勤明則刑賞一刑賞一則吏奉法吏奉法則政下宣政下宣則人人得其所而交相信矣是知天下不相信者由主不勤明也

亢倉子居息壤五年靈王使祭公致箴帛與紛璐曰余末小子否德忝位水旱不時藉爲人君何以禳之亢倉子曰水陰沴也陰於國政類刑人事類私旱陽過也陽於國政類德人事類盈楚以爲凡遭水旱天子宜正刑脩德百官宜去私戒盈則以類而消百福日至矣

人之情欲生而惡死欲安而惡危欲榮而惡辱天下之人

得其欲則樂樂則安不得其欲則苦苦則危若人主放其欲則百吏庶長具展其欲百吏庶長具展其欲則天下之人貧者竭其力富者竭其財四人失其序皆不得其欲矣天下之人不得其欲則相與提携保抱逋逃隱蔽漂流据采以祈性命吏又從而捕之是故不勝其危苦因有群聚背叛之心生則國非其國也勿貪戶口百姓汝走多壯城池百姓汝疲賦歛不中窮者日窮刑罰且貳賈者日賈科禁大行國則以傾官吏非才則寬猛失所冥與百姓爭利則狡詐之心生所以天下姦而難知天下難知則上人疑上人疑則下益惑下既惑則官長勞官長勞則賞不足勸刑不能禁易動而難靖此由官不得人故也政術至要力

於審士士有才行比於一鄉委之鄉才行比於一縣委之縣才行比於一州委之州才行比於一國委之國政而後迺能無伏士矣人有惡戾於鄉者則誨之不改是爲惡戾於縣則撻之不改是爲惡戾於國則誅之迺能無復逆節矣誠如是舉天下之人一一畏懷無有干悁謟慢之萌矣此之謂靖人凡爲天下之務莫大求士士之待來莫善通政通政之善莫若靖人靖人之才蓋以文章考之百無四五以言論考之十或一二以神器靖作態度考之十全八九是皆賢王慶代明識裁擇所能爾也王天下者若以文章取士則翦巧綺繼益至而正雅素實益藏矣以言論取士則浮談游飾益來而蹇諤諍直益晦矣以神氣靖作態

度取士則外正內邪益尊而清脩明實益隱矣若然者賢愈到政愈僻令愈勤人愈亂矣夫天下至大器也帝王至重位也得士則靖失士則亂故人主勞於求賢逸於任使嗚呼守國聚人者其胡可以不事試於士乎人情失宜主所深恤失宜之大莫痛刑獄夫明達之才將欲聽訟或誘之以詐或脅之以威或開之以情或苦之以戮雖作設權異而必也公平故使天下之人生無所於德死無所於怨夫秉國建吏持刑若此可謂至官至官之代羣情和正諸產咸宜愛敬交深上下條固不可搖蕩有類一家苟違領凌逆安得動哉

至理之代輿服純素憲令寬簡禁網疏濶夫輿服純素則

人不勝美憲令寬簡則俗無忌諱禁網疎濶則易避難犯若人不勝美則嗜欲希微而服役樂業矣俗無忌諱則抑閑開舒而歡欣交通矣易避難犯則好惡分明而貴德知耻矣夫服役樂業之謂順歡欣交通之謂和貴德知耻之謂正浮墮之人不勝於順逆節之人不勝於和姦邪之人不勝於正順和正三者理國之宗也衰末之世輿服文巧憲令穰祈禁網煩僻夫輿服文巧則流相炎慕憲令穰祈則俗多忌諱禁網煩僻則莫知所逭若流相炎慕則人不忠潔而耻樸貴華矣俗多忌諱則情思不通而上下膠戾矣莫知所逭則讒慝繁興而衆不懼死矣夫耻樸貴華之謂浮上下膠戾之謂塞衆不懼死之謂冒眞正之士不官

於浮公直之士不官於塞器能之士不官於冒浮塞冒三者亂國之梯也

荆君熊圉問水旱理亂亢倉子曰水旱由天理亂由人若人事和理雖有水旱無能爲害堯湯是也故周之秩官云人彊勝天若人事壞亂縱無水旱日益崩離且桀紂之滅豈惟水旱荆君北面遵循稽首曰天不棄不穀及此言也乃以弘璧千朋爲亢倉子壽拜爲亞尹曰庶吾國有瘳乎亢倉子不得已中宿微服違之他邦

至理之代山無僞隱市無邪利朝無佞祿

國產問何由得人俗醇樸亢倉子曰政煩苛則人姦僞政省一則人醇樸夫人俗隨國政之方圓猶蠖屈之於葉也

食黃則身黃食蒼則身蒼曰何爲則人富亢倉子曰賦斂以時官上清約則人富賦斂無節官上奢縱則人貧句粤之簳鏃以精金鷙隼爲之羽以之棓篰則其與槁樸也無擇及夫蕩寇爭衡覿武決勝加之駭弩之上則三百步之外不立敵矣蜚景之劒威奪白日氣盛紫蜺以之刲稷則其與厮刃也無擇及夫凶邪流毒沸渭不靖加之運掌之上則千里之內不留行矣夫材有分而用有當所貴善因時而已耳昔者明王聖帝天下和平萬物茂暢羣性得極善因時而勿擾者也近古以來天下姦邪者衆正直者寡輕薄趨利者多敦方退靜者鮮姦者出言等於忠言遂使天下之人交相疑害悲夫作法貴於易避而難犯故

弊貴於省事而一令除去豪橫則官人不敢務私利官人不敢務私利而百姓富史刑曰眚災肆赦赦不欲數赦數則惡者得計平人生心而良賢否塞矣人有大爲賊害官吏捕獲因廣條引誣陷貞良濶遠牽率冀推時序卒蒙赦宥遇賊害者訖無所快自毒而已由是平人遞生黠計吏勞政酷莫能鎮止此由數赦之過也夫人之所以惡爲無道不善者爲其有罰也所以勉爲有道行義者爲其有賞也今無道不義者赦之而有道行義者被妒而不賞欲人之就善也不亦難乎代有賢主秀士肯察此論人愆者非不接人也神怒者非不事神也巧佞甚人愈愆淫祀盛神愈怒

君道篇

始生之者天地養成之者人也能養天之所生而物攖之謂之天子天子之動也以全天氣故此官之所以自立也立官者以全生也今代之惑主多官而反以害生則失所以爲立之本矣草鬱則爲腐樹鬱則爲蠹人鬱則爲病國鬱則百慝竝起危亂不禁所謂國鬱者主德不下宣人欲不上達也是故聖王貴忠臣正士爲其敢直言而決鬱塞也克已復禮賢良自至君耕后蚕蒼生自化由是言之則賢䝮可待不可求求得非賢也蒼生正可化不可刑刑行非理也尭舜有爲人主之勤無爲人主之欲故天下各得濟其欲有爲人主之位無爲人主之心故天下各得肆其

心士有天下人愛之而主不愛者有主獨愛之而天下人不愛者用天下人愛者則天下安用主獨愛者則天下危人主安可以自放其愛憎哉由是重天下者當制其情所謂天下者謂其有萬物也所謂有邦國者謂其有人衆也夫國以人爲本人安則國安故憂國之主務求理人之術玉之所以難辨者謂其有怪石也金之所以難辨者謂其有鍮石也今夫以隼翼而被之鶡視不明者正以爲隼明者視之乃鶡也今夫小人多誦經籍方書或學奇技通說而被以青紫章服使愚者聽而視之正爲君子明者聽而視之乃小人也故人主誠明以言取人理也以才取人理也以行取人理也人主不明以言取人亂也以才取人亂

也以行取人亂也夫聖人之用人也貴耳不聞之功目不見之功口不可道之功而百姓暢然自理矣若人主貴耳聞之功則天下之人運貨逐利而市譽矣貴目見之功則天下之人恢形異藝而爭進矣貴可道之功則天下之人習舌調吻而飾辭矣使天下之人市譽爭進飾辭見達則政敗矣人主皆知鏡之明已也而惡士之明已也鏡之明已也功細士之明已也功大知其細失其大不知類矣於乎人主清心省事人臣恭儉守職太平立致矣而代主或難之吾所不知也若人主方寸之地不明不斷則無地之宜四海之內動植萬類咸失其道矣以耳目取人者官多而政亂以心慮取人者官少而政清是知循理之代務求

不可見不可聞之材洸危之代務取可聞可見之材於乎
人主豈知哉以耳目取人人皆數欲以買譽以心慮取人
人皆靜正以勤德吏靜正以勤德則不言而自化吏數欲
以買譽則刑之而不畏代主豈不知哉

臣道篇

夫國之將興也朝廷百吏或短或長或醜或美或怡或屬
或是或非雖聽其言觀其貌有似不同然察其志徵其心
盡於爲國所以剛訐不怨黜退不愕議得其中無違乎理
故天不惑其時地不乏其利人不亂其事鬼神開贊蠻夷
柔同保合太和萬物化育國之將亡也朝廷百吏姿貌多
美顏色諧和詞氣華柔動止詳潤雖觀其貌聽其言有若

歡洽然察其志徵其心盡在競位所以開奇則怪見與必愕狙嫉相蒙遂喪其道故天告災時地生反物人作凶德鬼神間禍戎狄交侵喪亂弘多萬物不化夫不妨人力不損官吏而功成政立下阜百姓上滋主德如此者忠賢之臣也若費財煩人危官苟效一時功利規賞於主不顧過後貽災於國如此者姦臣也至理之代官得人不理之代人得官

和龍覲問事君亢倉子曰既榮死而臣人者也心莫若公貌莫若和言莫若正公不欲露和不欲雜正不欲犯古之清勤爲國修正今之清勤爲身修名夫爲國脩政者區處條別動得其宜合於大體爲身修名者區處條別致遠不

通拘於小節是知心以道爲主抵物得其所心以事爲主
抵物失其所臣居上位不諫下位不公不合贍其祿君不
嚴敬大臣不彰信小臣不合官其朝有才者不必忠忠者
不必有才臣不患不忠適恐盡忠而主莫之信不患不信
適恐信之而莫能事事上等之人得其性則天下理中等
之人得其性則天下亂明主用上等之人當委以權宜便
事肆其所爲用中等之人則當程課其功示以賞罰

賢道篇

賢良所以屢求而不至難進而易退者非爲愛身而不死
王事適恐盡忠而主莫之信耳自知有才識之人外恭謹
而內無憂其於衆也和正而不狎親之則彌莊疎之則退

去而不怨窮厄則以命自寬榮達則以道自止人有視其儀賢也聽其聲賢也徵神識或負所望夫賢人其見用也入則諷譽出則龔默職司勤辨居室儉閒其未見用也藏身於終藏識於目藏言於口飽食安步獨善其善貞而不怨智者不疑事識者不疑人有識之士行危而色不可踈言遜而理不可援凡謂賢人不自稱賢效在官功在事事太平之時上士運其識中人竭其耐小人輸其力

祭公問賢材何從而不至亢倉子曰賢正可待不可求材愼在求不在無若天子靜大臣明刑不避貴澤不隔下則賢人自至而求用矣賢人用則四海之内明目而視清耳而聽坦心而無鬱矣天自成地自寧萬物醇化鬼神不能

靈故曰賢正可待不可求若天子勤明大臣和理之求士也則恢弘方大公直靖人之材至若天子苛察大臣躁急之求士也則曲心巧應毁方破道之材至若天子疑忌大臣巧隨之求士也則奇姓異名反媚怪術之材至若天子自賢大臣固位之求士也則事文逐譽貪濁浮麗之材至若天子依違大臣回佞之求士也則內忠外僻情毒言和之材至故曰材慎在求不在無

祭公曰夫子云賢人不求而自至亦有非賢不求而自至者乎亢倉子曰夫非賢不求而自至者固衆矣夫天下有道則賢人不求而自至天下無道則非賢不求而自至人主有道者寡無道者衆天下賢人少不肖者多是知非賢

不求而自至者多矣祭公曰賢固濟天下材亦能濟天下俱濟天下賢與材安取異邪亢倉子曰窘乎哉其問也功成事畢不殉封譽恭退樸儉之謂賢功成事畢榮在祿譽光揚志滿之謂材賢可以鎮國材亦可以理國所謂鎮者和寧無爲人不知其力所謂理者勤率其事人知所於德一賢統衆材則有餘衆材度一賢猶不足如是賢材之殊域有居山林而諠者有在人俗而靜者有諠而正者有靜而邪者凡視察其貌鄙俗而能有賢者萬不一視察其貌端雅而實小人者十而九夫不練其言而知其文不責其儀而審其度不采其譽而知其善不流其毀而斷其實可謂有識者也

訓道篇

閔子騫問仲尼道之與孝相去奚若仲尼曰道者自然之妙用孝者人道之至德夫其包運天地發育萬物曲成萬類不希性壽其功至實而不爲物府不爲事官無爲功尸捫求視聽莫得而有字之曰道用之於人字之曰孝孝者善事父母之名也夫善事父母敬順爲本意以承之順承顏色無所不至發一言舉一意不敢忘父母營一手措一足不敢忘父母事君不敢忘忠朋友不敢不信臨下不敢不敬嚮善不敢不勤雖居獨室之中亦不敢懈其誠此之謂全孝故至誠之至通乎神明光于四海有感必應善事父母之所致也昔者虞舜其大孝矣厥母惑父屢憎害之

舜心益恭懼而無怨謀使浚井下土實之于時天休震動神明駭赫導穴而出奉養滋謹由是玄德茂盛爲天下君善事父母之所致也文王之爲太子也其大老矣朝夕必至乎寢門之外問寺人曰玆日安否如何曰安太子温然喜色小不安節太子色憂滿容朝夕食上太子必視寒煖之節食下必知膳羞所進然後退寺人言疾太子肅冠而齋膳宰之饌必敬視之湯液之貳必親嘗之嘗饌善則太子亦能食嘗饌寡太子亦不能飽以至于復初然後亦復初君后有過怡聲以諷君后所愛雖小物必嚴襲是故孝成於身道治天下雅曰文王陟降在帝左右言文王靜作進退天必贊之故紂不能害夢啓之壽卜世三十卜年七

百天所命也善事父母之所致也閔子騫曰善事父母之道既幸聞矣敢問教子之義仲尼曰凡三王教子必視禮樂樂所以修內禮所以修外禮樂交修則德容發輝于貌故能溫容而文明夫爲人臣者殺其身有益於君則爲之況利其身以善其君乎是故擇建忠良貞正之士爲之師傳欲知其父子君臣長幼之道夫知爲人子然後可以爲人父知爲人臣然後可以爲人君知事人然後能使人此三王教子之義也閔子騫退而事之於家三年人無間於父母昆弟之言交遊稱其信鄉黨稱其仁宗族稱其弟德行之聲溢於天下此善事父母之所致也

君子檢身常若有過衣其衣食其食知其過而不克有以

正之者君子耻之將欲有言譏其必不能行者君子罕之當責衆人之惡者視己善乎哉當責衆人之邪者視己正乎哉此之謂返明

謂多言之人為踈露亦有辭約而不密者謂輕佻之人為不定亦有體閒而心躁者謂潑襍之人為猥細亦有外潔而內濁者若類而引之不可殫載若非徹識安能洞詳外靜而內動者搖思而攝性奔走而逐利者勞力而害名人生於代或有事不遂志而宣言云不遇時者是無異負丹頸之罪俟時行戮豈不殆哉其有博才通識未見稱用者正可云時非不清命未與耳豈不韙歟

農道篇

人捨本而事末則不一令不一令則不可以守不可以戰人捨本而事末則其產約其產約則輕流徙輕流徙則國家時有災患皆生遠志無復居心人忘本而事末則好智好智則多詐多詐則巧法令巧法令則以是為非以非為是古先聖王之所以理人者先務農業農業非徒為地也貴其志也人農則樸樸則易用易用則邊境安安則主位尊人農則童童則少私義少私義則公法立力搏深農則其產複其產複則重流散重流散則死其處無二慮是天下為一心矣天下一心軒轅几遽之理不是過也古先聖王之所以茂耕織者以為本教也是故天子躬率諸侯耕籍田大夫士第有功級勸人尊地產也后妃率嬪御繭於

郊桑公田勸人力婦教也男子不織而衣婦人不耕而食男女貿功資相爲業此聖王之制也故敬時愛日埒實課功非老不休非疾不息一人勤之十人食之當時之務不興土功不料師旅男不出御女不外嫁以方農黃帝曰四時之不正正五穀而已耳夫稼爲之者人也生之者天也養之者地也是以稼之容足耨之容耰耘之容手是謂耕道農攻食工攻器賈攻貨時事不龔敘之以土功是謂大凶凡稼蚕者先時暮者不及時寒暑不節稼乃生災冬至已後五旬爲七日而昌生於是乎始耕事農之道見生而藝生見死而穫死天發時地產財不與人期有年祀土無年祀土無失人時迨時而作過時而止老弱之力可使盡

起不知時者未至而逆之既往而慕之當其時而薄之此從事之下也人耨必以旱使地肥而土緩稼欲產於壟上而殖於堅者慎其種勿使數亦無使踈於其施土無使不足亦無使有餘畝欲深以端畝欲沃以平下得陰上得陽然後盛生吾苗有行故速長彊弱不相害故速大正其行通其中疏爲冷風則有收而多功率稼望之有餘就之則疏是地之竊也不除則蕪除之則虛是事之傷也苗其弱也欲孤其長也欲相與居其熟也欲相扶三以爲族稼乃多穀凡苗之患不俱生而俱死是以先生者美米後生者爲粃是故其耨也長其兄而去其弟樹肥無使扶踈樹墝不欲專生而獨居肥而扶踈則多粃墝而獨居則多死不

知耨者去其兄而養其弟不收其粟而收其粃上下不安
則稼多死得時之禾長稠而大穗圜粟而薄糠米飴而香
舂而易而食之彊失時之禾深芒而小莖穗銳多粃而青
蕎得時之黍穗不芒以長摶米而寡糠失時之黍大本華
莖葉膏短穗得時之稻莖葆長秱穗如馬尾失時之稻纖
莖而不滋厚糠而菑死得時之麻疎節而色陽堅枲而小
本失時之麻蕃柯短莖岸節而葉蟲得時之菽長莖而短
長其莢二七以爲族多枝數節競葉繁實稱之重食之息
失時之菽以長而蔓浮葉虛本踈節而小莢得時之麥長
秱而頸族二七以爲行薄翼而䕸色食之使人肥且有力
失時之麥胕腫多病弱苗而翜穗是故得時之稼豐失時

之稼約庶穀盡宜從而食之使人四衛變殭耳目聰明凶氣不入身無苛殃善乎孔子之言冬飽則身溫夏飽則身涼夫溫涼時適則人無病疹人無病疹是疫癘不行疫癘不行咸得遂其天年故曰穀者人之天是以興王務農王不務農是棄人也王而棄人將何國哉

兵道篇

兵之兆在心懷恚而未發兵也疾視作色兵也傲言推梭兵也僨鬬攻戰兵也此四者鴻細之爭也未有蚩尤之時人實揭材木以鬬矣黃帝用水火矣共工稱亂矣五帝相與爭矣一興一廢勝者用事夫有以用藥而死者欲禁天下之醫非也有以乘舟而死者欲禁天下之船非也有以

[illegible]者人人之悦也

若孝子之見慈親餓隸之遇美食號呼而走若彊弩之射

深谷也勝負之決勿徼於他必反人情人之情欲生而惡

死欲榮而惡辱死生榮辱之道一則三軍之士可使一心

矣凡軍欲其衆也心欲其一也三軍一心則令可使無敵

人古之至兵蓋重令也故其令彊者其敵弱其令信者其

敵詘先勝之於此則勝之於彼誠若此則敵胡足勝也凡

敵人之來也以求利也今來而得死且以走爲利則刃無

所與接矣此之謂至兵傲虐姦詐之與義理反也其勢不俱勝不相並故義兵入於敵之境則人知所庇矣兵至於國邑之郊不踐果稼不穴丘墓不殘積聚不焚室屋得人虜奉而歸之但與人期以致敵資以章好惡以示逆順若此而猶有愎狠凌宕不聽者雖行武焉可也先發聲出號令曰兵之來也以除人之讎以順天之道故尅其國不屠其人獨誅所誅而已於是舉選秀士賢良而尊封之求見孤疾長老而拯敬之發府庫之財散倉廩之粟不私其物曲加其禮今有人於此能生死人一人則天下之人爭事之矣義兵之生一人亦多矣人孰不悅故義兵至則鄰之人歸之若流水諸國之人望之如父母行地滋遠得人滋衆

元倉子卷終

亢倉子粹言

明·陳繼儒選

明刊《藝林粹言》本

亢倉子

宋潛溪曰亢倉子五卷相傳周庚桑楚撰予初求之不得及得之終夜疾讀讀畢嘆曰是僞書也剔老莊文列及諸家言而成之也

人無法以知天以四時寒暑日月星辰之所行知天若四時寒暑日月星辰之所行當則諸生血氣之類皆得其處而安其產矣人臣亦無法以知主以主之賞罰爵祿之所加知主若主之賞罰爵祿之所加宜則親疏遠近賢不肖者皆盡其力而以爲用矣信全則天下安信失則天下危夫百姓勤勞財物殫盡則爭害之心生而不相信由政之不平也政之不平吏之罪也吏之有罪

刑賞之不齊由主不勤明也

亢倉子居息壤五年靈王使祭公致篋帛與納璐曰余小子否德忝位水旱不時籍為人君何以攘之亢倉子曰水陰沴也陰於國政類刑人事類私旱陽過也陽於國政類德人事類盈楚以為凡遭水旱天子宜正刑脩德百官宜去私戒盈則以類而消百福日至矣

政術至要力於審士士有才行比於一鄉委之鄉才行比於一縣委之縣才行比於一州委之州才行比於一國委之國迺能無伏士矣人有惡戾於鄉者則誨之不改是為惡戾於縣則撻之不改是為惡戾於國則誅之迺能無逆節矣誠如是舉天下一一畏懷無有干媚諂

慢之萌矣此之謂輔人
王天下者若以文章取士則剪巧綺濫益至而正雅素實益藏矣以言論取士則浮談遊飾益來而蹇諤正直益晦矣以神氣靖作態度取士則外正內邪益尊而清修名實益隱矣若然者賢愈亂政愈僻令愈勤人愈亂矣夫天下大器也帝王重位也得士則靖失士則亂故人主勞於求賢逸於任使

荆君問水旱理亂亢倉子曰水旱由天理亂由人若人事和理雖有水旱無能為害堯湯是也若人事壞亂縱無水旱日益崩離且桀紂之滅豈惟水旱荆君北面稽首曰天不棄不穀及此言也乃以弘璧十朋為亢倉子壽

〇句毋之幹鏃以清金鷙隼爲之羽以之棓箠則其蛺槁擈也無捍及夫蕩寇争衝覿武决勝加之駮弩之上則三百步之外不立敵矣蜚景之劒威奪白日氣盛紫蜺以之封穫則其與劚刃也無擇及夫凶邪流毒潰不靖加之運掌之上則千里之内不留行矣夫材有分而用有當所貴善因時而已耳

草鬱則爲腐樹鬱則爲蠹人鬱則爲病國鬱則百慝並起危亂不禁所謂國鬱者主德不下宣人欲不上達也是故聖王貴忠臣正士爲其敢直言而决鬱塞也

克己復禮賢良自至君耕后蠶蒼生自化由是言之則賢良可待不可求也求得非賢也蒼生可化不可刑刑

行非理也堯舜有為人主之勤無為人主之欲故天下各得濟其欲有為人主之位無為人主之心故天下各得肆其心士有天下人愛之而主不愛者有主獨愛之而天下人不愛者用天下人愛者則天下安用主獨愛者則天下危人主安可以自放其愛憎哉

人主皆知鏡之明已也而惡士之明已也鏡之明已也功細士之明已也功大知其細失其大不知類矣

天子勤明大臣和理刑不避貴澤不隔下則賢人自至而求用矣賢人用則四海之内明目而視清耳而聽坦心而無譏矣

天下有道則賢人不求而自至天下無道則非賢不求

而自至人主有道者寡無道者衆天下賢人少不肖者
多是知非賢不求而自至者多矣

夫善事父母敬順為本意以承之順承顔色無所不至
發一言舉一意不敢忘父母營一手措一足不敢忘父
母事君不敢忘忠朋友不敢忘信臨下不敢不敬嚮善
不敢不勤雖居獨室之中亦不敢懈其誠此之謂全孝
故至誠之至通乎神明光於四海有感必應善事父母
之所致也

同道者相愛同藝者相嫉同與者相愛同取者相嫉人
情自然也

有以用藥而死者欲禁天下之醫非也有以乘舟而死

者欲禁天下之船非也有以用兵而喪其國者欲禁天下之兵非也夫兵之不可廢譬水火焉善用之則為福不善用之則為禍

亢倉子折衷彙錦

明·焦竑纂注、陳懿典評閲

明萬曆間金陵少岡三衢書林刊《兩翰林纂解諸子折衷彙錦》本

道家

亢倉子按唐天寶元年詔號亢倉子爲洞靈眞經然求其書不獲襄陽王士元取諸子文義類者補其亡其姓氏不具述

全道篇

亢倉子居羽山之顛三年俗無疵癘而仍谷熟其俗與桑庚楚之處畏壘同竊相謂曰亢倉子之始來吾鮮然異之今吾日計之不足歲計之有餘其殆聖者耶盍相與尸而祝之社而稷之乎亢倉子聞之色有不釋其徒黶啜從而啓之亢倉子曰吾聞聖人尸居環堵之室而百姓猖狂

不知其所如往今以衆俗之子竊竊焉將俎豆予我其的之人耶吾是以不釋於老聃之言黶啜曰不者夫尋常之汙巨魚無所還其體而鯢音倪鰌音秋爲之制步仞之丘巨獸無所隱其軀而蘖音孽狐爲之祥且也尊賢使能竊善就利自堯舜以固然而況羽俗乎先

亢倉子學老氏要在於藏身此其不釋之意

生其聽矣亢倉子曰譆音希來夫二子者知夫函車之獸介而離山罔罟制之吞舟之魚蕩而失水螻蟻苦之故鳥獸居欲其高魚鱉居欲其深夫全其形生之人藏其身也亦不厭深眇而已

此段見吾心之真好在道天下無足滑吾真

䬮（音兖泄也）地之謂水，䬮水之謂氣，䬮氣之謂虛，䬮虛之謂道。（天地間理與氣而已，故揔而名之曰道）虛者道之體，靖者道之地。（坤靜而凝，故曰地）理者道之綱，識者道之目。道所以保神，德所以宏量，禮所以齊儀，物所以養體。好質白之物者，以黑為污；好質黑之物者，以白為污。吾又安知天下之正潔污哉。由是不主物之潔污者矣。夫瞽（者無目視）者以黈（音黃義同）為赤，以蒼為玄，吾乃令所謂皂白。安知識者不以為赬（音赤義同）黃。吾又安知天下之正色哉。由是不遁物之色矣。無能滑吾真矣。（滑亂也）

此正修救之事

政道篇

亢倉子居息壤五年靈王使祭公致篚幣與紉（音刃）璐（音路美玉）曰余末小子否德忝位水旱不時籍為人君何以禳之亢倉子曰水陰沴也陰於國政類刑人事類私旱陽過也陽於國政類德人事類盈是以為亢遭水旱天子宜正刑脩德百官宜去私戒盈則以類而消百福日至矣

鄭有胡之封珪（王也）戎亏異時矣同（謂會同）於荆荆曰必得封珪戎亏不然臨兵于洨（責其不同）鄭君病之駕見亢

此即魯之僞門

倉子曰封珪戎弓先君得之於胡綿代功寶傳章翼嗣今荆恃大而曰必得不然臨兵國危矣寡人欲以他封珪戎弓徃若之何亢倉子曰君其少安今是楚亦有寶於此飾楚之寶以貰罪於君楚所不能君必致夫真今荆以淺鮮之過而負其威刑申逞不真以耗敎與國和好相與之國荆失諸侯於是乎在諸侯聞之將警勸備倫比勤明會同上義固存鄭其爲首君姑待之豈必非福於是以胡珪戎弓徃未至郢荆人聞之曰彼用聖人之訓辭吾焉取此以暴不直於天下而

此見與國可以信結諸侯可以義動一舉而兩利可謂善策國者

令諸侯實生心焉遽反其賂而益善焉

至理也（極治）之世山無僞隱市無邪利朝無倖禄國產省一則人醇樸夫人俗隨國政之方員猶甕甌（缶名）之於葉也食黃則身黃食倉則身倉曰何爲則人富亢倉子曰賦斂以時官上清約則人富賦斂無節官上奢縱則人貧勾奧之銽（音諫）鏃以精金鷙隼爲之羽以之梧篚則其與槁樸也無擇及夫蕩寇爭衡覿武決勝加之駭弩之上則三百步之外不立敵矣韭景（飛廉）之劍威奪白日氣盛紫蜺以之剸（割也）穫則其與劚刃

此段與莊周殊暑殊技同意

也無擇。及夫凶邪流毒沸渭不靖加之遏掌之上則
千里之内。不留行矣夫材有分而用有當所貴善因
時而已耳。

明·謝汝韶校

亢倉子洞靈真經一卷

明萬曆六年(1578)吉藩崇德書院刊《二十家子書》本

亢倉子序

老子之後有庚桑楚者陳人也偏得老子之道居畏壘之山其臣之畫然知者去之其妾之挈然仁者遠之擁腫之與居鞅掌之爲使居三年畏壘大穰後遊吳隱毗陵孟峯道成仙去後有漢輔光張天師唐張果老相繼隱脩因號張公壇福地古建洞靈觀宋改天申萬壽宮著書九篇號庚桑子一名亢倉子唐封洞靈眞人書爲洞靈眞經

亢倉子洞靈眞經

全道篇第一

心冥虛極德洞玄微
功並四時蒼生自化

亢倉子居羽山之頽三年俗無疵癘而仍穀熟其俗竊相謂曰亢倉子之始來吾鮮然異之今吾日計之不足歲計之有餘其或聖者耶盍相與尸而祝之社而稷之虖亢倉子聞之色有不釋其徒鸞啜從而答之亢倉子曰吾聞至人尸居環堵之室而百姓猖狂不知其所如往今以羽俗父子竊竊焉將俎豆予我其的之人耶吾是以不釋於老聃之言鸞啜曰不者夫尋常之汙巨魚無所還其體而鯢鰌爲之制步仞之丘巨獸無所隱其軀而孼狐爲之祥且也尊賢吏能[illegible]善就利自堯舜以固然而況羽俗虖先生

介猶也　樗之樗節聲蹙趨　搢褐同

其聽矣、亢倉子曰請來、夫二子者知虖函車之獸、介而離山罔罟制之、吞舟之魚、蕩而失水、螻蟻苦之、故鳥獸居欲其高、魚鼈居欲其深、夫全其形生之人藏其身也、亦不厭深眇而已、吾語若大亂之本、祖虖堯舜之間、其終存虖千代之後、必有人與相食者矣、言未終南子榮之樗色蹙然膝席曰樗年運而長矣、將奚以託業以事斯言、亢倉子曰全汝形、抱汝生、無使汝思慮營營、若此緒年、或可以及此言、雖然吾才小不足以化子、子胡不南謁吾師、聃、亢倉子旣謝榮之樗、不釋羽偺而龍巳虖天下、水之性清、土者相之、故不得清、人之性壽、物者相之、故不得壽、物也者所以養性也、今代之惑者、多以性養物、則不知輕重也、是故聖

人之於聲色滋味也，利於性則取之，害於性則捐之，此全性之道也。萬人操弓，共射一招，招無不中。萬物章章，以害一生，生無不傷。故聖人之制萬物也，全其天也。天全則神矣。神全之人，不慮而通，不謀而當，精照無外，志凝宇宙，德若天地。然上為天子而不驕，下為匹夫而不惛，此之謂全道之人。心平正不為外物所誘曰清，清而能久則明，明而能久則虛，虛則道全而居之。秦佚死，亢倉子哭之，其役曰：天下皆死，先生何哭為也？亢倉子曰：天下皆哭，安得不哭？其役曰：哭者必哀，而先生未始哀，何也？亢倉子曰：舉天之下吾無與樂，安所取哀？蛻地之謂水，蛻水之謂氣，蛻氣之謂虛，蛻虛之謂道。虛者道之[illegible]體，脩者道之用，理著道之

聾音盲目不明聾聵色頳黃色

綱識著道之目道所以保神德所以崇重禮所以齊物物所以養體好質白之物者以黑爲污好質黑之物者以白爲污吾又安知天下之正潔污哉以由是不主物之潔污者矣夫聾聵者以難爲赤以蒼爲玄吾乃今所謂皂白安知識者不以爲頳黃吾又安知天下之正色哉由是不適物之色矣夫好貨甚者不見他物之所可好好馬甚者不見他物之可好好書甚者不見他物之可好吾又安知天下之果可好者果可惡者哉由是不見物之可以保戀矣無能滑吾眞矣陳懷君柳使其大夫禱行聘於魯叔孫卿私曰吾國有聖人若知之乎陳大夫曰奚以果明其聖叔孫卿曰能廢心而用形陳大夫曰弊邑雖小亦有聖人異於

偏獨也

亞寢次殿也

所聞曰聖人謂誰陳大夫曰有亢倉子者偏得老聃之道其能用耳視目聽定公聞而異焉使叔孫氏報聘且致亢倉子待以上卿之禮亢倉子至賓于亞寢魯公卑辭以問之亢倉子曰吾能視聽不用耳目非能易耳目之所用告者過也公曰孰如是寡人增異矣其道若何寡人果願聞之亢倉子曰我體合於心心合於氣氣合於神神合於無其有介然之有唯然之音雖遠際八荒之表邇在眉睫之內來干我者吾必盡知之乃不知爲是我七竅手足之所覺六腑五藏心慮之所知其自知而已矣

用道篇第二 自然利物上合天心天下歸仁化行刑措

天不可信地不可信人不可信心不可信惟道可信賢主

龔恭同　鷄晨鷄鳴之旦

秀士豈知哉昔者桀信天與其祖四海已不勤於道天奪其國以授殷紂亦信天與其祖四海已不龔於道天奪其國以授周今夫情農信地實生百穀不力於其道地竊其菓稼而荒翳之商后信人之性酬讓不明於其道舉全竟以付人人實鴟義而有其國凡人不脩其道蘊其心而師之營欲茂滋災疾朋豐戕身損壽心斯害之矣故曰惟道可信天地非道不能悠久蒼生非賢不能靖頓庶政非才不能和理夫用道之人不露其用福滋萬物功歸無有神融業茂亹亹悠長知而辨之謂之識知而不辨謂之道識以理人道以安人夫鷄晨而作負日任勞流汗灑地夜分僅息農夫之道也俯拾仰取鋭意雖撮力忌譁精希求利

潤賈豎之道也。燕氣谷神，寧思損慮，超遥輕舉，日精鍊魄，高士之道也。剸情端想，專志所事，倫擬忘寢，謀効位司，人臣之道也。清心省念，察驗近習，務求賢良，以安萬姓，人王之道也。若由是類，之各順序其志度，不替塞其業務，是謂天下有道。導筋骨則形全，剪情欲則神全，靖言語則福全，克保三全，是謂清賢。道德脩則鬼神助，信義敦則君子全，禮義備則小人懷。有識者自是，無識者亦自是；有道者靜默，闇鈍者亦靜默。物固有似是而非，似非而是，先號後笑，始吉終凶，身可親而不不可親，不可敬而身不堪敬。敬甚則不親，親甚則不敬，親之而疏，疏之而親，恩甚則怨生，愛多則憎至。有以速為貴，有以緩為貴，有以直為貴，有以曲

爲貴百事之宜其由甚微不可不知是故智者難之靜則神通窮則意通貴則語通富則身通理勢使然同道者相愛同藝者相嫉人情自然也多才而好謙貧賤而不諂處勞而不爲辱富貴而恭勤可謂有德者也

政道篇第三（順天行令不擇親踈異域同歸望風而靡）

人無爲以知天以四時寒暑日月星辰之所行知天若四時寒暑日月星辰之所行當則諸生血氣之類皆得其處而安其產矣人臣亦無爲以知主以主之賞罰爵祿之所加知主若主之賞罰爵祿之所加宜則親疎遠近賢不肖者皆盡其力而以爲用矣信全則天下安信失則天下危夫百姓勤勞則物殫盡則爭害之心生而不相信矣人不相

息壤周地

吳同夫會同之朔

信由政之不平也政之不平吏之皁也吏之有皁刑賞不齊也刑賞不齊主不勤明也夫主勤明則刑賞一刑賞一則吏奉法吏奉灋則政下宣政下宣則人人得其所而交相信矣是知天下不相信者由主不勤明也亢倉子居息壤五年靈王使祭公致幣帛與紛璐曰余末小子否德忝位水旱不時籍爲人君何以禳之亢倉子曰水陰沴也陰於國政類刑人事類私旱陽過也陽於國政類德人事類盈楚以爲凡遭水旱天子宜正刑脩德百官宜去私戒盈則以類而消百福日至矣鄭有胡之封鞋戎弓異時失同於荆荆曰必得封珪戎弓不然臨兵于汝鄭君病之駕見亢倉子曰封珪戎弓先君得之于胡綿伐功寶傳章異嗣

今荆恃大而曰必得不然臨兵國危矣寡人欲以他封桂戎兮往若之何亢倉子曰君其少安今是楚亦有實於此飾楚之實以貫罪於君楚所不能君必致失真今荆以淺鮮之過而負其威刑申逞不直以耗奪與國荆失諸侯於是乎在諸侯聞之將警勸備倫比勤明會同上義固存鄭其爲首君姑待之豈必非福於是以胡桂戎兮往未至郢荆人聞之曰彼用聖人之訓辭吾焉取此以暴不直於天下而令諸侯實生心焉遽反其賂而益善焉人之情欲生而惡死欲安而惡危欲榮而惡辱天下之人得其欲則樂樂則安不得其欲則苦苦則危若人主放其欲則百吏庶長具展其欲百吏庶長具展其欲則天下之人貧者窶其

捃拾也采取也聚歛等劇以度輕命也

比和比也

力當者竭其所四人失其序皆不得其欲矣天下之人不得其欲則相與提攜保抱逋逃隱蔽漂流捃采以祈性命吏又從而捕之是故不勝其危苦因有羣聚背叛之心生則國非其國也勿貪户口百姓波走多壯城池百姓波疲賦歛不中窮者日窮刑罰且貳匱者日匱科禁大行國則以傾官吏非才則貪猛失所宜與百姓爭利則姦詐之心生所以天下姦而難知天下難知則上入疑上入疑則下益惑下既惑則官長勞官長勞則賞不足勸刑不能禁易動而難靖此由官不得人故也政術至要力於審士士有才行比於一鄉委之鄉才行比於一縣委之縣才行比於一州委之州才行比於一國委之國政而後迺能無伏士

矣。人有惡焉於鄉者則誨之，不改是爲惡焉於縣則譴之，不改是爲惡焉於國則誅之，迺能無復逆節矣。誠知是舉天下之人，一一畏懷，無有乎悁謟慢之萌矣。此之謂靖人。凡爲天下之務，莫大求士。士之待來，莫善通政。通政之善，莫若靖人。靖人之才，盖以文章考之，百不四五；以言論考之，十或一二；以神器靖作態度考之，十全八九。是皆賢王慶代明識裁擇所能爾也。王天下者若以文章取士，則翦巧綺纖益至，而正雅素實益藏矣；以言論取士，則浮狡游飾益來，而蹇諤諍真益晦矣；以神氣靖作態度取士，則外正内邪益尊，而清脩明實益隱矣。若然者，貴愈剏，政愈僻，令愈勤，人愈亂矣。夫天下至大器也，帝王至重位也，得士則

靖。矣。亡則亂。故人主勞於求賢。逸於任使。嗚呼。守國衆人
者其明可以不事試於士虖人情失宜主所深恤。失宜之
大莫痛刑獄夫明達之才將欲聽訟或誘之以詐或脅之
以威或開之以情或苦之以戮雖作設權異而必也公平
故使天下之人生無所於德死無所於怨夫東國建吏持
刑若此可謂至官至官之代群情和正諸產咸宜愛敬交
深上下條固不可搖蕩有類一家苟遘讒賊變逆安得動哉
平王返正既宅天邑務求賢良等聞一善喜豫連日左右
侍僕累言大臣有賢異者好是踰歲王曰余一人于德不
明務求賢異豈恐山澤遺逸不舉豈樂聞善以自閉塞哉
逎者天賜僕臣累世任職階左右意余孱昧無能斷明

勝美 金美也　　通相炎

徒唯共和依違浸長自賢敗德莫此為多不時匡過就亟固黨於是棄左右近習三人於市貶麻司尹長五人曰無令人臣附下罔上持祿向意天下聞之稱為齊明海南之西歸者七國至理之代輿服純素憲令寬簡禁網疎闊夫輿服純素則人不勝美憲令寬簡則俗無忌諱禁網疎闊則易避難犯若人不勝美則嗜慾希微而服役樂業矣俗無忌諱則靜閑開舒而歡欣交通矣易避難犯則好惡分明而貴德知恥矣夫服役樂業之謂順歡欣交通之謂和貴德知恥之謂正浮躁之人不勝於順逆節之人不勝於和姦邪之人不勝於正順和正三者理國之宗也衰末之世輿服文巧憲令褻衍禁網頗僻夫輿服文巧則流相炎

前流交相金章聚炊之交

秋官周書篇名

慕、憲令褫所、則俗多忌諱禁、網頗僻、則莫知所逭、若流相炎慕、則人不忠絜、而耻樸貴華矣、俗多忌諱、則情忠不通、而上下睽戾矣、莫知所逭、則譏禍繁興、而衆不懼死矣、夫耻樸貴華之謂浮、上下膠戾之謂塞、衆不懼死之謂冐、眞正之士不官於浮、公直之士不官於塞、器能之士不官於冐、浮塞冐三者、亂國之梯也、剕君能圉問水旱理亂、亢倉子曰、水旱由天、理亂由人、若人事和理、雖有水旱無能爲害、堯湯是也、故周之秩官云、人強勝天、若人事棄亂、縱無水旱、日益崩離、且桀紂之滅、豈惟水旱、剕君北面遵循稽首曰、天不棄不穀及此言也、乃以弘璧十朋爲亢倉子壽、拜爲亞尹、曰寡吾國有豪乎、亢倉子不得已中宿、微服遠

之他邪、至理之代、山無僞竊、市無邪利、朝無佞祿、國產問
何由得人俗醇樸、亢倉子曰、政煩苛則人姦僞、政省一則
人醇樸、夫人俗隨國政之方圓、猶蠖屈之於葉也。食黃則
身黃、食蒼則身蒼。曰何爲則人富、亢倉子曰、賦歛以時、官
上清約、則人富、賦歛無節、官上奢縱、則人貧、勾粵之葬、鏃
以精金、鶩隼爲之羽、以之棓箭、則其與槁樸也無擇。及夫
蕩冠爭衡、覿武決勝、加之㺊弩之上、則三百步之外不立
敵矣。蜚景之劍、咸奪白日、氣咸紫琬、以之封犧、則其與劂
刄也無擇。及夫凶邪流毒、沸渭不靖、加之運掌之上、則千
里之內不留行矣。夫材有分而用有當、所貴善因時而已
耳、昔者明王聖帝、天下和平、萬物茂暢、群性得極、善因時

而勿擾者也近古以來天下姦邪者衆正直者寡輕薄趨利者多敦方退靜者鮮姦者出言等於忠言遂使天下之人交相疑害悲夫作灋貴於易避而難犯敎獎貴於省事而一令除去豪横則官人不敢務私利官人不敢務私利而百姓富吏刑曰眚災肆赦赦不欲數赦數則惡者得計平人生心而賢良否塞矣今有大爲賊害官吏捕獲因廣條引誣陷貞良闊遠牽率莫推時序卒蒙赦宥還賊害者訖無所快自毒而已由是平人遞生黠計吏勞政酷莫能鎮止此由數赦之過也夫人之所以惡爲無道不善者爲其有罰也所以勉爲有道行義者爲其有賞也今無道不義者赦之而有道行義者被害而不賞欲人之就善也不

亦難乎、代有賢主秀士肯察此論、人怨者非不接人也、神怒者非不事神也、巧佞其人愈怨、淫祀感神愈怒、

君道篇第四 清淨無爲以身率下

始生之者天地、養成之者人也、能養天之所主而勿攖之謂之天子、天子之動也以全天氣、故百官之所以自立也、立官者以全生也、今代之惑主多官而反以害生、則失所以爲立之本矣、草鬱則爲腐、樹鬱則爲蠹、人鬱則爲病、國鬱則百慝並起、危亂不禁、所謂國鬱者、主德不下宣、人欲不上達也、是故聖王貴忠臣正士、爲其敢直言而決鬱塞也、越已復禮、賢良自至、君耕后蠶、蒼生自化、由是言之、則賢良正可待不可求、求得非賢也、蒼生正可化不可刑、刑

怪石似玉鍮石似金隼鶡鶡隼也

憎愛可

行非理也堯舜有爲人主之勤無爲人主之欲故天下各得濟其欲有爲人主之位無爲人主之心故天下各得肆其心士有天下人惡之而主不惡者有主獨惡之而天下人不惡者用天下人惡者則天下安用主獨惡者則天下危人主安可以自放其惡憎哉由是重天下者當節其情所謂天下者謂其有萬物也所謂有邦國者謂其有人衆也夫國以人爲本人安則國安故憂國之主務求理人之術玉之所以難辨者謂其有怪石也金之所以難辨者謂其有鍮石也今夫以隼翼而被之鶡視不明者正以爲隼明者視之乃鶡也今夫小人多誦經籍方書或學奇技通說而被以青紫章服使愚者聽而聆之正爲君子明者聽

而聎之乃小人也故人主誠明以言取人理也以才取人理也以行取人理也人主不明以言取人亂也以才取人亂也以行取人亂也夫聖人之用人也貴耳不聞之功目不見之功口不可道之功而百姓暢然自理矣若人主貴耳聞之功則天下之人運貨逐利而市譽矣貴目見之功則天下之人飾形異藝而爭進矣貴可道之功則天下之人習舌調吻而飾辭矣使天下之人市譽爭進飾辭見達則政敗矣人主皆知鏡之明已也而惡士之明已也鏡之明已也功細士之明已也功大知其細失其大不知類矣於乎人主清心省事人臣恭儉守職太平立致矣而代主或難之吾所不知也若人主方寸之地不明不斷則天地

之宜、四海之内、動植萬類、咸失其道矣。以耳目取人者官多而政亂、以心慮取人者官少而政清、是知循理之代務求不可見不可聞之材、流危之代務取可聞可見之材、於虖人主豈知哉、以耳目取人人皆矯奪以買譽、以心慮取人人皆静正以勤德、吏静正以勤德則不言而自化矣、矯奪以買譽則刑之而不畏、代士豈不知哉、

臣道篇第五 盡忠竭力所用

夫國之將興也、朝廷百吏或短或長、或醜或美、或怡或厲、或是或非、雖聽其言觀其貌有似不同、然察其志識其心、盡於爲國、所以劉計不怨黜退不愕、議得其中、無遠乎理、故天不惑其時地、不乏其利、人不亂其事、鬼神開贊、蠻夷

嫉害同

覿書歷

柔同、併合太和、萬物化育、國之將亡也、朝廷百吏姿貌多美顏色、諧和、詞氣華柔、動止詳潤、雖觀其貌、聽其言有若歡洽、然察其志、徵其心、盡在競位、所以聞奇則怪、見異必愕、狙嫉相蒙、遂喪其道、故天告災時、地生反物、人作凶德、鬼神問禍、戎狄交侵、喪亂弘多、萬物不化、夫不姦人力、不損官吏、而功成政立、下阜百姓、上滋主德、如此者忠賢之臣也、若費財煩人、危官苟效一時、功利規賞於主、不顧過後貽災於國、如此者姦臣也、至理之代、官得人、不理之代、人得官、鄉龍覿問事君、亢倉子曰、既榮死而臣人者也、心莫若公、貌莫若和、言莫若正、公不欲露、和不欲雜、正不欲犯、古之清勤爲國脩政、今之清勤爲身脩名、夫爲國脩政

者區處條別動得其宜合於大體爲身脩名者區處條別致遠不通拘於小節是知心以道爲主抵物得其所心以事爲主抵物失其所臣居上位不諫下位不公不合聽其祿君不嚴敬大臣不彰信小臣不合官其朝有才者不必忠忠者不必有才臣不忠不忠適恐盡忠而主莫之信不忠不信適恐信之而莫能事事上等之人得其性則天下理中等之人得其性則天下辯明主用上等之人當委以權宜便事肆其所爲用中等之人則當程課其功示以賞罰

賢道篇第六

克己復禮 賢良自至

賢良所以屢求而不至難進而易退者非爲悉身而不死

王事適恐盡忠而主其之信耳自知有才識之人外恭謹而内無憂其於累也和止而不狎親之則彌莊疎之則退去而不怨窮厄則以命自寬榮達則以道自止人有聽其儀賢也聽其聲賢也徵神識或爲所望矣賢人其見用也入則諷誉出則龔默職司勤辨居室儉間其未見用也藏身於終藏識於目藏言於口飽食安步獨善其善貞而不怨智者不疑事識者不疑人有識之士行危而色不可疎言遜而理不可挍凡謂賢人不自稱賢效在官功在事事太平之時上士運其識中士竭其能小人輸其力所有措子者材可以振國行可以獨立事父母孝謹鄉黨恭循念居貧無以爲養施信義而遊者久之矣所以寡合或爲乘

耆老吡者所蚩紿、於是負杖步屣問乎亢倉子曰、吾聞至人忘情、黎人不事情、存情之曹務、其教訓而尊信義、吾乃不知爲工受不信爲信信而不見信爲信爲勸慕義爲義、然則信義之士常、獨厄隨退、胡以取貴庠者而教理之所上也。亢倉子備而循衽仰而譆超然歌曰時之陽兮信義昌。時之默兮信義伏。陽與默、昌與伏、汩吾無讙私兮羌忽不知其讀夫運正性以如遁而物莫之應者、眞不行也、眞且不行謂之道喪、道喪之皆上士乃隱、隱之爲義有可爲也、莫可爲者也、有可用也、莫可用者也、叅公問賢材何從而不至、亢倉子曰賢正可待不可求、材愼在求不在無、若天子靜大臣明刑不避貴、澤不隔下、則賢人自至而求用

中興周宣王也

矣賢人用則四海之内明目而眎、清耳而聽、坦心而無鬱矣、天自成、地自寧、萬物醇化、鬼神不能靈、故曰賢正可待不可求、若天子勤明、大臣和理、之求士也、則恢弘方大公直靖人之材至。若天子苛察、大臣躁急、之求士也、則曲心巧應毀方破道之材至。若天子疑忌、大臣巧隨之求士也、則奇姓異名反媚怪術之材至、若天子自賢、大臣固位之求士也、則事文逐譽貪濁浮麗之材至。若天子依違、大臣回倿之求士也、則内忠外僻情毒言和之材至。故曰材慎在求不在無、昔者黃帝得常僊封鴻鬼容丘、商王得伊尹、中興得甫申、齊桓得甯籍、皆由數君體道邁仁布昭聖武思輯光明寬厚昌正而衆賢求用、非為簡核而得也、叅公

曰夫子云賢人不求而自至亦有非賢不求而自至者虖
亢倉子曰夫非賢不求而自至者固衆矣夫天下有道則
賢人不求而自至天下無道則非賢不求而自至人主有
道者寡無道者衆天下賢人必不肯者多是知非賢不求
而自至者多矣祭公曰賢固濟天下材亦能濟天下俱濟
天下賢與材安取異耶亢倉子曰爲君虖哉其問也功成事
畢不殉封譽恭退樸儉之謂賢功成事畢榮在祿譽光揚
志滿之謂材賢可以鎮國材亦可以理國所謂鎮者和寧
無爲人不知其力所謂理者勤苦其事人知所於德一賢
統衆材則有餘衆材度一賢猶不足如是賢材之殊域者
居山林而諠者有在人俗而靜者有諠而正者有靜而邪

屋也

著凡所察其貌鄙俗而能有賢者萬不一、所察其貌端雅而實小人者十而九、夫不練其言而知其文、不責其儀而審其度不采其譽而知其善、不流其毀而斷其實、可謂有識者也、

訓道篇第七（至德之用萬數之主神明共賛可以化民）

閔子騫問仲尼道之與孝相去奚若、仲尼曰道者自然之妙用孝者人道之至德、夫其包運天地發育萬物曲成萬類、不希性壽其功至實而不爲物府、不爲事官無爲功尸、捫求所聽莫得而有字之曰道、用之於人字之曰孝、孝者善事父母之名也、夫善事父母敬順爲本意、以承之順承顔色無所不至、發一言舉一意不敢忘父母、營一手措一

足不敢忘父母，事君不敢忘忠，朋友不敢不信，結下不敢
不敬，鄉善不敢不勤，雖居闇室之中，亦不敢懈其誠，此之
謂全孝。故至誠之至，通乎神明，光于四海，有感必應，善事
父母之所致也。昔者虞舜其大孝矣，厥母惑，父嚚，憎害之，
舜心益恭，懼而無怨，謀使浚井，下土實之，于旹天休震動，
神明駿赫，導于穴而出，奉養滋謹，由是玄德茂盛，爲天下君，
善事父母之所致也。文王之爲太子也，其大孝矣，朝夕必
至乎寢門之外，問寺人曰：玆日安否如何？曰：安。太子溫然
喜色；小不安節，太子色憂滿容。朝夕食上，太子必視寒煖
之節；食下，必知膳羞所進，然後退。寺人言疾，太子肅冠而
齊，膳宰之饌，必敬視之，湯液之貢，必親嘗之，嘗饌善，則太

子亦能食嘗饌寡太子亦不能飽以至于復初然後亦復初君后有過怡聲以諷君后所悉雖小物必嚴龔是故孝成於身道洽天下雅曰文王陟降在帝左右言文王靜作進退天必贊之故紂不能害夢與之壽卜世三十卜年七百天所命也善事父母之所致也閔子騫曰善事父母之道既幸聞矣敢問教子之義仲尼曰凡三王教子必視禮樂樂所以脩內禮所以脩外禮樂交脩則德容發輝于貌故能溫恭而文明夫爲人臣者殺其身有益於君則爲之況利其身以善其君乎是故擇建忠良貞正之士爲之師傅欲知其父子君臣長幼之道夫知爲人子然後可以爲人父知爲人臣然後可以爲人君知事人然後能使人此

他莊侯名

三正教子之義也閔子騫退而事之於家三年人無間於父母昆弟之言交遊稱其信鄉黨稱其仁宗族稱其悌德行之聲溢於天下此善事父母之所致也齊太子坐清臺之上燕莊侯他高冠嚴色左帶玉具劍右帶環珮左光照右右光照左太子讀書不聊莊侯他問曰齊國有寶乎太子曰主信臣忠百姓戴上齊國之寶也莊侯他應聲解劍而去戲虖人有偏蔽終身莫自知已矣賢者見之寬恕而不言小人暴悉而溢言覩㡳憐嫉而貳言人有偏蔽惡虖不自知哉是故君子檢身常若有過衣其衣食其食知其過而不克有以正之者君子恥之將欲有言識其必不能行者君子罕之當責衆人之惡者貽己至吾乎或當責衆人

之邪者視巳正乎哉此之謂返明翟西氏之子甚孝謹翟西憐其子而好躁妄之言翟西辰出夕返則曰甲死矣其子信之既而甲在焉他夕則曰乙見害矣其子伺將行仇既而不見惡端他夕則曰丁病矣其子覘之丁誠無恙舉此類也冒淹年序子固孝謹至於訓勸益不保承鄉國之人疾其咎口謀將殺之翟西聞而懼歸以告子子未甚信既而翟西既殺謂多言之人爲躁露亦有辭約而不審者謂輕佻之人爲不定亦有體閑而心躁者謂叢襍之人爲猥細亦有外潔而內濁者若類而引之不可殫載若非徹識安能洞祥有不可以應事也者內靜而外動其動而難靜時有不可求事也者內思而外待待至而後樂是故外

靜而內動者、擾思而損性、弃定而逐利者、勞力而害名、人生於代或有事不遂志而宣言云不遇時者、是無異負冊頸之罪、俟時行戮、豈不殆哉、其有博才通識、未見稱用者、正可云是非人情命未與耳、豈不匙歟、長於諫者務依存前人之性而剪制其情之所由起、是以彼此開進親敬殷篤、不長於諫者務攻前人之性、而闇於情之所來、是以彼此爔竟、猜疊日積、兒童之所簡者乃耆耋之所非、耳目之所娛者、乃心慮之所疾、健責天下之愚者己之未賢也、健責天下之迷者己之未明也、以未賢責衆愚未賢者以之亡、以未明責衆迷未明者以之傷、

農道篇第八 穀者人之所天理國之道務農為本

人捨本而事末則不一令不一令則不可以守不可以戰人捨本而事末則其產約其產約則輕流徙輕流徙則國家時有災患皆生遠志無復居心人忘本而事末則好智好智則多詐多詐則巧法令巧法令則以是為非以非為是古先聖主之所以理人者先務農業農業非徒為地也貴其志也人農則樸樸則易用易用則邊境安安則主位尊人農則童童則少私義少私義則公法立力慱深農則其產複其產複則重流散重流散則死其處無二慮是天下為一心矣天下一心軒轅几蘧之理不是過也古先聖王之所以茂耕織者以為本教也是故天子躬率諸侯耕籍田大夫士第有功級勸人尊地產也后妃率嬪御蠶於

攻治也

郊桑公田勸人力婦教也男子不織而衣婦人不耕而食男女貿功資相爲業此聖王之制也故敬時愛日埒實課功非老不休非疾不息一人勤之十人食之當時之務不興土功不料師旅男不出御女不外嫁以妨農黄帝曰四時之不正正五穀而已耳夫稼爲之者人也生之者天也養之者地也是以稼之容足耨之容耨耘之容手是謂耕道農攻食工攻器賈攻貨時事不龔怨之以上功是謂大凶凡稼蚤者先時暮者不及時寒暑不節稼乃生災冬至巳後五旬爲七日而昌生於是乎始耕事農之道見生而藝生見死而穫死天發昔地產財不與人期有年祀土無年祀土無失人昔適時而作過昔而止老弱之力可使盡

苗先生爲兄後生爲弟

起不知旹者未至而逆之既往而慕之當其時而薄之此
從事之下也人耨必以旱使地肥而土緩稼欲產於塵上
而殖於堅者慎其種勿使數亦無使踈於其施土無使不
足亦無使有餘甽欲深以端畝欲沃以平下得陰上得陽
然後咸生吾苗有行故速長強弱不相害故速大正其行
通其中疏爲冷風則有收而多功率稼望之有餘就之則
䟽是地之竊也不除則蕪除之則虛是事之傷也苗其弱
也欲孤其長也欲相與居其熟也欲相扶三以爲族稼乃
多穀凡苗之患不俱生而俱死是以先生者美米後生者
爲粃是故其耨也長其兄而去其弟樹肥無使扶踈樹墝
不欲專生而獨居肥而扶疏則多粃墝而獨居則多死不

䵷音色

知穫者去其兄而養其弟不收其粟而收其粃上下不安則稼多死得時之禾長稠而大穗圜粟而薄糠米飴而香舂而易而食之強失旹之禾深芒而小莖穗銳多粃而青蘦得旹之黍穗不芒以長摶米而寡糠失旹之黍大本華莖葉膏短穗得旹之稻莖葆長稠穗如馬尾失旹之稻纖莖而不滋厚糠而菑死得時之麻踈節而色陽堅枲而小本失時之麻蕃柯短莖岸節而葉蟲得時之菽長莖而短長其莢二七以爲族多枝數節競葉繁實稱之重食之息失時之菽以長而蔓浮葉虛本踈節而小莢得時之麥長稠而頸族二七以爲行薄翼而䵷色食之使人肥且有力失時之麥胕腫多病弱苗而翠穗是故得時之稼豐失時

之祿約廪穀盡宜從而食之使人四𦞠變強耳目聰明內
氣不入身無苛殃善乎孔生之言冬飽則身溫夏飽則身
涼夫溫涼時適則人無病疢人無病疢是疫癘不行疫癘
不行咸得遂其天年故曰穀者人之天是以興王務農王
不務農是棄人也王而棄人將何國哉

[illegible]同

兵道篇第九　兵者不祥之器不得已而用之

秦景王將恃強兵於天下使庶長鮑戎巡致命亢倉子待
以壞邑十二周實迫之亢倉子至自榮泉實于上館景王
三日弗得所問下席北首頓珪曰天果無意恤孤耶亢倉
子油然齮聘曰朕以主為異之問而寧斃斃焉以所剩為
故抑者隨其所而得正者無如可矣景王一辭再拜歛衽

齮聘側視也

鴻細大小也

衽端拄抑首而坐曰實惟夫所命亢倉子仰懷而嘘俯正
顏色曰原兵之所起與始有人俱夫兵也者所人之威也
人之有威性受於天故兵之所自來上矣嘗無少選之不
用貴賤長少賢愚相藥爲同兵之兆在心懷恚而未發兵
也疾視作色兵也傲言推撥兵也侈鬬攻戰兵也此四者
鴻細之爭也未有蚩尤之時人實揭材木以鬬矣黃帝用
水火矣共工稱亂矣五帝相與爭矣一興一廢勝者用事
夫有以用藥而死者欲禁天下之醫非也有以乘舟而死
者欲禁天下之船非也有以用兵而喪其國者欲禁天下
之兵非也夫兵之不可廢譬水火焉善用之則爲福不善
用之則爲禍是故怒笞不可偃於家刑罰不可偃於國征

伐不可偃於天下古之聖王有義兵而無偃兵兵誠義以
誅暴君而振若人人之悅也若孝子之見慈親餓隸之遇
美食號呼而走若彊弩之射谿谷也勝負之決勿徵於他
必反人情人之情欲生而惡死欲榮而惡辱死生榮辱之
道一則三軍之士可使一心矣凡軍欲其衆也心欲其一
也三軍一心則令可使無敵矣古之至兵蓋重令也故其
令強者其敵弱其令信者其敵詘先勝之於此則勝之矣
彼誠若此則敵胡足勝也凡敵人之來也以求利也今來
而得死且以走爲利則刃無所與接矣此之謂至兵微虐
姦詐之與義理反也其勢不俱勝不相立故義兵入於敵
之境則人知所庇矣兵至於國邑之郊不踐衆稼不完丘

墓不殘、積聚不焚室屋得人處室而歸之但與人期以奪
敵資以彰好惡以示逆順若此而猶有愎很凌虐不聽者
雖行武焉可也先發聲出號令曰兵之來也以除人之讎
以順天之道故起其國不屠其人獨誅所誅而已於是舉
選秀士賢良而尊封之求見孫族長老而禮敬之發府庫
之財散倉廩之粟不私其物曲加其禮今有人於此能生
死人一人則天下之人爭事之矣義兵之生一人亦多矣
人親不悅故義兵至則鄰之人歸之若流水諸國之人望
之如父母行地滋遠得人滋衆戰未終暴主與起首曰孫
獲聞先生教言不覺氣盈宇宙志知所如也而心滋益冀
於是安前稱觴爲充倉子壽拜居首列師位羣于齋室又

天罡天罡奇也

月孛旬辰加天關台晝行道

明·李廷機選

亢倉子玄言評苑

明刊《鍥九我李先生續選諸子玄言評苑》本

極論全道而要歸於冥心食氣其曰七竅之所覺腑臟心虛之所知自知而已矣是道家言詮

續選亢倉子玄言評苑卷之三　道家

温陵　九我　李廷機　選

全道篇第一

亢倉子居羽山之頯三年俗無疵癘而仍穀熟其俗竊相謂曰亢倉子之始來吾鮮然異之今吾日計之不足歲計之有餘其或聖者耶盍相與尸而祝之社而稷之乎亢倉子聞之色有不釋其徒屢毀從而啓之亢倉子曰吾聞至人尸居環堵之室而百姓倡狂不知其所如往今以羽俗父子竊竊焉將俎豆予我其的之人耶吾是以不釋於老聃之言屢毀曰不者

大道不能藏

此段言全形者不厭深耿即李耳衛生之經

夫尋常之汙，巨魚無所還其體，而鯢鰌為之制；步仞之丘，巨獸無所隱其軀，而孽狐為之祥。且也尊賢事能，獨善就利，自堯舜以固然，而況羽俗乎！先生其聽矣。亢倉子曰：譆，來，夫二子者知乎函車之獸，介而離山，罔罟制之；吞舟之魚，蕩而失水，螻蟻苦之。故鳥獸居欲其高，魚鱉居欲其深，夫全其形生之人，藏其身也，亦不厭深耿而已。吾語若，大亂之本，禮乎堯舜之間，其終存乎千代之後，必有人與相食者矣。言未終，南子榮之愕色，蹙然膝席曰：愕年運而長矣，將奚以託業以事斯言？亢倉子曰：全汝形，抱汝生，無使汝思

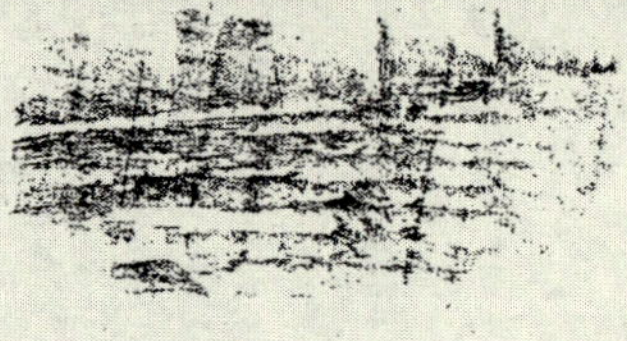

此言形全則性全全而道得矣所謂惟道集虛也

慮營營若此緒年或可以及此言雖然吾才小不足以化子子胡不南謁吾師聃亢倉子既謝榮之樗不稗羽俗而龍已乎天下水之性清土者滑之故不得清人之性壽物者滑之故不得壽物也者所以養性也今世之惑者多以性養物則不知輕重也是故聖人之於聲色滋味也利於性則取之害於性則捐之此全性之道也萬人操弓共射一招招無不中萬物章章以害一生生無不傷故聖人之制萬物也全其天也天全則神全矣神全之人不慮而通不謀而當精照無外志凝宇宙德若天地然上為天子而不驕

道明禮物所以全好

此段言得道者不滑其真所謂審乎無假不與物遷也

下為匹夫而不惛此之謂全道之人心平正不為外物所誘曰清清而能久則明明而能久則虛虛則道全而居之秦佚死亢倉子哭之其後曰天下皆死先生何哭為也亢倉子曰天下皆哭安得不哭其後曰哭者必哀而先生未始哀何也亢倉子曰舉天之下吾無與樂安所取哀蜕地之謂水蜕水之謂氣蜕氣之謂虛蜕虛之謂道虛者道之體靖者道之地理者道之綱識者道之目道所以保神德所以宏量禮所以齊儀物所以養體好質白之物者以黑為污好質黑之物者以白為污吾又安知天下之正潔污哉由

此段言得道者忘形所謂離形去智同乎大通也

是不主物之潔汚者矣夫瞀視者以黈為赤以蒼為玄吾乃今所謂皂白安知識者不以為頳黃吾又安知天下之正色哉由是不遁物之色矣夫好貨甚者不見他物之可好好馬甚者不見他物之可好好書甚者不見他物之可好吾又安知天下之果可好者果可惡者哉由是不見物之可以保戀矣無能滑吾真矣陳懷君柳使其大夫禱行聘於魯叔孫卿私曰吾國有聖人若知之乎陳大夫曰奚以果明其聖叔孫卿曰能廢心而用形陳大夫曰獘邑則小亦有聖人異於所聞曰聖人謂誰陳大夫曰有亢倉子者偏

得老聃之道其能用耳視目聽定公聞而異焉使叔孫氏報聘且致亢倉子待以上卿之禮亢倉子至魯于亜寝魯公卑辭以問之亢倉子曰吾能視聽不用耳目非能易耳目之所用告者過也公曰孰如是寡人增異矣其道若何寡人果願聞之亢倉子曰我體合於心心。合於氣氣合於神。神合於無。其有介然之有唯然之音雖遠際八荒之表近在眉睫之内來于我者吾必盡知之乃不知為是我七竅手足之所覺六。腑五臟。心慮。之所知其自知而。已矣。

用道篇第二

天地間惟道可信得道者便天地效順而人物响應孰可信孰不可信此道家支濟之譚人在天地各有其道

天不可信地不可信人不可信心不可信惟道可信賢主秀士豈知哉昔者桀信天與其禮四海已不勤於道天奪其國以授殷紂亦信天與其禮四海已不龔於道天奪其國以授周今夫惰農信地實生百穀不力於其道地竊其果稼而荒翳之齊后信人之性酧讓不明於其道舉全境以付人人實鴟義而有其國凡人不脩其道隨其心而師之營欲茂滋災疾朋豐戕身損壽心斯害之矣故曰惟道可信夫雞辰而作負日任勞流汗灑地夜分催息農夫之道也俯拾仰取鋭意錐撮力思摶精希求利潤賈豎之道也嬿

數語括盡道妙即
養生正論不悴于
此

氣谷神寧思損慮超遥輕舉日精鍊仙高士之道也
剸情端想畢志所事倫揆忘寢謀效位司人臣之道
也清心省念察驗近習務求賢良以安萬姓人主之
道也由是類之各順其志不替其業是謂天下有道
導筋骨則形全剪情欲則神全靖言語則福全克保
三全是謂清賢道德順則鬼神助信義敦則君子合
禮義備則小人懷有識者自是無識者亦自是有道
者静默闇鈍者亦静默物固有似是而非似非而是
先號後笑始吉終凶身可親而才不可親才可敬而
身不堪敬敬甚則不親親甚則不敬親之而踈踈之

曲寫世態與韓子說難模寫大抵相類

人主刑賞爵祿信而后天下安

而親恩甚則怨生愛多則憎至有以速爲貴有以緩爲貴有以直爲貴有以曲爲貴百事之宜其由甚微不可不知智者難之靜則神通窮則意通貴則語通富則身通理勢然也同道者相愛同藝者相嫉同與者相愛同取者相嫉同病者相愛同壯者相嫉人情自然也多才而好謙貧賤而不諂處勞而不爲辱富貴而恭勤可謂有德者也

政道篇第三

人無法以知天以四時寒暑日月星辰之所行知天若四時寒暑日月星辰之所行當則諸生血氣之類

論水旱以類消
修省以應天變此
禦災要術也其論
陰陽亦確不可易

荊鄭論封珪戎弓

皆得其處而安其產矣人臣亦無法以知主以主之賞罰爵祿之所加知主若主之賞罰爵祿之所加宜則親踈遠近賢不肖皆盡其才力而以為用矣亢倉子居息壤五年靈王使祭公致篚帛與綌璐曰余末小子否德忝位水旱不時籍為人君何以禳之亢倉子曰水陰沴也陰於國政類刑人事類私旱陽過也陽於國政類德人事類盈凡遭水旱天子宜正刑脩德百官宜去私戒盈則以類而消百福日至矣鄭有卯之封珪戎弓與時失同於荊荊曰必是封珪戎弓不然臨兵于汝鄭君病之駕見亢倉子曰封珪戎弓

議論蒼勁咳喘似左氏矣此書想當自後人

審士以實不以浮

先君得之于胡綿代功寶傳章翼嗣今荆侍大而曰必得不然臨兵國危矣寡人欲以他封珪戎弓往若之何亢倉子曰君其少安荆以淺鮮之過而負其威刑申逞不直以耗欲與國荆失諸侯於是乎在諸侯聞之將警勸脩倫勤明會同上義固存鄭其為首君姑待之豈必非福於是以胡珪戎弓往未至郢荆人聞之曰彼用聖人之訓辭吾焉取此以暴不直於天下而令諸侯實生心焉遽反其賂而益善焉政術至要力於審士士有才行比於一鄉委之鄉才行比於一縣委之縣才行比於一州委之州才行比於一國

似士進則真士退用人宿弊皆出于此

委之國政而後迺能無伏士矣人有悪戾於鄉者則誨之不改是為悪戾於縣則撻之不改是為悪戾於國則誅之而後迺能無逆節矣誠如是舉天下之人一一畏懷無有干背謟慢之萌矣天下王危世以文章取士則翦巧綺纖益至而正雅素實益藏矣以言論取士則浮掞游飾益來而蹇諤諍直益晦矣以神氣靖作態度取士則外正内邪益尊而清修明實益隱矣若然者賢愈到政愈僻令愈動人愈亂矣夫天下至大器也帝王至重位也得士則靖失士則亂故人主勞於求賢逸於任使至理之世輿服純素憲令

别俗化理乱之分

採風化之原析理乱之分非孟浪談国家事者

寛簡禁網踈濶夫輿服純素則人不勝羨憲令寛簡則俗無忌諱禁網踈濶則易避难犯若人不勝羨則胥歆希微而服役樂業矣俗無忌諱則抑閑開舒而歡欣交通矣易避难犯則好惡分明而貴德知耻矣夫服役樂業之謂順歡欣交通之謂和貴德知耻之謂正浮墮之人不勝於順逆節之人不勝於和姦邪之人不勝於正順和正三者理國之宗也衰末之世輿服文巧憲令穰祈禁網頗僻夫輿服文巧則流相炎慕憲令穰祈則俗多忌諱禁網頗僻則莫知所道若流相炎慕則人不忠潔而耻樸貴華矣俗多忌諱

論水旱理亂

則情志不通而上下膠戾矣莫知所適則譏遏繁興而衆不懼死矣夫耻樸貴華之謂浮上下膠戾之謂塞衆不懼死之謂冒真正之士不官於浮公直之士不官於塞器能之士不官於冒浮塞冒三者亂國之梯也荊君熊圉問水旱理亂亢倉子曰水旱由天理亂由人若人事和理雖有水旱無能為害堯湯是也故周之秩官云人強勝天若人事壞亂縱無水旱日益崩離且桀紂之滅豈惟水旱荊君北面遵循稽首曰天不棄不穀及此言也乃以弘璧十朋為亢倉子壽拜為亞尹曰庶吾國有瘳乎亢倉子不得已中宿

材有利而用有當

徵服遠之他邦至理之世山無僞隱市無邪利朝無佞祿國產問何由得人俗醇僕尨倉子曰政煩苛則人姦僞政省一則人醇樸夫人俗隨國政之方圓猶蠖屈之於葉也食黃則身黃食蒼則身蒼勾粤之簳鏃以精金鷙隼爲之羽以之棓箠則其與槁樸也無擇及夫蕩寇爭衡覿武決勝加之駭弩之上則三百步之外不立敵矣蜚景之劒威奪白日氣盛紫蜺以之刲擭則其與劚刄也無擇及夫凶邪流毒沸渭不靖加之運掌之上則千里之內不留行矣夫材有分而用有當所貴善因時而已耳昔者明王聖帝天下

和平萬物茂暢群性得極善因特而勿擾者也人怨者非不接人也神怒者非不事神也巧佞甚人愈怨淫祀盛神愈怒

君道篇第四

草鬱則為腐樹鬱則為蠹人鬱則為病國鬱則百慝並起危亂不禁所謂國鬱者主德不下宣人欲不上達也是故聖王貴忠臣正士為其敢直言而決鬱塞也克己復禮賢良自至君耕后蠶蒼生自化由是言之則賢良正可待不可求求得非賢也蒼生正可化不可刑刑行非理也堯舜有為人主之勤無為人主

聖王能决壅塞

此典論决壅塞在善用人而用人之道宜審愛惡亦邪正而不任口耳不徇見聞也則真才得而天下治矣

用人体天下愛悪

用人辨天下邪正

之欲故天下各得濟其欲有為人主之位無為人主之心故天下各得肆其心士有天下人愛之而主不愛者有主獨愛之而天下人不愛者用天下人愛者則天下安用主獨愛者則天下危人主安可以自放其愛憎哉玉之所以難辨者謂其有怪石也金之所以難辨者謂其鍮石也今夫以隼翼而被之鶡視不明者正以為隼眀者視之乃鶡也今夫小人多誦經籍方書或學奇技通說而被以青紫章服使愚者聽而視之正為君子明者聽而視之乃小人也故人主誠明以言取人理也以才取人理也以行取人理也

聖王用人之道

人主不明以言取人亂也以才取人亂也以行取人亂也夫聖人之用人也貴耳不聞之功自不見之功口不可道之功而百姓暢然自理矣若人主貴耳聞之功則天下之人運貨逐利而市譽矣貴目見之功則天下之人恢形異藝而爭進矣貴可道之功則天下之人習舌調吻而飾辭矣使天下之人市譽爭進飾辭見達則政敗矣人主皆知鏡之明已也而惡士之明已也鏡之明已也功細士之明已也功大知其細失其大不知類矣以耳目取人者官多而政亂以心慮取人者官少而政清是知循理之世務求不可

治世官得人衰世人得官

此篇言官之得失係理亂而為人所官者又宜修政無修名好名誠人臣之累也知此可以官人矣

見不可聞之材澆危之世務取可聞可見之材於乎人主豈知哉

臣道篇第五

夫國之將興也朝廷百吏或短或長或醜或美或怡或厲或是或非雖聽其言觀其貌有似不同然察其志徵其心盡於為國所以剛訐不怨黜退不愕議得其中無遠乎理故天不忒其時地不乏其利人不亂其事鬼神開賛蠻夷柔同保合太和萬物化育國之將亡也朝廷百吏姿貌多美顏色諧和詞氣華柔動止詳潤雖觀其貌聽其言有若歡洽然察其志徵其

心盡在競位所以聞奇則怪見異必愕徂嫉相蒙遂
喪其道故天告災時地生反物人作凶德鬼神間禍
戎狄交侵喪亂弘多萬物不化至理之世官得人不
理之世人得官鄀龍覲問事君亢倉子曰既策名而
臣人者心莫若公貌莫若和言莫若正公不欲露和
不欲雜正不欲犯古之清勤爲國脩政今之清勤爲
身脩名夫爲國脩政者區處條別勤得其宜合於大
体爲身脩名者區處條別致遠不通拘於小節是知
心以道爲主抵事得其所心以事爲主抵物失其所
上等之人得其性則天下理中等之人得其性則天

賢人獨善由消長世而全真

操行修潔而不遇時者衆矣寧獨培子也乎哉惟是尊時保真又奚傑太若負建鼓而求亡子邪

下亂明主用上等之人當委以權宜便事肆其所爲用中等之人則當程課其功示以賞罰

賢道篇第六

夫賢人其見用也入則諷誉出則虔其默職可勤辯居室儉閑其未見用也藏身於衆藏識於目藏言於口飽食安步獨善其身貞而不怨齊有梧子者材可以振國行可以獨立事父毋孝謹鄉黨恭循念居貧無以爲養施信豪而遊者久之矣所如寡合或爲乘時夸毗者所蚩給於是負杖步足問乎亢倉子曰吾聞至人忘情黎人不事情存情之曹務其教訓而尊信

世之賢才惟視所向故人主之感也若桴賢材之雁也若慮晉自古以固大善哉亢倉子推言之邪

彖吾乃今不知爲工受不信爲信信而不見信爲信爲勤慕彖爲彖彖而不自彖爲彖然則信彖之士常獨戹随退胡以取貴乎時而教理之所上也亢倉子𠊓而循衽仰而譆趣然而歌曰時之陽兮信彖昌時之黙兮信彖伏陽與黙昌與伏汩吾無誰私兮蒐忽不知其讀夫運正性以如適而物莫之應者真不行也真且不行謂之道喪道喪之時上士乃隱蔡公問賢材何從而致亢倉子曰賢正可待不可求材慎在求不慎無若天子静大臣明刑不避貴澤不隔下則賢人自至而求用矣賢人用則四海之内明目而視

賢可待而不可求材之至又視上所求

清耳而聽坦心而無鬱矣天自成地自寍萬物醇化鬼神不猒靈故曰賢正可待不可求若天子勤明大臣和理之求士也則恢弘方大公直緒人之材至若天子苛察大臣躁急之求士也則曲心巧應毀方破道之材至若天子疑忌大臣巧随之求士也則奇娃異名亽媚怪術之材至若天子自貸大臣固位之求士也則事文逐譽貪濁浮麗之材至若天子依違大臣回佞之求士也則内忠外僻情毒言和之材至故曰材慎在求不慎無昔者黄帝得常仙封鴻鬼容丘商王得伊尹中興得甫中齊桓得甯籍皆由數君体

別賢材之所以殊

道邁仁布昭聖武忠輯光明寬厚昌正而衆賢自至而求用非為簡核而得之也祭公曰賢固濟天下材亦能濟天下賢與材安取異邪亢倉子曰窘乎執其問也夫功成事畢不殉封譽恭退撲儉之謂賢功成事畢榮在禄譽光揚滿志之謂材賢可以鎮国材亦可以理國所謂鎮者和寧無為人不知其功所謂理者勤率其事人知所為德一賢統衆材則有餘衆材度一賢猶不足如是賢材之殊域有居山林而諠者有在人俗而靜者有諠而正者有靜而邪者凡視察其貌鄙俗而能有賢者萬不有一視察其貌端雅而

訓道孝之名
道者所性之妙用孝者道中之一事孝即是道〻見之事親則孝兀會何過於分別而托為尼父言耶

實小人者十而九夫不練其言而知其文不責其儀而審其度不采其譽而知其善不流其毁而断其實可謂有識者也

訓道篇第七

閔子騫問仲尼道之與孝相去奚若仲尼曰道者自然之妙用孝者人道之至德夫其包運天地發育萬物曲成萬類布丕性壽其功至實而不為物府不為事官無為功尸捫求視聽莫得而有字之曰道用之於人字之曰孝孝者善事父母之名也夫善事父母敬順為本意以承之順承顏色無所不至發一言舉

事故隨事而應

人知山川險而人情尤險於山川何怪于知人之難也

一意不敢忘父母营一手措一足不敢忘父母事君不敢不忠朋友不敢不信臨下不敢不敬嚮善不敢不勤雖居獨室之中亦不敢懈其誠此之謂全孝故至誠之至通乎神明光于四海有感必應善事父母之所致也謂爰言之人為踈露亦有辭約而不容者謂輕佻之人為不定亦有體閒而心躁者謂叢襍之人為猥細亦有外潔而內濁者若類而引之不可殫載若非徹識安能洞詳時有不可不應事也者內靜而外動易動而難靜時有不可不求事也者內忠而外待待至而後樂是故外靜而內動者櫃忠而損性

是非人人西明

逐末所以醸害

国之所重在農逐末務者害農業知此可以藥天下矣

奔走而逐利者勞力而害名兒童之所簡者乃耆耋之所非耳目之所娛者乃心慮之所疾徒責天下之愚者已之未賢也徒責天下之迷者已之未明也以未賢責衆愚未賢者以之亡以未明責衆迷未明者以之傷

農道篇第八

人捨本而事末則不一令不一令則不可以守不可以戰人捨本而事末則其產約其產約則輕流徙輕流徙則國家時有災患皆生遠志無復居心人捨本而事末則好智好智則多詐多詐則巧法令巧法令

聖王所以務農

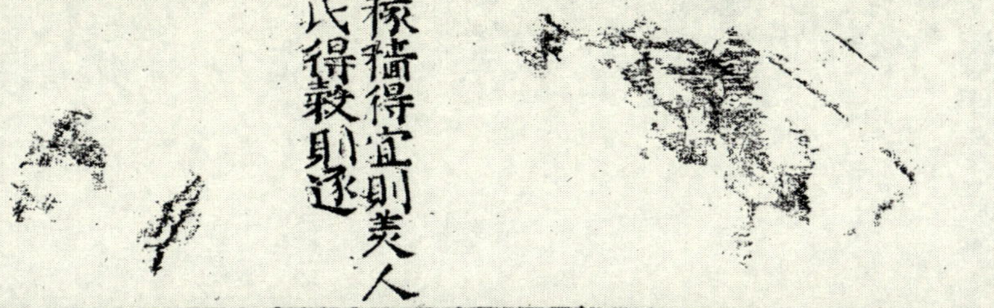

稼穡得宜則美人氏得穀則遂

則以是為非以非為是古先聖王之所以理人者先務農人人農則樸樸則易用易用則邊境安安則主位尊人農則童童則少私義少私義則公法立力傳深農則其產複其產複則重流散重流散則死其處無二慮是天下為一心矣天下一心軒皇几遽之理不是過也得時之稼豐失時之稼約庶穀盡宜從而食之使人四衛變強耳目聰明凶氣不入身無苛殃善乎孔子之言冬飽則身溫夏飽則身凉夫溫凉時適則人無病疹人無病疹是疫癘不行疫厲不行咸得遂其天年故曰穀者人之天是以興王務農王不

兵不可廢用兵宜悉人情此義兵也

天生五材誰能去兵善用之則為天下福不善用之則有不戰自焚之災故曰好戰者滅忘戰者危亢倉子之言與此有合哉

務農是棄人也王而棄人將何國哉

兵道篇第九

兵之不可廢。譬之水火焉。善用之則為福。不善用之則為禍。是故怒笞不可偃於家。刑罰不可偃於國。征伐不可偃於天下。古之聖王。有義兵而無偃兵。兵誠義以誅暴君而振苦人。人之悅也。若孝子之見慈親餓隸之遇美食。號呼而走之。若強弩之射深谷也。勝負之決。勿徵於他。必反人情。人之情。欲生而惡死。欲榮而惡辱。死生榮辱之道一。則三軍之士可使一心矣。三軍一心。則令可使無敵矣。

此論良然

按晁氏曰唐天寶元年詔號亢桑子為洞靈真經然求其書不獲襄陽王士元取諸子文義類者補其亡周氏涉筆曰其稱危代以文章取士則剪巧綺濫益至正指唐事又一鄉一縣一州被青紫章服皆近制也惟農道一書可讀據二氏則此書唐人所偽矣然柳子厚唐人乃獨不聞而疑之何與且無其書不應虛尊為經既尊為經不應鑿空補入是皆有可疑者至農道篇亦爰掇商君書及呂覽語謂云可讀者愚不審所指也丁丑夏日志

亢倉子終

明·楊起元撰

洞靈經品節

明刊《諸經品節》本

羽山即畏壘也

南華謂楚居畏壘三年晝然知者去之挈然仁者遠之畏壘大穰謙為尸

洞靈經

洞靈亢倉子作也亢倉即庚桑楚師事老聃偏得其道者周靈王時人

全道篇第一（心寘虛極德洞玄微功並四時倉生自化）

亢倉子居羽山之顏三年。俗無疵癘。而仍穀熟。（聖賢所在天祐之福故俗無疵癘而五穀豐稔頻熟曰仍）其俗竊相謂曰。亢倉子之始來。吾鮮然異之（鮮然驚異貌異其虛懷寂治不存近情）今吾日計之不足。歲計之有餘。其或聖者邪。盍相與尸而祝之。社而稷之虖（盍何不也旣蒙厚利欲立為君主而建置宗廟并及社稷壇遺祝祭南面事之乎）亢倉子聞之色有不釋。其徒黶啜從而謇之（黶叕亢倉子門人也）

祝之此也

此喻畏壘之小奚能容亢倉之大

從而諮啓亢倉子曰。吾聞至人尸居環堵之室。而百姓猖狂。不知其所如逞古往字之也至人冥心絕慮有類於尸無事蕭然獨居環堵蒼生欣慕其往歸依祭其所歸非由之者也今以羽俗。父子竊竊焉。將俎豆予。我其的一作杓之人邪竊竊私議也我本栖隱全道任眞今乃俎豆相尊反成人之標的吾是以不釋舍也於老聃之言。老聃言我無為而民自化我無事而民自足我好靜而民自正今乃反此故不釋黶啜曰。不若夫尋常之汙巨臭無所還其體而鯢鰌為之制步仞之丘巨獸無所隱其[illegible]而孽狐為之祥八尺曰尋倍尋曰常汙池也還迴也鯢小魚而有御制猶專擅也六尺曰步七尺曰仞孽妖也祥善也言小水而不能容巨魚小丘而不能藏大獸喻亢倉子道德既高盛

古今稱至治者必曰堯舜而以為亂本何耶豈以智治国国之賊歟

（須學祿也）且也尊賢吏（音事）能，嚮善就利。自堯舜以固然。而況羽俗虖。先生其聽（音聽）矣。亢倉子曰：譆來（譆歎聲怪其不違己志故發譆歎）夫二子者知虖。（二子堯舜也知虖言豈知之）函車之獸，介而離山，罔罟制之；吞舟之魚，蕩而失水，螻蟻苦之。故鳥獸居欲其高，魚鼈居欲其湥（古深字）。夫全其形生之人，藏其身也，亦不厭湥眇而已（函盈也介孤也眇遠也）。吾語若。大亂之本，禮虖堯舜之間，其臬（音終）存虖千代之後，必有人與相食者矣。（事有先成後敗始吉終凶胡可必邪故堯舜禪讓而光一時之美迹流後代成簒弒之禍故莊子云堯舜讓而帝噲之讓而絕湯武爭而王白公爭而滅斯其效歟夫惟不立）

古之至人物物而不物於物所以天全性得

善名者則事迹冥絕無所企慕耳言未終南子榮之樗色蹵然膝席

曰樗年運而長矣將奚以託業以叓音事斯言榮之樗南榮趎

也蹵然變色斂膝於席顧凷告示以敬事此言亢倉子曰全汝形抱汝生无

學古悖字汝思慮營營若此緒年或可以及此言營營運動

不息也緒終也全形抱生不運思慮虛心冥寂道自居之比此終年可及此言也雖然吾才

小不足以化子子胡不南謁吾師聃亢倉子既謝榮

之樗不釋羽俗而龍巳虖天下謝遣也不釋羽俗潛遁而遊如龍变化與

時升降水之性清土者抇之故不得清人之性壽物者

抇之故不得壽抇亂也人性壽考為外物所亂使不終天年物也者所以

古之君子達則兼善窮則獨善者以其涵盡明久至極也

養性也今代之惑者多以性養物則不知輕重也衣食養性不可一日無而惑者乃損性以求物愈積而性愈傷重輕倒置也是故聖人之於聲色滋味也利於性則取之家音害利害之對於性則捐之此全性之道也萬古萬字人操弓龔音共射一招又音鵰招無不中萬物章章以家一生生死不傷捐棄也操持也招射的也章章猶擾擾故聖人之制萬物也全其天也聖人抑制萬物不使傷性以全天真天全則神全矣神全之人不慮而通不謀而當精照無外志凝宇宙悳若死墬古地字然上為天子而不驕下為匹夫而不惛此之謂全道之人神全之人智慮充溢

至人齊得喪一死生何喜何怒何哀何樂以道制物以禮御情爾爾

（氣𡸁宇宙德同天地雖貴為天子賤為匹夫不以窮達而迴其志）心平正不為外物所誘曰清清而能久則明明而能久則虛虛則道全而居之亢倉子曰擧天之下吾无與樂安所取哀（夫有樂必有哀人之常情也達人大觀豈有𨽻親既不以為樂亦无所取哀）蚘隆之謂水蚘水之謂气蚘气之謂虛蚘虛之謂道（蚘者免蚘之謂至人不係情於哀樂故能蚘）虛者道之體靖者道之陸（音地）理者道之綱識者道之目（言至人能虛能靜有理有識者則能契道之形躰知道之綱目）道所以保神悳（古德字）所以宏量禮所以亝（音齊平也）物物所以養體（四者皆可以資身不可暫无）好質白之物渻以黑為污好質黑之

物者以白為汚吾又安知天下之正潔汚哉由是不主物之潔汚者矣夫瞀（音茂）眎者以黈為赤以蒼為玄吾乃今所謂皁白安知識者不以為頳黃吾又安知天下之正色哉由是不遁物之色矣夫好貨甚者不見他物之可好好馬甚者不見他物之可好好書甚者不見他物之可好吾又安知天下之果可好者果可惡者哉由是不見物之可以保戀矣無能滑吾真矣陳懷君栁使其大夫懤行聘於魯

瞀風眩也黈黃色也頳赤色也

夫有風眩之疾者視收不能審也故以黃為赤以青為黑亦猶凡俗之情妄執潔汚雖有大聖孰能正之

廢心用形者所謂內觀其心心無其心外觀其形形無其形也

目司視耳司聽其常也而謂耳眎目眡者

故不生其絜汙不流遁於衆色陳懷君謚栝名也稱大夫之名叔孫卿私曰。叔孫其謚世為魯卿吾國有聖人若知之乎。聖人謂仲尼陳大夫曰奚以果明其聖叔孫卿曰能廢心而用形聖境超殊非凡情所測徒見其應接世務使謚以為聖人豈知其所以聖哉陳大夫曰弊邑則小亦有聖人異於所聞曰。聖人謂誰陳大夫曰有亢倉子者偏得老聃之道門人中最為稱首故曰偏得其能用耳眎。古視字目眡。古聽字定公聞而異焉使叔孫氏報聘。且致音致亢倉子待以上卿之禮。亢倉子至。賓于亞寢亞寢公之次魯公卑辭以問之。亢倉子曰。吾能眎眡不用耳目非能易耳目

以其收視
㪽聽也

之所用告者過也公曰孰音訙知是寡人增異矣其道若何寡人果願䎽音聞之亢倉子曰我體合於心心合於气气合於神神合於无其有介然之有唯然之音雖遠際八荒之表邇在眉古眉字睫之內來干我者吾必盡知之乃不知為是我七竅手足之所覺六腑五臟心慮之所知其自知而已矣心形混合神气冥符洞然至忘與符同躰然後心亦靜而志彌遠神愈默而昭愈彰其理極而自通不思而玄覽非至聖至神孰能與此

用道篇第二无非利物上合天心无已歸仁化行刑措

天地非道不能悠久天得一以清地得一以寧蒼生非賢不能靖

君臣上下以道為主故各舉其用言之

順庶政非才不能觧理賢才皆用道以理物夫用道之人不露其用畐字古福滋夲字古萬物功歸无有潛功密濟百姓謂我自然神融業茂霛字古靈慶悠長融通也神理通達德業榮茂萬善所積慶流後裔知而辨之謂之識知而不辨謂之道識以理人道以安人辨析事物使人去惡就善所以理人也含弘沖寂无所毀譽所以安鎮浮競也夫鷄農音辰而作負日任勞流汗灑堕夜分僅息農夫之道也鷄辰鷄鳴之旦也夜分中夜也負日謂日所曝也僅少也俯拾仰取鋭意錐撮力思搏精希求利潤賈竪之道也燕氣谷神宰忠損慝超遥輕舉日精鍊僊高士之道也燕氣胎息五等之類也谷養也宰割也日

精吸日精也鍊仙練質而升仙也

剸情喘作端想畢志所吏倫撥忘寢

謀効位司。人臣之道也。剸情正想盡志於所事之君遵理婐度效功於所司之位是人臣之道也

清心省念察驗近習務求賢良以安百姓。人王之道也。清心寡嗜欲也省念無私也近習近臣也

若由是類之各順序音序其志度不替實音塞其業獲是謂天下有道言農夫賈豎各保其業明君賢臣各修其道則天下順序而業獲安定矣

政道篇第三

順天行令不擇親疏異域同歸望風而靡

天道不言而品物亨歲功成聖王不言而萬邦寧四

人無瀍以知天。以四時寒暑日月星辰之所行知天

若四時寒暑日月星辰之所行當。則諸生血气之類

吏入者以其信也故曰信者國之寶也

皆得其處。而安其產矣。人臣亦无灋以知主。以主之賞罰爵祿之所加知主若主之賞罰爵祿之所加宜則親疏遠近賢不肖者。皆盡其力。而以為用矣信全則天下安信失則天下危。夫百姓勤勞。則物殫盡。則爭害之心生而不相信矣人不相信由政之不平也政之不平吏之辠也吏之有辠刑賞不齊也刑賞不齊主不勤明也夫主勤明則刑賞一刑賞一則吏奉法吏奉灋則政下宣政下宣則人人得其所而交相信矣是知天下不相信者由主不勤明也勾粤之辭

人之材[illegible]為纖不一用之惟當則理不當則亂因之矣

劂音厥

鏃以精金鷙隼為之羽以之棓篩剸其與槁樸也無擇勾粵東粵也簳箭簳也鷙隼鵰鶚之類也棓篩打擊也爾雅云東南之美者有會稽之箭焉勾粵之地以精金為鏃以隼翮為羽用之打擊則同於槁樸無擇猶無異也及夫蕩寇爭衡覿武決勝加之駭弩之上則三百步之外不立敵矣排蕩寇敵爭衡決勝如此則勾粵之簳加於強弩之上無立敵者矣蜚景之劍威奪白日氣盛紫蜺以之剸獲剸其與劂刃也無擇蜚景神劍也劂鎌也神劍雖利以之獲禾則同於鎌刃也又夫凶邪流毒沸渭不靖加之運掌之上剸千里之內不留行矣凶邪流毒謂瘟疫之氣也此神劍能辟凶邪故威光所行千里之內未嘗留行夫材有分而用有當所貴善因

天以四時五行宣其氣聖人以百司衆府擾其民其道同也

時而已耳槁撲剛刃施用常用耳粤斡韭景以禦凶災材分所當各因時而貴也

君道篇第四清凈無爲以身率下

始生之者天墮養成之者人也萬物之始生者由乎天也而養之者由乎人

能養天之所生而物攖之謂之天子攖擾也人能勆天養物而物不擾之者是謂天子昔舜有盛德三徙成都者是也

天子之動也以全天氣

故此官之所以自立也立官者以全生天不自理故聖人代天以理物聖人不能獨理故立官以輔之立官之由本以養物貴全天氣不使有虧傷

今代之惑

主多官而反以爲生剮失所以爲立之本矣後代惑心務在多官官多則政煩政煩則害物是失立官之本意也已

草鬱剮爲腐樹鬱剮爲

惡音愛

一念愛憎天下安危關之尚可以私愛惡哉

慝人鬱制為病國鬱則百慝並起危亂不禁（鬱者氣壅不通之謂也官多政煩事有壅滯如草木之成腐蠹也）所謂國鬱者主惪不下宣人欲不上達也（姦臣蒙蔽故主德不下宣黎庶枉屈故人欲不上達）是故聖王貴忠臣正士為其敢直言而決鬱塞也尅己復禮賢良自至（尅損也復反也人君能以謙損反禮則賢良歸己）士有天下人惡之而主不惡者有主獨惡之而天下人不惡者（竭公忠而養天下則天下人愛之徇私心而媚一人則其主愛之）用天下人惡者則天下安用主獨惡者則天下危人主安可以自放其惡憎哉由是重天下者當制其情（聖人以天下為安危欲天下之安則人主不得縱其

碔砆淆玉
沙礫混金
似是而非
聖人惡之

愛憎當抑制其私情所謂天下者謂其有萬物也。所謂有秅國者謂其有人衆也。夫國以人為本，人安則國安。故憂古憂國之主務求理人之術天下以萬物為多邦国以人衆為富故當任賢字輔巳玉之所以難辨者謂其有怪石也。金之所以難辨者謂其有鍮石也怪石似玉鍮石似金猶姦人外正內邪之難辨。今夫以隼翼而披之鶡，視不明者正以為隼，明者視之乃鶡也。隼鷂也鶡雀也

臣道篇第五

盡忠竭力謀効所司

夫國之將興也，朝廷百吏，或短或長，或醜或美，或怡

理亂之機係於官職用人可不謹哉

或厲或是或非。醜惡也怡怡也厲嚴厲也雖聑其言。觀其貌有似不同。然察其志。覈其心。盡於為國。所以剛許不怨。黜退不愕。議得其中。無遠乎理。故天不惑其旹。地不乏其利。人不亂其吏。音事凥音鬼神開贊變。剛柔同保合太龢。萬物化育。國之興也朝廷祿位務盡其忠各竭其能力行公正無有阿私故天時不惑地利不乏人事不亂鬼神助祐遠方柔服國之將亡也。朝廷百吏。姿貌多美顏色。諧龢詞氣。萃柔動止。詳潤。亡國之臣外雖和順內懷猜忌各狥其私闇相謀害雖觀其貌。聑其言。有若歡洽。然察其志。徵其心。盡在競位。所以聞奇則怪。見異必愕。俎嫉相蒙。遂

器其道。故天告災眚。墜生反物。天反眚為災地反眚為妖人作凶慝。厎神閒禍。戎狄交侵。嚣亂弘多。萬物不化。閒伺也謂投閒抵隙也詩曰喪亂弘多憯莫懲嗟言亂無時已也

賢道篇第六

尅已復禮賢良自至

齊有揞子者。材可以振國。行可以獨立。振齊也獨立謂德行孤標不可傾拔事父母孝謹。鄉黨恭循。念居貧無以為養。施信義而遊者久之矣。所如寡合。或為桀昔奇毗者所嗤給。如徃也寡合少諧偶也奇毗謂矜持也嗤笑也給歎也於是負杖步足問乎亢倉子曰。吾聞圣音至人忘情。至人虛懷與道合躰故忘情也黎人不

孝謹則內可得親恭循則外可信交而又所如寡合所以怪而問之

事情黎衆人智力愚昧不能用情也存情之貴務其教訓而尊信義曹輩也中人存情情以信義為尊吾乃不知為工工猶能也躬行信義所往寡合不知其所能為受不信為信世有受人之不同將以為信也信而不見信為信有實為信而不為人所見信乃自以為信也為勤慕義為義人有本非義而以慕義為義乃為人所稱義也然則信義之士常獨厄隨遐古遐字胡以取貴虖昔而教理之所上也亢倉子俯而循衽仰而譆

超然歌衽衣襟也譆歎聲超然高舉貌曰時之陽兮信義昷音昌時之陽謂君有道也君有道則信義昌盛時之默兮信義伏時之默喻君暗昧也君暗昧則禮義伏藏陽與默昌與伏汨吾無誰私兮兂忽不知其讀汨辭

用舍行藏任之于運宛然以身殉道以道殉身之旨

聖明在上群賢彙征遇合之機係乎上也

也羌發聲也讀云也夫時有理亂故用有行藏陽則與時俱昌默則與時俱伏隨流任運寧有私邪今叨問我故我不知其所云矣夫運正性以如適而物莫之應者真不行也真且不行謂之道器信義者正性之用真者正性之本道器之旨上士乃隱隱之為義有可為也時有可為也莫可為者也時有泰否莫得長為有可用也有時而用莫可用者也用有行藏莫得長用

癸公問賢材何從而不至亢倉子曰賢正可待不可求材慎在求不在無材在求而擇之不在無材若天子靜大臣明刑不避貴澤不隔下則賢人自至而求用矣賢人用則四海之內明目而聆清耳而聽垣心而無鬱矣天

賢材之生何代無之患弓旌之禮意未勤耳

自成墜自寧萬物醇化鬼神不能靈天下醇和故鬼神不能見靈怪故曰賢正可待不可求若天子勤明大臣龢理之求士也則恢弘方大公直靖人之材至若天子苛察大臣躁急之求士也則曲心巧應毀方破道之材至若天子離忌大臣巧隨之求士也則奇姓異名反媢怪術之材至若天子自賢大臣固位之求士也則吏文逐譽會濁浮麗之材至若天子依違大臣回佞之求士也則內忠外僻情毒言龢之材至故曰材慎在求不在無昔青萍結綠長價於卞門汗血霜蹄見重於孫厩天下曷嘗無賢哉顧求之不誠則無

臺趙璧孰若清泉緑野之從容而英豪無效用之心矣故曰慎在求不在無祭公曰賢固濟天下材亦能濟天下俱濟天下賢與材安取異邪亢倉子曰窘摩哉其問也窘迫也言所問迫切功成吏畢不殉封譽恭退樸儉之謂賢殉求也功成不居其位守恭儉以自牧謂之賢功成吏畢榮在禄譽光揚志滿之謂材賢可以鎮國材亦可以理國所謂鎮者龢寧無為人不知其力至悳潛化人莫能知所謂理者勤率其吏人知所於德人賴其功故推德於色一賢統衆材則有餘衆材度一賢猶不足如是賢材之殊域一賢雖少統領衆才亦有餘衆才雖多比度一賢猶不及

賢能之辨在才德之問坐鎮雅俗非德不可故屬賢幹旋幹理非才不濟故屬材

道者兼統萬善而孝則百行之原故兼舉為問

訓道篇第七 至德之用萬教之主神明共賛可不化民

閔子騫問仲尼道之與孝相去奚若。疑其相遠也 仲尼曰。道者自然之妙用孝者人道之至德 窮於本始謂之道施於人理謂之孝道能通生萬物不知所由然故曰妙用孝者善事父母盡敬盡順通乎神明故曰至德 夫其包運天墜發育萬物曲成萬類不希性壽 性者剛柔之質壽者一期之盡 其功至實而不為物府不為吏官無為功尸捫 求聄眹莫得而有字之曰道用之於人字之曰孝孝者善事父母之名也夫善事父母敬順為本意以承之順承顏色無所不至發一言舉一意不敢忘父母

事孰為大事親為大之旨蓋如此

此舉舜孝以實之

嘗一手措一足不敢忘父母事君不厭忘忠朋友不厭不信臨下不敢不敬嚮善不敢不勤雖居獸室之中亦不敢懈其誠此之謂全孝故至誠之至通乎神明光于四海有感必應善事父母之所致也昔者虞舜其大孝矣庶母惑父屢憎家之舜心益恭恖音懼而無怨謀使浚井下土實之于首天休震動神明駭赫尊究而出奉養滋謹由是玄德茂盛為天下君善事父母之所致也

史記稱舜父瞽叟與庶母弟名皆欲殺舜使舜修廩瞽叟從下縱火焚廩舜乃以兩笠自扞而下去得不死後又使舜穿井舜為匿孔旁出舜既入深瞽叟與象共下土實之舜匿

此章文王之孝以実之

孔出後事父弥謹尭乃禅位焉文王之為太子也其大老矣朝夕必至乎寝門之外問寺人曰茲日安否如何寺人奄官主在左右侍君曰安太子愠然喜色小不安節太子色悤满容朝夕食上謂侍者進食於君太子必聆寒煖之節食下必知善羞所進然後退知所食之多少寺人言疾太子肅冠而齋君有疾太子嚴肅衣冠而齋齋者虔心專志以祈神明使祐護耳膳宰之饌必敬聆之湯液之貢必親嘗之嘗饌善則太子亦能食嘗饌寡太子亦不能飽以至于復初然後亦復初君病間而太子亦復初君后有過怡聲以諷怡悦也謂下氣怡聲幾微諫諷君后所悪雖

孝子不匱
永錫爾類
此之謂也

小物必嚴龔（不敢慢君父所愛）是故孝成於身道洽天下雅曰文王陟降在帝左右（言文王所為天必助之）言文王靜作進退天必贊之故紂不能亥（贊佐也文王為天所佐故殷紂雖暴不能輒害）夢啟之壽（武王夢帝與九齡文王曰汝以為何武王曰西方有九國君王其終撫諸文王曰非也我百爾九十吾與汝三焉文王九十七而終武王九十三而終）卜世三十卜年七百天所命也善事父母之所𦤺也閔子騫曰善事父母之道既幸聞矣敢問敎子之義仲尼曰凡三王教子必視禮樂樂所以修內禮所以修外禮樂交修則德容發輝于貌故能溫容而文明夫為人臣者殺其身

此明教子之義而奎閔子之孝[illegible]之

有益於君。則為之。況利其身以善其君乎。是故擇建忠良貞正之士。為之師傅。欲知其父子君臣長幼之道。夫知為人子然後可以為人父。知為人臣然後可以為人君。知事人然後能使人。此三王教子之義也。

閔子騫退而事之於家。三年人無間於父母昆弟之言。（上事父母下順兄弟盡善盡美故人無非間之言）交遊稱其信。鄉黨稱其仁。宗族稱其悌。德行之聲。溢於天下。此善事父母之所致也。（此段論教子而以閔子之孝繼之見事親教子其道一也）

謂多言之人為誎露。亦有辭約而不容者。謂輕佻之人為不定。亦有

躁妄之人輕言致家翟西氏可鑒也

健書字奇甚

體閑而心躁者謂叢襍之人為猥細亦有外累而內濁者若類而引之不可殫載若非徹識安能洞祥有不可以應事也者內靜而外動其動而難靜外是利貪而逐之愈得愈貪故身勞難靜昔有不可求事也者內思而外待待至而後樂謂內興情欲緣境思求心有待得而後樂不知心揺而傷性是故外靜而內動者揺思而損性奔走而逐利者勞力而豕名惟泊然無欲不為名位所誘然後身安而性全兒童之所簡者乃耆耋之所非耳目之所娛者乃心慮之所疾健責天下之愚者已之未賢也健責天下之迷者已之未明也賢明者當恕愚迷者

道德謂巧偽多則法令滋起失此類

勿責以未賢責衆愚未賢者以之亡以未明責衆迷未明者以之傷愚迷之人無所損健責者徒自傷耳

農道篇第八夫穀者人之天理國之道務農為本

人捨本而事末則不一令本謂農也末謂趨浮利也人趨末則姦詐多端故令不能制也不一令則不可以守不可以戰趨利多端人心不一固不可固守亦不可以攻戰人捨本而事末則亓產約人貪浮利則產業薄亓古共字其產約則輕流徙輕流徙則國家豈有災患皆生遠志無復居心人忘本而事末則好智好智則多詐多詐則巧法令巧法令則已是為非以非為是古先聖

論重農夥矣未有若此篇剴當

主之所以理人者先務農農業非徒為墬也貴其志也（志在安人）人農則樸樸則易用易用則邊境安安則主位尊人農則童（如童兒無異志）童則少私義少私義則公法立力慱深農則亣産複（複猶早也）其産複則重流散（不流散也）重流散則死其処无二慮是天下為（音為）一心矣天下一心軒轅凡𡋯（音蘧）之理不是過也（軒轅几蘧古有道之君）

兵道篇第九（兵者不祥之器不得已而用之）

原兵之所起與始有人倶（夫兵之所起與人倶生本始有之非猶今也）夫兵也者出入之威也人之有威性受於天（人有喜怒之性本受

有爭則有兵不爭則。天下莫能與之爭雖無兵可矣

於天怒則威生威生則兵起故兵之所自來上矣嘗無少選之不用少選猶少時也喜怒之情用之無常故無少時不用也貴賤長少賢愚相與察同。同察怒無人動則知兵起之原也兵之兆在心懷恚而未發兵也疾眎作色兵也傲言推援兵也侈鬭攻戰兵也此四者鴻細之爭也恚怒也作色厲色也援亦推也謂相推盪也四者雖有大小之與皆有怒心故為兵也未有蚩尤之旹人實揭材木以鬭矣。蚩尤黃帝時諸侯兄弟八十一人銅頭鉄額與黃帝戰於涿鹿之野始造兵器為黃帝所滅黃帝用水火矣或引水注邑或縱火燒城共工稱𤔔音亂矣。共工與顓頊爭天下五帝相與爭矣。一興一廢。勝者用事。用兵之道有廢有興皆以順天而勝若得用矣

兵以義動則人心悅趨勇於赴敵矣

夫有以用藥而死者欲禁天下之醫非也有以藥舟而死者欲禁天下之船非也有以用兵而喪其國者欲禁天下之兵非也夫兵之不可廢譬水火焉善用之則為福不善用之則為禍是故怒笞不可偃於家刑罰不可偃於國征伐不可偃於天下笞鞭杖也偃息也古之聖王有義兵而無偃兵義兵者順天應人所以誅暴亂也兵誠義以誅暴亂而振若人人之悅也本也字若孝子之見慈親餓隸之遇美食號呼而走若強弩之射深谷也援也隸僕隸也強弩之激射深谷言投赴疾也勝負之決勿徵於他必反人情

心志一則所向無敵如我師惟三千三千惟一心是其驗矣

人之情欲生而惡死欲榮而惡辱死生榮辱之道一則三軍之士可使一心矣（人君與三軍之士同其死生榮辱則三軍雖衆可使一心矣）凡軍欲其衆也心欲其一也三軍一心則令可使無敵古之至兵蓋重令也（古之至極善用兵者蓋重慎其令也）故其令強者其敵弱其令信者其敵詘先勝之於此則勝之與彼（夫料敵制勝必先自料若與衆同死生而三軍一心則勝矣）誠若此則敵胡足勝也凡敵人之來也以求利也今來而得死且以走為利則刃無所與接矣此之謂至兵傲虐姦詐之與義理反也（言姦兵與義兵逆順之理相反）其勢不俱勝不相立

封比干之墓發鉅橋之粟散鹿臺之財似

𡉚音封

義兵勝 姦兵敗 故義兵入於敵之境則人知所庇矣兵至於國邑之郊。不踐果稼不宂丘墓不殘積聚。不焚室屋得人虜屋而歸之但與人期以從敵貲以章。好惡以示逆順。若此而循有愎很淩宕不聽者雖行武焉可也 愎很猶惡戾也宕流宕也先行義以示之猶有惡戾不聽服者雖用武諫可也 先發聲出號令曰兵之來也。以除人之讎以順天之道故尅其國不屠其人獸誅所誅而已於是舉選秀士賢良而尊𡉚之求見孤疾長老而拯敬之 孤疾之人拯給之 長老者致敬也

洞靈經終

明·鍾惺評選

亢倉子文歸

明刊《諸子文歸》本

○○○用道　亢倉子

天不可信。地不可信。人不可信。心不可信。惟道可信。賢主秀士。豈知哉。昔者桀信天與其謹四海。已不勤於道。天奪其國以授殷。紂亦信天與其禮四海。已不蘖於道。天奪其國以授周。今夫惰農信地寔生百穀。不力於其道。地竊其果稼而荒翳之。齊后信人之性酧讓。不明於其道。舉全境以付人。人寔鴆篡而有其國。凡人不修其道。隨其心而師之。營欲茂滋。奨疾朋豐。戕身損壽。心斯害之矣。故曰。惟道可信。天地非道不能悠久。蒼生非賢不能靖順。庶政非才不能和理。夫用道之人。不露其用。福滋萬物。功歸無有。神融叢

茂靈慶悠長知而辨之謂之識知而不辨謂之道識以理人道以
安人夫雜辰而作負日任勞流汗灑地夜分僅息農夫之道也俯
拾仰取銳意錐摽力思搏精希求利潤賈豎之道也噈氣谷神穿
思損慮超遙輕舉日精鍊仙高士之道也劇情端想畢志所事倫
擬思寢謀效位同人臣之道也清心省念察驗近習務求賢良以
安萬姓人主之道也若絲是類之各順序其志度不替塞其業履
是謂天下有道導筋骨則形全剪情欲則神全靖言語則福全充
保三全是謂清賢道德順則鬼神助信義敦則君子合禮義備則
小人懷有識者自是無識者亦自是有道者靜默闇鈍者亦靜默

物固有似是而非。似非而是。先號後笑。始吉終凶。身可親而才不
可親。才可敬而身不堪敬。敬甚則不親。親甚則不敬。親之而疎。疎
之而親。恩甚則怨生。愛多則憎至。有以遠為貴。有以緩為發。有以
直為貴。有以曲為貴。百事之宜。其繇甚微。不可不知。是故智者難
之。靜則神通。窮則意通。貴則語通。富則身通。理勢然也。同道者相
愛。同藝者相嫉。同與者相愛。同取者相嫉。同病者相愛。同壯者相
嫉。人情自然也。多才而好譏。貧賤而不諂。處勞而不為辱。富貴而
恭勤。可謂有德者也。
鍾伯敬曰。書言天敘天秩。天有是理。聖人循而行之。所謂道也。

故事無大小皆有道在其間頣用之何如耳。所以謂藏諸用也。

此篇已觕其緒矣。

○○○政道　亢倉子

人無法以知天以四時寒暑日月星辰之所行知天若四時寒暑日月星辰之所行當則諸生血氣之類皆得其處而安其産矣人臣亦無法以知主以主之賞罰爵禄之所加知主若主之賞罰爵禄之所加宜則親踈遠近賢不肖皆盡其才力而以為用矣信全則天下安信失則天下危夫百姓勤勞財物殫盡則争害之心生而不相生矣人不相信繇政之不平也政之不平吏之辠也吏之有辠刑賞不齊也刑賞不齊主不勤明也夫主勤明則刑賞一刑賞一則吏奉法吏奉法則政下宣政下宣則人人得其所而交相

信矣。是知天下不相信者。縣主不勤明也。亢倉子居息壤五年。靈主使祭公致饍帛與紛璐。曰。余末小子。否德忝位。水旱不時。稽為之君何以禳之。亢倉子曰。水陰沴也。陰於國政類刑。人事類私。旱陽過也。陽於國政類德。人事類盈。楚以為几遭水旱。天子宜正刑修德。百官宜去私戒盈。則以類而消。百福日至矣。鄭有胡之封珪弐弓。翼時失同於荊。荊曰。必得封珪弐弓。不然臨兵于汝。鄭君病之。鄭見亢倉子曰。封珪弐弓。先君得之于胡。綿代功實。傳華翼嗣。今荊恃大而曰。必得。不然臨兵。國危矣。寡人欲以他封珪弐弓往。若之何。亢倉子曰。君其少安。今是楚亦有寶於此。飾楚之寶以貫

罪於君○楚所不能○君必致夫眞○今荆以淺鮮之過而負其疾刑申
遅不直○以耗敎與國○荆失諸侯○於是守在○諸侯閭之○將鬻勸倫倫
比勤明會同上冢固存○鄭其爲首○君始待之○豈如某福○於吳以胡
琏戎亏○徃来至郢○荆人聞之○曰諸閭聖人之訓○稽吾爲取此○以暴
不直於天下○而令諸侯寔生心焉○處反其賂而益善焉○公之情欲
生而惡死○欲安而惡危○欲榮而惡辱○天下之人○得其欲則樂○樂則
安○不得其欲則苦○苦則危○若人主放其欲○則百吏廠長具展其欲○
百吏廠長具展其欲○則天下之人○貧者竭其力○富者竭其財○四人
失其序○皆不得其欲矣○天下之人不得其欲○則相與提携保犯○適

逃隱救○漂流招來○以祈性命○吏又從而捕之○是故不勝其危苦○因

有群聚背叛之心生○則國非其國也○勿貪戶口○百姓汝走多壯城

池百姓汝疲賦斂不中窮者日窮○刑罰且貳匿者日匿科禁不行○

國則以傾○官吏非才○則寬猛失○新宜典百姓○爭利○則狡詐之心生○

所以百姓姦○而難知○天下難知○則上人疑○上人疑則下益惑○下既

惑○則官長勞○官長勞○則賞不足勸○刑不能禁○易動而難靖○此縣官

不得人故也○政術至要○方於審士○士有才行比於一鄉○委之鄉○才

行比於一縣○委之縣○才行比於一州○委之州○才行比於一國○委之

國政○而後乃能無伏士矣○人有惡戾於鄉者○則誨之不改○是為惡

戾於縣則撻之不改是爲惡戾於國則誅之而後乃能無逆節矣士如是舉天下之人一一畏懷無有干肯謫慢之萌矣此之謂靖人凡爲天下之務莫大求士士之待求莫善通政通政之善莫若靖人靖人之才發以文章考之百無四五以言論考之十或一二以神氣靖作態度考之十全八九是皆賢王慶代明識裁擇所能爾也夫下王危世以文章取士則剪巧綺繼益至而正雅素寔益蔵矣以言論取士則浮掞將飾益來而寒諤華直益踈矣以神氣靖作態度取士則外正內邪益尊而清修明寔益隱矣若然者賢愈到政愈僻令愈勤人愈亂矣夫天下至大器也帝王至重位也

得士則靖失士則亂故人主勞於求賢逸於任使嗚呼守國馭人者其胡可以不事試於士乎人情失宜主所深恤失宜之大莫痛刑獄夫明達之才將欲聽訟或誘之以詐或脅之以威或閒之以情或苦之以戮雖作設權巽而必也公平故使天下之人生無所於德死無所於怨夫秉國逵吏持刑若此可謂至官至官之世群情和正諧產咸宜愛敬交深上下條固不可搖等有類一家洽達順變逆安得動不平王道正既宅天色務求賢良等聞一善惆隊運日左右侍僕眾言大臣有賢異者如是踰歲王曰余一人於德不明務求賢異益怨山澤遺逸不舉豈樂闇善以自閉塞哉乃者

反娟僕臣。累譽權任。頗階左右。意余孱昧。無能斷明。徒唯共和。依違漫長。自賢敗德。莫此為多。不時進遏。就茲罔冀。於是棄左右近習三人於市。貶廢司尹長五人。曰無令人以附下罔上。持祿阿意。天下聞之。稱為齊明。海南之西。歸者七國。至理之世。輿服純素。憲令寬簡。禁網疏闊。夫輿服純素。則人不勝羨。憲令寬簡。則俗無忌諱。禁網疏闊。則易避難犯。若人不勝羨。則嗜欲希微。而服從樂業矣。俗無忌諱。則抑閑開舒。而歡欲交通矣。易避難犯。則好惡分明。而貴德知恥矣。夫服從樂業之謂順。歡欲交通之謂和。貴德知恥之謂正。浮隨之人。不勝於順。逆節之人。不勝於和。姦邪之人不勝

於正。順和正三者理國之宗也。衰末之世。輿服文巧。憲令褻祈。禁綱頻僻。夫輿服文巧。則流相炎慕。憲令褻祈。則俗多忌諱。禁綱頻僻。則莫知所適。若流相炎慕。則人不忠潔。而恥樸貴華矣。俗多忌諱。則情志不通。而上下膠戾矣。莫知所宜。則談殢繁興。而衆不懼死矣。夫恥樸貴華之謂浮。上下膠戾之謂塞。衆不懼死之謂冒。眞正之士不官於浮。公直之士不官於塞。器能之士不官於冒。浮塞冒三者。亂國之梯也。荊君熊圉問水旱理亂。亢倉子。曰水旱繇天。理亂繇人。若人事和理。雖有水旱。無能為害。堯湯是也。故周之秩官云。人強勝天。若人事壞亂。縱無水旱。日益崩離。且桀紂之滅。豈

惟水旱荊君北面遵循稽首曰天不棄不穀及此言也乃以弘璧十朋為亢倉子壽拜為亞尹曰庶吾國有瘳乎亢倉子不得已中宿徼脈違之他邦至理之世山無僞隱市無邪利朝無佞祿國產闇何繇浮人俗醇樸亢倉子曰政煩苛則人姦僞政省一則人醇樸夫人俗隨國政之方圓猶蠖屈之於葉也食黃則身黃食蒼則身蒼曰何為則人富亢倉子曰賦斂以時官上清約則人富賦斂無節官上奢縱則人貧句弩之榦鏃以精金鷙隼為之羽以之栝箭則其與槁樸也無擇及夫蕩寇爭衡覩武決勝加之駿弩之上則三百步之外不立斃矣蜚景之劍威奪白日氣盛紫蜺以之封

稜、則其與劇及也無擇、及夫凶邪流毒、沸渭不靖、加之運掌之上、
則千里之内、不留行矣、夫材有分而用有當、所貴善因時而已耳、
昔者明王聖帝、天下和平、萬物茂暢、群性得極、善因時而勿擾者
也、近古以来、天下姦邪者衆、正直者寡、輕薄趨利者多、欵方退静
者蠡、姦者出言長於忠言、遂使天下之人交相疑害、悲夫、作法貴
於易避而難犯、救弊貴於省事而一令、除恣豪横則官人安、刑禁
必行、則官人不敢務私利而百姓富、吏刑曰青災肆赦、赦不欲数、
赦数則惡者得許平人生心、而賢良否塞矣、人有大爲賊害、官吏
捕獲、因廣條引、誣陷貞良、濶遠牽率、冀惟時停、卒蒙赦宥、遏賊害

者訖無所恢自熹而已錄是予人遞至縣討吏勞政酷莫能矯正

此緣數赦之道也夫人之所以惡為無道不義者為其有罰也所

以勉為有道行義者為其有賞也今無道不義者赦之而有道行

義者被妒而不賞欲人之就善也不亦難乎世有賢主秀士肯察

此論人怨者非不接人也神拙者非不事神也巧佞甚人愈怨滋

祀盛神愈怨

鍾伯敬曰甚於經濟之言可垂不朽

○○○君道　亢倉子

好生之者天也。養成之者人也。能養天之所生而勿攖之謂之天子。天子之動也以全天氣。故此官之所以自立也。立官者以全生也。今世之惑主多官而反以害生。則失所以為立官之本矣。草鬱則為腐。樹鬱則蠹。人鬱則為病。國鬱則百慝並起。危亂不禁。所謂國鬱者。主德不下宣。人欲不上達也。是故聖王貴忠臣正士。為其敢直言而決鬱塞也。克己復禮。賢良自至。君耕后蠶。蒼生自化。繇是言之。則賢良正可待不可求。求得非賢也。蒼生正可化不可刑。刑行非理也。堯舜有為人主之勤。無為人主之詠。故天下各得濟

其欲有為人主之位無為人主之心故天下各得肆其心士有天
下人愛之而主不愛者有主獨愛之而天下人不愛者用天下人
愛者則天下安用主獨愛者則天下危人主安可以自放其愛憎
哉綠是重天下者當制其情所謂天下者謂其有萬物也所謂安
邦國者謂其有人衆也夫國以人為本人安則國安故憂國之主
務求理人之林玉之所以難辨者謂其有陸石也金之所以難辨
者謂其有鍮石也今夫以隼翼而被之鷄視不明者正以為隼明
者視之乃鷄也今夫小人多誦經籍方書或學奇技通說而被以
青紫章服使愚者聽而視之正為君子明者聽而視之乃小人也

故人主誠明以言取人理也以才取人理也以行取人理也人主不明以言取人亂也以才取人亂也以行取人亂也夫聖人之用人也貴耳不聞之功目不見之功口不可道之功而百姓暢然自理矣若人主貴耳聞之功則天下之人運貨逐利而市譽矣貴目見之功則天下之人㤞形異藝而爭進矣貴可道之功則天下之人習舌調吻而飾辭矣使天下之人市譽爭進飾辭見違則政敗矣人主皆知鏡之明已也而惡士之明已也鏡之明已也功細士之明已也功大知其細失其大不知類矣於乎人主清心省事人臣恭儉守職太平其立致矣而世或難之吾所不知也若人主方

寸之地不明不斷則天地之宜四海之内動植萬類咸失其道矣
以耳目取人者官多而政亂以心慮取人者官少而政清是知術
理之世務求不可見不可聞之材淺危之世務取可聞可見之材
於乎人主豈知哉以耳目取人人皆歛欲以買譽以心慮取人人
皆静正以勤德夫静正以勤德則不言而自化吏歛欲以買譽則
刑之而不畏世主豈知哉
鍾伯敬曰龜山楊氏云人君所以御臣只有一箇名分不可易
邪正不可混取舍不可苟則四海之廣萬務之衆則物至而不
能罔矣此論得之

○○○臣道　亢倉子

夫國之將興也朝廷百吏或短或長或醜或美或怡或麗或是或非雖聽其言觀其貌有似不同就察其志徵其心盡於為國所以罰許不怨黜退不愕謙得其中無違乎理故天下不忒其時地不乏其利人不亂其事鬼神開贊蠻夷柔同保合太和萬物化育國之將亡也朝廷百吏姿貌多美顏色諧和詞氣華柔動止詳潤雖觀其貌聽其言有若歡洽然察其志徵其心盡在競位所以聞奇則怪見異必愕狙嫉相蒙遂喪其道故天告災時地生反物人作凶德鬼神悶禍戎狄交侵喪亂弘多萬物不化夫不傷貨財不嫉

民力不損官吏而功成政立下阜百姓上滋主德如此者忠賢之
臣也若費財煩人危官苟效一時功利規賞於主不顧過後貽災
於國如此者姦臣也至理之世官得人不理之世人得官邪能覩
問事君充倉子曰既策名而臣人者心莫若公貌莫若和言莫若
正公不欲露和不欲雜正不欲犯古之清勤為國修政今之清勤
為身修名夫為國修政者區處條別動得其宜合於大體為身修
名者區處條別致遠不通拘於小節是知心以道為主柢事得其
所心以事為主柢物失其所臣居上位不諫下位不公不合聽其
祿君不嚴敬大臣不彰信小臣不合官其朝有才者不忍忠忠者

不必有才。臣不忠，不忠適怨，盡忠而主莫之信，不忠不信，適怨信之，而莫能事。事上等之人，得其性則天下理；中等之人，得其性則天下亂。明主用上等之人，當委以權宜便事，肆其所為；用中等之人，則當程課其功，示以賞罰。

鍾伯敬曰：人臣忠愛其君者，必思納諸無過之地，而不計一身之安危。不忠不愛者，惟其身之營，使君荒怠昏亂而不恤，而必以賞罰為激勸，亦為人上者之不得已。故孔子曰：為臣不易。

賢道　亢倉子

賢良所以屡求。而不至。難進而易退者。非爲愛身而不死王事。適恐盡忠而主莫之信耳。自知有才識之人。外恭謹而内無憂。其於衆也。和正而不狎。親之則彌莊。疏之則退去而不怨。窮厄則以命自寬。榮達則以道自正。人有視其儀。賢也。聽其辭。賢也。微神課識。或負所望。夫賢人其見用也。入則諷譽。出則龔默。職司勤靜。居室儉閑。其未見用也。藏身於衆。藏識於目。藏言於口。飽食安步。獨善其身。貞而不怨。智者不疑事。識者不疑人。有識之士。行危而色不可殊。言遜而理不可拔。凡謂賢人。不自稱賢。效在官政。功在事事。

太平之時。上士運其識。中士竭其材。小人輸其力。齊有梧子者。材可以振國。行可以獨立。事父母孝謹。御黨恭循。念居貧無以為養。施信豢而遊者久之矣。所加寡合。或為乘時夸毗者所蚩紿。於是免狀步是。問乎亢倉子曰。吾聞聖人忘情。黎人不事情。存情之首。務其教訓而尊信豢。吾乃今不知為工受。不信為信。信而不見信。為信。為勤慕義為義。豢而不自義為義豢。然則信豢之士常獨。厄・隨退。胡以取貴乎時。而教理之所上也。亢倉子俯而循衽。仰而謠。趙然而歌曰。時之陽兮信豢昌。時之默兮信義伏。陽與默。昌與伏。伺吾無誰私兮。羌忽不知其讓。夫運正性以如遺而物莫之應者。真

不行也。真且不行。謂之道喪。道喪之時。上士乃隱。隱之為蒙。有可為也。莫可為者也。有可用也。莫可用者也。祭公問賢材何從而可致。亢倉子曰。賢正可待。不可求。材慎在求。不慎無若天子靜大臣明刑不避貴。澤不隔下。則賢人自至。而求用矣。賢人用則四海之內明目而視。清耳而聽。坦心而其鬱矣。天自底。地自寧。萬物醇化。鬼神不能雲。故曰賢材可待不可求。若天子勤明。大臣和理之求士也。則恢弘方大。公直清人之材至。若天子苛察。大臣躁急之求士也。則曲心巧應。毀方破道之材至。若天子疑忌。大臣巧隨之求士也。則奇娃異名。反媚恠術之材至。若天子自賢。大臣固位之求

主也。則事文遂。譽貪濁浮麗之於。至若天子依違。大臣回佞之求
上也。則內惡外僻。情毒言和之材。至故曰材慎在求。不慎無。昔普
黃帝得常仙。封鴻。鬼容丘。商王得伊尹。中興得甫申。齊桓得甯籍。
[illegible]錄數。君體道邁仁。布昭聖。武思輯光。明寬厚昌正。而衆賢自至。
求府非為簡扶而得之也。祭公曰。夫子云。賢人不求而自至。亦
有非賢不來。而自至者。求亢倉子曰。夫非賢不求而自至者固。衆
矣。夫天下有道。則賢人不求而自至。天下無道。則非賢不求而自
至。人主有道者寡。無道者衆。天下賢人少。不肖者多。是知非賢不
求而自至者多矣。祭公曰。賢固濟天下。材亦能濟天下。俱濟天下。

賢與材安取異耶。亢倉子曰。寤乎哉其問也。夫功成事畢。不殉封譽。恭退樸儉之謂賢。功成事畢。榮在祿。譽光揚滿志之謂材。賢可以鎮國。材亦可以理國。所謂鎮者。和寧無為。人不知其力。所謂理者。勤率其事。人知所於德。一賢統衆材則有餘。衆材度一賢猶不足。如是賢材之殊域。有居山林而諠者。有在人俗而靜者。有諠而正者。有靜而邪者。凡視察其貌。鄙俗而能有賢者。萬不有一。視瞥其貌。端雅而寔小人者。十而九。夫不練其言而知其文。不貪其像而審其度。不求其譽而知其善。不流其毀而斷其寔。可謂有識者也。

鍾伯敬曰、賢人當為天下知、聖人當受命、雖不受知、不受命、然為聖為賢、乃吾性分、當勉求、允愈樂天知命、則得之、憂世之心則泯矣、

亢倉子

○○○全道

亢倉子居羽山之顏三年俗無疵意而仍穀𧬊○其俗竊相謂曰○亢倉子之始來○吾鮮然異之○今吾日計之不足○歲計之有餘○其或聖者耶○盍相與尸而祝之○社而稷之乎○亢倉子聞之○色有不釋○其於蠶吸從而啟之○亢倉子曰○吾聞至人尸居環堵之室○而百姓倡狂不知其所如往○今以羽俗父子○竊竊焉將俎豆予我○其的之人耶○吾是以不釋於老聃之言○蠶吸曰○不者夫尋常之汙○巨魚無所還其體而鯢鰌為之制○步仞之丘○巨獸無所隱其軀○而孽狐為之祥○且也尊賢事能傷善就利○自堯舜以固然而況羽俗乎○先生其聽

矣亢倉子曰譆來夫二子者知乎函車之獸介而離山罔罟制之吞舟之魚蕩而失水螻蟻苦之故鳥獸居欲其高魚鱉居欲其深夫全其形生之人藏其身也亦不厭深眇而已吾語若大亂之本種乎堯舜之間其終存乎千代之後必有人與相食者矣言未終南子榮之趎色蹵然膝席曰趎年運而長矣將奚以託業以事斯言亢倉子曰全汝形抱汝生無使汝思慮營營若此偹年或可以及此言雖然吾才小不足以化子子胡不南謁吾師聃亢倉子既謝榮之趎不釋羽俗而能已乎天下水之性清土者滑之故不得清人之性壽物者滑之故不得壽物也者所以養性也今世之惑

者多以性養物則不知輕重也○是故聖人之於聲色滋味也○利於性則取之害於性則捐之○此全性之道也○萬人操弓共射一招招無不中萬物章章以害一生生無不傷○故聖人之制萬物也○全其天也天全則神全矣○神全之人不慮而通不謀而當精照無外志凝宇宙德若天地然上爲天子而不驕下爲匹夫而不惛此之謂全道之人○心平正不爲外物所誘曰清清而能久則明明而能久則虛虛則道全而居之○秦佚死亢倉子哭之○其役曰天下皆死先生何哭焉也○亢倉子曰○天下皆哭安得不哭○其役曰哭者必衰而先生未始衰何也○亢倉子曰○舉天之下吾無與樂○安所取衰哭也

之謂水○涗水之謂氣○然氣之謂虛○蚘虛之謂道○虛者道之體精者
道之地○理者道之綱○識者道之目○道所以保神○德所以宏量○禮所
以齊樣○物所以養禮○好質白之物者以黑爲汙○好質黑之物者以
白爲汙○吾又安知天下之正潔汙哉○繇是不主物之潔汙者矣○夫
瞀視者以鮮爲赤○以蒼爲玄○吾乃今所謂皂白○安知識者不以爲
顏○黃吾又安知天下之正色哉○繇是不適物之色矣○夫好僋甚者
不見他物之可好○々焉甚者○不見他物之可好○々書甚者不見他
物之可好○吾又安知天下之果可好者○果可惡者哉○繇是不見物
之可以保燃矣○無能滑吾真矣○陳懷君柳使其大夫禱行聘於魯○

叔孫卿私曰。吾國有聖人若知之乎。陳大夫曰。奚以果[illegible]聖[illegible]孫卿曰。能廢心而用形。陳大夫曰。弊邑則小。亦有聖人。異於所聞曰。聖人謂誰。陳大夫曰。有亢倉子者。偏得老聃之道。其能用耳視目聽。定公聞而異焉。使叔孫氏報聘。且致亢倉子。待以上卿之禮。亢倉子至。宥于亞寢署。公卑辭以問之。亢倉子曰。吾能視聽不用耳目。非能易耳目之所用。告者過也。公曰。孰如是。寡人增異矣。其道若何。寡人果願聞之。亢倉子曰。我体合於心。心合於氣。氣合於神。神合於無。其有介然之有。唯然之音。雖遠際八荒之表。邇在眉睫之内。來於我者。吾必盡知之。乃不知爲是我七竅手足之所覺。

六腑五臟心意之所知其自知而已矣。

鍾伯故曰。道原於天。其於人心。著於事物。載於方策。明而行之。存乎其人。聖賢迭興。體道經世。三綱既正。九疇既叙。則安且治矣。亢倉子抱道於身。而獨善不能兼善。得毋於道缺而不全乎。

○○○訓道　　　　　　　　　　　　亢倉子

閔子騫問仲尼○道之與孝○相去奚若○仲尼曰○道者自然之妙用○孝者○人道之至德○夫其包運天地○發育萬物○曲成萬類○布不性壽○其功至實○而不爲物府○不爲事官○無爲功尸○捫求視聽○莫得而有○字之曰道○用之於人○字之曰孝○孝者善事父母之名也○夫善事父母○敬順爲本○意以承之○順承顏色○無所不至○發一言舉一意○不敢忘○父母○營一手○措一足○不敢忘父母○事君不敢不忠○朋友不敢不信○臨○下不敢不敬○獨善不敢不勤○雖居獨室之中○亦不敢懈其誠○此之謂全孝○故至誠之至○通乎神明○光於四海○有感必應○善事父母

之所致也○昔者虞舜其大孝矣○廣毋惑父屢憎害之○舜心益恭懼○而無怨○謀使浚井下土寘之○於時天地震動神明駭赫濬穴而出○奉養滋謹○由是克德茂盛為天下君○善事父母之所致也○文王之為太子也○其大孝矣○朝夕必至乎寢門之外○問寺人曰○茲日安否○如何○曰安○太子温然喜色○小不安○節太子色憂滿容○朝夕食上○太子必視寒煖之節○食下必知膳羞所進○然後退○寺人言疾○太子肅冠而齋○膳宰之饌○必敬視之○湯液之貢○必親嘗之○嘗饌善○則太子亦能食○嘗饌寡○太子亦不能飽○以至于復初○然後亦復初○君后有過○怡顏以諷○君后所愛○雖小物必嚴襲○是故孝成於身○道洽天下○

雅曰文王陟降在帝左右言文王靜作進退天必贊之窮約不能害楚啟之壽卜世三十卜年七百天所命也善事父母之所致也閔子騫曰善事父母之道既幸聞矣敢問教子之義仲尼曰凡三王教子必視禮樂樂所以修內禮所以修外禮樂交修則德容發輝于貌故能溫恭而文明夫為人臣者殺其身有益於君則為之況利其身以善其君乎是故擇建忠良貞正之士為之師傅欲其知父子君臣長幼之道夫知為人子然後可以為人父知為人臣然後可以為人君知事人然後能使人此三王教子之義也閔子騫退而事之於家三年人無間於父母昆弟之言交遊稱其信鄉

黨稱其仁，宗族稱其弟，德行之聲溢于天下，此善事父母之所致也。齊太子坐清臺之上，燕莊侯他高冠嚴色，左帶玉具劍，右帶環珮，左光照右，右光照左，太子讀書不視。莊侯他問曰：齊國有寶乎？太子曰：主信臣忠，百姓戴上，齊國之寶也。莊侯他應聲解劍而去。於乎！人有偏蔽，終身莫自知已矣。賢者見之，寬恕而不言；小人暴慢而濫言；親戚憐嫉而貳言。人有偏蔽，惡乎不自知哉！是故君子撿身常若有過，衣其衣，食其食，知其過而不克有以正之者，君子耻之。將欲有言，識其必不能行者，君子罕言。當責衆人之惡者，視已善乎哉？當責衆人之邪者，視已正乎哉？此之謂復明。瞿两氏之

子甚孝謹翟西憐其子而好兵與之言翟西辰出夕返則曰甲死矣其子信之既而甲在焉他夕則曰乙且害予其子伺將行仇既而不見惡端他夕則曰丁病矣其子覘之丁誠無恙舉此類也冒淹年序木固孝謹至於訓勤益不保承鄉國之人疾其出口謀將殺之翟西聞而懼歸以告子子未甚信既而翟西見殺謂多言之人為睞露亦有辭約而不容者謂輕佻之人為不定亦有體閒而心躁者謂叢襍之人為猥細亦有外潔而內濁者若救而引之不可畢載若非徵識安能洞詳時有不可不應事也者內靜而外動易動而難靜時有不可不求事也者內思而外待待至而後樂是

故外静而内動者○摇思而損性○奔走而逐利者○勞力而害名○人生於世○或有事不遂志而宣言○云不遇時者○是無異負冊頸之罪○俟時行發○豈不殆哉○其有博才通識○未見稱用者○正可云時非不清○命未與耳○豈不避嫌○長於諫者○務依存前人之性○而剪制其情之所由起○是以彼此開進○親敬殷篤○不長於諫者○務攻前人之性○而闇於情之所來○是以彼此嫌貳○猜疑日積○兒童之所簡者○乃耆耋之所非○耳目之所娛者○乃心慮之所疾○健責天下之愚者○已之未賢也○健責天下之迷者○已之未明也○以未賢責衆愚○未賢者以之亡○以不明責衆迷○未明者以之傷○

有尾

鍾伯敬曰、以孝該道字首起一局。列善事父之所致共四段。前段總起。下三段引証。以下或進規。或求事地。至以丹頸侯戮至末。危言哉。傳曰。有諸己而後求諸人。無諸己而後非之人。然哉。

亢倉子奇賞一卷

明·陳仁錫評選

明天啓六年(1626)刊《諸子奇賞》本

亢倉子序

老子之後，有庚桑楚者，陳人也，偏得老子之道，居畏壘之山，其臣之晝然知者去之，其妾之潔然仁者遠之，擁腫之與居，鞅掌之爲使，居三年，畏壘大壤，後游吳，隱毘陵孟峯，道成仙去，後有漢輔光張天師、唐張果老相繼隱修，因號張公壇福地，古建洞靈觀，宋改天申萬壽宮，著書九篇，號庚桑子，一名亢倉子，唐封洞靈眞人，書爲洞靈眞經。

諸子奇賞卷之十五目次

亢倉子　節錄

姓庚桑，名楚，得老聃之道，居羽山之巔，羽氏化焉，秦景王與談兵事，寘之上館，列于師位。

諸子奇賞卷之十五

古吳陳仁錫明卿甫評選

亢倉子

全道篇 心冥虛極，德洞玄微，功符四時，蒼生自化。

羽山即莊子所謂畏壘山，彭山陬也。

亢倉子居羽山之顏，三年，俗無疵癘而仍穀熟。其俗竊相謂曰：亢倉子之始來，吾鮮然異之。鮮然，驚異貌。今吾日計之不足，歲計之有餘，其殆聖者邪。盍相與尸而祝之，社而稷之乎。亢倉子聞之，色有不釋，其徒黶啜從而啟之。亢倉子曰：吾聞至人尸居環堵之室，而百

娃猖狂、不知其所如往、今以羽俗父子、竊竊焉將俎豆予、我其的之人邪、的一作杓、杓音的、吾是以不釋于老聃之言、黶啜曰不者、夫尋常之沃、巨魚無所還其體、還音旋、而鯢鰌爲之制、步仞之丘、巨獸無所隱其軀、而孽狐爲之祥、且也尊賢事能、嚮善就利、自堯舜以固然、而況羽俗乎、先生其聽矣、亢倉子曰、譆、來、夫二子者、知乎、函車之獸、介而離山、介獨也、罔罟制之、吞舟之魚、蕩而失水、螻蟻苦之、故鳥獸居欲其高、魚鱉居欲其深、夫全其形生之人、藏其身也、亦不厭深眇而已、吾

妄稱其師非獨漢也

語若大亂之本、祖乎堯舜之間、其終存乎千代之後、必有人與相食者矣。言未終、南子榮之趎、（即南榮趎）色楚然膝席曰、趎年運而長矣、將奚以託業以事斯言。亢倉子曰、全汝形、抱汝生、無使汝思慮營營、若此緒年、或可以及此言。趎曰、然吾才小、不足以化子、子胡不南謁吾師聃。亢倉子既謝榮之趎、不釋羽俗而龍巳乎天下、水之性清、土者扫之、故不得清。人之性壽、物者扫之、故不得壽。物也者、所以養性也。今代之惑者、多以性養物、則不知輕重也。是故聖人之於聲色滋味

也。利於性則取之，害於性則捐之，此全性之道也。萬人操弓共射一招，招即箭把也。招無不中。萬物章章以害一生，生無不傷。故聖人之制萬物也，全其天也。天全則神全矣。神全之人，不慮而通，不謀而當，精照無外，志凝宇宙，德若天地。然上爲天子而不驕，下爲匹夫而不惛，此之謂全道之人。心平正，不爲外物所誘，曰清。清而能久則明，明而能久則虛，虛則道全而居之。

用道篇 自然利物，上合天心，天下歸仁，化行則措。

今夫惰農信地，實生百穀，不力于其道，地竊其菓稼

而荒翳之齊后信人之性酧讓不明于其道舉全境以付人人實鴟義而有其國凡人不修其道隨其心而師之營欲茂滋災疾朋疊戕身損壽心斯害之矣故曰惟道可信天地非道不能悠久蒼生非賢不能靖順庶政非才不能和理夫用道之人不露其用福滋萬物功歸無有神融業茂靈慶悠長知而辨之謂之識知而不辨謂之道識以理人道以安人夫雞辰而作（雞辰雞鳴之旦）負日任勞流汗灑地夜分僅息農夫之道也俯拾仰取銳意錐撮力思搏精希求利潤賈豎

之道也嚥氣谷神宰思損慮超遥輕舉日精鍊仙高士之道也剸情端想畢志所事倫揆忘寢謀效位司人臣之道也滌心省念察驗近習務求賢良以安萬姓人主之道也若由是類之各順序其志度不替塞其業履是謂天下有道導筋骨則形全翦情欲則神全靖言語則福全克保三全是謂清賢道德順則鬼神助信義敦則君子全禮義備則小人懷有識者自是無識者亦自是有道者靜默闇鈍者亦靜默物固有似是而非似非而是先號後笑始吉終凶身可覩

而才不可親、才可敬而身不堪敬、敬甚則不親、親甚則不敬、親之而疏、疏之而親、恩甚則怨生、愛多則憎至、有以速爲貴、有以緩爲貴、有以直爲貴、有以曲爲貴、百事之宜、其由甚微、不可不知、是故智者難之、靜則神通、窮則意通、貴則語通、富則身通、理勢使然、同道者相愛、同藝者相嫉、人情自然也、多才而好謙、貧賤而不諂、處勞而不爲辱、富貴而恭勤、可謂有德者也、

政道篇 順天行令、不擇親疏、異域同歸、望風而靡、

昔無以文章取士者

凡爲天下之務，莫大求士。士之待來，莫善通政。通政之善，莫若靖人。靖人之才，蓋以文章考之，百不四五；以言論考之，十或一二；以神器靖作態度考之，十全八九。是皆賢王慶代明識裁擇所能爾也。王天下者，若以文章取士，則翦巧綺繿益至，而正雅素實益蕪矣。以言論取士，則浮掞游飾益來，而蹇諤諍直益瘖矣。以神氣靖作態度取士，則外正內邪益尊，而清修明實益隱矣。

恥樸貴華之謂浮，上下膠戾之謂塞，衆不愳死之謂

國產即子產

奇簡自是先秦風骨

冐眞正之士，不官于浮；公直之士，不官于塞；器能之士，不官于冐。浮、塞、冐三者，亂國之梯也。

國產問何由得人俗醇樸。亢倉子曰：政煩苛則人奸僞，政省一則人醇樸。夫人俗則國政之方圓，猶蠖屈之于葉也，食黃則身黃，食蒼則身蒼。曰：何爲則人富？亢倉子曰：賦斂以時，官上淸約，則人富；賦斂無節，官上奢縱，則人貧。勾粤之斡，鏃以精金，鶩隼爲之羽，以之楛箠，則其與槁樸也無擇。及夫蕩寇爭衡，覩武[illegible]勝，加之駭弩之上，則三百步之外不立敵矣。豈[illegible]

亢倉子

五

劍威奪白日氣盛紫蜺以之封穫則其與剸邪也無擇及夫凶邪流毒沸渭不靖加之運掌之上則千里之內不留行矣夫材有分而用有當所貴善因時而已耳

君道篇 清淨無爲以身率下

堯舜有爲人主之勤無爲人主之欲故天下各得濟其欲有爲人主之位無爲人主之心故天下各得肆其心

夫國以人爲本人安則國安故憂國之主務求理人

怪石似玉鍮石似金隼鶻鷂進也

之術王之所以難辨者謂其有怪石也金之所以難辨者謂其有鍮石也今夫以隼翼而被之鷂視不明者正以爲隼明者視之乃鷂也今夫小人多誦經籍方書或學奇技通説而被以靑紫章服使愚者聽而眎之正爲君子明者聽而眎之乃小人也故人主誠明以言取人理也以才取人理也以行取人理也人主不明以言取人亂也以才取人亂也以行取人亂也夫聖人之用人也貴耳不聋之功目不見之功口不可道之功而百姓卷然自理矣若人主貴耳聋之

功則天下之人運貨逐利而市譽矣貴目見之功則天下之人恢形興藝而爭進矣貴可道之功則天下之人習舌調吻而飾辭矣使天下之人市譽爭進飾辭見違則政敗矣人主皆知鏡之明已也而惡士之明已也鏡之明已也功細士之明已也功大知其細失其大不知類矣

賢道篇 克己復禮賢良自至

若天子勤明大臣和理之求士也則恢弘方大公直靖人之材至若天子苛察大臣躁急之求士也則曲

有[illegible]
無道者象

帝與周宣
泛也

心巧應毀方破道之材至若天子疑忌大臣巧隨之求士也則奇姓異名、仄媚怪術之材至、若天子自賢大臣固位、之求士也、則事文逐譽、貪濁浮麗之材至若天子依違大臣回佞之求士也、則內忠外僻、情毒言和之材至、故曰材慎在求、不在無、昔者黃帝得常仙封鴻鬼容丘商王得伊尹、中興得甫申、齊桓得甯籍皆由數君體道邁仁、布昭聖武思輯光明寬厚昌正、而衆賢求用非爲簡核而得也、祭公曰、夫子云賢人不求而自至、亦有非賢不求而自至者乎、亢倉子

曰、夫非賢、不求而自至者、罔衆矣、夫天下有道則賢人不求而自至、天下無道則非賢不求而自至、人主有道者寡、無道者衆、天下賢人少、不肖者多、是知非賢不求、而自至者多矣、蔡公曰、賢固濟天下、材亦能濟天下、俱濟天下、賢與材、安取異哉、亢倉子曰、害乎哉其問也、功成事畢、不殉封譽、恭退樸儉之謂賢、功成事畢、榮在祿譽、光揚志滿之謂材、賢可以鎮國、材亦可以理國、所謂鎮者、和寧無爲、人不知其力、所謂理者、勤率其事、人知所於德、一賢統衆材則有餘、衆

材度。賢猶不足如是賢材之殊域。有居山林而謹者。有在人俗而靜者。有謹而正者。有靜而邪者。凡聽察其貌鄙俗而能有賢者萬不一。聽察其貌端雅而實小人者十而九。夫不練其言而知其文。不責其儀而審其度。不采其譽而知其善。不沭其毀而斷其實。可謂有識者也。

兵道篇 兵者不祥之器不得已而用之

秦景王將聽強兵于天下使廣長鮑戎必致命。亢倉子待以壤邑十二。周實迫之亢倉子至自縈泉賓于

上館景王三日弗得所問下席北首頓珪曰天果無意恤孤耶亢倉子油然虧盼曰朕以主爲異之間而寧弊弊焉以所剌爲故抑者隨其欲而得正焉無加可矣景王一拜再舉飲黼袵端珪抑首而坐曰實惟天所命亢倉子仰椽而噓俯正顏色曰原兵之所起與始有人俱夫兵也者出人之威也人之有威性受於天故兵之所自來上矣嘗無少選之不用貴賤長少賢愚梢與察同兵之兆在心懷恚而未發兵也疾眎作色兵也傲言推捘兵也侈鬬攻戰兵也此四者

兵惟義然後可偃

鴻絪之爭也未有蚩尤之時人實揭林木以鬭矣黃帝用水火矣共工稱亂矣五帝相與爭矣一興一廢勝者用事夫有以咽藥而死者欲禁天下之醫非也有以乘舟而死者欲禁天下之船非也有以用兵而喪其國者欲禁天下之兵非也夫兵之不可廢譬水火焉善用之則為福不善用之則為禍是故怒笞不可偃于家刑罰不可偃于國征伐不可偃于天下古之聖王有義兵而無偃兵兵誠義以誅暴君而振若人人之悅色若孝子之見慈親餓隸之遇美食號呼

而趍若強弩之射溪谷也、勝負之決勿徵于他、必反

人情、

亢倉子

明·陳仁錫評選

明刊《子品金函》本

粤東學也
鏠鏑鏠鷙隼
鵰鶚之類蚩
景神劍也剛
鏁也

亢倉子

開元末處士王源撰亢倉子兩卷一名洞靈經又按唐藝文志云襄陽王士元

政道

人不相信由政之不亐古平字也政之不亐吏之辠也吏之有辠刑賞不齊也刑賞不齊主不勤明也夫主勤明則刑賞一刑賞一則吏奉法吏奉法則政下宣政下宣則人人得其所而交相信矣勾粤之鏠鏃以精金鷙隼為之羽以之棓箠則其與槁樸也無擇及夫蕩寇爭家音衡覿武決勝加之駭弩之上則三百步之外不立敵矣蚩景之劍

以矢與劍喻人之材品在用之惟當

躁妄之人輕言致害可鑒也

白日氣盛紫蜺以之封護則其與劂音厥刄也無擇及
邪流毒沸渭不錆加之運掌之上剻音則千里之內不留行
矣夫材有分而用有所當貴善因時而已耳

訓道

謂多言之人為踈露亦有辭約而不容者謂輕佻之人為
不定亦有體開而心躁者謂叢襍之人為猥細亦有外潔
而內濁者若顙而引之不可殫載若非徹識安能洞祥有
不可以應事也者內靜而外動其動而難靜有不可求事
也者內愚而外待待至而後樂是故外靜而內動者搖愚

健責字奇甚

論重農穀矣未有若此篇剴當

而擯性奔走而逐利者勞力而實名健責天下之愚者也之未賢也健責天下之迷者也之未明也以未賢責衆愚未賢者以之亡以未明責衆迷未明者以之傷

農道

人捨本而事末則不一令不一令則不可以守不可以戰人捨本而事末則亓古其字產約亓產約則輕流徙輕流徙則國家旹時字有災患皆生遠志無復居心人忘本而事末則好智好智則多詐多詐則巧法令巧法令則以是為非以非為是古先聖主之所以理人者先務農農業非

軒轅凡遠古有道之君

墾也。貴其志也。人農則樸。樸則易用。易用則邊境安。
安則主位尊。人農則童。童則少私義。少私義則公法立。力
慱務農則其產複。複猶早也其產複。則重流散。重流散不流散也重流
散則死其死。無二慮。天下氣音為一心矣。天下一心。軒轅凡
欵音遠之理不是過也。古先聖王之所以茂耕織者。以為本
教也。是故天子親率諸侯耕籍田。大夫士第有功級。勸人
尊地產也。后妃率嬪御緣于郊桑公田。勸人力婦教也。男
子不織而衣。婦人不耕而食。男女貿功資相為業。此聖王
之制也。故敬時愛日。埒實課功。非老不休。非疾不息。一人

劉氏經濟名言

四者雖有大小之異皆有忿心故為兵也

蚩尤黃帝時諸侯兄弟八十一人銅頭

勤之。十人食之。當時之務。不興土功。不料師旅。男不出御。女不外嫁。以妨農。黃帝曰。四時之不正。正五穀而已耳。

兵道

原兵之所起。與始有人俱。夫兵也者。出入之威也。人之有威。性受於天。故兵之所自來上矣。嘗無少選也。少時之不用。貴賤長少賢愚相與察同兵之兆。在心懷恚而未發兵也。疾眎作色兵也。傲言推㨎兵也。侈鬭攻戰兵也。此四者鴻細之爭也。未有蚩尤之時。人實揭材木以鬭矣。黃帝用水火矣。水火謂或引水注邑或縱火燒城 共工稱亂矣。音亂 五帝相與爭。

鈇額与黄帝戰于涿鹿之野始造兵器為黄帝所滅共工与顓頊爭天下心志一則所向無敵如我師惟三千三千惟一心是其驗

興一慶勝者用事是故兵誠義以誅纂亂而振若人悅芒本字也若孝子之見慈親餓隸之遇美食號呼而走若強弩之射深谷芒勝負之決勿徵于他必反人情人之情欲生而惡死欲榮而惡辱死生榮辱之道一則三軍之士可使一心矣凡軍欲其衆芒心欲其一芒三軍一心則令可使無敵古之至兵蓋重令芒故其令強者其敵弱其令信者其敵詘先勝之於此則勝之於彼誠若此則敵胡足勝也

高古渾穆洒之木石可為蝌蚪

明·傅山撰

讀亢倉子

清宣統三年（1911）山陽丁氏刊《霜紅龕集》本

霜紅龕集卷三十四

陽曲傅山青主

讀子三　百泉帖

癸卯四月將過百泉訪鍾元孫先生途次攜得舊錄子書一冊再略流覽一扺行閒復少爲解釋記所會心不必其中也隨手草錄爾爾

⿰礻虘字　別本但作祖爲正

亢倉子全道篇大亂之本⿰礻虘乎堯舜之閒其終存乎千代之後必有人與相食者矣格上小字⿰礻虘以加切方言取也南楚之閒凡以物溝污中爲⿰礻虘此切似遠于偏旁

或訛也若以加則當讀如牙矣非聲用道篇昔者桀信天與其禮四海已不勤于道天奪其國以授殷紂亦信天與其禮四海已不龔于道天奪其國以授周不知義同否當再搆善本考訂

蜕字

亢倉子全道篇蜕地之謂水蜕水之謂氣蜕氣之謂虚蜕虚之謂道吾師乎蜕猶脫也

讀字 或是瀆

亢倉子賢道篇時之陽兮信義昌時之默兮信義伏陽與默昌與伏汨吾無誰私兮羌忽不知其讀讀字用之

此處不知當作何義豈有訛耶

亢倉子妙語

用道篇知而辨之謂之識知而不辨謂之道識以理人道以安人讀者皆草草過吾獨愛之

鬼谷子要語

權篇古人有言曰口可以食不可以言反應篇故知之始已自知而後知人也

佚名摘抄

亢倉子洞靈真經

明藍格抄《二十一家子書摘抄》本

抇搰同

亢倉子洞靈真經 摘

全道篇一 心寅虛極德洞玄微功並四時蒼生自化

水之性清、土者抇之、故不得清、人之性壽、物者抇之、故不得壽、物也者、所以養性也、今代之惑者、多以性養物、則不知輕重也、是故聖人之於声色滋味也、利於性則取之、害於性則捐之、此全性之道也、萬人操弓、共射一招、〻無不中、萬物章〻、以害一生、〻無不傷、故聖人之制萬物也、全其天也、天全則神全矣、神全之人、不慮而通、不謀而當、精照無外、志凝宇宙、德若天地、然上為天子而不驕、下為匹夫而不惛、此之

謂全道之人、心平正不為外欲物所誘曰清、清而能久則明、明而能久則虛、虛則道全而居之、秦佚死亢倉子哭之、其役曰、天下皆死、先生何哭為也、亢倉子曰、天下皆哭、安得不哭、其役曰、哭者必哀、而先生未始哀、何也、亢倉子曰、舉天之下、吾無與樂、安所取哀、蛻地之謂水、蛻水之謂氣、蛻氣之謂虛、蛻虛之謂道、虛者道之體、靖者道之用、理者道之綱、識者道之目、道所以保神、德所以宏量、禮所以齊物、物所以養體、好質白之物者、以黑為汚、好質黑之物者、以白為汚、吾又安知天下之正潔汚哉、由是不主物之潔汚者

瞽音鼓目不明也黈黄色赬赤色

矣、夫瞽視者以黈為赤、以蒼為玄、吾乃今所謂皂白、安知識者不以為赬黄、吾又安知天下之正色哉、由是不道物之色矣、夫好貨甚者、不見他物之所可好、好馬甚者、不見他物之可好、好書甚者、不見他物之可好、吾又安知天下之果可好者、果可惡者哉、由是不見物之可以深戀矣、無能滑吾真矣、

用道篇二

自然利物上合天心天下歸仁化行利措

凡人不修其道、隨其心而师之、嘗欲茂滋、災疾朋疊、殘身損壽、心斯害之矣、故曰惟道可信、天地非道不能悠久、蒼生非賢、不能靖順、庶政非才、不能和理、夫

鷄辰鷄鳴之旦也

用道之人不露其用、福滋萬物、功帰無有、神融業茂、靈慶悠長、知而辨之謂之識、知而不辨謂之道、識以理人、道以安人、夫鷄辰而作、負日任労、流汗灑地、夜分僅息、農夫之道也、俯拾仰取、鋭意錐撮、力思博精、希求利潤、賈豎之道也、燕氣谷神、寧思禎壽、慮超遥輕擧、日精鍊僊、高士之道也、剿精端想、聚志所事、論撰忘寢、謀効位司、人臣之道也、清心省念、察驗近習、務求賢良、以安萬姓、人王之道也、若由是類之、各順序其志慶、不替塞其業履、是謂天下有道、導筋骨則形全、剪情欲則神全、靖言語則福全、克保三全、是謂

請賢、

政道篇 三　順天行令不移親疏異域同歸望風而靡

人無灋以知天、以四時寒暑日月星辰之所行知天、若四時寒暑日月星辰之所行當、則諸生血氣之類、皆得其處而安其産矣、人臣亦無灋以知主、以主之賞罰爵禄之所加知主、若主之賞罰爵禄之所加宜、則親疏遠近賢不肖者、皆盡其力而以為用矣、信全則天下安、信失、則天下危、夫百姓勤苦、則物殫尽、則爭害之心生而不相信矣、人不相信、由政之不平也、政之不平、吏之辠也、吏之有辠、刑賞不齊也、刑賞不

齊、主不勤明也、夫主勤明則刑賞一、刑賞一則吏奉
法、吏奉法則政下宣、政下宣則人人得其所而交相
信矣、是知天下不相宣者、由主不勤明也、
人之情欲生而惡死、欲安而惡危、欲榮而惡辱、天下
之人得其欲則樂、樂則安、不得其欲則苦、苦則危、若
人主放其欲、則百吏庶長具展其欲、百吏庶長具展
其欲、則天下之人貧者竭其力、富者竭其財、四人失
其序、皆不得其欲矣、天下之人不得其欲、則相與提
携保抱、逋逃隱蔽、漂流捃采、以祈性命、吏又從而捕
之、是故不勝其危苦、因有群聚背叛之心生、則國非

其國也、勿貪戶口百姓汝走、多壯城池、百姓汝疲、賦斂不中、窮者日窮、刑罰且貳、匱者日匱、科禁大、竹、國則以傾、官吏非才則寬猛失所宜、與百姓爭利、則狡詐之心生、所以天下姦而難知、天下難知則工人疑、工人疑則下益惑、下益惑則官長勞、官長勞則賞不、足勸、刑不能禁、易動而難靖、職由官不得人故也、凡為天下之務、莫大求士、〻之侍来莫善通政、通政之善、莫若靖人、靖人之才、蓋以文章考之、百不四五、以言論考之、十或一二、以神器靖作態度考之、十全八九、是皆賢王廢代明識裁擇所能爾也、王天下者

勝羨企羨也

若以文章取士、則剪巧綺繼益至、而正雅素宣益藏矣、以言論取士、則浮挨游飾益來、而諤謇諍直益晦矣、以神器請作態度取士、則外正內邪益尊、而清修明宣益隱矣、若然者、賢愈倒、政愈辟、令愈動、人愈亂矣、夫天下、至大器也、帝王、至重位也、得士則靖、失士則亂、故人主勞于求賢、逸於任使、嗚呼、守國聚人者、其胡可以不事試于士乎、

至理之代、輿服純素、憲令寬簡、禁網疎闊、夫輿服純素、則人不勝羨、憲令寬簡、則俗無忌諱、禁網疎闊、則易避難犯、若人不勝羨、則嗜慾希微、而服役樂業矣、

偕無忌諱、則抑閉開通舒而歡欣交通矣、易避難犯、則好惡分明而貴德知恥矣、夫服役樂業之謂順、歡欣交通之謂和、貴德知恥之謂止、淫墮之人不勝于順、逆節之人不勝於和、姦邪之人不勝於止、順和止三者理國之宗也、衰末之世、輿服文巧、憲令繁析、禁網僻煩、夫輿服文巧、則流相炎慕、憲令繁析、則偕多忌諱、禁網煩僻、則莫知所適、若流相炎慕、則人不忠潔而恥樸貴華矣、俗多忌諱、則情忠不通而上下勝戾矣、莫知所適、則諓禍繁興、而衆不惧死矣、夫恥樸貴華之謂淫、上下勝戾之謂蹇、衆不懼死之謂冒、直

国產即子產也

正之士、不官于浮、公正之士、不官於塞、器能之士、不
官于局、浮塞局三者、亂國之梯也、
國產問何由得人俗醇樸、亢倉子曰、政煩苛則人姦
僞、政省一則人醇樸、夫人俗隨國政之方圓、猶蠖屈
之於葉也、食黄則身黄、食蒼則身蒼、曰、何為則人富、
亢倉子曰、賦歛以時、官上清約、則人富、賦歛無節、官
上奢縱、則人貧、句粤之幹、鏃以精金、鷙集為之羽、以
之栝箭、則與槁樸也無擇、及夫蕩寇爭衡、觀武決勝、
加之駿弩之上、則三百步之外、不立敵矣、渠景之劍、
威奪白日、氣盛紫蜺、以之刲稯、則其與劚刀也無異、

鱻古鮮字

及夫山卯流毒沸渭不靖、加之運掌之上、則千里之
内不留竹矣、夫材有分而用有當、所貴善因時而已
耳、昔者明王聖帝、天下和平、萬物茂暢、群生得極、善
因時而勿擾者也、近古以來、天下姦和者衆、正直者
寡、輕薄趨利者多、敢方退靜者鱻、姦者出言、巧于思
言、遂使天下之人、交相疑害、悲夫作澐費於易避而
難犯、枚與貴於省事而一令、除去豪横、則官人不敢
務私利、官人不敢務私利而百姓富、

君道篇四　清浄無為以身率下

堯舜有為人主之勤無為人主之歎故天下各得濟

惡与党仝

怪石似玉鍮石似金也
隼鷂也鷂雀也

其欲有為人主之位無為人主之心故天下各得肆其心士有天下人惡之而主不惡者有主獨惡之而天下人不惡者用天下惡者則天下安用主獨惡者則天下危人主安可以自放其愛憎哉由是重天下者當制其情所謂有天下者謂其育萬物也所謂有邦國謂其有人衆也夫國以人為本人安則國安故憂國之主務求理人之術玉之所以難辨者謂其有怪石也金之所以難辨者謂其有鍮石也今夫以隼翼而被之鷂視不明者正以為隼明者視之乃鷂也今夫小人多誦經籍方書或學奇技通説而被以青

裳章服使愚者聽而眎之正為君子明者聽而眎之
乃小人也故人主誠明以言取人理也以才取人理
也以行取人理也人主不明以言取人亂也以才取
人亂也以行取人亂也夫聖人之用人也貴耳不聞
之功目不見之功口不可道之功而百姓暢然自理
矣若人主貴耳聞之功則天下之人運貨逐利而市
耆矣貴目見之功則天下之人恢形異藝而爭進矣
貴可道之功則天下之人習舌調吻而飾辭矣使天
下之人市譽爭進飾辭見遷則政敗矣人主皆知鏡
之明已也而惡士之明已也鏡之明已也功細士之

明已也功大知其細失其大不知類矣於乎人主清心省事人臣恭儉守職太平立致矣而代主或難之吾所不知也

臣道篇五

盡忠竭力謀効所同

夫國之將興也朝廷百吏或短或長或醜或美或怡或厲或是或非雖聽其言觀其貌有似不同然察其志徵其心盡于為國所以剛訐不怨黜退不愕議得其中無遠乎理故天不惑其時地不之其利人不亂其事鬼神開贊蠻夷柔同渠合太和萬物化育國之將亡也朝廷百吏姿貌多美顏色諧和詞氣華柔動

上詳閲雖覩其貌聽其言有若歡洽然察其志微其
心盡在貌位所以聞奇則怪見異必愕俱嫉相蒙遂
喪其道故天告災時地生反物人作凶德鬼神間禍
戎狄交侵喪亂弘多萬物不化夫不妎人力不捐官
吏而功成政立下阜百姓工滋主德如此者忠賢之
臣也若賣財煩人危官爲數一時功利規賞於主不
顧過後貽災于國如此者姦臣也至理之代官得人
不理之代人得官

賢道篇六 克己復禮賢良自至

蔡公問賢才何湛而不至亢倉子曰賢止可待不可

求材慎在求不在無若天子静大臣明刑不避貴澤不隔下則賢人自叔至而求用矣賢人用則四海之內目明而睬清耳而聽但心而無謗矣天自成地自寧萬物醇化鬼神不能灵啟曰賢正可侍不可求若天子勤明大臣和理之求士也則恢弘方大公直靖人之材至若天子苛察大臣躁急之求士也則曲心巧應毀方破道之材至若天子疑忌大臣巧隨之求士也則奇姓異名反媚怪術之材至若天子自賢大、臣固位之求士也則事文逐耆貪濁浮麗之材至若天子依違大臣回徇之求士也則內思外辟情毒言

中興周宣王也

窘迫切也

和之材至故曰材慎在求不在無昔者黄帝得常僊封鴻鬼容區商王得伊尹中興得甫中齊桓得甯籍皆由敎君體道邁仁布昭聖武思輯光明寬厚昌正而衆賢求用非爲簡核而得也蔡公曰夫子云賢人不求而自至亦有非賢不求而自至者乎亢倉子曰夫非賢不求而自求至者固衆矣夫天下有道則賢人不求而自至天下無道則非賢不求而自至人主有道者寡無道者衆天下賢人少不肖者多是如非賢不求而自至者多矣蔡公曰賢固濟天下材亦能濟天下俱濟天下賢與材安取異邪亢倉子曰窘乎

弑其間也功成事果不殉封耆恭退樸愼之謂賢功
成事果榮在祿譽光揚志滿之謂材賢可以鎮國材
亦可以理國所謂鎮者和寧無為人不知其力所謂
理者勤率其事人知所於德一賢統衆材則有餘衆
材度一賢猶不足如是賢材之殊域有屋山林而喧
者有屋人俗而靜者有謹而正者有靜而邪者凡睬
察其貌鄙俗而能有賢者萬不一睬察其貌端雅而
逭小人者十而九夫不練其言而知其文不責其儀
而審其度不采其耆而知其善不流其毀而斷其逭
可謂有識者也

訓道篇七　至德之用萬教之主神明共贊可以化民

閔子騫問仲尼道之與孝、相去奚若、仲尼曰、道者自然之妙用、孝者人道之至德、夫其包運天地、發育萬物、曲成萬類、不希性壽、其功至寔、而不為物府、不為事官、無為功尸、捫得眎聽、莫得而有、字之曰道、用之於心、字之曰孝、孝者善事父母之名也、夫善事父母、敬順為本、意以承之、順承顏色、無所不至、發一言、擧一意、不敢忘父母、營一手、措一足、不敢忘父母、事君不敢忘忠、朋友不敢不信、臨下不敢不敬、嚮善不敢不勤、雖居獨室之中、亦不敢懈其誠、此之謂全孝、故

他莊侯名也

至誠之至、通乎神明、光於四海、有感必應、善事父母之所致也、若舜之玄德茂盛爲天下君、文王孝成於家、道洽天下是已、

齊太子坐清臺之上燕莊侯他高冠嚴色左帶玉具劍右帶環佩左光照右右光照左太子讀書不睬燕莊侯他問曰齊國有寶乎太子曰主信臣忠百姓戴上齊國之寶也莊侯他應聲鮮劍而忿戲辱人有偏蔽終身莫自知已矣賢者見之寬恕而不言小人暴惡而溢言親戚憐嫉而貳言人有偏蔽惡乎不自知哉是故君子檢身常若有過衣其衣食其食知其過

而不免有以正之者君子耻之將欲有言識其必不
能行者君子罕之當責衆人之惡者躬已善乎哉當
責衆人之邪者躬已正乎哉此之謂返明瞿西氏之
子愚孝謹瞿西憐其子而好躁妄之言瞿西辰出夕
返則曰甲死矣其子信之既而甲在焉他日則曰乙
且害矣其子伺將行仇既而不見惡端他夕則曰丁
病矣其子覘之丁亦誠無恙擧此類也昂淹筆序子固
孝謹至於訓勸益不保承鄉國之人戾其咎口謀將
殺之瞿西聞而懼歸以告子子未甚信既而瞿西既
殺謂多言之人爲陳露亦有辭約而不審者謂輕佻

之人為不乏亦有体閑而心躁者謂叢襍之人為猥細亦有外潔而内濁者若類而引之不可殫載若非徹識安能洞祥有不可以應事也者内静而外動其動而雖静時有不可求事也者内思而外待〻至而後樂是故外静而内動者揺思而損性奔走而逐利者労力而害名人生于代或有事不遂志而宣言云不遇時者是無異丹頸之罪俟時行戮豈不殆哉其有悖才通識未見称用者止可云是非人情命不與乎豈不韙歟

農道篇八

穀者人之所天理国之道務農為本

人捨本而事末則不一令不一令則不可以守不可
以戰人捨本而事末則其産約其産約則輕流徙輕
徙則国家時有災害患皆生遠志無復居心人忘本
而事末則好智好智則多詐多詐則巧法令巧法令
則以是為非以非為是古先聖王之所以理人者先
務農業農業非徒為地也貴其志也人農則樸〻則
易用易用則邊境安〻則主位尊人農則重〻則少
私義少私義則公法立力博深農則其産複其産複
則重流散重流散則死其處無二慮是天下為一心
矣天下一心則軒轅几遂之理不是過也古先聖王

之所以茂耕織者以爲本教也是故天子躬率諸侯耕籍田大夫士第有功級勸人尊地產也后妃率嬪緣於郊桑公田勸人力婦敎也男子不織而衣婦人不耕而食男女貿功資相爲業此聖王之制也故敬時愛日埒實課功非老不休非疾不息一人勤之十人食之當時之務不興土功不料師旅男不出御女不外嫁以妨農也

兵道篇九　兵者不祥之器不得已而用之

天兵也者出人之威也人之有威性受于天故兵之所自來上矣嘗無少選之不用貴賤長少賢愚相與

察同兵之兆在心懷恚而未發兵也疾眎作色兵也傲言推援兵也侈鬬仅戰兵也此四者鴻細之爭也未有蚩尤之時人亶揭材木以鬬矣黄帝用水火矣共工稱亂矣五帝相與爭矣一興一廢勝者用事夫有以用藥而死者欲禁天下之醫非也有以乘舟而死者欲禁天下之舡非也有以用兵而喪其國者欲禁天下之兵非也夫兵之不可廢譬水火焉善用之則爲福不善用之則爲禍是故怒笞不可偃于家刑罰不可偃于国征伐不可偃於天下古之聖王有義兵而無偃兵〻誠義以誅暴君而振苦人〻之悅色

若孝子之見慈親餓隸之遇美食號呼而走若強弩之躲深谷也勝負之決勿徼於他必及人情人之情欲生而惡死榮欲而惡辱死生榮辱之道一則三軍之士可使一心矣凡軍欲其衆也心欲其一也三軍一心則令可使無敵人古之至兵蓋重令也故其令強者其敵弱其令信者其敵詘先勝之于此則勝之于彼誠若此則敵胡足勝也凡敵人之來也以求利也今來而得死且以走為利則刃無所與接矣此之謂至兵

清·焦循校並跋

亢倉子洞靈真經一卷

清焦循抄《諸子節録》本

余庚戌歲々冬患吐血病雖愈而精氣不足或勸服丸藥余謂以藥不若以書乃留心於道家者流日誦老子莊列及黃帝素問凡二二年不知病之何所失也壬子癸丑間館于鄭舍人家與黃解之居相近時々相過論詩黃所藏崇德書院所刻諸子書有余未之見者無脈主隱大為喜附所得乃借而付抄胥寫之得七種越十年癸亥正月人日風雪之下不能出户[redacted]取此誦之情々之心頗為之平耳

知鄙無病之病更良于鄙吐與之之病也 恪下
盡此且而自錄於左

文子　尹文子　亢倉子

黃石公　無能子　天隱子

列子

江都焦循記

丁卯偶病寒為庸醫所誤幾死復甦精神遂不振於
絕世事靜居村中仍理道家者流之書更閱一過以代藥
二月二日循記

壬申夏天溪北漾秋湖水大漲燈下閱之

嘉慶己卯三月望日細雨春夜燒閒坐雕菰樓閱之

亢倉子一卷

唐王士元撰士元作孟浩然集序嘗自述其事舊本題周庚桑楚者妄也柳宗元已有亢倉子辨則唐本即題周庚桑楚矣凡九篇其文多襍擬古書融以己意亦頗寓ゝ有理致惟多作奇字與衛元嵩元包相類爲中不足而塗飾于外子

簡明目錄

亢倉子洞靈真經

全道篇第一 心冥虛極德洞亢微功並四時蒼生自化

亢倉子居羽山之頽三年俗無疵癘而仍穀熟其俗竊相謂曰亢倉子之始来吾鮮肰異之今吾日計之不足歳計之有餘其或聖者邪盍相與尸而祝之社而稷之庨亢倉子聞之色有不釋其徒𪏆吸從而啓之亢倉子曰吾聞至人尸居環堵之室而百姓猖狂不知其所如往今以羽俗父子竊竊焉將俎豆予我其的之人邪吾是以不釋于老聃之言𪏆吸曰不者夫尋常之汙巨魚無所還其體而鯢鰌為之制步仞之邱巨獸無所隐其軀而孽狐為之祥且

也尊賢事能嚮善就利自堯舜以固然而況羽俗虖先生其聽矣亢倉子曰譆来夫二子者知虖函車之獸介而離山罔罟制之呑舟之魚蕩而失水螻蟻苦之故鳥獸居欲其高魚鼈居欲其深夫全其形生之人藏其身也亦不厭深眇而已吾語若大亂之本祖虖堯舜之間其終存虖千代之後必有人與相食者矣言未終南子榮之樗色蹵然膝席曰樗年運而長矣將奚以託業以事斯言亢倉子曰全汝形抱汝生無使汝思慮營營若此緒年或可以及此言雖然吾才小不足以化子子胡不南謁吾師聃亢倉子既謝榮之樗不釋羽俗而龍巳虖天下水之性清土者相

之故不得清人之性壽物者扫之故不得壽物也者所以養性也今代之惑者多以性養物則不知輕重也是故聖人之于聲色滋味也利于性則取之害於性則捐之此全性之道也萬人操弓共射一招招無不中萬物章章以害一生生無不傷故聖人之制萬物也全其天也天全則神全矣神全之人不慮而通不謀而當精照無外志凝宇宙德若天地然上為天子而不驕下為匹夫而不惛此之謂全道之人心平正不為外物所誘曰清清而能久則明明而能久則虚虚則道全而居之秦佚死亢倉子哭之其役曰天下皆死先生何哭為也亢倉子曰天下皆哭安得不

哭其役曰哭者必哀而先生未始哀何也亢倉子曰舉天之下吾無與樂安所取哀蜕地之謂水蜕水之謂氣蜕氣之謂虚蜕虚之謂道虚者道之體靖者道之用理者道之綱識者道之目道所以保神德所以宏量禮所以齊物物所以養體好質白之物者以黑為污好質黑之物者以白為污吾又安知天下之正潔污哉由是不主物之潔污者矣夫瞀眎者以黈為赤以蒼為元吾乃今所謂皂白安知識者不以為頳黄吾又安知天下之正色哉由是不適物之色矣夫好貨甚者不見他物之所可好好馬甚者不見他物之可好好書甚者不見他物之可好吾又安知天下

之果可好者果可惡者哉由是不見物之可以保戀矣無
能滑吾　矣陳懷君柳使其大夫禱行聘于魯叔孫卿私
曰吾國有聖人若知之乎陳大夫曰奚以果明其聖叔孫
卿曰能廢心而用形陳大夫曰弊邑則小亦有聖人異于
所聞曰聖人謂誰陳大夫曰有亢倉子者偏得老聃之道
其能用耳眎目聽定公聞而異焉使叔孫氏報聘且致亢
倉子待以上卿之禮亢倉子至賓于亞寢魯公卑辭以問
之亢倉子曰吾能眎聽不用耳目非能易耳目之所用吾
者過也公曰孰如是寡人增異矣其道若何寡人果願聞
之亢倉子曰我體合于心心合于氣氣合于神神合于無

其有介然之有唯然之音雖遠際八荒之表邇在眉睫之内来干我者吾必盡知之乃不知為是我七竅手足之所覺六腑五臟心慮之所知其自知而已矣

用道篇第二 自然利物上合天心 天下歸仁化行刑措

天不可信地不可信人不可信心不可信惟道可信賢主秀士豈知哉昔者桀信天與其祖四海已不勤于道天奪其國以授殷紂亦信天與其祖四海已不龔于道天奪其國以授周今夫惰農信地實生百穀不力于其道地竊其菓稼而荒翳之齊后信人之性酧讓不明于其道舉全境以付人人實鳩義而有其國凡人不修其道隨其心而師

之營欲茂滋災疾朋疊戕身損壽心斯害之矣故曰惟道可信天地非道不能悠久蒼生非賢不能靖順庶政非才不能和理夫用道之人不露其用福滋萬物功歸無有神融業茂靈慶悠長知而辨之謂之識知而不辨謂之道識以理人道以安人夫鷄鳴而作負日任勞流汗灑地夜分僅息農夫之道也俯拾仰取鋭意錐撮力思 精希求利潤賈豎之道也燕氣谷神宰思損慮超遥輕舉日精鍊僊高士之道也剸情端想畢志所事倫揆忘寢謀効位司人臣之道也清心省念察驗近習務求賢良以安萬姓人王之道也若由是類之各順序其志度不替塞其業履是謂

天下有道導筋骨則形全剪情欲則神全靖言語則福全克保三全是謂清賢道德順則鬼神助信義敦則君子全禮義備則小人懷有識者自是無識者亦自是有道者靜默闇鈍者亦靜默固有似是而非似非而是先號後笑始吉終凶身可親而才不可親才可敬而身不堪敬敬甚則不親親甚則不敬親之而疎疎之而親恩甚則怨生愛多則憎至有以速為貴有以緩為貴有以直為貴有以曲為貴百事之宜其由甚微不可不知是故智者難之靜則神通窮則意通貴則語通富則身通理勢使然同道者相愛同藝者相嫉人情自然也多才而好謙貧賤而不諂處勞

勞而不為辱富貴而恭勤可謂德者也

政道篇第三 順天行令不擇親疎異域同歸望風而來

人無澐以知天以四時寒暑日月星辰之所行知天若四時寒暑日月星辰之所行當則諸生血氣之類皆得其處而安其産矣人臣亦無澐以知主以主之賞罰爵祿之所加知主若主之賞罰爵祿之所加宜則親疎遠近賢不肖者皆盡其力而以為用矣信全則天下安信失則天下危夫百姓勤勞則物殫盡則爭害之心生而不相信矣人不相信由政之不平也政之不平吏之辠也吏之有辠刑賞不齊也刑賞不齊主不勤明也夫主勤明則刑賞一刑賞一

則吏奉法吏奉灋則政下宣政下宣則人人得其所而交相信矣是知天下不相信者由主不勤明也亢倉子居息壤五年靈王使祭公致篚帛與紉璐曰余末小子否德忝位水旱不時藉為人君何以禳之亢倉子曰水陰沴也陰于國政類刑人事類私旱陽過也陽于國政類德人事類盈楚以為凡遭水旱天子宜正刑脩德百官宜去私戒盈則以類而消百福日至矣鄭有胡之封珪戎兮異時失同於荆荆曰必得封珪戎兮不然臨兵于汝鄭君病之駕見亢倉子曰封珪戎兮先君得之于胡綿伐功寶傳章異嗣令荆恃大而曰必得不然臨兵國危矣寡人欲以他封珪

戎亐往若之何亢倉子曰君其少安今是楚亦有實于此飾楚之寶以貫罪于君楚所不能君必致失真今荆以淺鮮之過而負其威刑申逞不直以耗奪與國荆失諸侯于是乎在諸侯聞之將警勸備倫比勤明會同上義固存鄭其為首君姑待之豈必非福于是以胡珪戎亐往未至郢荆人聞之曰彼用聖人之訓辭吾焉取此以暴不直于天下而令諸侯實生心焉遂反其賂而益善焉人之情欲生而惡死欲安而惡危欲榮而惡辱天下之人得其欲則樂樂則安不得其欲則苦苦則危若人主放其欲則百吏庶長具展其欲百吏庶長具展其欲則天下之人貿者竭其

力富者竭其財四人失其序皆不得其欲矣天下之人不得其欲則相與提攜保抱逋逃隐蔽漂流据採以祈性命吏又從而捕之是故不勝其危苦因有羣聚背叛之心生則國非其國也勿貪户口百姓汝走多壯城池百姓汝疲賦斂不中窮者日窮刑罰且貳匱者日匱科禁大行國則以傾官吏非才則寬猛失所宜與百姓爭利則狡詐之心生所以天下姦而難知天下難知則上人疑上人疑則下益惑下既惑則官長勞官長勞則賞不足勸刑不能禁易動而難靖此由官不得人故也政術至要力于審士士有才行比于一鄉委之鄉才行比于一縣委之縣才行比于

一州委之州才行比于一國委之國政而後廼能無伏士
矣人有惡戾于鄉者則誨之不改是為惡戾于縣則撻之
不改是為惡戾于國則誅之廼能無復逆節矣誠知是舉
天下之人一一畏懷無有干愲謟慢之萌矣此之謂靖人
凡為天下之務莫大求士士之待來莫善通政通政之善
莫若靖人靖人之才蓋以文章考之百不四五以言論考
之十或一二以神器靖作態度考之十全八九是皆賢王慶
代明識裁擇所能爾也王天下者若以文章取士則翦巧
綺繿益至而正雅素實益藏矣以言論取士則浮掞游飾
益來而蹇諤諍真益晦矣以神氣靖作態度取士則外正

內邪益尊而清脩明寔益隱矣若然者賢愈到政愈僻令愈勤人愈亂矣夫天下至大器也帝王至重位也得士則靖失士則亂故人主勞于求賢逸于任使嗚嘑守國聚人者其胡可以不事試于士庶人情失宜主所深恤失宜之大莫痛刑獄夫明達之才將欲聽訟或誘之以詐或脅之以威或開之以情或苦之以戮雖作設權異而必也公平故使天下之人生無所于德死無所于怨夫秉國建吏持刑若此可謂至官至官之代羣情和正諸産咸宜愛敬交深上下條固不可搖蕩有類一家尚違順凌逆安得動哉平王返正既宅天邑務求賢良等聞一善喜豫連日左右

侍僕累言大臣有賢異者如是踰歲王曰余一人于德不明務求賢異益恐山澤遺逸不舉豈樂聞善以自閉塞哉迺者反媚僕臣累譽權任頗階左右意余昏昧無能斷明徒唯共和依違浸長自賢敗德莫此為多不時匡遏就茲固黨于是棄左右近習三人于市貶庶司尹長五人曰無令人臣附下罔上持祿阿意天下聞之稱為齊明海南之西歸者七國至理之代輿服純素憲令寬簡禁網疎闊夫輿服純素則人不勝羡憲令寬簡則俗無忌諱禁網疎闊則易避難犯若人不勝羡則嗜欲希微而服役樂業矣俗無忌諱則抑閑開舒而歡欣交通矣易避難犯則好惡分

明而貴德知恥矣夫服役樂業之謂順歡欣交通之謂和貴德知恥之謂正淫墮之人不勝于順逆節之人不勝于和姦邪之人不勝于正順和正三者理國之宗也衰末之世輿服文巧憲令禳祈禁絅頗僻夫輿服文巧則流相炎慕憲令禳祈則俗多忌諱禁絅頗僻則莫知所宜若流相炎慕則人不忠潔而恥樸貴華矣俗多忌諱則情忠不通而上下膠戾矣莫知所宜則譏禍繁興而衆不懼死矣夫恥樸貴華之謂淫上下膠戾之謂塞衆不懼死之謂冒真正之士不官于淫公直之士不官于塞器能之士不官於冒淫塞冒三者亂國之梯也荆君能圍問水旱理亂亢倉

子曰水旱由天理亂由人若人事和理雖有水旱無能為害堯湯是也故周之秩官云人強勝天若人事壞亂縱無水旱日益崩離且桀紂之滅豈惟水旱荊君北面遵循稽首曰天不棄不穀及此言也乃以宏璧十朋為亢倉子壽拜為亞尹曰庶吾國有瘳乎亢倉子不得已中宿微服違之他邦至理之代山無偽隱市無邪利朝無佞祿國產問何由得人俗醇樸亢倉子曰政煩苛則人姦偽政省一則人醇樸夫人俗隨國政之方圓猶蠖屈之于葉也食黃則身黃食蒼則身蒼曰何為則人富亢倉子曰賦歛以時官上清約則人富賦歛無節官上奢縱則人貧勾粵之簳鏃

以精金鷙隼為之羽以之棓箠則其與槁樸也無擇及夫湯冠爭衡覿武决勝加之駭弩之上則三百步之外不立敵矣蚩景之劒威奪白日氣盛紫蜺以之封穫則其與劂刃也無擇及夫凶邪流毒沸渭不靖加之運掌之上則千里之内不留行矣夫材有分而用有當所貴善因時而已耳昔者明王聖帝天下和平萬物茂暢羣性得極善因時而勿擾者也近古以来天下姦邪者衆正直者寡輕薄趍利者多敦方退静者鮮姦者出言等於忠言遂使天下之人交相疑害悲夫作濫貴于易避而難犯救弊貴于省事而一令除去豪横則官人不敢務私利官人不敢務私利

第三行廿二字是刪字

而百姓富史刑曰青災肆赦赦不欲數赦数則惡者得計平人生心而賢良否塞矣人有大為賊害官吏捕獲因廣條引誣陷貞良闊遠牽率異推時序卒蒙赦宥遇賊害者訖無所快自毒而已由是平人遞生黠計吏勞政酷莫能鎮止此由數赦之過也夫人之所以惡為無道不善者為其有罰也所以勉為有道行義者為其有賞也今無道不義者赦之而有道行義者被害而不賞欲人之就善也不亦難乎代有賢主秀士肯察此論人怨者非不接人也神怒者非不事神也巧佞甚人愈怨淫祀盛神愈怒

君道篇第四 清淨無為 以身率下

始生之者天地養成之者人也能養天之所生而勿攖之謂之天子天子之動也以全天氣故百官之所以自立也立官者以全生也今代之惑主多官而反以害生則失所以為立之本矣草欝則為腐樹欝則為蠹人欝則為病國欝則百慝竝起危亂不禁所謂國欝者主德不相宣人欲不上達也是故聖王貴忠臣正士為其敢直言而決欝塞也尅已復禮賢良自至君耕后蚕蒼生自化由是言之則賢良正可待不可求求得非賢也蒼生可化化不可刑刑行非理也堯舜有為人主之勤無為人主之欲故天下各得濟其欲有為人主之位無為人主之心故天下各得肆

其心士有天下人惡之而主不惡者有主獨惡之而天下人不惡者用天下人惡者則天下安用主獨惡者則天下危人主安可以自放其惡憎哉由是重天下者當制其情所謂天下者謂其有萬物也所謂有邦國者謂其有人衆也夫國以人為本人安則國安故憂國之主務求理人之術玉之所以難辨者謂其有怪石也金之所以難辨者謂其有鍮石也今夫以隼翼而被之鶡視不明者疋以為隼明者視之乃鶡也今夫小人多誦經籍方書或學奇技通說而被以青紫章服使愚者聽而眎之疋為君子明者聽而眎之乃小人也故人主誠明以言取人理也以才取人

理也以行取人理也人主不明以言取人亂也以才取人亂也以行取人亂也夫聖人之用人也貴耳不聞之功目不見之功口不道之功而百姓暢然自理矣若人主貴耳聞之功則天下之人運貨逐利而市譽矣貴目見之功則天下之人恢形異藝而爭進矣貴可道之功則天下之人習舌調吻而飾辭矣使天下之人市譽爭進飾辭見達則政敗矣人主皆知鏡之明已也而惡士之明已也鏡之明已也功細士之明已也功大知其細失其大不知類矣於乎人主清心省事人臣恭儉守職太平立致矣而代主或難之吾所不知也若人主方寸之地不明不斷則天地

之宜四海之内動植萬類咸失其道矣以耳目取人者官多而政亂以心慮取人者官少而政清是知循理之代務求不可見不可聞之材澆危之代務取可聞可見之材于虖人主豈知哉以耳目取人人皆禳奪以買譽以心慮取人人皆静正以勤德吏静正以勤德則不言而自化吏禳奪以買譽則刑之而不畏代主豈不知哉

臣道篇第五盡忠竭力謀効所同

夫國之將興也朝廷百吏或短或長或醜或美或怡或厲或是或非雖聽其言觀其貌有似不同然察其志徵其心盡于為國所以劉許不怨黜退不愕議得其中無違乎理

故天不忒其時地不乏其利人不亂其事鬼神開賛蠻夷柔同保合太和萬物化育國之將亡也朝廷百吏姿貌多美顔色諧和詞氣華柔動止詳潤雖觀其貌聽其言有若歡洽然察其志徵其心盡在競位所以聞奇則怪見異必愕狙嫉相蒙遂喪其道故天告災時地生反物人作凶德鬼神間禍戎狄交侵喪亂宏多萬物不化夫不妨人力不損官吏而功成政立下阜百姓上滋主德如此者忠賢之臣也若費財煩人危宮尚效一時功利規賞于主不顧過後貽災於國如此者姦臣也至理之代官得人不理之代人得官粃龍靚問事君亢倉子曰既榮死而臣人者也心

莫若公貌莫若和言莫若正公不欲露和不欲雜正不欲
犯古之清勤為國脩政令之清勤為身脩名夫為國脩政
者區處條別動得其宜合于大體為身脩名者區處條別
致遠不通拘于小節是知心以道為主抵物得其所心以
事為主抵物失其所臣居上位不諫下位不公不合瞻其
祿君不嚴敬大臣不彰信小臣不合官其朝有才者不必
忠忠者不必有才臣不患不忠不適恐盡忠而主莫之信不
患不信適恐信之而莫能事事上等之人得其性則天下
理中等之人得其性則天下辭明主用上等之人當委以
權宜便事肆其所為用中等之人則當程課其功示以賞

罰

賢道篇第六克己復禮賢良自至

賢良所以屢求而不至難進而易退者非為惡身而不死王事適恐盡忠而主莫之信耳自知有才識之外外恭謹而內無憂其于衆也和正而不狎親之則彌莊踈之則退去而不怨窮厄則以命自寬榮達則以道自止人有睎其儀賢也聽其聲賢也徵神識或負所望夫賢人其見用也入則諷譽出則龔默職司勤辨居室儉閭其未見用也藏身於終藏識于目藏言于口飽食安步獨善其善貞而不怨智者不疑事識者不疑人有識之士行危而色不可踈

言遜而理不可拔凡謂賢人不自稱賢效在官功在事事太平之時上士運其識中士竭其能小人輸其力齊有掊子者材可以振國行可以獨立事父母孝謹鄉黨恭楯念居貧無以為養施信義而遊者久之矣所以寡合或為乘旹夸眦者所蚩給于是負杖步足問乎亢倉子曰吾聞至人忘情黎人不事情存情之曹務其教訓而尊信義吾乃不知為工受不信為信信而不見信為信為勤慕義為義然則信義之士常獨厄隨退胡以取貴孛旹而教理之所上也亢倉子俯而循衽仰而譆超然歌曰時之陽兮信義昌時之黙兮信義伏陽與黙昌與伏汨吾無誰私兮羌忽

不知其讀夫運正性以如適而物莫之應者眞不行也眞且不行謂之道喪道喪之旨上士乃隱隱之爲義有可爲也莫可爲者也有可用也莫可用者也癸公問賢材何從而不至亢倉子曰賢正可待不可求材愼在求不在無若天子靜大臣明刑不避貴澤不隔下則賢人自至而求用矣賢人用則四海之內明目而眎清耳而聽坦心而無欝矣天自成地自寧萬物醇化鬼神不能靈故曰賢正可待不可求若天子勤明大臣和理之求士也則恢宏方大公直靖人之材至若天子苛察大臣躁急之求士也則曲心巧應毀方破道之材至若天子疑忌大臣巧隨之求士也

則奇姓異名及媚怪術之材至若天子自賢大臣固位之求士也則事文逐譽貪濁浮麗之材至若天子依違大臣回佞之求士也則内忠外僻情毒言和之材至故曰材慎在求不在無昔者黄帝得常僊封鴻鬼容郎商王得伊尹中興得甫申齊桓得甯籍皆由數君體道邁仁布昭聖武思輯光明寬厚昌正而衆賢求用非為簡核而得也祭公曰夫子云賢人不求而自至亦有非賢不求而自至者虖亢倉子曰夫非賢不求而自至者固衆矣夫天下有道則賢人不求而自至天下無道則非賢不求而自至人主有道者寡無道者衆天下賢人少不肖者多是知非賢不求

而自至者多矣祭公曰賢固濟天下材亦能濟天下俱濟天下賢與材安取異邪亢倉子曰善哉其問也功成事畢不殉封譽恭退樸儉之謂賢功成事畢榮在祿譽光揚志滿之謂材賢可以鎮國材亦可以理國所謂鎮者和寧無為人不知其力所謂理者勤率其事人知所於德一賢統衆材則有餘衆材度一賢猶不足如是賢材之殊域有居山林而諠者有在人俗而靜者有諠而正者有靜而邪者凡眂察其貌鄙俗而能有賢者萬不一眂察其貌端雅而實小人者十而九夫不練其言而知其文不責其儀而審其度不采其譽而知其善不流其毀而斷其實可謂有

識者也

訓道篇第七 至德之用萬教之主 神明共賛可以化民

閔子騫問仲尼道之與孝相去奚若仲尼曰道者自然之妙用孝者人道之至德夫其包運天地發育萬物曲成類類不希性壽其功至寔而不為物府不為事官無為功尸捫求睬聽莫得而有字之曰道用之于人字之曰孝孝者善事父母之名也夫善事父母敬順為本意以承之順承顏色無所不至發一言舉一意不敢忘父母營一手措一足不敢忘父母事君不敢忘忠朋友不敢不信臨下不敢不敬嚮善不敢不勤雖居獸室之中亦不敢懈其誠此之

謂全孝故至誠之至通乎神明光于四海有感必應善事
父母之所致也昔者虞舜其大孝矣庶母惑父嫚憎害之
舜心益恭懼而無怨謀使浚井下土窴之于旹天休震動
神明駿赫導穴而出奉養滋謹由是元德茂盛為天下君
善事父母之所致也文王之為太子也其大孝矣朝夕必
至乎寢門之外問寺人曰兹日安否如何曰安太子温然
喜色小不安節太子色憂滿容朝夕食上太子必眎寒煖
之節食下必知膳羞所進然後退寺人言疾太子肅冠而
齋膳宰之饌必敬眎之湯液之貢必親嘗之嘗饌善則太
子亦能食嘗饌寡太子亦不能飽以至于復初然後亦復

初君后有過怡毅以諷君后所惡雖小物必嚴龔是故孝
成於身道洽天下雅曰文王陟降在帝左右言文王靜作
進退天必賛之故紂不能害夢啟之壽卜世三十卜年七
百天所命也善事父母之所致也閔子騫曰善事父母之
道既幸聞矣敢問教子之義仲尼曰凡三王教子必視禮
樂樂所以脩內禮所以修外禮樂交脩則德容發輝于貌
故能溫容而文明夫為人臣者殺其身有益于君則為之
況利其身以善其君乎是故擇建忠良貞正之士為之師
傅欲知其父子君臣長幼之道夫知為人子然後可以為
人父知為人臣然後可以為人君知事人然後能使人此

三王教子之義也閔子騫退而事之于家三年人無間于父母昆弟之言交遊稱其信鄉黨稱其仁宗族稱其悌德行之聲溢于天下此善事父母之所致也齊太子坐清臺之上燕莊侯他高冠嚴色左帶玉具劒右帶環珮左光照右右光照左太子讀書不眎莊侯他問曰齊國有寶乎太子曰主信臣忠百姓戴上齊國之寶也莊侯他應聲解劒而去戲虜人有偏蔽終身莫自知已矣賢者見之寬恕而不言小人暴惡而溢言親戚憐嫉而貳言人有偏蔽惡虜不自知哉是故君子檢身常若有過衣其衣食其食知其過而不克有以正之者君子恥之將欲有言識其必不能

行者君子罕之當責衆人之惡者睞己善乎弐當責衆人之邪者視己正乎弐此之謂返明翟西氏之子甚孝謹翟西憐其子而好躁妄之言翟西晨出夕返則曰甲死矣其子信之既而甲在焉他夕則曰乙且害予其子伺將行仇既而不見惡端他夕則曰丁病矣其子覘之丁誠無恙舉此類也胃淹年序子固孝謹至于訓勤益不保承鄉國之人疾其咎口謀將殺之翟西聞而懼歸以告子子未甚信既而翟西既殺謂多言之人為踈露亦有辭約而不密者謂輕佻之人為不定亦有體閑而心踈者謂叢褋之人為猥細亦有外潔而內濁者若類而引之不可殫載若非徹

識安能洞祥有不可以應事也者內靜而外動其動而難靜時有不可求事也者內思而外待待至而後樂是故外靜而內動者搖思而損性奔走而逐利者勞力而害名人生于代或有事不遂志而宣言云不遇時者是無異負冊頸之罪俟時行戮豈不殆哉其有慱才通識未見稱用者正可云是非人情命未與耳豈不韙歟長于諫者務依存前人之性而剪制其情之所由起是以彼此開進親敬殷篤不長于諫者務攻前人之性而闇于情之所來是以彼此嫌貳猜疊日積兒童之所簡者乃耆耋之所非耳目之所娛者乃心慮之所疾徤責天下之愚者已之未賢也徤

責天下之迷者己之未明也以未賢責衆愚未賢者以之

亡以未明責衆迷未明者以之傷

農道篇第八 穀者人之所天理國之道務農為本

人捨本而事末則不一令不一令則不可以守不可以戰人捨本而事末則其産約其産約則輕流徙輕流徙則國家時有災患皆生遠志無復居心人忘本而事末則好智好智則多詐多詐則巧法令巧法令則以是為非以非為是古先聖主之所以理人者先務農業農業非徙為地也貴其志也人農則樸樸則易用易用則邊境安安則主位尊人農則童童則少私義少私義則公法立力慱深農則

其産復其産復則重流散重流散則死其處無二慮是天下爲一心矣天下一心軒轅几蘧之理不是過也古先聖王之所以茂耕織者以爲本教也是故天子躬率諸侯耕籍田大夫士第有功級勸人尊地産也后妃率嬪御繇于郊桑公田勸人力婦教也男子不織而衣婦人不耕而食男女貿功資相爲業此聖王之制也故敬時愛日埒寔課功非老不休非疾不息一人勤之十人食之當時之務不興土功不料師旅男不出御女不外嫁以妨農黄帝曰四時之不正正五穀而已耳夫稼爲之者人也生之者天也養之者地也耨以稼之容足耨之容耨耰耘之容手是謂耕

道農攻食工攻器賈攻貨時事不龔怱之以上功是謂大凶凡稼蚕者先時暮者不及時寒暑不節稼乃生災冬至已後五旬為七日而昌生於是乎始耕事農之道見生而藝生見死而穫死天發旹地産財不與人期有年祀土無年祀土無失人旹迨時而作過時而止老弱之力可使盡起不知旹者未至而逆之既往而慕之當其時而薄之此從事之下也人耨必以旱使地肥而土緩稼欲産于塵上而殖于堅者慎其種勿使數亦無使踈于其施土無使不足亦無使有餘甽欲深以端畝欲沃以平下得陰上得陽然後盛生吾苗有行故速長強弱不相害故速大正其行

通其中甽為泠風則有收而多功率稼望之有餘就之則甽是地之竊也不除則蕪除之則虛是事之傷也苗其弱也欲孤其長也欲相與居其熟也欲相扶三以為族稼乃多穀凡苗之患不俱生而俱死是以先生者美米後生者為粃是故其耨也長其兄而去其弟樹肥無使扶疏樹墝不欲專生而獨居肥而扶疏則多粃墝而獨居則多死不知耨者去其兄而養其弟不收其粟而收其粃上下不安則稼多死得時之禾長稠而大穗圜粟而薄糠米粘而香春而易而食之強失時之禾深芒而小莖穗銳多粃而青蕾得旹之黍穗不芒以長摶米而寡糠失時之黍大本華

莖葉膏短穗得旹之稻莖葆長秱穗如馬尾失時之稻纖莖而不滋厚糠而菑死得時之麻䟽節而色陽堅枲而小本失時之麻蕃柯短莖岸節而葉蟲得時之菽長莖而短長其英二七以為族多枝數節兢葉繁實稱之重食之息失時之菽以長而蔓浮葉虛本䟽節而小英得時之麥長秱而頸族二七以為行薄翼而䵃色食之使人肥且有力失時之麥胕腫多病弱苗而翜穗是故得時之稼豐失時之稼約庶穀盡宜從而食之使人四衛變強耳目聰明凶氣不入身無苛殃善乎孔生之言冬〻飽則身温夏飽則身涼夫温涼時適則人無病疢人無病疢是疫癘不行疫癘

不行咸得遂其天年故曰穀者人之天是以興王務農王不務農是棄人也王而棄人將何國哉

兵道篇第九 兵者不祥之器不得已而用之

秦景王將賑強兵于天下使庶長鮑戎必致命亢倉子待以壤邑十二周寔迫之亢倉子至自滎泉賓于上館景王三日弗得所問下席北首頓珪曰天果無意恤孤耶亢倉子油然虧聘曰朕以主為異之問而寧弊弊焉以斫剌為故抑者隨其所而得正者無如可矣景王一辭再舉歛黼袵端珪抑首而坐曰實惟天所命亢倉子仰褭而噓俯正顏色曰原兵之所起與始有人俱夫兵也者出人之威也

人之有威性受于天故兵之所自来上矣嘗無少選之不用貴賤長少賢愚相與察同兵之兆在心懷恚而未發兵也疾睨作色兵也傲言推捘兵也侈鬭攻戰兵也此四者鴻細之争也未有蚩尤之時人寔揭材木以鬬矣黄帝用水火矣共工稱亂矣五帝相與争矣一興一廢勝者用事夫有以用藥而死者欲禁天下之醫非也有以乘舟而死者欲禁天下之船非也有以用兵而喪其國者欲禁天下之兵非也夫兵之不可廢譬水火焉善用之則為福不善用之則為禍是故怒笞不可偃于家刑罰不可偃于國征伐不可偃于天下古之聖王有義兵而無偃兵兵誠義以

誅暴君而振若人之悅色若孝子之見慈親餓隸之遇美食號呼而走若強弩之射深谷也勝負之決勿徵于他必反人情人之情欲生而惡死欲榮而惡辱死生榮辱之道一則三軍之士可使一心矣凡軍欲其衆也心欲其一也三軍一心則令可使無敵人古之至兵盖重令也故其令強者其敵弱其令信者其敵詘先勝之于此則勝之與彼誠若此則敵胡足勝也凡敵人之来也以求利也今来而得死且以走為利則刃無所與接矣此之謂至兵儌虐姦詐之與義理反也其勢不俱勝不相立故義兵入于敵之境則人知所庇矣兵至于國邑之郊不踐果稼不冗邱

墓不殘積聚不焚室屋得人虜虐而歸之但與人期以慾
敵資以章好惡以示逆順若此而猶有愎狼淩宕不聽者
雖行武焉可也先發聲出號令曰兵之来也以除人之讐
以順天之道故尅其國不屠其人獨誅所誅而已于是舉
選秀士賢良而尊封之求見孤疾長老而拯敬之發府庫
之財散倉廩之秩不私其物曲加其禮令有人于此能生
死人一人則天下之人爭事之矣義兵之生一人亦多矣
人孰不悅故義兵至則鄰之人歸之若沐水諸國之人望
之如父母行地滋遠得人滋衆辭未終景主興起首曰孫
獲聞先生數言不覺氣盈宇宙志知所如也而心滋益龔

于是步前稱觴為亢倉子壽拜居首列師位嚴于齋室又
月涉旬辰加天闕白晝行道

老子之後有庚桑楚者陳人也偏得老子之道居畏壘之山
其臣之畫然知者去之其妾之絜然仁者遠之擁腫之與居
鞅掌之為使居三年畏壘之大穰後遊吳隱毗陵盂峯
道成仙去後有漢輔光張天師唐張果老相繼隱脩因號
張公壇福地古建洞靈觀宋改天申萬壽宮著書九篇號
庚桑子一名亢倉子唐封洞靈真人書為洞靈真經

右明人刻本舊序半九子録

共字一萬字

清·楊琪光撰

讀亢倉子

清光緒十一年(1885)刊《枉川全集·百子辨正》本

讀亢倉子

全書惟全道用道二章襲異畸言餘爲剽取經畢恒語而組織究非能得精英又皆零璣粲錦奚足震當時耀後也乃編列者咸指爲道家言而寳異珍秘之詆斥者又以渾殽異說即概爲流屏放廢皆非實大抵因蒙莊庚桑楚之文附累增積衍成又非果悉澈貞經言恉類龎駁雜猱非若專精者皆爲大隗無有或歧夫畸言異蹟雖爲作蠛謗誣而頗僻紛鏗倘鞣矯爲不可摧破以是就彼之繩核尚無甚參差與人以罪釁茲則俄異

俄同合卽非道書之佳者而序語稱亢倉子遊吳隱毗陵盂峯道成仙去而傳未識又以漢韓光唐張果老等皆卽其身何誕謬若是爲其親視戲耶更歷數百千載疇與同生並育卽爲其人所瞞頂矣夫幻其術必於名身形蹟亦與俱幻方足譁聾同世而神奇矣後致封勅之累頒壇觀之築亦由此詫異也然無物之憑託雖崇禮於是人何有哉

張諤撰

評注亢倉子精華

民國九年（1920）上海子學社石印《評注亙子精華》本

聖王貴忠臣正士

亢倉子姓王名士元文多雜掇古書融以己意亦頗亹亹有理

草鬱則為腐樹鬱則為蠹人鬱則為病國鬱則百慝並起危亂不禁所謂國鬱者主德不下宣人欲不上達也是故聖王貴忠臣正士為其敢直言而決鬱塞也克己復禮賢良自至君耕后蠶蒼生自化由是言之則賢良正可待不可求求得非賢也蒼生正可化不可刑刑行非理也堯舜有為人主之勤無為人主之欲

（陸象山曰）起語極甚忠言聖王貴忠臣正人君自盡其道可為君道法模千古不易之定論也

評註諸子精萃卷四終

陸翔輯注

亢倉子精華

民國二十三年(1934)上海世界書局石印《四部精華》本

亢倉子精華

用道篇

天不可信。地不可信。人不可信。心不可信。惟道可信。賢主秀士豈知哉。昔者桀信天與其祖。四海已不勤於道。天奪其國以授殷。紂亦信天與其祖。四海已不龔於道。天奪其國以授周。今夫惰農信地實生百穀。不力於其道。地竊其菓稼而荒翳之。齊后信人之性酧讓。不明於其道。舉全境以付人。人實鴟義而有其國。凡人不脩其道。隨其心而師之。營欲茂滋。災疾朋豐。戕身損壽。心斯害之矣。故曰惟道可信。天地非道。不能悠久。蒼生非賢。不能靖順。庶政非才。不能和理。夫用道之人。不露其用。福滋萬物。功歸無有。神融業茂。靈慶悠長。知而辨之謂之識。知而不辨謂之道。識以理人。道以安人。夫雞辰而作。負日任勞。流汗灑地。夜分僅息。農人之道也。俯拾仰取。銳意錐撮。力思摶精。希求利潤。賈豎之道也。燕氣谷神。宰思損慮。迢遥輕舉。日精鍊仙。高士之道也。剸情端想。畢志所事。倫挨忘寢。謀効位司。人臣之道也。清心省念。察驗近習。務求賢良。以安萬姓。人主之道也。若由是類之。各順序其志度。不替塞其業履。是謂天下有道。導筋骨則形全。翦情欲則神全。靖言語則福全。克保三全。是謂清賢。道德順則鬼神助。信義敦則君子全。禮義備則小人懷。有識者自是。無識者亦自是。有道者靜默。闇純者亦靜默。物固有似是而非。似非而是。先號後笑。始吉終凶。身可親而才不可親。才可敬而身不堪敬。敬甚則不親。親甚則不敬。親之而踈。踈之而親。恩甚則怨生。愛多則憎至。有以速為貴。有以緩為貴。有以直為貴。有

以曲為貴。百事之宜。其由甚微。不可不知。是故智者難之。靜則神通。窮則意通。貴則語通。富則身通。理勢使然。同道者相愛。同藝者相嫉。人情自然也。多才而好謙。貧賤而不諂。處勞而不為辱。富貴而恭勤。可謂有德者也。

註 ㈠桀信天 夏桀暴虐・人民怨怒・桀曰我生不有命在天・是信天也・而卒亡其國・㈡賈豎 賈・居貨待售者・（周禮）商賈阜通貨財・注・行曰商・居曰賈・賈豎・言賈販之夫也・

賢道篇

賢良所以屢求而不至。難進而易退者。非為忘身而不死王事。適恐盡忠而主莫之信耳。自知有才識之人。外恭謹而內無憂。其於衆也。和正而不狎。親之則彌莊。踈之則退去而不怨。窮厄則以命自寬。榮達則以道自止。人有眎其[二]儀。賢也。聽其聲。賢也。徵神識。或負所望。夫賢人其見用也。入則諷譽。出則龔默。職司勤辨。居室儉間。其未見用也。藏身於終。藏識於目。藏言於口。飽食安步。獨善其善。貞而不怨。智者不疑事。識者不疑人。有識之士。行危而色不可踈。言遜而理不可拔。凡謂賢人。不自稱賢。效在官。功在事。事。太平之時。上士運其識。中士竭其能。小人輸其力。齊有揞子者。材可以振國。行可以獨立。事父母孝謹。鄉黨恭循。念居貧無以為養。施信義而遊者久之矣。所以寡合。或為乘沓[三]夸毗者所蚩紿。於是負杖步足。問乎亢倉子曰。吾聞至人忘情。黎人不事情。存情之曹。務其教訓而尊信義。吾乃不知為士。受不信為信。信而不見信為信為勤。慕義為義。然則信義之士。常獨厄隨退。胡以取貴庨沓。而教理之所上也。亢倉子俯而循

衽仰而譆超然歌曰時之陽兮信義昌時之黙兮信義伏陽與黙昌與伏汩吾無誰私兮羌忽不知其讀夫運正性以如適而物莫之應者真不行也真且不行謂之道喪道喪之㫝上士乃隱隱之為義有可為也莫可為者也有可用也莫可用者也叅公問賢材何從而不至亢倉子曰賢正可待不可求材慎在求不在無若天子靜大臣明刑不避貴澤不隔下則賢人自至而求用矣賢人用則四海之內明目而眎清耳而聽坦心而無鬱矣天自成地自寧萬物醇化鬼神不能靈故曰賢正可待不可求若天子勤明大臣和理之求士也則恢弘方大公直靖人之材至若天子苛察大臣躁急之求士也則曲心巧應毀方破道之材至若天子疑忌大臣巧隨之求士也則奇姓異名仄媚怪術之材至若天子自賢大臣固位之求士也則事文逐譽貪濁浮麗之材至若天子依違大臣回佞之求士也則内忠外僻情毒言和之材至故曰材慎在求不在無昔者黄帝得常僊封鴻鬼容丘商王得伊尹中興得甫申齊桓得甯籍皆由數君體道邁仁布昭聖武思輯光明寬厚昌正而衆賢求用非為爵核而得也叅公曰夫子云賢人不求而自至亦有非賢不求而自至者虖亢倉子曰夫非賢不求而自至者固衆矣夫天下有道則賢人不求而自至天下無道則非賢不求而自至人主有道者寡無道者衆天下賢人少不肖者多是知非賢不求而自至者多矣叅公曰賢固濟天下材亦能濟天下俱濟天下賢與材安取異邪亢倉子曰窅虖哉其問也功成事畢不徇封譽恭退樸儉之謂賢功成事畢榮在祿譽光揚志滿之謂材賢可以鎮國材亦可以理國所謂鎮者和寧無為人不知其力所謂理者勤

率其事。人知所於德。一賢統衆材則有餘。衆材度一賢猶不足。如是賢材之殊域。有居山林而諠者。有在人俗而靜者。有諠而正者。有靜而邪者。凡眎察其貌鄙俗。而能有賢者萬不一。眎察其貌端雅。而實小人者十而九。夫不練其言而知其文。不責其儀而審其度。不采其譽而知其善。不流其毀而斷其實。可謂有識者也。

註　㊀㤅身　㤅．小篆愛字．言愛其身也．㊁眎其儀　眎．古文視字．言視其儀容也．㊂乘旹夸毗　旹．古時字．卑屈以附人者．謂之夸毗．《詩》．無為夸毗是也．乘旹夸毗．乘時以附人之謂也．

亢倉子通考

張心澂撰

民國二十八年（1939）上海商務印書館排印《僞書通考》本

亢倉子二卷 僞。

周庚桑楚撰。

王士源曰：「十源幼好名山，行年十八首事陵山，踐止恆嶽，咨求通玄丈人。又過蘇門，問道隱者元知運。太行採藥，經王屋小有洞太白習隱訣，終南修亢倉子九篇。天寶四載徂夏，詔書徵謁京邑。」孟浩然集序。

韋滔曰：「宜城王士源者，藻思清遠，深鑒文理，常遊山水，不在人間。著亢倉子數篇，傳之於代。」孟浩然集序。

柳宗元曰：「太史公爲莊周列傳，稱其爲書畏累、虛亢桑子，皆空言無事實。今世有亢桑子書，其首篇出莊子，而益以庸言，蓋周所云者尚不能有事實，又況取其語而益之者，其爲空言尤也。劉向班固錄書無亢倉子，而今之爲術者乃始爲之傳註，以教于世，不亦惑乎！」柳柳州文集。

劉肅曰：「道家有庚桑子者，代無其書；開元末，襄陽處士王源撰亢倉子兩卷以補之。序云：『莊子謂之庚桑子，史記作亢桑子，列子作亢倉子，其實一也。』源又取莊子庚桑楚一篇爲本，取諸子文義相類者合而成之，亦行于代。」大唐新語。

李肇曰：「天寶中天下屢言聖祖見，因以四子列學官；故有僞爲庚桑子者，其辭鄙俚，非聖賢書。」唐國史補。

晁公武曰：「按唐天寶元年詔號亢桑子爲洞靈眞經，然求之不獲。襄陽處士王士元謂莊子作庚桑子，太史公列傳作亢倉子，其實一也。取諸子文義類者，補其亡。今此書乃士元補亡者，宗元不知其故而遽詆之，可見其銳於譏議也。其書多作古文奇字，豈內不足必假外飾歟？」郡齋讀書志。

李石曰：「庚桑子出山人王士源，采莊子庚桑楚篇爲之。自云其先人於山中得古本，唐人疑之，竟不施行。今亢倉子三卷是也。」續博物志。

黄震曰：「亢倉子名楚，說本老子，文類莊子。亦有近理者：如曰『所謂國讎者，主德不下宣，人欲不上達也。』如曰『士有天下人愛之者，有其主獨愛之者；用天下人愛者則天下安，用主獨愛者則天下危。』如曰『理人者先務譽（音農）人，譽則樸。』此其近理者也。亦有背理者：如曰『大亂之本，祖乎堯舜。』如曰『蛻地之謂水，蛻水之謂氣，蛻氣之謂虛，蛻虛之謂道。』如曰『安知天下之正汙潔。』此其背理者也。至其妄自標榜以欺世，則謂靈王使祭公致篚帛，有穰水旱之問；謂熊開拜爲亞尹，嘗微服而遊；則有不能自掩其欺者矣。蓋其書稱『自鄉而縣，縣而州，』此後世之區畫也。稱『披以青紫章服，』此後世之品式也。稱『吾無誰私兮羌忽不知其讀，』此倣後世之楚詞。而字多用古文，又欲以自蓋其今文而益彰者也。曾謂周靈楚國之世而有此哉？其書有云意氣谷神，以谷爲似，與老子所稱『谷神』不同。」（黄氏日抄。）

高似孫曰：「孔子曰，『上有好者，下有甚焉，』亢桑子之謂歟？開元天寶間，天子方鄉『道家者流』之說，尊老氏，表莊列，皇皇乎清虛沖澹之風矣。（一本無此句。）又以亢桑子號洞靈眞經。上（一本無「上」字。）卽不知其人之僊否，又不識其書之可經。一旦表而出之，固未始有此書也。襄陽處士王褒，來獻其書。書褒所作也。按漢略隋志皆無此書。褒之作也，亦思所以趨世好，迎上意耶？（自「來獻」以下一本作「乃趨世好迫上意撰而獻之」。）今讀其篇，（一本作「此編」。）往往采諸列子，文子，又采諸（一本無「諸」字。）呂氏春秋，新序，說苑，又時采諸戴氏禮。源流不一，往往論殊而辭異；可謂雜而不純，濫而不實者矣。太史公作莊周列傳，固嘗言其語空而無實，而柳宗元又以爲空言之尤，皆足知其人，決其書。然柳氏所見，必是王褒所作者。（自「太史公」以下一本缺。）」（子略。）

周氏涉筆曰：「庚桑楚固寓言，然所居以忌言化俗，以醇和感天，今所著切切用誅罰政術，蓋全未識庚桑者。其

稱危代以文章取士剪巧綺濫益至，正指唐事。又『補助廣引佚赦率是獄案文書，』又『一鄉一縣一州被青紫章服，』皆近制。既為唐人短淺者著書，不煩子厚掊擊也。惟農道一書可讀，自合孤行。」

陳振孫曰：「首篇所載與莊子庚桑楚同。亢倉者，庚桑聲之變也。其餘篇亦皆依託。」書錄解題。

宋濂曰：「亢倉子五卷，凡九篇，相傳周庚桑楚撰。予初苦求之不得，及得之，終夜疾讀，讀畢嘆曰：『是偽書也！勦老、莊、文、列及諸家言而成之也。』其言曰，『危代以文章取士，則剪巧綺濫益至，而正雅典實益藏。』夫文章取士，近代之制，戰國之時無有也。其中又以『人』易『民』，以『代』易『世』。世民，太宗諱也。偽之者其唐士乎？予猶存疑而未決也。後讀他書，果謂天寶初詔號亢桑子為洞靈真經，求之不獲，襄陽處士王士元采諸子文義類者撰而獻之。其說頗與予所見合。復取讀之，益見其言詞不類，因棄去不復省。

農道一篇雖可讀，古農家書具有之。或者謂可孤行，吾亦不知其為何說也。」諸子辨。

王世貞曰：「亢倉子其文辭東京之後迂於儒者耳！其義則無嘉焉！余讀公孫龍，雖其謬悠鄙舛，而要之縱放強辯，儼然戰國之習也。偽者多援少倍，多拘少劇。亢倉子偽書也。列子載亢倉子，遂有亢倉子。家語記子華子，遂有子華子。賈誼稱鶡冠子，遂有鶡冠子。嗚呼，士之託空名以求傳其言者，意亦可悲哉？」

胡應麟曰：「亢倉子，贗書也，世無弗知。然而非贗也！漢志無亢倉子。唐號亢倉子洞靈真經，求弗獲，而王士元取庚桑楚篇，雜引道家以補之。士元，襄陽人，見孟浩然集序及晁公武論，甚悉。河東之駁，允矣；失不考其實事。今猶紛紛

以爲贋書。

亢倉子出王士元，尚可有疑。夫『畏壘虛，』太史明謂『空言，』兼隋志弗載，則唐前固絕不聞此書；曷從而號之，而訪之；豈士元旣補之後，明皇好道，特取而寵異其名，世遂相沿爲實，子厚亦無從考與？」（四部正譌。）

方苞曰：「亢桑子之僞，柳子厚辨之。晁氏謂唐天寶中詔求其書不得，而襄陽王士元乃假託焉。士元年世先後於柳雖不可知，然果詔求不得，而僞者晚出，則辨宜及之。且是書剽剟戴記諸子語甚衆，而子厚第云『首篇出莊子，而益以庸言。』又以文章取士及被青紫章服爲唐以後人語明甚，不據是斥之，而獨以劉向班固無其錄爲疑；然則今所傳者，又可謂卽子厚之所斥邪？」（方望溪文集。）

四庫提要曰：「新唐書藝文志載王士元亢倉子二卷，所注與公武所言同，則公武之說有據。又考孟浩然集首有宣城王士元序，自稱：『修亢倉子九篇。』又有天寶九載韋滔序，亦稱：『宣城王士元藻思淸遠，深鑒文理。常游山水，不在人間。著亢倉子數篇，傳之於代。』云云，與新唐書所言合，則新唐書之說亦爲有據。宋濂作諸子辨乃仍摘其以人易民以代易世，斷爲唐人所僞，亦未之考矣。惟是庚桑楚居於畏壘僅見莊子，而史記莊周列傳則云『周書如畏壘亢倉子皆空言無事實，』則其人亦鴻濛雲將之流，有無蓋未可定。其書漢志隋志皆不著錄，至於唐代何以無所依據，憑虛漫求？毋亦士元先有此本，而出入禁中之方士，如葉法善羅公遠者轉相煽惑，預爲之地，因而詔求獻觀士元自序稱天寶四載徵謁京邑，適在書成之後，是亦明證也。劉恕通鑑外紀引封演之言曰：『王巨源採莊子庚桑楚篇義，補葺分爲九篇，云其先人於山中得古本，奏上之，敕付學士詳議，疑不實，竟不施行，今亢桑子三卷是也。』然

則士元此書始猶僞稱古本，後經勘驗知其不可售欺，乃自承爲補亡矣。』又曰：『高似孫子略謂以王士元爲王褒，紕謬殊甚。』

亢倉子考補證

黄雲眉撰

民國二十一年（1932）金陵大學中國文化研究所刊《古今僞書考補證》本

亢倉子

柳子厚曰，『太史公爲莊周列傳，稱其爲書，畏累虛亢桑子，皆空言無事實。今世有亢倉子，其首篇出莊子，而益以庸言。蓋周所云者尙不能有事實，又況取其語而益之者，其爲空言尤也。劉向班固錄書

無亢倉子，而今之爲術者乃始爲之傳註以教於世，不亦惑乎！」高似孫曰，『開元天寶間天子方鄉道家之說，尊表老莊列；又以亢倉子號洞靈眞經，既不知其人，又未有此書，一旦表而出之。處士王褒乃趨世好，迎上意，撰以獻之。今讀其篇，往往采列子文子及呂氏春秋新序說苑，又時采戴氏禮，源流不一。可謂雜而不純，濫而不實者矣。』恒案唐劉肅大唐新語李肇國史補並以亢倉作庚桑，亦言其僞。

補證

四庫總目提要曰：『晁公武讀書志曰，「案唐天寶元年，詔號亢桑子爲洞靈眞經，然求之不獲。襄陽處士王士元謂莊子作庚桑子，太史公列子作亢倉子，其實一也，取諸子文義類者補其亡。今此書乃士元補亡者，宗元不知其故而遽詆之，可見其銳於譏議

也」。今考新唐書藝文志載王士元亢倉子二卷，所註與公武所言同，則公武之說有據。又考孟浩然集首有宣城王士元序，自稱修亢倉子九篇；又有天寶九載韋滔序，亦稱「宣城王士元藻思淸遠，深鑒文理，常游山水，不在人間，著亢倉子數篇傳之於代」云云，與新唐書所言合，則新唐書之說亦爲有據。宋濂作諸子辨，乃仍摘其以「人」易「民」，以「代」易「世」，斷爲唐人所僞，亦未之考矣。惟是庚桑楚居於畏壘，僅見莊子，而史記莊周列傳則云周爲書如畏壘亢倉子，皆空言無事實，則其人亦鴻濛雲將之流，有無蓋未可定。眉按，俞樾莊子人名考曰，「司馬云，楚名，庚桑姓也，太史公書作亢桑〔按列子仲尼篇，老聃之弟子有亢倉子者，張湛注曰，音庚桑。賈逵姓氏英覽云，吳郡有庚桑姓，稱爲七族。然則庚桑子吳人歟」？亦不足據。劉恕通鑑外紀引封演之言曰，王巨源採莊子庚桑楚篇義補葺，分爲九篇，云其先人於山中得古本，奏上之，敕府學士詳議，疑不實，竟不施行。今亢桑子三卷是也。然則，

士元此書，始猶僞稱古本，後經勘驗，知其不可以售欺，乃自承爲補亡矣』

眉按：方苞曰，『亢桑子之僞，柳子厚辨之。晁氏謂唐天寶中詔求其書不得，而襄陽王士元乃假託焉。士元年世先後於柳，雖不可知；然果詔求不得，而僞者晚出，則辨宜及之。且是書剽剟戴記諸子語甚衆，而子厚第云首篇出莊子，而益以庸言，又以文章取士，及被青紫章服，爲唐以後人語，明甚。不據是斥之，而獨以劉向班固無其錄爲疑，然則今所傳者，又可謂卽子厚之所斥耶？』（望溪集卷五書柳子厚辨亢桑子後）其言亦頗當理。然則雖使王士元之本爲補亡之本，而今本非王本，其爲僞書也又奚疑。